「서울대학교 법학연구소
법의지배센터 연구시리즈 2010 -1」

기후변화와 법의지배

조홍식 이재협 허성욱 편저

博英社

발 간 사

서울대학교 법학연구소 법의지배센터는 2003년 Microsoft사의 재정적 지원으로 설립된 이래 한국사회에 법의 지배 이념을 확산하는 데 기여할 수 있는 연구활동, 세미나 개최 및 교육활동을 지속적으로 전개해 왔다. 그 동안 법의 지배 연구시리즈로서 "절차적 정의와 법의 지배(2003)," "국제기준과 법의 지배(2004)," "사회적 차별과 법의 지배(2005)," "법치주의의 기초: 역사와 이념(2005)," "NGO와 법의 지배(2006)," "언론과 법의 지배(2007)," "소비자와 법의 지배(2008)," 그리고 "경제적 효율성과 법의 지배(2009)"를 비롯한 여러 권의 단행본을 발간한 바 있다.

이번에 간행되는 "기후변화와 법의 지배"는 현재 전세계의 가장 큰 공통 관심사 중의 하나인 환경, 그 중에서도 기후변화 문제를 해결하기 위한 여러 정책적, 법적 방안을 다루고 있다. 특히 우리나라의 법제도하에서 기후변화 문제를 어떻게 다루는 것이 우리 법체제에 가장 잘 맞으면서도 국제조약 기타 국제기준을 반영할 수 있는가 등의 과제를 우리나라에 법의 지배를 확산시킨다는 관점에서 접근한 최초의 연구 결과라 할 수 있다. 현재 기후변화 문제는 우리나라에서도 사회의 여러 분야에서 관심의 대상이 되고 있으며, 정부도 새로운 정책의 시행을 통하여 바람직한 해결책을 도출하기 위해 노력하고 있지만, 여태까지 정부의 담당공무원, 학계의 전문가, 그리고 NGO까지 모두 한 자리에 모여서 구체적으로 큰 밑그림을 그리고 이에 필요한 정책을 법의 옷을 입혀서 구체적으로 실행하는 데 도움을 줄 수 있는 종합적인 연구는 없는 상황에서 환경이나 기후변화 관련 국내 법과 정책의 전문가들을 한자리에 모아 다양한 시각을 통해서 균형된 지향점을 모색할 수 있었다는 것만으로도 이 책의 출간은 매우 큰 의의가 있을 수 있다고 생각된다.

이 책이 발간되기까지는 너무도 많은 분들의 수고가 모아졌다. 이 프로젝트의 전체 책임을 지시고 이끌어 주신 조홍식 교수님, 기획단계부터 마지막 순간까지 공동편저자로 행정적인 일까지 수고해 주신 이재협, 허성욱 교수님, 워크숍에서 정해진 시간이 모자라 안타까워하면서 열띤 토론을 해 주신 모든 참석자 여러분께 우선 진심으로 감사를 드린다. 2001년 이후, 특히 법의지배센터가 설립된 2003년 이후 법의지배센터 연구사업을 재정적으로 지원해 주고 있는 Microsoft사의 Bradford Smith 수석변호사, Pamela Passman 부수석변호사, 그리고 이 프로젝트 기획과 워크숍에 직접 참여해 주신 정재훈, 양지연 변호사님께 감사드린다. 또한 법의지배센터 연구사업에 항상 관심을 가지고 2009~2010년도 사업의 일환인 본 프로젝트를 지원을 해 주신 김건식 서울대 법학대학원장님, 윤진수 법학연구소장님께도 깊게 감사 드리고자 한다. 마지막으로 행정적으로 궂은일을 항상 웃는 얼굴로 성심성의껏 도와준 조민아 조교에게도 고마움을 전한다.

2010년 8월
서울대학교 법과대학 법의지배센터장 장 승 화

서 문

이 책은 지난 1년간 각 분야의 전문가들이 모여 "기후변화와 법의 지배"라는 주제하에 논의한 연구결과를 책으로 엮은 것이다. 서울대학교 법학연구소의 법의 지배센터는 지난 10년 동안 우리 사회에서 법의 지배를 실현하기 위해 필요한 여러 문제의 해결에 진력해 왔다. 이번 연구는 인류 전체에게 숙명의 과제로 인식되어 온 "기후변화"가 우리 사회에 미칠 파장과 이에 대한 대처방안이 법의 지배라는 우리 사회의 운영원리에 미칠 영향을 탐색하는 데 그 목적을 두고 있다.

기후변화는 21세기를 사는 인류가 응전하여야 할 최대의 도전이다. 기후변화가 우려대로 일어난다면 이는 인류의 삶과 미래에 전대미문의 변화를 몰고 올 것이고, 그런 만큼 기후변화에 대한 대응 또한 우리 사회의 기본 틀을 변혁하는 험난한 과정이 될 것이다. 지구촌 식구들은 나름대로 대처하고 있지만 만족할 만한 처방전을 제시하진 못하고 있다. 이런 어려움은 우리나라도 예외가 아니어서 정부를 포함한 사회의 모든 부문이 한 목소리로 적절한 대응의 필요성을 외치고 있다. 하지만 대응의 필요성과 같은 총론적 이슈에서의 교감과 달리 각론으로 들어가 구체적 조치의 설계에 있어서는 다종다양한 의견이 분출하고 있다. 기후변화에 대한 응전이 가져올 재분배효과를 직시하고 자신들의 입지를 수호하려는 것이다.

기후변화에 대한 응전은 이처럼 우리 사회에 엄청난 과제를 가져온다. 그 파장이 크면 클수록 법의 지배라는 측면에서도 검토하여야 할 과제가 많을 것이다. 물론 우리나라는 이제 선진열강과 어깨를 나란히 하기 시작하였고, 그런 만큼 후진국에서 발견되는 문제로부터 자유로운 것이 사실이다. 후진국형 문제라면 중국의 경우에서 볼 수 있듯이, 법의 집행과 관련되어 있는 사람들의 법준수 의식의 미약으로 인하여 제정된 온실가스 저감법률의 집행부재를 들 수 있을 것이다. 그리하여 중국은 중국이 효과적으로 기후변화에 대처하기 위한 전제 조건으로 사법개혁을 들고 있고, 그 구체적 처방전으로 환경법 위반에 대한 제재의 수위를 높일 것, 공익을 위해 제기되는 시민소송의 제도를 도입할 것, 판사를 위한 개선된 훈련 프로그램을 제공할 것, 중앙정부에서 향상된 급여를 판사에게 지급할 것 등이 제시되고 있다.

이에 비할 때 우리의 법치 수준은 실로 엄청난 발전을 거듭해 왔다고 자평할 수 있을 것이다. 몇 가지 근거를 나열해 보면, 우리나라는 국민참여재판제도를 도입하였고 로스쿨을 시작하였으며, 민주적 행정절차 · 행정소송이 순항중이며, 소송건수의 증가세가 꺾이지 않고 있으며, 보수적 정부하에서도 시민단체는 여전히 기세등등하며, 사법부는 여전히 중요한 결정을 거침없이 내리고 있는 것이다. 지방법원의 단독 판사들이 소위 '튀는' 판결을 한다고 도하 신문에서 일제히 보도하고 있고 대법원은 이를 두고 판사의 양심으로 '포장된' 독선으로 비판하고 있는 사건만을 보더라도 우리의 법치 수준을 가늠할 수 있을 것이다. 예전에는 이런 일은 대개 은밀하게 처리되기 일쑤였고, 신문까지 나서서 담당판사의 실명을 거론할 필요도 느낄 수 없었다. 그만큼 사법부는 강하고 독립적이며 또 사회의 어떤 집단에게도 포획당하고 있지 않다. 판사들은 부패가 일어나기에는 엘리트로서의 자부심이 너무 강하고 그 어느 나라의 법조인보다도 법률가로서 잘 훈련되어 있어 법을 일관성 있게 적용해 왔다. 과거에는 "pecking order"에서 턱없이 밀렸던 환경부의 위상도 제고되어 각종 환경법령의 집행도 선진국 수준이라고 말할 수 있을 듯하다.

하지만 법의 지배를 "법공동체의 구성원이 공권력의 행사방식에 관하여 미리 정해진 규칙에 의하여 얻게 된 충분한 지식과 정보를 토대로 자신의 삶을 설계하고 영위해 나갈 수 있는 법적 상태"라고 이해한다면, 우리나라는 아직도 법의 지배를 완성하고 있다는 주장을 할 수 없을 것이다. 특히 기후변화와 같이 전대미문의 난제 속에서 지혜를 짜내어 만들어내는 여러 법제도 · 법정책적 기획은 기존 법시스템과 여러 측면에서 정합하지 않을 수 있는 것이다. 특히 우리나라가 기후변화의 국면을 타개하기 위해 내건 모토인 "녹색성장"과 이를 구체화하는 법률인 "녹색성장기본법," 그리고 이를 이을 후속법률들이 제시하는 구체적 쟁점은 실로 필설로 설명할 수 없을 정도의 각종 난문(難問)을 던져주고 있다. 이 책은 이런 난문의 해결을 위해 필요한 여러 논의를 집대성한 것이라 평가할 수 있다.

이 책은 크게 다섯 장으로 구성되어 있다. 제 1 장 기후변화의 법정책, 제 2 장

차 례

제 1 장 기후변화의 법정책

제2장 기후변화대응 관련 외국 법제 동향

제 5 장 기후변화대응규제법제의 설계와 법의 지배원리의 발전

제 1 장

기후변화의 법정책

제 1 절　기후변화의 법정책—녹색성장기본법을 중심으로 / 조홍식
제 2 절　온실가스 중기감축목표의 법적 의미와 영향 / 이규용
제 3 절　기후변화대응규제법제의 설계와 사회적 할인율 논쟁 / 허성욱

제 1 절 기후변화의 법정책

— 녹색성장기본법을 중심으로 —[1)]

조 홍 식*

Ⅰ. 기후변화와 불확실성, 그리고 선택

기후변화의 진위(眞僞)에 관하여 여러 이야기가 있다. 기후변화를 의심하는 음모론 중에는 선진국이 새로운 성장동력을 얻기 위해 과학적 발견을 과장하고 있다는 주장에서 아예 작은 빙하기가 올 뿐 지구가 더워지는 일은 없을 것이라는 주장에 이르기까지 종류도 다양하다. 기후변화를 피부로 체험할 수밖에 없는 일반인들도 각자의 경험을 토대로 각자 나름의 판단을 펼치고 있다.

일반인들 사이에 보이는 인식상의 차이는 일반인들의 인식방법, 가령 "가용성 추론(availability heuristics)"이 가진 한계 때문이라고 치부한다고 하더라도, 소위 전문가 집단 사이에서 발견되는 인식의 차이와 논란의 정도는 기후변화가 우리 사회에 미칠 파장의 크기를 가늠하게 하는 단적인 예일 것이다. 요컨대 기후변화가 우려대로 일어난다면 이는 인류의 삶과 미래에 전대미문의 변화를 몰고 올 것이고, 그런 만큼 기후변화에 대한 응전 또한 우리 사회의 기본 틀을 변혁하는 험난한 과정이 될

* 서울대학교 법과대학·법학대학원 교수.

1) 이 글은 2010. 7. 발간된 월간 법제 7월호에 발표한 논문을 전재(轉載)한 것임을 밝힌다. 코펜하겐 합의문에 관한 자료를 수집·정리해주고 성심껏 이 글의 교정·교열을 맡아준 尹世鍾 군과 崔美景 양에게 감사의 뜻을 전한다.

것이다.

기후변화는 리스크의 속성을 규정하는 요소인 "영-무한대 딜레마(zero-infinity dilemma)"가 확연히 드러나는 대표적인 환경 리스크이다.[2] 즉 기후변화는 그 발생개연성이 영에 가깝다 하더라도 발생할 경우의 해악은 대재난이 되기 때문에 그 미소한 개연성도 무시할 수 없는 딜레마 상황을 연출해내는 것이다. 사정이 이러하다 보니, 기후변화에 대한 대처방안은 기술낙관주의에 기해 문제를 미래의 기술적 해결에 맡기는 태도에서부터 대재앙적 결과에 대한 포퓰리즘(populism)에 기해 리스크를 원천봉쇄하려는 태도까지 실로 다종다양하게 제기되고 있다.[3]

하지만 근자에 들어 기후변화에 대한 불확실성이 적어도 몇몇 국면에서는 제거된 듯이 보인다. 첫째, 미국에서는 기후변화가 이제 "법적 사실"이 되었다. 미국 연방대법원은 2007. 4. 2. 선고된 판결에서 온실가스는 청정대기법(Clean Air Act)상의 대기오염물질이며 동법에 따라 환경보호청(Environmental Protection Agency)이 이를 규제할 권한이 있다고 최종 판결하였다(부시행정부 내내 온실가스 규제에 소극적이던 환경보호청이 패소한 것이다).[4] 아울러 미국 연방대법원은 환경보호청으로 하여금 신규 자동차로부터 배출되는 온실가스가 대중의 건강 및 복지에 유해한 영향을 미치는 대기오염을 야기하거나 이에 기여하는지 판단할 것을 명령하였는데, 환경보호청은 2009. 12. 7. 온실가스의 유해성을 최종적으로 확인한 바 있다.[5]

둘째, 2009. 12. 코펜하겐에서 열린 제15차 기후변화협약 당사국총회("COP15")와 제5차 교토의정서 당사국총회 및 기후변화 정상회의는 "코펜하게 합의문(Copenhagen Accord)"을 채택하였는데, 그 합의문 제1조는 차별화된 책임과 능력에 따라 기후변화에 대응하는 강력한 정치적 의지를 확인함과 동시에 온도 상승을 2℃ 이하로 억제하여야 한다는 과학적 견해를 "인정(recognize)"함을 천명하고 있다. 이는 기후변화에 관한 다양한 견해의 상쟁에 대하여 사실상 종지부를 찍은 것으로 평

---

2) 리스크에 관하여는, 拙稿, "리스크법," 서울대학교 法學 제43권 제4호(통권 125호), 27-33 이하(2002) 참조.

3) Id. 35.

4) Massachusetts v. EPA, 127 S.Ct. 1438(2007).

5) 미국 환경보호청 청장 Lisa P. Jackson은 2009. 12. 코펜하겐에서 열린 제15차 유엔 당사국총회(COP15)에서 위 사실 확인과 함께 환경보호청이 청정대기법에 의해 주어진 권한에 따라 온실가스 규제를 시행할 방침임을 천명하였다. EPA, "Administrator Lisa P. Jackson, Remarks to the United States Climate Change Conference in Copenhagen, As Prepared", 2010. 12. 9. 내용은, http://yosemite.epa.gov/opa/admpress.nsf/8d49f7ad4bbcf4ef852573590040b7f6/2e2fc405206fb50d85257687005493c2!OpenDocument(2010. 3. 23. 검색).

가할 수 있을 것이다. 상충하는 다양한 이해관계를 가진 국가들이 실천적 행동계획에 구체적으로 합의하는 데 실패한 상황에서 동조에서와 같이 그 과학적 견해를 인정함을 표시하였다는 것은 적지 않은 의미를 담고 있는 것이기 때문이다.

하지만 이러한 사실 확인이 리스크에 관련한 불확실성을 정리해주는 것은 아닐 것이다. 위 사실은 그네들의 인식일 뿐이라고 치부할 수 있기 때문이다. 그렇다면 이제 남는 문제는 현재 우리의 인식 수준 하에서, 다시 말해 주어진 불확실성 속에서 우리가 어떤 자세를 취할 것인가, 즉 "어떤 삶의 방식을 선택할 것인가"이다. 돌이켜보면 이런 선택은 우리가 늘 해오던 것이기도 하다. 인식론적으로 생각해보면 언제 우리가 어떤 것의 위해성에 대해 완벽하게 '확신'한 적이 있었던가? 미래에 관한 모든 결정은 항상 불확실성 속에서 내려져 왔던 것이다. 이렇게 볼 때 우리가 직면하고 있는 리스크의 본질적 속성은 "불확실성 속에서의 선택"이라 하겠다.[6] 따라서 기후변화라는 리스크 문제에 대한 논의는 불확실성 속에서 어떤 과정 내지는 방식을 거쳐 어떤 내용의 결정을 하여야 합리적이라는 평가를 받을 수 있는가에 모아져야 할 것이다. 이것이 본서에서 기후변화의 법정책을 논하는 까닭이다.

기후변화의 법정책의 내용을 논하기 이전에 반드시 짚고 넘어가야 할 점이 있다. 그것은, 기후변화와 같이 불확실성 속에서 내려진 결정은 그 결정에 의해 영향을 받는 사람들 자신에 의해 내려져야 한다는 것이다. 다시 말하면 기후변화의 불확실성이 크면 클수록 그 대처방안의 합리성에 관한 논란은 증폭될 것이고, 그런 만큼 결정에 이르는 '절차'의 합리성은 반드시 확보되어야 한다는 것이다. 그리고 여기서의 절차적 합리성은, 기후변화의 법정책이 그것에 의하여 영향을 받는 사람들 자신이 관련정보를 지득한 채 내린 결정의 결과여야 한다는 점에서 '민주성'을 요체로 하는 개념일 것이다.

Ⅱ. 코펜하겐 합의문과 우리나라의 법정책

큰 기대를 모은 채 개최된 COP15는 우려를 현실화한 채 끝났다. COP15는 "발리로드맵(Bali Action Plan)"이 정한 포스트교토 체제의 구체적인 내용에 대한 협상을 완결하려는 당초 목적을 이루는 데 실패하고 멕시코에서 개최될 16차 회의로 협

6) 졸고(註 1), "리스크법," 39.

상기한을 연장하였던 것이다. 난항 끝에 결렬 대신 앞서 본 "코펜하게 합의문"을 내놓은 것은 파국을 피하기 위한 고육지책이었지만, 그것이 법적 지위를 갖지 못한 채 향후의 정치적 가이드라인 정도로 기능할 수 있는 '정치적 합의' 수준에 그친 것을 고려하면 안도의 한숨을 내쉬고 있을 수만은 없을 듯하다. 이 협상문은 우리나라를 비롯해, 미국, 중국, 인도, 브라질, 남아프리카공화국 협상대표가 합의하여 총회에 상정하였으나 투발루, 볼리비아, 베네수엘라, 파키스탄 등의 국가들이 이에 동의하기를 거부하면서 끝내는 COP의 공식적인 결정문이 되지 못하고 당사국이 합의문에 "주목(take note)"한다는 수준으로 격하되고 말았다. 그리하여 모든 당사국은 합의문에 포함될지를 스스로 선택할 수 있게 되는데, 이는 1992년 채택된 "리우선언(Rio Declaration)"과 같은 연성법(soft law)의 수준에 미치지 못하는 낮은 단계의 합의로 평가되어야 할 것 같다.[7)]

이에 반하여 우리나라가 기후변화에 대한 처방으로 2010. 1. 13. 제정한 "저탄소 녹색성장기본법"은 신속하고 과감한 우리 정부의 대응을 단적으로 보여주는 예라 아니할 수 없겠다. 그 동안 많은 논의가 이루어진 "지속가능발전(sustainable development)"과 달리 녹색성장이 생소한 개념임에는 틀림이 없다. 하지만 '녹색(green)'이란 키워드는 2008년 발발한 금융위기 이후의 세계를 규정하는 '이 시대의 키워드'라고 보아야 할 것 같다. 영국의 금융 · 에너지 · 환경 전문가들로 구성된 연구그룹이 "녹색 뉴딜(green new deal)"을 영국정부에 제안한 것을 필두로, 유엔환경계획(UNEP)이 "녹색 경제(green economy)"를, 미국 오바마 정부의 싱크탱크인 미국진보연구소(CAP)가 "녹색 회복(green recovery)"을 제시하였기 때문이다.

우리나라가 이처럼 기후변화에 능동적으로 나서게 된 배경에는 복합적 이유가 있다. 첫째, 우리나라의 국제사회에서의 위상이 우리 정부의 주도적 역할을 주문하고 있다. 기후변화문제는 '지구 규모'의 환경문제로서 그 해결을 위해서는 국제협력이 필수적이다. 모든 주요 배출국들이 참가하여 공평한 역할분담 하에서 협력하는 국제적인 틀(framework)을 형성 · 유지하려고 노력 중이다. 우리나라는 교토의정서상 의무감축국은 아니지만, 국가 경제가 무역에 크게 의존하고 있고 국제사회에서 그 위상을 제고하기 위해 노력하고 있는 현실을 생각하면, 마냥 개도국의 심성에 젖어

7) 코펜하겐 합의문에 대한 평가는 가령 Rob Fowler, "Analysis of the Copenhagen Accord" 참조. 그 내용은, http://www.teachingclimatelaw.org/2009/12/20/analysis-of-the-copenhagen-accord/(검색 2010. 3. 23.).

무임승차를 시도할 수는 없다. 실제로, 국제사회는 우리나라에 대해 최소한 다른 개발도상국과 구별되는 감축행동에 나설 것을 기대하고 있고, 나아가 포스트교토의정서 시대에는 부속서 I 국가로 등극할 가능성도 배제할 수 없다.

둘째, 우리나라는 기후변화의 역사적 책임에서 더 이상 자유롭지 못하다. 기후변화의 주범으로 꼽히는 이산화탄소는 한번 배출되면 통상 100년 동안 잔존한다고 하므로 근대화 역사가 일천한 우리나라로서는 그 책임이 다른 선진제국에 비하여 작을 수밖에 없다고 생각된다. 하지만 이런 판단은 더 이상 유지되기 어렵다. 우리나라는 현재 세계 10위권의 온실가스 배출국이다. 우리나라의 온실가스 배출량은 1990년 이후 제조업 중심의 경제성장으로 말미암아 급증하였는데, 1990년부터 2005년까지 온실가스 배출량 증가율은 86.8%로서 OECD 국가 중 1위에 해당한다.[8] 그뿐만이 아니다. 1990년부터 2000년까지 지난 10년 동안의 온실가스 누적 배출량은 세계 11위,[9] 1900년부터 2000년까지 지난 100년 동안의 온실가스 누적 배출량도 세계 22위인 것이다.[10] 이 같은 현상은 화석연료 의존도가 높은 에너지다소비 산업구조에 기인한다. 2006년을 기준으로 할 때 전 산업부문 중에서 에너지 다소비업종인 철강, 시멘트, 석유화학이 차지하는 비중은 한국이 8%로서 4.6%의 일본, 3.1%의 미국에 비해 월등히 높다.[11] 뿐만 아니라 한국의 국내 제작 · 판매 차량의 평균 연비는 2007년 기준으로 11㎞/ℓ로서 일본의 70% 수준에 불과하다.[12] 반면 온실가스 감축을 위한 녹색산업 및 기술수준은 취약한 상태인데, 예컨대 신재생에너지의 보급률은 2007년 기준으로 2.37%로서 OECD 국가들 중 최하위 수준에 그치고 있다.[13]

셋째, 기후변화는 지구화, IT 혁명에 버금갈 정도로 경영환경을 변화시키는 중요한 이슈이다.[14] 우선 지적할 것은 기후변화는 국제적인 환경문제임에 틀림없지만,

---

8) 서울신문, "온실가스 감축시대, 시나리오 내용과 의미", 2009. 8. 5. 내용은 http://www.seoul.co.kr/news/newsView.php?id=20090805006005(검색 2010. 3. 23.).

9) 매일경제, "기후회의 내일 개막… '인류 마지막 기회'", 2009. 12. 6. 내용은 http://news.mk.co.kr/v2/view.php?year=2009&no=627982(검색 2010. 3. 23.).

10) 국민일보, "온실가스 감축안 확정, 환경단체 '미흡하지만 그나마 다행'", 2009. 11. 7. 내용은 http://news.kukinews.com/article/view.asp?page=1&gCode=kmi&arcid=0001577541&cp=nv(검색 2010. 3. 23.).

11) 전자신문, [그린데일리] "뉴스포커스—온실가스 감축 중기 목표 달성 가능한가", 2010. 10. 20. 내용은 http://www.etnews.co.kr/news/detail.html?id=201001150110(검색 2010. 3. 25.).

12) MT뉴스, "자동차 연비, 2015년까지 54% 개선돼야", 2009. 7. 6. 내용은 http://www.mt.co.kr/view/mtview.php?type=1&no=2009070614351838657&outlink=1(검색 2010. 3. 25.).

13) 에너지데일리, "녹색뉴딜 안전작동에 역점 둘 것", 2009. 1. 16. 내용은 http://www.energydaily.co.kr/news/print.php?idxno=25788(검색 2010. 3. 23.).

그 협상 자체가 철저하게 시장 논리로 전개되는 특징을 보여주고 있다.[15] 이는 관련 국가들 모두가 기후변화를 위기일 뿐만 아니라 '기회'로도 인식하고 있음을 반증한다. 선진제국이 금융위기를 탈출하기 위한 방책의 규제이념으로 '녹색'을 제시하고 있음은 기술한 바이고, 구체적으로는 미국의 오바마 대통령이 경기침체의 탈출방안으로 제시한 것은 녹색 에너지 분야에 1,500억 달러의 투자를 통한 500만 개 일자리 창출이었다.[16] 이런 상황에서 우리나라가 새로운 돌파구로 녹색성장을 지목한 것은 오히려 자연스럽기까지 하다. 기실, 우리 경제의 큰 비중을 차지하는 제조업은 고용 없이 성장 중이었고, 새롭게 우리 경제를 책임져야 할 서비스 산업, 특히 지식 서비스 산업은 아직 국제 경쟁력을 갖추지 못한 상태였던 것이다.[17]

Ⅲ. 녹색성장기본법의 주요 내용

녹색성장기본법은 현 정부가 '녹색 성장'에 대하여 기울이는 집중력의 정도를 가늠하게 하는 의욕적인 내용의 조문으로 가득 차 있다. 통상 규제수단으로는 다음과 같은 네 가지가 있다. 오염원에 대하여 명령하고 통제하는 규칙을 내용으로 하는 "행위수단(conduct instrument)," 환경세나 보조금을 통해 오염행위자로 하여금 오염행위의 사회적 비용을 내부화하도록 유도하는 "가격수단(price instrument)," 오염할 수 있는 권한의 상한선을 정한 후 이 권한의 거래를 허용함으로써 오염행위를 통제하는 "수량수단(quantity instrument)," 환경오염에 관한 정보를 공유하게 하고 이로써 형성된 여론을 의식하게 함으로써 오염행위를 통제하는 "정보공유 수단(information disclosure)"이 그것이다.[18]

녹색성장기본법은 이 모든 수단을 망라하고 있다. 다시 말하면 녹색성장기본법의 규제시스템은 목표관리제와 같은 행위수단을 규정할 뿐만 아니라 녹색성장에 필요한 사회경제적·인프라를 구축하고, 각종 보조금 정책 및 조세정책을 이용하여 경

14) Michael E. Porter and Forest L. Reinhardt. "A Strategic Approach to Climate," Harvard Business Review, October 2007.

15) 미래기획위원회, 녹색성장의 길, 105(중앙북스, 2009).

16) *Id.* 34.

17) *Id.* 104.

18) 자세한 것은 Jonathan Baert Wiener, "Global Environmental Regulation: Instrument Choice in Legal Context," 108 Yale Law Journal 677(1999) 참조.

제주체의 동기를 유발하게 하며, 녹색성장과 관련된 사항의 보고의무 및 기후변화영향평가와 같은 제도를 통해 녹색성장에 필요한 각종 정보를 공개하고 하고, 탄소배출권 거래제도와 같이 배출되는 온실가스의 총량을 통제하는 기반을 마련하고 있는 것이다. 녹색성장기본법은 아울러 녹색성장위원회, 녹색성장기획단 등 녹색성장 정책을 추진하기 위해 필요한 각종 행정조직을 규정하고 있다(법 제 3 장).

녹색성장기본법은 먼저 녹색성장에 필요한 인프라 구축을 위한 규정을 두고 있는데, 정부가 녹색성장을 위한 정책목표 · 추진전략 · 중점추진과제 등을 포함하는 녹색성장 국가전략을 수행 수립하고(법 제 9 조), 중앙행정기관은 이를 효율적 · 체계적으로 시행하기 위한 중앙추진계획을 수립 · 시행하여야 함을 밝히고 있다(법 제10조). 녹색성장기본법은 또한 화석연료의 사용을 단계적으로 축소하고 녹색기술과 녹색산업을 육성함으로써 "녹색경제"를 구현하여야 함을 천명한 후(법 제22조), 녹색경제 · 녹색산업의 육성 · 지원을 위한 각종 규정, 즉 자원순환을 촉진하고(법 제24조), 기업의 녹색경영을 촉진하며(법 제25조), 녹색기술의 연구개발 및 사업화 등을 촉진하고(법 제26조), 이를 위하여 정보통신기술을 적극 활용할 것을 규정하고 있다(법 제27장). 뿐만 아니라 녹색성장을 위한 금융을 지원하고 활성화하며(법 제28조), 녹색기술과 녹색산업을 표준화하고(법 제32조), 나아가 녹색기술 및 녹색산업에 자산을 투자하여 그 수익을 투자자에게 배분하는 것을 목적으로 하는 "녹색산업투자회사"를 설립하고, 녹색기술 · 녹색산업 집적지 및 단지를 조성할 수 있음을 규정하고 있다(법 제29조).

녹색성장기본법의 보조금 제도를 보면, 녹색기술 · 녹색산업에 대하여 보조금을 지급하고 신용보증을 하며, 외국인의 투자 유치를 지원하는 녹색기술 · 녹색산업에 대한 지원 및 특례를 규정하고(법 제31조), 녹색성장에 동참하려는 중소기업에 대한 특별 지원을 마련하며(법 제33조), 녹색기술 · 녹색산업에 대한 일자리 창출을 위한 재정적 · 기술적 지원을 규정하고 있다(법 제35조). 녹색성장기본법은 또한 온실가스와 오염물질을 발생시키거나 에너지 · 자원 이용효율이 낮은 재화와 서비스를 줄이고 환경친화적인 재화와 서비스를 촉진하는 방향으로 조제 제도를 운영하고, 이를 구체화하기 위하여 녹색기술 · 녹색산업과 관련된 기업을 지원하기 위하여 소득세 · 법인세 · 취득세 · 재산세 · 등록세를 감면할 수 있도록 규정함으로써 조세 제도를 녹색화하고 있다.

이제까지 '성장'에 초점을 맞춘, 말하자면 경제 '진흥' 행정을 펼치기 위한 규정을 살펴보았는데, 녹색성장기본법은 온실가스의 감축을 위한 '규제' 성격의 규정을 다수 갖추고 있다. 녹색성장기본법은 먼저 규제의 선진화를 위해 오염원이 스스로 온실가스와 오염물질의 발생을 줄이도록 유도함으로써 규제에 따른 사회 · 경제적 비용을 줄일 것을 주문하고, 규제 도입시에도 민간의 자율과 창의를 저해하지 않도록 함으로써 규제 체계를 선진화할 것을 주문하고 있다(법 제36조). 녹색성장기본법은 이어서 온실가스 감축규제를 함에 있어 지켜야 할 구체적 원칙으로 "가격기능과 시장원리에 기반을 둔 비용효과적 방식의 합리적 규제체제"를 도입할 것, "온실가스 배출에 따른 권리 · 의무를 명확히 하고 이에 대한 시장거래를 허용"할 것, "국내 탄소시장을 활성화하여 국제 탄소시장에 대비"할 것을 천명하고(법 제38조), 에너지 가격 및 에너지 산업에 대한 규제에 있어서도 "시장경쟁 요소의 도입"을 확대할 것을 원칙으로 하고 있다(법 제33조).

녹색성장기본법이 규정하고 있는 규제 중 업계가 가장 부담스러워할 규제는 "관리업체"에 대한 것이다. 즉 녹색성장기본법은 일정 기준량 이상의 온실가스 배출업체 및 에너지 소비업체를 '관리업체'로 분류하고 관리업체별로 측정 · 보고 · 검증이 가능한 방식으로 목표를 설정 · 관리할 것을 정부에 주문하고 있는데, 이 때 정부가 관리업체와 미리 협의할 것을 주문하고 있다. 관리업체는 위 목표를 준수하여야 하고 그 실적을 정부에 보고하여야 하는데, 만약 준수실적이 목표에 미달하는 경우 정부는 목표달성을 위하여 개선명령을 명할 수 있다(법 제42조). 녹색성장기본법은 또한 자동차제작자에게도 온실가스 감축방안을 마련할 것을 주문하고 정부에 대하여는 자동차 연비 및 온실가스 배출허용기준을 마련할 것을 규정하고 있다(법 제47조).

녹색성장기본법은 이와 같은 규제시스템의 가동을 위한 정보를 수집하기 위하여 관리업체에게 온실가스 배출량 및 에너지 사용량에 대하여 명세서를 작성하여 정부에 보고할 것을 규정하고 정부가 명세서에 포함된 주요 정보를 관리업체별로 공개할 수 있음을 천명하고(정보공개의 원칙, 법 제44조), 이와 같이 수집된 온실가스 관련 각종 정보 및 통계를 개발 · 검증 · 관리하는 온실가스 종합정보관리체계를 구축할 것과 기후변화가 가져올 영향을 평가하고 그에 대한 적응대책을 추진할 것을 주문하고 있다(법 제45조, 제48조).

녹색성장기본법이 규정하고 있는 새로운 제도 중 가장 논란이 뜨거운 것은 총량제한 배출권 거래제의 도입일 것이다. 동법 제46조에는 다음과 같이 "배출권거래제"의 근거가 명시되어 있다.[19)]

第46条(총량제한 배출권 거래제 등의 도입) ① 정부는 시장기능을 활용하여 효율적으로 온실가스 감축목표를 달성하기 위하여 온실가스 배출권을 거래하는 제도를 운영할 수 있다.

② 제 1 항의 제도에는 온실가스 배출허용총량을 설정하고 배출권을 거래하는 제도 및 기타 국제적으로 인정되는 거래 제도를 포함한다.

③ 정부는 제 2 항에 따른 제도를 실시할 경우 기후변화 관련 국제협상을 고려하여야 하고, 국제경쟁력이 현저하게 약화될 우려가 있는 제42조 제 5 항의 관리업체 대하여는 필요한 조치를 강구할 수 있다.

④ 제 2 항에 따른 제도의 실시를 위한 배출허용량의 할당방법, 등록 · 관리방법 및 거래소 설치 · 운영 등은 따로 법률로 정한다.

대통령 직속 녹색성장위원회가 2009년 7월 6일 확정한 "녹색성장 국가전략 및 5개년 계획"에 따르면, 우리 정부는 2011년까지 탄소배출권 거래제도 시범사업을 실시하고 2012년 이를 단계적으로 도입하기로 결정한 바 있다.[20]

Ⅳ. 녹색성장기본법과 법의 지배

'법의 지배(rule of law)'에 관한 다양한 정의 중에서 널리 수용된 견해에 의하면, 법의 지배는 법공동체의 구성원이 공권력의 행사방식에 관하여 미리 정해진 규칙에 의하여 얻게 된 충분한 정보를 토대로 자신의 삶을 설계하고 영위해 나갈 수 있는 법적 상태이다.[21] 법의 지배를 이와 같이 기능적인 측면에서 파악한다면, 여기서의 법은 미리 공표되어야 하고 일반추상적이어야 하며 일정 기간 지속되어야 하고 소급적이어서는 안 되고 추급적(追及的)이어야 하며 일관성이 있어야 할 뿐만 아니라 불가능을 강요해서는 안 된다.[22] 왜냐하면 법이 이와 같은 속성을 가질 때 비로소 정부의 행위에 대한 법원의 법적 통제가 확보되어 일반 국민이 예측가능한 삶을 설

19) http://likms.assembly.go.kr/bill/jsp/BillDetail.jsp?bill_id=PRC_G0I9I0O2X2U7X1O8S2Q0M3U0I6B9A4(국회의안 정보 시스템 2009. 08. 21. 검색).

20) 뉴시스, "녹색성장 국가전략 · 5개년계획", 내용은, 2009. 07. 06. http://news.naver.com/main/read.nhn?mode=LSD&mid=sec&sid1=101&oid=003&aid=0002761124(2009. 8. 21. 검색).

21) 拙著, 사법통치의 정당성과 한계, 293 및 그 인용 문헌(2009) 참조.

22) *Id.*

계할 수 있기 때문이다.

법의 지배를 이와 같이 이해한다면, 녹색성장기본법은 논란의 여지가 있는 규정을 가지고 있다고 보아야 할 듯하다. 먼저 짚고 넘어가야 할 것은 동법의 "규제적 이념(regulative idea)"으로 보아야 할 "녹색성장"의 개념이다. 동법 제 2 조는 녹색성장을 "에너지와 자원을 절약하고 효율적으로 사용하여 기후변화와 환경훼손을 줄이고 청정에너지와 녹색기술의 연구개발을 통하여 새로운 성장동력을 확보하며 새로운 일자리를 창출해 나가는 등 경제와 환경이 조화를 이루는 성장"으로 규정하고 있다. 녹색성장이 경제와 환경을 상충(trade-off)에서 상보(complementarity)로 파악하는 점에서는 "지속가능발전(sustainable development)"의 개념과 일맥상통하지만, 지속가능발전과 달리 녹색성장은 사회적 형평이나 통합에 관한 고려를 하고 있지 않다. 다시 말해 녹색성장은 경제와 환경의 조화만을 추구할 뿐 환경피해의 계층적·지역적 집중 문제와 같은 사회정의의 문제를 전혀 고려하고 있지 않다. 이는 녹색성장의 정의를 규정한 위 조문과 지속가능발전법 제 2 조의 정의 규정을 비교하면 판명하게 드러나는 차이이다.[23)]

법체계의 정합성을 중시하는 입장에서 보면 상충하는 두 개념을 정합적으로 이해하는 것이 중요한 문제가 될 것이다. 가령 어떤 사안이 동법뿐만 아니라 지속가능발전법의 적용을 받는 것으로 판단된다면 두 법률 사이의 상충을 여하히 해결할 것인가가 문제가 되는 것이다. 녹색성장기본법 제 8 조가 동법이 "녹색성장"에 관하여 최우선성(最優先性)을 갖는다고 밝히고 있지만, 가령 녹색성장을 위해 만들어진 정책이 사회의 통합을 저해하는 것으로 판단되는 경우 이 정책을 유지하여야 하는가를 논하는 경우라면 동조만을 근거로 동법의 적용을 주장할 수는 없을 듯하다. 요컨대 상충하는 신호를 보내는 여러 기본법과 녹색성장기본법 사이의 위계, 나아가 동법과 기존 법체계와의 관계를 여하히 정합적으로 처리할 것인가의 문제가 미결의 문제로 남는 것이다.

환경보호를 위한 규제수단의 선택은 크게 두 가지 기준에 근거해서 내려진다. 효율성 기준과 공정성 기준이 그것이다. 이제까지 경제학자들의 연구를 종합해보면 효율성 기준에 근거해서 수단을 선택한다면 대체로 다음과 같은 결론에 도달한다고 할 수 있다. 명령통제 수단보다는 경제적 유인책을 선택하되 보조금은 그 사용을 자

23) 지속가능발전법 제 2 조는 "지속가능발전이란 미래세대를 위하여 경제의 성장, 사회의 안정과 통합 및 환경의 보전이 균형을 이루는 발전"으로 정의하고 있다.

제하고 거래가능배출권보다는 환경세를 선택할 것을 제언하고 있다.[24] 앞서 본 바와 같이 녹색성장기본법은 인프라구축에서 배출권거래제에 이르기까지 각종 규제수단을 총망라하고 있는데, 이들 정책수단 사이에 사용상 우선순위나 정책수단들의 조합의 방식이나 내용에 관하여 앞서 본 추상적 원칙 이외에 구체적 규정을 두고 있지 않다. 따라서 이 모든 이슈는 행정입법이나 행정지도의 소관 사항이 되었다고 할 수 있을 것이다. 피규제자의 입장에서는 이는 심각한 문제이다. 피규제자는 규제의 방향이 선명하게 밝혀져야만 투자 등 각종 경영전략을 세울 수 있고 미래를 준비할 수 있기 때문이다.

또 하나의 심각한 문제는 녹색성장기본법이 온실가스의 감축규제만을 담고 있는 것이 아니라 에너지 사용통제도 함께 다루고 있다는 점이다. 온실가스를 배출하는 산업공정의 규제는 크게 투입(input)의 측면과 배출(output)의 측면으로 나누어 볼 수 있는데, 이론적으로만 보면 투입되는 에너지의 양만으로도 배출되는 온실가스의 양을 개산(概算)해낼 수 있으므로 투입의 관리를 통해서도 온실가스의 통제가 가능할 것이다. 하지만 이렇게 추산된 온실가스의 양이 배출시 실측(實測)한 온실가스의 양과 일치한다는 보장은 없을 뿐만 아니라 굳이 양자의 정확도를 비교한다면 아직은 실측하는 편이 안전한 선택일 것이다. 어쨌든 녹색성장기본법은 양 측면 모두를 규정하고 있는데, 이는 피규제자의 입장에서 보면 중복규제로 받아들여질 수밖에 없다. 그럼에도 불구하고 동법은 가령 "관리업체"별로 목표를 설정 · 관리할 때에도 양 측면의 목표를 함께 설정 · 관리할 것을 요구하고 있고(법 제42조), 이들 관리업체가 보고할 때에도 온실가스 배출량 및 에너지 사용량에 대하여 명세서를 작성하여 보고하도록 되어 있다(법 제44조).

어째서 이와 같은 내용의 입법이 생겨났는지를 실증적으로 밝힌 연구는 아직 나와 있지 않다. 추측하건대, 이는 환경오염을 관리하는 환경부와 에너지를 관리하는 지식경제부가 규제권한을 놓고 양보 없는 치열한 전쟁을 벌인 결과일 것이다. 실로 니스카넨(William Niskanen)의 정치경제학적 통찰, 즉 "관료는 공익을 위해서가

24) 이러한 연구결과는, 환경보호의 목표는 정치체에 의해 주어진 것으로 받아들이고 오로지 그 목표를 달성할 수 있는 수단 중 가장 비용효과적인 것이 어느 것이겠는가에 치중해 얻어진 것이다. 그리고 이 때 채용하는 효율성 기준이라는 것은 '채택되는 규제수단으로 인해 얻을 수 있는 총편익이 총비용을 초과하여야만 한다'는 칼도-힉스 기준이다. 주지하듯이 칼도-힉스 기준은 정부로 하여금 소득분배에 관련된 이전투구식 정쟁과 절연한 채 파이를 키우는 일에 전념하게 해주는 것이다. 자세한 것은 Wiener(註 17) 참조.

아니라 예산의 확보를 위해 일한다"는 통찰이 떠오르는 대목이 아닐 수 없다.[25] 관료조직이 더 많은 예산이나 더 많은 피규제자의 확보를 위해서 일을 하는지, 승진을 위해서 일을 하는지, 아니면 공익을 위해 일을 하는지를 규명하는 것은 이 글의 연구범위를 넘는 것이다. 다만 녹색성장기본법을 둘러싸고 벌어지는 일의 진행상황을 보면 니스카넨의 이론이 음모론적 시각으로만 느껴지지는 않는다. 가령 2010. 3. 3. 개최된 공청회에 제출된 녹색성장기본법의 시행령을 보면 온실가스감축규제를 담당할 행정기관으로 지식경제부와 환경부를 함께 거명하고 있다.[26]

행정조직의 구성은 규율법규의 내용만큼이나 행정의 방향과 내용을 결정한다. 따라서 규제권한을 나눠 먹는 것은 결코 정당화될 수 없는 일이다. 가령 룰(J. B. Ruhl)은 "복잡성 이론(complexity theory)"에서 법체계가 불의타(不意打, surprise)를 이겨내고 지속가능하기 위해서는 법체계를 가급적 단순하고 안정되게 유지하여야 하고 새로운 대증적 · 분절적 입법을 자제하여야 함을 역설하고 있다.[27] 요컨대 시스템의 복잡성이 증대하면 할수록 시스템의 지속가능성이 줄어든다는 복잡성 이론을 받아들인다면, 지식경제부와 환경부가 관련 업무를 "상호협의"하여 처리한다는 것은 시스템의 복잡성을 키우는 일이 될 것이고 그 만큼 우리 법체계의 지속가능성에 부담을 주는 것이 될 것이다. 가령 상호협의가 이루어지지 않으면 어떤 방법으로 돌파구를 마련할 수 있을 것인가? 이와 같은 미봉책으로 문제의 해결을 뒤로 미루기보다는 규제권한을 하나의 행정기관에 몰아주고 그 행정기관을 다른 행정기관이 견제하게 하는 것이 옳을 것이다. 그렇지 않고 위 시행령과 같이 경제의 진흥을 목표로

25) William Niskanen, Bureaucracy and Public Economics(Cheltenham, UK: Edward Elgar, 1994).

26) 저탄소 녹색성장기본법 시행령(안) 제 5 장 "저탄소 사회의 구현" 가운데 "제27조(중앙행정기관 등의 목표관리 방법 및 절차) ① 법 제42조 제 3 항에 따른 관계 중앙행정기관, 지방자치단체 및 제26조에 의한 공공기관(이하 "중앙행정기관 등"이라 한다)의 장은 다음 각호의 사항을 포함한 다음 연도 온실가스 감축 및 에너지 절약에 관한 목표 달성을 위한 이행계획을 전자적 방식으로 매년 12월말까지 제35조에 의한 국무총리실 소속의 기후변화에너지센터(이하 "센터"라 한다)를 통하여 지식경제부장관과 환경부장관에게 제출하여야 한다." 등 참조.

27) 拙稿, "리스크규제의 합리화: 유전자변형생물체를 중심으로," 장승화 편저, 국제기준과 법의 지배, 264-66(2004); J. B. Ruhl, "Complexity Theory as a Paradigm for the Dynamical Law-and-Society System,: A Wake-Up Call for Legal Reductionism and the Modern Administrative State," 45 Duke Law Journal 849(1996); J.B. Ruhl & Harold J. Ruhl, Jr. "The Arrow of the Law in Modern Administrative State: Using Complexity Theory to Reveal the Diminishing Returns and Increasing Risks the Burgeoning of Law Poses to Society," 30 University of California Davis Law Review 405(1997) 참조.

하는 지식경제부와 경제활동의 부정적 측면을 규제하는 환경부가 공동으로 권한을 부여받는다면 마치 자동차의 가속페달과 브레이크를 동시에 밟아 어떤 방향으로든 움직일 수 없게 되는 모습이 연출될 가능성이 높다.

그리고 온실가스의 규제, 특히 온실가스의 측정 · 보고 · 검증업무는 지식경제부보다는 환경부가 이를 담당(擔當)하는 것이 마땅하고 합리적인 일이라고 본다. 첫째, 이 문제는 기본적으로 녹색성장에 관한 현 정부의 철학(哲學)이 무엇인지를 결정하는 문제이다. 현 정부가 기후변화라고 하는 지구적 문제를 눈가림으로 우회하는 것이 아니라 적극적으로 문제해결을 선도한다는 방침을 정하였다면, 그리고 이를 통하여 우리나라의 삶의 질을 한 단계 업그레이드시키려는 입장을 정하였다면, 온실가스의 감축권한은 환경부에게 주는 것이 마땅할 것이다. 녹색성장을 도모하기 위해 필요한 것이 성장을 향도할 '녹색' 시그널이라고 한다면, 이를 지식경제부로부터 기대하기는 어려울 것이다.

둘째, 기후변화의 문제는 본질적으로 경제문제가 아니라 환경문제이다. 인류 전체가 양적 팽창만을 염두에 두고 달려온 결과 엄청난 부작용을 초래했고 이제는, 마치 기생생물이 그 생존의 터전인 숙주를 위협하듯, 그 부작용이 지구의 수용능력을 초과하여 인류의 생존마저 위협하는 수준에 이르렀다. 우리 경제의 재도약만이 문제라고 하면 굳이 이렇게 어려운 길을 걸어가야 할 필요는 없을 것이다. 앞서 본 미국 연방대법원 판결 및 미국 환경보호청의 "사실 확인(endangerment finding)"은 온실가스가 일반 대중의 건강과 복지에 유해한 영향을 미치는 대기오염물질임을 최종적으로 확인하고 있다. 이는 온실가스의 감축문제를 "먹고사는 문제," 즉 경제문제로만 보아서는 안 되고, "옳으냐, 그르냐의 문제," 즉 당위의 문제로 파악하여야 함을 의미한다. 왜냐하면 온실가스 배출행위는 인간의 건강을 해치는 옳지 못한 행위라고 한다면 그것이 아무리 큰 이익을 준다고 해도 이를 용인할 수는 없기 때문이다. 환경훼손은 기본적으로 옳지 못한 행위이고 그렇기 때문에 이를 규제하는 것이지 환경훼손이 경제적으로 손실을 가져다주기 때문에 규제하는 것은 아니다.

셋째, 온실가스 중 에너지 사용으로 인한 것이 큰 비중을 차지하는 것은 사실이지만, 그렇다고 온실가스가 에너지의 사용에 의해서만 배출되는 것은 아니다. 기후변화가 경제에 미치는 영향이 매우 크다는 것을 부인할 수 없고 이점에서 지식경제부의 경험과 전문성이 높이 평가되어야 할 것이다. 하지만 마치 통일의 경제적 파장이 엄청나다고 해서 통일정책을 경제부처가 담당할 수 없듯이, 기후변화의 문제를 그 경제적 영향이 크다고 하여 경제부처에게 맡길 수는 없는 것이다.

넷째, "포획이론(capture theory)"에 따르면 규제자가 피규제자에게 포획되어 피규제자의 이익을 대변하게 되는 경우가 있다고 한다. 이 이론을 의미 있게 받아들인다면, 오랫동안 피규제자가 성장을 하는 데 행정적 도움을 제공해 온 지식경제부보다는 규제자로서 피규제자와 긴장관계를 유지해온 환경부가 규제업무를 담당하는 것이 적절할 것이다. 행정조직의 업무 분장을 계획함에 있어 "사냥꾼(poacher)" 역할을 담당해온 부처에게 "사냥감 지킴이(game keeper)" 역할을 맡길 수는 없는 것이다.

다섯째, 이런 까닭에 거의 모든 선진 국가들은 온실가스의 규제권한을 환경부처에 부여하고 있다.[28] 이들 국가가 이런 결정을 내린 것은 경제를 경시(輕視)하기 때문이 아니다. 이들 국가에는 시스템의 각 구성요소가 각기 맡은 역할을 할 때 전체 시스템이 균형을 이룰 수 있다는 확신이 있기 때문이다. 다시 말해 환경부서가 온실가스의 규제권한을 맡더라도 경제부서가 자신의 진흥 역할을 충실히 하면 전체 시스템 차원에서는 적절한 균형을 잡아 결코 환경보호에만 치중한 결과를 만들어내지 않을 것이란 확신이 있는 것이다.

여섯째, 온실가스가 환경에 나쁜 영향을 미치는 배출가스라면 그 관리는 환경부의 고유 기능에 속한다고 보는 것이 정부조직법에 부합하는 해석이다. 즉 정부조직법은 제34조에 의하여 환경오염방지에 관한 사무를 환경부의 소관으로 하고 있기 때문이다. 대기환경보전법에서도 온실가스를 "기후 · 생태계 변화유발물질"로 규정하고(법 제 2 조), 대기오염물질과 온실가스를 통합하여 관리할 것을 규정하고 있다(법 제11조).

현 정부는 "녹색성장"을 기치로 내걸고 경제위기를 타개하려 함을 보았는데, 녹색성장이란 모토에서 규제적 이념으로 작용할 것은 '성장'이 아니라 '녹색'일 것이다. 다시 말해 현 정부는 이제까지 오직 성장만을 위해 국가정책을 추진하던 관성에서

---

28) 미국의 경우는 앞서 본 연방대법원의 판례에 더하여 환경보호성이 2009. 12. 청정대기법(Clean Air Act)에 의한 규제방침을 발표하였으며, 이어서 2010. 1.부터 온실가스의무보고규칙(Mandatory Reporting Rule)의 주관부처로서 이를 본격 시행하고 있다(http://www.epa.gov/climatechange/emissions/ghgrulemaking.html 참조, 검색 2010. 3. 23.). 유럽연합도 온실가스를 오염물질로 규정하고 오염물질배출이송등록제도(Pollutant Release and Transfer Register)를 통해 온실가스를 오염물질과 함께 통합적으로 환경부처에 보고할 것을 주문하고 있다(http://europa.eu/legislation_summaries/environment/general_provisions/l28149_en.htm 참조, 검색 2010. 3. 23.). 호주 또한 탄소오염감축법(Carbon Pollution Reduction Scheme)에서 지구온난화를 오염으로 규정하고 있다(http://www.daff.gov.au/climatechange/carbon_pollution_reduction_scheme 참조, 검색 2010. 3. 23.).

벗어나 기후변화를 맞이하여 이제 그 성장을 계도할 이념으로 '녹색'을 들고 나온 것이다. 이는 말하자면 게임의 규칙을 변경해 새로운 동력을 얻으려는 것인데, 이때 새로운 규칙의 집행자로서 어느 기관이 적절한가? 게임의 플레이어를 계도하여 그 타성을 교정하려 한다면, 성장만을 목표로 견인차로서의 역할을 수행해 온 진흥부처가 아니라 성장의 부작용을 최소화하기 위해 향도(嚮導)로서의 역할을 수행해 온 규제부처가 그 일을 담당하는 것이 타당할 것이다.

Ⅴ. 배출권거래제도 설계에 관한 법적 쟁점

'법의 지배(rule of law)'의 관점에서 볼 때 배출권거래제의 설계보다 더 많은 쟁점을 제기하는 이슈는 없을 것이다. 총량제한 배출권거래제에 대한 평가는 인색하다. 산업계는 "배출권거래제의 도입은 신규투자를 위축하고 원가를 상승시키며 제조업의 해외이전 가속화를 유발할 것"이라며 "우리 기업의 국가경쟁력을 약화시키지 않기 위해 규제보다는 국가경쟁력을 뒷받침 할 수 있는 지원에 중점을 맞춰야" 한다고 강조한다.[29] 다른 한편 환경단체들은 제46조의 제목과 제 2 항으로 인하여 총량제한 배출권거래제 이외의 여러 방식을 도입할 수 있는 가능성을 열어 놓음으로써 정부가 환경보호로부터 일보 후퇴한 것 아니냐는 비판을 가하고 있다.[30] 이하에서는 이런 평가를 배경으로 삼아 배출권거래제를 입안할 때 생길 수 있는 구체적인 법적 쟁점에 관하여 살피기로 한다.

1. 배출권거래제 설계의 기준과 제약요소

배출권거래제를 설계할 때 고려해야 할 첫 번째 요소는 제도 설계를 지휘할 규제적 이념 혹은 기준이고, 두 번째 요소는 배출권거래제의 설계를 제약하는 당해 국가의 제반 조건이다. 전자가 적극적이고 보편적인 요건이라 한다면 후자는 소극적이고 국지적인 요건이다.

---

29) 뜨거운 감자 '총량제한 탄소배출권 거래제' 논란 가열, 메디컬투데이(2009. 08. 21. 검색). http://www.mdtoday.co.kr/mdtoday/index.html?no=86166.

30) 뜨거운 감자 '총량제한 탄소배출권 거래제' 논란 가열, 메디컬투데이(2009. 08. 21. 검색). http://www.mdtoday.co.kr/mdtoday/index.html?no=86166.

먼저 배출권거래제 설계를 지휘할 기준을 보자. 온실가스 삭감이라는 정책목표를 달성하기 위해 선택할 수 있는 정책수단은 여러 가지이다. 배출권거래제가 선택되기 위해서는 온실가스 삭감이라는 목표를 달성하는 데 "실효성"이 있어야 한다. 기후변화협약과 교토의정서 등 국제환경조약은 체결과 함께 국내법으로 수용되는 자동집행(self-executing) 조약이 아니다. 각 체약국은 조약의무를 국내에서 이행하기 위한 국내법을 제정 · 실시함으로써 그 조약의 목적 · 내용을 실현하여야 한다. 또한 조약에 일단 서명 · 비준하여 당사국이 된 경우라면 이런 저런 국내 사정을 이유로 조약의무의 이행 · 준수를 회피할 수도 없다. 따라서 향후 포스트교토체제의 일원이 될 우리나라로서는 목표달성을 확실히 보장하는 실효성 있는 배출권거래제를 설계하는 것이 무엇보다 중요하다.

배출권거래제 설계를 지휘할 두 번째 이념은 비용효과성(cost-effectiveness)이다. 탄소배출권은 탄소를 배출하기 위해서 배출되는 탄소만큼 배출권을 구매하도록 강제함으로써 사회 전체적으로 적은 비용으로 배출삭감 목표를 달성할 수 있도록 하는 데 의의가 있다. 이전에는 자유롭게 하던 탄소배출에 가격을 매기게 되면 배출자는 탄소배출권 구매보다 저렴한 대책이 있는지 탐색하게 된다. 그리고 배출권을 거래하도록 하면 배출자는 이제 탄소배출을 저렴한 비용으로 삭감하는 배출자를 찾아 이로부터 배출권을 구매하게 될 것이다. 이와 같이 배출권거래제의 기본 취지는 온실가스 삭감에 있어 비용 대비 효과가 높은 대책의 도입을 장려하는 데 있다. 이렇게 보면 비용효과성이란 이념은 목표달성을 위한 수단 선택에 있어 유연성을 보장함으로써 탄소배출의 삭감이란 목표를 저렴한 비용으로 달성하게 하는 것으로 이해할 수 있을 것이다. 또한 이처럼 비용에 초점을 맞춘다면 기술개발이란 부수효과를 거둘 수 있는데, 탄소배출권의 가격상승에 따라 고효율의 기술도입이 촉진될 것이고 또한 장기간에 걸쳐 목표를 적절하게 설정함으로써 기술개발을 촉진하는 것도 기대할 수 있는 것이다.

다음으로 배출권거래제의 내용을 제약하는 소극적 요건을 살펴보자. 경제적 측면에서 보면, 우리나라는 심한 탄소집약적(carbon-intensive) 산업구조를 가지고 있는데, 이는 배출권거래제의 즉시 도입을 불가능하게 하는 것이므로 배출권거래제의 단계적 시행을 고려할 필요가 있다. 그리고 우리나라는 배출권거래제의 실시를 위해 필요한 배출통계자료와 같은 토대도 구축되어 있지 않다. 관련 데이터가 구비되지 않으면 규제시스템을 설계할 수도 보조금을 지급할 수도 없다. 데이터 수집에 큰 비용과 시간이 소요되는 점을 고려하여 데이터 수집을 용이하게 하기 위한 각종 정책수단을 법제화할 필요가 있을 것이다. 가령 회사 기밀에 해당하는 데이터를 보호하는 정보보호규정은 좋은 예가 될 것이다.

사회문화적 측면에서 보면, 한국인은 권리의식이 매우 강해서 탄소배출권의 초기배분에 있어 적지 않은 갈등이 예상된다. 한국사회를 "소송을 기피하는 사회(non-litigious society)"로 보는 시각은 더 이상 받아들여지지 않고 있는데,[31] 이를 뒷받침하기라도 하듯 근자에 들어서는 민사소송, 행정소송을 막론하고 소송을 통한 분쟁해결건수가 급증하고 있다. 탄소배출권의 초기배분도 과거라면 권위주의적 정부와 수동적인 기업 사이의 합의에 의해 큰 논란 없이 이루어질 수 있었을지도 모르겠다. 하지만 권리의식이 강해진 국민들, 이들 사이에 뿌리내린 시민단체들, 정부를 두려워하지 않는 기업들은 모두 자신의 권익을 찾기 위해 싸울 준비가 되어 있다. 특히 배출권거래제가 가져올 재분배효과를 고려하면 이에 관한 논란이 가져올 사회적 파장을 짐작할 수 있을 것이다. 따라서 배출권거래제를 설계함에 있어서 절차적으로는 무엇보다도 이해관계인의 참여 하에 입법이 이루어져야 할 것이고, 내용적으로는 가급적 무임승차자를 최대한 배제하고 공정한 책임분담이 이루어질 수 있도록 제도설계를 하여야 하며 제도의 본격적 시행에 앞서 적응기간을 두는 단계적 시행을 고려함으로써 제도시행에 따르는 부작용을 최소화하여야 할 것이다.

법제도적 측면에서 보면, 우리 헌법은 "모든 국민이 건강하고 쾌적한 환경에서 생활할 권리"를 가짐을 선언하고 있다(헌법 제35조 제 1 항). 헌법에 규정된 직업의 자유나 재산권과의 관계에서 탄소배출권의 위헌성이 유럽에서 논의되고 있음은 주지의 사실인데, 이에 더하여 우리나라에서는 배출권거래제의 도입이 오염권을 인정하는 것으로 받아들여져 결국 헌법상 환경권을 침해함으로써 위헌이라는 평가를 받을 수 있는 것이다. 또한 환경정책기본법에는 오염자부담의 원칙이 천명되어 있는데, 가령 상류(upstream) 오염원만을 대상으로 하는 배출권거래제를 설계한다면 이는 오염자부담의 원칙에 부합하지 않는 측면이 있게 된다. 또한 배출권거래제가 각종 환경행정법의 개별규정과 상충할 가능성을 배제할 수 없을 것이다. 이와 같은 문제점을 해결하기 위해서는 조문의 설계시 미세조정을 해야 함은 물론이고, 배출권거래제

31) 이에 관한 문헌으로는 이철우, "아시아적 가치와 한국의 법문화: 담론과 현실," 전통과 현대 11 이하(2000); 임상혁, "소송기피의 문화전통에 대한 재고와 한국사회," 법과 사회 제25권, 145(2003); 정긍식, "조선시대의 권력분립과 법치주의," 법학 제42권 제 4 호, 27(2001).

도의 추진체계를 구체적으로 명시하는 집행 · 관리규정을 둘 필요가 있는 것으로 보인다. 가령 배출권거래제도가 기존의 법률 규정과 충돌할 경우 이를 해결하기 위해 필요한 총괄전담기구 또는 절차를 마련하는 것도 생각해볼 만한 선택일 것이다.

2. 제도설계에 있어서의 구체적 쟁점

배출권거래제도를 설계할 때 논란이 예상되는 구체적 쟁점은 제도의 구체적 내용을 구성하는 제도내적 요소에 관한 것과 제도 바깥에 존재하면서 제도의 성패를 좌우하는 제도외적 요소에 관한 것으로 나누어볼 수 있다.

제도내적 요소 중 가장 기본적인 것은 "언제까지 무엇을 어느 정도 삭감할 것인가?"를 결정하는 '제도기간(단기, 중기(post-Kyoto period: 2013-2020), 장기(2021~2050)),' '할당총량,' '대상 가스(CO_2, CH_4, N_2O, HFCs, PFCs, SF_6)'가 있다. 이와 관련해 삭감의무의 준수 여부를 관할할 규칙, 즉 준수기간 · 상각의무, 준수하지 않을 때의 조치를 정할 필요가 있다. 이러한 준수에 관한 규칙은 배출권 인정과 거래의 전제조건이 되는 것으로 아무리 강조해도 지나치지 않을 것이다. 우리 정부는 2009년 8월 4일에 2020년까지 배출전망치(business as usual) 대비 최대 30%의 온실가스를 줄이는 감축목표를 제시하였는데, 이와 관련한 사회적 논의의 분출을 보면 특히 할당총량에 관한 결정의 중요성을 알 수 있다. 무엇보다 사회적 합의를 도출해내는 것이 중요할 것이다.

다음 요소는 "배출권을 누구에게 할당할 것인가?" 즉 '할당 대상'을 정할 필요가 있는데, 대상의 선정에 따라 배출권거래제도가 규율하는 부문과 업종, 그것들이 우리나라의 총배출량에서 차지하는 비율이 결정된다. 연료의 생산 · 수입 · 판매자 등 상류(upstream)를 대상으로 할지 아니면 에너지의 수요자, 즉 전력생산자 또는 전력수요자 등 하류(downstream)를 대상으로 할지를 결정하여야 한다. 할당대상이 정해지면, '배출권의 할당방법'을 정해야 하는데, 여기서는 '공정'이란 기준이 지켜져야 할 것이다. 그렇지 않으면 참여자의 지지를 얻지 못해 제도의 성공을 기약할 수 없게 된다. 할당방법으로는 무상할당(grandfathering)과 유상할당(auction)의 방법이 있다. 앞서 본 헌법적 문제, 오염자부담의 원칙의 문제 등이 여기서 거론될 것이다. 조기행동(early action)을 취한 자에 대한 대책도 강구할 필요가 있을 것이다. 신규사업자 및 시설 폐쇄에 대한 검토도 필요하다. 이 문제는 재산권의 법적 정의를 여하히 하느냐에 따라 그 처리가 좌우되는 것인데, 가령 배출권을 자유권으로 보면 신규사업자의 진출을 막을 수 없을 것이고 재산권으로 보면 시설을 폐쇄하는 기업에 대해서도 삭감량 만큼의 배출권을 할당하여야 하게 될 것이다.

제도를 운영하기 위한 제도내의 인프라로는, 배출량을 정확하게 파악하기 위한 "배출량의 모니터링 · 산정 · 보고," "배출량의 검증"에 관한 규칙을 정비하여야 하고 배출권의 등록부를 설정할 필요가 있다. 이 문제도 배출권의 법적 정의를 여하히 하느냐에 따라 결론이 좌우되는 것인데, 가령 배출권을 동산으로 볼지 아니면 부동산으로 볼지, 동산으로 보는 경우 질권의 설정을 허용할지 등의 문제가 연속해서 등장하게 된다.

이상의 제도 설계에 덧붙여, 가격 폭등과 등락이 경제에 미칠 수 있는 악영향을 고려하여 "비용 완화조치," 즉 이월(banking), 차입(borrowing), 가격제한조치(price cap), 상쇄(setoff) 등의 조치를 마련할 필요가 있을 것이다. 이는 배출탄소의 삭감이라는 목적을 유지하면서, 배출권의 수급불안 · 가격폭등 시에 배출권의 공급을 유연하게 늘리는 것을 가능하게 하는 조치 등을 설정함으로써, 가격 안정화를 도모하고 비용의 급격한 증가를 회피하는 것을 목적으로 하는 것이다.

나아가 탄소배출에 대한 규제 정도가 나라마다 다를 것을 생각하면, 우리 국내규제가 산업의 국제경쟁력에 미치는 악영향과 있을 수 있는 국제적 "탄소 누출(carbon leakage)"에 대한 대응조치도 함께 고려되어야 할 것이다. 대응책으로는 특정부문에 대한 무상할당과 배출권제출의무 등의 "국경조정(border adjustment)" 등의 조치가 상정될 수 있을 것이다.

마지막으로 국내배출량 거래제도와 국제적인 링크를 여하히 행할지도 검토되어야 할 과제이다. 배출권의 국제거래는 저비용으로 삭감 가능한 국가에 단기적인 자금 유출이 발생하게 되고 이것이 대규모인 경우는 정치적 문제로 비화할 가능성이 있다. 또한 국제 링크에 의한 거래량 · 참가자의 증가는 각국 정부의 통제를 약화시킬 수 있다. 따라서 배출권 국제거래 시에 적용될 국제 링크에 관한 규칙의 제정은 무시할 수 없는 과제이다.

제도 바깥에서 거래가능배출권제도의 주요 기반으로 기능할 것은 크게 두 가지가 있다. 하나는 배출권의 할당과 거래를 규율할 "회계처리 및 세무처리의 규칙"이고, 둘은 가격 시그널을 통해 효율적인 배출삭감을 실현할 수 있도록 거래가 원활하게 행해지기 위한 기반이 정비되어야 하고 시장이 적절하게 기능하게 하는 것도 중요하다. 회계처리와 세무처리는 배출권거래제가 국제적으로 링크되면서 세계적으로 수렴할 가능성이 농후하다. 국제회계기준심의회(IASB) 등의 국제적인 논의를 주시하면서 국제 회계기준과의 차이점을 줄여 나아가야 할 것이다. 거래 원활화를 위해서는 많은 참가자를 확보하는 것이 중요하고 거래 매개자가 탄생할 수도 있도록 제도적 뒷받침을 하여야 할 것이고, 거래의 신뢰성 · 안전성을 확보하기 위한 조치도 취해져야 할 것이다.

3. 정책조합과 단계적 이행

이상에서 본 바와 같이 우리나라에서 배출권거래제를 정착시키기 위해서는 수많은 관문을 통과하여야 한다. 이를 위해서는 배출권거래제만을 고집할 것이 아니라 이와 더불어 다양한 정책수단, 즉 명령통제식의 직접 규제(command-and-control), 환경세, 보조금, 기술개발 지원, 사회기반의 정비 등을 함께 사용하는 "정책조합(policy-mix)"의 방식의 규제시스템을 도입할 필요가 있을 것이다.[32] 가령 대상이 되는 배출자가 소규모이고 다수인 경우에는 모니터링과 검증이 곤란하게 되므로 명령통제식의 규제와 세제의 활용이 유용할 수 있다. 또한 배출권가격보다 배출삭감 대책비용이 높은 경우라 하더라도 장래의 삭감과 새로운 산업육성을 목표로 현시점에서 그 대책기술을 보급시키고 싶은 경우라면, 가령 보급을 위한 보조금지급을 생각해볼 수 있을 것이다.

배출권거래로부터 기대되는 규제적 결과는 산업계로서는 큰 부담이 될 것이다. 이러한 규제부담을 최소화하기 위해서는 아래와 같이 규제의 단계적 이행을 가능하게 하는 근거 규정을 마련하는 것이 필요할 것으로 보인다.[33]

제 1 단계는 업계가 자율적으로 자신의 행동계획을 수립하도록 하는 것이 되어야 한다. "자율적 행동계획"은 임의적 · 자율적이어서 비용합리성과 정치적 수용성이 높을 것이다. 이 방안이 업계에 대한 방임이 될 것이 우려된다면 대안으로 "자발적 협정"을 고려할 수 있다. 이는 정부가 업계와 협정을 맺고 업계로 하여금 기업별 온실가스 삭감계획을 정부에 제출하게 하며, 정부 또는 제 3 자에 의해 진척상황을 관리 · 인증 · 공표하게 하는 것을 의미한다.

32) 大塚直, 地球温暖化をめぐる法政策, 248-72(2004).
33) *Id.* 272-74.

제 2 단계는 탄소세를 필두로 하는 온실가스에 대한 세제의 도입 및 자발적 협정방식의 연계이다. 제 1 단계의 자발적 협정이 작동하기 위해서는 협정 참여의 유인책이 있어야 하고 협정 이행확보를 위해 협정 목표 미달성의 경우 불이익조치가 따라야 한다. 이러한 유인체계를 성립시키기 위한 방안으로서 ① 온실가스 배출에 대한 세금을 부과하고, 협정참가자에 대해서는 일정한 감세조치를 취함과 동시에, ② 미이행의 경우에는 차기에 관하여 감세조치를 취소하는 조치 혹은 가중된 세금을 부과하는 방법을 생각해 볼 수 있다. 세금만으로는 구체적인 정량적 목표가 설정되지 않는 측면이 있는데, 세금을 자발적 협정과 연계함으로써 정량적 목표를 설정할 수 있고, 따라서 국가로서도 계획적 온실가스의 감축을 시행할 수 있게 될 것이다.

제 3 단계는 협정참가자의 배출권 거래에의 참가이다. 제 2 단계 협정참가자에 대해서 감세하는 것은 효율적 자원배분을 해할 위험이 있다. 따라서 협정참가자에게 배출권을 거래하도록 함으로써 효율적 자원배분 저해 요인을 최소화할 수 있다는 발상이다. 배출권거래제도와 협정의 조합은, 합의의 형식을 빌리고 협정에 의해 배출권의 초기배분을 결정함으로써 배출권할당에 '분배' 문제를 피하고 정치적 수용성을 제고할 수 있다. 제 2 단계에서 제 3 단계로 넘어갈 수 있는 대상은 중규모 이상의 발생원이고 소규모 발생원에 대해서는 세금에 의해 해결하는 것이 바람직하다. 배출량을 준수하는지 여부를 모니터링하는 데 적지 않은 비용이 들기 때문이다.

명령통제방식의 규제와 보조금은 기술혁신이 필요한 경우에서와 같이 제한적으로 사용하는 것이 바람직할 것이다.

제 2 절 온실가스 중기감축목표의 법적 의미와 영향

이 규 용*

Ⅰ. 서 언

전세계 124개국 정상을 포함, 공식 집계로만 31,605명[1]의 각계각층 인사들을 불러 모았던 제15차 코펜하겐 기후변화협약 당사국총회(COP15)가 당초 기대되었던 결과를 도출하지 못하고 코펜하겐 합의문(Copenhagen Accord)이라는 모호한[2] 결과물을 남긴 채 협상시한을 1년간 연장하고 끝났다. 이 회의에 쏠렸던 세계적 관심과 새로운 국제 기후변화체제 출범을 위한 그간의 치열한 노력들을 생각한다면 참으로 허무한 결과다. 한편으로 이는 기후변화 문제 해결을 위해 각국이 의미심장한 온실가스 감축목표를 공약하고, 이에 대해 국제적인 구속을 받겠다는 의사를 공약하는 것이 얼마나 지난한 일인지를 단적으로 보여주는 좋은 예라 하겠다.

현재 협상이 교착상태에 빠져 있는 것은 ① 각 국가들이 얼마만큼의 온실가스 감축 부담[3]을 져야 하는지, 그리고 그것에 대해 ② 어떻게 국제적으로 규율[4]해 나

---

* 김&장 법률사무소 상임고문(전 환경부장관).

1) 공식등록 기준(정부대표단 194개국 8,053명, 언론 1,069개사 2,941명, NGO 832개 단체 20,611명)

2) 당초 동 합의문을 결정문으로 채택하려 했으나, 개도국들의 강력한 반발로 무산되었고, 동 합의문을 주목한다(take note)는 총회 결정문(decision)을 채택하고 마무리.

3) 이른바 "감축행동 및 공약(Mitigation Actions and Commitments)"의 의미 및 범위가 핵심이다.

4) 규율의 범위는 여러 가지가 있을 수 있으나, 코펜하겐총회에서는 이른바 MRV(측정 · 보고 · 검증) 문제로 귀결되며, 이중에서 개도국의 감축행동에 대한 검증이 핵심으로 힐러리 미국 국무

가야 할지에 대해 아직 합의에 도달하지 못하고 있기 때문이다. 그러나 분명한 것은 치명적인 수준의 기후변화를 막기 위해 세계 모든 나라들이 합심해야 한다는 것, 그리고 과학자들이 제시하는 중기(2020) 및 장기(2050) 감축목표를 추구해야 한다는 것, 이 목표를 달성하기 위해 어느 정도 비용이 들더라도 이 목표를 회피할 수는 없다는 것에 대해 이미 모든 나라들이 공감대를 가지고 있다는 것이다. 전세계 124개국의 정상들이 참석하여 한 목소리로 기후변화 대응의 중요성을 강조한 것은 이 때문이다.

따라서 코펜하겐에서의 구체적 협상타결 지연이 곧 기후변화협상의 타결 실패를 의미하는 것은 아닌 것으로 보아야 하며, 가까운 시일 내에(COP15의 결정문 대로라면 1년 안에) 전 세계의 온실가스 감축을 규정할 새로운 기후체제가 성립될 것이다. 그리고 그 안에서 각국의 온실가스 감축목표가 설정될 것이다. 우리나라는 이미 코펜하겐 총회가 있기 전인 2009년 11월 17일에 우리나라의 중기 감축목표를 확정하고, 이를 코펜하겐 총회에서 발표한 바 있다.

본 고에서는 이 중기목표가 가지는 법적 의미와 향후 우리나라에 미치게 될 영향에 대해 살펴보고자 한다. 이에 앞서 먼저 이러한 기후체제가 그간 어떻게 흘러왔는지 주요 이슈만을 간략히 되짚어 보자.

Ⅱ. 국제 동향

1. 기후변화 국제협상 경과

1992년 브라질 리우에서 열린 UN환경개발회의에서 기후변화에 관한 기본법과 같은 지위를 지니는 "UN기후변화협약(UNFCCC)"이 채택되었고, 1997년 일본 교토에서 열린 제 3 차 기후변화협약 당사국총회(COP3)에서는 선진국 그룹의 구체적 실행목표를 담은 교토의정서(Kyoto Protocol)가 채택되어 세부적·구속적 이행체계가 마련되었다.

그러나 교토의정서 타결을 주도했던 미국이 부시행정부 출범 이후 교토의정서 비준을 거부하고 미온적인 태도를 취함에 따라 사실상 기후변화에 관한 국제적 협

장관은 검증 및 투명성 문제가 협상의 핵심(이른바 deal breaker)이라고 말한 바 있다.

력은 상당부분 약화되었고,[5] 교토의정서상 선진국의 감축의무도 대체로 준수되지 않고 있다.

그러나 기후변화에 관한 국제적 논의는 2007년에 있었던 두 가지 사건으로 다시 탄력을 받아 활발하게 진행되고 있다고 볼 수 있다. 즉, 엘 고어 前 美부통령의 영화 "불편한 진실(Inconvenient Truth)," 그리고 그에 따른 아카데미상과 노벨평화상 수상이 그 하나이고, 다른 하나는 IPCC[6]가 4차보고서 발표를 통해 인간 활동으로 의하여 기후변화가 발생하는 것이 거의 확실[7]하다고 공표한 것이다. 이로 인해 IPCC와 고어는 함께 노벨평화상을 공동으로 수상하였다. 이러한 계기 등으로 2007년 인도네시아 발리에서 열린 제13차 기후변화당사국총회에서는 발리로드맵(Bali Action Plan)이 채택되어 2009년까지 2013년 이후의 새로운 기후체제 논의를 마무리짓자는 국제적 합의를 이끌어내기에 이르렀다. 또한 기후변화에 대해 적극적인 미국의 민주당이 집권하였다는 것도 기후변화 협상을 위해서는 매우 의미심장한 일이었다.

이로 인해 2008년과 2009년에는 기후변화가 국제사회 최고의 이슈로 급부상되었고, UN협상회의, UN기후변화정상회의, 주요경제국포럼(MEF), G8, G20 등 모든 정상급 채널에서 최우선 과제로 논의되었다.

이러한 국제적 협상이 궁극적으로 목표로 하는 것은 전 지구적 규모의 온실가스 감축을 구체적으로 규제하자는 것이며 그 기준은 IPCC가 제시한 가이드라인이다. IPCC 가이드라인은 온실가스 배출전망 시나리오 및 이에 따른 미래 기후예측을 바탕으로 2020년까지 선진국들은 1990년 대비 25~40%를, 개도국들도 배출전망치(BAU)[8]대비 상당량(15~30%[9])을 감축하도록 제시하고 있어, 국제사회의 논의 기

5) 미국은 유엔협상채널과 별도로 기후변화 주요국 회의(Major Economies Meeting)을 개최하여 유럽과 일본이 주도하는 유엔협상을 상당부분 약화시키기도 하였다. MEM 회의는 오바마 정부 들어 MEF(Major Economies Forum)이라는 이름으로 지속되고 있으나, 이는 유엔 협상을 돕기 위한 것임을 분명히 하고 있다.

6) Intergovernmental Panel on Climate Change: 유엔환경계획(UNEP)과 세계기상기구(WMO)가 공동으로 설립한 기구로, 각국 정부를 대표하는 전문가들이 기후변화에 관한 각종의 연구를 수행하는 기구이다. 우리나라는 기상청이 우리나라를 대표하여 참가하고 있다.

7) IPCC는 기후과학의 불확실성을 감안하여 기후변화 가능성을 다양하게 표현하는데 4차평가보고서에서 표현된 "very likely"는 90~99%의 가능성, 99% 이상은 "virtually likely"라고 표현하고 있다(3차 평가보고서에서는 "likely"라고 표현한바, 이는 66~90% 가능성을 의미함).

8) BAU는 "Business As Usual"로서 현재의 정책이 그대로 시행될 경우 미래의 예상배출량을 말한다.

9) 개도국 BAU 대비 15~30%는 EU가 제시한 수치이나 IPCC도 여기에 동의하고 있으며, 현재

준점으로 역할을 하고 있다.

2009년 12월 덴마크 코펜하겐에서 인류가 기대한 것은 이러한 과학자들의 권고를 틀림이 없이 달성해 낼 수 있는 국제체제를 도출해내는 것이었다.

2. 코펜하겐 총회의 결과와 향후 전망

2009년 12월 7일부터 19일까지[10] 2주간에 걸쳐 진행된 제15차 기후변화협약 당사국총회(COP15)는 이미 회의가 시작되기도 전에 회의론이 팽배해 있었다. 7회에 걸친 UN협상회의와 UN기후변화정상회의, 주요경제국포럼(MEF), 그리고 수많은 다자간 및 양자간 협상에도 불구하고, 선진-개도국간의 핵심쟁점은 좁혀질 기미를 보이지 않고 있었으며, 기후변화 대응에 가장 적극적인 EU 국가들조차도 COP15에서는 세계 정상들의 정치적 의지를 집결하고, 구체적 협상의 타결시한을 6개월 내지 1년간 연장하자는 대안을 내놓고 있었다.

당초 1주차에는 실무회의를 통해 대부분의 쟁점을 해결하고, 2주차에는 고위급 회의를 통해 잔여쟁점을 마무리짓는 것으로 기획되었으나, 2주차의 후반부에 각국의 정상들이 속속 도착하는 순간까지도 여전히 핵심 쟁점들에 대해 접점을 찾지 못하고 있었다. 이에 우리나라를 포함한 28개국의 정상들은 17일 밤 11시부터 시작된 비공식 회의를 통해 타결을 시도하여 19일 새벽 02시에야 코펜하겐 합의문을 도출해 낼 수 있었다.

의장인 덴마크의 라스무센 총리는 이 코펜하겐 합의문을 코펜하겐 총회의 결정문 초안으로 제안하였으나 작성 관련 mandate와 투명성 문제를 제기하며 강력히 반대하는 개도국의 입장에 밀려 6시간의 논쟁 끝에 결정문에 첨부하면서 유의한다(take note)고 하는 수준에서 합의하고 19일 오후 3시 20분에야 총회의 모든 일정이 공식적으로 마무리되었다.

COP15에서의 쟁점은 여러 가지가 있지만, 결국 핵심은 (1) 선진 각국은 얼마만큼의 감축 의무를 지며, 개도국은 어떠한 방식으로 어떻게 감축에 참여할 것인가, (2) 선진-개도국의 감축의무를 이전과 같이 이원화할 것인가, 아니면 단일화된 새로

중기목표에 관한 논의의 대부분이 이 목표값을 인용하고 있다.

10) 당초 계획은 18일에 폐회하는 것이었으나, 밤을 새워가며 협상을 거듭한 끝에 19일 오후 3시 30분이 지나서야 공식적으로 총회가 끝났다. 각국이 얼마나 첨예하게 협상에 임하였는지를 알 수 있는 대목이다.

운 체계를 만들 것인가의 문제로 압축된다. 코펜하겐 합의문은 여기에 대한 결론을 내리지 못하였으며, 결국 이 문제에 대해서는 1년간 협상시한을 연장하였다고 볼 수 있다.

따라서 2010년에도 이를 둘러싼 선진-개도국간 힘겨루기가 계속될 전망이며, 이 과정에서 각국이 발표한 중기목표는 중요한 의미를 가지게 된다.

〈표 1〉 부속서 I 국가들의 감축목표

구 분	범세계적 장기목표	자국 감축목표
미 국	• 2050년까지 50% 감축 • 선진국은 2050년까지 80% 감축 ('09.7월 G8 정상회의 합의사항, 기준연도 미확정)	• 각국이 자국의 상황을 고려하여 국제적으로 구속력 있는 감축목표 수립 필요 (중국 등 주요개도국의 참여 필수) • 2005년 대비 2020년까지 17%, 2050년까지 83% 감축 검토중 ('09.6월 하원통과 Waxman-Markey 법안)
일 본	• 2050년까지 50% 감축 • 선진국은 2050년까지 80% 감축 ('09.7월 G8 정상회의)	• 배출량이 선진국은 2015년까지, 개도국은 2025년까지 정점에 도달할 필요 • 1990년 대비 2020년까지 25% 감축(단, 모든 주요배출국의 참여를 통한 의욕적인 목표 합의 전제)
EU	• 2050년까지 1990년 대비 최소 50% 감축 • 선진국은 1990년 대비 최소 80% 감축	• 1990년 대비 2020년까지 20% 감축 (여타 선진국과 주요 개도국이 상응한 조치를 취하는 경우 30%까지 감축)
노르웨이	-	• 1990년 대비 2020년까지 40% 감축
캐나다	• 2050년까지 50% 감축 • 선진국은 2050년까지 80% 감축 ('09.7월 G8 정상회의)	• 2006년 대비 2020년까지 20% 감축
러시아	• 선진국은 2050년까지 80% 감축 ('09.7월 G8 정상회의)	• 1990년 대비 2020년까지 25% 감축(단, 모든 주요배출국의 참여를 통한 의욕적인 목표 합의 전제) ※ 11.18 EU-러시아 정례 정상회의시 언급 • 당초 1990년 대비 2020년까지 10~15% 감축(2050년까지 50% 감축) 발표
호 주	-	• 2000년 대비 2020년까지 5~15% 감축 (2009년 하반기에 이러한 목표를 25%까지 상향 조정 가능함을 발표)
뉴질랜드	-	• 1990년 대비 2020년까지 10~20% 감축

3. 주요 국가의 중기목표 설정 동향

전술한 국제적 논의동향에 따라, 먼저 선진국들을 중심으로 중기(2020년) 및 장기(2050년) 온실가스 감축목표가 제시되었고, 이어서 신흥개발국들도 중기감축목표를 발표하였으며, 코펜하겐 회의를 앞두고는 이러한 목표들이 점차 강화되어 발표되었다. 이러한 목표들을 평가하는 기준은 IPCC가 제시한 1990년 대비 25~40% 감축(선진국) 및 BAU 대비 15~30% 감축(개도국) 수준이라고 볼 수 있는데, 중기감축목표를 발표한 국가들의 현황은 〈표 1〉과 〈표 2〉에서 볼 수 있다.

이 중 주요 몇 개국의 사례를 살펴보면 다음과 같다.

〈표 2〉 비부속서 I 국가들의 감축목표

구 분	자국 감축목표	비고
〈 온실가스 배출량 감축 〉		
한 국	• BAU 대비 2020년까지 30% 감축	- 단독 감축행동
멕시코	• 2000년 대비 2050년까지 50% 감축[11]	- 선진국 지원시
브라질	• BAU 대비 2020년까지 36.1~38.9% 감축	- 선진국 지원시
남아공	• BAU 대비 2020년까지 34% 감축	- 선진국 지원시
인도네시아	• BAU 대비 2020년까지 26~41% 감축	- 선진국 지원시 41% - 지원 없을시 26%
싱가포르	• BAU 대비 2020년까지 16% 감축	- 단독 감축행동
가이아나	• BAU 대비 2020년까지 총1500MT CO_{2e} 감축	
〈 탄소 집약도 감축 〉		
중 국	• 2005년 대비 2020년까지 40~45% 감축	- GDP 대비
인도	• 2005년 대비 2020년까지 20~25% 감축	- GDP 대비
〈 탄소 중립 선언 〉		
코스타리카	• 2021년까지 100% 감축	- CO_2에만 해당되는 것인지 다른 온실가스를 포함하는지 불명확
몰디브	• 2019년까지 100% 감축	

11) 2009.12.17~18일간 개최된 고위급 회의시 멕시코 칼데론 대통령은 2020년까지 이산화탄소 배출량을 BAU대비 30% 줄일 것이라고 공약한 바 있다.

(1) 미 국

미국은 기후변화협약 및 교토의정서 체결을 주도하였으나, 부시행정부의 출범과 함께 2001년 3월 교토의정서 비준을 거부하고 기술혁신에 의한 자발적 온실가스 감축을 주장하면서, 국제사회에서 이를 관철시키기 위하여 주요경제국회의(MEM)를 주도하여 UN 차원의 기후변화 논의를 약화시킨 측면이 있었다.

그러나 오바마 행정부의 출범과 함께 다시 UN 기후변화 협상에 복귀를 선언하고,[12] 국내적으로도 온실가스 감축을 위한 대책들을 쏟아내고 있는 상황이다. 그 중에서 2009년 3월 하원에서 발의된 美청정에너지안보법(일명 Waxman-Markey 법안)은 우리나라의 저탄소 녹색성장기본법과 같이 기후변화 대응을 위한 기본법적 성격을 가지는 법안으로서, 2020년까지 총량제한 배출권거래제(Cap & Trade)의 제한을 받는 배출량을 당초 2005년 대비 20%까지 삭감하겠다고 제안하였으나, 하원 논의과정에서 17%로 후퇴하여 통과된 상태이다. 상원에서는 다시금 중기감축목표를 20%로 상향조정하여 논의 중이나, 통과가 쉽지는 않을 전망이다.

이에 따라 오바마 대통령은 코펜하겐 총회에서 하원을 통과한 17% 감축안을 미국의 감축목표로 제안하면서, 이 목표가 국제사회가 미국에 요구하는 수준에 못 미친다는 것을 의식한 듯, 2025년까지 25%, 2030년까지 43% 감축하겠다는 추가적인 공약과 함께, 개도국 기후변화 적응을 위해 2020년까지 매년 1000억달러에 이르는 국제적 기후변화펀드를 조성하겠다고 발표하였다.

(2) EU

독일은 일찌감치 선진국 최고 수준인 40% 감축을 공약하였고, 노르웨이・스웨덴도 40% 감축공약을 발표하였다. 영국은 당초 기후변화대책법안에서 26% 감축을 공약하였다가 이를 상향조정하여 34%를 공약하였고, 전 세계적으로 구속력 있는 합의가 체결될 경우 42%까지 강화하겠다는 약속을 하고 있는 상황이다. EU 전체적으로는 20% 감축을 공약하고 있으나, 범세계적 동참시 30%까지도 감축하겠다고 약속하고 있다.

12) 그러나 선진국 의무감축 중심의 교토체제에는 여전히 반대하고 있다.

(3) 일　　본

일본은 우리나라와 비슷하게 2008년 10월 중기목표 검토위원회가 설립되어 6가지 시나리오를 제시하고, 이에 대한 각계의 의견을 수렴하여 결론을 내리고 2009년 6월 아소 다로 당시 수상이 일본정부의 공약으로 발표하였다. 이에 대해 소극적인 감축목표라는 국제사회의 비난여론이 있었다.

2009. 9월 새로이 구성된 하토야마 내각은 기후변화 대응에 있어 이전의 자민당 내각에 비해 훨씬 적극적인 입장을 취하고 있으며, 중기감축목표는 1990년 대비 8% 감축에서 25% 감축[13]으로 훨씬 강화한 감축안을 발표하였다. 이와 더불어 당초 민주당이 제출한 기후변화대책법안을 다시 추진하고 있는 상황으로, 현재의 자발적 참여방식의 배출권 거래제를 폐기하고 총량제한 배출권 거래제를 추진하겠다는 등의 내용을 담고 있다.

Ⅲ. 우리나라의 중기 감축목표

1. 추진 경과

기후변화 대응을 위한 국제사회의 동향에 따라 우리나라도 2008년 8월 대한민국 건국 60주년을 맞아 향후 60년의 새로운 국가발전 패러다임으로 "저탄소 녹색성장" 비전을 제시하였고, 또한 2008년과 2009년의 G8 확대정상회의에서 대통령이 2009년 중 우리나라도 중기감축목표를 발표하겠다고 선언하였다.

이에 따라 그간의 관련 연구를 종합하고 추가적인 분석을 거쳐 2009. 2월 구성된 녹색성장위원회가 중심이 되어 2009년 8월에 중기감축목표에 관한 3가지 시나리오를 발표하고, 여론을 수렴하여 코펜하겐 총회에 참가하기 전인 11월 17일에 국무회의를 통해 최종적으로 우리 감축목표를 발표하였다.

---

13) 2005년 대비로는 30% 감축에 해당한다.

2. 중기목표의 수준

녹색성장위원회는 2020년 우리나라 온실가스 배출량(BAU)을 8억 1,300만톤으로 전망하고, 이에 대비하여 각각 21%, 27%, 30% 감축하는 3개의 중기감축목표 시나리오를 발표하였다. 이러한 감축시나리오는 2005년 배출량과 대비할 경우 각각 8% 증가, 동결, 4% 감축에 해당하는 것이다.

BAU 대비 21% 감축안이 에너지절약 등 경제적으로 이득이 되는 감축방안 위주로 도입하는 시나리오인 반면, BAU 대비 27% 감축안은 비용이 어느 정도(톤당 5만원) 들더라도, 온실가스 감축기술을 추가적으로 적용하는 방안, BAU 대비 30% 감축안은 차세대 그린카 보급, 탄소포집저장기술(CCS)[14] 등 적극적인 온실가스 감축기술을 추가적으로 적용하는 시나리오인 것으로 설명하고 있다.

경제적 영향[15]에 대해 시나리오 1안은 GDP 0.29% 감소에 따라 가구당 연간 13만원의 경제적 부담을 지게 되는 것으로 분석되었고, 2안은 GDP 0.37% 감소와 가구당 16.6만원 부담, 3안은 GDP 0.49% 감소와 가구당 21.7만원 부담으로 발표되었다. 단, 이러한 경제적 영향은 오로지 비용적 측면만을 합산한 것이고, 정책추진에 따른 편익이나 녹색성장에 따른 추가적 GDP 상승 등은 고려되지 않은 것이다.[16] 국제적인 수준과 비교한다면, 3안이 IPCC나 유럽이 제시하는 개도국 최대 감축수준이다.

결론적으로 우리나라의 중기목표는 3안으로 공식 결정되었으며, 우리나라의 중기 감축목표의 수준을 결정하는 데 있어 고려한 사항은 크게 다음의 세 가지로 볼 수 있다.

(1) 국제사회의 수용 가능성

온실가스 감축에 대해 국제사회가 논의 중인 2020년의 일반적인 가이드라인은

14) 탄소포집저장기술(Carbon Capture and Storage)은 발전소 등 대규모 배출원의 배출구에서 이산화탄소를 포집하여 지하에 저장하는 기술로, 에너지 이용을 줄이지 않고 온실가스 배출을 줄일 수 있는 대표적 기술이다. 현재 우리나라에는 교육과학기술부 산하 CCS 사업단이 해당 분야 연구를 추진하고 있다.

15) 경제적 영향에 관한 시나리오 분석은 OECD에서 개발한 거시경제일반균형모델을 통하여 도출되었으며, 다른 모델링의 한계와 마찬가지로 미래를 예측하는 것은 기본적으로 일정한 범위내에서만 의미가 있다.

16) 실제로 녹색성장 5개년 계획에서는 2009~2013년간 녹색성장 재정투자 107.4조원을 통해 182~206조원의 생산유발효과를 예상하고 있다.

선진국 그룹은 1990년 대비 25~40% 삭감, 개도국 그룹은 BAU 대비 15~30% 삭감 수준이다. 실제로 이미 중기목표를 발표한 나라들의 상당수가 이러한 범위 안에 들어가 있다.

우리나라가 제시한 감축안은 1안이 BAU 대비 21% 감축, 3안이 BAU 대비 30% 삭감으로 개도국 가이드라인의 범위 안에 있다. 문제는 우리나라가 개도국이냐에 대한 국제사회의 시각이다.

국제사회가 우리나라를 개도국 그룹으로 인정할 경우, 제 3 안은 우리나라가 속한 그룹의 최고수준의 감축목표를 설정한 것이며, 국력에 상응하게 국제사회에 기여한다는 우리나라의 협상전략과 부합된다고 볼 수 있다.

어떠한 경우에도 우리나라의 의지와 상관없이 강제적으로 의무감축국 그룹에 편입될 가능성을 막는 것이 기후변화협상의 우선 목표라고 볼 수 있겠다.

이를 위해서는 국제사회가 수긍할 수 있는 수준의 목표를 제시하고 인정받는 것이 하나의 전략이 될 수 있으며, 실제로 정부가 코펜하겐 회의 이전에 우리의 감축목표를 발표하려고 노력했던 것도 이러한 협상전략이 밑바탕에 깔려있는 것이라고 볼 수 있다.

(2) 온실가스 감축에 드는 경제적 비용

온실가스 감축은 1차적으로 에너지 공급 가격을 상승시키고, 제품 생산비용을 상승시키는 효과가 있는 것이 사실이다. 따라서 온실가스 감축 시나리오에 따른 비용증가 효과를 면밀히 분석하여, 국민 혹은 기업이 감내할 수 있는 수준의 감축 시나리오를 도출하는 것이 필요하다.

영국 정부는 「스턴보고서[17]」를 통해, 대기중 CO_2를 450ppm 수준으로 안정화시키는 데 드는 비용은 세계 GDP의 1% 정도이나, 이를 방치하여 야기되는 심각한 기후변화의 영향으로부터 초래되는 비용은 세계 GDP의 5~20%에 이를 것으로 전망하면서, 기후변화에 적극적으로 대처하는 것이 경제적으로도 합리적이라는 결론을 제시한 바 있다.

우리나라의 녹색성장위원회는 발표된 중기감축목표를 달성하기 위해서는 GDP가 0.29%(1안)~0.49%(3안) 감소할 것이고, 가구당 연간 13만원(1안)에서 21.7만원

17) Stern Review on the Economics of Climate Change: 영국 정부가 전 세계은행 수석 경제학자인 Nicholas Stern 경에게 의뢰하여 작성된 기후변화의 경제학 보고서.

(3안)의 비용을 지불해야 한다는 경제적 분석을 내놓았다.

이러한 경제적 부담이 과연 우리나라가 감당할 만한 수준인가에 대해 국민적 여론수렴을 거쳐 결정되었으며, 기후변화라는 지구적 규모의 환경문제에 대한 세계적인 공동의 노력이 필요하다는 점을 감안하고 다른 나라와의 형평성도 고려되었다고 할 수 있다.

(3) 적극적 온실가스 감축을 통한 신성장동력 창출 효과

녹색성장위원회가 제시한 비용은 온실가스 감축에 들어가는 비용만을 산정한 것이며, 녹색성장 정책에 따라 창출되는 부가적인 경제적 효과는 제대로 반영되지 못한 것이다. 상당수 전문가는 오히려 녹색성장 정책을 통해 온실가스도 감축하고 GDP도 증가할 것이라는 의견을 내놓기도 한다.

온실가스를 적극적으로 감축하면서 발생하는 긍정적 효과의 대표적인 예는 에너지 절약에 따른 에너지 수입비용의 감소이다. 우리나라는 연간 100조원이 넘는 돈을 에너지 수입비용으로 지출하고 있다. 따라서 단순 계산으로도 2020년까지 37% 증가할 것으로 전망되는 배출량을 30% 감축하는 정책을 추진할 경우 적지 않은 에너지 수입비용이 감소될 것은 자명한 일이다. 또한 신재생에너지에 대한 연구개발비 지출 증가로 기술경쟁력이 확보되며, 이를 통해 에너지 수출국으로 발돋움할 가능성도 생각해 볼 수 있다.

현재 국제사회는 선진국 funding에 의한 대규모 자금을 개도국의 기후변화 대응을 위한 지원에 사용하는 방안을 논의 중이다. 아직 논의가 진행 중인 단계이기는 하나 약 1,000억 달러(약 116조원) 규모의 지원규모가 논의되고 있는데, 이러한 국제적 기후변화 펀드를 통한 개도국 지원 사업에 우리 기업들이 적극적으로 참여한다면 엄청난 경제적 기회가 될 것이다.

실제로 대부분의 원조는 아프리카와 동남아시아, 동아시아, 중앙아시아 등에 집중될 것인바, 이러한 국가의 기후변화 대응사업에 우리 기업들이 진출할 수 있는 발판은 국내에서의 적극적인 온실가스 감축사업을 통해 창출된 기술경쟁력이 될 것이므로, 정부의 강력한 녹색성장 드라이브는 우리 기업들의 국제경쟁력을 강화하여 궁극적으로 기업에 도움이 될 수 있을 것이다.

또한 온실가스 감축은 곧바로 대기오염물질 감축과 연결되는 "이중의 혜택(Co-benefit)"효과[18]가 있어, 이에 따른 대기오염 감소 등 사회적 비용감소도 고려되어야 하는 중요 요소이다.

3. 설정 형식 및 대외적 입장

온실가스 감축목표를 제시하는 방식은 크게 기준년도 대비 감축량을 제시하는 '절대량 기준 방식'과 배출전망치(BAU) 대비 감축량을 제시하는 '전망치 기준 방식'이 있다. 전자는 주로 Annex I에 속하는 선진국들이 채택하는 방식이고, 후자는 IPCC가 개도국에 권고하는 방식이다. 이 두 가지 방식은 기본적으로 현재수준에서 획기적으로 감축해야 하는 의무를 가지는 선진국과, 경제성장을 위해 어느 정도 배출량 증가가 불가피한 측면이 있는 개도국간의 의무부담에 차이를 두기 위한 설정이라고 볼 수 있다.

우리 정부가 발표한 시나리오는 2005년 대비 절대량 기준과 함께, 2020년 BAU 대비 상대량 기준을 동시에 포함하고 있고, 국제사회는 어느 방식이 우선이냐에 대해 우리 관계자에게 질문을 하기도 하는 상황이다.

우리나라가 BAU 대비 방식을 주장할 경우, 국제사회에 기후변화 협약상 개도국 지위를 주장하는 것으로, 국제사회가 앞으로도 계속 우리나라를 개도국으로 인정해 줄 것이냐의 문제가 남아 있다.

우리나라가 교토의정서상 의무감축국 그룹(Annex I 국가)에 포함되지 않았던 이유는 우리나라의 온실가스 배출규모나 경제규모가 선진국 그룹에 못 미치기 때문이 아니라, 그 당시 멕시코와 함께 외환위기를 맞아 온실가스 감축여력이 없다는 점을 국제적으로 인정받았기 때문이라는 설명도 있다. 현재의 상태는 그러한 예외를 인정받기 쉽지 만은 않은 상황인 것이 사실이다.

BAU 대비 방식은 전망치 대비 감축이라는 측면에서 유연성이 강한 장점이 있다. 즉, 기준연도 대비 방식은 목표의 달성에 대한 가부 판단이 명확하나, BAU 대비 방식은 경제성장률, 유가 등의 변동 등 불가피한 사유가 있을 경우 어느 정도의 유연성은 인정될 수 있기 때문이다.

그래서 우리의 감축목표도 BAU 대비 감축목표를 제시하고, 우리 감축목표의 진정성을 나타내기 위해 2005년도 기준의 감축목표도 제시한 것으로 볼 수 있다.

---

18) 실제로 대기오염 규제정책이 온실가스 감축으로 연결되며, 그 역방향도 마찬가지라는 연구결과들이 있다.

EU를 비롯한 선진국들은 1990년도를 기준으로 절대감축량을 발표하고 있는데 이는 배출전망치가 안정되어 있으므로 가능하지만 에너지 소비가 많고 수출의존도가 높은 경제구조를 갖고 있으며 배출전망치가 계속 증가하는 우리나라의 사정을 감안할 경우 배출전망치 대비 감축목표를 설정하는 것이 타당하며 또한 경제개발을 추진 중인 개도국들도 선호하고 있는 방식이라고 할 수 있다.

현재 우리나라는 세계 15위권의 경제규모와 10위권의 온실가스 배출규모[19]를 가지고 있는 나라로서, 과거 150년의 역사적 배출총량으로 따져도 22위권으로 결코 국제적 온실가스 감축 의무에서 자유로울 수 있는 상황은 아니다. 따라서 개도국 방식인 BAU 대비 삭감목표를 국제사회가 수용하도록 하기 위해서는 위에서 언급한 것처럼 우리의 경제산업 구조를 이해시킬 자료와 설득이 필요할 것이다.

또한 대부분의 선진국 그룹이 1990년 대비 감축목표를 제시한 것과 달리, 우리나라는 절대량 기준에 대한 참고치로서 2005년 대비 감축목표를 기준연도로 제시하였는데, 이는 우리나라의 배출량이 1990년에서 2005년 사이에 약 2배로 늘어났기 때문이다. 1990년 대비 25~40% 감축을 요구받고 있는 선진국 그룹에 도저히 포함될 수 없는 이유이다. 그러나 이러한 점에 대해서도 국제적으로 설득시킬 수 있는 논리를 만들어야 한다. 가능한 설명으로는 선진국의 1990년도 경제규모 및 소득이 우리나라의 2005년도 수준에 상응한다는 논리 등을 생각할 수 있다.

미국도 2005년을 기준연도로 설정하고 있지만 특별히 기준연도를 2005년으로 설정한 이유를 설명하고 있지는 않다. 다만 미국의 경우 1990~2005년간 약 17% 이상의 배출량 증가를 기록하였는데, 아마도 이 때문에 1990년을 기준연도로 제시하는데 부담을 느꼈을 가능성이 높다. 기준년도의 설정은 다분히 자국의 온실가스 배출추이를 전략적으로 고려하여 설정하는 측면이 강하다고 볼 수 있겠다.

현재 우리나라 협상단은 UN 협상에서 선진·개도국이 참여하는 NAMA[20] registry[21]를 제안하고, NAMA에 대한 3가지 감축안을 제안하고 있다. 첫 번째로,

19) 통계마다 차이가 있으나 우리나라의 배출량 규모는 대체로 6~11위권으로 집계되고 있다.

20) Nationally Appropriate Mitigation Action: "각 국가의 상황에 맞는 감축 행동"이라는 의미로 2007년 12월에 개최된 제13차 당사국총회 합의사항인 발리 로드맵에 규정되어 있다. 우리나라는 이러한 감축행동을 등록하는 등록부를 설치할 것을 국제사회에 제안하고 있다.

21) 우리나라가 NANA registry를 제안하는 근거로는, 교토 체제상의 선진국의 감축 의무가 결과적으로는 그다지 법적 구속력이 없었던 점을 감안할 때, 법적으로 구속력 있는 협약을 채택하는 것보다는 법적 구속력이 없더라도 국내적 대책을 통해 목표를 준수할 수 있는 체제가 더 낫다는 것이다. 따라서 우리나라는 각 국가가 국제적 구속을 받는 합의서를 채택하기보다는 Pledge &

post 교토체제에서는 선진국의 경우 현재 교토의정서의 감축을 토대로 이행하며 우리나라와 같은 선발개도국들은 자발적 감축목표를 설정하고 이행 못할시 어떠한 제재도 없는 unilateral NAMA이며, 두 번째는 개도국의 감축행동에 대해서 NAMA crediting을 통해 경제적 유인을 제공하는 방안, 그리고 세 번째는 국제적 지원을 받고 감축을 이행하는 supported NAMA이다.

개도국의 NAMA에 있어 핵심적인 이견 중의 하나가 감축행동에 대한 측정·보고·검증(MRV)에 관한 문제이다. 선진국들은 개도국의 감축행동도 반드시 검증되어야 한다는 입장이나, 개도국들은 기본적으로 기후변화는 선진국들의 책임이고, 또한 일정 부분 주권에 관한 부분이기 때문에 국제적 검증을 받을 수 없다는 입장이다. 법적 성격에는 의문이 있기는 하지만, 코펜하겐 합의문은 재정적으로 지원받는 감축행동(supported NAMA)은 국제적 검증을 받으며, 자발적 감축행동(unilateral NAMA)은 국내적 검증을 받는 것으로 되어 있다.

우리나라는 중기목표의 형식 자체는 BAU 방식으로 개도국 방식을 채택했지만, 검증에 관해서는 국제적 검증을 받겠다고 함으로써 선진국 방식을 택했다고 볼 수 있다.

4. 중기 감축목표의 법적 규제 형태

국가가 온실가스 중기감축목표를 설정하는 방식은 크게 법률로 규정하는 방식과, 국가 행정수반이 선언하거나 정부내 결정을 통해 발표하는 방식이 있는데, 대부분의 나라는 후자의 형식을 사용하고 있다.

EU는 EU Directive에 1990년 대비 20% 감축을 명기하였으며, 국제사회가 구속력 있는 합의문을 채택할 경우 30%까지도 감축하겠다는 의지를 표명하고 있는 상황이다.

영국은 2008년 12월 기후변화법안을 제정하여 법률로써 2020년까지 26% 감축을 명시하였으나, '09년 4월에는 동 목표를 공식적으로 34%로 올리고 국제기후협상이 타결될 경우 42%까지 올리겠다는 의지를 발표하였고, 2009년도 회계 예산에 향

Review 방식으로 국제사회에 감축목표를 발표하고, 이에 대한 구속력 있는 국내 이행체제를 만들어 목표를 달성토록 하자는 방안을 제시하고 있다. 우리나라의 제안에 대해 중국 등 개도국들은 긍정적인 반응을 보이고 있어, 국제적 논의의 중요한 축을 이루고 있다.

후 3년간 14억 파운드의 저탄소 이니셔티브 예산을 배정하는 등 예산 계획과 연계시키고 있다.

미국의 경우 하원을 통과한 「청정에너지안보법[22)]」에서 2020년 중기감축목표를 2005년 대비 17%로 명기한 상태이며, 상원에서 논의중인 「청정에너지일자리미국국력법[23)]」에서는 이를 20%로 올린 상태이다. 오바마 대통령은 대법원 판결 등에 의거하여 행정부가 주도적으로 온실가스 감축을 추진할 수도 있으나, 의회에서 국민적 합의를 거쳐 법안을 통과시켜 줄 것을 선호하고 있는 상황이다. 의회에서 합의가 불가할 경우에는 정치적 부담을 무릅쓰고 행정부의 권한으로 온실가스 감축을 추진할 가능성도 배제할 수는 없다.

일본은 우리나라와 비슷하게 2008년 10월 중기목표 검토위원회가 설립되어 6가지 시나리오를 제시하고, 이에 대한 각계의 의견을 수렴하여 결론을 내리고 2009.6월 UN 기후변화협상장에서 이를 일본정부 입장으로 국제사회에 공식 발표하였다. 이에 대한 국제사회의 반응은 매우 부정적이었다. 2009. 9월에 입각한 하토야마 총리는 총선 때의 공약인 1990년 대비 25% 감축을 계속해서 약속하고 있으나, 이에 대한 법적 근거는 아직 마련된 것이 없다.

이 외에도 대부분의 EU 국가들과 캐나다, 호주, 멕시코 등이 다양한 방식으로 중기 및 장기 감축목표를 발표하거나 혹은 발표를 준비하고 있는 상황인데, 대부분 국가수반의 의지 표명이나 정부 발표의 형식을 빌고 있다.

우리나라도 일단은 국무회의를 통해 중기목표를 결정하고 대외적으로 발표하는 방식으로 채택되었다. 그러나 앞으로 저탄소 녹색성장 기본법 시행령 제정 등 후속 법령작업을 통해 국가 중기목표가 명시되는 수순을 밟거나, 녹색성장기본법에 따른 정부계획에서 이를 공식화할 수도 있다.

22) American Clean Energy and Security Act 또는 Waxman-Markey 법안이라고도 불린다.

23) Clean Energy, Jobs, and American Power Act: 하원 법안과 마찬가지로 기후변화에 대한 대책 법안임에도 불구하고 기후변화라는 용어를 쓰지 않은 이유는 미국내 여론이 아직 기후변화에 대해 반신반의하고 있어 국력에 관한 법률이라고 설명함으로써 대국민 설득을 용이하게 하기 위한 포석이라는 분석이 있다.

Ⅳ. 중기목표 설정의 법적 의미와 영향

1. 실제적 의미

현대의 풍요로운 물질문명을 움직이는 에너지는 주로 화석연료의 연소로부터 나오는 것이다. 이 과정에서 나오는 CO_2는 대표적인 온실가스로서, 지구대기 중의 CO_2 농도는 산업혁명 이전 280ppm에서 현재 380ppm을 초과하는 수준에 이르렀으며, 현 추세대로라면 향후 지속적으로 상승될 전망이다. CO_2 외에도 CH_4, N_2O, PFCs, HFCs, SF_6 등 기타 온실가스도 지속적으로 증가할 전망이다.

대기 중 증가하는 온실가스 농도가 기후시스템에 악영향을 미친다는 것에 대해서는 이미 국제적 공감대가 형성되었고, 이제 논의의 초점은 어떻게, 얼마만큼을 줄일 것인가 하는 점이다.

현대사회에서 모든 경제활동은, 대부분 직·간접적으로 온실가스 방출을 야기하므로, 온실가스 배출량을 제한한다는 것은 다시 말하면 경제활동을 제한한다는 의미가 될 수도 있다. 한 국가의 온실가스 배출량을 제한한다는 것은 곧 그 국가의 경제활동 총량에 제한이 가해지는 것과 유사한 의미를 가질 수 있다는 것이다. 물론 경제구조를 전환하고 에너지원을 전환하는 것을 전제하지 않았을 경우의 얘기다.[24]

또한 국가의 중기감축목표를 달성하기 위해서는 사회 각 부문별로 배출 총량을 할당하고 그 이행을 확보하는 것이 필요하므로, 중기감축목표를 설정한다는 의미는 사회 각 부문별로 감축 목표 할당, 나아가 개별 회사별로도 제한이 가해질 수 있다는 의미가 있다. 이렇게 보면, 중기감축목표 설정에 산업계가 위기감을 가지고 반발하는 것은 어쩌면 당연한 일로 이해할 수 있다.

그러나 문제는 이러한 온실가스 감축이라는 의제의 이행을 어떻게 담보할 것이냐이다. 이러한 이행담보성 또는 구속력(bindingness)이 그간의 국제협상에서 핵심이슈이었다. 특히 개도국 감축행동에 대해 '국제적 구속력(international bindingness 또는

---

24) 실제로 구 동구권 국가들은 구식 석탄화력발전소를 폐쇄하는 것만으로도 엄청난 양의 온실가스를 감축할 수 있었으며, 천연가스나 원자력의 비중을 늘리면 에너지 사용량을 줄이지 않고도 온실가스를 상당량 줄일 수 있다. 또한 일반적으로 중화학공업이나 제조업 비중이 높을수록 온실가스 배출량이 크기 때문에 서비스업 중심으로 산업구조를 전환할 경우에도 온실가스를 줄일 수 있다.

internationalization)'을 부여할 것인지 여부와 이행을 하지 않을 경우의 벌칙(compliance)[25] 문제가 협상의 핵심이었던 것이다. 사실 이에 대해 선진국과 개도국이 첨예하게 대립하였고, 코펜하겐합의문에서는 개도국의 감축행동 중 이른바 '지원을 받는 행동(supported mitigation action)'은 국제적 검증을 받아야 하는 반면 일방적·자발적 감축행동은 '국내적으로 검증'한다는 점이 명시되어 있다. 어찌 보면 우리나라가 주장한 "국제감축행동등록부(NAMA Registry)" 중 지원받는 감축행동에 대해서만 코펜하겐합의문에 규정된 것으로 볼 수 있다.

우리나라는 자발적으로 감축목표를 제시하고, 이를 국내적으로 강력하게 이행하며 그 이행결과에 대해 국제적으로 검증을 받겠다는 의사를 표명한바, 이는 국내적으로 구속력있게 감축목표를 이행하겠다는 의지를 표명한 것으로 해석할 수 있다. 즉 온실가스 중기감축목표는 우리사회가 나아갈 길을 명확히 제시하는 '시그널'뿐만 아니라 실효성이 없는 '국제적 구속력' 대신 '국내적 구속력'을 갖고 있다고 할 수 있다. 또한 서론에서 설명한 바와 같이 국제사회는 국제적 공동 노력에 의해 감축하자는 논의를 진전시키고 있는데, 국제사회에 온실가스 중기감축목표를 발표한다는 의미는 국제적 노력에 우리나라가 얼마만큼 책임감을 가지고 동참할 것인가를 표현하는 '국가적' 의사표시의 의미도 가지고 있다고 할 수 있다.

물론 한 국가의 중기감축목표 이행여부는 '도덕적인 구속력'을 갖고 있으며, 대외적인 '브랜드 이미지'에 영향을 미침은 확실하다.

2. 법적 의미

법적인 측면에서의 의미와 영향은 크게 대외적 측면과 국내적 측면으로 나누어서 살펴볼 수 있다.

(1) 대외적 차원—국제적 구속성(international bindingness)과 검증

우리나라가 온실가스 중기감축목표를 설정하여 발표한다는 것은 국제적으로는 기후변화협약 이행에 있어 우리나라의 기여 의지를 대외적으로 선포한다는 의미를

25) 교토의정서에도 1차 공약기간(2008~2012)에 이행을 못한 양에 30%를 더하여 추후의 공약기간의 의무량으로 넘긴다는 규정은 있으나, 이를 이행하지 않을 경우 무역규제 또는 과징금 등의 규정은 없다.

지닌다. 대외적으로 선포하는 데서 그치지 않고, 그 목표의 달성 여부에 대해 어떻게 책임을 질 것인가는 새롭게 태동할 국제 기후체제에 달려 있다.

즉, 새로운 국제체제가 선진국과 개도국 그룹에 각각 어떠한 책임을 부여할 것인가, 그리고 우리나라는 어느 그룹에 속하게 될 것인가에 따라 우리나라의 중기목표가 가지는 의미는 달라질 수 있다. 경우에 따라서는 어느 그룹에 속하게 되는가에 따라 우리의 중기감축목표 수준이 달라지게 될, 혹은 달라져야 할 가능성도 배제할 수 없다. 코펜하겐 총회에서는 선진국과 개도국을 여전히 부속서 I 국가와 비부속서 I 국가로 분류하여 논의하였으며, 국가 분류에 대해서는 공식적으로 논의가 없었던 바, 현재로서는 우리나라가 계속적으로 개도국 그룹에 속하게 될 가능성이 높다고 할 수 있다.

현재 국제사회가 논의하고 있는 새로운 틀이란 교토의정서를 개정 혹은 대체하는 등의 방식으로 선진국 그룹의 의무감축 수준을 얼마로 설정하고 어떻게 이행을 담보할 것인가의 문제에 더하여, 개도국들은 어떤 방식으로 선진국들의 노력에 동참할 것인가 하는 것이다. 이전의 교토의정서 체제와 다른 점은 개도국 그룹의 동참도 중대한 이슈로 다루고 있다는 점으로, 개도국 그룹에 어떠한 수준의 의무가 어떠한 형식으로 부과될 것인지가 관건이라 볼 수 있다.

좀 더 구체적으로 살펴보면, 미국・호주・일본 등은 선진・개도국 구분 없이 모든 나라가 「국제적・법적으로 구속력 있는 단일의 조약(internationally legally binding single instrument)」 형태로 참여하기를 주장하고 있는 반면, 중국・인도 등 개도국은 현 교토체제가 유지되어야 한다는 전제하에서 선진국은 교토의정서 체제로 남고, 개도국은 별도의 감축행동을 할 수 있는 체제를 새롭게 정하자는 두 가지 방식의 의정서 형태를 주장하고 있다.

교토의정서 체제에서는 선진국 그룹인 Annex I 국가들에 대해 평균 5.2%의 감축의무가 부과되었고, 이를 달성하지 못한 국가들에 대해서는 차기 공약기간에 차기 할당량에서 1.3배를 공제하는 것으로 되어 있다. 그런데 1차 공약기간이 진행 중인 영국, 독일 등 몇 나라를 제외하고는 교토의정서상 감축목표를 달성할 가능성이 있는 나라는 많지 않아 보인다. 그럼에도 불구하고 코펜하겐 총회에서는 교토의정서 의무감축국의 의무불이행에 대한 제재방안 등 교토의정서 이행은 거의 논의되지 않고 있어, 실질적으로 교토의정서는 구속력 없는 협약이 되어가는 듯하다. 이른바 compliance 이슈로서 무역제재 등 실효적 제재가 없는 상태에서 법률적 구속력을 논의하는 것은 모순되다는 지적이 있다.

만약 협상이 성공적이라면 의무감축목표를 할당받는 나라의 경우 상당한 정도의 페널티를 받는 형식의 새로운 합의서가 맺어질 가능성이 높다. 이 경우 의무감축국 목록에 들어가는 것과 그렇지 않은 것과는 법적 구속력에 있어 상당한 차이가 있을 수 있다.

따라서 장기협력행동(LCA)[26] 협상채널에서는 선진국-개도국 그룹간 어떠한 차별화된 이행체제를 만들어 낼지, 그리고 교토의정서(KP) 협상채널에서는 선진국의 의무감축수준에 대해 어떠한 수준과 강제적 이행방안을 만들어 낼지 지켜보아야 할 일이다.

일단 현재의 상태에서는 실질적으로 코펜하겐 총회의 유일한 결과물인 코펜하겐 합의문을 참조할 수밖에 없으며, 이 합의문에 따르면 우리나라의 감축목표는 자발적 감축목표에 해당되어 국제적 검증을 받을 필요가 없게 된다. 그러나 우리나라는 등록부(NAMA Registry) 제안을 하면서 우리나라의 기여 의지를 천명하기 위해 국제적 검증을 받겠다고 공언한 바 있다. 따라서 우리나라의 중기목표는 국제법적 구속성은 없으나, 사실상으로 국제적 검증을 거쳐 공표되게 되므로 실질적 구속성은 있는 것으로 보아야 한다.

다만 현재의 '국제적 구속력'의 경우 무역규제 등 실효적 제재수단이 없으므로 우리나라가 온실가스 중기감축목표를 달성하지 못한다 하더라도 우리나라 전체에 대한 제재는 현실적으로 곤란하다고 할 수 있다. 물론 도덕적 비난이나 우리나라의 브랜드가치에 대한 손상은 피할 수 없다.

더욱이 Waxman-Markey 법안 및 EU 등의 논의에서 나타난 바와 같이 이른바 "국경세 조정(border adjustment)" 또는 "국경세(border tax)" 이슈가 현실화 될 경우 선진국의 국내법에 의해 우리나라가 무역규제를 당할 가능성은 상존한다고 볼 수 있다.

(2) 국내적 차원

단기적으로 우리나라의 온실가스 중기감축목표는 대통령이 대내외적으로 발표

26) 2007. 12월에 합의한 발리로드맵에서 구축된 협상채널 중의 하나로 흔히 "AWG-LCA"로 불리며, 다른 협상채널은 교토의정서 협상채널로 "AWG-KP"로 불린다. 코펜하겐총회에서 선진국은 AWG-LCA와 AWG-KP의 통합 및 AWG-LCA의 효력 중단을 주장했으나, 개도국의 반대로 AWG-LCA는 1년간 더 활동하게 되었다.

하는 형식으로 설정되었다. 그리고 이 목표는 추후 입법화될 수 있거나, 가장 현실적인 방안인 정부의 각종 기본계획이나 정책에 반영될 수 있다.

미국의 경우와 같이 법률에 국가 중기목표를 명기하는 방법도 있겠으나, 「저탄소녹색성장기본법」이 이미 국회를 통과(2009. 12. 30.)한 상태이므로, 중기목표는 필요시 시행령에 명시될 수 있다.

한편 「저탄소녹색성장기본법」 제42조(기후변화대응 및 에너지의 목표관리)는 온실가스 감축목표를 달성하기 위하여 각 부문별 목표를 설정토록 하고 있으며, 제46조(총량제한 배출권 거래제의 도입)는 주요 배출원에 대한 총량 규제가 가능하도록 명시하고 있어, 정부의 중기감축목표는 곧바로 각 부문별·주체별 배출량에 대한 할당으로 연결된다. 따라서 실질적으로 국가의 온실가스 중기감축목표는 사회 모든 부문의 온실가스 감축목표로 곧바로 연결된다고 할 수 있다.

각 부문별, 주체별로 배출량이 할당되면, 이에 대한 측정·보고·검증을 통해 인센티브와 디스인센티브 제도 등 다양한 제도들이 고안될 것이다. 이러한 점은 현재 우리나라의 환경규제 체계와 연계하여 검토할 경우 명확해진다. 즉 환경정책기본법에 대기 및 수질 국가환경기준[27]이 정해지고, 이를 달성하기 위해 대기환경보전법 등에서 배출허용기준 등 구체적 규제기준과 정책[28]이 도출되며, 각 부문별 또는 사업장별 배출허용기준의 달성여부는 엄격하게 모니터링된다. 모니터링결과에 따라 개별 사업장 및 각 부문의 배출허용기준에 영향을 미치며, 나아가 국가환경기준에 대해서도 재검토를 할 수 있다. 물론 국가환경기준을 달성하지 못하였다고 하여 제재수단 또는 벌칙이 있는 것은 아니다. 사실상 국가환경기준은 큰 의미의 시그널 효과가 있으며, 실효적 구속력은 개별 법령에 따른 구체적 규제 수단 또는 정책에 달려있다고 할 수 있다.

이러한 측면에서 볼 때 코펜하겐 총회가 열리는 기간 중 미국 환경보호청(EPA)장이 밝힌 온실가스를 "청정대기법(Clean Air Act)"상의 대기오염물질로 규정한 것은 큰 의미가 있다. 미 EPA청장의 발표는 우선적으로 미국 상원으로 하여금 의회차원의 입법을 조속히 마련하라는 압력이 될 수도 있지만 미 의회의 움직임이 없을 경우 행정부 단독으로 온실가스를 규제하겠다는 정책선언으로 볼 수 있다. 나아가 자동차 등에 대한 직접적 규제뿐만 아니라 일정 규모 이상의 사업장에 대해 온

27) 온실가스의 경우 중기감축목표가 이에 해당된다고 할 수 있다.
28) 후술하는 배출권거래제 및 탄소세 등 세부적 규제수단이 이에 해당된다고 할 수 있다.

실가스 의무 보고제도 등의 정책에 대해 타당성을 부여하는 수단이 됨과 더불어 다른 규제수단의 도입근거로도 작용할 수 있다.

온실가스 배출을 법적으로 규제하는 방식은 크게 직접규제 방식과 간접규제 방식이 있을 수 있다.

직접규제 방식은 각 주체의 배출량을 점검하여, 할당량을 초과할 경우 벌과금을 부과하는 방식으로, 규제의 확실성 차원에서는 뛰어나나, 경제적 효율성이나 유연성 측면에서 불리하다. 「저탄소녹색성장기본법」에서는 자동차의 온실가스 배출허용기준을 국가가 정하도록 하고 있는데, 이러한 자동차 배출허용기준이 대표적인 직접적 온실가스 규제방식에 해당된다고 할 수 있다.

간접규제 혹은 시장 메커니즘 방식은 온실가스 감축이 경제적으로 유리하도록 제도화시키는 방안으로 현재 가장 대표적인 방식이 총량제한 배출권거래제(Cap & Trade) 혹은 탄소세(Carbon Tax)의 도입 방안이다.

탄소세는 탄소를 배출하는 모든 재화와 서비스에 탄소배출량에 비례하는 탄소세를 부과함으로써 자연스럽게 탄소배출량을 줄이는 제도로서, 행정비용이 적게 들고 녹색성장을 위한 안정적 재정 수입이 확보되는 장점에 반해, 규제의 확실성, 즉 총량제한의 확실성 측면에서 다소 불리하다. 목표로 하는 배출량 감소를 담보하기 위하여 얼마만큼의 탄소세를 부과해야 하는지를 결정하기는 상당히 어려운 일인 것이다.

현재 EU, 미국, 일본 등 선진국에서 온실가스 감축목표 달성을 위해 가장 확실한 제도적 수단으로 검토되고 있는 것은 총량제한 배출권거래제도이다. 총량제한 배출권 거래제도는 총량을 제한함으로써 중기 감축목표를 확실하게 달성할 수 있다는 장점이 있으며, 배출권의 거래가 일어나도록 하여 사회의 최적점에서 가장 비용효과적으로 온실가스 감축이 일어나도록 촉진하는 경제적인 감축 제도이다. 다만, 각 참여자의 배출량을 측정·보고·검증하고, 이에 따라 생성된 배출권을 안전하게 거래할 수 있는 시스템을 유지하기 위한 행정비용이 많이 든다는 단점이 있다.

「저탄소 녹색성장 기본법」은 정부가 총량제한 배출권거래제를 도입할 수 있도록 명시하고 있다. 정부내에서도 배출권거래제 도입에 관해서는 다소간 이견이 있는 것으로 알려져 있으나, 향후 우리나라의 중기 감축목표를 확실히 달성하기 위해, 또한 향후 확장될 국제적 탄소시장에 대비하기 위해서도 어느 시점에서는 배출권 거래제 도입을 결정해야 할 것이다. 실제로 정부가 발표한 「녹색성장 5개년계획

(2009~2013)」에서는 2010년부터 배출권 거래제 시범사업을 도입하는 것으로 되어 있다.

향후 정부가 부문별 온실가스 감축목표를 세우거나, 혹은 업체별로 배출량을 할당하는데 있어 가장 큰 기준은 국가 온실가스 중기감축목표가 될 것임은 분명해 보인다. 또한 직접적 감축 규제가 불가능한 부문에 대해 탄소세를 직접 도입하는 등 간접적 유인수단을 통해 감축정책을 시행하는 경우에도 세율 등을 결정하면서 중기목표를 달성할 수 있는 방향으로 결정될 가능성이 높다고 할 수 있다.

온실가스 중기감축목표는 재정부문의 계획에도 상당한 영향을 미칠 것이 분명해 보인다. 「녹색성장 5개년 계획」에서는 2009년부터 2013년까지 총 107.4조원[29]의 재정을 녹색성장 지원을 위해 투자하는 것으로 되어 있는데, 온실가스 중기 감축목표가 구체적으로 설정되고 이를 달성하기 위한 각종의 제도적 장치들이 마련된다면 재정은 확대 투자되어야 할 것이다. 실제로 영국 정부[30]는 2009년도 회계 예산에 향후 3년간 14억 파운드의 저탄소 이니셔티브 예산을 배정하는 등 온실가스 감축에 적극적인 선진국들은 이미 구체적으로 예산 계획과 연계시키고 있는 상황이다.

Ⅴ. 결 어

전세계인의 이목이 집중되어 뜨거운 협상이 펼쳐졌던 코펜하겐 총회는 사실상 소기의 목표를 달성하지 못하고 끝났다.[31] 이제 2010년에 다시 새로운 국제적 기후변화 체제 확정을 위한 협상이 재개될 것이다. 협상의 결과에 따라 선진국과 개도국이 어떠한 방식으로 얼마만큼씩 온실가스 감축부담을 분담할지, 이에 대해 어떻게 검증할 것인지가 결정될 것이다.

---

29) 기후변화 적응 및 에너지 자립에 56.9조원, 신성장동력에 28.6조원, 삶의 질 개선과 국가위상 강화에 27.9조원을 투입하는 것으로 되어 있다.

30) 이른바 Carbon Budgeting으로서 중장기 감축목표가 미래의 이행을 전제하고 있어 현실적 구속력이 없다는 단점을 해소하기 위해 매년 예산과 연동시켜 실효성을 제고한다는 장점이 있다.

31) EU 국가를 중심으로 코펜하겐총회가 실패로 끝났다는 비판이 제기되고 있으며, 특히 코펜하겐 합의문 작성시 미국, 중국 등 소수의 국가가 주도하고 나머지 국가는 관망만 해야 하는 처지와 더불어 '컨센서스'로 합의문이 도출되어야 하는 유엔의 프로세스에 대해 비판이 집중되었다. 이러한 컨센서스 방식의 합의 형식에 대해 반기문 유엔사무총장은 2010년 중 고위급 패널을 구성하여 합의프로세스에 대해 검토하겠다고 밝힌 바 있다.

우리나라는 의무감축국에 편입되지 않고 우리나라의 국력에 맞게 자율적으로 감축목표를 설정하고 이행하는 방안을 추구하고 있다. 그리하여 중기목표를 개도국에 요구되는 최고수준으로 설정하여 발표하였으며, 그 달성여부에 대해서는 국제적 검증을 받겠다고 선언하였다.

따라서 우리나라가 부속서Ⅰ 국가로 편입되지 않는 이상 우리나라 중기감축목표의 법적 의미는 비교적 명확하다고 볼 수 있다. 중기목표 수준에 대해서는 개도국 수준, 그 검증에 대해서는 선진국 수준의 국제적 구속을 받는다는 것이다. 2010년에 진행될 협상결과에 달려있는 것은 물론이며, 나아가 국제적으로 논의 초기단계인 "국경세"문제에 대해서도 유의해야 한다.

국내적으로 중기목표의 의미는 명확하다. 국제사회에 발표되고 검증을 받게 될 중기목표의 달성을 위해 정부가 각종 시책을 강구하게 될 것이다. 우선 각 부문별, 경제주체별로 총량제한(cap)을 실시할 것이며, 각종 국가정책·계획에 온실가스 감축을 위한 제반 대책이 반영될 것이다. 탄소세 제도의 도입여부가 활발히 논의될 것이며, 다른 세제 및 세율에도 일정 부분 영향을 미치고, 예산 계획도 변경시킬 수 있는 등 국가 전 부문에 대해 심대한 영향을 미치게 될 것이다. 이것은 우리나라가 의무감축국에 편입되는가 여부에 큰 영향을 받지 않을 것이다.

이제 남은 것은 발표된 중기목표를 실제로 이행하는 일이다. 이것이 국제적 환경문제에 기여함으로써 우리나라의 국격을 제고하는 길이며, 국내적으로 저탄소 녹색성장을 촉발시키는 역할을 할 것이다.

제 3 절 기후변화대응규제법제의 설계와 사회적 할인율 논쟁[1)]

허 성 욱*

Ⅰ. 기후변화에 대한 대응과 사회적 할인율

바야흐로 기후변화의 시대이다.

기후변화의 문제는 더 이상 과학적 논쟁의 대상이라기보다는, 준비하고 실천해야하는 현실의 문제가 되었다. 우리나라도 예외가 아니어서, 2010년 1월 현재 기후변화대책기본법(안)을 확대 재편한 저탄소녹색성장기본법이 국회를 통과하여 법적 효력을 가지게 되었고, 저탄소녹색성장기본법에 근거를 두고 있는 탄소배출권거래제도의 도입을 위한 법안의 준비작업이 정부차원에서 진행 중이다.

기후변화가 현실의 문제이고, 그에 대응하기 위한 적절한 조치가 이루어져야 한다는 총론에 관해서는 국내외적으로 비교적 의견의 일치가 이루어져가고 있다고 볼 수 있지만, 각론으로 들어가서 구체적으로 기후변화가 얼마나 빠른 시간 내에 얼마나 현실적인 피해를 가져올 것인지, 그에 대응하기 위해 구체적으로 얼마나 강한 정

---

* 서울대학교 법과대학 · 법학대학원 교수.

1) 이 논문은 서울대학교 법학연구소 법의 지배센터에서 2009년 "기후변화와 법의 지배"라는 주제로 실시한 세미나에서 발표된 내용을 정리한 것이다. 위 세미나에서 여러 가지 유익한 조언을 해주신 참가자분들에게 감사의 말씀을 전한다. 이 논문과 같은 내용이 환경법연구 제32권 제1호에 게재된 바 있다. 이 논문의 자료수집과 초안작성과정에서 서울대학교 대학원 법학과 석사과정에 재학 중인 김정성, 김유미, 류지미 사법연수생으로부터 큰 도움을 받았다. 이 자리를 빌어서 감사의 마음을 전한다. 그러나 이 논문에 존재할 수 있는 오류와 부족함은 모두 필자의 것임을 동시에 밝혀둔다.

도의 규제시스템을 만들 것인지에 관해서는 아직 국내외적으로 의견의 일치가 이루어지지 않고 있다. 2009년 연말의 코펜하겐 기후변화 당사국회의의 진행경과 및 결과는 이를 여실히 보여주고 있다.

전문가들 사이에서도 기후변화에 대응하기 위해 어떤 정책수단이 채택되어야 하는지, 현재의 시점에서 탄소배출의 저감을 위해 얼마나 많은 자원을 사용해야 하는 것인지, 국제적으로 기후변화 대응에 드는 비용을 선진국과 개발도상국들 중 어느 국가에서 더 많이 부담을 하는 것이 정의로운 것인지 등의 문제에 관해 많은 이견이 존재하고 있다. 이러한 이견의 상당부분은 국내적 및 국제적 정치의 문제라고 볼 수 있고, 그 정치적 협상의 바탕에는 경제적인 고려가 가장 큰 요소로 자리잡고 있다.

기후변화 대응에 관한 위 각론상의 의견 차이는 구체적인 기후변화대응 규제법제의 설계 단계에서 그 규제의 형태와 강도를 어떻게 정할 것인가에 관한 의견차이로 나타나게 되고, 나아가서는 그 규제법제의 내용 및 규제법제의 행정집행에 관한 사법심사의 단계에서도 사법심사의 기준과 강도를 어떻게 할 것인가의 문제로 나타나게 된다.

이런 관점에서 보면 기후변화 대응에 관한 의견차이의 문제는 비단 '정치' 혹은 '정책'의 문제에서 그치는 것이 아니라 법규범의 형성과 집행 및 해석이라는 바로 '법'의 문제로 귀결된다고 볼 수 있다.

현재의 시점에서 앞으로 다가올 기후변화로 인한 인류의 피해를 줄이기 위해 얼마나 노력하고 어떤 내용의 규제 법제를 설계할 것인가의 문제는 기후변화로 인해 이 지구의 미래 세대가 부담하게 될 비용 혹은 기후변화에 대한 제반 대응을 통해 미래 세대가 누리게 될 편익 등의 미래가치를 어떤 방법으로 현재 가치로 환산할 것인가, 즉 미래가치의 현재가치로의 환산을 위한 사회적 할인율을 어떻게 정할 것인가의 문제로 바꾸어 생각해 볼 수 있다.

낮은 사회적 할인율을 선택하는 경우에는 현재의 시점에서 규제 법제의 설계를 위한 비용-편익 분석을 함에 있어 미래세대의 가치가 크게 평가될 것이므로 보다 적극적이고 강한 내용의 기후변화 대응 규제법제의 설계가 정당화될 것이고, 높은 사회적 할인율을 선택하는 경우에는 그 반대가 될 것이다.[2] 그렇다면 사회적 할인율

2) 리스크 규제로 인한 편익의 할인과 관련하여 환경적 가치 혹은 인간의 삶의 가치를 어떻게 평가하고 할인할 것인가, 금전적 가치의 할인과 앞에서 본 금전으로 계량하기 힘들어 보이는 가치의 할인은 어떻게 다른 것인가, 이러한 할인에 있어서 세대간 형평의 문제는 어떻게 이해할 것인가 등의 주제에 관해서는 Cass R. Sunstein, Arden Rowell, *On Discounting Regulatory*

선택의 문제는 단순히 비용-편익분석의 과정에서 일상적으로 수행되는 하나의 변수값의 선택의 문제가 아니라, 미래세대의 구성원들이 누리게 되는 미래가치를 현재의 시점에서 어떻게 평가할 것인가라는 철학적, 윤리적, 경제학적 쟁점들이 복합적으로 내포된 어려운 문제라고 볼 수 있다. 실제로 즉각적이고 과감한 기후변화 대응 조치를 취해야 한다는 국제적 여론을 형성하는 데 큰 영향을 미쳤다고 볼 수 있는 이른바 스턴 보고서의 타당성을 둘러싼 논쟁의 핵심 중의 하나가 스턴 보고서에서 채택했던 비교적 낮은 사회적 할인율의 타당성 문제였다.

이 글에서는 국내외적으로 기후변화 대응 규제법제의 설계의 과정에서 쟁점이 되고 있는 사회적 할인율 선택을 둘러싼 제반 법적인 문제들을 살펴보고, 그로부터 바람직한 기후변화 대응 규제법제의 내용에 관한 일단(一端)의 함의를 얻는 것을 목표로 논의를 진행하기로 한다.

Ⅱ. 스턴보고서와 노드하우스

1. 행정규제에 있어서의 비용편익분석, 그리고 할인율

앞에서 본 바와 같이, 오늘날 기후변화문제는 더 이상 환경보호론자들만의 토론주제가 아니라 우리나라를 포함한 전세계 각 국가들이 시급히 대처해야 할 과제로 인식되고 있다. 그에 따라 우리나라 정부도 기후변화대응 종합기본계획을 수립하여 범지구적 기후변화대응노력에 동참하는 동시에 기후변화산업을 신성장동력으로 육성하여 기후변화 대처를 위한 국제사회의 노력을 선도하고자 노력하고 있다.

이와 같은 기후변화 등의 환경문제는 그 외부효과 및 공공재적 특성으로 인해 시장기능에만 맡겨 두어서는 해결하기 어렵고 정부가 규제의 형태로 시장에 개입하는 것이 불가피한 면이 있다. 그런데 행정기관의 규제는 주체가 행정기관이라는 점만으로 정당화되는 것이 아니다. 행정부는 국민의 후생과 복지를 증진시키도록 국민으로부터 수권을 받아 권력을 행사하고 있으므로 행정기관의 규제는 반드시 국민의 후생과 복지를 최대한 증진시키는 것이어야 하고 행정부는 희소한 자원을 최대한 효율적으로 사용하기 위하여 노력할 의무가 있다. 따라서 행정기관의 규제는 그로 인

Benefits: Risk, Money, and Intergenerational Equity, 74 U. Chi. L. Rev. 171(2007) 참조.

하여 드는 비용과 얻는 편익을 비교하여 그로 인한 편익이 규제의 비용을 넘어서는 때에만 정당화될 수 있다.[3] 행정기관의 규제가 추상적인 혹은 선동적인 공익 관념에만 의존해서 이루어지는 경우의 폐해에 대해 우리는 많은 역사적 경험을 통해 잘 알고 있다. 학문적으로는 아직도 논란의 여지가 있기는 하지만, 현대 행정에 있어서 규제로 인한 비용과 편익을 분석해서 편익이 비용을 넘어서는 경우에만 규제가 정당화된다고 보는 이른바 비용-편익분석은 필수적인 것으로 받아들여지고 있다.[4]

우리나라의 행정규제기본법 제 7 조 제 1 항에서는 '중앙행정기관의 장은 규제를 신설 또는 강화하고자 할 때에는 다음 각호의 사항을 종합적으로 고려하여 규제영향분석을 하고 규제영향분석서를 작성하여야 한다'고 규정하고, 동조 제 4 호에서는 '규제의 시행에 따라 규제를 받는 집단 및 국민이 부담하여야 할 비용과 편익의 비교분석'을 규정하고 있다.

이와 같이 비용편익분석의 중요성이 증대됨에 따라 비용편익분석을 어떠한 방법으로 시행하느냐라는 문제의 중요성 역시 커져가고 있다. 또한 기후변화에 관한 규제결과의 비용편익분석에 있어서는 다른 정책의 비용편익분석보다 조금 더 복잡한 문제가 있다.

첫째, 당해 규제정책에 관한 비용과 편익을 어떻게 평가하여 계량화할 수 있겠는가라는 문제이다. 특히 기후변화로 인한 피해와 같이 쉽게 금전적으로 평가할 수 없는 가치를 어떻게 계량화해서 비용과 편익으로 환산할 것인가는 쉽지 않은 문제이다. 통상적으로는 통계학적 기법의 도움을 받아서 지불용의액(WTP: Willingness To Pay) 등의 개념을 통하여 추정하게 된다.[5]

둘째, 보다 핵심적인 문제는 기후변화의 영향을 줄이기 위해 쓰이는 자원의 비용과 편익이 서로 다른 시점에서 발생한다는 점이다. 중대한 해악을 막기 위해서는 가까운 미래에 상당량의 자원을 사용해야 한다. 그러나 이러한 지출의 편익은 기후변화의 영향이 줄어든 형태로서 몇 백 년 뒤에나 나타나게 된다. 이러한 결과가 나타나는 이유는 두 가지이다. 그 중 하나는 이산화탄소 기타 온실가스(Greenhouse

3) Cass R. Sunstein, *Laws of Fear: Beyond the Precautionary Principle*, Cambridge University Press, 2005, 129.

4) 현실의 행정규제에 있어서 합리적인 할인의 문제에 관해 경제학적 관점에서 접근하고 분석한 문헌으로는 W. Kip Viscusi, *Rational Discounting for Regulatory Analysis*, 74. U. Chi. L. Rev. 209(2007) 참조.

5) 김형진, 황형준, 「영국의 기후변화법과 스턴보고서」, 『경제적 효율성과 법의 지배』, 박영사, 2009, 440-442.

Gas, GHG)는 상당히 오랜 기간 동안 대기 중에 머물러있다는 점이다. 현재 방출하는 온실가스는 상당히 오랜 기간 대기 중의 온실가스 농도를 높일 것이다. 그 둘은 기후 체계는 상당한 관성(inertia)을 가지고 있어서, 기후변화의 영향이 현실화하는 데는 상당한 시간이 걸린다는 점이다. 이는, 우리가 지금 온실가스 방출을 금지한다고 하더라도 이미 방출된 온실가스가 미래 기후에 영향을 지속적으로 미칠 것임을 의미한다. 지금 우리가 방출하는 온실가스는 미래 세대를 위협할 것이다. 동시에 지금 온실가스 방출을 억제한다면 이는 상당히 먼 미래에 가서야 비로소 기후의 급격한 변화를 저지하는 형태로서 미래 세대를 도울 것이다. 몇 백 년이나 떨어져 살고 있는 서로 다른 사람이 한 편에서는 온실가스 방출을 억제하기 위한 비용을 지출하고 다른 한 편에서는 그로 인한 편익을 받게 되는 것이다.[6)]

그러나 환경정책에 대한 타당성 여부는 현재시점에서 평가되어야 하므로 미래에 발생하는 편익과 비용은 모두 현재가치로 환산하여 비교할 필요가 있다. 이를 위해서는 장래의 비용과 편익을 할인하는 절차(discounting procedure)가 필요하고 적절한 할인율(discounting rate)의 채택이 중요하게 되는 것이다. 할인율을 너무 높게 잡으면 편익과 비용의 차이인 순편익의 현재가치가 작아지므로 사회적으로 유익한 사업임에도 시행되지 않게 될 수 있고, 반대로 너무 낮게 잡으면 불필요한 조치가 타당성 있는 것으로 평가될 수 있기 때문이다. 따라서 기후변화문제에 대한 정책의 비용편익분석에서 어떠한 할인율을 적용할 것인가의 문제는 곧 기후변화문제에 어떠한 대처를 할 것인가의 문제와 직결되는 것이다.

2. 스턴보고서와 노드하우스[7)]

$r^* = \rho + \alpha g^*$[8)]	Stern		Nordhaus
r^*: 할인율(%)	1.4	2.7	5.5
α: 소비탄력성[9)]	1.0	2.0[10)]	2.0
g^*: 예상되는 경제성장률	1.3	1.3	2.0
ρ: 시간할인율	0.1	0.1	1.5

6) David Weisbach, Cass. R. Sunstein, *Climate Change and Discounting the Future: A Guide for the Perplexed*, 27 Yale Law and Policy Reivew 433(2009), 438-439.

7) 이하의 설명은 Weisbach & Sunstein, *supra* note 5, 442, 446-449에 따른 것이다.

위 표는 Stern과 Nordhaus가 주장하는 할인율의 근거가 되는 수치를 나타낸 것이다. Stern은 기후변화문제에 대한 대책을 수립하는 데에 있어서 비용편익분석에 적용되어야 할 할인율은 시장의 일반 할인율보다 낮아야 한다는 점을 주장하면서, 그 주된 근거로 ρ가 0에 가까운 값이어야 한다는 점을 든다. Stern은 ρ를 순수한 시간 선호율(pure rate of time preference)로 파악하면서, 미래세대는 단지 자신이 현재에 있지 않다는 이유만으로 그 가치가 저평가될 수 없다고 한다. 그러나 Nordhaus는 ρ를 1.5로 파악하고 있다. 이러한 견해의 차이는 할인율에서 약 3~4%의 차이라는 결과를 나타내었다. 이러한 차이가 실제로 어떠한 차이를 가져오는지를 예를 들어보자.

[단위: 달러]

	Stern (1.4%)	Nordhaus (5.5%)	
현재 지출비용	1천억	1천억	20억
100년 뒤 발생편익	4천억	21조	4천억

현재 1천억 달러를 투자해서 100년 뒤에 4천억 달러의 편익을 얻는 온실가스 저감 사업에 투자를 한다고 하자. 이러한 금액산출의 근거가 되는 할인율은 1.4%이다. 그러나 노드하우스의 주장에 따라 할인율을 5.5%로 설정하면, 4천억 달러의 편익을 위해서는 단지 20억 달러만을 투자하는 것으로 충분하게 된다. 나머지 980억 달러는 (현세대와 미래세대의 편익을 증진시키는) 다른 용도로 사용할 수 있게 되는 것이다. 그럼에도 스턴의 분석에 따라 1천억 달러를 투자하는 것은 현재의 980억 달러 또는 미래의 20조 달러를 낭비하는 것과 다름없는 것이다.

이와 같이 같은 경제학적 방법의 틀을 사용하더라도 단지 할인율을 다르게 설정하는 것에 의하여 엄청난 차이가 발생한다는 것을 알 수 있다.

---

8) Ramsey 공식.

9) 불평등지수를 나타내는 것. α가 높다는 것은, 현세대의 분배를 더 중요시한다는 것(따라서 보다 평등주의자적인 성향을 갖는다는 것, 할인율이 높아진다는 것)을 말한다. 반대로 α가 낮다는 것은, 불평등을 개의치 않는다는 것(따라서 평등주의자적인 성격이 덜하다는 것, 할인율이 낮아진다는 것, 사회가 미래의 소비를 위해 더 많은 양을 저축한다는 것)을 말한다.

10) Stern은 종래 α를 1.0으로 보았다가 이후 *The Economics of Climate Change*(American Economic Review, 2008)에서 이를 2.0으로 조정하였다고 한다. *Id.* 448.

Ⅲ. 기후변화와 할인율의 설정

1. 기후변화와 할인율의 설정을 둘러싼 쟁점 및 견해의 대립

기후변화대응규제정책에 대한 비용편익분석에서의 할인율 논쟁은 크게 다음의 두 가지 국면에서 견해의 대립이 존재한다.

하나는 기후변화 대응규제의 비용편익분석에 있어서 미래가치를 현재가치로 할인하는 과정이 필요한지 여부에 관한 검토이다. 세대간의 중립성을 강하게 주장하는 입장에서는 규제정책의 내용을 결정하는 현재 세대는 미래 세대가 누리는 이익을 현재 세대의 그것에 비해 결코 과소평가해서는 안 된다는 점을 근거로 할인을 부정하기도 한다.

둘은 할인이 필요하다고 하는 경우에 어떤 할인율을 사용할 것인가의 문제이다. 시장에서 통상적으로 형성되어 있는 자본의 통상적인 수익률(rate of return)을 사용할 것인지 아니면 기후변화의 문제에 특유하게 고려될 수 있는 별도의 할인율을 사용할 것인지가 쟁점이 된다.

이러한 쟁점에 대한 의견의 차이는 이른바 윤리주의자(Ethicist)와 실증주의자(Positivist)[11]로 나누어서 살펴볼 수 있다. 이 글에서는 두 견해의 차이가 기후변화와 관련된 세대간 자원배분에 관하여 어떤 관점의 차이에서 기인하는지를 살펴보고 나름의 입장을 정리해보기로 한다.

2. 미래가치 할인 여부에 대한 논쟁

(1) 지속가능한 성장과 세대간 중립성

오늘날 국제사회에서는 지속가능한 성장(sustainable development)의 중요성이 강

11) 이러한 입장의 차이를 표현하는 용어로서 '윤리주의자(ethicist)'와 '실증주의자(positivist)'의 표현은 아직 학문적으로 보편적으로 확립된 것은 아니고, Weisbach와 Sunstein에 의해 최근에 처음 사용되기 시작한 것으로 보인다. 우리말로 번역되어서 사용되는 과정에서 섬세한 의미전달의 오류가 있을 수도 있으나, 현재 시점에서 새로운 다른 단어를 찾아내는 것이 쉬운 일은 아니므로, 일단 이 글에서는 Weisbach와 Sunstein의 용례를 따르기로 한다. Weisbach & Sunstein, *supra* note 5, 436.

조되고 있고, 기후변화와 같은 환경문제를 방치할 경우 후세대에 대규모의 리스크(large-scale risk)가 발생할 것이므로 환경을 보전하기 위해 특단의 정책을 추진하는 것이 필요하다는 것에 대한 합의가 이루어지고 있다. 이는 곧 현세대가 미래세대를 위한 조치를 하여야 한다는 것인바, 그렇다면 현세대가 미래세대를 위한 행위를 하여야 하는 일정한 윤리적 의무를 지고 있다는 전제가 내포되어 있다고 할 수 있다. 현세대가 미래세대에 대하여 부담하고 있는 윤리적 의무의 내용은 무엇인가? 기후변화와 관련된 정책추진 과정에서 할인여부와 사회적 할인율의 결정을 논의하기 위한 전제로서 현세대의 윤리적 의무의 내용에 대한 논의가 선행되어야 필요가 있다. 이러한 윤리적 의무의 내용과 관련된 중요한 개념이 세대간 중립성(intergenerational neutrality)이고 이를 어떻게 이해하느냐에 따라 바람직한 기후변화대응 규제의 내용과 강도가 달라지게 된다.

(2) 실증주의자(positivist)의 입장

실증주의자들은 기후변화대응규제에 있어서 비용편익분석을 통상의 기회비용의 문제와 다르지 않은 것으로 이해한다.[12] 예를 들어서 현재 100억원의 비용을 들인 탄소저감정책이 100년 후에 400억원의 편익을 가져다준다고 가정해보자. 이는 스턴 보고서에서 사용된 1.4%의 할인율을 사용해서 만들어낸 가정의 상황이다. 이 경우 만약 시장에서의 통상의 자본수익률로서 노드하우스가 제시한 5.5%의 할인율을 사용해서 계산하면 현재의 100억원을 다른 사업기회에 사용하는 경우 이러한 투자는 100년 후에 2조 1천억원의 결과를 가져다줄 수 있다는 계산에 이르게 된다. 이 경우 현재 세대는 미래세대의 400억원의 편익을 위해서는 현재 세대의 투자가능금액 100억원 중 2억원만을 시장에서의 자본수익률에 따라 투자를 하면 되고, 나머지 98억원은 현재 세대의 다른 시급한 문제의 해결을 위해 사용할 수 있다.

12) Arrow, Discounting and Public Investment Criteria, in Water Research 13(Allen V. Kneese & Stephen C. Smith eds., 1966); Kenneth J. Arrow & Robert C. Lind, Uncertainty and the Evaluation of Public Investment Decisions, 60 Am. Econ. Rev. 364(1970); David Bradford, Constraints on Government Investment Opportunities and the Choice of the Discount Rate, 65 Am. Econ. Rev. 887(1975); Robert Lind, A Primer on the Major Issues Relating to the Discount Rate for Evaluating National Energy Options, in Discounting for Time and Risk in Energy Policy 21(Robert C. Lind ed., 1982); Stephen A. Marglin, The Opportunity Costs of Public Investment, 77 Q.J. Econ. 274(1963) 등의 문헌에서 이와 같은 실증주의자의 입장을 찾아볼 수 있다. Weisbach & Sunstein, *supra* note 5, 442.

실증주의의 입장에 따르면 기후변화대응규제를 포함해서 어떤 규제의 비용편익분석에 있어서도 현재 시점을 기준으로 특정한 투자를 통한 수익률이 시장의 통상적인 자본수익률을 넘어서지 않는 이상 그 투자를 타당한 것으로 평가할 수 없다는 결론에 이르게 된다. 또한 기후변화에 대한 대응에 있어서도 다른 투자를 통해 더 많은 편익을 미래세대에 남겨줄 수 있다면 현재 시점에서 과도한 자본을 기후변화대응에 투입하는 것은 결국 자원의 낭비를 의미하는 것이므로, 기후변화대응규제와 관련된 미래세대의 비용과 편익의 현재가치로의 할인에 있어서도 시장에서의 통상적인 자본수익률과 다른 할인율을 사용할 근거가 없다고 주장한다.

(3) 윤리주의자(ethicist)의 입장

한편, 윤리주의자들은 기후변화대응 문제를 논함에 있어서 정확한 할인율을 결정할 수 있는 유일한 준거기준은 윤리적인 원칙이 될 수밖에 없다고 주장한다.[13] 그들은 기후변화의 문제에 있어서 통상적인 할인율을 사용한 비용편익분석은 명백히 비윤리적인 결과를 가져올 수 있다고 주장한다.

예를 들어서 기후변화로 인해 200년 후에 캘리포니아 전역이 물속에 잠기게 되는 상황을 생각해보자. 2009년의 코펜하겐 협상의 과정에서 나타난 바와 같이 탄소배출의 저감에는 막대한 비용이 소요되는데 통상의 다른 투자사업에 비해 앞에서 본 비극적인 상황의 예방과 같은 기후변화대응을 위한 투자의 수익률은 상대적으로 낮을 수밖에 없다. 이 경우 통상의 시장에서의 자본수익률을 할인율로 채택한 비용편익분석에 따르면 기후변화에 따른 재앙을 피하기 위한 투자의 타당성은 대부분 부정적인 평가를 받게 될 것인데, 그렇다고 해서 현재 세대의 구성원들이 기후변화로 인한 재앙을 피하기 위한 아무런 조치를 취하지 않는 것이 타당한 것이라고 말할 수는 없다는 것이다.

윤리주의자들은 이러한 문제들에 있어서 현재 세대의 구성원들이 우리의 후손인 미래 세대의 구성원들을 위해 해야 할 바를 다하고 있는지 여부의 문제는 단순히 실증적인 관점에서만 논해질 수 있는 것은 아니고 현재 세대의 미래 세대에 대한 윤리적인 의무란 관점에서 접근되어야 한다고 주장한다.

---

13) Nicholas Stern, The Economics of Climate Change: The Stern Review(2007); Partha Dasgupta, Discounting Climate Change, 37 J. Risk & Uncertainty 141, 143(2008); Geoffrey Heal, Discounting: A Review of the Basic Economics, 74 U. Chi. L. Rev. 59(2007) 등의 문헌에서 이와 같은 윤리주의자의 입장을 찾아볼 수 있다. Weisbach & Sunstein, *supra* note 5, 445.

이 경우 윤리적인 의무는 자원배분의 형평성을 둘러싼 서로 다른 여러 가지 철학적인 관점(예를 들어서 롤즈의 정의론에 따른 형평의 관점에서부터 후생주의자에 따른 사회총후생의 극대화)에 따라서 서로 다른 내용이 될 수 있을 것이다.[14)]

또한 윤리적인 의무의 강도에 따라서 기후변화대응규제에 있어서 할인을 전면적으로 부정하는 입장에서부터 할인은 긍정하되 통상의 자본수익률보다는 낮은 할인율을 사용해야 한다는 입장에 이르기까지 여러 가지 유형의 윤리주의자의 견해가 존재할 수 있을 것이다.

(4) 소 결 론

앞에서 살펴본 바에 따르면 기후변화대응규제의 내용 및 비용편익분석에 있어서 양립할 수 없어 보이는 두 가지 입장이 존재하고 있는 것으로 보인다.

그러나 실증주의자의 입장과 윤리주의자의 입장은 각각 세대간 효율의 문제와 세대간 형평의 문제를 다루고 있는 것으로서 서로 별개의 차원의 논의를 하고 있는 것으로 볼 수 있다.

윤리주의자들은 기본적으로 인류가 사용할 수 있는 자원과 자원사용의 결과로서의 후생의 세대간 분배의 문제에 관심을 두고 있다. 그리고 그들은 기후변화의 문제에 있어서 현재 세대가 지금과 같은 미온적 대응에 그친다면 미래세대의 구성원들이 심각한 위험에 직면하게 될 것이라고 경고하고 있고, 할인을 통한 통상의 비용편익분석에 의해서는 윤리적으로 정당화될 수 없는 결론에 이를 것이라고 주장하고 있다.

그러나 윤리주의자들이 초점을 두고 있는 세대간 형평의 문제는 실증주의자들이 관심을 가지고 다루고 있는 것과는 다른 문제라고 볼 수 있다.

실증주의자들은 각각의 세대 구성원들이 규범적으로 가져야 할 몫의 분배비율이 정해진 것을 전제로 각 세대가 선택할 수 있는 사업의 내용에 대해서 논하고 있을 뿐이고, 규범적으로 각 세대 구성원이 정당하게 분배받아야 하는 몫에 관해 논의하고 있는 것이 아니다.

기후변화의 문제와 관련하여 현재 세대와 미래 세대의 몫을 재분배하는 방법이 반드시 탄소배출저감정책을 통해서만 이루어질 수 있는 것은 아니다. 경우에 따라서는 경제적으로 더 투자수익이 높은 사업에 투자함으로써 더 많은 경제적 가치를 미

14) 더 자세한 내용에 관해서는 Weisbach & Sunstein, *supra* note 5, 445 참조.

래세대에 남겨주는 방법이 될 수도 있고, 또는 단순히 더 많은 저축을 해서 더 큰 소득을 남겨주는 방법이 있을 수도 있다. 그와 같이 물려받은 소득을 사용해서 어떤 방법으로 기후변화에 대응해서 살아갈 것인지는 미래세대의 몫으로 남겨둘 수도 있는 것이다.

기후변화대응에 관한 윤리주의자들과 실증주의자들의 논쟁은 외관상 양립할 수 없는 쟁점에 대해 첨예하게 대립하고 있는 것처럼 보일 수도 있지만, 자세하게 살펴보면 양 입장은 서로 다른 쟁점에 대해 다투고 있는 것이다.

적어도 세대간 효율의 관점에서 보면 기후변화대응규제수단을 설계함에 있어 미래가치의 현재가치로의 할인과정은 반드시 필요한 것이고 윤리적으로도 정당화될 수 있는 것이다.[15]

3. 할인의 윤리성

여기서는 세대간 효율의 문제와 세대간 형평의 문제가 서로 별개의 것이라는 점에 관해 좀 더 논증해보기로 한다.[16][17]

현재 세대가 미래 세대를 위해 특정한 크기의 부를 남겨두기로 하였고, 그 부의 크기는 윤리적으로도 정당하다고 생각되는 크기의 부인 경우를 생각해보자. 이해의 편의를 위해 금전적 가치로 표현해서 100억원이라고 하기로 한다. 그 상황에서 현재 세대가 10억원을 투입하면 미래 시점에 20억원이 만들어지는 투자사업(A)이 있다고 해보자. 이 경우 현재 세대가 그 투자사업을 실행하면 다른 분야에서 미래 세대를 위해 남겨둘 부의 크기를 10억원만큼 줄일 수 있고 여전히 미래 세대는 100억원을 물려받을 수 있다.

이 때 문제가 되는 것은 만약 그 10억원을 또 다른 사업기회에 투자하는 것에 비해 A사업에 투자하는 것이 더 바람직한 것인가 여부이다. 이 문제의 결론은 우리가 이미 익숙한 바와 같이 기회비용의 관점에서 여러 투자 기회들을 비용편익분석의 관점에서 분석하고 비교하는 것을 통해 얻어질 수 있다. 물론 그 과정에서 미래

15) Weisbach & Sunstein, supra note 5, 437.

16) Weisbach & Sunstein, supra note 5, 449-451 참조.

17) 세대간 분배의 정의의 문제와 세대간 효율성의 문제는 원칙적으로 전혀 별개의 것으로 분석하고 설명할 수 있다는 취지의 문헌으로는 Louis Kaplow, Discounting Dollars, Discounting Lives: Intergenerational Distributive Justice and Efficiency, 74. U. Chi. L. Rev. 79(2007).

가치의 현재가치로의 할인은 자연스럽고 당연한 과정이다.

그런데, 기후변화등의 문제와 같이 새롭게 발견된 환경상의 문제로 인해 미래 세대를 위해 남겨진 부의 크기가 충분하지 않게 된 상황이 발생했다고 생각해보자. 즉 기후변화의 문제로 인해 이제 미래 세대가 가지게 될 부의 크기가 100억원이 아닌 70억원이 되었다. 이 때 윤리적 관점에서 보면 현재 세대는 70억원이 미래 세대를 위한 충분한 부인지 여부에 관해 고민을 하게 될 것이다. 그 윤리적 고민의 결과 70억원은 부족하고 적어도 95억원은 남겨주어야 한다는 윤리적 의무를 발견하게 되었다고 가정해보자.

이는 현재 세대 구성원들이 미래 세대를 위해 25억원을 추가적으로 더 남겨주어야 할 의무를 부담하게 되었다는 것을 의미한다. 또한 세대내, 세대간 효율성의 관점에서 보면 현재 세대 구성원은 가장 최소의 비용으로 위 추가적인 25억원을 만들어야 하는 의무가 있다고도 볼 수 있다.

이런 상황에서, 예를 들어서 현재 세대의 10억원을 들여서 30억원을 만들 수 있는 투자사업기회(B)와 20억원만을 만들 수 있는 사업기회(C)가 존재한다면 현재 세대 구성원은 당연히 C에 비해서 B를 선택하여야 할 이유가 있다고 볼 수 있고, 그렇게 하는 것이 윤리적 의무의 한 내용이라고도 볼 수 있다. 이 때 C에 비해서 B가 더 나은, 혹은 윤리적으로 더 타당한 현재 세대 구성원들의 선택이라는 판단의 과정에는 적정한 할인율을 사용한 할인의 과정이 당연히 수반되어 있다고 볼 수 있다.

또한 이 때 '적정한 할인율'이 무엇인가를 논함에 있어서는 시장에서 통용되고 있는 시장이자율, 혹은 자본의 수익률을 고려하지 않을 수 없다고 할 것이다.

앞에서 본 윤리주의자들의 일관된 주장은 기후변화의 문제에 있어서 현재 세대 구성원들은 너무나 적은 부를 미래 세대를 위해 남기고 있다는 것이다. 코펜하겐 기후협상의 과정에서 나타난 국가들간의 입장의 차이 및 그에 따른 불완전한 합의의 도출 등 현재 세대의 정책선택들에 비추어보면 이러한 윤리주의자들의 주장은 분명 타당한 면이 있다. 그러나 그럼에도 불구하고 유의하여야 할 것은 이러한 윤리주의자들의 주장이 미래 세대를 위해 부를 남기는 특정한 정책의 타당성 여부를 평가하는 단계에까지 적용되어서는 안 된다는 점이다.

윤리주의자들의 주장대로 현재 세대가 미래 세대를 위해 남기는 부의 크기가 부족하여 더 많은 부를 남기기로 한 경우에도 현재 세대는 결코 자원을 낭비해서는 안 된다는 윤리적 의무를 부담하게 되는 것이고, 여러 투자사업기회들 중에서 어떤 투자사업에 자금을 투입해서 자원의 낭비 없이 가장 효율적으로 미래 세대를 위한 부를 창출해서 넘겨줄 것인가의 문제를 결정함에 있어서는 당연히 할인의 과정이 있어야 하며 통상의 자본수익률과의 관련성 하에서 적정한 수준의 할인율이 채택되어야 하는 것이다.

새롭게 대두된 기후변화의 문제와 관련하여 미래 세대를 위해 남겨줄 부의 크기에 관한 재평가가 있어야 하고 그것과 관련된 현재 세대의 윤리적 의무가 있다는 부분에 있어서 윤리주의자들의 주장은 크게 틀리지 않는다. 한편 그렇게 발견된 윤리적 의무를 달성하기 위해 가장 높은 수익률에 따른 투자사업을 선택하는 것이 타당하다는 실증주의자들의 주장 또한 타당성이 있다고 할 것이다.

이런 관점에서 세대간 형평의 관점에서 문제를 접근하는 윤리주의자들의 주장과 세대간 효율의 관점에서 문제를 접근하는 실증주의자들의 주장은 서로 양립할 수 없는 것이 아니라 체계적으로 정합될 수 있는 두 입장이라고 볼 수 있다.

남는 문제는 어떻게 적정한 사회적 할인율을 발견하고 선택할 것인가의 문제이다.

4. 기후변화대응규제의 비용편익분석에서의 할인율 설정

(1) 사회적 할인율의 선택

지금까지는 기후변화에 대한 대처라는 특수한 문제에 있어서도 미래가치를 현재가치로 할인하여 비용편익분석하는 것이 타당하다는 점을 살펴본 바 있다. 그렇다면 이하에서는 과연 어떠한 할인율을 적용하는 것이 타당한지에 관하여 생각해보도록 하겠다. 이에 대하여는 크게 자본의 기회비용을 사회적 할인율로 사용하는 방법과 사회적 시간선호율을 사회적 할인율로 설정하여 계산하는 방법이 있다.

자본의 기회비용이론은 기후변화대응에 투입하는 재원을 시장에서 다른 투자를 위해 투입하는 경우 통상적으로 기대되는 자본수익률을 사회적 할인율로 사용하는 것이 타당하다는 입장이고, 사회적 시간선호율 이론은 경제행위의 궁극적 목표는 소비이므로 사회적 할인율은 현재와 미래 사이의 사회적 한계대체율, 즉 사회적 시간선호율이 되어야 한다는 입장이다.

두 이론 모두 양의 할인율에 대하여 정치적, 윤리적 근거를 지니고 있다. 그러나 경제학자들 사이에서도 자본의 기회비용이론과 사회적 시간선호율이론 가운데에 어떤 것이 더 나은지에 관하여는 합의가 되지 않고 있다. 두 이론 모두 논리적으로 일관되어 있음에도 불구하고 두 이론은 실제 적용에 있어서는 매우 다른 할인율을 도출하고 있다. 사회적 시간선호율을 주장하는 입장에서는 상대적으로 낮은 1~3%의 할인율을, 자본의 기회비용을 주장하는 입장에서는 일반적으로 5%가 넘는 할인율을 적용하도록 결론을 내고 있는 것이다.

양자의 차이는 사회가 추구해야 할 우선적 목표를 현재 및 미래세대의 사회 구성원의 소비극대화에 둘 것인가, 아니면 자원의 효율적 배분에 둘 것인가에 관한 가치판단에서 비롯되는 것으로 보여지는바 두 이론은 적대적이라기보다는 상황에 따른 상보적인 관계로 보는 것이 타당할 것이다.[18)]

(2) 자본의 기회비용(Opportunity Cost of Capital; OCC)

먼저 자본의 기회비용을 사회적 할인율로 사용하여야 한다는 입장에서는 공공투자에 사용되는 자본에 대한 사회적 기회비용을 측정하여 이를 기후변화대응정책의 비용편익분석에 사용하는 할인율로 사용하여야 한다고 주장한다. 즉, 이들은 효율적 자원배분의 관점에 입각하여, 기후변화정책에 관한 문제를 기회비용의 문제로 다룬다. 기후변화 저감을 위한 특정한 정책이 더 큰 기회비용을 요구하는 경우에는 그러한 정책에 투자해서는 안 된다는 것이다. 일반적인 비용편익분석에 비해서 기후변화정책의 시간 범위가 더 넓다는 것은 비용편익분석을 행하는 데 장애가 되지 않으며 오히려 비용편익의 중요성을 더 부각시키는 것이다.

공공투자의 비용은 단순히 자원의 소비가치에 그치는 것이 아니라 그 자원의 기회비용, 즉 자원이 공공투자가 아니라 다른 곳에 이용되었다면 얻을 수 있었던 사용가치를 기준으로 판단해야 한다. 이렇게 본다면 민간기업이 통상 기대할 수 있는 전 산업의 평균수익률을 측정하여 이것을 공공사업의 할인율로 사용할 수 있을 것이다. 전체 민간산업의 평균수익률을 공공사업에 있어서의 자본의 기회비용으로 보고 이것을 사회적 할인율로 사용한다는 것은 공공사업도 민간사업에서 기대할 수 있는 수익률을 발생시켜야지 그렇지 않으면 그 공공사업은 타당성이 없는 사업으로 평가된다는 것이다.

예를 들어서, 오늘날 100만원의 비용을 들이면 50년 동안 기후를 변화시키는 오염물질을 줄일 수 있는 규제를 생각하여 보자. 만약 현재 시점에서 이 규제를 하지

18) 김형진, 황형준, 앞의 책, 442-443.

않는다면 50년 후에는 1000만원의 비용이 지출되어야 하는 고통이 뒤따르게 된다고 하자. 얼핏 보면 오늘날의 100만원이라는 비용으로 훗날의 1000만원의 비용 지출을 막을 수 있으므로 매력적인 규제로 보인다. 그러나 오늘날 100만원의 기회비용을 고려하지 않고는 이 규제가 타당한지 여부를 판단할 수 없다. 만약 자원이 다른 자산, 5%의 수익을 얻을 수 있는 장기채와 같은 곳에 투자된다면 사회적으로 보아 위의 규제를 하는 것보다 장기채에 투자하는 것이 더 타당한 선택이다. 이로써 50년 후에 1000만원보다 큰 이익을 남김으로써 후세가 1000만원을 들여서 환경파괴에 대처하는 비용을 충당하고도 남는 자원을 만들어내는 것이기 때문이다. 이는 5%의 할인율에서 위의 제안된 규제는 순효과가 마이너스이므로 비용편익분석을 통과할 수 없게 된다는 것을 의미한다.

공공투자에 있어서 자본의 기회비용 측정은 사적 부문에서의 위험, 이자율의 문제와 유사하다. 공적 투자는 일반적으로 직접적이든 간접적이든 사적 투자와 대체의 관계에 있으므로 사적 자산이 결국 공공투자의 기회비용이 된다.

자본의 기회비용을 사회적 할인율로 사용하여야 한다는 주장의 근본적 기초에는 오늘날의 정부가 미래세대가 이용 가능한 자원을 극대화하는 것이 타당한 정책이지 미래 세대가 누리게 되는 이익들 중에서 어느 부분의 후생을 극대화할 것인가에 관한 결정까지 현재 세대가 해서는 안 된다는 생각이 깔려 있다. 현재 세대는 미래의 경제적 제한이나 조건을 알 수 없기 때문에 미래세대가 스스로 선택할 수 있는 환경을 만들어 주는 것이 최선일 뿐 현재 세대가 옳다고 생각하는 대로 남기는 것은 타당하지 못하다는 것이다.

(3) 사회적 시간선호율(Social Rate of Time Preference; SRTP)

한편, 사회적 시간선호율을 사회적 할인율로 사용하여야 한다는 주장은 현재소비와 미래소비에 대한 한계대체율을 측정해서 그로부터 적정한 사회적 할인율을 도출하려는 입장이다. 자본의 기회비용을 사용하여야 한다는 주장은 시장에서 실제로 관찰되는 인간의 행동에 할인율 도출의 이론적 근거를 두고 있는 반면, 사회적 시간선호율에 따라서 할인율을 정해야 한다는 입장은 서로 다른 두 시점에 있어서 그러한 시점의 변화가 개인들의 선택에 영향을 미치는 크기에 관한 논리적인 연관성을 찾아내고 그 크기로부터 적정한 사회적 할인율을 도출해내려는 노력에 바탕을 두고 있다.

경제학의 이론들과 경험적 증거들에 따르면 개인들은 일반적으로 미래 소비보다 현재의 소비를 선호함을 보여주고 있다. 이런 관점에서 보면 조삼모사의 상황에서 보이는 원숭이들의 반응은 경제학적으로 볼 때 타당한 근거를 가진 합리적 선택의 하나로 볼 수 있다. 이러한 현상이 발생하는 이유는 개인의 시간 선호율의 차이 때문이다. 우리는 여기서 사회적 시간 선호율을 추론해볼 수 있다. 사회적 시간선호율이란 사회구성원에 의한 소비가 갖는 사회적 가치의 감소율을 의미하며 이는 프랭크 램지(Frank Ramsey)의 공식에 의하면 순수 시간 선호율과 소득의 한계효용 탄력성 및 1인당 소득 증가율이라는 요소의 합으로 설명될 수 있다.

순수 시간 선호율이란 미래의 가치를 현재의 가치에 비하여 얼마나 선호하는지에 관한 것으로서 현세대가 더 참을성 없을수록 할인율이 더 높아지게 되는 것이다. 대부분의 사람들이 현상선호의 경향을 보이므로 순수한 시간 선호율은 0이 되기 어렵다는 것이 일반적인 견해지만 일부 학자들은 기후변화 정책에 관하여는 순수 시간 선호율을 0으로 설정하여야 한다고 주장하기도 한다.

소득의 한계효용 탄력성이란 소득 증가에 따라 한 단위의 추가소득에서 비롯되는 효용의 변화율을 측정한 것이다. 이는 한계효용체감의 법칙을 반영하는 것이다.

반면 1인당 소득 증가율이란 다른 세대의 상대적 수입을 반영하며 희소성의 측정과 관련한다. 즉 1인당 소득 증가율이 높아질수록 할인율이 더 높아지게 된다.[19)]

이러한 방식에 따르면 기후변화대응과 같은 공적 규제에서 사용하는 사회적 할인율은 민간부문에서 사용되는 통상의 할인율에 비해서 더 낮아야 한다는 주장으로 이어질 수 있다. 그 주장의 근거로는 ① 사람들은 저축의 중요성을 과소평가하는 반면에 현재소비의 가치를 과대평가하는 경향이 있기 때문에 민간의 사적 시간선호율이 과도하게 높은 경향이 있다. ② 민간은 후세의 복지에 대한 관심이 상대적으로 적기 때문에, 후세의 복지후생에 대해 상대적으로 관심이 많은 정부가 후세를 위해 보다 많은 공공사업을 집행하도록 하려면 사적 할인율에 비해 낮은 할인율을 적용해야 한다. ③ 외부편익을 발생시키는 특정 공공서비스의 공급을 사적 할인율을 적용하는 민간시장경제에 맡기면 과소공급이 이루어지므로, 낮은 할인율을 적용하여 적정한 공급이 이루어지도록 하여야 한다는 것 등을 생각해볼 수 있다.

그러나 위와 같은 주장에 대하여는 다음과 같은 문제점이 있을 수 있다. 첫째, 사회적 시간선호율을 정확하게 측정하는 것이 쉽지 않다는 난점이 있다. 자본의 기

19) 김형진, 황형준, 앞의 책, 443-444.

회비용을 주장하는 입장은 관찰 가능한 경제적 행동에 근거를 두고 있는 반면 사회적 시간선호율을 주장하는 입장은 그러한 증거를 거부하고 세대간 후생의 적정한 배분에 관한 규범적 모델을 근거로 하고 있다. 사회적 시간선호율을 주장하는 입장은 금융 시장이 미래 세대에 대한 요소, 사회의 선호를 반영하지 못한다는 시장 실패의 상황을 가정하고 있는 것이다. 그러나 시장에서 실제로 얼마나 실패가 발생하고 있는지 그 실패가 순수하게 시장의 실패로 인한 것인지 아니면 정부의 실패로 인한 부분도 함께 있는지를 판단하는 것은 그리 쉬운 일이 아니다.

시장실패가 존재하므로 사회적 시간선호율을 적용해야 한다고 하더라도 규제당국이 적절한 세대간 후생 함수를 발견해낼 수 있을지 그리고 그 함수가 자본의 기회비용을 주장하는 입장보다 타당한 할인율을 도출할 수 있는지에 대한 비판 역시 존재한다. 비판자들은 가장 단순한 후생함수조차도 '눈부시게 비일관적인' 합리적이지 못한 할인율을 도출해낼 수 있다는 점을 근거로 비판하기도 한다. 즉 정부는 자본의 기회비용에 따르는 경우보다 나은 사회적 시간선호율을 찾기 어려울 수도 있다는 것이다.

(4) 소 결

할인율의 선택은 1차적으로 정책적 문제, 2차적으로는 방법론적 문제라고 할 수 있다.

정책적 판단은 자본의 기회비용과 사회적 시간선호율 가운데 어느 것이 타당한지의 문제이다. 자본의 기회비용을 주장하는 입장은 미래 세대가 스스로에 대한 가장 우수한 정보를 지니고 있으므로 환경, 에너지, 건강 문제를 다루는 데 있어서도 역시 최적의 위치에 있다고 본다. 따라서 최적의 규제정책은 현재 세대의 부를 최대화하여 미래 세대에 그를 남겨주는 것이다. 반면 사회적 시간선호율을 주장하는 입장은 현재 세대가 아니면 기후변화의 문제를 해결할 수 없다고 본다. 따라서 사회적 시간선호율을 주장하는 입장은 미래 세대가 위험에서 피할 수 있도록 일반적으로 시장이자율보다 낮고 보기에는 완전히 최적이 아닌 것을 사회적 할인율로 선택하기도 한다. 따라서 규제행정청이 자본의 기회비용과 사회적 시간선호율 가운데 어느 것을 선택할 것인가의 문제는 기후변화의 문제와 같이 오랜 기간에 걸쳐서 비용과 편익이 발생하는 문제를 해결하기에 현재 세대의 구성원이 미래 세대의 구성원보다 나은 위치에 있는지 여부에 따라 결론이 달라질 수 있는 문제이다.

방법론적 이슈는 자본의 기회비용과 사회적 시간선호율의 측정 과정에서 발생하는 비용측면의 문제이다. 자본의 기회비용을 발견하는 데는 대안적 금융자산, 세금, 위험, 물가상승률 등의 세부 정보를 필요로 한다. 또한 사회적 시간선호율을 발견하는 과정에서는 순수 시간 선호율과 1인당 소득 증가율과 같은 복잡한 변수를 추정해야 한다. 추가적으로 사회적 시간율을 계산함에 있어서는 규제가 미래 세대 소비에 미치는 효과에 대해서도 더 많은 정보를 요구한다.

정책론과 방법론적 관점에서 자본의 기회비용을 사용하는 것이 사회적 시간선호율을 사용하는 것보다 더 나은 결과를 가져다줄 수 있다는 주장이 가능하다. 현재 세대가 미래 세대의 자원제한과 선호를 알 수 없는 상황에서 규제자들이 자본 시장에서 발견되는 수익률보다 낮은 사회적 할인율에 따라서 미래가치를 할인하여 환경, 에너지, 건강 등 특정분야에 과잉투자하게 되면 규제자들이 현재 세대의 희소한 자원을 가지고 큰 모험을 하게 되는 것일 수 있다는 것이다.

과거 맬서스주의자의 과잉인구예측에서 본 바와 같이 이러한 도박은 자본시장의 실패에 대한 그리고 기후변화등의 문제에 관한 미래 세대의 대응 능력에 대한 불완전한 정보에 기반한 오해로 판명될 수 있다. 미래 세대는 현재 세대로부터 가능한 최대화된 자원을 물려받고 그렇게 물려받은 자원을 어떻게 사용할 것인지에 관한 선택의 자유를 가지는 것을 더 원할 수 있다.

또한 자본의 기회비용을 사용하는 것이 계산과 적용에 편리한 면이 있을 수 있다. 자본의 기회비용은 관찰가능한 금융시장 자료에 기초하지만 사회적 시간선호율은 사회적 할인율에서 유래하는 특정한 후생함수를 규제자가 발견 및 설정해야하기 때문이다.

그러나 앞에서 본 바와 같이 기후변화와 같은 환경문제는 장기간에 걸쳐 그 피해가 나타나게 되므로 높은 할인율을 적용하면 피해의 규모가 과소평가되는 문제가 있다. 이처럼 높은 할인율로 인한 규제정책의 포기를 "할인율의 횡포(tyranny of discounting)"라고도 한다. 반면 지나치게 낮은 할인율을 적용한다면 잘못된 비용편익분석이 되어 자원의 낭비로 이어지게 될 것이다. 또한 경우에 따라서는 더 많은 정부의 역할을 강조하기 위해 의도적으로 낮은 할인율을 사용하려는 정치적 위험까지도 있는 것이다.

그러므로 기후변화문제에 대한 정책의 비용편익분석 과정의 할인율은 상대적으로 높은 시장이자율이 그대로 적용됨으로써 시장의 왜곡이 그대로 반영되지 않도록 주의하는 동시에, 규범적 평가 과정이 자의적으로 진행되어 비민주적 정책강제가 되지 않도록 노력하여야 하는 것이다.[20]

Ⅳ. 사회적 할인율 결정에 대한 사법심사

한국의 행정규제기본법도 규제의 신설 및 강화에 규제영향분석을 하도록 되어 있기는 하나, 규제영향평가의 타당성이 사법심사의 관점에서 정면으로 다루어진 적은 없는 것으로 보인다.[21] 그러나 그리 멀지 않은 미래에 비용편익분석을 포함한 규제영향평가의 타당성은 언제라도 사법심사에 있어서 중요한 문제로 등장할 수 있다.

이하에서는 이 주제에 관하여 이미 10여 년 전부터 논의가 되어온 미국의 예를 간단히 살펴봄으로써 우리나라에의 시사점을 찾아보기로 한다.[22]

1. 사회적 할인율 결정에 대한 사법심사가 가능한 경우

행정작용의 근거법규가 직접적으로 비용편익분석을 요구하고 있거나, 또는 그러한 법률이 없더라도 행정청이 각종 행정작용을 정당화하는 사유로서 비용편익분석을 원용하고 있는 경우에는 법원은 사용된 할인율이 정당한지를 심사하는 것이 가능할 것이다.

특정 법률이 정책을 선택할 때 행정청으로 하여금 직접적 혹은 간접적으로 비용편익분석을 할 것을 요구하고 있는 경우 법원은 행정청의 정책 선택, 특히 할인율 결정의 타당성을 심사할 수 있고 또한 심사해야만 한다. 미국에서의 몇몇 사례들[23]에서 법원이 이러한 판단의 합리성을 심사한 바 있다. 또한 법률이 비용편익분석을

---

20) 김형진, 황형준, 위의 책, 449-450.

21) 우리나라에서도 새만금판결, 천성산 사건 등에서와 같이 환경영향평가의 타당성이 법정에서 다투어지는 사건은 드물게 찾아볼 수 있다.

22) 이하의 설명은 Edward R. Morrison, *Judicial Review of Discount rates used in regulatory cost-benefit analysis*, 65 University of Chicago Law Review 1333(1998), 1350-1362에 따른 것이다.

23) Corrosion Proof Fittings v. EPA, 947 F2d 1201(5th Cir. 1991)(이하 Corrosion 사건); Natural Resources Defence Council, Inc v. Herrington, 768 F2d 1355(DC Cir. 1985)(이하 Herrington 사건); Ohio v. Department of Interior, 880 F2d 432(DC Cir. 1989)(이하 Ohio 사건).

요구하고 있지는 않더라도 행정청이 정책결정의 근거로서 할인율에 의한 비용편익분석을 시행한 경우에도 할인율에 대한 사법심사가 가능할 것이다. APA[24](행정절차법)는 법원으로 하여금 행정청의 행위에 대하여 자의성[25] 심사를 통하여 합리성을 판단하도록 요구하고 있다.

2. 사법심사의 기준

할인율에 대한 사법심사는 두 가지 단계를 거쳐야 할 것이다. 이는 Chevron 판결[26]에 근거한 것으로서 첫째 행정청의 할인 여부의 결정 및 할인율의 선택이 근거법령에 나타난 입법자의 의도에 따른 것인지 여부에 대한 판단, 둘째 근거법령에 나타난 입법자의 의도가 분명하지 않은 경우 심사 대상 행정작용에 있어서 행정청이 선택한 법률해석의 내용이 최소한의 합리성을 갖추고 있어서 허용될 수 있는 것인지 여부에 관한 판단이 그것이다.

(1) 미래가치의 할인여부 결정에 대한 사법심사

미래가치를 할인할 것인지를 결정하는 문제는 법률해석의 문제라고 할 것이다. Chevron 기준의 첫째 단계가 충족되는지 여부를 파악하기 위해서는 근거 법령의 존재 및 해석이 선행되어야 한다.

그러나 특정 법률[27]에서 비용편익분석을 요구하고 있다고 하더라도 그 분석의 명확한 기준까지 제시하는 경우는 드물다. 특히 법률 단계에서 할인율의 기준이 나타나는 경우는 흔치 않다. 이는 할인율을 선택과 관련된 기준에 관한 의회의 의도가 명백하게 드러나지 않음을 의미한다. 이러한 상황은 법원으로 하여금 행정청 행위의 합리성을 심사하는 두 번째 단계에 법원의 사법심사가 집중되는 결과를 가져온다. 실제 이 문제를 다룬 몇몇 사건들에서도 법원은 합리성 심사에 중점을 두고 있는 것으로 나타났다. Corrosion 사건에서 법원은 만일 EPA가 미래 편익을 할인하지 않았더라면 EPA의 행동은 잘못된 것이라고 판단하였다.[28] Ohio 사건에서도 법원은

24) the Administrative Procedure Act, 5 USC § 706(2)(A).

25) 'arbitrary and capricious'.

26) Chevron USA, Inc v. Natural Resources Defence Council, Inc, 467 US 837(1984).

27) TSCA(Toxic Substances Control Act), FIRFA(Federal Insecticide, Fungicide and Rodenticide Act)와 같은 법률을 들 수 있다.

Department of Interior가 OMB(Office of Management and Budget, 예산관리국)의 지침을 따랐다면 그 결과는 비합리적이라고 할 수 없다고 하였다. 그러나 두 판결 모두 법원은 할인율 결정에 있어서의 합리성 판단에 관한 구체적인 기준을 제시하지는 않았다. 다만 Corrosion 사건에서는 편익을 할인함이 없이 비용만을 할인할 수는 없다고 하였다.

비록 자세한 설명은 없지만, 위 두 판결로부터는 미래의 편익 또는 비용 중 어느 하나만을 할인하고 다른 하나는 할인하지 않는 것은 자의적이라는 결론을 이끌어낼 수 있을 것으로 보인다. 아래에서 보는 바와 같이 법원도 합리적인 비용편익분석은 미래의 비용과 편익에 관한 정(+)의 할인율을 그 전제로 하고 있는 것으로 보고 있다고 할 수 있다.

(2) 구체적인 할인율 선택에 대한 사법심사

대부분의 사건에서 법원은 구체적인 할인율의 선택은 행정청의 재량의 문제로 본다. 미연방대법원은 APA가 요구하는 자의성 기준이 법원으로 하여금 행정청의 재량사항에 대하여 엄격한 심사(hard look)를 할 것을 요구한다고 해석한다. 엄격한 심사는 행정청이 자신의원은 APA가 자세한 설명을 제공하고 있는지, 합리적인 선택자세한충분히 고려하였는지, 법률상 관련요소들을 고려하고 관련이 없는 요소들을 배제하였는지를 판단하는 것을 말한다.

비록 이러한 심사가 엄격한 심사라고 불리고는 있지만, 대부분의 법원은 할인율 심사와 관련하여 완화된 심사(soft look)를 한 것으로 평가될 수 있다. 예를 들어 Corrosion 사건에서 연방항소법원은 '역사적으로 볼 때 실제 이자율이 2%에서 4% 사이에 있는 경향을 보였다'는 이유로 EPA가 3%의 할인율을 결정한 판단을 합리적인 것으로 인정하였다. 법원은 다른 대안을 고려하지 않았고, EPA가 이 할인율을 적합하게 적용했는지도 심사하지 않았다. Ohio 사건에서는 행정청의 판단이 '정책 선택 과정에서 우선적'이기 때문에 법원은 가능하면 이를 따르는 것이 바람직하다고 한다고 하면서 행정청에 의한 10%의 할인율 판단을 합리적인 것으로 인정하였다. 한편 이들 사건에서 법원은 행정청이 동일한 규제에 대한 할인율을 장래에 바꾼다

28) "왜냐하면 EPA는 적절한 평가를 수행하기 위해서 비용을 할인해야 하고, EPA는 또한 적절한 비교를 수행하기 위해서는 비금전적인 자연의 혜택을 할인하는 것이 포함된다고 하더라도 편익을 할인해야 하기 때문이다." 947 F2d at 1218.

면 이에 대한 합리적고 정당한 근거가 제시되어야 한다고 판시하였다. 다만, 구체적으로 어떤 식으로 정당화되어야 하는지에 대하여는 별도의 언급을 하고 있지 않다.

한편, Herrington 사건에서 D.C. 항소법원은 DOE(Department of Energy; 에너지국)가 에너지 효율 기준의 비용편익분석에 사용한 할인율을 무효라고 판단한 바 있다. 그 이유로는 DOE가 자신의 선택을 정당화하는 과정에서 OMB의 지침을 따르지 않았다는 점을 들었다. 비록 이 사건에서 법원은 DOE의 결정을 면밀하게 분석하기는 했지만, 구체적으로 행정청의 할인율 결정에 대해서는 별다른 기준을 제시하지 않았다는 점에서는 위 두 판결과 유사하게 완화된 심사를 하였다고 볼 수 있다.

이러한 사례들에 나타난 바에 의하면, 사회적 할인율 결정에 관한 사건에서 법원은 결국 행정청이 자신의 선택에 관하여 '용인될 수 있을 정도의 간결한 설명(tolerably terse explanation)'을 하였는지를 판단하는 것으로 그 심사의 강도를 제한하고 있다고 볼 수 있다. 법원은 이 이외에 더 엄격한 심사 요소—합리적인 다른 대안을 충분히 검토하였는지, 법률상 관련요소들을 고려하고 관련이 없는 요소들을 배제하였는지—등에 관해서는 충분히 판단하고 있지 않은 것으로 보인다.

이런 관점에서 보면 행정청의 할인율 심사에 관하여는 미국 법원도 아직 분명한 심사기준을 제시하고 있지는 않은 것으로 볼 수 있다. 그렇지만 지금까지 나타난 법원의 판결로부터 할인율 결정에 대한 사법심사의 대략의 기준을 도출해보면 다음과 같다.

첫째, 법원은 적어도 행정청이 할인율 선택에 관하여 최소한의 간결한 설명을 하였는지를 보아야 한다. 둘째, 행정청이 다른 합리적인 대안을 제대로 고려하였는지를 심사하여야 한다. 셋째, 자본의 기회비용과 사회적 시간선호율 사이에서의 행정청의 선택을 전제로, 법원은 행정청이 그 선택한 할인율을 제대로 계산하고 적용하였는지를 심사하여야 한다. 자본의 기회비용과 사회적 시간선호율 중 어느 것을 선택하느냐에 따라 계산의 지표와 방식이 대단히 달라지기 때문이다.

생각건대, 법원이 행정청의 할인율 결정에 대하여 엄격한 심사를 하는 것이 적정한 할인율 선택의 권한을 행정청으로부터 사법부로 옮겨오는 것이어서는 안된다고 본다. 이 문제에 관하여는 행정청이 법원보다 더 많은 전문적인 지식과 인력을 가지고 있고, 법관으로 하여금 이 문제에 관한 전문성을 기르도록 요구할 수도 없기 때문이다.

따라서 행정청의 할인율 선택에 관한 법원의 엄격한 심사는 법원이 행정청으로 하여금 다음과 같은 질문에 대해 충분히 답을 하고 있는가 여부를 판단하는 방식으로 이루어져야 할 것이다. ① 관련기록이 있는가? ② 행정청이 사회적 시간선호율과 자본의 기회비용 사이에서 행한 선택의 근거를 설명할 수 있는가? ③ 각각의 다른 방법을 사용하여 할인율을 계산함에 있어서 관계된 제반 요소를 충분히 고려하였는가?

3. 우리나라의 경우—새만금판결을 중심으로

주지하는 바와 같이 우리나라 행정법이론에서 행정청의 사회적 할인율 결정에 대한 사법심사의 문제는 행정재량의 일탈 · 남용이론으로 다루어지게 되는 주제이다.

그러나 행정재량의 일탈 · 남용에 관한 기존의 우리나라 행정법이론에서의 논의는 일탈 · 남용의 판단기준으로 ① 평등의 원칙, ② 비례의 원칙, ③ 부당결부금지의 원칙, ④ 신뢰보호의 원칙, ⑤ 목적위반, ⑥ 적정형량의 원칙, ⑦ 재량권의 영으로의 수축 등과 같은 일반적이고 추상적인 원칙을 열거하는 수준에서 그치고 있고, 보다 실질적이고 세련되며 체계정합적인 이론적 틀을 제시하는 데까지는 이르지 못하고 있다.

행정소송법학에서의 대부분의 이론적 논의는 원고적격, 대상적격, 협의의 소의 이익 등과 본안전 요건에 관한 논의에 집중되어 있고, 정작 중요한 본안판단의 문제로서 행정재량에 대한 사법심사의 범위와 강도의 문제에 대해서는 아직 심도 있는 논의가 이루어지지 않고 있다는 것이 필자를 포함한 많은 사람들의 평가이다.

앞으로 우리나라 행정법학자들이 좀 더 노력을 기울여야 할 부분이라고 생각한다.

앞에서 언급한 바와 같이 아직 우리나라 법원 판결 중에서 행정청에 의한 사회적 할인율 결정의 문제에 대한 사법심사가 본격적으로 이루어진 예를 찾기는 쉽지 않다.

이하에서는 새만금사업에 대한 타당성 평가가 이루어졌던 서울고등법원 판결[29]의 해당부분을 간단히 살펴보기로 한다.

이미 알고 있는 바와 같이 이 사건에서는 새만금사업의 경제성 분석의 타당성에 관하여 법원의 판단이 이루어졌다.

이 사건의 피고 농림부는 새만금사업의 경제성 분석을 위하여 한국산업경제연

29) 서울고법 2005. 12. 21. 선고 2005누4412 판결: 상고【정부조치계획취소등】.

구원이 1988.12. 작성한 '새만금지구 간척지의 최적 이용을 위한 구상'이라는 경제성 분석 결과에 따라 새만금사업은 농지조성을 전제로 하더라도 경제적으로 타당성이 있는 것으로 판단하고 1989.11.6.경 새만금기본계획을 확정하였다. 그 후 위 경제성 분석 결과에 대하여 1998.9.25. 감사원 감사 결과 문제점이 지적되자 민관공동조사단 경제성 분과에서는 1999.5.1.부터 14개월간 경제성 분석을 다시 실시하여 조사보고서를 작성하였다. 그러나 이 조사보고서에 대하여도 편익항목 설정과 분석방법 등 상당한 분야에 걸쳐 조사위원들을 포함한 전문가들 사이에 많은 논란이 제기된 바 있다.

이 사건의 경제성 분석은 공공사업에 대한 비용편익분석의 전형적인 예로서, 편익항목으로는 간척지의 농업편익, 배수불량지역의 농업편익, 홍수방지효과, 국토확장효과, 담수호 창출효과, 관광효과, 고군산군도 재산증식효과, 육운 개선효과, 담수호 수질개선 편익, 신규갯벌 창조효과, 간척지 논의 공익적 효과, 방조제의 해일방지 효과, 방조제 인공어초 효과 등이 분석되었고, 비용항목으로는 ① 사업시행 전 편익손실항목으로서 갯벌의 총 가치(인간 중심 가치와 생태계 환경가치), 수산물의 생산손실액이, ② 사업비용 항목으로서 투자 사업비 조정액, 환경오염 방지비용, 영농유지관리비, 환경유지관리비, 영농시설 대체비, 환경시설 대체비, 생산비 증가액 등이 계상되었고 평가되었다.

위 비용과 편익의 분석과정에서 당연히 미래가치의 현재가치로의 환산작업이 수행되었는데, 그에 관해 한국산업경제연구원은 당시 우리나라 공공투자의 비용·편익 분석에서 사용되는 할인율은 13%였으나 이는 1981년에 산정된 민간부문의 투자수익률을 근거로 채택된 수준이고, 당시 우리나라 경제여건의 변화를 반영하여 사회적 적정할인율을 선정한 연구 결과에 의하면 적정할인율을 10%로 추정하고 있음을 참작하여 적정할인율 10%를 적용하고, 일반적 할인율인 13%와 함께 분석하였다. 한편, 농림부는 위 경제성 분석 결과를 기초로 1989.11.6. 새만금사업기본계획을 확정하였는데 분석 결과에 따르면 할인율 10%를 적용하여 투자수익률(I.R.R.) 13.5%, 편익·비용비율(B/C Ratio) 1.42로 나타났다.

또한 민관공동조사단은 적어도 판결문에 나타난 바로는 구체적인 근거의 제시는 없이 8%의 할인율을 적용하였고, 그 결과 분석의 대상으로 설정된 10개의 시나리오의 편익비용비율이 최저인 시나리오 4에서 1.25, 최고인 시나리오 2에서 3.81 사이로 나타나는 등 10개의 시나리오 모두에서 새만금사업의 경제성이 있는 것으로 평가되었다.

이러한 경제성 분석에 대하여 법원은 "… 위 인정 사실에 의하면, 1988년 당시 한국산업경제연구원의 경제성 분석보고서 및 새만금사업 기본계획에는 감사원 감사에서 지적된 바와 같이, 농수산 중심 개발안의 경우 일부 비용을 누락한 채 관광편익 및 항만편익을 계상하고 수질오염 등으로 시행이 불투명한 담수어 양식장 편익 등을 계상한 하자가 있기는 하다.

그러나 그 감사 결과에 의하더라도, 오류를 수정하여 경제성을 재검토하였을 경우 할인율 10% 기준으로 농수산 중심 개발안의 편익ㆍ비용비율은 0.99(내부수익률은 9.94%), 복합 산업단지 개발안의 편익ㆍ비용비율은 1.18(내부수익률은 12.48%)에 이르고, 비록 이견과 비판론이 있기는 하나 사후에 민관공동조사단에 의한 경제성 분석에 의하더라도 10개의 시나리오에서 모두 경제성이 있는 것으로 나타난 점, 장래 시행할 사업에 대한 경제성 분석이란 그 분석방법이나 고려요소 여하는 물론 분석을 담당한 전문가의 견해 차이에 따라 분석 결과가 크게 달라질 수 있는 점 등에 비추어 보면, 경제성 분석 결과에 이론이 없을 정도로 명백한 오류가 있어 경제성이 없다고 평가할 경우를 제외하고는 근거 법규가 요구하는 경제성을 결여한 것으로 볼 수 없고, 따라서 이 사건 공유수면매립면허 및 시행인가처분에서 채택한 한국산업경제연구원의 경제성 분석에 일부 하자가 있다고 하더라도 이를 법규의 중요한 부분을 위반한 중대한 흠으로서 객관적으로 명백하다고 할 수는 없다. 따라서 새만금사업의 경제성이 없어서 당연무효라는 주장은 이유 없다"라고 판시하여 행정청의 사회적 할인율 선택에 관해서는 아무런 판단을 하지 않고 있음을 알 수 있다.

이 논문의 전체적인 맥락에서 충분히 강조된 바와 같이 사회적 할인율을 어떻게 선택하느냐에 따라서 규제행정작용의 타당성의 결론이 큰 범위에서 달라질 수 있다는 점에 비추어 볼 때, 새만금판결과 같이 공공사업의 타당성 및 비용편익분석에 관한 사법심사가 예외적으로 이루어진 사건에서 할인율 선택의 합리성에 관하여 아무런 판단이 이루어지지 않은 점은 몹시 아쉬운 부분이라고 할 것이다.

4. 할인율 결정에 대한 사법심사의 결과에 대한 전망

할인율 결정에 대하여 앞에서 본 바와 같은 엄격한 사법심사를 실시하는 경우 이는 행정청의 할인율 선택 방식을 상당히 변화시킬 것이다. 특히 지금까지 행정청에 의하여 이루어져온 할인율 선택에 관한 많은 결정들은 어쩌면 이렇게 강화된 사법심사기준을 통과하지 못할 수도 있다.30)

Morrison 교수에 따르면 엄격한 심사의 적용과 관련하여 가장 주목할 만한 것은 할인율에 관한 OMB의 지침이다. OMB는 할인율에 관하여 자본의 기회비용을 주장하는 입장의 관점에서 접근하고 있고, 이에 대한 적합한 설명을 제시하고 있으므로 엄격한 심사의 두 단계는 통과할 수도 있는 것으로 보인다. 그러나 이러한 접근법을 사용하여 도출된 실제의 할인율의 수치에 관하여는 충분한 근거를 제시하지 못하고 있는 것으로 평가되고 있다. 특히 OMB가 제시하고 있는 7%의 할인율이 과연 타당하게 계산된 것인지에 관해서 많은 의문이 제기되고 있다고 한다.31)

마찬가지로 EPA가 사용하고 있는 할인율도 엄격한 심사를 통과하지 못할 가능성이 많다는 평가이다. EPA는 미래에 비용을 발생시키는 규제에 대해서는 높은 할인율(7~10%)을 적용하면서도 미래에 편익을 발생시키는 규제에 관해서는 낮은 할인율(3% 내외)을 채택하고 있는데, 이러한 차이에 대하여 제대로된 근거를 제시하고 있지 않기 때문에 엄격한 심사의 두 번째 단계를 통과하지 못할 것으로 보인다.

반면 Morrison 교수에 따르면 1990년대 중반의 DOE 규제는 엄격한 심사를 통과할 수 있을 것으로 보인다. DOE는 당시 주된 가정용품의 에너지 효율기준에 관한 규칙을 제정하면서 채택한 할인율에 대하여 상세한 설명을 제공한 바 있다. 사회적 시간선호율과 자본의 기회비용 계산과정을 이론적, 실증적 관점에서 면밀히 검토한 후, DOE는 "에너지 효율성이 더 높은 분야에 더 많은 자원이 투입되도록 유도하기 위해서"라는 점을 언급하면서 자본의 기회비용에 따른 할인율을 선택하였다.32)

공공사업의 타당성 평가에 있어서 비용편익분석 및 사회적 할인율 선택의 문제가 가지는 중요성에 비추어보면 우리나라에서도 행정청에 의한 사회적 할인율 선택이 행정재량에 대한 사법심사의 문제로서 법원에 의해 본격적으로 다투어지는 날이 조만간 도래하리라고 생각한다. 그러한 상황에서 합리적인 사법심사가 이루어질 수 있기 위한 준비를 해나가는 것이 필요하다고 할 것이다.

---

30) 이하의 내용은 Morrison, supra note 21; 1360-1362의 평가를 따른 것이다.
31) OMB의 할인율 가이드라인에 관한 더 상세한 분석은 Viscusi, supra note 3, 221 이하 참조.
32) DOE, Energy Conservation Program, 58 Fed Reg at 47333-35.

5. 소 결 론

우리나라에서도 기후변화대응규제의 상당부분은 행정규제의 형태로 나타날 것이다. 구체적으로는 지금 정부에서 시행을 준비하고 있는 탄소배출권거래제도에서의 탄소배출권의 할당처분, 탄소배출량의 측정, 보고, 인증과 관련된 행정처분 등을 생각해볼 수 있다.

이러한 기후변화대응규제에 대한 행정소송이 제기되는 경우에는 법원은 결국에는 해당 행정규제의 타당성을 심사하여야 하고 이는 본질적으로는 기후변화문제의 심각성 및 기후변화문제의 해결을 위한 적정한 대응수단으로서 규제의 타당성에 대한 평가가 될 것이고 그 과정에서 규제의 타당성에 관한 비용편익분석 및 사회적 할인율 결정과정에 대한 타당성 심사가 이루어지게 될 것이다.

이런 관점에서 앞에서 본 미국의 할인율 결정에 대한 사법심사를 둘러싼 논의는 우리나라에도 충분한 시사점을 제공해줄 수 있으리라고 생각한다.

Ⅴ. 결 론

현대 사회에서 위험은 우리 주변 모든 곳에 존재하고 있다. 반면 그것을 막을 수 있는 자원은 희소하다. 따라서 우리는 어쩔 수 없이 효율적인 자원 배분이라는 선택의 상황에 직면하게 된다. 이는 우리가 어떤 한 위험요소에 자원을 집중적으로 쏟아 붓는다면 다른 위험요소에 대하여는 소홀해질 수밖에 없다는 것을 의미한다.

기후변화에 대한 대응의 문제도 마찬가지이다. '기후변화' 상황에서 특정한 위험에 집중하여 특별한 대응을 하는 것은 기후변화와 관련된 다른 위험 또는 다른 종류의 위험에 대한 노출의 증가를 가져올 수 있다. 결국 기후변화대응규제의 설계에 있어서도 합리적인 선택으로서 효율적인 자원배분을 고려하여야 할 것인데, 이때 고려될 수 있는 요소로서 세대간 효율의 개념과 세대간 형평의 개념이 있다. 한편 장기간에 걸쳐서 발생하는 기후변화의 문제에 대한 적정한 대응의 내용에 대한 판단의 근거로서 비용편익분석이 이루어져야 하는데 그 과정에서 적정한 사회적 할인율을 선택이 중요한 쟁점이 된다.

이 논문에서는 기후변화대응규제의 설계에 있어서 이러한 사회적 할인율 선택의 문제와 관련된 제반 쟁점들을 살펴보았다. 사회적 할인율 선택의 문제를 둘러싼 윤리주의자의 입장과 실증주의자의 입장을 비교해서 검토해보고, 선택가능한 사회적 할인율로서 자본의 기회비용과 사회적 할인율 사이의 선택의 문제와 관련된 제반 쟁점을 검토하였으며, 최종적으로 행정청에 의한 사회적 할인율 선택결정에 대한 사법심사의 문제를 검토함으로써 논의를 마무리하였다. 이러한 논의를 통해서 기후변화대응규제가 생각처럼 간단한 문제가 아니고 바람직하고 적정한 기후변화대응규제를 논하기 위해서는 자원의 배분문제를 둘러싼 여러 가지 쟁점에 관한 이해가 필요하다는 점을 부각시키는 데는 일견 성공하였다고 판단된다.

그러나 기후변화, 비용편익분석, 사회적 할인율 선택, 사회적 할인율 선택에 대한 사법심사한 의 문제는 하나하나가 대단히 어렵고 심도 있는 논의와 검토를 요하는 쟁점들이어서 그에 관해 이 논문에서 모두 다 다루고 답을 찾는 것은 쉽지 않았다.

그 부분은 필자와 다른 연구자들의 후속 연구과제로 남기기로 하고 아쉽지만 이만 글을 마치기로 한다.

참고문헌

김동건, 비용 · 편익분석(개정판), 박영사, 2004.

김형진 · 황형준, "영국의 기후변화법과 스턴보고서," 경제적 효율성과 법의 지배, 박영사, 2009.

나성린 · 전영섭, 공공경제학(개정판), 박영사, 2001.

이준구, 재정학(제 3 판), 다산출판사, 2004.

Barrie Murray, *Power Markets and Economics*, WILEY, 2009.

Cass R. Sunstein, "Adapting Law and Policy to a Transforming World The World vs. the United States and China? The complex climate change incentives of the leading greenhouse emitters," *UCLA Law Review*, 2008.

Cass R. Sunstein, "Article of Montreal and Kyoto: a tale of two protocols," *Environmental Law Reporter News & Analysis*, 2008.

Cass R. Sunstein, "On the divergent American reactions to terrorism and climate change," *Columbia Law Review*, 2007.

Cass R. Sunstein, Arden Rowell, "ON discounting regulatory benefits: risk, money, and intergenerational equity," *University of Chicago Law Review*, 2007.

Dave V. Wright, *The Clean Development Mechanism*, 2007.

David A. Weisbach, · Cass R. Sunstein, "Change and discounting the future: a guide fo the perplexed," *Yale Law and Policy Review*, 2009.

Dexter Samid, David A. Weisgach, "Paretian Intergenerationa discounting," *University of Chicago Law Review*, 2007.

Edward R. Morrison, "Judicial review of discount rates used in regulatory cost-benefit analysis," *University of Chicago Law Review*, 1998.

Louis Kaplow, "Discounting dollars, discounting lives: Intergenerational distributive justice and efficiency," *University of Chicago Law Review*, 2007.

Malcolm Dowden, *Climate Change & Sustainable Development*, EGbooks, 2008.

Nicholas Stern, "The Economics of Climate Change," *American Economic Review*, 2008.

Nicholas Stern, "The Economics of Climate Change," *Cambridge university press*, 2007.

W. Kip Viscusi, "Rational Discountiug for Regulatory Analysis," *University of Chicago*

Law Review, 2007.

William D. Nordhaus, "Reflections on the Economics of Climate Change," *Journal of Economic Perspectives*, 1993.

William Nordhaus, *A Question of Balance*, YALE, 2008.

제 2 장

기후변화대응 관련 외국 법제 동향

제 1 절 기후변화입법의 성공적 요소

— 미국의 연방법률안을 중심으로 —[1)]

이 재 협*

Ⅰ. 서 론

미국은 중국과 함께 온실가스 최다배출국으로서 2008년부터 2012년까지 1990년 대비 선진국의 연평균 온실가스 감축의무를 규정하고 있는 교토의정서(Kyoto Protocol to the UNFCCC)에서도 가장 비중 있는 의무감축국으로 명시되어 있다.[2)] 기후변화 레짐 형성 초기에는 주도적 역할을 수행하던 미국정부는 지난 부시 행정부 시절 교토의정서 탈퇴를 공식 선언한 후 국제협상 무대에서 거의 두각을 나타내지 못하였다. 그러다가 오바마 행정부가 들어선 이후 과거 부시 행정부와는 달리 미국은 온실가스 감축과 관련한 미래세대와 국제사회에 대한 책임에 분명한 의지를 표시하고 있다. 미국은 현재 온실가스에 대한 연방정부의 공식적인 규제가 없이 몇몇 주정부가 모여서 지역적인 형태의 규제를 추진하거나(예컨대 Regional Greenhouse

---

* 서울대학교 법과대학・법학대학원 교수.

1) 이 논문은 서울대학교 법학연구소 법의지배 센터에서 2009년 "기후변화와 법의 지배"라는 주제로 실시한 학회에서 발표된 후 「한양대학교 법학논총」 제26집 제 4 호(2009)에 게재된 바 있다.

2) 교토의정서의 의무감축국인 부속서 I 국가 중 미국의 온실가스 배출비중은 36.1%이다. UN기후변화협약과 교토의정서에 대한 개괄적인 설명으로는 Farhana Yamin and Joanna Depledge, The International Climate Change Regime: A Guide to Rules, Institutions and Procedures, Cambridge University Press, 2004를 볼 것.

Gas Initiative: RGGI) 주정부 단위로 온실가스를 규제하는(예컨대 캘리포니아주) 양상을 보이고 있다. 하지만 지난해 하원을 통과한 Waxman-Markey 법안(The American Clean Energy and Security Act of 2009: ACES)은 온실가스 감축목표, 연방정부 차원의 전국적 연비규정 제정 및 자동차 환경기준 강화 등 온실가스의 실질적인 감축을 위한 목표와 수단을 제시하고 있다.

최근 우리나라에서도 녹색성장기본법이 시행되고 총량배출권거래제(cap-and-trade system)에 기반한 온실가스 감축이 도입될 예정으로 알려져 있다. 우리 정부는 교토의정서상 감축의무가 없음에도 이미 자발적 선언방식으로 국내 온실가스 감축량을 2020년까지 배출전망치(BAU) 대비 30% 감축안으로 발표한 바 있다. 앞으로 제정될 것으로 보이는 기후변화 후속입법은 총량배출권거래제에 기반하는 것으로 알려져 있다. 총량배출권거래제는 이미 미국에서 아황산가스를 대상으로 시행된 바 있어 비교의 준거가 될 수 있으며, 또한 교토의정서 체제 이후의 온실가스 규제논의에 있어서는 미국의 참여가 두드러질 것으로 예상되는바, 현 시점에서 미국의 제도를 검토하는 것은 매우 시의적절한 것으로 생각된다. 이 글은 미국의 연방 기후변화법률의 제정연혁과 법안의 주요쟁점들에 대한 분석을 통해 우리나라의 총량 배출권거래제에 기반한 법안설계에 참고가 될 시사점을 도출하는 것을 목적으로 하고 있다.

Ⅱ. 기후변화대응 미국연방입법의 연혁 및 분석

1997년 교토의정서 체결에 앞서 미국 상원은 '버드-하겔 결의안(Byrd-Hagel Resolution)'을 통해 기후변화대응 국제협약과 관련하여 개도국의 의무적 참여가 없이는 미국이 어떠한 의무적 협약을 채택해서는 안 된다고 결의한 바 있다. 그 이후 2005년 교토의정서가 국제적으로 발효되기 이전까지 미국에서는 연방, 주, 지역 차원에서 온실가스와 관련된 의미 있는 입법적 시도가 이루어지지 않았다. 이에 따라 국제적 온실가스 감축노력을 외면했던 미국정부는 국내외적으로 비난을 받아왔고, 미국 내의 여러 환경단체들은 정부의 정책변화를 이끌어내기 위해 다양한 차원에서의 압력을 행사하기 시작하였는데, 그 중 하나가 다름 아닌 사법부의 판결을 통한 방법이었다.

1. 연방대법원 판례: Massachusetts v. EPA

청정대기법(Clean Air Act: CAA)에 의하면 이동 오염원(mobile sources)인 자동차 배출기준은 연방정부가 동일한 국가기준을 정하도록 되어 있다.[3] 이에 따라 모든 주는 독자적인 배출기준(emission limits)을 설정할 수 없는데, 다만 캘리포니아 주는 그 주에서 판매되는 차에 대하여 자체적으로 더 엄격한 기준을 채택할 수 있도록 허용하였다.[4]

1999년 국제기술평가센터(International Center for Technology Assessment: ICTA)는 자동차배기가스 중 이산화탄소, 메탄, 산화질소, 탄화수소 등이 기후변화에 기여하고 있고, 이 때문에 인간건강과 환경에 심각한 위해를 가져온다고 주장하였다.[5] 이들은 CAA의 §202에 따라 신차에 대한 온실가스 배출규제기준을 제정할 것을 연방환경청(Environmental Protection Agency: EPA)에 청원하였는데, 연방환경청(EPA)은 2003년 9월 동 청원을 거부하였다. 그 이유는 첫째, 자동차로부터의 온실가스는 CAA상 "대기오염물질"이 아니기 때문에 EPA가 이에 대한 규제권한이 없으며, 둘째, 설사 EPA가 규제권한이 있다 할지라도 기후변화 문제에 대한 과학적 불확실성 때문에, 또한 이미 자발적 배출감축과 같은 프로그램으로 대응할 수 있는 문제이기 때문에 이를 직접적으로 규제할 필요가 없다는 것이다.[6]

이에 청원자들은 2005년 EPA의 조치에 대해 워싱턴 DC 순회구 연방항소법원에 EPA를 제소하였다.[7] 이들은 CAA §307(b)(1)에 의해 EPA 청장의 모든 조치는 연방항소법원에서 사법심사의 대상이 된다고 주장하였다. 이 사건의 주된 쟁점은 (1) 원고적격, (2) 온실가스에 대한 EPA의 규제권한, (3) 신차에 대한 온실가스 기준수립을 거부한 EPA 재량권 행사의 타당성이었다. 판결의 주문을 작성한 2명의 판사(Randolph 판사, Sentelle 판사)는 CAA §202(a)(1)상의 EPA의 재량권을 인정하

3) Clean Air Act (CAA), §202, 42 U.S.C. §7521.

4) CAA, §209(b), 42 U.S.C. §7543(b).

5) International Center for Technology Assessment, Petition for Rulemaking and Collateral Relief Seeking the Regulation of Greenhouse Gas Emissions from New Motor Vehicles Under §202 of the Clean Air Act 13-24 (Oct. 20, 1999), at http://www.icta.org/doc/ghgpet2.pdf (petition to the EPA Administrator).

6) Notice of Denial of Petition for Rulemaking, 68 Fed. Reg. 52, 922 (Sept. 8, 2003).

7) 연방항소법원은 매사추세츠주, ICTA 등을 비롯한 서로 다른 주체들에 의해 제소된 사건들을 병합하여 심사하였다. Massachusetts v. EPA, 415 F.3d 50 (D.C. Cir. 2005).

고, 원고적격을 인정할 만한 피해를 특정할 수 없음을 판시하였다. 하지만 Tatel 판사는 반대의견을 제출하였다.

이 사건은 연방대법원에 상고되어 2007년 4월 2일에 판결문이 발표되었다.[8] 5대 4의 다수의견으로 구성된 판결문에서 연방대법원은 먼저 EPA가 §202에 기한 신차 배기가스 규제에 대해 온실가스를 규제해 달라는 규칙제정 청원을 자의적으로(arbitrarily and capriciously) 거부하였다고 판시하였다.[9] 또한 매사추세츠 주가 준주권적(quasi-sovereign) 주로서 원고적격론상 특별한 지위에 있음을,[10] 그리고 온실가스가 CAA의 규제대상임을 확인하였다.[11] 따라서 EPA가 온실가스를 규제하지 않기로 한 결정을 재고하고, 또한 추후 가부 결정의 근거를 제시하도록 판시하였다.

그러나 본 판결은 EPA로 하여금 자동차 배출 온실가스를 규제하라고 명한 것은 아니다.[12] 실제로 부시 행정부는 동 판결이 나온 후 특별한 조치를 취하지 않다가 2007년 5월 14일에 EPA 및 농림·교통·에너지부에 대해 자동차 휘발유 소비 및 온실가스 배출감축을 위한 규제법률 제정을 추진하라는 행정명령(Executive Order)을 발표하였다.[13] 하지만 이 판결이 가져온 가장 의미 있는 변화는 주정부 주도의 온실가스 규제조치가 가속화되고 연방의회 차원에서의 온실가스 규제법안이 만들어졌던 계기가 되었다는 것이다.[14]

2. 규제 프로그램의 선행: 지역별, 주별 규제 프로그램

(1) Northeast Regional Greenhouse Gas Initiative(RGGI)

미국에서 최초로 총량 배출권거래제에 기반한 온실가스 규제 프로그램이 가동된 것은 북동부 9개주(코네티컷, 델라웨어, 메인, 뉴햄프셔, 뉴저지, 뉴욕, 버몬트, 로드아

---

8) Massachusetts v. EPA, 127 S.Ct. 1438 (2007).

9) *Id.*, p. 1463.

10) *Id.*, p. 1454-55.

11) *Id.*, p. 1462.

12) *Id.*, p. 1463.

13) Executive Order 13432., May 14, 2007. Cooperation Among Agencies in Protecting the Environment With Respect to Greenhouse Gas Emissions From Motor Vehicles, Nonroad Vehicles, and Nonroad Engines.

14) Elise Korican, Massachusetts v. Environmental Protection Agency, Exploring the Merits of Greenhouse Gas Regulation, Journal of the National Association of the Administrative Law Judiciary, Vol.28 (2008), p. 234-35.

일랜드, 매사추세츠)에 의해 주도된 RGGI이다.[15] 이들 주의 온실가스 감축의무량은 2000년 기준 5억 77백만 톤으로 양으로 보면 세계 6위 수준이다.[16] 2005년 12월 20일 가입주들 간의 MOU가 체결되었고, 2006년에는 캘리포니아주가 주지사의 집행명령으로 RGGI의 교역 파트너로 참여하고 있다.

RGGI의 규제대상은 25MW급 이상의 발전소이며, 향후 발전소 외의 다른 고정배출원으로 점차 확대될 계획이다.[17] 2006년 8월 15일 '모델규칙(Model Rule)'이 작성됨에 따라 각 주의 이행조치가 가동되어 배출권거래제가 시행되었다.

배출상한은 초기의 안정화 단계에서는 2005년 기준으로 점차 감축을 목표로 베이스라인을 확정하였다. 또한 2009년부터 2014년 사이에는 배출량을 동일하게 유지하고 2015년부터 매년 2.5% 감축을 목표로 하였다. 배출량 준수 여부는 3년 기준으로 측정하기로 하였다.

지역의 총 배출상한량은 121백만톤으로 설정하고, 각 주에 배출량을 할당하며, 그 이후의 할당방식은 각 주가 결정하되, 각 주의 CO_2거래제 예산의 25%는 소비자 후생 또는 전략적 에너지를 위해 사용하도록 하였다. 2008년 9월 첫 경매 이후 현재까지 1억 4천만 단위의 배출권 경매, 4억 3천만 달러 상당 4분기마다 경매가 시행되었다. 또한 각 주의 탄소할당량 거래프로그램의 내역을 기록하는 시스템을 구비하고, 배출량, 할당량, 거래 내역, 상쇄(offset) 프로젝트 등의 데이터를 공개하도록 하였다.

RGGI는 CO_2, CH_4, SF_6 세 가지 온실가스를 대상으로 다음의 다섯 종류의 상쇄 프로그램을 운영하고 있다: ① 쓰레기 매립장 메탄 포집, ② SF_6(육불화황) 배출 감축, ③ 조림을 통한 이산화탄소 감축, ④ 건물의 에너지 효율 개선, ⑤ 축산시설의 메탄가스 배출 감축이 그것이다.[18] 각 배출원은 할당량의 3.3%를 발전 외의 상쇄/포집으로 충당 가능하며, 다만 이를 인정받기 위해서는 "실제성, 추가성, 검증가능성, 영속성, 집행가능성(Real, Surplus, Verifiable, Permanent, Enforceable)"의 요건이

---

15) Regional Greenhouse Gas Initiative: An Initiative of the Northeastern and Mid-Atlantic States of the U.S., http://www.rggi.org.

16) RGGI에 참여하는 주는 미국 탄소감축 의무량의 8%, 일본의 42%, 독일의 58%, 영국의 89% 수준이다.

17) Regional Greenhouse Gas Initiative, Memorandum of Understanding (2005), at http://www.rggi.org/docs/mou_12_20_05.pdf.

18) Michael B. Gerrard(ed.), Global Climate Change and U.S. Law, American Bar Association (2007), p. 324.

충족되어야 한다.

RGGI의 규제 프로그램은 Model Rule을 바탕으로 한 주별 규제로 실시되며, 주별 해당 관청이 주관하며, 이들 주별 관할 행정청의 장으로 구성된 지역조직이 감독권을 갖는다. 또한 RGGI Inc.가 비영리법인으로 탄소 예산거래프로그램(CO_2 Budget Trading Program) 개발과 시행을 지원한다. 그것은 배출정보 수집과 배출할당량 준수여부를 모니터할 시스템의 개발과 유지, 배출권 경매의 플랫폼 마련, 배출권 경매 및 거래의 시장 모니터링, 상쇄 프로젝트 검토 및 심사의 기술적 지원을 담당한다.

RGGI는 미국내 최초의 온실가스 배출거래제로 각광을 받았지만 감축목표가 온난화의 속도와 방향에 영향을 주기에는 너무 미약하고, 규제대상이 발전소 부문에 국한한다는 점에서 실효성에 대한 많은 비판이 있어 왔다. 우선 여러 주의 집단적인 행정목표를 영속적이고 집행력을 가진 규율로 만들기가 어렵다는 지적을 할 수 있다. 연방 정책인 청정대기법(Clean Air Act)과 주 단위의 온실가스 정책이 충돌할 때 연방정책이 우선한다는 연방헌법상 우월성 조항(supremacy clause)의 문제, 그리고 RGGI 밖의 주에서 생산된 전기를 규제하게 되면 연방헌법 상 주간교역조항(commerce clause)의 차별 금지 위반 문제가 등장할 가능성이 매우 높다는 문제점이 제기되었다.[19)]

(2) California Global Warming Solutions Act, Assembly Bill 32

캘리포니아 주의회는 2006년 8월 31일, 온실가스 배출 감축을 위한 법안(AB 32, California Global Warming Solutions Act of 2006)을 통과시켰는데, 동 법안은 캘리포니아의 온실가스 배출수준을 2020년까지 1990년 수준으로 감축하는 것을 목표로 배출허용량을 규정하고, 배출업자의 배출보고 의무화(mandatory greenhouse gas emissions reporting)와 배출권 거래제도 실시를 위한 법적 근거를 마련하였다. 동법은 2007년 1월에 시행되었다.

주상원 법안 1368(2006. 9. 29. 통과)은 공공시설에서 사용하는 전기의 생산자들에게 온실가스 배출 기준을 적용하도록 하고 있고, 주상원 법안 107(2006. 9. 26. 통과)은 주 내 3대 발전사업자에게 2010년까지 20%의 전력을 재생에너지로 대체할 것을 요구하고 있다. 또한 RGGI와 배출권거래를 연계하고, 영국과 캘리포니아 주간 저탄소 기술개발 및 연구협력 등을 추진하고 있다. 아울러 주택, 상업, 산업 시설의 태양 에

19) *Id.*, pp. 335-37.

너지 설비에 대해 최대 100%의 재산세 감면 혜택을 제공하고 있다. '기후변화등록부(Climate Action Registry)'는 비영리기구로서 정부 및 사기업의 베이스라인으로서의 배출량 측정, 감축 프로그램 개발 등을 지원한다.

동법은 '재생포트폴리오기준(Renewable Portfolio Standard)'을 도입하여, 공익설비는 2010년까지 20%, 2020년까지 33%의 전력을 재생가능에너지(열병합, 태양열, 태양광, 해열, 조류 등)로부터 얻을 것을 요구하였다. 전력생산자에게는 전력원의 비율을 공개할 의무를 부여하였다. 주요 공익설비는 수익의 일부를 주정부의 '재생자원신탁기금(Renewable Resource Trust Fund)'에 기탁하도록 요구하였다.

3. 주요 연방법률 분석

북동부 주들의 RGGI를 비롯해 온실가스 규제에 대해 미국의 주정부, 지역정부가 전향적인 자세를 취하게 되고, Bali에서 열리는 기후변화당사국총회를 앞두고 국제사회에서 기후변화 문제에 대한 경각심이 높아지고, Massachusetts v. EPA 사건에 대한 미국 연방대법원의 판결이 이루어진 후 미국 의회 내에서는 다양한 온실가스 규제법안들(이하 '기후변화법안'이라 칭함)이 논의되기에 이르렀다. 이 글에서는 주로 2006년과 2007년 사이에 제출된 연방법률안인 Bingaman-Spector,[20] Udall-Petri,[21] Lieberman-McCain,[22] Kerry-Snowe,[23] Waxman,[24] Sanders-Boxer,[25] Feinstein-Carper,[26] Alexander-Lieberman,[27] Stark,[28] 그리고 Larson[29] 법안을 중심으로 살펴보았다.

기후변화의 문제는 그 적용대상의 광범위함과 사안의 복잡함 때문에 적절한 분석의 틀을 도출해 내기가 쉽지 않다. 그럼에도 우리가 몇 가지 점에 유의한다면 앞으로 제도설계를 함에 있어 유용한 준거점을 찾아낼 수 있을 것이라 생각된다. 그러

20) Low Carbon Economy Act of 2007, S. 1766.
21) Keep America Competitive Global Warming Policy Act of 2006, H.R. 5049.
22) Climate Stewardship and Innovation Act of 2007, S. 280.
23) Global Warming Reduction Act of 2007, S. 485.
24) Safe Climate Act of 2007, H.R. 1590.
25) Global Warming Pollution Reduction Act of 2007, S. 309.
26) Electric Utility Cap and Trade Act of 2007, S. 317.
27) Clean Air Climate Change Act of 2007, S. 1168.
28) Save Our Climate Act of 2007, H.R. 2069.
29) America's Energy Security Trust Fund Act of 2007, H.R. 3416.

므로 이 글에서는 기후변화 대응법안에 있어 가장 중요한 정책적 선택이 무엇인지, 왜 그러한 선택이 중요한지, 그리고 쟁점들에 대한 최고의 해결점은 무엇인지, 그리고 각각의 법률안들이 이러한 문제들을 어떻게 다루고 있는지를 살펴본다.

(1) 일반적 측면

1) 정책목적

기후변화법안의 가장 궁극적 목적은 바로 "기후변화가 가져올 영향에 적절히 대응"하는 것이다. 이를 파악하기 위해서는 어느 정도의 기후변화를 회피하고자 하는지, 즉 어느 정도의 피해를 감내할 수 있는지, 피해의 대상은 누구를 상정하는지, 또한 그러한 피해를 회피하기 위해 어느 수준의 기술에 도달해 있고, 어느 정도의 비용을 지불할 의사가 있는지를 파악하는 것이 첫 순서일 것이다.

기후변화입법에 있어서의 감축목표는 이러한 과학자들의 전망치에 근거하여 설정되어야만 한다. 문제는 저감정책(mitigation)의 경우 저감의 효과가 단시간 내에 나타나지 않는다는 것이다.[30] 또한 한 나라의 저감이 전지구적인 효과를 가져오기 어렵기 때문에 여러 국가들의 국제적 공조가 무엇보다도 긴요하다. '기후변화에 관한 정부간 패널(Intergovernmental Committee on Climate Change: IPCC)'이 제시한 바와 같이 선진국들이 앞으로 1990년 대비 이산화탄소 배출량의 50~80%가 감축해야만 심각한 기후변화를 방지할 수 있을 것이다.[31]

앞서 언급한 미국의 연방법률 중에서 Larson 법안을 제외하고는 모두 탄소감축의 시한과 감축목표가 제시되고 있다. 대다수의 법안이 2050년까지 1990년 대비 탄소배출량의 최소 50% 이상을 감축하는 것을 목표로 하고 있으며, 가장 획기적인 목표는 Waxman 법안과 Boxer-Sanders 법안에서 제시된 83% 감축이다. 다만 이들 법안에는 특정 감축목표와 관련되는 변수가 무엇인지가 제시되지 않고 있다. 즉 어떤 지역이 고려되는지, 비용과 편익은 어떻게 배분되는지, 다른 감축에 대한 전망과 미래의 기술변화 및 해결점에 관한 것 등 감축목표의 정당성을 뒷받침해 줄 입증자료가 충분히 제시되지 않았다.

---

30) Richard J. Lazarus, Super Wicked Problems and Climate Change: Restraining the Present to Liberate the Future, Cornell Law Review, Vol. 94 (2008), p. 1167.

31) David B. Hunter, International Climate Negotiations: Opportunities and Challenges for the Obama Administration, Duke Environmental Law and Policy Forum, Vol. 19 (2009), p. 255.

2) 국제적 노력

기후변화 법안이 지향하는 중요한 요소 중 하나는 국제사회 일원으로서의 공평한 수준의 감축이다. 그동안 전 세계 온실가스의 25% 이상을 배출하고 있는 최대배출국인 미국은 자국의 감축목표를 설정하는 과정에서 개도국의 의미있는 참여가 전제되어야 함을 주장하였다. 그러나 이러한 입장은 미국의 국제적 책임을 다하지 못하고 있는 것이라 평가되어 왔다. Bingaman-Specter 법안과 Udall-Petri 법안에서 명시되고 있는 무역조치도 이러한 관점에서 이해될 수 있다.[32] 적절한 기후변화 조치를 취하고 있지 않은 국가로부터 유입되는 상품에 대해 관세나 무역제한조치를 가하는 것이 간접적으로는 중국, 인도와 같은 다배출 개도국에서의 적절한 국내조치를 유도할 수는 있으나 그것이 과연 바람직한 정책인가에 있어서는 의문의 여지가 있다.

WTO의 무역-환경 포럼에서 제시되었듯이 되도록 많은 국가로부터의 의무부담의 공조를 유도하고 동시에 자국의 무역경쟁력을 약화시키지 않기 위해서는 무역조치보다는 국제적 합의에 의거한 감축목표를 국내적으로 설정하는 것이 가장 바람직하다고 할 것이다. Kerry-Snowe 법안과 Waxman 법안에서는 기후변화에 대한 국제적 합의의 필요성을 인정하고 있다. Waxman 법안과 Boxer-Sanders 법안에서는 포스트교토협상에서 EU가 제시한 수준의 감축을 명시하고 있다.[33] 결국 국가의 책임에 걸맞는, 국제적인 기대에 부응하는 수준의 감축목표 제시가 필요하다.

3) 배상책임 문제

지금까지 기후변화에 대한 주된 쟁점은 온실가스의 감축수준과 기준년도 등을 정하는 '저감(mitigation)'의 문제와 기후변화로 인한 여러 가지 부정적 영향에 적절히 대응하는 '적응(adaptation)'의 문제로 양분되어 왔다. 온실가스 방출의 기여도가 높은 선진국들은 저감의 문제가 첨예한 관심사였고, 기후변화로 인한 영향에 대처하고 부정적 결과를 극복하는 것은 개발도상국들의 주된 과제였다. 한 논평가가 말했듯이 기후변화 문제는 저감이라는 북반구 이슈와 적응이라는 남반구 이슈로 나뉘어져, 기후변화를 바라보는 이러한 상반된 시각 때문에 북반구 선진국과 남반구 개도

---

32) Bingaman-Specter 법안은 미국과 상응하는 기후변화법규가 없는 국가로부터 수입되는 에너지 집약도가 높은 수입품은 8년 후 허가되며, Udall-Petri 법안은 기후변화에 관한 적절한 법적 조치가 없는 개도국에 대해서는 안전장치의 발동을 제기할 수 있다.

33) 두 법안 모두 15%(2020년), 83%(2050년)를 제시하고 있다.

국 간의 거대한 단절이 존재한다.[34] 적응 이슈는 주로 피해를 입는 지역에 대한 재정적 지원의 형태를 띠지만 보다 실효적이 되기 위해서는 '배상책임체제(liability and compensation system)'의 수립이 필요하다는 주장이 있다.[35]

기후변화로 인한 피해의 보상 및 지원에 관한 조항은 대부분의 법률안에서 구체적으로 명시되어 있지 않다. 다만 Lieberman-McCain 법안에서 전세계적으로 기후변화의 영향으로부터 취학한 지역에 대한 연구를 요구하고 있고,[36] Bingaman-Spector 법안에서는 알래스카 주와 같이 기후변화에 특히 취약한 주에 대한 재정지원을 포함하고 있다.[37]

(2) 정책수단

1) 시장기제의 활용

모든 법률안에 있어서 시장기제의 활용은 예외 없이 제시되고 있다. 탄소세를 제시하고 있는 Stark 법안과 Larson 법안을 제외하면 모두 총량배출권 거래제(cap-and-trade system)를 선호하고 있다. 미국 환경법상 총량배출권 거래제는 청정대기법(CAA)상 아황산가스 배출권거래제도의 형태로 운영된 바 있지만[38] 아직 조세수단에 의한 오염물질 통제는 이루어진 바가 없다. 따라서 기후변화입법에서 총량배출권 거래제가 제시된 이유는 그동안 동시스템이 어느 정도 신뢰성을 얻었다는 사실을 반증하는 것이다.

이산화탄소의 배출권거래제에서 보다 문제시될 수 있는 문제는 집행의 문제일 것이다. 청정대기법상 아황산가스 배출권거래제도에서는 대형 화력발전소에 대해서만 규제하면 되었고, 또한 이들은 이미 기존체제의 규제범위 안에 있었다. 그러나

---

34) 선진국들은 기후변화 문제를 생태적 관점에서 접근하여 환경적 건전성을 회복하는 것을 기후변화에 대처하는 정책의 최종목표로 파악한다. 이와는 달리 개도국들은 기후변화를 기본적으로 인간복지 혹은 사회적 재분배의 차원에서 바라보아 기후변화로 인한 인간피해의 불균등성을 최소화하는 것을 목표로 삼는다. 이재협, "국제환경법상 형평성 원칙의 적용: 교토의정서에서의 개도국의 의무부담", 국제법학회논총 제49권 제 1 호(2004), pp. 48-49.

35) Daniel A. Farber, Basic Compensation for Victims of Climate Change, University of Pennsylvania Law Review, Vol. 155(2007); Roda Verheyen, Climate Change Damage and International Law: Prevention Duties and State Responsibility, Martinus Nijhoff Publishers, 2005.

36) S. 280, *supra* note 21, §402.

37) S. 1766, *supra* note 19, §402.

38) CAA, Title Ⅳ, §§401-416.

이산화탄소의 경우 배출원이 자동차와 같은 이동오염원을 포함해 무척 광범위할 뿐 아니라 여기에 상쇄(offset)까지 인정할 경우 규제의 범위가 기하급수적으로 커질 수 있기 때문이다. Feinstein-Carper 법안과 Alexander-Lieberman 법안이 오직 전력부문을 대상으로 하고 있다는 것도 규제의 용이성 때문에 먼저 전력부문의 탄소배출권제도를 시행하고 그 추이를 보아 다른 부문으로 확대시키려는 이유에서이다. 그러나 그러한 부문별 규제는 부문간 거래와 상쇄를 불가능하게 하기 때문에 시장기제의 효율성을 극대화시키지 못할 우려가 있다. 따라서 이산화탄소 배출권거래의 대상은 효율성과 형평성 측면에서 볼 때 대부분의 배출원을 모두 포함시켜야만 하는데, 다만 그러한 체제는 집행상의 난점이 있다. 이와는 달리 조세를 통한 규제는 복잡한 거래체제를 감시하는 등 집행상 행정비용의 부담이 없다. 그러나 배출권거래제가 총량설정을 통해 비교적 명확히 기후변화의 영향을 통제할 수 있는데 반해 조세정책은 그러한 입법목적을 달성할 수 있는 적절한 수준을 판별하기가 매우 난해하다는 단점이 있다.

2) 할당방식

배출권을 할당하는 데 있어 어떠한 방식을 취할 것이냐와 관련하여 대다수의 법안은 무상할당과 경매의 방식을 혼합하고 있다.[39] Bingaman-Spector 법안은 일차적으로 탄소배출 산업계에 53%를 무상할당하고 나머지를 저탄소 석탄개발과 경매를 위해 유보하고 있다.[40] Udall-Petri 법안은 20%만을 무상할당하며,[41] Liberman-McCain, Kerry-Snowe, Waxman, Sanders-Boxer 법안은 모두 할당을 환경보호청장(EPA)의 결정에 맡기고 있다.[42]

또한 대다수의 법안이 조기이행자에게 할당을 상정하고 있다. 조기이행 기준시점으로는 Lieberman-McCain 법안은 1990년 배출량 대비,[43] 그리고 Sanders-Boxer 법안과 BingamanSpector 법안은 1992년 배출량대비를 제시하고 있다.[44] Kerry-Snowe 법안은 조기이행자에게 보상할 것이라는 목표를 설정하였지만 구체적인 방

39) 배출권의 할당방식과 관련한 일반적인 논의로는 김용건, 온실가스 배출권 거래제 도입방향, 환경법연구 제30권 제 2 호(2008), pp. 371-374.

40) S. 1766, *supra* note 19, §201(a)(1).

41) H.R. 5049, *supra* note 20, §4(c)(3).

42) 다만 Lieberman-McCain 법안에서는 그러한 결정의 지침이 제시되고 있다. S. 280, *supra* note 21, §161.

43) *Id.*, §103(c)(2).

44) S.309, *supra* note 24, §704(f)(2)(B)(ii); S. 1766, *supra* note 19, §206(c)(2)(1).

안은 제시하지 않고 있다.[45]

3) 상 쇄

상쇄(offset)는 감축을 효과적으로 신속하게 저렴한 가격으로 가능하게 한다는 점에서 선호되고 있다.[46] 상쇄에 있어서 가장 중요한 관심은 그 허용범위이다.[47] 상쇄의 경우 총량규제의 적용을 받지 않는다는 점에서 특히 측정과 검증에 대한 과학적 합의가 중요하다. 현재 교토의정서 규칙에 따른 CDM의 이행과정에서 수많은 문제점이 발견되었음은 주지하는 사실이다.[48]

상쇄를 인정하게 되면 총량배출권체제 밖에서의 감축노력을 인정해야 한다는 점에서 집행상의 문제가 매우 심각하게 대두된다. 더군다나 외국으로부터의 상쇄노력을 인정한다면 더더욱 그러하다. 7개의 법안(Bingaman-Specter, Udall-Petri, Lieberman-McCain, Kerry-Snowe, Sanders-Boxer, Feinstein-Carper, Alexander-Lieberman)이 상쇄를 명시적으로 인정하고 있다. 대다수 법안은 국제적 상쇄 크레딧의 거래를 허용하고 있다. 그러나 집행상의 문제 때문에 그러한 크레딧의 거래상한을 두고 있으며(Bingaman-Specter, Lieberman-McCain, Fenstein-Carper, Alexander-Lieberman 법안), Lieberman-McCain 법안과 Bingaman-Specter 법안은 해외 상쇄의 검증시스템을 규정하고 있다.[49]

Waxman 법안은 특정 상쇄의 유효성을 명시하고 있지 않지만 조림이나 농업부문을 통한 탄소저장(carbon sequestration) 이상의 정책수단을 허용하고 있다.[50] Stark 법안과 Larson 법안은 상쇄 그 자체를 인정하고 있지는 않지만 특정 탄소저장 혹은 온실가스 감축 프로젝트에 대한 조세 크레딧을 제시하고 있다.[51] 따라서 모든 법안이 상쇄에 대해 긍정적인 입장을 취하고 있는 것으로 파악된다. Waxman 법안의 경

45) S. 485, *supra* note 22, §702(a)(2)(f).

46) 환경정의(environmental justice)의 관점에서도 상쇄 프로그램이 바람직하다는 취지의 주장으로는 Maxine Burkett, Just Solutions to Climate Change: A Climate Justice Proposal for a Domestic Clean Development Mechanism, Buffalo Law Review, Vol. 56(2008) 참조.

47) 상쇄 크레딧은 현재 자발적 배출권 시장을 통해 활발히 거래되고 있다. 이에 대해서는 이재협, 녹색성장기본법의 친환경적 실현을 위한 법적 수단, 환경법연구 제31권 제 1 호(2009), pp. 51-54 참조.

48) 이재협, 교토의정서상 청정개발체제(CDM) 사업의 법적 문제, 환경법연구 제29권 제 1 호(2007), p. 353-55.

49) S. 280, *supra* note 21, §145(b)(4).

50) H.R. 1590, *supra* note 23, §704(e)(5).

51) H.R. 2069, *supra* note 27, §4691(g)(1).

우 조림이나 농업부문에서의 탄소저장을 촉진하고 있기 때문에 인정대상 프로젝트가 단순하게 제시되었다는 장점은 있지만 국제적으로 조림 CDM이 외면되고 있는 교토메커니즘의 운영현황에 비추어 보건대 별로 전망이 좋아 보이지 않는다.[52] Udall-Petri 법안에서는 지리적 저장(geological sequestration) 상쇄를 무제한으로 허용하고 있어서[53] 정유나 천연가스업장에서의 탄소저장시설을 가능하게 하지만 기술적인 측면에서나 저장된 탄소의 소유권 문제가 복잡하게 얽혀 있다. Lieberman-McCain 법안에서는 인정된 상쇄 프로그램들을 매 5년마다 재검증할 것을 명시하고 있어[54] 진일보한 것으로 보이지만 여전히 탄소저장 프로그램 이외의 대양한 상쇄 가능성에 대해 규정하고 있지 않다.

일단 상쇄 프로그램으로 허용된 후에 생길 경제적 이득 때문에 다양한 이익단체의 지대추구가 예상된다. Sanders-Boxer 법안은 이러한 문제점을 해결하기 위해 대상 프로젝트를 미리 정하지 않고 규제자의 결정에 맡기고 있다.[55]

(3) 기　　타

1) 보호장치

Bingaman-Spector 법안과 Udall-Petri 법안은 배출권거래제 도입으로 인해 영향을 받는 미국업체들을 보호하기 위한 여러 가지 보호장치를 만들어 놓았다.[56] 탄소안전망은 대개 배출권의 가격상한을 정하는 것이다. 정부가 가격조정을 통해 시장에 개입하는 것은 배출권거래제도 운영의 효율성을 저해하는 것으로 지적되기도 하지만 그것은 법안통과를 위한 정치적 고려이기도 하다.

2) 연구개발

5개의 법안(Bingaman-Specter, Udall-Petri, Lieberman-McCain, Feinstein-Carper, Larson)은 직접적인 연구개발 지원을 규정하고 있다. 그러한 재정지원은 배출권 경매를 통해 얻은 수익으로 충당된다. 하지만 누가 수혜자가 될 것이냐에 대한 구체적인 기준은 제시되지 않고 있다.

---

52) 이재협, 교토의정서의 조림 청정개발체제에 대한 법적 검토, 서울국제법연구, 제15권 제1호(2008), p. 295.
53) H.R. 5049, *supra* note 20, §7.
54) S. 280, *supra* note 21, §144(c)(4).
55) S. 309, *supra* note 24, §704(b)(1).
56) H.R. 5049, *supra* note 20, §5.

3) 다른 체제와의 조화

현재 RGGI와의 연계와 관련하여 Sanders-Boxer 법안은 검증가능한 주별, 지역별 조기감축을 명시적으로 인정하고 있다.[57] Lieberman-McCain 법안은 검증가능한 해외로부터의 할당을 상쇄부분의 30%까지 인정하고 있고, Bingaman-Spector 법안은 그러한 할당을 10%까지 인정하고 있다.[58]

Ⅲ. 미국연방 기후변화입법의 현황

1. 모델로서의 Waxman-Markey 법안

연방하원을 통과한 미국청정에너지안보법(ACES)은 미국정부의 온실가스규제 연방법률의 모델을 보여준다. 주된 내용으로는 ① 재생에너지소스 발굴, 탄소 포집 및 저장, 저탄소 연료, 전기자동차 개발 등 청정에너지 관련조항, ② 빌딩, 전기·전자제품, 교통 및 산업 등 모든 경제 분야에서 에너지 효율성을 높이기 위한 대책, ③ 온실가스의 배출을 제한하기 위한 상한 및 배출권거래제도 등 기후변화대책, ④ 저탄소사회로의 전환기에 미국 소비자 및 산업을 보호하기 위한 대책 및 녹색직업을 창출하기 위한 대책 등 과도기적 대책들이다. 이 법안은 코펜하겐 기후변화 직전에 하원을 통과함으로써 협상을 앞둔 국가들에게 강한 메시지를 던졌다. 특히 기후변화대책을 규정하고 있는 부분은 청정대기법(CAA)을 개정하고 있는 것으로 '안전기후법(Safe Climate Act)'이라고도 칭해지고 있다. 이 법은 지구온난화와 그로 인한 부정적 영향을 방지하고 그 속도를 늦추고, 저감과 적절한 구제를 목적으로 하고 있다. 또한 이러한 목적을 달성하기 위해 배출허용량(emission allowance)의 효율적이고 투명하고 공정한 시장을 수립·유지하고 배출총량 및 상쇄 크레딧의 건전성을 보존하여야 할 필요성이 있음을 명시함으로써 총량규제기반 배출권거래제를 도입하고 있다.[59]

Waxman-Markey 법안은 상원을 통과하여 공식적으로 효력을 발휘하기까지는

57) S. 309, *supra* note 24, §206(c)(2)(c).

58) S. 280, *supra* note 21, §144(a); S. 1766, *supra* note 19, §501(f)(2).

59) ACES, §701(b)(2).

아직 시간이 걸리겠지만 미국 연방의회 내에서 기후변화 및 에너지에 대한 연방차원에서의 법적 대응이 필요하다는 공감대를 확보했고, 지금까지 10여 차례에 걸쳐 시도된 연방법률안에서 제기된 다양한 쟁점들을 포괄하였다는 데에 큰 의의가 있다. 현재로서는 Waxman-Markey 법안을 기초로 약간의 변형된 형태로 통과될 가능성이 높아 보이기 때문에 이를 미국의 기후변화입법의 모델로 분석하는 데 부족함이 없어 보인다. 여기에서는 특히 우리나라의 향후 배출권거래제 도입을 위한 제도설계에 있어 참고가 될 만한 시장기제에 기반을 둔 기후변화 규제조치에 대한 제반 조항을 살펴보기로 한다.

(1) 감축목표

동 법안에서 제시된 미국정부의 중장기 감축목표는 지금까지의 입장과는 달리 상당히 강한 수준으로서, 2012년까지 2005년 대비 3%, 2020년까지 17%, 2030년까지 42%, 2050년까지 83%를 제시하고 있다.[60]

(2) 온실가스 등록부

연방환경청은 법률 공포 6개월 내에 온실가스 등록부(registry) 확보를 위한 규정을 마련해야 한다. 모든 규제 대상은 온실가스 배출량을 보고할 의무가 있다. 2008년 이래 CO_2 환산 25,000톤 이상의 온실가스를 배출하였거나 배출한 적이 있는 자는 규제 대상이 되어 역시 온실가스 배출량을 보고하여야 한다. 2010년까지는 연례 보고를 하고, 2011년부터는 4분기별 보고를 하여야 한다. 연방환경청은 본 법률의 목표 달성에 필요하다고 판단되면 기타 운송수단 및 사업자 등에게 배출량을 보고하여 온실가스 등록부에 등록할 것을 요구할 수 있다.[61]

(3) 배출권거래제 참여대상

ACES에 의한 배출총량 규제는 13종류의 고정 배출원(stationary source)에 적용된다. 여기에는 발전시설, 연료생산 및 수입시설, 산업용 가스생산 및 수입시설, 삼불화질소 시설, 지리적 저장시설(geological sequestration sites), 각종 산업용 고정배출시설, 각종 산업용 화석연료연소시설, 천연가스 지역배급사 등이 포함된다.[62] 다만

60) *Id.*, §703.
61) *Id.*, §713.

기간을 정해 초기에는 제한적으로 적용되고, 점차 적용대상을 확대해 나가는 것으로 정하고 있다.

배출권거래제는 직접배출원만 대상으로 혼합형(상류+하류)의 모델을 따르고 있다. 2012년에는 미국 전체 배출량의 66.2%가 규제 대상이 될 것으로 예측하고 있으며 전력생산자(하류), 액체연료 정유사 및 수입사, 불화가스 생산자(상류)를 대상으로 한다. 2014년에는 석유와 바이오매스 연소로 발생하는 온실가스를 제외하고 연간 25,000톤 이상 CO_2 배출사업장(하류)과, 배출량과 관계없이 모든 에너지 집약산업시설(유리, 세라믹 등)을 포함한다. 이때까지 전체 배출량의 75.7%가 규제대상이 될 것으로 예측한다. 2016년에는 규제대상이 아닌 사업소에 4천 6백만 평방피트 이상의 가스를 공급하는 천연가스 지역 배급사(중류)를 포함하는 것으로 계획하고 있다. 이렇게 되면 전체 배출량의 84.5%가 규제대상이 될 것으로 예측한다.[63)]

(4) 할 당

ACES는 배출권을 재산권(property right)이라고 명시하고 있지 않다.[64)] 그러나 일단 배출할당량을 부여받은 자는 이를 제한 없이 매매, 교환, 양도, 보유할 수 있는 점에서[65)] 재산권적 속성을 갖고 있다고 할 수 있다. 이러한 권한은 규제대상의 운영자 및 소유자에게만 한정되지 않는다. 배출권의 양도는 양도인과 양수인이 서명한 증서가 환경청에 접수되고 기록된 후에 효력을 갖는다.[66)] 환경청은 또한 할당량추적시스템을 가동하여 배출권의 이전정보를 집산한다.[67)]

배출권의 감축목표에 대한 규칙은 환경청장이 수립한다.[68)] 할당의 기준은 구체적으로 제시되고 있지 않지만 할당계획의 기간, 대상, 방법 등은 법에서 구체적으로 명시하고 있다. 법은 또한 매 4년마다 유관부처와의 협의 후에 온실가스 배출감시,

---

62) *Id.*, §700.

63) *Id.*, §722.

64) *Id.*, §721(c). 엄밀하게 말해 미국에서는 '배출권(emission right)'이 아닌 '배출허용량(emission allowance)'이라는 용어가 쓰이고 있다. 배출허용량은 EPA에 의해 제한, 철회될 수 있다는 점에서 명시적으로 재산권적 지위를 부여하지 않고 있는 것이다. 그것은 차후에 EPA가 수용(takings)에 따른 보상의무라는 피규제자로부터의 사법적 도전을 미연에 방지하고, 아울러 '오염권(pollution right)'을 부여하였다는 윤리적 비난에서 벗어나기 위한 시도라 평가된다.

65) *Id.*, §724.

66) *Id.*, §724(c).

67) *Id.*, §724(d).

68) *Id.*, §703 및 §721.

검증, 분석에 관해 환경청장으로 하여금 국립과학원(National Academy of Science)의 조사를 바탕으로 연방의회에 보고하도록 하고 있다.[69]

ACES에 의하면 배출권의 구체적 할당기준은 제시하고 있지는 않지만 유상과 무상을 혼합한 형태를 기본적으로 상정하고 있다. 경매는 2011년 3월부터 시작하고, 최저가 $10/톤으로 시작하여 인플레 상승에 연간 5%를 더할 수 있다.[70] 경매에는 당 연도의 배출권과 4년 내의 이후 연도의 배출권 일부가 거래된다.[71] 경매의 형식으로는 1회 입찰(single round), 비공개 입찰(sealed-bid), 단일가격(uniform price)이 있다.[72] 경매에는 누구나 참여할 수 있으나 본인이 아닌 다른 사람이 그 경매의 수익자일 때 실질적 소유자를 밝혀야 한다.[73] 분기별 경매에서 판매되는 배출권 중 누구도 5% 이상을 취득할 수 없다.[74] 경매를 통한 유상할당의 비중은 2012년 15%, 2013년 20%, 2030년 70%로 점진적으로 늘어난다.

아울러 에너지 소비자 및 관련업계에 대한 충격을 줄이기 위하여 탄소배출권의 80~85%를 발전소, 주, 가정 및 관련 산업계에 최소 2026년까지는 무료로 할당하는 방향으로 논의가 진행되고 있다. 원유정유회사에 약 2%의 배출권을 할당(당초 정유사는 5%의 할당을 요구)하고, 지방천연가스공급회사에 약 9%의 배출권을 할당하며 전기공급회사에 약 30%의 배출권을 할당한다. 당초 오바마 대통령은 배출권 100%를 경매를 통하여 판매함으로써 수익을 관련 프로그램 예산에 충당할 계획이었다. 또한 매년 약 15%의 배출권을 기업체 등에 판매하여 중-저소득자의 전기료 지원하고, 일정부분의 배출권 판매를 통하여 정부의 에너지 및 기후변화 관련 프로그램 비용에 충당한다. 구체적 할당분야는 아래와 같다.[75]

1) 소비자 보호

① 전기부문에 배출권의 35%를 할당(2026년~2030년간 단계적 폐지)한다. 이 중

---

69) *Id.*, §705.

70) *Id.*, §791.

71) *Id.*, §791(b)(8).

72) 다량의 단일 품목상품을 경매할 때 쓰이는 방법으로, 입찰자들이 비공개로 가격과 수량을 정하여 입찰하고 입찰이 종료된 후 가장 가격을 높게 책정한 사람 순서대로 입찰한 수량만큼을 낙찰받으며, 상품의 수량이 소진될 때까지 낙찰을 받는다. 단, 경락대금은 가장 마지막에 낙찰받은 사람이 쓴 최저가를 각자 낙찰받은 수량에 곱해서 계산하게 된다. §791(b)(3).

73) *Id.*, §791(b)(4) 및 §791(b)(5).

74) *Id.*, §791(b)(6).

75) *Id.*, §782.

지역전기배송회사에 30%를 할당하는데, 이 배출권은 전기가격 상승으로부터 소비자를 보호하는 데 사용한다. 또한 상업용 석탄-장기 전력구매 계약에 5%를 할당한다.

② 지역천연가스배송회사에 배출권의 9%를 할당(2026년~2030년간 단계적 폐지)하는데, 이 배출권은 천연가스가격 상승으로부터 소비자를 보호하는 데 사용한다.

③ 주 정부에 배출권의 1.5%를 할당(2026년~2030년간 단계적 폐지)하는데, 가정난방유 및 프로판 가스 사용자 지원 프로그램에 사용한다.

④ 배출권의 15%에 대해 경매를 실시하고, 경매수익은 중 · 저소득 가정을 에너지가격 상승으로부터 보호하는 데 사용한다.

2) 산업계의 전환 지원

① 에너지집중/무역의존 산업의 보호를 위해 2014년에 배출권의 15%를 할당하고 매년 배출목표의 감소분에 기초하여 점차적으로 축소한다. 2025년 이후에는 대통령이 동 프로그램이 계속 필요하다고 결정하지 않는 한 폐지된다.

② 정유산업계에 배출권의 2%를 할당(2014년~2026년) 한다.

3) 에너지 효율 및 청정에너지 기술

① 탄소포집 및 저장(CCS) 관련 투자에 2014년~2017년간 배출권의 2%, 2018년 이후에는 5%를 할당한다.

② 주정부의 재생에너지 및 에너지효율 관련 투자 지원을 위해 2012년~2015년간 배출권의 10%, 2016년~2017년간 7.5%, 2018년~2021년간 6.5%, 2022년~2025년간 5%를 할당한다.

③ 전기자동차 및 기타 선진자동차 기술 관련 투자 지원을 위해 2017년에 배출권의 3%, 2018년~2025년간 1%를 할당한다.

④ 청정에너지 기술 연구 및 개발을 위해 대학 및 연구소들의 청정에너지 혁신센터(Clean Energy Innovation Center)에 배출권의 1%를 할당한다.

4) 기타 공공 목적

① 열대 삼림전용 방지를 통한 추가적 감축을 위해 2012년~2025년간 배출권의 5%를 할당, 2026년~2030년간 배출권의 3%를 할당하고, 2031년 이후에는 2%를 할당한다.

② 국내 적응(adaptation)에 2012년~2021년간 배출권의 2%, 2022년~2026년간 4%, 2027년 이후 8%를 할당한다. 배출권의 1/2는 야생동식물 및 천연자원 보호,

1/2는 공중보건을 위해 사용한다.

③ 국제적 적응 및 청정기술 이전에 2012년~2012년간 배출권의 2%, 2022년~2026년간 4%, 2027년 이후 8%를 할당한다. 배출권의 1/2는 적응, 1/2는 청정기술 이전을 위해 사용한다.

④ 근로자 지원 및 직업 훈련에 2012년~2021년간 배출권의 0.5%, 2022년 이후 1%를 할당한다.

아울러 연방환경청은 미국제도보다 엄격한 것으로 평가되는 다른 배출권 거래제도의 배출권을 국무장관과 협의 하에 인정할 수 있도록 함으로써 EU 배출권거래제(EU-ETS) 등 타 배출권거래제와의 연계를 규정하고 있다.[76] 또한 법률 시행 1년 내에 연방환경청은 2011년 12월 31일 이전에 캘리포니아주와 RGGI가 발행한 배출권을 그 가치에 따라 정당하게 본 법률에 의한 배출권으로 교환해 주어야 한다.[77]

(5) 차입 및 이월

배출권을 할당받은 자는 이듬해 4월 1일 00:01분을 기준으로 보유한 배출권의 양을 초과하여 배출하지 못한다.[78] 기한 내에 배출한 온실가스만큼의 배출권을 보유하지 못한 경우 초과된 배출량에 해당하는 배출권의 시가 두 배를 벌금으로 부과한다.[79]

할당량을 초과하여 배출할 경우 차기년도로부터의 할당량 차입(borrowing)은 무제한 가능하며 이에 대한 별도의 벌칙은 없다. 다만 1년~5년 후의 연도로부터의 차입은 당해연도 감축의무의 15%까지만 가능하며 연 8%에 상당하는 가산을 하게 된다.[80]

배출권은 이행기간(vintage year) 또는 이행기간의 다음 연도를 위해 이월(banking)할 수 있다. 관할 행정청은 배출권의 유효기간을 정할 수 있다. 위의 유효기간을 제하고는 관할 행정청이 배출권을 회수하기 전까지 배출권은 유효하다.[81]

---

76) *Id.*, §728.
77) *Id.*, §790.
78) *Id.*, §722.
79) *Id.*, §723.
80) *Id.*, §725(c).
81) *Id.*, §725(a).

(6) 탄소상쇄(Offset)

ACES는 국내 · 외 상쇄를 모두 인정하고 있으며, 활용한도도 120%로 매우 크다. 종류로서는 국내 상쇄(미국과 협정을 맺은 국가의 감축량 등) 외 교토메커니즘의 CDM(CER) 및 JI(ERU)[82]을 인정한다. EPA가 기본 감독관청이나 국내 산림 및 농업 관련 상쇄 프로젝트는 농업 장관이 담당 한다.[83] 독립자문기관인 '상쇄건전성자문위원회(Offset Integrity Advisory Board: OIAB)'는 최소 9인 이상으로 구성되며, 상쇄분야의 과학적, 기술적 정보를 평가할 수 있는 적절한 교육, 훈련, 경험을 갖추어야 한다. 위원의 임기는 3년(설립초기에는 5년까지 가능)이고 1회에 한해 연임 가능하다. OIAB는 프로젝트 종류, 과학적 불확실성, 질적 및 양적 평가 방법 등에 관해 EPA에 도움을 주게 된다. 상쇄 프로젝트와 조림 사업에 대한 평가도 실시한다.[84] 상쇄 크레딧 발생 등과 관련된 규칙제정,[85] 상쇄 프로그램 대상 프로젝트 선정,[86] 방법론 선정[87] 등은 모두 환경청의 소관업무이다. 다만 농업부 담당 사업에 대해서는 '미농업부 온실가스 배출감축 및 격리 자문위원회'가 독립적으로 구성되며 농업 장관이 임명하는 9인의 위원이 미국 내 농업 및 산림 상쇄 프로젝트를 심사한다.[88]

상쇄 감축량 총량은 매년 20억톤 내로 활용한다. 국내 상쇄의 자국 내 및 자국 외 감축량 비율은 1:1이고 국제적 '사막화 · 황폐화 방지를 통한 감축(Reducing Emissions from Deforestation and Degradation: REDD) 프로젝트를 상쇄 프로그램에 포함시킨다. 만약 국내 탄소상쇄가 부족한 경우 75%까지 가능하다.[89]

2017년까지 할당량과 감축량 비율은 4:5 수준으로 확대되며 원자력 및 조림(REDD)을 이용한 감축량은 허용되지 않는다. 탄소포집(carbon capture)의 경우 포집된 탄소량에 근거한 지불금 및 보너스 할당 등이 주어진다. 아울러 신규 화력발전소에 대해서 강화된 배출성과기준이 적용된다.

---

82) 단 2009년 1월 이후 감축량만 인정한다.
83) ACES, §501.
84) *Id.*, §731.
85) *Id.*, §732.
86) *Id.*, §733.
87) *Id.*, §734.
88) *Id.*, §531.
89) *Id.*, §722.

또한 최소 5년에 한 번씩 심사를 받도록 한다.[90] 상쇄 크레딧을 발행하기 전에 관할 행정청은 재방출의 위험을 고려하여 불특정한 양의 배출권을 보유할 것을 요구하는 '상쇄 준비제도'를 둔다.[91] 아울러 연방환경청은 온실가스 저장 프로젝트에서 발생할 수 있는 재방출에 대비하여 상쇄 준비 제도, 보험 등의 장치와 보고체계, 책임분배 등의 대책을 강구하도록 한다.

2001년 1월 이후에 시작되어 2009년 1월 1일 이전에 정부 주도 또는 행정청의 승인을 받은 상쇄 프로젝트로 신뢰할 만한 방법을 갖추고 실질적인 감축 효과가 인정된 프로젝트에 대해서는 먼저 상쇄 크레딧을 지급할 수 있다.[92]

(7) 거래 시스템

현재 초기 시카고 기후거래소(CCX) 및 자회사인 시카고기후선물거래소(CCFE)와 같이 독립적인 배출권거래소가 운영되고 있으며, 이들은 RGGI 배출권, VER, REC 등 배출권 현물 및 선물옵션거래를 선도하고 있는 중이다. 현재는 별도의 금융거래소에서 배출권 전문 거래소를 설립하는 추세인데 예컨대 NYMEX Green Exchange는 배출권(EUA, CER 등)에 대한 선물 · 옵션거래를 개시하였다.

배출권시장 감독의 기능은 연방에너지규제위원회(Federal Energy Regulatory Commission: FERC)가 수행한다. FERC는 법률 시행 18개월 내에 배출권거래시장 운영을 위한 다음과 같은 규정을 마련해야 한다: ① 시장 감시, 사기 방지, 시장조작 방지, 과도한 투기 억제, 가격 변동폭의 조절을 위한 효율적 정책 수단, ② 규제 대상들의 배출한도 준수를 유도, ③ 투기, 사기, 조작을 방지하고 효율적인 가격발견(price discovery)을 가능하게 하는 정보기록 장치와 시장의 투명성 보장을 위한 수단.[93] 아울러 본 법률의 시행 30일 내에 대통령은 기관간 협력체제(intra-agency workgroup)를 구축하여 탄소배출권 시장 및 파생상품 시장의 운영과 감독에 관한 제안서(CFTC 관할)를 대통령과 하원에 제출하도록 한다. 이 협력체제에는 환경청장과 다른 유관부처장이 포함되어야 한다.

상품선물거래위원회(Commodities Futures Trading Commission: CFTC)는 에너지

---

90) *Id.*, §739.
91) *Id.*, §734.
92) *Id.*, §740.
93) *Id.*, §401.

파생상품 및 배출권 파생상품 시장을 감독하게 된다.94) 대통령은 파생상품시장 규칙에 관한 심사권한이 있다.95)

탄소 배출시장 내의 사기 및 시장 조작 등은 연방법 상의 범죄이다. FERC와 CFTC는 각각의 관할 내에서 발생한 위법행위에 대해 거래정지명령(cease & desist)을 내릴 수 있는 권한을 가진다.96)

(8) 가격안정

ACES는 비용안정화를 위해 톤당 최저 $10의 하한선과, 2012년까지 $28/톤(2009년 달러가치 기준)의 탄소가격 상한선을 설정하고 있다. 2013년부터 2015년까지 탄소가격이 3년 평균가격보다 60%이상 상승할 경우 '전략적 준비량(strategic reserve pool)'을 활용해 가격억제를 할 수 있도록 하고 있다.97)

연방환경청은 매년 전체 배출권의 일부를 전략적 준비량으로 보유하고 4분기마다 이를 경매로 판매한다. 2012년~2019년에는 전체의 1%, 2020년~2029년에는 전체의 2%, 2030년~2050년에는 전체의 3%를 비축한다. 또한 이전 경매에서 판매되지 않은 재고량을 전략적 준비에 포함시킨다. 사업자는 자신의 배출량의 20% 이상을 전략적 준비 경매에서 충당하지 못한다.

(9) 무역조치

ACES에는 온실가스 협약을 수용하지 않은 나라로부터 수입되는 온실가스 다배출 상품에 대한 국경세 조치가 포함되어 있다. 또한 자국산업에 대해 15% 무상할당에 상응하는 리베이트를 줄 수 있다. 이에 따르면 2022년 6월 30일 전후 매 4년마다 대통령은 각 해당 산업부문에 대해 전세계 생산량의 70% 이상이 아래 최소 4가지 기준중 하나를 충족하지 못하는 나라들에 의해 생산 또는 제조되는지를 결정해야 한다.

① 미국과 같은 정도로 엄격한 국내적으로 집행가능한 온실가스 감축 약속을 포함하는 미국이 당사국인 국제협정의 당사국인지 여부

② 미국이 당사국인 해당 부문에 대한 온실가스 감축 양자 또는 다자 협정 당

94) *Id.*, §§351-359.
95) *Id.*, §360.
96) *Id.*, §401 및 §359.
97) *Id.*, §725.

사국인지 여부

③ 미국의 해당 부문 관련, 당사국이 미국의 에너지/온실가스 집약도보다 같거나 낮은 해 에너지/온실가스 집약도를 가지고 있는지 여부

④ 동 국가가 부문별 상한, 수출 관세, 생산요금, 전기 생산규정, 또는 온실가스 배출 요금을 포함해 온실가스 배출과 연관된 생산 비용을 점진적으로 증가(미국의 법률 이행비용의 최소 60% 충족 요)시키는 정책을 이행했는지 여부

만약 상기 기준중 하나라도 충족하는 국가로부터의 생산량이 해당 부문 전세계 생산량의 70% 이하라고 결정할 경우, 대통령은 2022년 6월 30일 전후 4년마다 해당 부문에 대해서 상기 1항의 리베이트 제공 감축비율을 수정하고, 국경조치인 '국제적 유보할당량 프로그램(International Reserve Allowance Program)'을 시행해야 한다. 단, 이 국경조치는 2025년 1월 1일 이전까지는 시행될 수 없다.

(10) 적응 프로그램

ACES가 규정하고 있는 국내적 적응 프로그램으로는 주단위로 인구, 1인당 소득 등을 감안하여 각 주에 배출권으로 할당하고, 주는 직접 또는 관할 행정청에 위탁하여 이 배출권을 판매하고 그 수익금으로 기상이변 등 기후변화에 대응하는 대비책, 프로젝트, 연구 등으로 사용한다. 또한 '국가전략행동지침(National Strategic Action Plan)'을 마련하여 기후변화가 야기할 수 있는 질병에 대한 대책과 교육, 정보공유, 연구를 지원한다.[98] 재원은 '기후변화 건강보호 및 증진 기금(Climate Change Health Protection and Promotion Fund)'에서 보조적으로 충당한다.[99] 또한 기후변화영향에 취약한 국가들을 대상으로 국제적 적응 프로그램에 배출권을 할당하여 지원한다.[100]

2. 연방 기후변화입법의 전개 전망

(1) The Clean Energy Jobs and American Power Act(Kerry-Boxer 법안)

현재 연방상원에서 심사 중인 본 법안은 하원을 통과한 Waxman-Markey 법안

98) *Id.*, §462.
99) *Id.*, §467.
100) *Id.*, §494.

에 기초를 두고 만들어졌다. 이 법안은 대중적 지지를 확보하여 법안통과를 용이하게 하기 위해 기존 총량배출권거래제(cap-and-trade)를 '오염감축 및 투자(pollution reduction and investment System)'로 명칭을 변경하고 있으며 배출권거래제 관련 규정은 Waxman-Markey 법안과 거의 동일하다. 온실가스 감축 목표는 2005년 대비 2012년까지 3%, 2020년까지 20%, 2030년까지 42%, 2050년까지 83%를 감축하는 것으로 Waxman-Markey 법안보다 강화되었다.[101] 경제 전체 감축목표는 양 법안 모두 20%이지만 발전사업자 등 "특정 배출원"에 대한 감축 목표에서 차이가 나고 있다.

전반적으로 볼 때 이 법안은 Waxman-Markey 법안 대비 온실가스 감축목표가 강화(17%→20%)되었고 EPA의 청정대기법(1991)에 의한 온실가스 규제권한을 인정하여 규제적 측면이 강화되었다. 그런데 천연가스 및 원자력 발전 확대 유인책 제공 등은 지역이해를 반영한 결과로 보인다. 이 법안에서는 온실가스 감축프로그램(Title Ⅰ) 규정의 Subtitle C에서 원자력과 첨단기술에 관한 규정을 신설하였다. 동 규정에 의하면 원자력이 가장 주요한 저탄소 청정 에너지원임을 인식하고 안전한 원자력 에너지의 생산과 보급을 정책목표로 설정하며,[102] 원자력 산업 노동자 교육 프로그램을 도입하고,[103] 원자력 안전 및 폐기물 처리 프로그램(연구 및 기술지원)을 도입하고 있다.[104] 아울러 천연가스[105]와 첨단 바이오연료 지원에 대한 규정이 신설되었다.[106]

Kerry-Boxer 법안은 아직 구체적인 배출원별 할당 계획을 세우지 않고 있다. 배출권의 분배는 2012~2050년간 각년도 총 배출권의 25%를 경매하여 동 수익금은 재정적자 감축펀드(Deficit Reduction Fund)에 적립하고,[107] 여타 배출권은 소비자 보호, 기업지원, 에너지효율 촉진 및 청정에너지 기술 도입 추진 등에 사용하는 것으로 계획되고 있다. 배출권 가격의 급격한 상승으로 인한 비용 억제를 위해 배출권

101) The Clean Energy Jobs and American Power Act, S.1733, §702(a)(2).
102) *Id.*, §131.
103) *Id.*, §132.
104) *Id.*, §133.
105) *Id.*, §182.
106) *Id.*, §162.
107) *Id.*, §771(c)(2). Energy Collective의 평가에 따르면 상원에서 CBO(의회예산처)를 의식, 예산에 충격을 줄이기 위해 25%를 대거 적자 보전에 할당한 것으로 분석되며, 상원을 통과하면서 이 숫자는 변하게 될 가능성이 많다고 예측된다.
http://theenergycollective.com/TheEnergyCollective/48931.

상 · 하한 가격 시스템을 도입하였다.[108] 이에 따라 배출권 가격은 $11~28/톤으로 형성된다.

아울러 연간 20억톤 상당의 배출상쇄권(offset)을 사용 가능한데, Waxman-Markey 법안과 비교할 때 그 구성비가 변화하였다. Waxman-Markey 법안은 총 20억톤을 상한으로 국내/국외 각각 10억톤까지 상한을 두고 있으며, 국내 상쇄량이 9억톤 이하일 때는 국제 상쇄를 15억톤까지 조정 가능하도록 하고 있다. Kerry-Boxer 법안은 총 20억톤을 상한으로 국내 상쇄 15억톤, 국제 상쇄 5억톤까지 상한을 두고 있다. 단 국내 상쇄가 부족할 때는 국제 상쇄를 7.5억톤까지 조정 가능하다.[109]

Waxman-Markey 법안은 연방에너지규제위원회에게 배출권시장을, 상품선물거래위원회에게 선물시장의 감독권을 부여함에 반해 Kerry-Boxer 법안은 상품선물거래위원회에게 모든 시장의 감독권을 부여하고 있다. 대규모 금융위기 이후 감독권이 복수의 행정청에게 주어졌을 경우 규제의 공백이 발생하여 시장참여자들이 제도의 허점을 악용하게 되는 위험을 최소화하려는 노력으로 평가된다.

(2) Carbon Limits and Energy for America's Renewal Act of 2009

현재 연방상원에 제출된 또 다른 법안은 민주당 상원의원인 Maria Cantwell(상원 에너지 · 천연자원위원회)에 의해 발의된 법안으로 배출총량규제 · 거래제 도입을 규정하고 있는 美 상원의 Kerry-Boxer 법안의 대안이 될 것으로 예상된다. 주요내용으로는 미국이 배출하는 온실가스량의 80% 이상을 대상으로 하고 배출권 경매 수익의 3/4를 소비자에게 환급하는 것이다.

배출총량규제 · 환급제는 2012년~2014년 기간 배출총량을 2012년 수준으로 제한하는 한편, 2015년부터 배출총량(cap)을 매년 0.25%씩 강화시키며, 배출권에 2년의 만료기한 설정을 통해 배출권 매점 · 투기를 방지한다. 배출권 경매 수익의 대부분을 판매자에게 주는 총량배출권거래제(cap-and-trade)와는 달리 에너지 가격 상승을 상쇄하기 위해 경매 수익의 3/4을 소비자들에게 환급하고 나머지를 청정에너지 분야 고용과 연구에 지원하는 '배출총량 · 배당제(cap-and- dividend)'를 제안하고 있다. 또한 탄소 최저가격($7)과 최고가격($21)을 설정하였으며 이는 배출권 경매가

108) Kerry-Boxer 법안에서는 이러한 체제를 '시장안정예치(market stability reserve)'로 칭해지고 있다(§726).

109) *Id.*, §722.

시작되는 2013년에 인플레이션 비율을 고려하여 조정될 예정이다.

Ⅳ. 결 론

현재 국제사회는 교토의정서가 만료되는 2012년 이후와 관련하여 지난 몇 년간 국제사회에서는 '포스트교토협상(Post-Kyoto negotiations)'이 진행되어 왔으며, 2009년 말 코펜하겐에서 개최되는 기후변화협약 당사국총회에서 어느 정도 이에 대한 매듭을 짓는 것으로 계획하고 있다.[110] 온실가스의 최대배출국인 미국의 참여 없이 국제적 온실가스 감축노력은 성공할 수 없다는 점에서 미국의 법규와 정책은 매우 중요한 의미를 가지고 있다.

최근 제출된 미국의 기후변화 관련 연방법률안을 살펴보면 지금까지 논의되어 왔던 기후변화 대응 정책수단과 청정대기법상 시행되었던 아황산가스 배출권거래제도의 경험을 망라하고 있는 것으로 보인다. 따라서 총량 배출권거래제의 도입을 계획하고 있는 우리의 제도설계에 좋은 참고가 될 것으로 생각된다. 이 글을 통해 도출할 수 있는 정책적 시사점은 다음과 같이 요약될 수 있다.

첫째, 감축목표 설정에 있어서 경제적 충격뿐 아니라 객관적 자료에 입각해 기후변화 영향의 통제와 사회적 수용정도에 대해 면밀한 분석이 선행되어야 한다. 여기에는 국내적 영향뿐 아니라 국제적 영향도 고려되어야 하고, 국제사회의 책임 있는 구성원으로서 기대되는 수준의 공평한 의무부담을 하여야 한다.

둘째, 감축으로 인한 기후변화의 효과는 장기적으로 나타나고 기후변화로 인한 직접적 피해는 단기적으로 예상되기 때문에 감축조치와 아울러 보다 강력하고 실효적인 적응 메커니즘을 법안에 반영하여야 한다.

셋째, 탄소배출원의 범위를 넓히고 배출권거래제가 적용되는 주체들을 광범위하게 포섭하여 하나의 체제 내에 규율할 경우 시장기제로서의 총량배출권거래제의 효용성이 증대될 수 있다.

넷째, 배출권의 할당은 초기에 무상과 경매의 방법을 혼합하되 점차 유상할당으로 전환하여 경제주체들이 비용을 내재화할 수 있도록 한다. 무상할당의 경우 소비

---

110) John Whalley and Sean Walsh, Bringing the Copenhagen Global Climate Change Negotiations to Conclusion, CESifo Economic Studies, 2009.

자보호, 산업보호, 연구개발 등 적응적인 각종 안전장치를 고려하여야 한다.

다섯째, 상쇄 등 총량배출권제 밖의 시장적 기제들을 활용하되 그 대상범위와 구체적인 규칙의 제정과 운영에 있어서는 국제적인 공조를 통해 통일성을 유지할 수 있도록 한다.

제 2 절 EU 및 영국의 배출권거래제도

— 현황과 법적 쟁점 —

황 형 준*

Ⅰ. 머 리 말

1997년 일본 교토에서 개최된 제3차 IPCC 당사국총회에서 채택된 교토의정서(Kyoto Protocol)는, 2008년부터 2012년까지의 기간 동안 1990년 대비 5.2%의 온실가스 감축이 선진국인 부속서Ⅰ 국가들(Annex I Parties)에 의하여 이루어져야 한다는 목표를 제시하였다. 각 국가별 감축목표는 부속서Ⅱ에 개별적으로 명시되어 있는데, 유럽연합(European Union, 이하 "EU")은 2008년부터 2012년까지의 기간 동안 1990년 대비 8%를 공동으로 감축하기로 함으로써 가장 중요한 역할을 담당하게 되었다.

위와 같은 감축목표를 달성하기 위한 수단으로 교토의정서는 이른바 "신축성 메커니즘(flexible mechanism)"을 사용할 수 있도록 정하고 있는데, 그 중 대표적인 이행체제가 바로 배출권거래제도(Emission Trading Scheme)이다. 배출권거래제도는 시장의 거래구조에 기초하여 각 사업자가 자유롭게 탄소배출권을 거래하는 제도로서, 가장 경제적이면서도 효율적인 방법으로 온실가스의 배출량을 감축할 수 있는 제도로 이해된다. 현재 세계적으로 가장 활발하게 배출권을 거래하고 있는 곳이자 가장 먼저 배출권거래를 시작하여 많은 경험과 노하우를 축적하고 있는 곳이 바로

* 변호사, 법무법인 율촌 환경에너지팀.

** 이 글을 쓸 수 있도록 배려해 주시고 격려해 주신 故 김형진 변호사님께 깊은 감사를 드립니다.

EU 지역이다.[1] EU는 교토의정서의 체결 직후부터 배출권거래제도에 대하여 진지한 관심을 갖고 연구 및 제도화를 추진하였으며, 2005년부터 배출권거래제도를 실시하여 본격적인 운영 단계에 이르고 있다.[2] 이처럼 EU의 배출권거래제도는, 비록 유럽 지역 내의 감축을 위한 지역적 거래제도로서의 한계를 갖고 있기는 하지만, 최초의 초국가적 거래제도이자 법적 구속력을 갖는 국가단위의 할당을 전제로 하는 거래제도라는 점에서 독자적 의의를 지니고 있다.

이에 따라 독일, 프랑스와 같은 EU의 각 회원국들 역시 배출권거래제도에 관한 법령을 마련하여 실시하고 있는데, 그 중 가장 적극적으로 기후변화정책 및 배출권거래제도를 실시하고 있는 국가로 영국을 꼽을 수 있다. 영국은 2002년부터 이미 독자적인 배출권거래제도(이하 "UK-ETS")를 성공적으로 실시한 바 있는데, UK-ETS는 세계 최초의 본격적인 국가 단위 배출권거래제도였을 뿐 아니라 2006년 폐쇄될 때까지 성공적으로 운영되었던 제도로 평가받고 있다. 2005년부터는 EU 차원의 배출권거래제도가 마련됨에 따라, 영국 역시 이에 동참하여 온실가스거래제도에 관한 규칙을 제정하여 시행하고 있다.

현재 영국, 독일, 프랑스 등과 같은 EU의 각 회원국들이 시행하고 있는 배출권거래제도는 EU 차원의 배출권거래에 관한 지침(Directive)을 국내법으로 수용하여 시행하고 있는 것이므로, 각국의 배출권거래제도를 정확히 이해하기 위하여는 먼저 EU 차원의 배출권거래제도를 살펴볼 필요가 있다. 또한, 다른 한편으로 EU의 배출권거래제도란 그 자체로 각국의 사업자를 구속할 수 있는 것이 아니기 때문에, EU의 배출권거래제도가 구체적으로 구현되고 있는 모습을 이해하기 위하여는 각 회원국의 배출권거래제도를 살펴볼 필요가 있게 된다.

이러한 관점에서, 이 글에서는 현재 가장 활발하게 운용되고 있는 EU의 배출권거래제도에 관한 지침의 내용을 살펴보는 한편, 배출권거래제도에 관하여 많은 경험

1) 2007년 전세계 탄소시장 규모는 미화 630억 달러(USD) 규모였으나, 2008년에는 두 배로 급증하여 1,263억 달러에 이르고 있으며, EU 배출권의 2008년 거래 규모는 919억 달러로서 EU 배출권은 탄소시장에서 절대적인 비중을 차지하고 있다. World Bank, State and Trends of the Carbon Market 2009, May 2009, p. 1(http://wbcarbonfinance.org/docs/State_Trends_of_ the_Carbon_Market_2009-FINAL_26_May09.pdf, 2010. 3. 1. 최종접속).

2) EU 지역 내에서는 2005년경부터 다수의 배출권거래소가 설립되어 운영되고 있다. 런던에 위치한 유럽기후거래소(European Climate Exchange: ECX), 북유럽에 위치한 노드풀(Nord Pool), 독일의 유럽거래소(European Energy Exchange: EEX), 프랑스의 블루넥스트(Bluenext) 등이 대표적이다. 유럽 배출권거래소의 현황 및 시사점에 관한 보다 자세한 내용은, 안영환, "유럽 온실가스 배출권거래소 현황 및 시사점", 에너지포커스 제5권 제1호(2008. 봄.), 36-53쪽 참조.

을 갖고 있는 영국의 배출권거래제도를 함께 살펴보기로 한다. 구체적으로, EU 및 영국의 배출권거래제도의 도입과정, 개정 연혁 및 특징 등을 개괄적으로 살펴본 후, EU의 배출권거래제도에 관한 지침 및 영국의 온실가스거래제도 규칙의 주요 내용을 검토해 보고, 이러한 검토를 바탕으로 하여 배출권거래제도의 실시 과정에서 문제될 수 있는 법적 쟁점을 살펴봄으로써, 우리나라의 배출권거래제도 도입에 관한 시사점을 모색해 보기로 한다.

Ⅱ. EU 및 영국의 배출권거래제도의 개관

1. EU 배출권거래제도의 개관

(1) EU 배출권거래제도의 도입 및 개정 연혁

1) EU 배출권거래제도의 제안

교토의정서의 협상 단계에서 EU 및 그 회원국들은 시장원리에 기초한 경제적 유인제도를 국제적으로 도입하는 것에 대하여 회의적이었는데, 이는 당시 EU 회원국들이 대체로 에너지세, 자발적 협약 등과 같은 명령통제 방식의 규제체계에 익숙했을 뿐 아니라, 대표적 공공재인 지구 기후에 관한 시장원리의 도입이 성공할 수 있을지 확신하기 어려웠기 때문인 것으로 보인다.[3] 그러나 EU는 이후 교토의정서의 실효성을 확보하기 위하여 각종 신축성 메커니즘에 찬성하는 입장으로 선회하였고, 교토의정서가 체결된 직후인 1998년 무렵부터는 혁신적인 온실가스 저감 수단인 배출권거래제도의 도입에 진지한 관심을 갖기 시작하였다.[4] EU 차원의 배출권 거래제는 교토의정서 제17조[5]가 근거를 마련하고 있는 국제적인 배출권거래제와 연결

---

3) Markus Pohlmann, "The European Union Emissions Trading Scheme", *Legal Aspects of Carbon Trading Kyoto, Copenhagen, and Beyond*(Edited by David Freestone And Charlotte Streck), Oxford University Press(2009), p. 340.

4) Jürgen Lefevere, "The EU Greenhouse Gas Emission Allowance Trading Scheme", *Climate Change and Carbon Markets(Edited by Farhana Yamin)*, Earthscan(2008), p. 76.

5) 교토의정서 제17조는 다음과 같이 규정하여 국제적인 배출권거래제의 근거를 마련하고 있다.
"The Conference of the Parties shall define the relevant principles, modalities, rules and guidelines, in particular for verification, reporting and accountability for emissions trading. The Parties included in Annex B may participate in emissions trading for the purposes of fulfilling

가능한 지역적 거래제의 하나로서 논의되었으며, 유럽위원회(European Commission)는 교토의정서 체결 직후부터 유럽 지역에서 배출권거래제도를 시행할 것을 제안하였다. 즉, 1998. 6. 3. 유럽위원회는 유럽이사회(European Council) 및 유럽의회(European Parliament)에 보내는 통지문을 통해, 늦어도 2005년까지 EC 내부에 배출권거래제도를 수립할 것을 제안하였다.[6)]

2) 그린 페이퍼의 발간 및 도입안의 채택

1999. 5. 19. 유럽위원회는 'EU 온실가스 배출권 거래에 관한 그린 페이퍼'를 작성하도록 의뢰할 것을 제안하였다.[7)] 이후 위 연구는 런던의 '국제환경법발전기구(FIELD)'에 의뢰되었으며, 유럽위원회는 2000. 3. 8. 위 연구를 기초로 하여 'EU 내 온실가스 배출권거래에 관한 그린 페이퍼'(Green Paper on greenhouse gas emissions trading within the European Union, 이하 "그린 페이퍼")를 발간하였다.[8)]

그린 페이퍼는, EU 내에 온실가스 배출권거래제도를 도입할 것을 강력히 주장하였다. 그린 페이퍼는, 배출권거래제도를 각 국가 차원에서 시행하는 것보다 EU 차원에서 시행하는 것이 경제적 이익과 장점이 더 많다는 것을 지적하고, EU 차원에서 조화를 이룰 수 있도록 하는 원칙을 제시하는 한편, 각 회원국이 자국의 상황에 비추어 세부적인 사항을 정할 수 있도록 충분한 재량을 부여하고자 하였다. 그 결과, 그린 페이퍼는, ① 규제대상 및 규제강도 등에 관하여 단계적으로 접근할 것을 제안하였고, ② 무상할당("grandfathering"), 유상할당("auction"), 신규진입자 등과 같은 다양한 쟁점을 논의하였으며, ③ 회원국 차원에서의 준수 및 시행과 EU 차원에서의 준수 및 시행 문제를 구별하여 논의하였다.[9)]

이처럼 그린 페이퍼는 다양한 아이디어와 논쟁거리를 제공하여 주었고, 이후 심

---

their commitments under Article 3. Any such trading shall be supplemental to domestic actions for the purpose of meeting quantified emission limitation and reduction commitments under that Article."

6) European Commission, Communication from the commission to the Council and the European Parliament, Climate Change—towards an EU Post-Kyoto Strategy, COM(1998)353, 3 June 1998.

7) European Commission, Communication from the commission to the Council and the European Parliament, Preparing for Implementation of the Kyoto Protocol, COM(1999)230, 19 May 1999.

8) European Commission, *Green Paper on greenhouse gas emissions trading within the European Union*, COM(2000)87, 8 March 2000.

9) European Commission, *Ibid., pp.* 13-27.

도 있는 토론을 거치면서 그 주장이 더욱 힘을 얻게 되어, 2000.10.경에는 유럽의회 역시 2005년 이전에 EU 차원의 거래제도를 도입하는 것에 찬성하게 되었다. 이에 유럽위원회는 2001.1.경부터 배출권거래제도의 도입을 위한 지침안의 마련을 준비하였으나, 신속하게 진행하려는 과정에서 산업계의 강력한 반대에 부딪히게 되어 다소 지체되다가, 결국 2001.10.23. "유럽연합 공동체 내의 온실가스 배출권 거래제 설립에 관한 유럽위원회의 지침 제안"[10]을 발표하게 되었다.

3) 배출권거래제도 지침의 채택 및 시행

이후 EU의 15개 회원국들은 1990년 대비 8%라고 하는 교토의정서의 공동감축목표를 회원국들에게 재배분하기 위하여 이른바 "버블(bubble)"이라고 하는 교토의정서의 제도를 활용하고자 하였다.[11] 이에 따라 결국 독일과 영국은 가장 큰 감축의무를 부담하기로 하였고, 스페인, 포르투갈 및 그리스는 1990년 수준 이상의 배출을 할 수 있도록 허용되었다.[12] 이러한 감축의무의 차등 분담은 1998.6. 체결된 EU 회원국들 간의 '책임분담협정'(burden-sharing agreement)을 통해 이루어졌으며, 책임분담협정의 내용은 2002.4.25.자 유럽이사회 의결에 포함됨으로써 EU 내에서 법적 구속력을 갖게 되었다.

2002.3.4. EU의 15개 회원국들은 기후변화협약 및 교토의정서의 감축목표를 준수하기로 결의하였고, 같은 해 5.31. EU는 교토의정서의 비준 결정을 받아들여 EU 및 15개 회원국들은 2008년부터 2012년까지의 기간 동안 1990년 대비 8%의 감축목표를 공동으로 달성한다는 내용의 비준안을 UN에 제출하였다.

2003.10.13. EU는 2005.1.1.부터 온실가스 배출권거래제도를 시행한다는 취지의 EU 배출권거래제도 지침(이하 2003년 기본지침 및 수정지침을 통칭하는 경우 "EU-ETS 지침"이라 한다)을 발표하였는데, 그것이 바로 "EU 공동체 내의 온실가스 배출권거래제도 설립에 관한 유럽 의회 및 이사회 지침"(Directive 2003/87/EC, 이하 "2003년 지침")[13]이다. 2003년 지침은 2003.10.25.부터 발효되었으며, 이로 인하여

---

10) European Commission, Commission's proposal for a Directive establishing a scheme for greenhouse gas emission allowance trading within the Community and amending Council Directive 96/61/EC, COM(20001)581, 23 October 2001.

11) 교토의정서 제4조는, 부속서 I 의 당사자들이 합의를 통하여 의정서 제3조에 의한 온실가스의 배출 감축의무를 공동으로 이행할 수 있도록 규정하고 있다.

12) 이후에 가입한 체코, 루마니아, 불가리아 등과 같은 EU의 12개 신입회원국들은 모두 1990년 대비 8%라고 하는 공동감축목표를 달성하기로 하였는데, 다만 헝가리와 폴란드의 감축목표는 6%로 수정되었다.

EU의 각 회원국들은 2005. 1. 1.부터 배출권거래를 시작할 수 있도록 자국의 법률에 의한 이행체계를 구축할 의무를 부담하게 되었다.

EU는 위 2003년 지침의 의결 직후 이에 대한 수정작업에 착수하여, 2004. 10. 27. 교토의정서의 사업 체제인 공동이행(Joint Implementation), 청정개발체제(Clean Development Mechanism)에서 발생한 크레딧의 사용을 허용하는 취지의 "교토의정서의 사업체제 관점에서 EU 공동체 내의 온실가스 배출권 거래제 설립에 관한 Directive 2003/87/EC을 수정하는 유럽 의회 및 이사회 지침"(Directive 2004/101/EC, 이하 "2004년 수정지침")[14)]을 의결하였다.

또한, 2008. 11. 19. 항공활동(aviation activities)을 배출권거래제도에 포함시키는 취지의 "항공활동을 포함시키기 위하여 EU 공동체 내의 온실가스 배출권 거래제 설립에 관한 Directive 2003/87/EC을 수정하는 유럽 의회 및 이사회 지침"(Directive 2008/101/EC, 이하 "2008년 수정지침")[15)]을 의결하였다. 2008년 수정지침이 의결되어 발효됨에 따라, EU 회원국들은 2010. 2. 2.까지 자국의 관련법령을 이에 맞추어 개정하여야 한다.

최근 EU는, 2013. 1. 1. 이후의 시행을 위하여, 기존의 EU-ETS 지침을 상당 부분 개정하는 내용의 "EU 공동체 내의 온실가스 배출권 거래제를 개선하고 확대하기 위한 Directive 2003/87/EC을 수정하는 유럽 의회 및 이사회 지침"(Directive 2009/29/EC, 이하 "2009년 수정지침")[16)]을 의결하였다. 2009년 수정지침은 이른바 Ⅲ단계가 시작되는 2013. 1. 1.부터의 본격적 적용을 예정하고 있으므로, EU 회원국들

---

13) Directive 2003/87/EC of the European Parliament and of the Council establishing a scheme for greenhouse gas emission allowance trading within the Community and amending Council Directive 96/61/EC, *Official Journal of the European Union* L275, pp. 32-46, 13 October 2003.

14) Directive 2004/101/EC of the European Parliament and of the Council amending Directive 2003/87/EC establishing a scheme for greenhouse gas emission allowance trading within the Community, in respect of the Kyoto Protocol's project mechanisms, *Official Journal of the European Union* L338, pp. 18-23, 27 October 2004.

15) Directive 2008/101/EC of the European Parliament and of the Council amending Directive 2003/87/EC so as to include aviation activities in the scheme for greenhouse gas emission allowance trading within the Community, *Official Journal of the European Union* L8, pp. 3-21, 13 January 2009.

16) Directive 2009/29/EC of the European Parliament and of the Council amending Directive 2003/87/EC so as to improve and extend the greenhouse gas emission allowance trading scheme of the Community, *Official Journal of the European Union* L140, pp. 63-87, 5 June 2009.

은 2012. 12. 31.까지 자국의 관련법령을 이에 맞추어 개정하여야 한다.

(2) EU 배출권거래제도의 현황

2006년 기준으로 EU 소속 27개국은 지구 전체 배출량의 약 10.5%에 해당하는 온실가스 배출을 하고 있다.[17] 한편, 1990년부터 2006년 사이의 기간에 EU 27개국의 온실가스 배출은 7.7% 감소하였다. 이러한 온실가스의 감소 추세와 함께 EU 내에서의 배출권 거래 규모는 최근까지 빠른 속도로 증가하여 왔다. 2008년의 EU 배출권 거래량은 약 919억 달러로서, 이는 2007년보다 87% 가량 증가한 것이고 2005년에 비하면 무려 12배나 증가한 것이다. EU-ETS는 EU 내 전체 배출량의 40% 이상에 대하여 적용되고 있으며, EU-ETS 적용 대상 시설의 8%에 해당하는 839개의 시설은 EU 27개국의 배출량 70%에 해당하며 EU-ETS 전체 배출의 80%에 해당하는 온실가스 배출을 하고 있다.

EU 배출권의 가격은 여러 변수에 따라 등락을 거듭하고 있는데, I단계 초기 약 30유로에 이르렀던 배출권의 가격은 2005년 말경 초과할당 사실이 밝혀지면서 8.5유로로 급락한 바 있고, 2008년도에 28.7유로까지 치솟았던 EU 배출권의 가격은 2008년 말 금융위기의 영향으로 다시 7.9유로로 하락하기도 하였다.

(3) EU 배출권거래제도의 특징

1) 단계적 실시

EU-ETS의 중요한 특징 중 하나는, 기간별로 이행단계를 구별하여 배출권거래제도의 자연스러운 정착 및 확대를 꾀하고 있다는 점이다. EU-ETS의 이행단계는, 2005년 출범 이후 2007년까지의 "Ⅰ단계"(Phase Ⅰ), 2008년부터 2012년까지의 "Ⅱ단계"(Phase Ⅱ), 2013년 이후의 "Ⅲ단계"(Phase Ⅲ)로 구분된다.

이 중 Ⅰ단계는 배출권거래제도의 시행에 관하여 효율적인 제도운영 및 초기 경험 축적을 위한 시범기간(pilot phase)이라고 볼 수 있다. 비록 시범기간이기는 하지만 Ⅰ단계 역시 강제적 참여방식으로 되어 있어 각 회원국들은 의무적으로 배출권 거래제도를 실시하였으며, 그 결과 배출량 감소에도 상당한 기여를 하였다. Ⅱ단계는 교토의정서 상의 1차 의무이행 기간에 해당하는데, 특히 국제적인 교토배출권

17) European Environment Agency, *Greenhouse gas emission trends and projections in Europe 2008*, Office for Official Publications of the European Communities(2008), p. 16.

거래시장과 연계하여 운영되고 있다. 또한, Ⅱ단계 말기인 2012년부터는 항공활동도 적용대상 범위에 포함될 예정으로 있는 등 적용범위 역시 각 단계별로 지속적으로 확대되고 있다.

한편, 이행단계별로 할당 방식의 차이도 존재하는데, Ⅰ단계 기간에는 무상 할당을 원칙으로 하여 5% 미만의 배출권에 관하여만 유상으로 할당할 수 있었지만, Ⅱ단계 기간에는 10% 미만의 배출권이 유상으로 할당되었다. EU-ETS는 시행초기인 Ⅰ단계 및 Ⅱ단계에서는 무상할당을 기본으로 운영되었지만, 무상할당에서 비롯되는 경제적 비효율성 및 우발이익(windfall profit) 등의 문제를 감안하여, Ⅲ단계 이후에는 경매 방식의 유상할당을 기본으로 하여 운영될 예정이다.

2) 총량제한 방식의 강제적 참여제도

EU-ETS는 강제적인 배출권의 할당을 전제로 하는 총량제한(cap-and-trade) 방식의 배출권 거래제이다. EU-ETS는 기술한 EU-ETS 지침에 따라 운영되며, 일정규모 이상 다배출사업장의 의무참여제도를 규정하고 있고, 감축의무를 미준수했을 경우 Ⅰ단계 기간(PhaseⅠ)에서는 40유로, Ⅱ단계 기간(PhaseⅡ)에서는 100유로의 벌금을 부과하는 강력한 규제를 포함하고 있다.

유럽위원회 및 환경단체들은 처음부터 강제적 참여방식을 선호하였지만, 산업계 대부분은 최소한 교토의정서에 따라 감축의무를 부담하는 기간이 시작하기 전까지는(즉, Ⅰ단계 기간인 2007.12.31.까지는) EU-ETS가 자발적 참여방식에 의하여 운영되어야 한다고 주장하였다. 그러나 이미 자발적 참여방식의 배출권거래제도를 운영해온 영국, 캐나다 등의 사례를 통하여 자발적 참여방식으로는 충분한 감축이 이루어지지 않는다는 점이 밝혀지고 있었기 때문에 유럽위원회는 강제적 참여방식을 고수하였고 결국 절충안으로서, ① 회원국이 유럽위원회에 대하여 특정한 시설의 강제참여의무를 늦어도 2007.12.31.까지 배제해 줄 것을 요청할 수 있다는 규정(2003년 지침 제27조)[18] 및 ② 일정한 불가항력 사유에 해당하는 경우에는 회원국이 유럽위원회에 대하여 특정한 시설에 대하여 양도불가능한 배출권을 추가로 발행해 줄 것을 요청할 수 있다는 규정(지침 제29조)을 추가함으로써 합의에 이르게 되었다.

---

18) 특히, 영국 정부가 위 규정의 삽입을 강력히 주장한 것으로 알려져 있다(Lefevere, *Ibid.*, p. 104).

2. 영국 배출권거래제도의 개관

(1) 영국 배출권거래제도의 도입 및 개정 연혁

1) 영국 배출권거래제도의 도입

영국 배출권거래제도의 기원은 1990년의 정부 백서인 '공동의 유산(This Common Inheritance)'까지 거슬러 올라간다.[19] 위 백서는 온실가스의 감축을 위하여 경제적 유인제도를 사용할 것을 주장하였다. 이후 노동당 정부는 마셜(Marshall) 경에게 온실가스의 저감 및 에너지 이용방식의 개선에 관하여 경제적 접근법이 어떻게 사용될 수 있는지에 관한 연구를 의뢰하였다. 1998년 '마셜 보고서(Marshall Report)'는, 경제적 접근법의 유용성을 인정하면서도 영국 정부는 교토의정서에 따른 국제적 거래제도가 확립되기 전에 먼저 배출권거래제도를 시행하여서는 안 될 것이라고 제안하였다.[20]

하지만 위 제안에도 불구하고 영국 정부는 교토의정서가 채택된 1997년부터 본격적으로 국내 배출권거래제도를 준비하기 시작하였고, 그 결과를 토대로 하여 2002. 1. 1.부터 "UK-ETS"를 시범적으로 실시하면서 국제적인 배출권거래제도의 시행에 대비하여 왔다. 이와 같은 영국의 경험은 기술한 EU-ETS의 제도설계에 많은 영향을 주었으며, 영국으로 하여금 배출권거래제도의 선도국가 이미지를 갖게 해 주었다.

당시 영국은 자발적 협약에 의한 감축목표 설정을 기본으로 하는 배출권거래제도를 실시하였는데, 이는 영국 정부가 감축목표를 달성한 기업들에게 환경부담금의 80%를 감경해 주거나 재정적인 인센티브를 제공하는 등 여러 제도를 시행하고 있었기 때문에 가능한 것이었다.[21] 이 시기의 배출권 거래절차는, 자발적 참여자의 사전등록을 시작으로 기준배출량 등을 산정한 후, 인증기관의 타당성 검토를 거쳐 배출원 목록 및 기준배출량에 대한 승인을 받으면, 이후 인센티브 경매의 방식으로 배

---

19) Judith Dahlgreen, "Emissions Trading in the United Kingdom: The Greenhouse Gas Emissions Trading Scheme (Amendment) and National Emissions Inventory Regulations 2005 and the Greenhouse Gas Emissions Trading Regulations 2005", *Environmental Law Review*, Vathek Publishing(2006. 8.), pp. 138-139.

20) Marshall Task Force, *Economic Instruments and the Business Use of Energy*, HM Treasury(1998).

21) 김영철·조홍곤, 유럽연합(EU)의 온실가스 배출권 거래제 개발동향, 한국과학기술정보연구원(2005), 63-64쪽.

출권을 할당받은 뒤 이를 거래하는 동시에 배출량을 모니터하여 보고하는 방식으로 이루어졌다.[22]

UK-ETS는 세계 최초의 국가단위 배출권 거래시스템으로서, 2002. 3.경 출범하여 2006년까지 운영되었다. UK-ETS는, 발족 직후부터 활발한 거래가 이루어지는 등 비교적 무난하고 매끄럽게 운영되었으며, 영국 정부는 위 UK-ETS가 배출감축을 위한 비용효과 면에서 상당한 타당성이 있었던 것으로 평가하고 있다.

2) 영국 배출권거래제도의 EU-ETS로의 전환

영국 내에서 UK-ETS가 준비되어 시행되는 동안 EU는 EU 전역에 적용할 수 있는 배출권거래제도를 준비하여 왔고, 그 결과로서 기술한 "2003년 지침"을 발표하게 되었다. 영국 역시 EU-ETS에 맞추어 배출권거래제도를 시행할 의무를 부담하게 되었는데, EU-ETS의 내용은 발전산업의 포함 여부, 무상의 할당방식, 탄소세 제도와의 연계 여부 등에 있어 기존의 UK-ETS와는 사뭇 다른 형태를 취하고 있었기 때문에, 영국 정부로서는 새로운 EU-ETS에 맞추어 배출권거래제도를 전환할 수밖에 없었다.

결국 영국 정부는 2003년 지침의 내용을 대부분 반영하여 2003. 12. 18.자로 "2003년 온실가스거래제도규칙"(The Greenhouse Gas Emissions Trading Scheme Regulations 2003, 이하 "2003년 규칙")을 제정하여 같은 달 31.부터 시행에 들어갔다.[23] 이후, EU는 '측정 및 보고에 관한 의결'[24]을 공표하고 '등록부 규칙'[25]을 제정하는 등 시행규정을 완비하였고, 마침내 2005. 1. 1.부터 EU-ETS가 본격적으로 출범하게 됨에 따라, 영국은 위 2003년 규칙 및 2004년 개정 규칙을 전면 개정하여 2005. 4. 21.부터 "2005년 온실가스거래제도규칙"(The Greenhouse Gas Emissions Trading Scheme Regulations 2005, 이하 "2005년 규칙"이라 한다)을 시행하게 되었다.[26] 이후 공

---

22) 김영철·조홍곤, 전게서, 30쪽.

23) The Greenhouse Gas Emissions Trading Scheme Regulations 2003(S.I. 2003/3311), 31st December 2003.

24) Decision No 280/2004/EC of the European Parliament and of the Council concerning a mechanism for monitoring Community greenhouse gas emissions and for implementing, *Official Journal of the European Union* L49, pp. 1-8, 11 February 2004.

25) Commission Regulation (EC) No 2216/2004 for a standardised and secured system of registries pursuant to Directive 2003/87/EC of the European Parliament and of the Council and Decision No 280/2004/EC of the European Parliament and of the Council, *Official Journal of the European Union* L386, pp. 1-77, 21 December 2004.

26) The Greenhouse Gas Emissions Trading Scheme Regulations 2005(S.I. 2005/925), 21st April

동이행(Joint Implementation), 청정개발체제(Clean Development Mechanism)에서 발생한 크레딧의 사용을 허용하는 취지의 EU 2004년 수정지침의 내용을 반영하여 개정규칙을 시행하는 한편, 2007년에는 신규진입자를 위한 예비배출량의 경매 또는 판매절차를 개정하는 취지의 개정규칙을 시행하였다(이하 영국의 온실가스거래제도 규칙을 단순히 "영국 규칙"이라 한다). EU-ETS가 출범함에 따라, UK-ETS에 참여하고 있던 사업자들은 위 2003년 규칙 등을 통하여 EU-ETS로 이동하거나, 기존 제도인 UK-ETS에 잔류하고 있다가 2006년 말경 UK-ETS가 폐쇄됨에 따라 EU-ETS로 이동하게 되었다.

(2) 영국 기후변화법의 제정 및 주요 내용

영국은 기후변화에 대한 강력한 종합입법을 마련하려는 목적으로 기후변화법안을 마련하는 작업에 착수하여 왔고, 그 결과 2008. 11. 26.자로 "기후변화법(Climate Change Act)"을 제정하여 시행 중이다.[27] 영국 기후변화법은 기후변화 문제에 관한 기본법으로서 주로 총론적인 사항을 규정하고 있는데, 제3장에서는 '배출권거래제도'(Trading Schemes)에 관하여 총론적인 규정을 두고 있다. 제3장에는 배출권거래제도의 적용범위(법 제45조), 관련 국가기관(법 제47조), 규칙 제정 절차(법 제48조) 등이 규정되어 있지만, 그 내용은 매우 추상적으로 되어 있어 특정한 거래제도의 채택을 강제하는 것이 아니며, 관련 국가기관으로 하여금 이를 규율하는 규칙을 제정할 수 있도록 폭넓은 재량을 부여하고 있다.

규칙으로 정해야 할 거래제도의 내용은 기후변화법 별표2 내지 별표4를 통해 보다 상세하게 규정되고 있는데, 특징적인 것은 별표4에도 거래제도의 내용이 어떠해야 한다는 것을 구체적이고 확정적으로 결정짓는 규정은 없으며, 다만 거래제도를 실시하는 경우에 대하여 일정한 권한 및 제한을 부과함으로써 거래제도가 원활히 이행될 수 있도록 정하고 있을 뿐이라는 점이다. 즉, 환경당국은 거래제도를 도입할 수 있지만 이 경우에는 잠재적 참여자에 대한 적절한 통지가 이루어져야 하며(별표4 제3조, 제4조), 거래에 관한 정보도 공개되어야 한다(별표4 제6조). 그 밖에 별표2는 할당량의 배분, 할당량의 사용, 배출권 등에 관한 일반적 조문을 두고 있으며,

---

2005.

27) 영국 기후변화법의 원문 및 주요 내용은 영국 기후변화부의 다음 웹페이지 참조(2010. 3. 1. 최종 접속).
http://www.decc.gov.uk/en/content/cms/legislation/cc_act_08/cc_act_08.aspx.

거래기간, 거래의 내용, 참여자, 인증서 등과 같은 감축이행절차에 관한 규정 및 등록, 모니터링 및 벌칙부과 등 행정절차에 관한 규정을 상세하게 규정하고 있다. 실제로는 상세한 내용의 규칙이 제정된 이후에 기본법 형태의 법률이 제정되었지만, 정부에 상당한 입법형성의 재량을 부여하면서도 구체적인 입법사항의 기준을 제시하는 규정체계는 눈여겨볼 만하다.

Ⅲ. EU 및 영국의 배출권거래제도의 주요 내용

1. EU-ETS 지침 및 영국 규칙의 개요

이하에서는 주요한 규율 내용을 중심으로 EU-ETS 지침 및 영국 규칙의 내용을 살펴보기로 한다. EU-ETS 지침의 내용을 검토함에 있어 주의할 것은, 그것이 "지침(Directive)"에 불과하므로 배출권거래제도의 큰 틀만을 제시하고 있으며, 각 회원국은 일정한 재량 범위 내에서 자국의 실정에 맞는 자국법을 제정하여 이를 시행하여야 할 의무를 부담하고 있다는 점이다. 한편, 영국은 위 EU-ETS 지침을 시행하기 위하여 영국 의회의 위임을 받아 영국 온실가스거래규칙("영국 규칙")을 제정하였으며, 영국 규칙은 EU-ETS의 시행을 위한 국내법적 효력을 갖고 있다.

현재 EU는 Ⅲ단계 기간의 배출권거래제도에 관한 2009년 수정지침을 이미 발표한 상태이지만, 이하에서는 현재 각국에서 적용되고 있는 Ⅱ단계까지의 EU-ETS 지침을 기준으로 주요 내용을 살펴보되, Ⅲ단계의 주요한 변경사항은 해당 부분에서 간단히 언급하기로 한다.

2. 적용 범위

(1) 대상 물질

온실가스에 관한 배출권거래제도를 실시하려는 경우, 거래의 전제가 되는 적용 대상 물질을 이산화탄소(CO_2), 메탄(CH_4) 등과 같은 온실가스로 제한할 것인지 아니면 질소화합물(NOx), 황화합물(SOx)등과 같은 대기오염물질까지 포함시킬 것인지가 우선 결정되어야 할 것이며,[28] 대상 물질을 온실가스로 제한하는 경우에도 우선 이산화탄소(CO_2)만을 대상으로 할 것인지 아니면 기타 다른 온실가스도 포함시킬 것인지 여부가 또한 결정되어야 한다.

EU-ETS 지침은 제 3 조에서 '온실가스(greenhouse gas)'란 별지 Ⅱ에 기재된 물질을 말한다고 규정한 다음, 별지 Ⅱ에서 교토의정서 상의 6개 물질을 모두 나열하고 있다. 하지만 Ⅰ단계 및 Ⅱ단계의 경우 적용대상인 배출활동의 범위를 규정하고 있는 별지 I에서는 이산화탄소의 배출활동만을 규정하고 있기 때문에, 실제로 위 기간에 적용되는 물질은 이산화탄소(CO2)뿐이라고 할 수 있다. EU는 경험 축적 및 적응기 부여의 측면에서 위 기간에는 이산화탄소만을 대상 물질에 포함시켰지만, 단계적으로 교토의정서상의 6개 온실가스로 확대를 추진하고 있다. 이에 따라, 2013년부터 적용 예정인 2009년 수정지침에서는 적용대상인 배출활동의 범위를 크게 확대하는 한편, 적용대상 물질에도 아산화질소(N_2O), 과불화탄소(PFC) 등을 포함시키고 있다.

영국 규칙 역시 제 2 조의 정의규정을 통해 "온실가스(greenhouse gases)"란 EU-ETS 지침 제 3 조에서 정하는 바와 같다고 함으로써, 결국 교토의정서의 6개 물질을 모두 포함시키고 있지만, EU-ETS의 경우와 마찬가지로 적용대상인 배출활동의 범위를 정하고 있는 규칙 별표1에서는 이산화탄소의 배출활동만을 규정하고 있기 때문에, 실제로 적용되는 물질은 이산화탄소(CO_2)에 제한된다. 다만, EU-ETS가 2013년부터 적용 예정인 2009년 수정지침에서 적용대상 온실가스의 범위를 확대하였으므로, 영국 규칙 역시 그에 맞추어 규율대상 온실가스의 범위를 확대할 것으로 기대된다.

(2) 대상 배출활동

2003년 지침이 별지Ⅰ을 통해 규정하고 있는 적용대상 배출활동은, ① 소각시설, 원유정제, 코크스 제조 등과 같은 에너지 관련 활동, ② 선철 또는 강철의 제조, 금속 추출 등과 같은 철강 제조 활동, ③ 시멘트 제조, 유리 제조, 세라믹 제조 등과 같은 광물 제조 활동, ④ 펄프, 합판, 종이의 제조 활동 등이며, 새로운 물질 또는 공정의 연구, 개발 및 시험을 위한 활동은 적용이 배제된다. 구체적인 내용은 다음과 같다.

28) 그러나 온실가스와 대기오염물질은 영향범위 및 효과의 장기성 등에 있어 차이가 있고, 국제적 규제체계 역시 상이하므로 함께 규율하는 것이 적당하지 않은 면이 있다. EU, 미국, 호주, 일본 등 주요 국가의 경우에도 대기오염물질을 온실가스 배출권거래제도의 적용대상 물질로 포함시키지 않고 있다.

〈표 1〉 2003년 지침 별지 I — 배출활동 영역

활 동	배출물질
에너지 활동	
20메가와트 이상의 열투입량을 갖는 소각시설	이산화탄소
원유정제활동	이산화탄소
코크스 제조활동	이산화탄소
철강 제조 및 가공 활동	
철광석(황화물질 포함) 가공시설	이산화탄소
시간당 2.5톤 이상의 선철 또는 강철의 제조/가공시설	이산화탄소
광물 제조 활동	
일일 500톤 이상의 시멘트 용재 생산시설 또는 일일 50톤 이상의 석회 용재 생산시설	이산화탄소
일일 20톤 이상의 유리(유리섬유 포함) 제조시설	이산화탄소
화로의 생산능력이 일일 75톤 이상이고 용량이 4㎥ 이상이며 밀도가 300kg/㎥ 이상인 화로를 이용한 세라믹(지붕용 타일, 타일, 벽돌, 자기 등 포함) 제품의 생산시설	이산화탄소
기타 활동	
목재 또는 섬유재로부터 펄프를 생산하는 산업공장	이산화탄소
종이 및 합판을 생산하는 산업공장	이산화탄소

이상의 적용대상 배출활동은 모두, EU 통합오염방지통제(Integrated Pollution Prevention and Control, "IPPC") 지침의 별지 I에서 규정하고 있는 규제활동 목록에서 발췌한 것으로서, 대부분 이산화탄소를 집중적으로 배출하는 활동에 해당한다. 위 배출활동을 규제함에 따라, EU-ETS 지침은 2010년 전체 배출량 중 약 46%의 배출활동에 적용될 것으로 전망되고 있다.[29)]

위와 같은 2003년 EU-ETS 지침의 적용범위에 관하여, 최근 유럽법원(European Court of Justice)은 주목할 만한 결정을 내린 바 있다.[30)] 사건의 내용은 다음과 같다. EU-ETS 지침이 제정되어 시행되자, 프랑스의 철강 기업인 Société Arcelor Atlantique et Lorraine 및 다른 기업들(이하 "원고")은 위 지침의 자국법에 해당하는 프랑스 배출권거래규칙[31)]의 제 1 조에 대하여 프랑스 행정법원인 Conseil

29) Lefevere, *Ibid.*, p. 106.

30) European Court of Justice, *Société Arcelor Atlantique et Lorraine and Others v. Premier ministre and Others*(Case C-127/07), 16 December 2008.

31) Ordonnance no 2004 330 portant création d'un système d'échange de quotas d'émission de gaz à effet de serre(Regulation No. 2004 330 establishing a scheme for greenhouse gas emission allowance trading).

d'État에 그 취소를 청구하였다. 위 소송에서 원고는, EU-ETS 지침이 재산권, 영업의 자유를 침해하였을 뿐 아니라, 알루미늄 및 플라스틱 영역을 적용범위에서 제외한 반면 철강영역을 포함시킨 것은 같은 것을 차별적으로 취급함으로써 평등한 대우에 관한 헌법적 원칙을 위반한 것이라고 주장하였다. Conseil d'État는 재산권 및 영업의 자유에 관한 주장을 배척하였지만, 평등원칙 침해 여부에 관하여는 같은 의문을 가지게 되었기 때문에, 사건을 관할권이 있는 유럽법원에 이송하였다.

유럽법원은, 우선 EU-ETS 지침이 같은 것을 다르게 취급한 것인가 하는 점에 관하여, 온실가스 배출의 측면에서 본다면 두 영역이 본질적으로 다르지 않기 때문에 위 지침은 같은 것을 다르게 취급한 경우에 해당한다고 판시하였다. 그러나 그러한 차별적 취급이 정당한 것인가 하는 점에 관하여는, 유럽공동체의 입법은 복잡한 평가 및 가치판단이 수반되는 정치적, 경제적, 사회적 선택에 관한 행동을 취함에 있어서 광범위한 재량을 부여받기 때문에, 관련된 정보 및 이해관계를 충분히 고려하여 정당한 목적을 달성하기 위한 차별적 취급을 한 것이라면 이는 평등원칙의 위반이 아니라는 취지로 설시하면서, 이 사건의 경우에도 EU-ETS 지침이 화학 및 비철금속 영역을 적용 범위에서 제외함으로써 발생한 차별적 취급은 여러 제반사정에 비추어 정당화될 수 있다는 이유로 위 지침이 평등원칙을 위반한 것은 아니라고 판시하였다.[32)]

한편, 각 회원국은 EU-ETS 지침이 규정하는 활동 및 온실가스만을 규제할 수 있는 것은 아니며, 자국의 사정에 맞추어 적용범위를 확장하는 것이 허용된다. 즉, EU-ETS 지침 제24조는, 각 회원국이 유럽위원회의 승인을 거쳐 2008년부터 적용범위를 확장하는 것을 허용하고 있으며, 별지 I에서 규정하고 있는 활동에 대하여도 2005년부터 그 적용기준을 완화하여 적용하는 것을 허용하고 있다. 하지만 영국의 경우는 2003년 지침이 규정하고 있는 바와 동일한 범위의 배출활동에 대하여만 영국 규칙을 적용하고 있다(영국 규칙 별표1). 또한, 2008년 수정지침을 통해 항공 영역에서의 배출활동 역시 EU-ETS 지침의 적용대상 활동에 포함되었다.[33)]

32) "Non-application to all sectors of emission trading scheme", *EU Focus*(2009) 246, pp. 15-16.

33) 2008년 수정지침에 따르면, 지침은 '회원국 영토에 위치한 공항에 도착하거나 이를 출발하는 모든 항공활동'에 대하여 적용하는 것을 원칙으로 하되, 비회원국 수반의 공무상 운항, 군사 또는 경찰 목적인 경우 등 일정한 경우에는 적용을 제외하고 있다.

3. 배출허가

(1) EU-ETS 지침의 배출허가 제도

EU-ETS 지침은 온실가스의 배출허가(emissions permit)와 배출허용량(emission allowances,이하 "배출권")[34)]을 구별하고 있다. 배출허가란 각 시설의 측정 및 보고의무를 부과하는 전제로서 각 시설이 배출권거래제도에 참여하기 위한 필수조건이 된다. 물론 거래되는 것은 어디까지나 배출권일 뿐, 배출허가가 거래의 대상이 되는 것은 아니다.

EU-ETS 지침 제 4 조는, 각 회원국들로 하여금 별지 I 에 규정된 배출활동을 하는 모든 사업자는 배출허가를 받지 않고는 당해 활동을 영위할 수 없도록 배출허가제도를 운영하도록 규정하고 있다. 위 지침에 따르면, 각 배출시설의 운영자는 배출시설 및 배출활동의 내용, 온실가스를 발생시킬 가능성이 있는 원재료, 배출가스의 발생원인, 측정 및 보고 방안 등의 정보를 기재하여 배출허가를 신청하여야 한다(지침 제 5 조). 배출시설 운영자의 신청에 비추어 측정 및 보고가 적정히 이루어질 수 있다고 인정되는 경우, 각국의 관리청은 시설의 전부 또는 일부에 대하여 배출허가를 발급하여야 한다. 관리청은 같은 운영자가 같은 장소에서 운영하는 여러 시설에 대하여도 하나의 배출허가를 발급할 수 있다(지침 제 6 조 제 1 항). 그 밖에 지침 제 7 조는 변경신고 의무 및 변경허가 절차를 규정하고 있으며, 지침 제 8 조는 위 배출허가제도가 각국의 IPPC 허가제도와 조화를 이루도록 마련되어야 한다는 점을 지적하고 있다.[35)]

(2) 영국 규칙의 배출허가 제도

영국 규칙 제 7 조는, 별표 1의 지정된 물질을 배출하는 각 활동은 온실가스 배출허가를 받은 경우 그 한도 내에서만 허용된다고 규정하고 있다. 이에 따라 별표 1

34) EU-ETS 지침 및 영국 규칙은 '배출권(emission right)'이 아닌 '배출허용량(emission allowance)'이라는 용어를 사용하고 있다. 정확한 이유를 확인하기 어려우나, 참여자에게 할당되는 배출허용량이 각국의 규제청에 의하여 제한, 철회될 수 있는 잠정적인 것일 뿐 아니라 법적 성격이 명확하지 않다는 점에서 명시적으로 권리(right) 내지 재산(property)이라는 용어를 사용하지 않고 있는 것으로 보인다. 하지만 국내에서는 법적 성격의 논의와 무관하게 배출허용량을 지칭하는 용어로 "배출권"을 사용하는 경우가 많이 있으므로, 이 글에서는 배출허용량과 배출권을 같은 의미로 사용하기로 한다.

35) 이는 배출허가 제도가 IPPC 지침의 허가 제도를 기초로 한 것이라는 점을 반영한 것이다.

의 활동을 영위하고자 하는 사업자는, 우선 규제청(regulator)[36]에 대하여 영국 규칙 제 8 조 제 2 항이 정하는 일정한 정보를 기입하여 배출허가를 신청하여야 한다. 배출허가 신청시에 기재하여야 하는 정보는 신청인의 전화번호 및 주소, 배출시설에 대한 설명, 보유하고 있는 환경면허의 내용 등으로서 EU-ETS 지침 제 5 조보다 구체화되어 있다. 또한, 규제청은 신청인에 대하여 일정한 기간을 정하여 추가 정보의 제출을 요구할 수 있으며, 만일 신청인이 그 기간 내에 당해 정보를 제공하지 못하는 경우에는 당해 신청을 철회한 것으로 취급할 수 있다(규칙 제 8 조 제 5 항).

규제청은 신청서를 수령한 날로부터 2개월(또는 신청인이 서면으로 별도 합의한 기간) 이내에 배출허가 여부를 결정하여 통지하여야 한다(규칙 제 9 조 제 1 항). 만일 규제청이 위 기간 내에 통지를 하지 않는 경우, 위 신청은 거절된 것으로 간주된다(규칙 제 9 조 제 3 항).

신청인이 배출허가를 받은 이후 당해 시설의 운영자 지위를 상실할 것이라고 판단되는 경우 또는 신청인이 배출허가의 조건인 측정 및 보고 의무를 성실하게 이행하지 않을 것이라고 의심되는 경우, 규제청은 배출허가를 부여하지 않을 수 있다(규칙 제 9 조 제 6 항). 이 경우, 규제청은 당해 신청을 거절하거나, 규칙 제10조의 조건을 부가하여 배출을 허가하여야 한다(규칙 제 9 조 제 4 항). 규제청은 '같은 사업자가 같은 장소에서 운영하는 여러 시설'에 대하여 하나의 배출허가를 발급할 수 있지만, 그 이외의 경우에는 복수 시설에 대하여 하나의 배출허가를 발급할 수 없다(규칙 제 9 조 제 7 항).

규제청은, 배출허가를 함에 있어 규칙 제10조 제 2 항 또는 제 6 항에서 정하는 바와 같이 적당하다고 생각하는 조건을 부가하여야 한다(규칙 제10조 제 1 항). 우선, 배출허가에는 측정 및 감시에 관한 조건을 부가하여야 하는데, 구체적으로는 ① 측정방법 및 빈도의 특정, 시설운영자의 연간 배출량 보고의무 및 보고시기, ② 시설운영자의 배출량 보고는 EU-ETS 지침 별지V의 기준에 따라 검증되어야 하고 그 결과가 규제청에 통보되어야 한다는 점, ③ 본항에 따라 배출허가에 부가된 조건을 준수하지 못할 사유가 발생한 경우 이를 즉시 규제청에 통지할 것 등이다(규칙 제10조 제 2 항). 또한, 규제청은 각 시설의 운영자로 하여금 당해 배출이 발생한 이행기간이 종료된 때로부터 4개월 내에 전년도의 보고가능한 배출량에 상응하는 배출권

---

36) 잉글랜드 및 웨일스 지역의 규제청(regulator)은 "환경청(Environment Agency)"이다(규칙 제 2 조).

을 제출하게 하는 조건 역시 부가하여야 한다(규칙 제10조 제3항). 이는 후술하는 EU-ETS 지침 제12조 제3항의 배출권 제출의무에 상응하는 규정이다.

만일 배출허가를 발급받은 시설의 운영자가 시설의 운영에 관한 사항을 변경하고자 하는 경우에는, 그로부터 14일 전에 이를 규제청에 통지하여야 한다. 또한, 배출허가를 받았으나 운영을 하지 않는 시설의 운영자는, 매년 4. 1. 또는 배출허가를 받은 날로부터 14일 중 더 늦은 날까지, 차년도 3. 31.까지는 당해 시설을 운영할 계획이 없음을 통지하여야 한다(규칙 제13조 제1항).

규제청은, 언제나 배출허가의 조건을 변경할 수 있으며(규칙 제14조 제1항), 배출허가를 보유한 시설의 운영자 역시 규제청에게 배출허가 조건의 변경을 신청할 수 있다(규칙 제14조 제2항). 이 경우에도 규제청은 신청인에 대하여 일정한 기간을 정하여 추가 정보의 제출을 요구할 수 있으며, 만일 신청인이 그 기간 내에 당해 정보를 제공하지 못하는 경우에는 당해 신청을 철회한 것으로 취급할 수 있다(규칙 제14조 제6항).

4. 국가별 할당 및 국가할당계획(National Allocation Plan)

(1) EU-ETS 지침의 국가할당계획 승인

기술한 바와 같이 EU-ETS 지침은 감축의무를 부담하는 각 시설의 운영자로 하여금 각 회원국의 배출허가를 취득하도록 규정하고 있는데, 각 시설별로 허가받을 수 있는 탄소의 총량은 각 회원국의 '국가할당계획(National Allocation Plan)'에 따른 배출권의 할당 절차를 통해 결정된다. '국가할당계획'이란, 각 회원국들이 각 단계의 기간 동안 매년 할당하려고 하는 배출권의 총량 및 각 시설에 대한 구체적인 배출권 할당량을 정하고 있는 EU 회원국의 할당계획을 말한다(지침 제9조 제1항). 각 회원국들의 국가할당계획은 EU-ETS 지침의 별지Ⅲ에 규정되어 있는 기준에 부합하여야 하는데, 이에 따르면 각 회원국들은 국가할당계획을 정함에 있어, ① 교토의정서에 따른 각국의 감축의무, 지침의 적용대상 배출량이 각국의 전체 배출량에서 차지하는 비중, 각국의 에너지정책 등을 고려하여야 하는 한편, ② 할당량에 있어 예상되는 배출저감활동을 고려하여야 하고, ③ 특정한 산업 또는 시설을 부당하게 차별하여서는 안 되며, ④ 신규진입자, 조기감축 등의 문제를 감안하여야 하고, ⑤ 청정 기술 및 에너지효율화 기술 등에 관한 정보를 포함하여야 한다.

EU-ETS 지침은 Ⅰ단계 기간 동안 배출권의 95% 이상이 무상으로 할당되어야 한다고 규정함으로써, 5% 미만의 배출권에 관하여는 유상으로 할당할 수 있음을 명시하고 있으며, Ⅱ단계 기간의 경우 각 회원국들은 10% 미만의 배출권을 유상으로 할당할 수 있게 된다(지침 제10조). 각 회원국들의 국가할당계획은 유럽위원회의 승인을 받아야 하는데, 유럽위원회는 국가할당계획의 내용이 EU-ETS 지침의 기준에 부합하지 않는다고 판단하는 경우 승인을 거절함으로써 그 변경을 요구할 수 있다.[37] 이러한 유럽위원회의 국가할당계획 승인이 지체될 경우 배출권 시장의 불확실성 및 배출권의 희소성 등으로 인하여 배출권 가격에 영향을 주게 되는 등 심각한 문제가 발생할 수 있으므로, 각 회원국은 적시에 국가할당계획을 승인받기 위해 노력하게 된다.

이와 관련하여, Ⅰ단계 기간의 국가할당계획에 관한 사례를 검토해 보기로 한다. 영국은 Ⅰ단계 시행 전에 관련 시설의 총 배출량 상한을 736.3 $MtCO_2$로 하는 내용의 국가할당계획을 승인받았다. 그런데, 이후 영국은 이전의 예측을 뛰어넘는 배출의 발생을 이유로 위 상한을 756.1 $MtCO_2$로 늘려줄 것을 유럽위원회에 요청하였고,[38] 유럽위원회가 이를 거절하자 유럽1심법원(European Court of First Instance)에 이를 제소하여 유럽1심법원에서는 영국이 승소하였다.[39] Ⅰ단계에서의 영국 국가할당계획에 관한 분쟁은, 조악하고 성급한 할당으로 인한 경쟁의 왜곡가능성, 할당에 대한 회원국 간의 접근방식 차이로 인한 경쟁의 왜곡가능성, 과거의 배출량을 기준으로 하는 할당의 정당성 등의 쟁점에 관한 논쟁을 불러일으켰다.[40]

또한, 할당량의 사후조정에 관한 독일의 분쟁 사례도 주목할 만하다. 독일은 2004. 3. 31. 유럽위원회에 통지한 Ⅰ단계 기간에 관한 국가할당계획의 내용에 '이행기간 중 일정한 사유가 발생하는 경우에는 할당량의 삭감이 가능하다'는 규정을 포함시켰다. 그러자 유럽위원회는 2004. 7. 4.자 의결을 통해, 이러한 할당량의 사후조정

---

37) Ⅰ단계 기간의 경우, 기존의 15개 EU 회원국들은 2004. 3. 31.까지, 2004. 5. 1.에 가입한 10개 회원국들은 2004. 6. 30.까지, 2007. 1. 1.에 가입한 불가리아와 루마니아의 경우에는 2006. 4. 30.까지 각국의 국가할당계획을 제출하였어야 하지만, 위 기한을 준수한 국가는 거의 없다고 한다.

38) 유럽이사회 의결 2002/358/EC에 따르면, 영국의 감축목표는 2012년까지 1990년 대비 12.5%를 감축하는 것이었다. 이후 영국 정부는 의욕적으로 위 목표를 20%로 상향 조정하였는데, 2006. 3. 26.에 영국 기후변화프로그램을 발표하면서는 위 목표를 15% 내지 18%로 다시 감축하였다.

39) Court of First Instance, *United Kingdom of Great Britain and Northern Ireland v Commission of the European Communities*(Case T-178/05), 23 November 2005.

40) Judith Dahlgreen, *Ibid.*, pp. 136-137.

(ex-post adjustment)은 EU-ETS 지침 별지Ⅲ에서 규정하는 할당 기준에 부합하지 않는 것이라는 이유로 위 조항의 삭제를 요구하였다. 이에 독일 정부는 유럽1심법원에 위 의결의 취소를 청구하였고, 유럽1심법원은 2007. 11. 7. 유럽위원회가 위와 같은 사후조정이 지침에 위반된다는 점을 충분히 입증하지 못하였다는 이유로 위 의결을 취소하였다.[41] 그 외에도 유럽위원회의 국가할당계획 불승인 내지 배출량 감축에 대하여는 많은 소송이 유럽법원에 제기되어 왔으며, 그 중 많은 청구가 받아들여지는 등,[42] 국가할당계획의 승인에 관하여는 각 회원국에 의한 분쟁이 끊이지 않는 상황이다.

이처럼 유럽위원회는 Ⅰ단계 기간부터 각국의 국가할당계획을 승인하거나 삭감하여 승인함으로써 EU 차원의 배출량을 통제하여 왔는데, Ⅰ단계 기간에서의 국가할당계획 승인은 결국 많은 비판을 받게 되었다. 그 주요 이유는 각국이 자국의 산업경쟁력 저하를 우려하여 과도하게 배출권을 할당하였다는 것이었으며, 조사 결과 유럽위원회가 1단계의 국가할당계획 승인 과정에서 신청된 배출권의 약 4%에 해당하는 2억 9천만 톤의 배출권을 삭감하였음에도 불구하고 2005년도에만 1억 톤 이상의 잉여 배출권이 발생한 것으로 밝혀졌다.[43] 이러한 초과할당 사실이 발표되자, 최고 30유로에 달하던 배출권 시세는 8.5유로까지 급락하기도 하였다.[44]

유럽위원회는 이러한 문제를 개선하기 위하여 Ⅱ단계의 국가할당계획 작성에 관한 권고안을 발표하였는데,[45] 이에 따르면 각 회원국들은 각국이 교토의정서에 따라 부담하는 의무와 EU-ETS에 따라 부담하는 의무 간에 명확한 연계가 이루어지

---

41) Court of First Instance, *Federal Republic of Germany v Commission of the European Communities*(Case T-374/04), 7 November 2007(Unreported).
위 사건의 경과에 관한 보다 자세한 설명은, "Ex-post Adjustment of Allowances Not Breach of Emissions Trading Scheme", *EU Focus* (2007), 221, pp. 10-11 참조.

42) Ⅱ단계의 국가할당계획 승인에 관한 유럽위원회의 처분에 관하여 취소청구가 받아들여진 최근의 사례로는, Court of First Instance, *Republic of Estonia v Commission of the European Communities*(Case T-263/07), 23 September 2009 등 참조.

43) 이러한 초과할당의 문제는 대부분의 회원국에서 발생하였지만, 영국의 경우에는 오히려 8,800만 개의 배출권이 부족했던 것으로 밝혀지기도 하였다.

44) 이러한 점에 비추어 볼 때 Ⅰ단계의 EU-ETS가 의미 있는 감축을 달성한 것인지도 의문이며, 이는 EU-ETS의 근본적 문제를 드러낸 것이라는 주장도 제기되었다. Paul Street, Trading in Pollution: Creating Markets for Carbon and Waste, *Environmental Law Review*, Vathek Publishing(2007), p. 260 이하 참조.

45) European Commission, Communication from the Commission, Further guidance on allocation plans for the 2008 to 2012 trading period of the EU Emission Trading Scheme, COM(2005)703, 22 December 2005.

고 있다는 점을 입증하여야 하고, I단계에 비하여 평균 6%의 배출량을 추가로 감축하도록 노력하여야 한다. 또한, 예상배출량, 연료가격 변동에 관한 추정, 다른 정책을 통한 감축 예상치 등의 정보에 관한 표준화된 양식을 마련하는 한편, 각국이 배출량 상한의 설정에 관하여 보다 일관된 방법론을 채택할 것을 권고하고 있다.

한편, 현재 진행 중인 EU-ETS의 Ⅱ단계 기간(2008년~2012년) 동안의 배출권은 각 회원국의 신청할당량보다 약 10.4% 적은 연간 약 2,080 $MtCO_2$톤만 할당되는 것으로 결정되었다.[46] 2013년 이후(즉, Ⅲ단계 기간) 국가할당계획은 사라지게 되며, 국가할당계획은 국가이행조치(National Implementation Measures)에 의하여 대체된다. Ⅰ단계 및 Ⅱ단계에서는 각 회원국들이 총량 설정 및 할당방법에 이르기까지 제도의 모든 면을 책임지고 이행하여야 했지만, Ⅲ단계부터는 대부분의 사항이 EU 차원에서 결정될 것이다. 또한, EU는 2009년 수정지침을 통해, Ⅲ단계부터는 무상할당이 허용되는 일부 예외를 제외하고는 경매를 통한 일괄적인 할당을 실시하기로 결정하였다. 이에 따라 대다수 회원국의 전력산업에 대하여는 더 이상 무상할당을 하지 않을 것으로 보이며, 2020년경에는 전체 배출권의 60% 이상이 경매 방식으로 할당될 것으로 예상되고 있다.

(2) 영국의 국가할당계획 및 국내 할당

영국의 경우 주무장관은 Ⅱ단계 기간 및 그 이후 각 단계의 기간에 관하여 국가할당계획(National Allocation Plan)을 영국 규칙 제46조에 따라 수립하여야 하며(규칙 제20조 제1항), 위 국가할당계획은 각 단계의 기간이 시작하는 때로부터 최소한 18개월 전에 공표되어야 한다(규칙 제20조 제3항). 또한 주무장관은 Ⅱ단계 및 그 후속 단계에 관하여, ① 위 단계에서 할당될 배출권 총량, ② 위 단계의 각 연도별로 발행될 배출권의 총량을 포함하는, 각 시설에 대한 배출권의 할당량, ③ 하나의 시설에 대하여 복수의 배출허가가 부여된 경우, 그 시설에 대한 배출권의 분배에 관한 사항 등을 결정하여야 한다(규칙 제21조 제1항). 이러한 주무장관의 결정은, 유럽위원회로부터 승인받았거나 승인 예정인 국가할당계획, 국가할당계획에 대한 의견수렴 결과 등을 충분히 고려하여 이루어져야 한다.

현행 영국 규칙은 무상할당뿐 아니라 유상할당에 관하여도 구체적인 규정을 마련하고 있는데, 이에 따르면 주무장관은 2008. 5. 1.까지 경매 또는 판매의 방식에 의

46) European Environment Agency, *Ibid.*, pp. 81-91.

한 배출권 할당에 관하여 결정하여야 하고(규칙 제21A조 제 1 항), 위와 같이 할당되는 배출권은 ① Ⅰ단계 기간에 발생한 잉여의 배출권이어야 하며, ② '신규진입자를 위한 예비배출권'(New Entrant Reserve, 이하 "예비배출권")에 속해 있어야 하고, ③ 승인된 국가할당계획에 비추어 경매 또는 판매될 수 있는 자격을 지니고 있어야 한다(규칙 제21A조 제 2 항).[47]

이처럼, 국가할당계획이 신규진입자를 위한 예비배출권을 확보하고 있는 경우, 신규진입 시설의 운영자는 규제청에 대하여 예비배출권의 할당을 신청할 수 있다(규칙 제22조 제 1 항). 예비배출권의 신청을 받은 규제청은, ① 승인된 국가할당계획에 비추어 규제청이 적당하다고 인정하는 조건을 부가하여 신청된 할당을 승인하거나, ② 신청된 할당을 승인하고 신청에 관련된 시설의 운영자에 대하여 배출권을 할당하거나, ③ 신청을 거부하여야 한다(규칙 제22조 제11항).

시설의 운영자는, 2010. 1. 1.까지 규제청에 대하여 시설의 지연가동(late installations)을 위하여 확보된 예비배출권의 할당을 신청할 수 있다(규칙 제22A조 제 1 항). 이러한 예비배출권의 할당 신청을 받은 규제청은, ① 신청된 할당을 승인하고 신청에 관련된 시설의 운영자에 대하여 배출권을 할당하거나, ② 신청을 거부하여야 한다(규칙 제22A조 제11항).

영국 내 할당에 관하여도 다양한 분쟁이 발생하고 있지만, 여기서는 대표적으로 "Cemex 사건"을 살펴보기로 한다.[48] 시멘트를 생산하는 업체인 Cemex는 영국의 Ⅱ단계 국가할당계획에 의하여 자신의 Rugby 지역 시멘트 공장에 대하여 이루어진 할당 처분을 다투었다. 영국 정부는 I단계에서 신속한 이행의 어려움을 고려하여 시멘트 및 전력 산업에 대하여 적용시기를 늦추어 주는 예외 규정을 적용해 주고 있었는데, Ⅱ단계 국가할당계획에서 위 규정을 폐지하였고, Cemex는 영국 행정법원에

47) 본 조항의 배경은 다음과 같다. 영국정부는 I단계 기간에 4,680만 개의 배출권을 '신규진입자를 위한 예비배출권'으로 보유하기로 결정하였다. 신규진입자가 늘어나면 잔존 예비배출권은 줄어들게 되고, 시설의 중도폐지자가 늘어나면 잔존 예비배출권은 늘어나게 된다. 이후, Ⅰ단계 기간에 예상보다 신규진입자가 많지 않아 상당한 양의 예비배출권이 남게 되었다. 영국의 Ⅰ단계 국가할당계획 별지C는 예비배출권에 관하여 잉여가 발생하면 이를 경매 또는 판매할 수 있도록 규정하고 있기는 하였는데, 기존의 2005년 영국 배출권거래규칙에는 주무장관 또는 규제청에게 이러한 잉여의 배출권을 판매할 수 있는 권한을 부여하는 규정이 없어, 경매 또는 판매의 가능성이 문제가 되었다. 이에 결국 2007. 2. 19.자로 위 규칙을 개정하여 제21A조를 추가하게 된 것이다.

48) *Cemex UK Cement Limited v Department for Environment, Food and Rural Affairs, etc.* [2006] EWHC 3207: Queen's Bench Division(Administrative Court), 13 December 2006.

제소함으로써 II단계 국가할당계획의 할당방식을 다투고자 하였다. Cemex는, 그러한 영국 정부의 결정은 감축의무의 이행이 심각하게 곤란한 Rugby 지역의 시멘트 공장에 대하여 지나치게 낮은 수준의 할당을 하는 것이므로 EU법상의 평등원칙 및 차별금지에 관한 원칙을 침해하는 것이라고 주장하였다.

그러나 영국 행정법원은 다음과 같은 이유로 Cemex의 위 주장을 배척하였다. 우선, Cemex가 유지되어야 한다고 주장하는 예외 규정 자체가 특정한 시설 및 산업을 다른 산업과 차별하여 우대하는 것이다. 뿐만 아니라, 영국 정부는 I단계의 경우 시멘트 및 전력산업의 특수성을 고려하여 특별히 유예를 인정하였던 것인데, 이제는 일반적인 경영 또는 운영의 어려움과 구별되는, 예외조항을 연장할 정도로 특별한 어려움을 인정할 수 없다.[49]

5. 배출권의 이전, 제출 및 취소 등

EU-ETS 지침은 제12조에서 배출권의 이전(transfer), 제출(surrender) 및 취소(cancellation)에 관하여 규정하고 있으며, 영국 규칙은 제15조 내지 제17조에서 배출허가의 이전, 제출 및 취소 절차를 규정하고 있다. EU-ETS 지침은 '배출권(allowances)'이 이전, 제출 또는 취소될 수 있음을 규정하고 있는데 비하여, 영국 배출권 거래규칙은 '배출허가(emission permits)'의 이전, 제출 또는 취소를 중심으로 규정하고 있는 점에서 차이가 있다. 양자는 규정 형식 및 내용에 있어 다소 차이가 있지만, 배출자 지위에 관한 변동을 규율하고 있다는 점에서 유사성이 더욱 많다고 할 수 있으므로 이하에서는 EU와 영국의 규율 내용을 함께 살펴보기로 한다.

(1) 배출권의 이전

EU-ETS 지침은 배출권이 유럽공동체 내의 사람(자연인 및 법인을 포함) 간에 이전될 수 있을 뿐 아니라, 유럽공동체 내의 사람과 일정한 제 3 국[50]의 사람 간에도 이전될 수 있다고 규정하고 있다(지침 제12조 제 1 항). 또한, 회원국들은 다른 회원국의 관리청에 의하여 발행된 배출권을 지침상의 배출권 제출의무의 이행을 위하여 사용하는 것을 허용하여야 한다(지침 제12조 제 2 항).

---

49) "Case Law", *Environmental Law Review*, Vol. 9, Issue 2(2007), pp. 154-155 참조.

50) 지침 제25조의 절차에 따라 상호 배출권을 인정하기로 하는 협정이 체결된 국가를 의미한다.

영국의 경우, 자신의 배출허가를 다른 사람("양수인")에게 이전하고자 하는 시설의 운영자는, 위 이전의 효력을 발생시키기 위하여 양수인과 공동으로 규제청에 이전신청을 하여야 한다(규칙 제15조 제 1 항). 다만, 더 이상 별표1의 활동을 하지 않는 시설에 관한 배출허가는 양도 또는 이전될 수 없다(규칙 제15조 제 2 항). 보유하고 있는 배출허가의 일부만을 타인에게 이전하고자 하는 경우에는, 그러한 사유를 밝히고 '일부 이전'을 신청할 수 있다(규칙 제15조 제 4 항). 규제청은, 양수인이 배출허가를 이전받은 이후에는 당해 시설의 운영자 지위를 상실할 것이라고 판단되는 경우 또는 양수인이 측정 및 보고 의무를 성실하게 이행하지 않을 것이라고 의심되는 경우가 아닌 이상, 배출허가의 이전을 허가하여야 한다(규칙 제15조 제 6 항).

(2) 배출권의 제출

EU-ETS 지침에 따르면, 적용대상인 배출시설의 운영자들은, 매년 4. 30.까지 전년도의 총 배출량에 상응하는 배출권을 각국의 관리청에 제출하여야 한다(지침 제12조 제 3 항).

위와 같은 EU-ETS 지침의 제출의무 규정은 각국에 따라 다소 상이한 형태로 구현되어 있는데, 영국의 경우는 기술한 바와 같이 규제청이 배출허가시에 각 기간이 종료된 때로부터 4개월 내에 보고가능한 배출량에 상응하는 배출권을 제출하여야 한다는 조건을 부가하고 있기 때문에(규칙 제10조 제 3 항), 각 시설의 운영자는 이에 따라 규제청에 배출권을 제출하여야 한다. 또한, Ⅱ단계 기간부터 시설의 운영자는 규칙 제10조 제 3 항의 조건을 준수하기 위하여 CER, ERU 및 본 규칙의 배출권 등을 자유롭게 조합하여 사용할 수 있다(규칙 제27A조 제 1 항).[51] 심지어 CER 및 ERU만을 조합하여 제출하는 것도 허용된다(규칙 제27A조 제 4 항 참조). 다만, 원자력 발전시설, 토지이용 및 삼림활동 등으로부터 발생한 CER 또는 ERU는 사용할 수 없다(규칙 제27조 제 3 항).

영국 규칙은 또한, 시설의 운영자가 배출허가를 받은 별표 1의 활동을 중단한 경우, 당해 운영자는 활동을 중단한 때로부터 1개월 이내에 규제청에 배출허가의 제출을 신청하여야 한다고 규정하고 있다(규칙 제16조 제 1 항 및 제 2 항). 그러나 다음의 경우에는 배출허가의 제출을 신청할 필요가 없다. ① 승인된 국가할당계획에 의

51) 영국의 경우, Ⅰ단계 기간에는 ERU의 제출에 의한 의무이행이 허용되지 않았다(규칙 제27A조 제 2 항).

하여 당해 계획의 기간 동안 별표1의 시설이 별표1의 활동을 하지 않는 경우에도 배출권을 부여하기로 허용한 경우, ② 승인된 국가할당계획에 의하여, 당해 할당계획의 특정한 조건이 충족되면 별표1 활동을 중단한 경우에도 운영자가 배출허가의 전부 또는 일부를 유지할 수 있도록 규정한 경우, ③ 복수의 시설에 대하여 하나의 배출허가가 발급된 경우에, 각 시설의 운영자가 그 중 일부의 시설에서 별표1의 활동을 중단하여 이에 관한 배출허가의 변경을 신청한 경우 등에는 배출허가의 제출을 신청할 필요가 없다(규칙 제16조 제3항).

배출허가의 제출 신청을 받은 규제청은 그로부터 2개월 이내에 신청인에 대하여 '제출통지(notice of surrender)'를 하여야 하며, 위 통지의 효력은 통지에 지정된 날짜에 발생하게 된다(규칙 제16조 제6항). 위 통지의 효력이 발생한 때로부터 배출허가는 그 한도에서 효력을 잃는다. 배출허가의 제출통지를 받은 운영자는, 그것이 적용제외 시설이 아닌 이상 기준연도가 시작한 때로부터 위 제출통지의 효력이 발생한 날까지의 보고가능한 배출량을 규제청에 보고하여야 한다(규칙 제16조 제7항).

한편, EU-ETS 지침은 Ⅰ단계 및 Ⅱ단계에서 각 회원국들이 동일한 활동을 하는 시설 운영자들로 하여금 '운영자연합(pool)'을 구성하여 배출권의 제출의무를 이행하는 것을 허용할 수 있도록 규정하고 있다(지침 제28조).[52] 이 경우 운영자들이 운영자연합을 신청함에 있어서는 운영자연합을 대표하여 배출권을 할당받고 배출권의 제출의무를 이행할 수탁운영자(trustee)를 지정하는 한편, 그 수탁운영자가 배출권의 제출의무를 이행할 수 있는 능력이 있다는 점을 소명하여야 한다.

영국의 경우에도, Ⅱ단계 기간에는 복수의 시설 운영자가 '운영자연합'을 구성하여 관할 규제청에 공동신청을 할 수 있다(규칙 제26조 제1항). EU-ETS 지침은 Ⅰ단계 및 Ⅱ단계에서 운영자연합을 구성할 수 있도록 허용하고 있으나, 영국 규칙은 Ⅱ단계에서만 적용되는 것으로 명시하고 있다. 다만 이러한 운영자연합 신청은 각 단계가 시작하기 최소 6개월 전에, 운영자연합 관리자(pool administrator)[53]가 전년도의 운영자연합 총 배출량에 상응하는 배출권의 제출 의무를 이행할 수 있다는 점을 소명하여 이루어져야 한다(규칙 제26조 제2항).

---

52) Ⅲ단계 이후에 적용되는 2009년 수정지침에서는 운영자연합에 관한 규정이 삭제되었다.

53) 이는 EU-ETS 지침 제28조의 수탁운영자(trustee)에 해당하는 개념이다.

(3) 배출권의 취소

EU-ETS 지침은, 배출권이 발행된 단계의 기간 동안만 유효하다는 점을 명시하고 있다(지침 제13조 제 1 항). 또한, Ⅱ단계 기간인 5년의 기간이 시작한 후 4개월이 경과하면, 각국의 관리청은 그 당시까지 제출되거나 취소되지 않은 Ⅰ단계 기간의 배출권을 취소하여야 하며(지침 제13조 제 2 항), Ⅱ단계 기간이 시작한 이후로는 매년 4개월이 경과하면 관리청은 그 전년도에 발행되었으나 그 당시까지 제출되거나 취소되지 않은 Ⅱ단계 기간의 배출권을 취소하여야 한다(지침 제13조 제 3 항). 다만, 위 각 경우에 관리청은 당해 배출권의 보유자에게 그에 상응하는 새로운 배출권을 발행하여 줄 수 있다. 한편, 배출권의 보유자는 언제든지 관리청에 요청하여 당해 배출권을 취소시킬 수도 있다(지침 제12조 제 4 항).

영국의 경우, 규제청은 언제든 운영자에게 '취소통지(revocation notice)'를 함으로써 배출허가를 취소할 수 있다(규칙 제17조 제 1 항). 만일 시설의 운영자가 규칙 제16조 제 1항에 따른 제출 신청을 하지 않는 경우에도, 규제청은 제 1 항의 취소통지를 할 수 있다(규칙 제17조 제 2 항). 취소통지에는 효력발생일을 명시하여야 하는데, 이는 취소통지가 운영자에게 도달한 날부터 최소한 28일 이후이어야 한다(규칙 제17조 제 4 항). 배출허가의 취소통지를 받은 운영자 역시, 그것이 적용제외 시설이 아닌 이상 기준연도가 시작한 때로부터 위 취소통지의 효력이 발생한 날까지의 보고가능한 배출량을 규제청에 보고하여야 한다(규칙 제17조 제 5 항).

만일 예비배출권의 신청 또는 배출권의 유지에 관하여 허위의 신청이 이루어졌고 그 결과 당해 시설에 대하여 초과할당이 이루어진 것으로 밝혀지는 경우, 규제청은 위 허위신청이 아니었다면 거부되었을 할당량에 관하여 배출허가를 취소하는 '추가결정'(supplementary decision)을 하고 이를 당해 시설의 운영자에게 통지하여야 한다(규칙 제25조 제 1 항 내지 제 3 항).

그 밖에, 영국 규칙 제18조 및 별표 5는 기술한 배출허가 내지 제출의 신청 및 보유에 따르는 각종 수수료를 구체적으로 규정하고 있는데, 시설의 운영자가 위 수수료를 납부하지 않는 경우에도 규제청은 배출허가를 취소할 수 있다(규칙 제18조 제 2 항).

(4) 배출허가의 제출 또는 취소에 따른 통지

영국 규칙은 배출허가의 제출 또는 취소에 따른 통지의무에 관한 규정을 두고 있다. 시설의 운영자가 별표 1의 활동을 중단함으로써 규칙 제14조에 따라 배출허가가 변경되거나 규칙 제16조에 따라 제출되거나 규칙 제17조에 따라 취소된 경우, 규제청은 주무장관 및 등록부 관리청에 이를 통지하여야 한다(규칙 제23조 제 1 항). 주무장관이 위와 같은 변경통지 등을 받게 되면, 위 변경통지 등을 받은 날로부터 당해 시설에 대하여 배출권이 할당되지 않도록 필요한 조치를 취하여야 한다(규칙 제23조 제 3 항). 위 조치에는 등록부 관리청에 대한 할당금지의 지시가 포함된다.

6. 배출권등록부

(1) EU-ETS 지침 및 EU 등록부규칙의 배출권등록부에 관한 규정

EU의 각 회원국은 배출권의 발행, 보유, 이전 및 취소 등의 사항을 정확히 기록하고 관리하기 위하여 배출권등록부(registry)를 마련하여 유지하여야 한다(지침 제19조 제 1 항). 배출권은 누구나 보유할 수 있으므로, 등록부에 대한 일반인의 접근이 허용되어야 할 뿐 아니라, 배출권의 이전시에는 배출권의 발행자 또는 양도인의 계정 및 양수인의 계정에서도 별도의 기록이 이루어져야 한다(지침 제19조 제 2 항).

유럽위원회는 배출권 등록부에 관한 형식 및 내용을 통일하기 위하여 2004. 12. 21.자로 "표준화되고 안정화된 등록부 체계를 위한 위원회규칙"(Commission regulation for a standardised and secured system of registries, 이하 "EU 등록부규칙")[54]을 의결하였고, 이후 2007. 8. 1.과 2008. 10. 11. 두 차례에 걸쳐 이를 수정하였다. EU 등록부규칙은 배출권의 발행, 이전 및 취소가 적정하게 이루어지도록 보장하는 한편, 각 거래가 기후변화협약 및 교토의정서의 의무에 부합되도록 하기 위하여 제정되었으며, 표준적인 전자 데이터베이스 형태의 배출권 등록부 시스템을 구축하기 위한 기능적이고 기술적인 세부사항을 규정하고 있다.

---

54) Commission Regulation (EC) No 2216/2004 for a standardised and secured system of registries pursuant to Directive 2003/87/EC of the European Parliament and of the Council and Decision No 280/2004/EC of the European Parliament and of the Council, *Official Journal of the European Union* L386, pp. 1-77, 21 December 2004.

(2) 영국 규칙의 배출권등록부에 관한 규정

영국 규칙 제46조에 따라, 주무장관은 EU-ETS 지침 제19조에 부합하는 배출권 등록부 제도를 설립하여 운영하여야 한다(규칙 제26조 제 1 항). 환경청(Environment Agency)은, 위 배출권 등록부를 관리하는 한편, EU 등록부규칙 및 본 규칙에 관한 등록청이 된다(규칙 제26조 제 2 항). 한편, 시설의 운영자는 EU 등록부규칙 제15조의 요건에 맞게 등록부에 보유계정을 신설할 의무를 부담하게 된다(규칙 제26조 제 6 항).

만일 시설의 운영자가 영국 규칙 제10조 제 3 항에 따른 전년도 배출량에 상응하는 배출권 제출의무를 이행하지 못한 경우, 등록청은 EU 등록부규칙 제55조에 따른 당해 시설의 '준수상태지수'(compliance status figure)가 영(0) 이상이 될 때까지 위 운영자가 당해 시설에 관한 배출권을 이전하지 못하도록 하여야 한다(규칙 제26조 제8 항). 만일 등록부 계정을 개설한 자가 EU 등록부규칙 제19조 제 4 항에 따른 조건을 준수하지 못하는 경우,[55] 등록청은 ① 조건을 준수할 때까지 그의 명의로 되어 있는 모든 계좌로부터 모든 배출권의 거래를 금지하거나, ② 지정된 일자까지 계속하여 조건을 준수하지 못하는 경우 그의 명의로 되어 있는 모든 계좌가 폐쇄될 것이라는 점을 통지할 수 있다(규칙 제26조 제 9 항). 마찬가지로, 시설의 운영자가 EU 등록부규칙 제19조 제 4 항에 따른 조건을 준수하지 못하는 경우, 등록청은 조건을 준수할 때까지 운영자의 명의로 되어 있는 모든 계좌로부터 모든 배출권의 거래를 금지할 수 있다(규칙 제26조 제11항). 시설의 운영자가 보유하는 계정 또는 그 외의 사람이 보유하는 계정에는 모든 AAU, RMU, ERU 및 CER이 등록될 수 있다(규칙 제26조 제17항).[56]

7. 측정, 보고 및 검증

(1) EU의 측정, 보고 및 검증에 관한 규율

각 회원국의 적용대상 배출시설의 운영자는, 당해 시설로부터 비롯되는 배출량

55) EU 등록부규칙 제19조 제 4 항은, "등록청은 신청인에 대하여 별지 V가 정하는 합리적인 준수조건에 동의할 것을 요구할 수 있다"고 규정하고 있다.

56) 영국 배출권 등록부는 다음 웹페이지를 통하여 접속할 수 있다(2010. 3. 1. 최종접속).
http://emissionsregistry.environment-agency.gov.uk/Default.aspx?Menu=Menu&Module=Home.

을 매년 측정하여 각국 관리청에 보고하여야 하며, 각 회원국은 이를 수집하여 유럽위원회에 보고하여야 한다. EU-ETS 지침 제14조는 유럽위원회로 하여금 별지Ⅳ의 측정 및 보고에 관한 원칙을 기초로 하여 측정 및 보고에 관한 가이드라인을 채택하도록 규정하고 있다.

이에 따라, 유럽위원회는 2004. 1. 29.자로 '온실가스의 측정 및 보고에 관한 가이드라인'(Guidelines for the monitoring and reporting of greenhouse gas emissions, 이하 "2004년 가이드라인")을 의결하였고, 2004. 2. 19.자로 "공동체 온실가스 배출량 측정 및 교토의정서 실시를 위한 메커니즘에 관한 유럽의회 및 유럽이사회의 결정"(Decision of the European Parliament and of the Council concerning a mechanism for monitoring Community greenhouse gas emissions and for implementing)[57]이 의결됨에 따라 본격적인 측정 및 보고 체계가 수립되었다. 이후 Ⅱ단계 기간에 맞추어 2007. 7. 18.자로 수정 가이드라인(이하 "2007년 수정 가이드라인")이 의결되었다.

2004년 가이드라인은 측정 및 보고의 원칙, 이산화탄소의 배출량 계산법 등을 제시하는 한편, 보고의 정확성을 담보하기 위한 여러 요건을 규정하고, 석유, 석탄 등과 같은 화석연료의 이산화탄소 배출지수 및 이산화탄소 중립적인 바이오매스의 종류를 열거하는 등 매우 상세한 기준을 제시하고 있다.

2007년 수정 가이드라인의 주요 수정 내용은, ① 상업연료의 표준요소를 사용하도록 하는 등 산업계의 관행을 반영하고, ② 소규모의 시설 내지 배출자와 바이오매스 연료를 사용하는 시설에 대하여 측정의무를 완화하며, ③ 측정 및 보고의 정확성과 신뢰성을 높일 수 있는 체계를 마련하고, ④ 측정 및 보고에 대한 검증 절차를 보다 강화하기 위한 것들이다.

(2) 영국의 측정, 보고 및 검증에 관한 규율

영국의 경우, 온실가스의 배출에 관한 측정 및 보고는 배출허가에 관한 준수조건의 이행 확보라는 측면에서 규율되고 있다. 이에 따라, 온실가스 배출허가가 발행되면, 규제청은 시설의 운영자들이 측정 및 보고의 조건을 준수하는 목적을 달성하게 하기 위하여 필요한 조치를 취해야 한다(규칙 제28조). 만일 운영자가 측정 및 보

57) Decision No 280/2004/EC of the European Parliament and of the Council concerning a mechanism for monitoring Community greenhouse gas emissions and for implementing, *Official Journal of the European Union* L49, pp. 1-8, 11 February 2004.

고의 조건을 위반하였거나, 위반할 가능성이 있다고 보이는 경우, 규제청은 그에게 '개선명령'(enforcement notice)을 내릴 수 있다(규칙 제29조 제 1 항). 개선명령에는, 위반의 사유 및 운영자가 조건을 준수하기 위하여 취해야 할 조치, 위 조치의 이행기간 등을 명시하여야 한다(규칙 제29조 제 2 항).

운영자가, ① 규제청에 대하여 측정 및 보고의 조건 준수가 곤란한 사정을 통지하면서 당해 시설의 연간 보고배출량을 결정해 줄 것을 요청하는 경우, 또는 ② 배출허가에 부가된 측정 및 보고의 조건을 준수하지 못하게 된 경우, 또는 ③ 규칙 제16조 제 7 항에 따른 제출통지 또는 제17조 제 5 항에 따른 취소통지에 부가된 조건을 준수하지 못하게 된 경우 등에는, 규제청은 관련 기간 동안 당해 시설로부터의 보고가능한 배출량을 결정할 수 있다(규칙 제30조 제 1 항). 규제청이 보고가능한 배출량을 결정함에 있어서는, 기술한 EU의 '온실가스의 측정 및 보고에 관한 가이드라인' 및 EU-ETS 지침 별표Ⅴ의 요건을 감안하여야 한다(규칙 제30조 제 2 항).

8. 미이행에 대한 제재

EU-ETS 지침은 각 회원국들이 의무의 불이행에 관하여 효과적이고, 책임에 비례하며, 억지효과가 있는 제재규정을 마련할 것을 요구하고 있다(지침 제16조 제 1 항). 이와는 별도로 지침은 제재의 최소한을 규정하고 있는데, 적용대상 시설의 운영자가 배출량에 상응하는 배출권을 제출하지 못하는 경우, 당해 시설의 운영자는 Ⅰ단계 기간에서는 이산화탄소 1톤당 40유로 이상의 벌금을 납부하여야 하며, Ⅱ단계 기간에서는 100유로 이상의 벌금을 납부하여야 한다(지침 제16조 제 3 항 및 제 4 항). 한편, 위 벌금의 납부로 인하여 배출권의 제출의무를 면하게 되는 것이 아니기 때문에, 운영자는 위 벌금의 납부와는 별도로 다음 해에 그 부족분에 상응하는 배출권을 정부에 제출하여야 한다(지침 제16조 제 2 항).[58]

영국 규칙 역시 EU-ETS 지침과 마찬가지로 각종 제재 규정을 마련하고 있다. 우선, 배출허가의 조건 및 제출의무 등을 미이행한 경우, 허위 또는 불성실한 내용을 신고한 경우 등 규칙 제38조 제 1 항이 정하는 사유에 해당하는 경우에는 최고 2

58) 2005년의 경우, EU 내에서 약 865개의 시설이 배출에 상응하는 배출권을 제출하지 못하였으며, 그 중 75%는 이탈리아의 시설이었다. 또한, 2006년 12월 영국 환경청은 4개의 시설에 대하여 총 110만 유로에 달하는 벌금을 부과하기도 하였다.

년 이하의 징역 또는 형사벌금에 처할 수 있도록 규정하는 한편, 위반행위자가 속한 법인에 대한 양벌규정 역시 마련하고 있다(규칙 제38조 제3항). 또한, 배출권의 제출 의무를 이행하지 못하여 초과의 배출을 한 경우에는, 그러한 초과배출에 대하여 민사벌금의 일종인 '초과배출벌금'을 부과하도록 정하고 있다. 초과배출벌금은 Ⅰ단계 기간에서는 이산화탄소 1톤당 40유로이며, Ⅱ단계 기간에서는 1톤당 100유로이다.

9. 적용제외, 운영자연합, 불가항력 등의 임시규정

현행 EU-ETS 지침 제27조 내지 제29조는 강제적 참여제도의 일괄실시로 인한 충격을 완화하고 각 회원국에게 일정한 정책재량을 부여하기 위하여, 일련의 예외를 규정하고 있다. 그러나 이러한 예외 규정들은 모두 잠정적인 적용을 예정하고 있는 것으로서, Ⅰ단계 또는 Ⅱ단계가 종료하면 더 이상 적용될 수 없게 된다.

'특정 시설에 대한 잠정적 적용제외'에 관한 지침 제27조는, 각 회원국은 늦어도 2007. 12. 31.까지 유럽위원회에 대하여 특정한 시설에 대한 EU 배출권거래제도의 적용제외를 요청할 수 있다고 규정하고 있다. 하지만, 유럽위원회가 적용제외를 결정한다고 하더라도, 위 시설은 배출량을 감소시키기 위하여 최대한 노력하여야 하고, 측정, 보고 및 검증 의무를 이행하여야 하며, 벌칙조항의 적용에서도 벗어날 수는 없게 된다(동조 제2항).[59] 이에 따라, 영국 규칙 제11조 제1항은, EU-ETS 지침 제27조에 의하여 유럽위원회가 일정한 시설에 대하여 잠정적 적용제외를 결정한 경우, 당해 시설의 운영자는 규제청에 대하여 적용제외에 관한 인증서의 발급을 신청할 수 있다고 규정하고 있다.

다음으로 '운영자연합(pool)' 제도를 규정하고 있는 지침 제28조는, 각 회원국이 별지Ⅰ에 규정된 활동을 하는 시설의 운영자로 하여금 동종의 활동을 하는 운영자들과 운영자연합을 구성하게 할 수 있도록 허용하고 있다. 운영자연합을 구성하고자 하는 운영자는, 운영자연합을 구성하고자 하는 시설, 구성기간, 수탁운영자(trustee)의 의무이행이 가능하다는 점에 관한 근거자료 등을 소명하여 자국의 관리청에 허가를 신청할 수 있게 된다. 다만, 위 운영자연합 제도는 Ⅰ단계 및 Ⅱ단계 기간에서만 허용되는 것으로 규정되어 있으며, 2013년 이후에 적용될 예정인 2009년 지침에

59) Ⅲ단계부터 적용되는 2009년 수정지침은 위 규정을 삭제하는 대신, 배출감소에 동등한 기여를 달성하는 수단을 취할 것이 예정되는 일정한 소규모 배출시설에 대한 적용제외를 규정하고 있다.

는 위와 같은 제도가 규정되어 있지 않다. 운영자연합이 구성되려면 각 운영자연합은 일종의 대표자에 해당하는 '수탁운영자'를 지정하여야 하는데, 수탁운영자는 각 운영자를 대신하여 배출권을 발행받은 다음, 배출권 제출의무의 이행기에 운영자연합에 속한 모든 시설의 배출량에 상응하는 배출권을 제출하게 된다. 만일 수탁운영자가 배출권 제출의무 등을 성실히 이행하지 못하는 경우, 배출권을 위탁한 각 운영자는 여전히 이에 대한 책임을 지게 된다.

또한 지침 제29조는, Ⅰ단계 기간 중 특정 시설에 '불가항력(force majeure)'의 사유가 발생하는 경우 각 회원국은 유럽위원회에 당해 시설에 대한 추가적인 배출권 할당을 허용해 줄 것을 요청할 수 있다고 규정하고 있다.

10. 항공 배출에 대한 개정 규정

2008년 수정지침은, 2012년부터 항공운항으로 인한 배출을 적용대상 범위에 포함시키는 한편, 효율적인 운영을 위한 여러 특칙을 마련하고 있다.

우선 '항공기 운영자'란, 별표 1에 기재된 항공활동 당시의 당해 항공기 운영자(운영자를 알 수 없는 경우 소유자)를 말한다. 2012. 1. 1.부터 2012. 12. 31.까지의 기간 동안, 항공기 운영자는 '과거 항공 배출량'(historical aviation emissions)의 97%에 해당하는 배출권을 할당받게 되며, 2013년 이후부터는 매년 95%씩으로 줄어들게 된다(지침 제3c조 제 1 항 및 제 2 항).

또한, 이러한 할당량 중 일부는 경매의 방식으로 할당될 예정인데, 2012년의 기간에는 15%가 경매의 방식으로 할당되며, 2013년 이후에도 15%가 경매 방식으로 할당되나 이 비율은 증가될 수 있다(지침 제3d조 제 1 항 및 제 2 항). 위 경매를 통해 얻어진 수입의 사용에 관하여는 각 회원국에 재량이 있지만, 지침은 EU 및 제 3 국의 온실가스 저감을 위해 사용되어야 한다는 점을 밝히고 있다(지침 제3d조 제 4 항). 이처럼 일부 할당은 경매 방식으로 이루어지기 때문에, 2012년 이후의 기간에 대하여, 각 항공기 운영자는 무상할당분에 대하여만 배출권의 할당을 신청할 수 있다(지침 제3e조).

한편, 항공 산업의 경우는 최근 신규진입하거나 중도폐지하는 경우가 많고, 수요 예측 또한 쉽지 않기 때문에, 지침은 항공산업을 위한 별도의 특별 예비배출권 제도를 신설하고 있다. 이에 따르면, 2013년 이후의 기간부터 배출권 총 할당량의

3%는 측정 기간 이후에 항공활동을 시작하거나 측정 기간 대비 18% 이상 항공 활동을 증가한 항공기 운영자를 위한 특별 예비배출권으로 준비되어야 한다.

영국 역시 2009. 9. 17.자로 영국 규칙을 개정하여 위와 같은 2008년 수정지침의 개정 내용을 반영하였다.[60] 개정된 영국 규칙은 항공기 운영자가 배출권거래제에 참여하여 무상할당을 받을 수 있는 절차를 규정하는 한편, 배출계획 제출의무, 배출의 측정 및 보고 의무 등을 부과하고 있다.

Ⅳ. 법적 쟁점 및 시사점

1. 경제활동의 자유 침해 문제

EU-ETS와 같이 강제적 참여방식의 배출권거래제도가 실시되는 경우 가장 먼저 제기될 수 있는 문제는 그것이 과도하게 경제활동 내지 영업의 자유를 침해하는 것이 아닌가 하는 문제이다. 강제적 참여방식의 배출권거래제도가 시행됨에 따라 이제까지 자유롭게 허용되는 행위라고 생각했던 일정한 온실가스의 배출행위가 배출허가를 받아야만 가능한 행위가 되고, 할당받은 배출허용량을 초과하는 배출행위를 하기 위해서는 상당한 비용으로 배출권을 구입하여야 하므로, 배출권거래제도의 실시가 경제활동 내지 영업의 자유를 침해한다는 주장이 가능해진다. 종래 원칙적, 무조건적으로 허용되던 온실가스의 배출행위는 이제 예외적으로 허용되거나 (일정한 대가의 지불이라는) 조건부로 허용되는 행위로 바뀌게 되었다. 이러한 제약은 사업자의 입장에서 보면 영업의 자유의 제한이 되지만, 보다 일반화하여 적용한다면 일반적 행동자유권의 제한으로 평가할 수도 있다.

EU법에 의하더라도, 기본권으로서의 재산권은 재산적 가치가 있는 모든 권리 및 자산을 보호할 뿐 아니라, 확립된 기업의 상관행 역시 보호하게 된다. 그런데 강제적 참여방식의 배출권거래제도로 인해 참여의무가 있는 기업들에게는 기본권으로서의 재산권 및 경제활동의 자유에 대한 상당한 제약이 발생하게 되는 것이다.[61] 물

60) The Aviation Greenhouse Gas Emissions Trading Scheme Regulations 2009 (S.I. 2009/2301), 17th September 2009.

61) Herbert Posser and Stefan Altenschmidt, "European Union Emissions Trading Directive", *Journal of Energy and Natural Resources Law* Vol.23 No.1(2005), p. 67.

론, 위와 같은 재산권 및 경제활동의 자유에 대한 제한이 공공의 목적을 위하여 비례원칙의 제약 하에 이루어진다면 이는 EU법상으로도 정당한 제한이 된다.

배출권거래제도가 온실가스의 배출 저감에 기여함으로써 공공의 이익에 이바지한다는 점은 비교적 명백하다.[62] 따라서 이 경우에는 비례원칙의 준수 여부가 보다 중요한 문제가 된다. EC의 판례법상 비례원칙의 준수 여부는 다음의 세 가지 기준에 의하여 판단된다.[63] 첫째, 당해 수단은 성취하고자 하는 목적의 달성을 위하여 적합한 것이어야 한다(이하 "적합성 기준"). 둘째, 당해 수단은 목적의 달성을 위하여 필요한 것이어야 한다(이하 "필요성 기준"). 즉, 관련 당사자의 법적 지위를 덜 침해하면서도 당해 목적을 달성할 수 있는 다른 수단이 존재하지 않는 경우라야 한다. 마지막으로, 당해 수단은 추구되는 공공의 이익과 침해되는 당사자의 이익을 비교형량하였을 때 상당한 것이어야 한다(이하 "상당성 기준").

이러한 비례원칙의 판단기준은 국내에서 논의되는 헌법상 과잉금지원칙 또는 행정법상 비례원칙의 판단기준과 크게 다르지 않은 것으로 보이므로, 배출권거래제도가 EC법상 비례원칙에 위배되는 것으로 판단될 수 있는지 여부를 살펴보는 것은 우리나라에서의 배출권거래제도 도입에 관하여도 의미가 있을 것으로 여겨진다.[64]

우선, 적합성 기준의 충족 여부에 관하여는, 과연 유럽 지역의 25개 국가가 온실가스를 감축하는 것만으로 지구의 기후변화가 해결될 수 있는가 하는 점에서 의문이라는 견해가 제시될 수 있다. 특히 미국, 중국, 인도 등의 국가에 속한 주요한 경쟁기업들이 온실가스 배출행위를 지속하는 상황에서, 유럽 지역의 기업에게만 감

62) 물론, 온실가스 배출행위에 의하여 지구온난화가 심화되고 있는지 여부에 관하여는 과학자들 간에 여전히 이견이 존재하며, 양자의 관련성에 대하여 회의적인 관점에서는 온실가스의 배출 저감 행위가 과연 공공의 이익에 이바지하는 것인지에 관하여도 의문이 있을 수 있다. 하지만, 최근에는 '기후변화에 관한 정부간 패널(Intergovernmental Panel on Climate Change; IPCC)'의 제 4 차 보고서를 비롯하여 많은 연구결과가 인간의 활동과 기후변화의 상관성을 긍정하고 있는 것으로 보이므로, 배출권거래제도는 일응 공공의 이익에 기여하는 제도로 평가할 수 있을 것이다.

63) European Court of Justice, *Riccardo Prisco Srl v Amministrazione delle Finanze dello Stato* (Case C-216/99) and *Ministero delle Finanze v CASER SpA*(Case C-229/99), 10 September 2002, para 20.

64) 과잉금지의 원칙 내지 비례성 원칙은 유럽의 법질서에 있어 고대까지 이르는 오랜 역사적 배경을 가지고 있으며, 오늘날 유럽 각국은 물론이고 우리 헌법재판소에서도 기본권제한의 한계기준으로서 계속적이고 광범위하게 사용되고 있다는 취지의 설명으로는, 김형성, "과잉금지의 원칙과 적용상의 문제점", 헌법실무연구 제 3 권(2002. 12.), 54-58쪽 참조.

헌법재판소가 직업수행의 자유를 제한하는 법률에 대하여 신뢰보호원칙 내지 과잉금지원칙 위배 여부를 판단한 최근의 사건으로는, 2009. 4. 30. 선고 2007헌마103 판결 등 참조.

축의무를 부담시키는 것이 과연 목적 달성을 위한 적합한 수단이라고 할 수 있을 것인지 반론이 제기될 수 있는 것이다.[65] 하지만, 유럽법원은 유럽공동체의 제도 형성 권한에 관하여 상당한 재량을 인정하고 있으며, 복잡한 경제적 요소가 얽혀 있는 경우에는 심사의 수준을 완화하고 있기 때문에,[66] 목적 달성을 위한 기여도가 상대적으로 경미하다는 것만으로 적합성이 없다고 판단되지는 않을 것이라는 견해가 제시되고 있다.[67]

다음으로, 필요성 기준의 충족 여부에 관하여도, 온실가스의 감축이라는 목표는 강제참여 방식의 배출권거래제도가 아닌 산업계의 자발적 감축 또는 교토의정서의 다른 신축성 메커니즘인 청정개발체계(CDM), 공동이행제도(JI) 등에 의해서도 달성 가능한 것이 아닌가 하는 의문이 제기될 수 있다. 그러나 유럽법원은, 유럽공동체가 정책목적을 달성하기 위하여 스스로 가장 효과적이라고 생각하는 수단을 선택할 수 있으며, 이에 대한 법원의 심사권한은 제한된다고 판시한 바 있기 때문에,[68] 이 경우에도 필요성의 요건이 충족된 것으로 판단될 것으로 보인다.

마지막으로 상당성 기준의 충족 여부가 검토되어야 할 것인데, 비록 유럽법원이 사회적 기본권을 제약하는 정책의 상당성에 관하여 상당한 재량의 여지를 인정하고 있기는 하지만 이에 관하여는 보다 신중한 검토가 필요할 것으로 생각된다. 달성되는 공익과 침해되는 사익을 비교형량함에 있어서는, 강제참여방식의 배출권거래제도의 시행으로 인하여 부담하게 되는 경제적 자유의 침해 정도 및 경제 전반의 위축효과 등이 면밀히 검토되어야 할 것으로 보이며, 감축여력이 없는 산업에 대하여 과도한 감축의무를 부과하고 있는 것은 아닌지 여부 역시 고려되어야 할 것이다. 또한, 유럽지역 내의 기업이 유럽 이외의 지역으로 도피하여 온실가스의 배출행위를 지속하는 '탄소피난'(carbon leakage) 효과가 심각하게 발생하는지 여부 역시 감안되어야 할 것이다.[69] 탄소피난의 문제는 지구적 현상을 국지적으로 규제함으로써 발생하는

65) 유럽위원회의 추산에 따르면, EU-ETS의 거래 대상이 되는 이산화탄소 배출량은 전세계 이산화탄소 배출량의 10%에 불과하다고 한다(Herbert Posser and Stefan Altenschmidt, *Ibid*, 68-69).

66) European Court of Justice, *United Kingdom of Great Britain and Northern Ireland v Commission of the European Communities* (Case C-180/96), 5 May 1998, para 97.

67) Herbert Posser and Stefan Altenschmidt, *Ibid.*, p. 69.

68) European Court of Justice, *Federal Republic of Germany v Council of the European Union* (Case C-280/93), 5 October, 1994, para 94.

69) Herbert Posser and Stefan Altenschmidt, *Ibid.*, p. 70.

특수한 문제이므로 세밀하면서도 적정한 고려가 필요할 것이다.[70)]

이상 간략하게 EU에서 논의되고 있는 경제적 자유의 침해 문제를 살펴보았는데, 기후변화 문제에 대한 국제사회의 인식 및 대응 노력이 활발해지는 상황에서 우리나라의 배출권거래제도 실시는 문제의 완화에 기여할 것이라는 점 및 입법목적을 달성하기 위하여 가능한 여러 수단들 중 어느 것을 채택할 것인가 하는 것은 그것이 현저하게 불합리하고 부적합하지 않는 한 입법재량에 속하는 것이라는 점 등을 고려하면, 향후 우리나라가 EU-ETS와 유사한 강제참여 방식의 배출권거래제도를 실시한다고 하여도 이를 헌법상의 과잉금지 원칙에 위반된다고 하기는 어려울 것으로 생각한다.

2. 형평 원칙의 침해 문제

배출권거래제도의 실시, 특히 할당과 관련하여 법적으로 가장 문제될 수 있는 것이 바로 형평 원칙의 침해 문제이다. 현행 EU-ETS 하에서는 이산화탄소 배출자들 중 일부만이 기후변화의 방지에 기여하는 셈이 된다. 예를 들어, 항공운송 이외의 교통 분야 및 개별 가정의 경우에는 아직 EU-ETS의 적용대상이 되지 않고 있다. 뿐만 아니라, EU-ETS는 동종의 시설인 경우에도 규모에 따라 적용여부를 달리하고 있는바, 예를 들어 소각시설의 경우에는 20메가와트 이상의 열투입량을 갖는 경우가 아니라면 강제적 참여의무를 부담하지 않게 된다.

한편, 할당의 불공평성 내지 비합리성이라는 문제는 할당방식으로부터도 비롯될 수 있다. EU-ETS가 채택하고 있는 할당방식은 과거의 평균배출량을 기초로 하는 무상할당 방식으로서, 장래의 배출량을 정확히 예측하기 곤란할 뿐 아니라, 경기변동 또는 사업변환으로 인한 각 사업자의 변화하는 배출 수요에 적절히 대응하기 어려운 문제가 있다. 이러한 문제는 사업자가 미리 배출량을 감축하는 조기행동(early action)을 한 경우, 사업의 구조상 추가적인 배출 저감이 어려운 경우 등에도 발생할 수 있다.

이처럼 EU-ETS에 관한 이제까지의 분쟁에서는 형평 원칙의 침해 여부가 주요

---

70) EU의 2009년 수정지침은, 유상할당의 적극적 확대 실시에 따른 탄소피난 효과를 완화하기 위한 조치로서, 심각한 탄소피난효과가 발생할 것으로 우려되는 산업 분야에 대하여는 100%의 무상할당도 가능하도록 규정하는 한편, 유상할당 증가로 인한 전기료 인상 등과 같은 간접적 비용 증가분을 정부가 보상해 줄 수 있도록 하는 규정을 포함하고 있다.

한 쟁점이 되어 왔는바, 기술한 프랑스 철강 기업 Société Arcelor Atlantique et Lorraine의 분쟁 사례 역시 형평 원칙의 침해가 문제된 것이었으며, 영국의 Cemex 사건 역시 시멘트 산업의 특수성을 고려하여 적용기준을 완화할 수 있는지 여부가 핵심적인 쟁점이었다. 이러한 할당처분의 불평등 내지 비합리성의 문제는 배출권거래제도의 도입 초기에 발생하는 구조적인 문제로서 공익 실현을 위해 각 사업자가 수인해야 할 문제로 볼 수도 있겠지만, 배출권거래제도를 기획하고 실시하는 정부의 입장에서는 이러한 문제점이 최소화될 수 있도록 다양한 제도적 보완책을 마련하여야 할 것이다.

3. 신뢰보호의 문제

배출권거래제도의 시행과 관련하여서는, 참여자의 신뢰보호 문제 역시 진지하게 검토되어야 한다. 유럽법원은 유럽공동체의 재량 범위 내에 있는 상황의 변경에 관하여는 신뢰보호원칙(principle of the protection of legitimate expectation)의 적용을 인정할 수 없다는 취지로 판시한 바 있으나,[71] 신뢰보호에 관하여는 다음과 같은 사정이 충분히 고려되어야 한다.

배출권거래제도의 적용 대상인 시설 중에는 지난 수십 년간 지속적인 투자가 이루어져온 시설인 경우가 많다. 그런데, 강제적 참여방식의 배출권거래제도는 불과 몇 년의 준비를 거쳐 전면적으로 실시되기 때문에, 시설을 운영하는 사업자의 입장에서 본다면 이는 상당히 갑작스러운 것이 된다. 특히, 배출권거래제도가 충분한 준비기간 내지 시범실시기간 없이 시행되는 경우, 장기투자를 계획하여 실행하고 있던 회사의 입장에서는 심각한 신뢰이익의 침해로 받아들여질 수도 있을 것이다. 따라서, 강제적 참여방식의 배출권거래제도를 설계하여 실시함에 있어서는, 이러한 장기투자시설의 신뢰이익에 관하여 일정한 배려가 있어야 할 것으로 생각한다.

4. 경쟁법적 문제

배출권거래제도가 실시되면 다양한 형태의 새로운 경쟁법 문제가 발생할 수도

71) European Court of Justice, *French Republic and Ireland v Commission*(Joined Cases C-296/93 and C-307/93), 29 February 1996, para 59.

있을 것으로 보인다. 우선 생각해야 할 것은 배출권거래제도가 진입장벽을 강화할 수 있다는 점이다. 즉, 기술한 바와 같이 배출권거래제도의 시행은 경제활동의 자유를 제약하게 되므로, 충분한 배출권이 확보되지 않는 한 이는 새로운 시장진입을 제약하는 요인으로 작용하게 된다.72) EU-ETS의 경우 Ⅱ단계에서는 배출권의 93%를 기존 시설에 무상으로 배분하고, 7%는 경매의 방식으로 배분하며, 추가로 6.6%를 신규진입자를 위해 준비분으로 마련하고 있는데, 규모의 경제가 현저한 분야의 경우에는 6.6% 이상의 배분이 필요할 수도 있다는 점 및 기존 시설에는 무상으로 배분하면서도 신규진입자에게는 무상 배분 여부가 확실하지 않은 점 등은 잠재적 진입장벽으로 작용하게 될 가능성이 높다.73)

이러한 상황에서 관련시장의 시장지배적 사업자가 정당한 이유 없이 기존사업자의 계속적인 사업활동에 필요한 권리라고 할 수 있는 당해 시장의 배출권 또는 예비배출권을 과도하게 매입하거나, 경쟁사업자의 신규진입에 필요한 배출권의 취득행위를 부당한 방법으로 어렵게 하는 경우, 이는 EC조약 제102조가 금지하고 있는 배제적 남용행위(exclusionary abuse)에 해당할 여지가 있는 것으로 보인다.74) 과거 EC에서는 정부의 규제절차를 이용한 배제적 남용행위와 관련하여, 상표등록 절차를 남용한 경우, EU 반덤핑법을 악용한 경우, 제네릭 약품에 관한 인허가 절차를 남용한 경우 등이 문제된 바 있으므로,75) 정당하지 못한 의도 및 방법을 통하여 경쟁사업자의 배출허가 내지 배출권의 취득을 방해하는 경우 역시 EC조약 제102조의 위반으로 평가될 수 있을 것이다.

국내에서도 위와 같은 행위에 관하여는 독점규제 및 공정거래에 관한 법률 제3조의2 제1항 제4호가 금지하고 있는 새로운 경쟁사업자의 시장참가에 대한 부당한 방해행위의 해당 여부가 문제될 수 있다. 독점규제 및 공정거래에 관한 법률 시

72) Herbert Posser and Stefan Altenschmidt, *Ibid*, 68.

73) 박상인 · 윤순진 · 이봉의, 환경규제와 경쟁정책, 공정거래조정원(2008), 150쪽.

74) 구 EC조약 제82조는, 2009. 12. 1.자로 EC조약 제102조로 조문번호가 변경되었다. 구 EC조약 제82조에 의하여 금지되는 배제적 남용행위(exclusionary abuse)의 요건 및 범위에 관하여는, Richard Whish, *Competition Law(6th Edition)*, Oxford University Press(2009), 200-209 및 European Commission, Communication from the Commission—Guidance on the Commission's enforcement priorities in applying Article 82 of the EC Treaty to abusive exclusionary conduct by dominant undertakings, *Official Journal of the European Union*, 20009/C 45/02, 24 February 2009 등 참조.

75) Robert O'Donoghue and A Jorge Padilla, *The Law and Economics of Article 82 EC*, Hart Publishing(2006), pp. 529-535.

행령 제5조 제6항에 따라 공정거래위원회가 제정하여 고시하는 "시장지배적 지위 남용행위 심사기준"(2009.8.20. 공정거래위원회 고시 제2009-26호) Ⅳ.4.항은, 정당한 이유 없이 기존사업자의 계속적인 사업활동에 필요한 권리(행정청의 면허권, 인허가 등 당해 거래분야에서 관행적으로 인정되는 모든 권리를 포함) 등을 매입하는 행위 및 경쟁사업자의 신규진입에 필요한 소정의 절차(관계기관 또는 단체의 허가, 추천 등)의 이행을 부당한 방법으로 어렵게 하는 행위 등을 금지되는 행위의 일종으로 제시하고 있다.

또한, 배출권거래제도에 참여하는 독점사업자 또는 과점사업자가 이를 악용하여 무상으로 할당받는 배출권에 해당하는 시장가격을 비용에 산입하여 계산하는 경우에는, 그것이 부당한 가격상승의 요인이 된다는 점에서 EC조약 제102조가 금지하고 있는 착취적 남용행위(exploitive abuse) 여부가 문제될 수 있다. 이와 관련, 독일에서는 전력시장의 지배적 사업자들이 배출권의 현물시장 가격을 전기요금에 전가함으로써 배출권거래제를 악용하고 있다는 취지의 신고가 독일 연방카르텔청에 대하여 이루어진 바 있으며, 그에 따라 연방키르텔청은 위 시장지배적 사업자들이 그 지위를 남용하였는지 여부를 조사한 사실이 있다고 한다. 위 조사에 따르면, 무상으로 제공된 배출권으로 인하여 E.On, RWE, Vattenfall, EnBW, Steag 등 독일의 5개 전기사업자가 매년 모두 38억 내지 80억 유로의 추가이득을 누리고 있었다고 한다.[76)]

5. EU 및 영국 배출권거래제도의 시사점

(1) EU 배출권거래제도의 평가 및 시사점

EU-ETS에 관하여는 다음과 같은 점이 개선되어야 한다는 지적이 있다.[77)] 첫째, 내부적인 시장의 왜곡을 최소화하기 위해서는 보다 조화롭고 상세한 규정이 마련되어야 한다. 둘째, 배출상한의 설정 및 할당 절차와 배출량의 단계적 감소 절차의 투명성이 보장되어야 한다. 셋째, 각국의 사정에 따른 규제의 편차를 최소화하기 위하여는 배출권의 할당에 관한 통일된 절차가 마련되어야 한다. 넷째, 우발이익을 최소화하고, 조기감축을 촉진하는 한편, 오염원인자 부담원칙("polluter pay principle")

76) 박상인 · 윤순진 · 이봉의, 전게서, 151쪽.

77) Markus Pohlmann, *Ibid.*, pp. 365-366.

에 충실하기 위하여는 경매의 비중을 높이는 것이 필요할 것이다. 다섯째, 시장유동성을 증대하고 배출권의 가격급변을 방지하기 위하여 적용범위를 최대한 넓히는 것이 필요하다. 여섯째, 효율성을 극대화하기 위하여 청정개발체제(CDM), 공동이행제도(JI) 등에서 발생하는 크레딧을 일정한 한도 내에서 인정하는 것이 바람직하다.

이러한 지적은 대체로 타당하다고 할 것인데, 특히 규제체계의 복잡성 내지 불안정성에 관하여는 많은 고려가 필요한 것으로 보인다.[78] 이러한 복잡성은 유럽연합이라는 거대한 국가공동체의 규제체계 구성에서 비롯되는 불가피한 특징이기도 하지만, EU-ETS가 통일적이고 안정적인 제도 구성이 절실한 배출권거래제도에 관하여 각국에 지나치게 많은 입법형성의 여지를 주고 있는 것은 정치적 타협의 결과라고 비판될 소지도 있는 것이다.

위와 같은 일부 지적에도 불구하고, 현재 EU-ETS는 효율적이고 신축적인 온실가스 저감방안의 마련을 목표로 하여 초기부터 과감하게 강제적 참여제도를 실시하는 한편, 수시로 그 내용을 업데이트하거나 수정하여 온실가스의 저감이라는 목적을 상당 부분 달성하고 있는 것으로 평가되고 있다. 따라서, 우리나라의 배출권거래제도 설계에 있어서도 유럽의 사례는 좋은 선례가 될 것으로 보이며, 특히 다음의 사항을 참고할 수 있을 것으로 생각한다.

첫째, EU가 채택하고 있는 단계적 실시 및 확대 방식은, 갑작스런 배출권거래제도의 전면시행으로 인한 산업계의 충격을 줄이고, 제도시행 과정에서의 자연스러운 개선 및 수정을 가능하게 한다는 점에서 우리나라에서도 참고할 가치가 큰 것으로 보인다. 다만, EU가 초기부터 강제적 참여방식의 배출권거래제도를 시행하였던 것에 관하여는, 당시 15개 EU 회원국들 중 상당 국가에서 이미 시범적인 배출권거래제를 실시하거나 자발적협약에 의한 감축체계를 가동하고 있던 시기여서 감축의무의 부과에 대한 적응력이 있는 상태였다는 점 및 이들 국가가 모두 교토의정서상의 선진국(Annex I 국가)으로서 2008년부터는 의무적인 감축의무를 부담하고 있었다는 점을 유의할 필요가 있을 것이다.

둘째, EU에서는 I단계 기간에서 초과할당의 문제가 발생함으로써 배출권가격

---

78) EU-ETS의 경우 지나치게 많은 법원(legal sources)으로 인하여 법적 확실성 및 거래 안전이 침해되고 있으며, 상충가능성도 증가하고 있다는 취지의 지적으로는, Christel Bourbon-Seclet, "Legal Aspects of Climate in Europe: Is the European Union Emission Trading Scheme Greater than the Sum of the Parts?", *Journal of International Banking Law and Regulation* Vol. 23 No. 5(2008), pp. 255-257.

급락을 비롯한 여러 문제가 발생하였다는 점에 주목할 필요가 있을 것이다. 이러한 초과할당의 문제는 각 회원국들이 자국에 대하여 지나치게 적은 배출권이 할당될 것을 우려하여 국가할당계획을 다소 여유 있게 작성한 것에서 비롯된 것이기도 하지만, 한편으로는 인벤토리 제도, 배출량 예측시스템 등 배출권거래제도를 뒷받침하는 제도들이 배출권거래제의 시행 및 그에 따른 할당에 앞서 충분히 준비되고 검증되어 있어야 한다는 점을 시사하는 것이다.

셋째, EU가 초기에는 경매 방식을 일부 가미한 무상할당 방식을 채택하였지만, 향후 Ⅲ단계부터는 경매방식을 확대하려고 하는 점도 주목하여야 할 것이다. 최근 EU에서는, 무상할당 방식은 우발이익, 도덕적 해이 등과 같이 본질적으로 경제적 효율성을 극대화하기 어려운 문제가 있으므로, 장기적으로는 유상할당의 비중을 높여야 한다는 견해가 힘을 얻고 있다. 그러나 EU 역시 충분한 적응기간을 거친 이후에야 유상할당의 비중을 확대하고 있는 점에 비추어 보면, 배출권거래에 관한 경험이 없는 우리나라가 초기부터 유상할당의 방식을 기본으로 하여 배출권거래제도를 실시하는 것은 적당하지 않을 것으로 보이며, 향후 제도의 개선방향을 고려함에 있어 이에 관한 진지한 재검토가 이루어져야 할 것으로 생각된다.

그 밖에, EU가 마련하고 있는 과도기의 임시규정인 적용제외, 운영자연합, 불가항력 등도 제도 마련에 있어서는 참고가 될 수 있을 것으로 보이며, 이동식 오염원인 항공운항에 대하여 최근 본격적인 규제안을 마련하였다는 점 역시 주목하여야 할 것이다.

(2) 영국 배출권거래제도의 평가 및 시사점

영국의 배출권거래제도 역시 EU-ETS를 기반으로 하고 있는 것이지만, 영국의 현행 제도는 선도적으로 배출권거래제도를 시행해 오면서 축적된 노하우를 충분히 반영하고 있는 것으로 보인다. 이러한 영국의 경험 및 제도로부터도 다음의 사항을 참고할 수 있을 것이다.

우선, 영국은 선진국들 중에서도 비교적 강력한 기후변화정책을 추진하여 왔으며, 최근에는 장기 감축목표를 명시한 기후변화법을 제정하여 시행하기도 하였다. 이처럼 매우 적극적인 기후변화정책을 취하고 있는 국가가 바로 영국이지만, 한편으로는 배출권거래규칙에 자국의 산업에 대한 영향을 완화하기 위한 과도기적 규정을 많이 두었던 점이 눈에 띈다. 우리의 경우에도, 시행 초기에는 충분한 과도기적 규정과 제도를 마련함으로써, 배출권거래제도가 자연스럽게 정착할 수 있도록 배려하여야 할 것이다.

다음으로, 영국의 배출권거래규칙은 배출권 자체가 아닌 배출허가(emission permit)를 중심으로 이전, 제출 및 취소 등의 주요 사항을 규정하는 동시에, 규제청 등으로 하여금 폭넓은 행정적 관여를 할 수 있도록 규정하고 있다. 이는 배출권거래 과정에서 발생할 수 있는 각종 편법 내지 폐단을 최대한 방지하기 위한 것으로 보이는 바, 우리의 경우에도 시행 초기에는 적정한 주무부처의 감독 기능이 확보되어야 할 것으로 생각한다.

참고문헌

김영철·조홍곤, 유럽연합(EU)의 온실가스 배출권 거래제 개발동향, 한국과학기술정보연구원(2005).

김형성, "과잉금지의 원칙과 적용상의 문제점", 헌법실무연구 제 3 권(2002. 12.).

박상인·윤순진·이봉의, 환경규제와 경쟁정책, 공정거래조정원(2008).

안영환, "유럽 온실가스 배출권거래소 현황 및 시사점", 에너지포커스 제 5 권 제 1 호(2008. 봄.)

Christel Bourbon-Seclet, "Legal Aspects of Climate in Europe: Is the European Union Emission Trading Scheme Greater than the Sum of the Parts?", *Journal of International Banking Law and Regulation* Vol. 23 No. 5(2008).

European Environment Agency, *Greenhouse gas emission trends and projections in Europe 2008*, Office for Official Publications of the European Communities (2008).

Herbert Posser and Stefan Altenschmidt, "European Union Emissions Trading Directive", *Journal of Energy and Natural Resources Law* Vol.23 No.1(2005).

Judith Dahlgreen, "Emissions Trading in the United Kingdom: The Greenhouse Gas Emissions Trading Scheme (Amendment) and National Emissions Inventory Regulations 2005 and the Greenhouse Gas Emissions Trading Regulations 2005", *Environmental Law Review*, Vathek Publishing(2006. 8.).

Jürgen Lefevere, "The EU Greenhouse Gas Emission Allowance Trading Scheme", *Climate Change and Carbon Markets*(Edited by Farhana Yamin), Earthscan(2008).

Markus Pohlmann, "The European Union Emissions Trading Scheme", *Legal Aspects of Carbon Trading Kyoto, Copenhagen, and Beyond*(Edited by David Freestone And Charlotte Streck), Oxford University Press(2009).

Marshall Task Force, *Economic Instruments and the Business Use of Energy*, HM Treasury(1998).

Paul Street, Trading in Pollution: Creating Markets for Carbon and Waste, *Environmental Law Review*, Vathek Publishing(2007).

Robert O'Donoghue and A Jorge Padilla, *The Law and Economics of Article 82 EC*, Hart Publishing(2006).

World Bank, State and Trends of the Carbon Market 2009, May 2009.(http://wbcarbonfinance.org/docs/State______Trends_of_the_Carbon_Market_2009-FINAL_26_May09.pdf.)

제 3절 독일의 탄소배출권거래제도에 관한 소고[1)]

— 민사법적 관점을 중심으로 —

최 봉 경*

Ⅰ. 서

2009년 12월 29일 국회를 통과한 [저탄소 녹색성장 기본법]이 올해 1월 13일자 법률 제9931호로 제정, 공포되어 4월 14일자로 시행에 들어갔다. 동법은 '배출권거래제도'를 명문으로 도입하고 있다.[2)]

이 글은 우리에게는 위 법에도 불구하고, 아직 생소한 하지만 유럽을 중심으로 한 많은 나라에서 주요 정책으로 채택하고 있는 온실가스감축을 출발점으로 하여 독일에서 운용되고 있는 탄소배출권제도를 소개하고 특히 그 민사법적 관점을 분석, 정리하는 데 목적이 있다.

---

* 서울대학교 법과대학 · 법학대학원 교수.

1) 이 논문은 환경법 연구 제32권 제1호에 게재된 바 있다.

2) 第46조(총량제한 배출권 거래제 등의 도입) ① 정부는 시장기능을 활용하여 효율적으로 국가의 온실가스 감축목표를 달성하기 위하여 온실가스 배출권을 거래하는 제도를 운영할 수 있다.

② 제1항의 제도에는 온실가스 배출허용총량을 설정하고 배출권을 거래하는 제도 및 기타 국제적으로 인정되는 거래 제도를 포함한다.

③ 정부는 제2항에 따른 제도를 실시할 경우 기후변화 관련 국제협상을 고려하여야 하고, 국제경쟁력이 현저하게 약화될 우려가 있는 제42조 제5항의 관리업체에 대하여는 필요한 조치를 강구할 수 있다.

④ 제2항에 따른 제도의 실시를 위한 배출허용량의 할당방법, 등록 · 관리방법 및 거래소 설치 · 운영 등은 따로 법률로 정한다(밑줄은 필자가 가한 것이다).

「탄소배출권」 및 「배출권의 양도」의 법적 성질과 배출권 거래시에 상정될 수 있는 민사적 쟁점을 세세히 살피는 것도 중요하지만, 도대체 탄소배출권이 왜 문제가 되며 어떠한 논의과정을 거쳐 오늘날에 이르게 된 것인지를 간단히 살펴보고자 한다. 나아가 실제로 어떠한 방식으로 거래가 이루어지고 거래의 안전성을 보호하기 위해 창설한 법제도들은 어떻게 운용되고 있는지 그 실태를 정확히 파악하는 것도 필요하다.

먼저 제도적 연혁을 거슬러 올라가 유럽연합의 「탄소배출권거래체계에 관한 입법지침」(EH-Richtlinie)의 기본구조를 살펴본다(Ⅰ). 이는 유럽연합 회원국의 탄소배출권제도에 관한 공통된 지침으로 그 일견은 필수적으로 생각된다. 또한 장부시행법(RegisterVO)도 배출권거래의 이해를 위해 빠질 수 없다. 그 밖에 독일의 기후변화대처프로그램 및 연방임밋시온보호법의 기본적인 내용을 소개한다(Ⅱ).

다음으로 독일의 배출권거래에 관한 주요한 법적 근거인 배출권거래법(TEHG)과 배출권할당법(ZuG)에 관해 서술한다(Ⅲ). 그리고 탄소배출권거래를 둘러싸고 일반적으로 전개가 예상되는 이론적 쟁점들을 사법적 측면을 중심으로 논할 것이다(Ⅳ). 결론(Ⅴ)에서는 탄생 중인 탄소배출권제도를 독일을 중심으로 살펴본 바를 정리한 후 간략한 소회를 덧붙이기로 한다. 말미에 이해의 편의를 돕기 위해 〈약어표〉를 첨부하였다.

Ⅱ. 독일의 탄소배출권제도의 발전연혁

1. 입법연혁

배출권거래제도와 관련하여 유럽연합 회원국에게 가장 결정적인 계기가 된 것은 2003년 10월 25일자로 발효한 유럽연합의 「탄소배출권거래체계에 관한 입법지침」(EH-Richtlinie)(RL 2003/87/EG)이다. 이 입법지침은 교토의정서의 합의내용을 유럽연합이 입법지침의 형태로 회원국에게 하달한 것인데, 회원국의 국내법 전환의무를 명시하고 그 이행시기를 2004년 3월 31일로 못 박고 있었다. 이에 따라 독일은 그 마지막 날에 당시 연방환경부장관이었던 위르겐 트리틴의 발표로 이른바 「독일 탄소배출권할당계획(NAP)(이하 NAP로 약칭한다)」을 세상에 내놓았다. 이로써 독일의 청사진이 공개된 것이다. 당시 독일 환경부의 야심찬 계획이었던 NAP(Nationaler Allokationsplan)는 그 후 공식적인 정부안이 2004년 4월 21일 연방정부내각(Bundeskabinett)을 통과하면서 몇 가지 변경이 뒤따랐다. 그리고 2004년 7월 8일자로 소위 배출권거래법(TEHG)(BGBl. I S. 1578)이 발효하기에 이르렀다. 동년 8월 31일(발효일)에는 배출권할당법(ZuG 2007)(BGBl. I S. 2211)이 모습을 드러냈다.

이하에서는 위에서 언급한 「탄소배출권거래체계에 관한 입법지침」(EH-Richtlinie), NAP, 배출권거래법 및 배출권할당법의 주요내용을 간략하게 개관한다. 이들은 독일의 탄소배출권거래제도의 운용실태를 파악하기 위해 필수적인 학습자료들이다.

2. 「탄소배출권거래체계에 관한 입법지침」

(1) 목 적

이는 교토의정서[3]의 본격적인 시행에 앞서 회원국, 특히 유럽회원국들이 이에 대처하기 위하여 마련한 입법지침이다. 유럽공동체협약(EG-Vertrag) 제249조 제4항에 따른 이른바 '공동부담결정(Burden Sharing-Entscheidung[4]; Lastenverteilungs-Entscheidung)'에 기해 모든 유럽연합 회원국 간에 부담이 분배되었다. 핵심은 유럽연합차원에서의 온실가스의 '효율적'인 감축이다(당시 유럽연합의 목표치는 온실가스 8% 감축이었다). 한편 이러한 '효율성'은 각 회원국의 경제발전 및 고용시장의 최소한의 희생 하에 추구하도록 되어 있다(입법지침서 입법이유 (5) 참조[5]).

---

3) 「기후변화에 관한 유엔협약을 위한 교토의정서」(1997년 12월 11일). 독일에서 비준된 것은 2002년 4월 27일이다.

4) 「교토의정서 승인여부에 관한 2002년 4월 25일자 유럽위원회결정」(2002/358/EG)을 말한다(교토의정서가 효력을 발하기로 예정되었던 2005년 2월보다 이른 시기로 유럽연합차원에서 발빠르게 대처하였음을 알 수 있다). 참고로 이러한 유엔공동체 협약 제249조 제4항의 「결정(Entscheidung)」은 「의견표명(Stellungnahme)」이나 「권고(Empfehlung)」와는 달리 회원국에 대해 법적인 구속력이 있다. 이 결정에 따르면 독일은 온실가스배출량을 1990년 대비 21% 감축하여야 한다. 하지만 이것이 구속력을 갖게 되는 것은 2008년 이후이고, 2012년까지만 전술한 목표치를 달성하면 된다. 교토의정서가 장래 좌절되고 다른 협약이 탄생할 경우 위의 의무들이 그대로 지켜질지는 두고 볼 일이다. 당시 벨기에 7.5% 감축, 덴마크 21% 감축, 영국 12.5% 감축 등의 감축분담이 배분되었다.

5) 동 입법지침은 입법이유로 총 서른 가지를 명시하고 있다.

(2) 기본구조

1) 배분방식

입법지침은 각국의 탄소배출량의 절대적 상한선(Cap)을 설정한 후 이것을 다시 각국의 기업에 배분하는 구도를 취하고 있다(제 9 조[6]). 그리고 그 '기준단위'로 도입한 것이 소위 '인증(Zertifikat)'이라는 것이다(제 3 조[7]. 이는 '장부(Register)'에 등재하게 되어 있다). 이것은 일정 기간 내의 '이산화탄소 1ton 배출권'에 상응하는 것이다. 제10조는 제 1 차 시행단위인 2005년~2007년 3년 동안은 이 전체 '인증' 중 95%를 무상으로 배분하도록 정하고 있다(grandfathering). 2008년 1월 1일부터 시작되는 2차 5개년 시행단위부터는 90%를 무상으로 배분한다. 결국 각 5~10%의 '인증'은 각국 정부가 유상매각 또는 경매할 수 있는 셈이다(auctioning).

2) 허가/인증

위와 같은 배분방식을 현실화시키기 위하여 지침서는 두 가지 기본개념을 도입하였다. 하나는 위에서 본 '인증(Zertifikate/Allowances)'제도이고 다른 하나가 '허가'(Genehmigung/Permit)제도이다. 말하자면 해당 기업이 '인증'을 신청할 경우 일정한 기간 동안 일정한 탄소를 배출할 수 있는 '허가'를 취득한다. 물론 위에서 본 '배출권'의 범위 내에서이다. 말하자면 '배출허가'를 얻는 것이다. 물론 신청한 모든 기업이 '허가'를 받는 것은 아니다. 기업 자체가 '통제능력'을 보유하여야 한다. '통제능력'은 기업이 운영하는 생산시설이 얼마나 탄소를 배출하는지 측정하고 감독하여 그

---

6) 제 1 항: 회원국은 제11조 제 1 항과 제 2 항에 정한 기간에 대해 각국의 배분계획을 확립한다. 이 계획은 이 기간동안 각 국이 배분하고자 하는 인증의 규모와 배분방법을 포함한다. 이 계획은 부칙 Ⅲ에 정한 기준을 포함, 여론을 적절히 감안하여, 객관적이고도 투명한 기준에 따라 확립되어야 한다 …(이하 생략).

7) 이 입법지침에서 쓰이는 개념규정은 다음과 같다. a) 인증(Zertifikat), 정해진 기간 동안 1톤의 이탄등가물을 배출할 수 있는 권능을 말한다: 이는 이 입법지침의 지시를 이행하기 위한 한도 내에서 그러하며 동 입법지침의 정함에 따라 양도된다: b) 배출(Emission), 생산시설의 일부(Quelle)에서 대기 중으로 온실가스를 배출하는 것을 의미한다. c) 온실가스, 부칙 Ⅱ에서 정한 가스들을 의미한다. d) 온실가스배출허가, 제 5 조와 제 6 조에 따라 수여되는 허가를 말한다. e) 생산시설(Anlage), 부칙 I에 나열된 단수 또는 복수의 행위 및 다른 이와 직접적으로 연관된 행위가 행해지는 정착된 기술적 생산단위(ortsfeste technische Einheit)를 말한다. 이 행위들은 이곳에서 행해진 행위와 기술적 연관성이 있으며 배출 및 환경오염에 영향을 미칠 수 있는 것이다. f) 운영자(Betreiber), 생산시설을 운영하거나 점유하거나 또는—각국의 국내법에서 규정하는 것을 전제로 하여—생산시설의 기술적 운영에 관한 결정적인 경제적 대리권을 가진 자를 말한다. g) 인(Person), 자연인 또는 법인을 말한다 …(기타 생략).

에 관한 보고서를 작성할 수 있는 능력을 말한다.[8] 그 여부에 관해 판단할 관할관청이 필요함은 물론이다(입법지침 제6조 제1항 제1문).

3) 예치, 차입, 매매

허가기간 내에 다 사용하지 않은 '인증'은 '예치'하였다가 다음 해에 사용할 수 있다. 하지만 2차 5개년 시행단계(2008년~2012년)가 종료한 후 4개월이 지나면 미사용 '인증'은 관할당국에 의해 말소되도록 되어 있다(제13조 제2항 제1문). 그런데 회원국은 1차 시행단계에 사용되지 않았던 '인증'들을 새로운 인증으로 대체해 줄 것을 요구할 수 있다(동조 동항 제2문). 말하자면 회원국에 상당한 재량을 부여한 셈이다. 이를 Banking(예치)제도라고 한다(동조 제3항 제2문은 3차 5개년 시행단계에서도 이러한 '예치'제도를 인정하고 있다). 다른 한편 장래에 사용할 '인증'을 미리 사용할 수는, 말하자면 '차입(Borrowing)'할 수는 없다.[9]

나아가 할당받은 '배출량(물론 할당된 인증의 규모에 따른다)'보다 많이 탄소를 배출하고자 하는 기업은 '배출허가'를 아직 모두 사용하지 않았거나 시설개선 등으로 사용할 필요가 없어진 기업으로부터 '배출권'을 매수할 수 있다(Buying). 시설개선을 통해 이산화탄소배출량을 스스로 감축할 것인지 아니면 타 기업 등으로부터 배출권을 매수할 것인지는 각 기업이 '이해타산'을 따져본 후 결정할 일이다. 배출시설개선을 위해 투자하는 비용이 그리 큰 재정적 희생이 아니라고 판단하는 기업은 점차 이 길을 택할 것이고 '배출권'의 총량은 정해져 있기에—더불어 '배출권'에 대한 수요가 증가한다면—'배출권'가격은 상승할 수밖에 없을 것이다. 이로서 더욱 많은 기업들이 '환경친화적인 시설개선' 쪽으로 방향을 돌릴 것이고 이는 '탄소배출량의 감축'이라는 입법지침서의 제정목적 달성에 긍정적인 신호임에 분명하다. 적어도 이러한 밑그림을 위 입법지침의 아버지들은 그리고 있었을 것이다.

요컨대 배출권시장의 효율성은 각 기업들의 '비용계산'과 '시장의 자율기능'에 의해 담보된다고 할 수 있다. 각 회원국은 자국의 기업들의 '환경친화시설' 및 그 '개선정도' 등을 고려하여 일정량의 '배출권'을 유보시킬 수 있다(Commitment Period Reserve, CPR). 필요로 하는 기업에 비해 팔리지도 않을 '배출권'을 너무 많이 시장

8) '감독' 및 '보고'에 관한 원칙들은 위 입법지침 부칙(Annex) Ⅳ에 규정되어 있다. 관할관청의 심사기준들도 Ⅴ에 열거되어 있다. 이에 대해 Timo Hohmuth, Emissionshandel und deutsches Anlagenrecht, 2006, 85면 참조.

9) 일정한 예외가 가능하다는 분석으로 Schlüter, NVwZ(Neue Zeitschrift für Verwaltungsrecht) 2003, 1215면, 각주 25 참조.

에 내놓아 '배출권'가격을 폭락시켜서는 곤란하기 때문일 것이다. 물론 그 반대의 경우도 생각해 볼 수 있다.

4) 배출권거래시장의 작동방법

일단 각 회원국이 허용할 전체 배출권규모를 결정한다. 그리하여 배출권할당계획을 발표한다. 배출권가격은 시장의 자율기능에 의해 조절되어 기업들을 더욱 환경친화적 생산설비를 선택하도록 유도하는 선에서 형성되어야 할 것이다. 각 회원국 내에서의 배출권거래는 필연적이다. 회원국 간의 배출권거래도 가능하지만 일정한 제한이 있을 수밖에 없다. 위에서 본 Burden Sharing 결정도 있거니와 각 회원국에게 할당된 배출권총합이 회원국 간 거래를 통해 왜곡되어서는 아니 되기 때문이다.[10)]

5) 각 회원국의 할당계획(NAP)

입법지침 제 9 조에 따르면 각 회원국은 제 1 차 3개년 시행단위 및 제 2 차 5개년 시행단위, 제 3 차 5개년 시행단위 등에 관해 각 국의 배분계획을 확립하도록 정하고 있다. 이 할당계획은 해당 기간 동안 각 회원국이 배분할 총 인증의 규모와 배분방법을 포함하여야 한다. 즉 일단 각 회원국의 총 인증규모(Gesamt-Cap)를 확정하고 이것을 그 회원국 내에서 어떻게 할당할 것인지를 확정하는 것이다. 앞서 본 바와 같이 유럽차원에서 이미 「교토의정서 승인여부에 관한 2002년 4월 25일자 유럽위원회결정」(2002/358/EG)을 통해 독일은 온실가스배출량을 1990년 대비 21% 감축하도록 되어 있다. 하지만 이것이 구속력을 갖게 되는 것은 2008년 이후이고, 2012년까지만 전술한 목표치를 달성하면 되는데, 독일 연방정부는 이미 2000년 10월 18일에 발표한 「기후보호프로그램」에서 이산화탄소 25% 감축이라는 목표치를 제시한 바 있다. 한편 동조 제 1 항 제 2 문은 여론을 적절히 감안하도록 하고 있다.

각국의 할당계획은 확정 후 해당 위원회에 통지하여야 한다. 제1차 3개년 시행단위를 위해서는 2004년 3월 31일까지, 그 밖의 시행단위를 위해서는 각 시행기간의 시작 18개월 전까지 할당계획을 공표하고 위원회와 타 회원국에 통지하여야 한다.

---

10) 장부시행법(Register-Verordnung)(유럽의회 또는/그리고 유럽위원회의 Verordnung(법령)은 회원국의 국내법 전환 없이도 직접 적용되는 점에서 Richtlinie(입법지침)와 다르다) 제18조 제2항은 관할 관청이 배출권의 국가간 양도를 금지하여야 하는 경우를 규정하고 있다. 즉 소위 CPR이 교토의정서에 의해 각 회원국에 할당된 전체 배출량(AAU: Assigned Amount Unit)의 90% 이하로 떨어질 수 있는 경우 당해 국가간 양수도를 금지하도록 명시하고 있다.

독일은 제2차 5개년 시행단위를 위해 2006년 6월 30일까지 독일의 인증할당계획을 확정, 통지하였다. 입법지침 제9조 제2항은 이러한 할당계획을 통지받은 위원회(유럽위원회 결정 93/389/EG 제8조에 의해 설립된 기후변화위원회(Climate Change Committee)를 말한다)의 심의를 거치도록 되어 있다. 동조 제3항은 3개월의 심의를 통해 제출된 계획의 승인 또는 거부 여부를 결정할 권한을 위 위원회에 부여하고 있다.[11)]

상술한 바와 같이 위와 같은 내용과 절차는 2008년 이후 구속력을 갖게 되므로 그 전까지는 각 회원국의 재량에 맡겨졌다.[12)]

3. 장부시행법[13)]

위와 같은 입법지침을 현실화시키기 위하여 「장부시행법」이 2004년 12월 21일자로 제정되었다(발효일자는 동년 12월 30일). 탄소배출권이 유럽 전체에서 통일된 체계 하에 안정적으로 거래될 수 있도록 뒷받침하고자 인증을 등록하고 거래내역을 기입하는 장부 및 계좌체계를 확립하고자 함이 그 입법목적이라 할 것이다. 물론 각 회원국도 위 장부시행법에 따라 각 국의 국내장부를 설치하여야 한다(2004년 12월 31일이 시한이었다. 동법 제3조 참조). 입법지침 제20조는 인증의 수여, 양도 및 말소에 관한 독립적인 거래기록을 작성할 '유럽 중앙관리소'를 두도록 하고 있다. 배출권을 보유하고 있는 자는 누구나 위 관리소에 '계좌'를 개설할 수 있음은 물론이다. 그리고 모든 배출권은 일련번호에 의해 쉽게 인식가능한 전자식별단위를 부여받는다. 각 회원국도 인증의 수여, 점유, 양도 및 말소에 관한 정확한 기록을 담당할 '장부'를 설치하고 관리하여야 한다. 유럽 중앙관리소가 어떤 비정상적인 단서를 발견했을 경우 해당 회원국에게 당해 배출권을 배출권장부에 등록하지 말도록 통지하게 되어 있다(동조 제3항).

---

11) 회원국 숫자에 비해 심의기간이 짧아 결과발표가 지연될 가능성도 예상되고 있다.

12) 이때 어떤 회원국이 그 국가에 배당된 인증보다 많은 온실가스를 배출할 수밖에 없을 때 타 회원국이 인증을 양도하여 도와줄 수 있는가 하는 문제와 이때 이러한 인증의 양도가 유럽공동체협약 제87조와 제88조에 정한 '국가보조(Beihilfe)'에 해당하는가 하는 또 다른 문제에 대해서는 Timo Hohmuth, 앞의 책, 81면 이하 참조.

13) Commission Regulation for a Standardised and Secured System of Registries, 2216/2004/EC. 독일어로는 Verordnung der Kommission für ein standardisiertes und sicheres System von (nationalen) Registern, Verordnung 2216/2004/EG.

유럽연합 위원회는 그 밖에 독립된 '배출권거래부'(Community Independent Transaction Log—CITL)를 작성하여 배출권의 양도 및 말소와 관련된 비정상적인 문제들을 검사한다. 대중에게도 제한된 범위 내에서 배출권거래장부에 대한 열람권이 인정되고 있다.

장차 표준화된 전자데이터베이스(standardised electronic database)가 완벽하게 구비된다면 배출권거래는 유럽 전체에서 원활하게 이루어질 수 있을 것이다.

그 밖에도 유럽위원회는 위 입법지침에 부가적으로 소위 '연결입법지침(Linking Directive)'을 통과시켰는데(2003년 7월 23일), 교토의정서의 실천을 위한 유럽연합의 여러 정책들간에 탄력적인 메커니즘을 구축하기 위한 것이라고 한다. 이는 본고에서 논외로 한다.

4. 독일의 기후변화대처프로그램 및 연방임밋시온보호법

(1) 「기후변화프로그램」

독일은 2000년 10월 18일에 이미 연방정부가 「기후보호프로그램」을 공표한 바 있다. 이는 2005년 7월 12일자로 연방정부가 가결한 「기후보호프로그램」[14]에서 계속되고 있다. 후자는 제 1 차 3개년 시행기간이 시작된 후에 발표된 것으로 전자와 연속선상에 놓인 것이다. 이 보고서에는 독일연방정부의 기후변화에 대한 대처 목표 및 방안이 제시되어 있다. 총 7가지 목표가 열거되어 있는바, 에너지절약법의 제정, 이산화탄소감축촉진프로그램의 개발, 독일 경제단체의 기후보호참여선언, 교통관련 대책마련, 연방정부의 자발적 탄소배출감축선언, 추가적인 온실가스배출감소방안설립 등이 그것이다.

실제로 2000년 11월 9일과 2001년 6월 25일에 연방정부와 경제단체 간에 「기후보호참여선언」(Selbstverpflichtungserklärung der Wirtschaft) 및 이산화탄소감축합의가 있었다. 여기에는 총 19개 산업, 경제단체가 참여했었다. 하지만 이러한 선언에 법적 구속력은 없었다(이른바 gentlemen's agreement). 어쨌거나 위 선언에 따르면 참여 단체들은 2010년까지 1998년 대비 총 4천 5백만t의 이산화탄소를 감축하게 되어 있었고, 이는 유럽공동체 차원에서 고무적으로 받아들여졌고 또 환영받은 것은 사실이다.[15]

---

14) BT-Drucks. 15/5931 참조.

그런데 법적 구속력 차원에서, 특히 '법'에 의한 기후보호의 차원에서, 주목을 받은 것은 오히려 아래의 법률일 것이다.

(2) 연방임밋시온보호법(BImSchG)[16]

근대에 접어들어 산업기술의 발전과 더불어 대기 중에 배출되어 온 환경오염물질은 그 종류와 양을 정확히 측정할 수 없을 만큼 막대하고 이로 인해 기후변화에 미친 영향은 실로 심중하다.

독일은 이에 대해 연방임밋시온보호법을 제정하여 대처해 왔다. 이 법은 기본적으로 대기오염물질을 배출하는 산업시설에 대한 설립 및 운영을 '허가'의 형식을 통해 규제한다. 동법은 '기후-보호'도 목적으로 하는지를 명시적으로 규정하지는 않는다. 동법 제1조 제1항은 대기(Atmosphäre), 물(Wasser), 대지(Boden)를 보호대상으로 정하고 있을 뿐이다. 여기에서 대기란 수 천킬로미터 상공을 아우르는 지표면 위의 전체 대기를 의미한다. 넓은 의미의 대기(Luft)에는 기후(Klima)도 포함된 것이라는 견해가 지배적이다.[17] 여기서 '기후'란 정해진 지리적 공간과 정해진 시간적 범위 내에서의 기상관계를 뜻한다.[18]

이와 같이 본다면 동법 제1조에 따른 '대기'에는 '기후에 영향을 미치는 오염물질의 배출'도 포함된다고 해석할 수 있을 것이다.

동법의 기본구조를 보면 허가를 요하는 산업시설(제4조 내지 제21조)과 요하지 아니하는 산업시설(제22조 내지 제25조)을 구별하여 규율하고 있음을 알 수 있다. 전자에 해당하는 산업시설은 독일 전역에 약 총 5만 개가 있다고 한다. 대표적으로 제4조 제1항은 다음과 같은 시설의 설치, 운영을 위해 허가가 필요하다고 규정한다: 즉 그 성상이나 운영으로 인해 유해한 환경오염을 야기하거나 다른 방법으로 공중이나 이웃을 위험하게 하고, 현저하게 불이익을 주거나 현저하게 고통을 끼치는 데

---

15) 1997년 7월 17일자 유럽의회 결의(ABl. EG, Nr. C 286 S. 254) 및 1997년 10월 7일자 유럽참사원(Rat)결의(ABl. EG, Nr. C 321 S. 6) 참조.

16) 원래 법률명은 Gesetz zum Schutz vor schädlichen Umwelteinwirkungen durch Luftverunreinigungen, Geräusche, Erschütterungen und ähnliche Vorgänge(Bundesimmssionsschutzgesetz)이지만 BImSchG로 줄여 인용하기로 한다(연방임밋시온방지법)(2002년 9월 26일자 BGBl. I S. 3830).

17) 입법이유서에는 이러한 목적이 언급되지 않았는데, 당시 대기와 기후 간의 교차효과에 대해 정의할 수 없었기 때문이라고 한다. BT-Drucks. 11/6633, 33면 참조.

18) Jarass, BImSchG, 5. Aufl., 2008, 방주 4(제1조).

특히 적합한 시설들 또는 폐기물의 저장 또는 취급을 위한 정착된 폐기물처리시설들은 허가를 요한다. '유해한 환경오염'에 대해서는 동법 제 3 조 제 1 항이 정의하고 있다. 이에 따르면 종류, 정도 및 지속기간에 따라, 공중이나 이웃에게 위험, 현저한 불이익 또는 현저한 고통을 야기하기에 적합한 임밋시옷(Immission)을 '유해한 환경오염(schädliche Umwelteinwirkung)'이라고 한다. 대표적인 예로 연기, 먼지, 가스, 증기 또는 향신물질로 인한 공기오염을 생각해 볼 수 있다.[19]

이하에서는 이제 위 「탄소배출권거래체계에 관한 입법지침」을 독일 국내법으로 전환하여 기후변화에 대한 대응방안이라는 관점에서 일대 혁신을 불러일으킨 배출권거래법 및 배출권할당법을 살펴본다.

Ⅲ. 독일의 배출권거래법 및 배출권할당법

1. 배출허가와 배출권(능)의 구별

독일 배출권거래법(TEHG)은 제 4 조의 배출허가(Emissionsgenehmigung)와 동법 제 3 조 제 4 항[20]의 배출권(능)[21]을 구별하고 있다. 기업을 운영하는 자는 원칙적으로 '배출허가' 없이 합법적 운영을 할 수 없다. 반면 '배출권'은 기업운영자가 위 배출권거래법 제 6 조 제 1 항[22]의 제출의무의 이행을 통해 그 구체적인 배출행위들을 합법화시키기 위해 필요로 하는 것이다. 가령 예상보다 많은 배출이 있었다면 그에

19) 이하 이 법에 대한 자세한 내용은 Jarass, 앞의 책을 참조하라.

20) 이 법에서 권능(자격)(Berechtigung)은 일정한 시기에 1톤의 이산화탄소등가물(이하 이탄등가물이라 약칭)의 배출권(능)을 의미한다. 1톤의 이탄등가물이란 1톤의 이산화탄소 또는 그에 준하는 대기온난화의 잠재력을 지닌 다른 온실가스의 일정량을 의미한다. 연방정부는 연방상원(Bundesrat)의 동의를 필요로 하지 않는 법령을 통해 국제기준의 범위 내에서 각 온실가스에 대한 이탄등가물을 규정할 수 있다.

21) 이는 권리(Recht)에 해당하는 개념은 아니며 위 배출권거래법의 개념정의에 따르면 권능(Befugnis)에 해당한다(제 3 조 제 4 항). 일단은 배출권이라고 번역한다. 입법지침에서는 인증(Certificate)이란 표현을 사용하였으나, 독일 배출권거래법은 '배출권(Berechtigung)'이란 표현을 쓰기로 하였다. 이것은 위 입법지침에서 함께 사용된 allowance의 개념에 보다 가깝기 때문이라고 한다. Frenz, Emissionshandelsrecht, 2.Aufl., 2007, 방주 15-20(제 3 조).

22) 책임자(본문의 기업운영자를 의미한다)는 매년 4월 30일까지, 2006년을 기점으로, 기업의 활동을 통해 지난해에 발생된 배출가스에 상응하는 배출권(Berechtigungen)을 관할관청에 제출하여야 한다.

맞추어 추가적으로 배출권을 매수한 후 이를 제출하면 되는 것이다.

배출권은 배출권거래의 대상으로 재화(Handelsgut)로 본다. 배출권은 자연인과 법인 모두 보유할 수 있다. 자연인과 법인 모두 위 배출권거래법 제14조 제 1 항 제 3 문에 따라 「독일 배출권거래소」에 계좌를 개설할 수 있다. 동법상의 책임자(der Verantwortliche) 또는 운영자(각각은 동의어로 이해해도 무방하다)라고 하여 언제나 배출권의 보유자는 아니다.

책임자 또는 운영자에게 특유한 권리는 오직 이들만이 위 배출권거래법 제 9 조 제 1 항[23]의 배출권 최초 무상할당 청구권[24]을 가진다는 것이다. 이 점은 헌법상의 근거에 입각하여 필요하다고 인정된다. 모든 인(人)이 배출권거래에 참여할 수 있지만 모든 인이 전술한 무상할당청구권을 가지지는 않는다는 것이다. 즉 (책임자 또는 운영자가 아닌) "그 밖의 참여자"들은 배출권 거래에 참여하고자 할 경우 일단 배출권을 취득하여야만 하는 것이다.

2. 배출권과 그 양도행위의 법적 성질

배출권거래법 제16조는 배출권의 양도를 허용하고 있다. 이는 입법지침 제12조 제 1 항의 내용을 독일 국내법으로 수용한 것이다. 하지만 배출권 및 그 양도행위의 법적 성질에 관한 독일의 학설은 통일되어 있지 않다. 배출권과 그 양도행위의 법적 성질을 어떻게 규정할 것인가 하는 문제는 권리구제 및 외국관련 사안에서 준거법을 결정하는데 중요한 역할을 한다.

나아가 교토의정서를 비준하지 않은 국가의 사람들(자연인, 법인 불문)도 얼마든지 배출권을 구매할 수 있게 되어 있다. 물론 배출권장부에 등기할 수도 있다. 배출권거래법 제16조는 동법에서 매우 중요한 지위를 차지하는 조문이지만, 입법지침이

23) 책임자는 이 법률상의 모든 행위에 대해 배출권할당법(ZuG)의 기준에 따른 배출권배분청구권을 가진다.

24) 독일 탄소배출권할당계획(약칭 NAP), 환경부, 2004년 3월 31일, 5면, 2003년 10월 25일자로 발효한 유럽연합의 「탄소배출권거래체계에 관한 입법지침」(EH-Richtlinie) 제10조에 따르면 회원국은 2005-2007 즉 3년 동안 인증서의 95%를 무상으로 배분하게 되어 있다: Nationaler Allokationsplan für die Bundesrepublik Deutschland 2005-2007, Bundesministerium für Umwelt, Naturschutz und Reaktorsicherheit, Berlin, 31. März 2004(http://www.bmu.de/emissionshandel/doc/5721.php에서 확인할 수 있다. 최종방문 2009년 11월 4일). 독일이 구상하고 있는 청사진인 위 계획이 2004년 3월 31일에 발표된 것은 위 입법지침의 국내법 전환 시기를 같은 날까지로 못 박고 있기 때문이다.

허용한 넓은 입법재량을 충분히 활용하지 않은 채 역시 포괄적 규정만을 두고 있을 뿐 양도세 문제 등 개별적인 문제들에 대한 해법을 제시하지 않고 있다.[25)]

독일 세법상 배출권양수도가 있을 경우 양도세가 부과된다. 물론 최초 '무상'할당된 배출권은 예외이다. 하지만 그 후의 유상 양도행위는 독일 양도세법(UStG) 제3조의 a 제1항 제 4 호의 '카탈로그급부(Katalogleistung)'로서 '특정한 권리의 양도'에 해당하기 때문에 양도세 부과의 대상이라고 한다. 배출권의 매수인이 기업일 경우 그 기업의 소재지가 세법상의 기준으로 삼는 '급부장소'가 된다.[26)] 따라서 그 소재지 관할 지자체에 징수권이 있다고 볼 것이다. 문제는 국가간 거래 특히 교토의정서 비준국이 아니거나 유럽연합 회원국이 아닌 제 3 국과 배출권거래가 있을 경우 양도세의 부과기준 및 부과주체 등의 문제는 해결되어 있지 않은 것 같다.

이하에서는 배출권의 성질에 관한 독일의 견해들을 살펴본다.

(1) 배출권의 법적 성질

이에 대해 기본적으로 3가지 견해가 대립하고 있다.

제 1 설(공법설)에 따르면 배출권은 공법상의 성질을 지니고 있다. 배출권거래법 제 6 조 제 1 항에 따라 책임자(der Verantwortliche)는 2006년부터 매년 4월 30일까지 그 전년도에 그의 활동을 통해 야기된 배출량에 상응하는 배출권을 관할당국에 제출하여야 한다. 그리고 동법 제18조 제 1 항은 책임자가 동법 제 6 조 제 1 항에 따른 의무를 다하지 아니하여 배출권을 취득, 제출하지 못할 경우 제재(초과하는 1t의 이탄등가물에 대해 100 Euro의 벌금—1차 3개년 시행단위동안은 40 Euro)를 받을 수 있는 점에 주목한다. 즉 배출권은 배출가스의 규제라는 관점에서 볼 때 국가적인 경제운영체계의 문제로서 공법적으로 다루어야 할 소재라는 것이다. 그리고 물권법정주의를 존중해야 한다고 한다. 즉 배출권을 물권 유사의 권리로 이해할 경우 물권법상의 물권법정주의를 해친다는 것이다.[27)]

제 2 설(절충설)은 사법이나 공법 어느 한 곳으로 분류하는 것은 불가능하다고

---

25) 당시 입법에 대한 시간적 압박이 있어서 이러한 세별적 문제를 다룰 여유가 없었다고 한다. Frenz, 앞의 책, 방주 2(제16조).

26) Michael Adam/Helmar Hentschke/Stefan Kopp-Assenmacher, Handbuch des Emissionshandelsrecht, 2005, 168면 참조.

27) Frenz, 앞의 책, 방주 6(제16조); 동지. Michael Adam/Helmar Hentschke/Stefan Kopp-Assenmacher, 앞의 책, 149면 참조(역시 배출권거래법 제 6 조 제 1 항의 제출의무를 이행하는 기능을 '배출권'이 수행하는 점에 주목하고 있다).

한다. 그리고 배출권이란 [잡종(hybrid)]일 수밖에 없다고 주장한다. 공법설이 행정절차법 제62조 제2문이 민법(즉 사법)을 준용하고 있는 점만을 근거로 들고 있는 것도 문제라고 한다.[28)]

제3설(사법설)은 배출권이 사법적 성질을 띤다고 주장한다. 공장을 목하 운영중인 책임자는 당장은 배출권이 필요없다(즉 매년 4월 30일까지 배출권을 제출하는 시점에서 이를 구비하고 있으면 된다는 것이다). 그리고 운영자(Betreiber)와 국가 사이에서도 배출권이란 '독자적인 통화'[29)]처럼 투입된 것이다. 하지만 이러한 공법적 관계는 '배출권'이 위 배출권거래법상의 '책임자'가 아닌 제3자(동법 제6조 제1항의 제출의무도 부담하지 않는다)에게 '양도'되는 순간부터 (사법적 관계로) 변질된다고 한다. 더구나 이 제3자가 제3국의 사람일 경우 독일과 공법적 관계에 있다고 볼 수는 없다는 것이다. 나아가 이 자가 독일에 대하여 독일 대기 중에 자신이 양수한 배출권의 규모에 부합하는 양만큼 이산화탄소를 배출할 권능을 주장할 수도 없는 것이다. 물론 제3자가 독일에 대해 배출권거래법 제6조 제1항의 배출권제출의무를 부담하지도 않는다. 따라서 이러한 배출권의 양도행위는 사법적 규정에 따라 처리하여야 한다고 한다.[30)]

제3설은 '배출권'의 본질 문제를 '양도'행위의 본질문제와 혼동하고 있다는 비판을 받고 있다. '배출권'을 공법상의 권리로 본다고 하더라도 그 '양도'행위까지도 공법상의 문제로 규정될 필요는 없기 때문이다. 결국 양자는 개념적으로도 구별되고 그 취급에 있어서도 구별되어야 한다는 것이 비판의 요지라고 할 수 있다.[31)]

향후 배출권거래제도가 어떻게 발전해 갈 것인지 완전하게 예상할 수 없는 상황에서 필자의 管見으로는 이것은 거래안전보호, 사후적인 권리구제수단, 국제사법적 준거법결정문제, 배출권양도의 합의와 그 등기의 성격, 관련 법규의 내용 등을 그 유기적 관계를 고려하여 종합적으로 판단할 문제이다.

---

28) Wagner, Handel mit Emissionsrechten: Die privatrechtliche Dimension, ZBB, 2003, 411면 이하(412면).

29) 이는 마치 특정한 허가를 내주고 그 대가로 일정한 금원을 국가에 지불하는 경우에 비유하는 것이다.

30) Theuer, in: Frenz, 앞의 책, 방주 18-20(제3조). Frenz는 물론 견해가 다르다.

31) Michael Adam/Helmar Hentschke/Stefan Kopp-Assenmacher, 앞의 책, 149면 참조.

(2) 배출권 양도행위의 법적 성질

Frenz는 배출권 자체도 공법적 성격을 가진 것일 뿐만 아니라 배출권의 양도행위도 공법상의 계약으로 보아야 한다고 주장한다. 사인 간에도 얼마든지 공법상의 계약을 체결할 수 있으며, '공기'라는 재화도 '공공재'이므로 '이러한 공기 중에 온실가스를 배출할 수 있는—국가에 의해 허가된—권능'으로서의 배출권의 거래행위는 공법상의 계약이라고 한다. 그에 따르면 동법 제16조 제1항의 '합의(Einigung)'는 '공법상의 계약'에 다름 아니라고 한다.[32]

하지만 이에 대한 비판도 만만치 않다. 먼저 독일 행정절차법 제54조 이하에서 사인들이 공법상의 계약을 체결할 수 있는 것은 그에 대한 특별법상의 위임이 있었기 때문이라고 한다. 가령 도로청소의무의 인수 내지 수질법(Wasserrecht)상 어떤 수로의 (청결)유지의무의 인수처럼 계약상 인수한 의무가 공법적 성격을 지녀야 한다는 것이다. 그런데 배출권양도행위를 통해 어떤 공법상의 의무를 이행하는 것이 아니라고 비판한다. 그리고 소위 주관적 공권이라는 것도 법률이 허용하는 한[33] 민법상의 규정에 따라 양도될 수 있다고 강조한다. 또한 배출권양도와 관련된 소송은 민사법원에서 처리되어야 한다는 것이다.

3. 배출권거래참여와 거래방법

배출권거래에 참여하고자 하는 자는 장부관리소에 계좌를 개설하여야 한다. 독일에서는 독일 배출권거래소(DEHSt)가 이를 담당한다. 배출권거래장부는 전자적 정보저장매체를 이용한 등기부이다. 여기에는 원래 배출권을 무상할당 받았던 자, 그로부터 양수한 자 등 및 그 거래내역이 기재된다. 이는 마치 인터넷 뱅킹을 연상하게 한다. 인터넷을 통해 자기 계좌의 금원을 타인의 계좌로 송금할 수 있듯이 전자장부의 계좌상의 거래가 가능하다. 먼저 온라인으로 양수인 계좌를 확인한 뒤 그 계좌로 일정한 양의 배출권을 일정한 시기에 양도할 수 있다. 전자장부에 입력이 완료됨과 동시에 CITL(Community Independent Transaction Log, 유럽연합 위원회에 의해 운영된다, 유럽장부시행법 제5조 참조)에 의해 심사를 거친다. 국가 간의 거래의 합법적

32) Frenz, 앞의 책, 방주 6(제16조).
33) 이에 대해 우선 Westermann, MK, 방주 5(제453조).

운영을 위해 특히 CITL과 같은 기구의 역할이 클 것이다. 입력 후 24시간이 지나도록 CITL의 심사가 끝나서 확인이 되지 않으면, 계좌보유자에게 이 사실이 통지되고, 계좌보유자는 다시 한 번 거래행위를 시도하는 불편을 감수해야 한다. 거래안전을 도모하기 위한 조치로 보인다.

그런데 이러한 인터넷 거래에 있어서 커다란 주의가 요구된다. 일단 배출권장부에 기입을 완료하면, 양도이든 말소이든, 취소할 수 없기 때문이다. 수동으로 전환하여 정정할 수도 없고 장부관리소에 정정문의를 할 수도 없다. 더구나 거래내역의 인쇄도 허용하지 않고 있다. 그야말로 관련 기업들이 자체적으로 오류를 방지할 소프트웨어를 개발하든지 아니면 입력 시점에 고도의 주의를 기울이는 수밖에 없게 되어 있다.

독일 배출권거래법 제14조 제 1 항 제 1 문과 제 4 항은 소위 배출권거래장부의 창설을 규정하고 있다. 동 조문은 2004년 12월 21일자 유럽연합 법규 2216/2004호를 준용하고 있다. 동 법규는 배출권거래에 관한 입법지침서 및 유럽의회와 참사원의 280/2004/EG 결정(유럽연합-배출권거래장부규정)에 따른 표준화된 안전 장부체계를 규정하고 있고, 이것은 배출권거래장부의 설치에 관한 지침들을 담고 있다. 유럽연합-배출권거래장부규정은 다음에 관한 구체적인 지침들을 담고 있다: 장부의 내용, 통제, 과정, 양도, 담보, 인증, 접근권, 정보접근권과 그 신뢰성 그리고 기록 및 수수료 등이 그것이다. 이에 관한 상술은 지면관계상 생략한다.

4. 배출권거래에 대한 법률요건의 검토

(1) 의무부담행위

우선 배출권거래는 민법상의 권리의 매매[34]로 볼 수 있다. 일반적인 견해에 따르면 주관적 공권도 권리매매의 대상이 될 수 있다.[35] 위에서 본 배출권 및 배출권양도행위의 법적 성질에 대해 시종일관 공법설을 취하는 견해(Frenz)도 배출권매매를 민법상의 권리매매로 이해한다. 배출권양도와는 달리 배출권매매계약을 통해 당사자가 부담하는 의무는 아직 어떠한 공법적 성격도 지니지 않으며, 단지 당사자간에 배출권을 양도할 의무와 그에 대한 대금을 지급할 의무만을 성립시킨다는 것이

34) 물건매매에 관한 규정이 권리매매에 준용되고 있다(독일 민법 제453조 제 1 항, 제433조 이하).
35) Wagner, 앞의 논문, 420면.

다. 이에 따라 야기되는 이원화 문제, 즉 의무부담행위는 사법상의 법률행위로, 처분행위(양도행위)는 공법상의 법률행위로 이원적으로 이해하는 것도 문제가 되지 않는다고 한다. 동일한 생활관계에 대해 청구권의 근거에 따라 상이한 법원에 관할권이 인정되는 것은 아무런 문제가 되지 않는다는 것이다.

생각건대 배출권의 매매를 민법상의 권리매매로 보더라도 큰 무리는 없어 보인다. 하지만 다른 한편 실익도 커 보이지 않는다. 왜냐하면 독일의 경우 권리매매의 매도인의 담보책임이 문제되면 결국 민법 제437조 이하에 따라 해결할 것인데(제437조는 다시 일반 급부장애법을 준용하고 있다), 그 매매대상인 권리, 즉 배출권에 하자가 있을 경우(Rechtsmangel), 가령 매도인이 아니라 다른 사람이 진정한 인증보유자였던 경우, 하자담보책임을(독일은 이 부분이 2002년 1월 1일을 기점으로 광범위하게 일반급부장애법(우리의 일반 채무불이행법에 상응하는 것임)으로 포섭되었다) 적용할 수 없기 때문이다. 배출권거래법 제16조 제 2 항의 '선의취득보호규정'에 의해 거의 완전한 보호를 받고 있기 때문에 일반 급부장애법의 적용은 사실상 배제된다.[36)]

이러한 권리의 매매계약 자체는 의무부담행위로서 처분행위와는 구별된다. 권리의 발생 및 양도와 관련하여 발생된 비용은 원칙적으로 매도인이 부담한다(독일 민법 제453조 제 2 항). 하지만 1차 3개년 시행단위에서는 이 원칙이 적용되지 않았다. 배출권거래비용법(EHKostV 2007)이 배출권양도시 어떤 수수료(Gebühr)도 부과되지 않는다고 명시하였기 때문이다. 유럽의 몇몇 단체가 탄소배출권거래에 관한 표준계약서의 개발을 제안하고 있는데 향후 표준계약서의 사용이 일반화된다면 관련된 분쟁을 최소화할 수 있을 것으로 기대되지만 두고 볼 문제이다.

(2) 처분행위

위 배출권거래법 제16조 제 1 항 제 1 문에 따라 배출권의 양도는 배출권 양도에 대한 '합의'와 배출권거래장부상의 양수인 계좌로의 '등기'를 요건으로 한다. 따라서 여기에서의 [등기]는 배출권의 귀속이라는 관점에서 '창설적 효과'를 갖는 것이다. 즉 '등기'를 통해서야 비로소 배출권의 양도가 완료된 것이며 의무부담행위가 종국적으로 이행되는 것이다. 이하에서는 '합의' 및 '등기'요건을 좀 더 상세히 살펴본다.

36) Frenz, 앞의 책, 366면.

1) 배출권양도의 합의(Einigung)

독일의 배출권거래법 제16조가 배출권양도의 요건으로 '등기'뿐만 아니라 '합의'도 규정한 것에 대해 '장부시행법(RegisterVO)' 위반이라는 견해와 그렇지 않다는 견해의 대립이 있다.

먼저 전자의 견해는 장부시행법 제35조를 근거로 든다. 이른바 '최소기준해법(minimalistische Lösung)'으로 불리는 동조의 입법목적은 '배출권거래에 있어서 장부계좌등기가 있을 때마다 매번 이에 선행한 '합의'의 효력을 따져서 배출권양도의 효력이 좌우되게 한다면 이는 배출권거래제도의 안정적 운용을 저해할 것이므로 '합의'는 요건에서 제외한다는 데 있었다. 그럼에도 불구하고 독일이 국내법상 '합의'도 요건으로 정한 것은 유럽법위반(europarechtswidrig)이라는 것이다. 더구나 유럽공동체협약 제249조 제 2 항에 따라 장부시행법과 같은 법령(Verordnung)은 회원국에 직접 효력을 미치도록 되어 있는데 독일은 이에 부합하지 못하고 있다는 주장이다.

이러한 견해에 따르면 배출권의 양도는 장부계좌등기로서 종국적, 불가역적으로(complete and irreversible) 유효하게 이루어진 것으로 보며, 설사 이에 선행하는 배출권양도에 대한 물권적 합의가 결여된 경우에도 양수인의 배출권취득은 완전한 것이 된다. 나아가 거래 당사자 간에는 합의의 결여를 이유로 부당이득반환청구가 가능하다. 하지만 이는 어디까지나 거래 당사자 간에 채권법적으로 해결할 문제에 불과하며 양수인의 배출권취득에는 아무런 영향도 미쳐서는 아니 된다는 것이다. 따라서 무권리자로부터의 선의취득과 같은 규정도 불필요하다고 본다. 어차피 장부에 기재된 배출권보유자를 진정한 보유자로 보기 때문이다.[37)]

이에 대해 후자의 견해는 위 배출권거래법 규정이 유럽법위반이 아니라고 본다. 유럽장부시행법 제35조의 취지는 배출권거래의 제 3 자보호에 있으며, 이는 독일 배출권거래법 제16조 제 2 항 제 1 문의 '사실부합간주(Fiktion der Richtigkeit)'에 의해 충분히 달성되고 있다는 것이다. 일단 장부에 기재된 내용이 옳은 것으로 간주하고 있기 때문이다. 이로써 외부적 관계에서는 배출권양도가 종국적으로 완료되지만, 내부적 관계에서는 그렇지 않다고 한다. 즉 내부적 관계에서는 여전히 '합의'가 필요하다고 본다. 따라서 위 배출권거래법상의 '합의'요건은 유럽법위반이 아니므로 그대로, 즉 독일법의 일반법리에 따라, 해석, 적용되어야 한다고 한다. 이에 따라 독일 민

37) Michael Adam/Helmar Hentschke/Stefan Kopp-Assenmacher, 앞의 책, 160-161면; Wagner, 앞의 논문, 418면.

법 제413조, 제398조(전자는 채권이 아닌 다른 권리의 양도에 대해서 법률의 다른 정함이 없는 한 후자를 준용하고 있다)가 적용된다. 배출권의 취득으로 국가에 대한 어떤 구체적인 채권을 취득하는 것은 아니므로, 배출권은 이 규정의 의미에서의 '다른 권리'에 해당한다는 것이다. 결국 배출권양도를 위해 양도계약을 필요로 하고 이는 당사자간의 '합의'를 전제로 하는바, 이 합의에 '하자'가 있다면, 의사표시의 하자에 관한 일반이론에 따라 해결하는 것으로 된다. 즉 당사자 간에도 부당이득에 의한 청산으로 끝나는 것이 아니라, 일반 계약법의 법리가 그대로 적용된다는 것이다.[38] 이때 타 회원국과의 법리의 통일을 전제로 하지 않을 경우 단순하게 해결되지는 않을 것이다.

2) 등기(Eintragung)

상술한 바와 같이 독일도 입법지침에 따라 '등기'를 요건으로 하고 이에 '창설적' 효력을 부여하였다. 이러한 등기의 창설적 효력은 독일 민법 제873조 제 1 항에 기한 부동산거래와 관련하여 잘 알려진 법리이므로 독일에서 수용하기에 전혀 문제가 없었던 것으로 판단된다. 나아가 입법지침 제20조 제 3 항에 따라 CITL이 당해 배출권거래에 비정상적(Anomalien)인 점이 발견되면 이것이 제거될 때까지 장부계좌등기를 정지시킬 수 있다. 더구나 유럽 중앙관리소까지 정상적인 배출권거래를 위해 관여하고 있다. 이로써 적어도 유럽에서의 탄소배출권거래는 그 법적 안정성이 상당 부분 확보된 것으로 생각된다. 거래에 관심있는 사람들은 탄소배출권장부를 열람하여 배출권의 원래 수배분자, 그 후의 양수도 관계, 현재의 보유자를 낱낱이 확인할 수 있고 이를 신뢰할 수 있는 것이다. 이러한 신뢰는 곧 배출권거래시장에 대한 신뢰로 이어질 것이며, 이로써 시장불신으로 야기되는 사회경제적 비용들을 절감할 수 있다. 장부의 개설 및 유지와 관련된 비용은 앞의 이익들에 비해 감내할 만하다. 나아가 배출권거래법 제15조에 따라 탄소배출권거래는 독일의 금융감독기구의 통제를 받지 않도록 되어 있다. 배출권거래와 관련하여 이미 충분한 검증시스템이 갖추어져 있다는 자신감이 그 이면에 깔려 있을 것이다.

(3) 선의취득

앞서 보았듯이 배출권거래법 제16조 제 2 항은 '배출권이 등기되어 있는 한 장부

38) Frenz, 앞의 책, 362-363면 참조.

의 내용은 사실에 부합한다(richtig)고 본다. 단 배출권 피할당자가 할당 당시 그 오류(Unrichtigkeit)를 알고 있는 경우에는 그러하지 아니하다'고 규정한다.

이 조항의 의미는 일견 배출권 양수인의 선의취득을 보호하는 규정으로 보이지만 민법상의 선의취득제도와는 상당한 차이가 있으며 제3자보호의 강도도 훨씬 크다.

독일은 우리나라와 달리 부동산 등기의 공신력을 인정하고 있는데(제892조), 위 조항을 통한 제3자보호는 이보다 한 차원 높은 것이다. 즉 일단 배출권거래장부에 '인증(배출권)'이 등기되면 그 등기는 사실에 부합하는 것으로 간주된다. 이때 장부에 기재된 양도인이 무권리자여도 무방한 점에서는 민법상의 선의취득과 동일하나 독일 민법 제892조와 달리 처분행위 자체가 유효할 필요가 없다. 즉 처분행위에 하자가 존재하여도 제3자는 배출권을 유효하게 취득한다. 나아가 제3취득자가 선의일 필요도 없다. 즉 제3자가 설사 장부의 오류를 알고 있다고 하더라도 배출권취득에 지장이 없다. 위 조항의 제2문에서 인정된 예외는 어디까지나 배출권을 처음 할당할 당시 할당받을 자격이 없는 자가 의도적으로 허위의 자료를 제출하고 그에 기해 배출권을 할당받았던 자에 대해서만, 그것도 그 자의 취득만을 무효로 하고 있을 뿐임에 유의할 것이다. 즉 이 최초 피할당자로부터 양수한 자는 또 다시 제1문에 따른 보호를 받는 것이다.39)

그런데 위 조항 제2문은 배출권거래법의 체계에 비추어 볼 때 '이물질(Fremdkörper)'이라는 견해가 유력하다. 우선 동 조항 제1문이 법률행위에 의한 제3취득자의 보호에 관한 규정인데, 제2문은 최초취득행위의 무효, 즉 처음에 국가가 배출권을 할당할 당시 그 최초 피할당자의 취득행위만을 무효로 하고 있다. 다시 말해 배출권의 무상할당이라는 국가의 고권행위(행정행위)에 의해 배출권을 취득한 경우로서, 일반적인 '법률행위'에 의한 취득과는 전혀 다른 맥락의 문제라는 것이다.

따라서 이 제2문의 의미는 제1문과의 원칙/예외라는 맥락이 아니라, 오히려 독일의 행정절차법 제48조 제3항에 대한 특별법(les specialis) 내지 신법(lex posterior)으로서 전자의 적용을 배제하는 데 있다고 한다.40)

---

39) Michael Adam/Helmar Hentschke/Stefan Kopp-Assenmacher, 앞의 책, 162-163면; Frenz, 앞의 책, 365면.

40) 행정절차법 제48조 제3항에 따르면 허위의 자료 등을 제출하여 부당하게 수혜적 행정행위의 혜택을 본 자는 혜택을 회수하지만, 그러한 분배행위 자체를 무효로 보지는 않고 있다. 이에 대해서는 더 이상 상론하지 않는다. 이 논문이 주로 다루고자 하는 민사적 쟁점이 아니기 때문이다.

이하에서는 독일의 배출권할당법을 본다. 민사적 쟁점과는 거리가 있으나 독일의 탄소배출권제도를 소개함에 있어서 빠뜨릴 수 없는 부분이기에 골자만을 보도록 한다.

5. 독일의 배출권할당법

ZuG 2007에 이어 ZuG 2012가 발효되었다. 전자는 2004년 5월 28일 독일하원을 통과하여[41] 동년 8월 31일 발효한 후 2005년부터 2007년까지 1차 3개년 시행기간 동안 적용되었다. 물론 이러한 배출권할당법의 근거는 배출권거래법(TEHG) 제7조 제2문과 제9조 제1항이다(이는 제6조 제2항이 재차 준용하고 있다). 매 시행단위마다 새로운 법률을 제정, 시행하도록 되어 있다. 후자는 2008년 1월 1일부터 2012년 12월 31일까지 총 5개년 동안 적용된다. 이는 2006년 11월 29일 있었던 유럽위원회의 '통지(Mitteilung)'[42]의 내용을 반영한 것이다. 이 '통지'는 독일이 동 위원회에 2차 5개년 시행단위에 대한 배출권할당계획(NAP)을 전달한 후 위원회가 이를 검토한 결과이다. 이산화탄소배출량의 상한선을 4억 8천 2백만t에서 4억 5천 3백만t으로 감축할 것을 권고하였다. 물론 이 '통지'에 대응하여 독일 정부는 2007년 4월 18일 배출권할당계획을 수정하였다. 이 할당계획 자체는 법적 기속력이 없다. 독일의 탄소배출의 규모에 대한 법적 근거로 작용하는 것은 주로 배출권거래법(TEHG)과 배출권할당법(ZuG)이라고 할 것이다.

ZuG 2012를 ZuG 2007과 비교할 때 크게 변경된 부분은 먼저 여러 지엽적인 문제를 다루었던 특별규정들이 상당부분 삭제되었다. 그럼에도 불구하고 여전히 '뒤죽박죽(verschachtelt)'이라는 평가를 받고 있다.[43] 규제대상인 기업 및 생산시설의 유형이 워낙 다종다양하기 때문일 것이다. 그 밖에 산업시설(Industrieanlage)과 에너지시설(Energieanlage)을 구별하여 다루고 있다. 유럽의 국내시장 상황을 감안하여 각 시설의 특징에 맞는 배출권의 규모를 정하고자 하는 것이다. 여전히 배출권할당법의 규제를 이행하기 위한 비용이 큰 부담이 되는 중소기업에 대해서는 이행요소를 삭제하였다. 그렇다고 전체 배출권거래시스템에서 제외한 것은 아니다.

---

41) BR-Drucks. 424/04.

42) KOM(2006) 725.

43) Frenz, 앞의 책, 62면.

이상과 같은 독일의 배출권할당법은 유럽연합 차원에서는 통일적 장부등기시스템의 구축 등 공동 작업과 노력으로 온실가스 감축이라는 전세계적 목표에 한 발짝 다가서는 데 기여하고 있다. 하지만 보다 근본적인 해법은 미국, 중국 등의 협력과 보다 많은 국가들이 참여할 수 있도록 교토의정서 체계를 개선하는 데 있다고 생각된다.

이하에서는 탄소배출권거래제도를 유럽연합 회원국의 국내법을 통해 운영할 경우 예상되는 일반적인 문제점, 특히 사법적 측면에서의 문제점을 짚어본다.

Ⅳ. 탄소배출권거래의 사법(私法)적 측면

1. 인증모델의 채택과 그 이유

먼저 「탄소배출권거래체계에 관한 입법지침」은 왜 '인증제도'를 채택하였는지에 대한 기본적인 의문을 품지 않을 수 없다. 간편하게 생각하여, 다소 관료주의적으로 들리기는 하겠지만, 온실가스를 배출하는 모든 생산시설을 일률적으로 규제하여 일정량 이상의 탄소배출을 금지하고 이를 위반할 경우 무거운 벌금을 부과할 수도 있을 것이다. 이러한 규제방법을 택할 경우 규제의 편의성, 탄소배출감축효과의 단기적 가시화 등과 같은 이점도 있을 수도 있다. 이른바 속전속결 전략인 셈이다.

그럼에도 불구하고 유럽연합이 탄소배출권거래의 모델로서 [인증제도 내지 인증모델]을 채택한 이유는 무엇인가?

우선 이는 위와 같은 규제에 따르기 위하여 시설을 개선할 경우 지출해야 하는 비용이 적지 않은 부담이 되는 기업에게 기존 방식으로 운영을 계속할 수 있는 가능성을 열어 두고 있다는 점에서 그 특징을 찾을 수 있다. 이러한 모델은 인증거래가 가능하다는 전제하에서 그 순기능을 발휘할 수 있다. 즉 할당된 기준을 초과하는 배출량(이 길을 선택할 수밖에 없는 기업도 적지 않을 것이다)에 상응하는 인증을 구입하면, 적어도 단기적으로 또는 과도기적으로, 기존의 생산량(또 배출량)을 계속하여 유지할 수 있다. 만약 초과인증매수비용이 기존생산시설을 유지한 상태에서의 이익보다 커질 경우 당해 기업은 시설개선을 위한 투자를 고려하지 않을 수 없게 될 것이다.

결국 인증거래제도를 어떻게 구상하고 어떻게 운영해 나갈 것인가가 인증모델의 성공여부를 좌우한다고 생각된다. 인증거래비용을 최소화시키는 것도 매우 중요한 의미가 있을 것이다.

인증거래비용은 구체적으로 보면, 인증거래참여자 및 집행기관에게 발생하는 정보수집비용, 교섭비용 및 집행비용을 의미한다. 이 비용이 크면 클수록 인증거래부터 취하게 되는 수익이 줄어드는 것은 자명한 사실이다. 따라서 이 비용을 가능한 적게 유지하는 것이 인증거래제도의 성공적 정착을 위해 필수적이라고 생각된다. 시장기능이 정상적으로 원활하게 작동하고, 인증거래장부를 비롯한 배출권거래제도의 시행 및 감시, 감독을 효율적으로 행하여 나간다면 비용은 최소한으로 유지할 수 있을 것이다.[44]

2. 인증거래의 법적 성질

생각건대 이론적으로 중요한 문제는 인증거래를 공법의 문제로 볼 것인가 아니면 사법의 문제로 볼 것인가이다. 그 결과에 따라 인증거래에 관하여 공법 또는 사법의 적용이 가능하다.

(1) 먼저 공법과 사법의 구별은 법의 개념이나 이념으로부터 선험적으로 이끌어 낼 수 있는 법개념이 아니라, 역사적·연혁적인 것이고 또한 상대적인 것임에도 불구하고, 그 구별에 관하여 보편타당성 있는 기준을 찾으려고 시도들이 있었고 혼란이 없지 않았다.

본 논문에서는 우선 개인이 자유롭게 법률관계를 형성할 수 있는 여지가 큰 영역이 사법영역임을 확인하고 이른바 [주체설]을 출발점으로 삼아 검토하고자 한다. 즉 법률관계의 주체만을 따져서는 여전히 그 본질이 의심스러울 경우, 보호하려는 법익을 따져서, 사회전체의 이익이 결정적이면 공법적 규정으로 보고, 반대로 제1차적으로 개인의 이익을 보호하려는 것이면 사법적 규정으로 보는 것이다.[45]

위와 같은 입장을 취할 경우 사법은 사인 상호간의 사회생활관계를 규율하는 법으로서, 1차적으로 개인의 이익을 보호하는 법으로 이해할 수 있을 것이다.

---

44) 보다 상세한 것은 Gleis Lutz, Das deutsche Emissionshandelsrecht auf dem Prüfstand, 2005, 56면.

45) 우선 곽윤직, 민법총칙, 7판, 2002년, 5-6면.

(2) 한 가지만 부언하자면 공법과 사법의 교차영역이 늘어남에 따라 어떤 법규가 주로 적용되어야 하는가에 대해 논란이 있을 것이다. 규제가 강화될수록 '사법의 공법화 또는 공법에 의한 사법의 지배'와 같은 특징이 나타날 수 있으나, 자율의 영역이 늘어날수록 그 반대의 현상, 즉 '공법의 사법화 내지 사법에 의한 공법의 지배'가 두드러질 수 있는 것이다.

또한 가령 각종 조약이나 헌법 등에 의해 제도적으로 각종 사법적 법률관계에, 법률유보 등의 명분 하에, 공법적 요소가 개입될 여지가 보장된 경우도 있다. 이로써 공법과 사법은 점차 그리고 더욱 접근해갈 것은 분명하다. 다만 사법적 관계에 대한 공법의 개입은 필요하고도 적절한 범위에 그쳐야 한다. 과잉금지의 원칙 내지 비례의 원칙이 이러한 맥락에서 자신의 입지를 다지고 있음은 주지의 사실이다.

(3) 일반적인 견해에 따르면 순수한 사인 간의 계약도 공법상의 계약이 될 수 있다. 당해 계약의 대상이 오로지 공법상의 권리, 의무만이라면 그렇다고 볼 수 있다. 이것은 어떤, 공법상의 성격을 띤 것이라고 볼 수 있는, 권능(Befugnis)이 매매대상이 될 경우에도 그러하다고 할 것이다.

예컨대 독일의 「핵에너지의 평화로운 사용과 그 위험의 방지를 위한 법률」(이하 원자력법(AtG)으로 약칭함)에 따르면 일정한 원자력발전소에 의해 생산된 전기 중 남는 양은 다른 생산시설에 양도할 수 있는데(제7조 1a항) 이것을 '권능의 양도(Übertragung der Berechtigung)'로서 설명한다. 환경오염물질인 원자력에너지를 생산해 낼 수 있는 권능은 일응 공법적 성격을 띤 것으로 생각된다. 공익을 위하여 이러한 유해물질의 생산이 허용되었음이 분명하기 때문이다. 그럼에도 위 '권능의 양도'를 민법상의 처분행위로 간주하자는 견해는 이 '양도'를 민법상의 '처분행위(Verfügung)'와 동일시하거나 공법규정에 이러한 처분행위의 전제조건이나 법효과에 대한 규정이 없다는 데에서 그 근거를 찾을 것이다. 하지만 이를 공법상의 행위로 보더라도 민법의 채권양도규정을 준용하거나 물권법 및 유가증권법의 규정들을 유추적용하는 것이 금지된다고 하기는 어렵다.[46)]

그런데 위와 같이 '원자력에너지를 생산할 수 있는 권능(허가)'과 '탄소를 대기중에 배출할 수 있는 권능(허가)'은 공히 공익적 성격을 띤 것으로 보인다. 그리고 이러한 '권능(허가)의 양도(이는 곧 인증의 양도를 의미한다)'도 일응 공법적 행위로

46) Erichsen/Ehlers, Allgemeines Verwaltungsrecht, 12. Aufl., 2002, 방주 50; Meyer/Borgs, Verwaltungsverfahrensgesetz, 2. Aufl., 1982, 방주 14; Wagner, 앞의 논문, 411면 참조.

판단될 소지도 있다.

요컨대 양도의 대상인 '권능'이 사법상의 이용권으로 볼 수 있을지 아니면 공법상의 권능으로 볼 수 있느냐가 관건이지만 순전히 전자의 성격만을 가지고 있다거나 반대로 후자로만 볼 수 있다는 주장은 설득력이 없다. 이 문제를 좀 더 자세히 살펴보자.

(4) 환경오염물질, 즉 온실가스를 대기 중에 배출할 수 있는 권능(배출권)이란 무엇을 의미하는가? 종래 특별한 법률의 규제를 받지 않는 한 대기를 사용할 수 있는 권리는 누구에게나 인정되었다. 하지만 지구온난화로 인한 환경파괴는 이미 한도에 이르렀고 조속한 시일 내에 지구촌 모든 국가가 특단의 조치를 취하지 않는 한 후손들에게 비극적이고도 불가역적인 상황을 물려줄 개연성이 매우 높아졌다. 그리하여 지구온난화의 주범인 이산화탄소배출량을 감축하는 데 전세계가 보조를 함께 하고자 힘쓰고 있는 것이다.

이에 따라 교토의정서의 취지를 살려 각국에서 탄소배출량의 규제를 위해 이른바 탄소배출권거래제도를 도입하였다. 그리고 이때 '탄소배출의 허가'를 전제로 하여 그에 상응하는 '인증'을 배분하는 방식으로 각 국에서 배출하는 '온실가스'의 총량을 규제하려는 것이다. 그렇다면 이러한 '인증'이란 일정한 양의 탄소를 공기 중에 배출할 수 있는 권능을 의미한다. 그리고 이러한 권능은 「국가」의 「허가」에 의해 인정된다. '허가'를 표창하고 있는 '인증'도 「국가」에 의해 할당된다. 즉 과거와는 달리 '공기를 이용할 수 있는 권능'이 탄소배출권거래제도의 도입을 통해 국가의 통제를 받게 된 것이다. 독일의 배출권거래법에 의한 통제와 규제는 이를 법제화한 것이다. 이러한 점들에 비추어 볼 때 '배출권(능)'은 '공법적 성격의 이용권'으로 보아야 하지 않을까 생각된다.

특히 초기단계에는 배출권을 무상할당하도록 되어 있는바, 이는 법률상의 요건을 충족시킨 관계자들이 배출권의 할당을 청구할 수 있는 권리를 가지고 있다고 해석할 수 있다(이른바 Vergabeanspruch). 배출권의 규모와 그 수여여부를 결정하는 것은 공법적 결정이며, 앞의 할당청구권도 공법적 성질의 것으로 생각된다. 이러한 공법상의 청구권도 양도가능하다고 본다.[47] 양도방식은 독일 민법 제398조 이하에 따를 것이다(상세는 상술한 Ⅲ. 2. 참조). 배출권거래법에 이를 금지하는 규정은 없다.

(5) 그러나 다른 한편 생산시설의 소유자 내지 운영자의 시각에서 볼 때 위와

47) Roth, MK, 방주 9(398조).

같은 규제(국가에 의한 탄소배출권의 허가제도)는 '사소유권에 대한 규제'를 의미한다(독일 기본법 제14조는 소유권행사의 자유를 명시하고 있다). 이들은 사법상의 권리와 의무의 주체임에 분명하다. 그리고 대기 중에 탄소를 배출하는 자유의 향유는 본디 모든 사인에게 허용되었다.[48] 이러한 관점에서 볼 때 탄소배출권은 분명 '사법상의 권리'의 속성을 지니고 있다. 탄소를 배출하는 사업체는 대부분 사법상의 주체들이고 이들이 배출권을 행사하는 것은 '생산시설의 이용과 관련된 권능'에 포괄될 수 있기 때문이다. 이러한 속성이 이제 국가에 의한 배출권'허가'제도를 도입하였다고 해서 바로 전면적으로 공법적인 성격으로 탈바꿈한다고 보기는 어렵다. 따라서 배출권을 사인 간에 거래의 대상으로 삼을 경우 이러한 배출권은 '사법상의 새로운 재산권'의 일종으로 이해할 수 있을 것이다. 보다 정확히 말하자면 물권에 유사하다고 생각된다.[49] 그런데 민법상의 다른 물권들과 다른 속성을 지니고 있어 물권법정주의에 반하는 것이 아닌가 하는 의문이 들 수 있다. 하지만 물권법정주의는 계약자유의 원칙에 대한 제한이기는 하지만 거래안전을 해하지 않는 한 거래계의 수요에 부합하는 관습물권의 자연스러운 형성을 금지하는 것은 아니며 개별 법률에 의해 특정한 형태의 재산권을 만들어 낼 수도 있는 것이다. 또한 '배출권'은 물권법상의 일물일권주의와는 차이가 있기 때문에 「일정한 기업의 생산시설 일체와 관련된 권능」이라는 틀에서 이해할 수 있을 것이다. 그렇다면 사인 간의 인증거래는 사법상의 법률관계로 규율하는 것이 바람직하다고 생각된다. 공법상의 문제로 볼 경우 공법 어디에도 구체적 해결책을 찾을 수 없다.

이상을 종합해 보면 '인증'으로 표창되는 (구체적으로 말하자면, 인증을 장부에 등록하고 그 보유가 기입된 계좌로 거래되는) '탄소배출권'을 둘러싼 법률관계가 공법상의 법률관계인지 아니면 사법상의 법률관계인지는 양자택일의 방법으로 규정하기는 어렵다. 결국 어떤 형태로든 간에 양자의 혼합(hybrid)이 불가피해 보인다. 유럽연합의 입법지침과 연결입법지침 및 장부시행법 등은 몇 가지 커다란 몸체만을 제시할 뿐 지엽적인 문제에 대한 구체적인 해법을 제시하지는 않고 있다. 아래에서는 이제 구

48) 이것은 마치 독일기본법 제14조에 의해 '건축의 자유(Baufreiheit)'가 보장되는 논리와 유사하다. 즉 오늘날 건축허가를 받아야 건축행위를 할 수 있지만 건축허가에 의하여 '건축의 자유'가 보장되는 것은 아니라는 논리이다.

49) 말하자면 탄소를 배출하는 기업이 배출권을 할당받을 경우 그 배출권은 기업의 재산권의 일부를 이루게 될 것이다. 이러한 재산권은 전통적인 소유권이나 용익물권과는 성격을 달리함이 분명하다.

체적으로 예상되는 문제들 중 몇 가지를 살펴보기로 한다.

3. 배출권분쟁의 몇 가지 문제

(1) 거래대상으로서의 '배출권'

행정법적 계약을 전제로 할 경우 그 허용여부나 유효여부에 관한 규정들은 행정절차법에 규정되어 있다. 하지만 '배출권'을 거래의 대상으로 할 경우 거래를 둘러싼 사인간의 계약관계, 담보설정관계, 부당이득관계 등에 대해서는 행정법에 특별한 규정을 두고 있지 않다. 한편 독일 행정절차법 제62조 제 2 문이 독일 민법을 준용하고 있는 점은 시사하는 바가 있다. 이 밖에도 배출권의 거래를 둘러싼 법률문제는 사법상의 법규의 도움을 받아 해결하여야 할 경우가 많을 것이다.

(2) 소 송

독일 행정법원조직법 제40조 제 2 항 제 1 문[50]을 보면 공법상의 계약은 그 당사자가 사인임에도 불구하고 행정법원에 제소할 수 있음을 알 수 있다(반대추론의 결과이다). 하지만 탄소배출권거래행위가 「사인간의 이익추구를 위한 사법상의 법률행위」라고 본다면 민사법원의 관할에 속할 것이다. 그 밖에도 배출권거래행위는 다양한 사법적 성격을 가지고 있다. 채권법, 물권법, 유가증권법 등에서 목격할 수 있는 것과 유사한 성격의 문제들이 제기될 소지가 크다. 나아가 전혀 '공익적 성격'을 보이지 않는 사인간의 분쟁에 대해서는 민사소송의 원칙을 적용하고 또 민사법원에 그 관할을 인정할 필요가 있다. 입법기술적으로는 독일의 연방국토보호법(BBodSchG) 제24조 제 2 항 제 6 문[51]과 같이 명문의 규정을 두는 방법도 생각해 볼 수 있다.

탄소배출권은 자유롭게 처분할 수 있는 재산권이다. 거래는 장부를 통해 일어난다. 회원국들은 공통된 탄소배출권거래장부를 설치, 운영하여야 한다(입법지침 제19조 제 1 항). 거래장부는 계좌로 구성되어 있다. 배출권을 보유한 자는 계좌상 말하자

---

50) (2) Für vermögensrechtliche Ansprüche aus Aufopferung für das gemeine Wohl und aus öffentlich-rechtlicher Verwahrung sowie für Schadensersatzansprüche aus der Verletzung öffentlich-rechtlicher Pflichten, die nicht auf einem öffentlich-rechtlichen Vertrag beruhen, ist der ordentliche Rechtsweg gegeben; dies gilt nicht für Streitigkeiten über das Bestehen und die Höhe eines Ausgleichsanspruchs im Rahmen des Artikels 14 Abs. 1 Satz 2 des Grundgesetzes.

51) Für Streitigkeiten steht der Rechtsweg vor den ordentlichen Gerichten offen.

면 대변에 자신의 권리를 기입하고 양도나 말소 등으로 배출권이 소멸할 경우 이러한 사실을 말하자면 계좌 차변에 기재하며, 양수인의 대변에는 양수한 배출권이 인증의 형태로 기입될 것이다. 주의할 점은 이러한 배출권거래시장은 모든 자연인과 법인에게 개방되어 있다는 점이다. 즉 배출권을 할당받은 생산시설의 소유자들이 인증을 일반 사인에게 임의로 매도할 수 있다는 의미이다. 이 경우 이러한 인증은 사인의 이름으로 개설된 거래장부에 기입되어 그의 재산권으로 인정된다. 경우에 따라서는 환경단체들도 이러한 인증의 구매에 관심을 가질 것으로 생각된다. 거래를 원하는 사람은 누구나 탄소배출권거래소에 등록하고 계좌를 개설할 수 있으며 그 경우 전자적 형태의 장부[52]에 자신이 구매한 인증의 기입을 요구할 수 있다. 이러한 거래 형태를 전제로 한다면 이는 요물계약으로 볼 수 있다. 이러한 배출권거래의 법적 성질은 설령 배출권거래를 둘러싼 분쟁이 행정법원에서 해결되는 길을 택하더라도 차이가 없다고 본다. 나아가 중재합의를 통해 행정소송을 배제할 수도 있을 것이다. 물론 사인간의 사익에 관한 분쟁이 문제됨을 전제로 한다. 그리고 탄소배출권거래행위는 사인 간에 사적 이익을 처분하는 행위이므로 중재의 대상이 될 수 있다고 생각된다.

(3) 배출권거래의 법적 구성

우선 네 가지 문제를 생각해보자. 배출권의 취득요건, 배출권의 유효요건, 담보설정의 가능성 및 강제집행가능성이 그것이다. 이하 차례로 본다.

a. 취득요건

먼저 어떠한 요건 하에서 재산권의 성격을 지닌 '탄소배출권'을 취득할 수 있는가. 배출권거래당사자들은 무엇을 합의하여야 하는가. 탄소배출권장부(배출권거래법 제16조[53])내 계좌의 등기를 요할 경우 그러한 등기의 의미는 무엇인가.

독일 민법 제413조는 '채권의 양도에 관한 규정은 다른 정함이 없는 한 다른 권

52) 전자적 정보저장매체를 이용하는 장부로 이해된다(배출권거래법 제14조 참조). 그렇다면 이에 포함된 전자적 정보와 자료를 보호하기 위하여 가령 해킹에 대비한 안전한 전자거래시스템을 구축하는 것이 성공의 관건이라고 생각된다.

53) 제 1 항: 배출권의 양도는 당사자 간의 합의와 제14조 제 2 항에 정한 취득자 계좌에의 등기를 통해 행해진다. 등기는 매각자가 자신의 계좌에서 취득자의 계좌로 배출권을 양도할 것을 장부관리소에 지시함으로써 행해진다. 제 2 항: 배출권은 등기되어 있는 한 장부의 내용은 옳다고 간주한다. 단 양수인이 양도 시점에 그 오류를 알고 있는 경우에는 그러하지 아니하다.

리의 양도에 준용된다'고 규정하고 있다. 따라서 채권양도에 관한 제398조 이하가 배출권의 양도행위에도 준용된다고 할 수 있다. 즉 양도인과 양수인 간의 합의만 있으면, 양도사실을 장부에 기입하지 않았더라도, 배출권의 양도가 가능해 보인다. 또한 배출권거래법 제16조의 장부등기가 '선언적 효력'만을 가진다고 해석한다면, 이른바 배출권 점유자(Besitzer)[54]는 원래 관할당국으로부터의 정상적으로 할당받았다거나 그 후의 양도행위가 모두 유효하게 이루어졌다는 것을 증명한 경우에만 배출권을 합법적으로 취득하게 될 것이다. 하지만 이러한 경우 장부에 기입된 내용을 믿고서 거래한 자는 보호받지 못하게 되고 만다. 나아가 배출권거래제도의 공신력도 떨어지고 말 것이다. 그리고 이는 입법지침에 정면으로 반하는 결과를 낳을 것이다. 그렇다면 배출권거래의 법적 안정성과 동적 거래의 안전을 도모하기 위해서라도 그 취득요건은 '합의'와 '등기'라고 하고 이 '등기'는 창설적 효력을 갖는다고 해석할 필요가 있다. 이는 독일의 경우 부동산소유권취득요건과 같은 것이다(독일 민법 제873조 참조).[55]

b. 장부기입의 공신력

독일은 우리나라와 달리, 부동산등기의 공신력을 인정한다. 부동산거래의 동적 안전을 국가가 담보하는 제도를 구비한 것이다. 이를 위해 등기심사관에게 실질적 심사권이 부여되어 있고 부동산등기내용과 지적도 및 부동산대장의 기재내용을 일치시키기 위한 광범위한 실사작업이 국가에 의해 선행되었음을 알 수 있다.

장부와 관련하여 부동산거래에서 발생할 수 있는 문제점은 탄소배출권거래에서도 비슷하게 나타날 것이다. 가령 장부에 기재된 자가 진정한 권리자가 아닌 경우(예컨대 배출권거래가 무효나 취소로 판명)가 있을 것이다.

국가에 의해 주도되어 도입되는 '탄소배출권의 허가 및 거래제도'는 국가에 의해 그 동적 거래안전이 보장되어야 이용자의 신뢰를 확보하고 나아가 제도의 효율적 운용을 담보할 수 있을 것이다.

특히 거래 당사자 간에 거래의 효력을 상실시키는 사유가 존재함이 밝혀질 경우 당사자 간에서는 그러한 거래행위의 하자를 증명하여 장부명의의 말소 및 회복 그리고 거래대금의 반환을 요구할 수 있어야 할 것이다. 하지만 그 사이에 이미 제3

54) 이 개념은 반드시 명확한 것은 아니지만, 일단 장부에 등기된 자로서 아직 그 실체적 권리관계의 존재를 입증하지 못한 자를 의미한다.

55) 보다 상세한 것은 Ⅲ. 4.

자로 재양도가 된 경우 장부에 기입된 바를 믿은 제3자의 신뢰를 보호할 필요가 있다. 더구나 탄소배출권제도를 도입하여 관련 기업은 매년 자기가 배출한 온실가스 배출량을 신고하고 이를 커버하는 인증을 보유하고 있음을 보고하여야 하는바, 할당된 양을 초과하여 생산활동을 하고자 결정하고 이를 커버할 수 있는 만큼의 인증을 매수하였는데 이러한 인증의 매수가 무권리자부터의 취득이었던 경우 이를 무효로 한다는 것은 위 제3매수인이 공적 장부를 믿을 수 없다(또는 믿어서는 아니 된다)는 것과 동시에 감독관청으로부터 법적 제재를 받을 수도 있음을 의미한다. 이것은 부당하다고 생각된다. 국가가 도입한 제도 하에서 국가가 주관·감독하는 장부의 등기를 믿은 사람에게 법적 제재를 가한다는 것은 다소 비약하여 말하자면 '국가 스스로의 자기모순행위'라고 할 것이다. 더구나 이로써 야기되는 '제도운용의 비효율성'은 심중하다고 하지 않을 수 없다.[56] '공적' 장부를 매년 막대한 행정력을 동원하여 작성하고 관리하면서 이용자들에게 '믿을 필요가 없다(믿어서는 아니 된다)'고 광고하는 것과 마찬가지이기 때문이다.

c. 질권설정의 가능성

부동산소유권자가 자기 소유의 부동산에 담보물권을 설정할 수 있음은 물론이다. 이는 등기부에 공시되어 누구나 열람이 가능하다. 이러한 담보물권의 설정, 특히 권리질권의 설정을 가능하게 할 것인가의 문제이다(독일 민법 제1273조, 제1274조; 우리 민법 제345조, 제346조 참조).

'탄소배출권'에 투자한 자금을 선활용하고자 하는 사람에게 이는 일응 유용해 보인다. 거래안전도 질권설정을 '배출권장부'에 기재함으로써 보장될 수 있을 것이다. 동시에 '배출권거래'는 활발해질 것이다. '질권설정'을 가능하게 하기 위해 추가적인 관리 및 그에 따른 비용이 필요한 것은 사실이다. 하지만 현재 부동산 등기부의 관리시스템이 증명하듯 전자적 문서에 의해 많이 대체되어가고 있으며 그 확인도 온라인상으로 비교적 용이하게 가능하기 때문에 그다지 큰 비용을 요구하지는 않을 것이다. 더구나 예상되는 비용에 대비한 공적 이익의 창출 및 확대는 적지 않을 것이다. 또한 이로써 '탄소배출권거래'의 신속성과 유연성에 대한 우려도 있으나

56) 이로써 불필요하게 발생되는 거래비용은 거래대상의 탐색비용(Search Cost), 교섭비용(Bargaining Cost), 계약비용(Contracting Cost), 집행비용(Enforcement Cost) 등으로 세별할 수 있다. 이러한 비용요소는 효율성(efficiency)판단에 영향을 미칠 수 있으며 입법정책을 선택함에 있어서도 고려할 필요가 있다. 이에 대해 우선 A. Mitchell Polinsky, An Introduction to Law and Economics, 3. ed., 2008, 13-6면 참조.

표준화된 전자데이터베이스를 이용한다면 크게 문제되지는 않을 것으로 생각된다.

하지만 유럽의 경우를 보면 유럽연합 회원국간의 배출권거래가 가능하기 때문에 국경을 넘어선 거래의 경우 그 비용과 위험을 최소화시키기 위해 철저한 관리에 유의할 필요가 있다.

또한 '배출권담보'라는 제도는 기존의 물권법체계상 인정된 물권이 아니기 때문에 물권법정주의와의 조화문제도 고려해보아야 한다. 각국은 담보거래시장을 안정적으로 운용하기 위하여 법적으로 승인된 담보물권의 종류를 법정해 놓았다. 따라서 회원국 간에 '배출권담보' 제도의 안정적 운용을 위하여 유럽연합차원에서 그 형식과 내용을 통일할 필요가 있다고 할 것이다. '인증거래'와 관련하여서는 일종의 '장부질권(Registerpfandrecht)'을 신설하자는 제안도 있다.[57] 이는 유럽 각국의 물권법, 강제집행법 및 도산법체계와의 조화를 전제로 한다. 비용이 적지 않게 들 것임을 엿볼 수 있다.[58]

요컨대 질권의 부담을 안고 있는 '탄소배출권'의 구매에 관심이 있는 자가 당해 '장부질권'의 내용과 위험에 대해 알 수 있어야 하며 이것을 어떻게 규율하여야 실제 '구매'로 유인될 수 있을 것인가를 중점적으로 연구할 필요가 있다.

장부질권도 선의취득의 대상이 될 수 있는가는 또 다른 연구를 필요로 하나 만약 장부질권제도를 도입한다면 일응 긍정할 수 있다고 생각된다. 질권자가 아직 장부에 질권등기를 하지 않은 상태에서 당해 탄소배출권을 취득한 자는, 장부에 대한 신뢰를 보호받아야 하므로, 질권의 부담이 없는 탄소배출권을 취득한다고 볼 것이다. 등기를 질권의 성립요건으로 본다면 질권설정등기가 경료되기 전에는 질권 자체가 존재하지 않는 것이다. 다만 채무자의 담보제공의무의 불이행으로 인해 채권자가 기한이익의 상실을 주장할 수 있는 가능성은 열려 있지만 이는 별개의 문제이다.

한편 위와 같은 권리질권설정의 가능성을 등기가 불가능하다는 이유로 부인하는 견해가 있다. 독일 민법 제1274조 제1문은 권리질권의 설정은 그 권리의 양도에 관한 방법에 의하도록 정하고 있는데(이는 우리 민법 제346조와 같은 내용이다), 배출권거래법 제16조는 배출권의 양도를 위해 합의와 등기라는 방식을 요구하고 있으므로, 배출권에 대한 질권설정도 질권설정의 합의와 그 등기를 필요로 한다. 그런데

57) Wagner, 앞의 논문, 416면 이하.

58) 유럽통일민법 스터디 그룹의 연구성과는 이에 관한 많은 시사점을 던지고 있다. 특히 유럽동산담보법의 통일의 필요성에 대해서는 이전부터 많은 지적이 있어 왔다. 가령 Thilo Rott, Vereinheitlichung des Rechts der Mobiliarsicherheiten, 1999.

독일의 등기부체계상 3부(Abteilung Ⅲ)의 형식에 따라 질권설정의 등기를 하여야 하는데, 이것이 배출권거래장부체계에서는 불가능하다는 것이다. 그리하여 배출권에 대한 질권설정을 실제화하려면 결국 유럽공통의 담보법이 탄생하길 기다려야 하고 그 길은 아직 요원해 보이므로 현재로서는 부인하여야 한다는 주장이다.[59)]

d. 압류가능성 및 방법

독일에서 배출권의 압류(Pfändung)는 민사소송법 제857조에 근거하고 있다. 동조는 다시 채권압류에 관한 제828조 이하를 준용하고 있다. 즉 압류의 대상이 부동산강제집행의 대상이 아닌 다른 재산권일 경우 채권압류규정을 준용하는 것이다. 이에 따르면 압류나 전부명령은 집행채무자뿐만 아니라 제 3 채무자에게도 송달되어야 한다. 그러나 제 3 채무자가 존재하지 않는 경우에는(이 경우가 대부분일 것이다) 집행채무자와 현재의 인증보유자에게 송달하면 그것으로 유효하다고 볼 것이다.

압류의 구체적 방법에 대해서는 '특허권' 및 독일 민법상의 소위 '등기부저당권(Buchhyphothek)'을 참조할 수 있을 것이다.[60)] 독일 민사소송법 제830조 제 1 항 제 3 문은 등기부저당에서 피담보채권의 압류는 등기부에 등기되어야 하며 이는 압류결정과 함께 행해진다고 규정하고 있다.[61)]

위와 같은 독일집행법체계를 참조할 때, 배출권의 양도요건으로 '합의'와 '등기'를 필요로 한다면, 압류도 등기를 하여야 선의의 제 3 자에게 대항할 수 있다고 볼 것이다.

그런데 독일의 현행 법제상 배출권압류사실을 배출권거래장부에 등기할 수 있는 근거규정은 없다. 등기가 용이하지 않다면 배출권압류는 채권자들에게 그리 매력이 없을 수밖에 없다. 거래장부에 대한 공신력이 인정되는 한 제 3 자는 항상 보호받을 것이기 때문이다. 따라서 어떤 경우에든 압류가 제도상 등기될 수 있다는 전제

59) Michael Adam/Helmar Hentschke/Stefan Kopp-Assenmacher, 앞의 책, 163면.

60) 독일은 증권저당(Briefhypothek)과 등기부저당(Buchhypothek)으로 저당제도가 나누어져 있는데, 후자의 경우, 즉 저당증권이 교부되지 않는 저당을 등기부저당이라고 하며 등기가 되어야 저당권의 성립이 인정되며, 따라서 피담보채권의 '압류'도 등기되어야 한다고 본다(우리 민법 제348조도 참조하라). 이 점에서 특허권압류의 경우와 구별된다. 즉 독일에서 특허권을 압류할 경우 특허청에 비치된 특허권등록원부(Patentrolle)에 등기해도 법적 효력이 인정되지 않는다. 압류사실을 특허청에 통지하는 관행이 있다고 하나 이 역시 법적인 효력을 수반하지는 않는 것이다. 그 이유는 독일 특허법상 특허권등록원부에 등록하는 것이 특허권의 취득요건이 아니기 때문이다.

61) Ist die Erteilung des Hypothekenbriefes ausgeschlossen, so ist die Eintragung der Pfändung in das Grundbuch erforderlich; die Eintragung erfolgt auf Grund des Pfändungsbeschlusses.

하에서 위 논의가 유의미하다고 생각된다. 나아가 채권자의 만족을 위한 환가를 어떻게 할 것인가도 문제이다. 임의매각 또는 경매를 통한 환가를 허용해야 비교적 수월하게 제도가 운용될 수 있을 것이다.[62)]

따라서 배출권을 압류할 수 없는 대상으로 규정하는 방법은 배제되어야 한다고 생각한다. 압류직전에 몰린 배출권자들이 재산도피수단으로 배출권제도를 악용할 가능성을 원천적으로 봉쇄할 필요가 있기 때문이다. 이는 이론적 가능성인데 실제로 그리 될 것인지는 기다려 보아야 할 문제이다.

(4) 장부관리소의 등기통제

다음으로 배출권장부관리소에서 장부를 관리한다면 장부관리소의 등기관에게 어떤 권한을 부여할 것인가 하는 문제가 제기될 수 있다.

이는 마치 부동산등기와 관련하여 등기관에게 형식적 심사권을 부여하는데 그칠 것인가(우리나라의 경우) 아니면 실질적 심사권을 부여할 것인가(독일의 경우)의 문제와 유사해 보인다.

구체적인 예를 들자면 가령 장부관리소 등기관이 배출권거래 당사자 간에 '양도의 합의'가 결여되어 있다거나 '양도행위에 중대한 하자'가 있음을 발견한 경우 이를 이유로 '등기를 거절'할 수 있을 것인가의 문제이다.[63)]

만약 상술한 바와는 달리 배출권의 취득요건을 '합의'와 '등기'가 아니라 '등기'만이라고 법정한다면, 배출권의 양도는 등기만으로 유효하게 행해질 수 있을 것이다. 이렇게 취득요건을 단순화할 경우 선의취득여부를 고민할 필요가 없게 된다. 등기명의자가 곧 진정한 권리자로 간주되기 때문이다. 물론 '등기'에 선행하는 '합의'가 없다면, 부당이득반환관계의 성립여부를 따져서 청산하게 될 것이다(그 밖의 논점에 대하여 Ⅲ. 4. 참조).

위와 같은 취득요건의 단순화는 문제를 단순화하기 보다는 복잡하게 만들 공산이 커 보인다. 배출권의 양도행위에 명백한 하자가 있음에도 불구하고 등기가 있었

62) Michael Adam/Helmar Hentschke/Stefan Kopp-Assenmacher, 앞의 책, 164면.

63) 이해관계자가 의심할 만한 자료를 제출한다면 등기관은 그러한 의심이 해소될 때까지 등기를 거절할 수 있어야 하지 않을까? 이로써 배출권거래에 대한 신뢰가 제고되어 더욱 거래가 활성화되지 않을까? 더구나 국가 간에도 배출권거래가 가능하도록 구상되어 있는데 이 정도의 '통제권'은 장부관리소 측에서 행사할 수 있어야 최소한의 거래안전이 담보될 수 있을 것이다. 이에 관해 우선 Wagner, 앞의 논문, 419면 참조.

다는 이유만으로 진정한 권리자의 배출권을 박탈하고 부당이득반환청구로 만족하라고 하는 것은 정당한 제도운영으로 생각되지 않기 때문이다. 이로써 득을 보는 자는 아마도 장부상 명의자의 채권자들일 것이다. 이들이 배출권압류를 시도할 때 진정한 권리자는 아무런 권리(가령 제3자이의의소, 부인권 등)도 행사할 수 없게 된다. 이는 타당한 해법이라고 하기 어렵다.

그렇다면 배출권의 취득요건을 '합의'와 '등기'로 보고, '합의'가 결여된 경우 또는 양도행위에 하자가 존재하는 경우, 장부명의자가 아니라 진정한 권리자를 배출권의 보유자로 인정할 필요가 있다고 생각된다.

따라서 위와 같은 경우 진정한 권리자의 배출권을 긍정하여야 할 것이다. 물론 이 경우 문제될 수 있는 동적 거래안전의 보호는 상술한 '선의취득의 가능성'에 의해 도모하면 되리라 생각된다.[64]

위와 같이 배출권제도를 구상하고 운영할 경우 적지 않은 비용이 소요될 것이다. 그렇지만 지금까지의 경험으로 미루어 보건대 선의, 무과실의 거래상대방의 신뢰를 보호하지 않을 경우 부가적으로 발생하는 사회경제적 비용, 즉 상실된 신뢰를 대체하기 위한 비용은 이보다 훨씬 막대할 것이다.

결론적으로, 비록 원론적으로 들리지만, 중요한 것은 거래비용을 최소화하면서 정적 거래안전의 보호와 동적 거래안전의 보호 간에 적절한 균형추를 찾아내는 데 있다고 생각한다.

참고로 유럽 연합의 회원국 간에 배출권거래가 있을 경우 유엔물품매매에 관한 협약(CISG)은 적용되지 않는다. 동 협약은 국경을 넘어서는 '물건'의 매매에 적용되고, 여기서 '물건'이란 '유체동산'인데, '탄소배출권'은 유체물이라고 할 수 없기 때문이다.

그 밖에도 배출권제도의 실질적인 운용과 관련하여 좀 더 검토하고 싶은 쟁점들이 있지만 향후의 운영과정에서 실제로 드러나는 문제점들을 관찰한 후 우리의 사법적 체계 내에서의 해석론을 구체적으로 전개할 수 있기를 희망한다.

---

64) 이는 이론적 가능성일 뿐이다. 배출권거래법은 그 제16조에 강력한 보호수단을 마련하고 있기 때문이다. 상세는 Ⅲ. 4. 3) 부분 참조.

Ⅴ. 결 론

이상에서 간략히 살펴본 바에 따른다면 탄소배출권제도를 운영하기 위해 막대한 행정력과 비용이 소모될 것이 예상되는데 이러한 문제들을 향후 어떻게 극복해 나갈 것인지 주목해 보아야 할 것이다. 유럽의 입장에서도 탄소배출권거래제도는 일종의 실험(Experiment)[65]이라고 볼 수 있는데 이러한 실험의 경과와 결과가 흥미진진하다. 최근 한국수자원공사가 국내에서는 처음으로 탄소배출권 거래의 주인공이 되었다고 한다. 우리에게도 탄소배출권은 더 이상 남의 이야기가 아니게 되었다. 따라서 우선 유럽의 예를 타산지석으로 삼아 속히 한국적 탄소배출권제도를 정착시켜야 할 것이다.

필자는 본고로서 배출권거래를 둘러싸고 전개가 예상되는 민사법적 쟁점들을 독일의 예를 빌어 미리 일견해 보는 기회를 가지고자 하였다. 우리와는 민법상의 제도를 포함하여, 여러 가지 제도를 달리 하는 독일이지만 유럽연합의 차원에서 공동으로 이끌어가는 거대한 실험프로젝트에서 주도적 역할을 하고 있기에 그 속살을 들여다보는 것은 흥미로울 뿐만 아니라 우리의 미래를 대비하는 의미도 있다고 생각한다.

이 논문 모두에서 적은 바와 같이 2010년 4월 14일자로 저탄소 녹색성장 기본법이 시행되기 시작하였다. 그 구체적 시행령도 거의 마무리단계에 있다고 하며 관련 기업들도 철저한 준비를 위해 만전을 기하고 있다. 총량제한 배출권 거래제도의 출범을 얼마 남겨 두지 않은 현 시점에서 향후 21세기 녹색성장의 주축을 형성하게 될 '탄소배출권제도'가 합리적이고도 튼실하게 확립되고 운영되기를 기대하면서 결론에 갈음하고자 한다.

65) Schlüter, 앞의 논문, 1216면.

약 어 표

Richtlinie 2003/87/EG des Europäischen Parlaments und des Rates über ein System für den Handel mit Treibhausgasemissionszertifikaten in der Gemeinschaft und zur Änderung der Richtlinie 96/61 EG des Rates) ⇛ EH-RL로 인용한다(탄소배출권거래체계에 관한 입법지침)(2003년 10월 13일자 ABl. L 275 vom 25.10. 2003, S. 32)

Gesetz zum Schutz vor schädlichen Umwelteinwirkungen durch Luftverunreinigungen, Geräusche, Erschütterungen und ähnliche Vorgänge(Bundesimmssionsschutzgesetz) ⇛ BImSchG로 인용한다(연방임밋시온방지법)(2002년 9월 26일자 BGBl. I S. 3830).

Gesetz über den Handel mit Berechtingungen zur Emission von Treibhausgasen ⇛ TEHG로 인용한다(온실가스배출권거래법: 배출권거래법이라 약칭)(2004년 7월 8일자 BGBl. I, S. 1578)

Gesetz über den nationalen Zuteilungsplan für Treibgas-Emissionsberechtigungen in der Zuteilungsperiode 2005 bis 2007(Zuteilungsgesetz 2007) ⇛ ZuG 2007로 인용한다(탄소배출권의 국내배분계획에 관한 법률: 배출권할당법이라 약칭)(2004년 8월 26일자 BGBl. I, S. 2211). 2008년부터 2012년까지 적용되는 배출권할당법은 ZuG 2012로 인용한다.

Münchener Kommentar/저자 ⇛ MK/저자, 방주 번호(민법 조문)로 인용한다.

Bundestags-Drucksache ⇛ BT-Drucks. 번호, 면수로 인용한다.

Deutsche Emissionhandelsstelle ⇛ DEHSt(독일 탄소배출권거래소)로 인용한다.

Gesetz über die friedliche Verwendung der Kernenergie und den Schutz gegen ihre Gefahren ⇛ Atomgesetz(원자력법)으로 인용한다.

Gesetz zum Schutz vor schädlichen Bodenveränderungen und zur Sanierung von Altlasten (Bundes-Bodenschutzgesetz) ⇛ BBodSchG(연방국토보호법)로 인용한다.

참고문헌

곽윤직, 민법총칙, 7판, 2002.

Timo Hohmuth, Emissionshandel und deutsches Anlagenrecht, 2006

Jarass, BImSchG, 5. Aufl., 2008

Gleis Lutz, Das deutsche Emissionshandelsrecht auf dem Prüfstand, 2005

Erichsen/Ehlers, Allgemeines Verwaltungsrecht, 12. Aufl., 2002

Meyer/Borgs, Verwaltungsverfahrensgesetz, 2. Aufl., 1982

Wagner, Handel mit Emissionsrechten: Die privatrechtlicheDimension, ZBB, 2003, 411 면 이하

Nationaler Allokationsplan für die Bundesrepublik Deutschland 2005-2007, Bundesministerium für Umwelt, Naturschutz und Reaktorsicherheit, Berlin, 31. März 2004(http://www.bmu.de/emissionshandel/doc/5721.php)

Michael Adam/Helmar Hentschke/Stefan Kopp-Assenmacher, Handbuch des Emissionshandelsrecht, 2005

Frenz, Emissionshandelsrecht, Kommentar zum TEHG und ZuG, 2. Aufl., 2007

Münchener Kommentar, Bd. 3, 5. Aufl., 2008.

Legal Aspects of Implementing the Kzoto Protocol Mechanisems: Making Kyoto Work, Ed. David Freestone/Charlotte Streck, 2005.

Kobes, Emissionshandel 2008-2012, NVwZ 2007, 857

Martini/Gebauer, Alles umsonst? Zur Zuteilung von CO_2-Emissionszertifikaten: ökonomische Idee und rechtliche Rahmenbedingungen, ZUR 2007, 225

Rebentisch, Rechtsfragen der kostenlosen Zuteilung von Berechtigungen im Rahmen des Emissionshandelsrechts, NVwZ 2006, 747

Schlüter, Emissionsrechtehandel ante portas, NVwZ 2003, 1213

A. Mitchell Polinsky, An Introduction to Law and Economics, 3. ed., 2008

Thilo Rott, Vereinheitlichung des Rechts der Mobiliarsicherheiten, 1999

제 4절 독일의 기후변화 대응 법체계

— 公法的 意義 —

김 태 호*

Ⅰ. 기후변화에 대한 대응과 비교법적 검토의 필요성

1. 기후변화는 장기간에 걸쳐 기후의 평균 상태 및 체계에 변화가 일어나는 것을 뜻한다. 그런데 여기서 지금 문제 삼는 기후변화는 자연적인 기후변동 현상에 관한 것이라기보다 인간의 활동으로 인해 유발되는 기후변화이다. 인간의 활동에 수반하여 배출되는 온실가스로부터 지구온난화가 초래되고 그로 인해 기후체계에 변화를 가져옴으로써 발생하는 부정적인 기후변화 현상이 문제되는 것이다. 그런 점에서 우리가 수립하여야 할 기후변화에 대한 대응 법체계는 무엇보다 인간의 활동에 수반되는 온실가스의 발생을 억제·저지하는 데 초점이 맞춰질 수밖에 없다.

문제는 온실가스를 유발하는 인간의 활동이 실로 광범위하다는 데 있다. 따라서 온실가스를 억제하기 위한 정책 수단 및 이를 가능하게 하는 법적 뒷받침은 다각적이고 복합적인 수단을 조합하여 이뤄질 수밖에 없다(이른바 Policymix).[1] 온실가스를 억제하기 위해서는 기후변화 대응 법 체제로 포괄되는 다양한 법·정책수단들이 동원되지 않을 수 없는 것이다.

---

* 헌법재판소 헌법연구관.

1) 기후변화 대응을 위한 정책수단의 선택과 조합에 대한 일반적인 논의로는 조홍식, 우리나라 기후변화대책법의 전망, 환경법연구 제30권 제2호, 2008, 311-338면 참조.

기후변화 대응의 또 다른 어려움은 지구온난화로 인한 기후변화의 파급효과가 국경을 넘어 전 지구적으로 퍼지는 데 반해, 그에 대한 대응은 결국 최종적으로 국가별 단위로 이루어질 수밖에 없다는 데에도 있다. 따라서 전 지구적 관심사가 된 기후변화 대응 체제는 국제법 질서와 국내법 질서 간의 협력에 의해 구축될 수밖에 없으며, 구체적으로는 국제협약의 체결, 협약 가입에 따른 국가적 이행 의무의 부과, 협약의무의 이행을 위한 개별 국가별 대책의 모색이라는 과정을 거치게 된다.

2. 우리나라 저탄소 녹색성장 기본법은 기후변화 문제에 효과적으로 대응할 수 있도록 다양한 정책 수단을 위한 근거조항들을 마련하였다. 환경 친화적인 조세 제도를 운영하도록 정하고 있고(법 제30조), 기후변화에 효과적인 에너지 목표관리제를 도입하고 있으며(법 제42조), 온실가스를 감축할 수 있는 교통체계를 구축하도록 하는가 하면(법 제54조), 별도의 법률을 만들어 총량제한 배출권 거래제를 실시할 수 있는 근거 조항을 두고 있기도 하다(법 제46조). 다만, 우리나라에서 이러한 조항들은 법적 근거를 마련해 둔 정도의 의미를 가질 뿐 제도적인 정책조합의 시행은 아직 초기단계에 있다고 할 수 있다. 따라서 정책조합을 실행해 본 외국의 경험을 참조하는 것은 앞으로의 제도 시행에 좋은 참고가 될 수 있을 것이다.

한편, 우리나라는 아직 교토의정서체제 하에서 온실가스의 감축의무를 지는 국가에 해당하지는 않으므로 국제협약에 따른 국가적 의무 이행으로서 온실가스를 감축해야 하는 것은 아니다. 그러나 우리나라가 온실가스의 주요 배출국에 해당하는 점을 감안해 보면 조만간 국제협약이 부여하는 온실가스 의무감축국에 포함되게 될 것은 자명하다. 그러므로 이에 대비하여 이미 감축의무를 이행하고 있는 국가의 감축의무 이행 경험을 살피고 그를 타산지석으로 삼은 우리 법제도의 구축이 필요하다.

3. 다양한 법·정책수단 동원의 경험과 온실가스 의무감축 이행에 대한 경험을 참조하기 위해 이하에서는 독일의 기후변화 대응 법체계 전반을 검토해 보기로 한다. 독일은 유럽공동체의 환경적극주의를 이어받아 기후변화대책에 대해 매우 적극적인 국가 중의 하나로서[2] 각종 정책수단을 복합적으로 조합하고 있으며, 유럽공동체의 기후변화 대응 체제 하에서 온실가스 감축의무를 이미 이행하고 있다는 점에서 참고할 만한 가치가 있다. 특히 독일에서는 환경세뿐만 아니라 총량제한 배출권

2) 독일의 온실가스 배출현황과 기후변화정책에 대한 개관적인 국내 문헌으로는 윤순진, 영국과 독일의 기후변화정책, ECO 제11권 제1호, 2007, 43-95면 참조.

거래방식(Cap & Trade)의 배출권거래 제도를 도입함으로써 정부가 온실가스 배출주체에 대해 배출권한을 할당하는 처분이 제도 운용에서 핵심적 위상을 갖게 되었다. 이는 배출권거래제도의 공법적 측면이 잘 드러나는 비교법적 사례로서의 의의를 갖는 것이다.

한편, 독일은 현재 시험적 실시 단계를 지나 온실가스 감축을 위한 배출권거래제도의 2단계 실제운용(2008~2012년)에 들어서 있는 상황이다. 그런데 아직 제도적 기반을 마련하지 않고 있고 온실가스 감축의무국에도 해당하지 않는 우리의 경우에는 독일의 지난 1단계 시험실시(2005~2007년)에서의 제도운용을 소개하는 것이 의미가 있다. 반면 다른 한편으로는 2단계 실용운용의 규율이 1단계 시험실시에서의 많은 오류를 수정하고 본격적으로 배출권거래제도를 실시하고 있는 것이므로 온전한 형태의 배출권거래제도를 소개하기 위해서 2단계 실제운용에서의 법체계를 살펴보는 것 역시 중요하다. 이하에서는 이러한 점을 감안하여 1단계 시험실시에서의 규율을 먼저 소개하고 2단계 실제운용에서의 개선점을 살펴보기로 한다.

Ⅱ. 기후변화 대응에 관한 독일의 법 · 정책적 수단

1. 전통적 환경규제 수단 내에서의 기후변화 대응(행위 규제)

(1) 독일 공해방지법[3]은 "유해한 환경영향"을 초래하는 오염배출활동을 하는 시설의 환경규제에 관한 법률로서 환경오염방지를 위한 다양한 법적 수단을 망라하고 있다. 이 법률은 특히 전통적인 질서법적 규제수단인 공해배출시설에 대한 허가의무 부여를 규정함으로써 시설운영자로 하여금 허가 없이 해당 시설을 가동할 수 없도록 한다.

그런데 문제는 기후변화 대응과 관련하여 공해방지법의 질서법적 규제 수단을 통해 온실가스의 배출 감축을 직접 규제하기 위해서는 온실가스의 배출활동이 '유해한 환경영향'을 가져오는 오염배출활동에 해당하여야 한다는 점이다. 이를 위해 만약 온실가스를 오염물질의 목록에 추가하여 공해방지법에서 일정한 배출 허용치를 두는 질서법적 규제 방법을 택한다면 온실가스 배출 억제에 가장 강력한 수단이 될

3) Bundes-Immissionsschutzgesetz(BImSchG).

수 있을 것이다(command and control). 질서법적 규제 방법은 여전히 선택 가능한 규제의 방식이라고 할 수 있으며, 이는 미국 대기청정법상의 '대기오염물질'에 온실가스가 포함되는가에 관한 논란[4])으로 이어진다.

그러나 독일 공해방지법의 경우에 온실가스가 바로 오염물질에 해당한다고 규율하고 있지는 않다. 대신 이 법은 유럽 통합환경오염 관리지침[5])을 전환하여 기후변화 대응에 대한 몇 가지 새로운 규정을 두게 된다.[6]) 먼저 공해방지법 제 1 조는 기후(Klima)를 보호법익으로 명시한 위 지침을 전환하여 대기(Atmosphäre)가 동법의 보호법익에 해당한다고 명시하고, 시설운영자에게 기후보호에 대한 의무를 부여한다. 구체적인 시설운영자의 기후보호를 위한 의무로는 기후보호를 위한 일정한 사전예방조치를 취하도록 하는 한편, 특히 시설운영자가 취해야 할 핵심적 조치로서 시설운영자가 에너지를 절약하고 효율적으로 사용할 것을 요청하고 있다. 다만, 이러한 새로운 규정들은 무의미한 것은 아니지만, 준수하지 않았다고 하여 곧바로 시설허가가 철회되는 것은 아니므로 온실가스 감축을 관철하는 데 충분하지 못한 규율이라는 비판이 있다.[7])

(2) 그 밖에 기존 전통적인 환경법체제 하에서 기후변화에 대한 대응의 예로 환경영향평가법[8]) 제 2 조 제 1 항 2문은 환경평가의 대상으로 지표, 물, 대기 외에 기후를 포함시키고 있으며, 연방자연환경보호법 제 2 조 제 6 호도 자연보호 및 경관보호의 기본원칙으로서 기후에 미치는 피해를 회피하여야 한다고 하면서, 신재생에너지를 사용한 지속가능한 에너지 공급의 구축, 자연보호 및 경관보호 조치를 통한 기후의 보호와 향상에 노력할 것을 원칙으로 하고 있다.

그러나 이러한 개정 입법들은 처음부터 기후변화 대응의 목적을 상정하고 제정된 것이 아닌 법률을 대상으로 한 것이고, 질서법적인 규제수단을 관철하려 할 경우 시설 운영자의 영업의 자유에 대한 지나친 제한이 초래될 우려도 있어서 기후변화의 목적을 달성하는 데 충분한 규율이 되지 못한다.[9])

---

4) Massachusetts v. EPA, 127 S.Ct. 1438(2007) 참조.

5) IVU-Richtlinie, 96/61/EG, ABl. EG L 257, S. 26. 이후 이 지침은 Richtlinie 2008/1/EG에 의해 개정된다.

6) Koch/Wieneke, DVBl 2001, 1086면 이하.

7) Koch/Wieneke, DVBl 2001, 1091면.

8) Gesetz über die Umweltverträglichkeitsprüfung(UVPG).

9) Kloepfer, Umweltrecht, S. 1503 참조.

2. 에너지 관련 행위유도적 입법[10)]

다음으로 온실가스 감축에 관한 정책 수단으로는, 온실가스를 감축할 수 있는 재생에너지의 사용 등으로 체제 전환을 유도하는 입법이다. 이러한 에너지 절약 취지의 행위 유도 규율은 직접적으로 재생에너지를 대상으로 하는 경우도 있고, 건축법 등에서 에너지 절약에 관한 목적의 횡적 규율을 두는 경우도 있다.

(1) 재생가능에너지법

먼저 재생가능에너지법은 재생가능에너지로부터의 전기를 지원하고 화석에너지에 대한 새로운 수요를 제한하고 있다. 이 법에 따르면 전기사용에 있어 2020년까지 재생에너지 비율을 25-30%로 하도록 하고, 재생에너지 사용에 우선권을 부여하며, 바이오매스, 풍력, 수력, 지열, 태양열로부터 전기 공급을 할 경우 고정요금제를 적용하도록 하고 있다. 이러한 규율을 두는 것은 화석에너지 사용으로부터 온실가스가 배출되는 양이 매우 크기 때문이다.

(2) 에너지 효율 증진에 관한 법규

에너지 효율과 관련하여서는 건축물, 교통수단, 제품사용, 신기술, 농림업에서의 에너지 효율성 확보가 모두 중요하다.

먼저 에너지 효율을 높이기 위해서 2020년까지 석탄, 원유, 가스로부터 독립적인 건물 건축과 신 건물에 대한 에너지 관련 신규 규제 도입 등을 정하고 있다.

다음으로 교통수단과 관련하여 과적차량에 대해서는 통행료를 지불하도록 하고, 이산화탄소 배출량에 따라 통행료에 차등을 두도록 하며, 자동차, 선박, 항공기 운행에 대해서도 이하에서 살피게 될 세금 부과 또는 배출권거래제의 적용을 받도록 하고 있다.

또 제품 사용에 있어서 에너지 효율이 낮은 제품에 대해서는 판매를 금지하거나, 가전제품 및 차량 등에 대해서 에너지 소비효율을 표시하도록 의무화하고 있다. 후자의 예는 정보공유 수단을 제공함으로써 에너지절약을 유도하는 정보제공적 행

---

10) 자세한 법령의 내용 소개는 Federal Ministry for the Environment, Nature Conservation and Nuclear Safety, Taking Action against Global Warming, 2007; Czybulka, Klimaschutz außerhalb des Emissionshandelssystems-Ausgewählte Aktionsfelder und rechtliche Umsetzung in Europa und in Deutschland; Kloepfer, Umweltrecht §17을 참조하라.

위유도수단에도 해당하는 것이다.

그밖에도 에너지 효율을 높이기 위한 열병합발전보호법[11]의 제정을 주요한 에너지 효율 증진의 예로 들 수 있다. 열병합발전은 발전과정에서 대기 중에 버려진 열을 회수하여 활용함으로써 에너지 효율을 높임과 동시에 이산화탄소 배출을 줄일 수 있는 방식이다. 이 법은 열병합발전소 건설에 대한 초기투자비용이 높고 자본 회수기간이 길어 기존발전방식과 경쟁하기 어려운 점을 고려하여 세제 감면 혜택과 재정지원을 인정함으로써 지원책을 모색하도록 하고 있다.

3. 세제 수단을 통한 행위유도적 법률

이른바 환경세 또는 탄소세란 온실가스 배출 또는 절감에 따라 세금부과 또는 세제혜택을 제공하는 세금체제를 가리키는 것으로, 세제를 기후변화에 대응하는 법적인 행위유도 수단으로 사용하려는 취지를 갖는다. 환경세제의 운영은 배출권의 거래제도보다 기후변화 대응에 보다 효과적인 것으로 알려져 있다.[12]

독일은 정책조합의 일종으로 환경세 제도를 단행 법률[13]로 도입하였다. 이 법에 따르면 환경에 부담을 주는 에너지 소비에 대해서 소비세를 물리는 한편, 그 수익을 사회 보험료에 충당함으로써 사회보험의 고용자 부담분을 경감하도록 하고 있다.

환경세는 환경과 조세가 결합된 개념으로서 조세의 징수를 환경에 결부시켜 조세의 정당성을 얻고자 하며,[14] 국가재정확보 목적과 환경보호의 목적을 함께 달성하고자 하는 소비세이다.[15] 환경세에 의하여 환경세 납세의무자의 일부는 환경세 납부를 줄이기 위해 환경오염을 적게 하는 동기를 갖게 된다. 환경세 부과에 대해서는 그 합헌성이 독일 연방헌법재판소에 의해서 다투어진 바 있으나 연방헌법재판소는 평등권 침해를 제외하고 납세자에 의한 헌법소원의 적법성을 인정하지 않아 각하[16] 한 바 있다.

---

11) Gesetz für die Erhaltung, die Modernisierung und den Ausbau der Kraft-Wärme-Kopplung (KWKG).

12) 조홍식, 우리나라 기후변화대책법의 전망, 환경법연구 제30권 제2호, 2008 참조.

13) Gesetz zum Einstieg in die ökologische Steuerreform.

14) 박균성·함태성, 환경법, 181면.

15) Jachmann, Die Rechtfertigung der ökologisch motivierten Steuer, S. 708 ff.

16) BVerfGE v. 20. 04. 2004, Az: 1BvR 1748/99.

4. 온실가스 배출거래제

환경세제와 함께 온실가스배출거래제도는 질서법적 규제의 한계를 극복하면서 기후변화에 대응하는 법·정책적 수단으로 인정되고 있다. 온실가스 배출거래제의 방식은 배출목표를 설정하고 배출권한을 나누어준 다음에 그 배출권한을 거래하도록 하는 총량거래방식(Cap & Trade 방식)과 배출목표를 정하지 아니하고 온실가스 감축활동에 따라 그 감축분에 대해 크레딧을 부여하는 배출권한 감축량 계산방식(Baseline & Credit)이 모두 가능하다. 이하 Ⅲ.에서 보다 자세히 살피기로 한다.

Ⅲ. 독일의 온실가스 배출권거래 제도

1. 개 관

(1) 교토의정서를 이행하는 유럽공동체 배출권거래지침의 제정

독일의 온실가스 배출권 거래 제도는 유럽공동체의 온실가스 배출권거래체제의 일부를 이루며, 교토의정서를 유럽 단위에서 이행하기 위한 유럽공동체의 法源인 '유럽공동체의 탄소배출권거래체제에 관한 입법지침'을[17](이하 '배출권거래지침'이라 한다) 국내법적으로 전환하며 형성되었다. 이 때문에 배출권거래제도의 기본 형태는 유럽공동체 내 각 회원국이 유사한 체계를 갖게 되며 국가별로 온실가스의 감축 목표치 등에서 차이가 있을 따름이다.

(2) 독일 국내법으로의 전환

독일의 경우에는 배출목표 설정방식을 택하면서 이산화탄소 배출 감축목표를 1990년 기준으로 2008-2012년까지 21%, 2020년까지 40% 감축할 것을 목표로 설정하고 유럽공동체 배출권거래지침을 전환하는 국내입법을 제정하였다.

독일에서는 배출권거래제를 구축하면서 크게 두 개의 법률에서 이를 나누어 규율하였다. 먼저 온실가스배출권거래법이다[18](TEHG, 이하 '배출권거래법'이라 한다).

---

17) RL 2003/87/EG, ABl.EG L 275/32 vom 25. 10. 2003.

18) Gesetz über den Handel mit Berchtigungen zur Emission von Treibhausgasen. 법률의 내용에

이 법에서는 규율대상 활동으로 인한 온실가스 배출행위에 대해 허가를 받도록 하고(법 제4조), 유럽연합의 승인을 받은 독일 국내의 배출권한 할당계획(NAP[19]))이 법적구속력 있는 행정계획으로서 확정되면(법 제7·8조 참조) 국가가 시설업자에게 개별적인 배출권한을 할당한 다음(법 제9조 이하 참조), 할당한 배출권한을 거래(법 제16조 참조)할 수 있도록 하고 있다.

이러한 과정에서 핵심적인 절차에 해당하는 배출권한의 할당에 대해서는 별도의 법률을 제정하였다. 배출권한의 국내할당계획에 관한 법률[20])(이하 '할당법'이라 한다) 및 이 법률 및 배출권거래법의 위임을 받아 배출권 할당 배분의 기준과 양을 구체화한 시행령(이하 '할당령'이라 한다)[21])이 그것이다. 이처럼 할당법 및 할당령을 별도의 법률로 제정하여 규율하고 있는 이유 중의 하나는 배출권한 할당에 대한 규율이 한시적인 성격을 갖는 법률이기 때문이다. 즉 국내할당계획 수립의 구체적 절차와 기준을 정하고 있는 할당법은 배출 감축 목표의 추진 일정에 따라 그 기간 내의 할당방식을 규율하게 된다. 즉 유럽공동체 내 배출권한 거래제가 현재 3단계의 배출권한 할당기간, 즉 1단계 시험운영기간(2005~2007년), 2단계 운영기간(2008~2012), 3단계 운영기간(2013~2020)을 정하고 그에 따라 배출권거래제도의 운영을 본격화해 가는 구조를 취하고 있음에 따라, 할당법은 각 단계에 맞추어 할당법 2007(ZuG 2007), 할당법 2012(ZuG 2012), 할당법 2020(ZuG 2020)을 제정하게 되는 것이다. 따라서 이미 1단계 시험운영 기간인 2005~2007년에 적용된 할당법 2007은 그 적용이 종료되었고, 현재는 2단계 기간인 2008~2012년에 적용되는 할당법2012가 제정 · 적용되고 있는 상황이며, 앞으로 3단계 기간인 2013-2020년이 도래하게 되면 할당법 2020이 제정되게 될 것이다.

그 밖에 교토의정서에서는 배출권거래제도 외에 이른바 청정개발체제(Clean Development Mechanism, CDM) 및 공동프로젝트실시(Joint Implementation, JI)를 통한

대해서는 한국법제연구원의 인터넷 홈페이지에 게시되어 있는 온실가스배출권거래법의 번역 자료도 참고가 될 것이다.

19) National Allocation Plan (NAP)=Nationaler Zuteilungsplan. 국가할당계획 수립 과정에서의 논란과 쟁점에 대한 국내문헌으로는 이종영/백옥선, 독일 온실가스배출권거래법의 제정배경과 체계, 중앙법학 제10집 제1호, 2008, 412면 이하를 참조하라.

20) Gesetz über den nationalen Zuteilungsplan für Treibhausgas-Emissionsberechtigungen in der Zuteilungsperiode (ZuG)

21) Verordnung über die Zuteilung von Treibhausgas-Emissionsberechtigungen in der Zuteilungsperiode (ZuV)

배출감축의무 이행을 인정하고 있는바, 독일에서도 공동프로젝트실시 방식 등을 이용한 온실가스 감축 의무 이행이 가능하도록 그 프로젝트의 비용 등에 관해 규율을 하고 있는 프로젝트 메커니즘법[22]이 제정되어 있다.

2. 온실가스 배출권한의 법적 내용과 성격

(1) 법적 내용과 성격

1) 배출거래법은 이 법에서 의미하는 (배출)권한 또는 권능(Berechtigung)이라 함은 시설단위별로 특정기간 동안 이산화탄소 1톤 또는 그 등가물[23]을 배출할 수 있는 자격(Befugnis)을 말한다고 정의하고 있다(법 제3조). 따라서 배출권한은 각 할당기간 내의 단위별 활동에 대해서 인정되며(제9조 제2항 제1호), 시설단위별[24]로 배출권한이 부여되게 된다.

그런데 여기서 권한 또는 권능(Berechtigung)이라 함은 원래 배출권거래지침에서 사용된 배출인증서(Zertifikat)라는 문언을 독일 국내법상 전환한 것인데, 이것은 정확히 공법상 권리에 해당하는 것일까?

독일 주석서에서는 배출인증서라는 것이 오염배출에 대한 '권능'을 부여하는 것이고 이러한 오염권한 일부에 대한 할당은 일반적으로 개인에게 문서화된 권리로서 분배되는 것이므로 독일 법에서 '인증서' 대신 '권능'이라는 표현을 사용한 것은 우선 적절하다고 한다.[25]

그러나 여기서 권능이 바로 권리와 동일한 것인지는 학설의 다툼이 있다. 우선 이에 대해서는 여기서 권능이 구체적으로 배타적이고 거래가능한 이용권(리)을 뜻하는 것으로 보는 견해가 있다.[26] 이에 따르면 독일법상 배출권한 또는 권능이라는 표현은 법률관계에서 한 당사자가 자신의 이익을 실현시키기 위하여 다른 당사자에게 특정한 작위, 부작위, 수인을 요구할 수 있는 법상의 힘을 가리키는 권리에 해당

22) Gesetz über projektbezogene Mechanismen nach dem Protokoll von Kyoto zum Rahmenübereinkommen der Vereinten Nationen über Klimaänderungen (ProMechG).

23) 이산화탄소 1톤 등가물이란 이산화탄소 1톤 또는 다른 온실가스가 이산화탄소 1톤이 야기하는 대기온난화에 야기하는 것과 상응하는 양을 뜻한다.

24) 이는 시설운영자가 한 시설의 여러 부분에 대해서 할당법 제11조 및 제7조 제7항에 따라 할당을 신청하고 하나의 허가를 받은 경우에 법적 쟁점이 될 수 있다.

25) Körner/Vierhaus/von Schweinitz, TEHG Kommentar, § 3, Rn. 9.

26) Körner/Vierhaus/von Schweinitz, TEHG Kommentar, § 3, Rn. 8, 9.

한다고 할 수 있을 것이고, 따라서 엄격한 의미에서 권한·권능과 권리는 구별해서 사용되는 것이지는 하지만, 배출권능이 오염물질 배출을 통해 이익을 누리는 허가권자가 오염물질 배출을 주장할 수 있는 법적 힘을 부여받은 것이라는 차원에서 보면 이를 '배출권'이라고 이해하더라도 큰 무리는 없다고 보게 될 것이다.

그러나 권한이라는 표현에 대해 권리로서의 성격을 인정하지 않고, 배출허용량에 해당하는 개념을 의도한 것이라고 보는 견해도 있다.27) 이에 따르면 공기와 같은 대상을 개인의 권리의 대상으로 인정할 수 없으며, 이를 경매방식으로 배분하는 것도 허용되지 않는다고 봐야 하며, 오염물질 배출은 전통적인 질서법적 수단에 의한 규제의 대상이 되어야지 오염물질을 배출할 수 있는 자격을 권리라고 부를 수는 없다는 비판이 제기된다. 이러한 논리에 따라 만약 배출권한이 권리에는 미치지 못하는 것이라고 본다면, 배출권한의 부여는 법률 규정에 의한 반사적 이익으로서의 속성에 가까운 것이고, 사정변경에 의해 배출허용량을 취소 또는 철회하더라도 이에 대한 법적 권리를 주장할 수는 없을 것이다. 이하에서는 이런 이러한 학설 대립에 대해 중립적인 의미에서 배출권한이라는 표현을 계속 사용하기로 한다.

2) 한편, 배출권거래법에 따르면 배출권거래 권한을 획득한 자는 시설단위별로 할당기간에 한정하여 배출권한할당청구권을 가지게 되고(배출권거래법 제9조 제1항, 제2항 제1문), 이 권한은 1단계 시범실시의 경우 무상배분(Grandfathering) 형식으로, 2단계부터는 10% 이내 범위에 한정하여 경매제에 의한 배분이 함께 실시된다.

그런데 여기서 배출권한을 분배하는 것은 시설사업자에게 새로운 권한을 부여하는 형식을 취하고 있지만, 기실 이미 공해방지법의 허가를 받은 시설사업자의 입장에서는 배출권한을 분배받는 것이 원래 자신이 갖고 있던 권리를 재확인하는 것으로 이해될 수 있다. 이렇게 보면 시설사업자로서는 종래의 사용량보다 제한적으로 배출권한을 분배받는 것은 기득권의 침해로서 허용될 수 없다는 입장에 설 수 있다. 실제로 이러한 논변은 독일 연방행정법원과 연방헌법재판소에서 소를 제기한 원고들이 주장한 바이기도 하다.28) 그러나 이에 대해 연방행정법원은 배출권거래법이 재산권 및 직업의 자유를 과도하게 제한한다고 볼 수 없다고 하면서, 직업의 자유는 그 보호 대상이 직업 활동을 통해 획득된 무엇이 아니라 영업 활동 그 자체이므로

27) Rebentisch, NVwZ 2006, 747 (752) 참조.

28) BVerwG 124, 47 (Urt. v. 30.6.2005) = ZUR 2005, 601 ff. 이 판결에 대해서는 연방헌법재판소에 재판소원이 이루어졌으나 헌법재판소는 지정재판부에서 기각결정을 하였다(BVerfG Urt. v. 14. 5. 2007, Az: BvR 2036/05).

존속보호의 관점은 처음부터 문제가 되지 않고, 오염배출권체계가 도입되면서 문제되는 것은 직업의 자유 "행사"와 관련된 것이라는 점을 생각할 때 그 법적 제한의 정당화가 폭넓게 인정된다고 보았다. 나아가 연방행정법원은 배출권거래법에 의한 재산권의 이용 제한은 공중의 이익을 위한 것으로서 이른바 "체제 전환"으로서 추구되는 기후대응 정책은 그 자체 중대한 공공복리에 이바지하는 것이므로, 이와 같은 체제 전환은 과잉금지원칙에 위배되지 않는다고 보았다. 즉 허가의무 부여와 이산화탄소 배출권한 할당 제도는 이산화탄소 배출 감소에 적합한 수단으로서 기후보호에 상당한 기여를 할 것으로 보이고, 배출권거래제의 도입은 자율규제 방식이 관철되기 어려운 영역에서 배출권감축에 영향력을 가질 수 있도록 하는 제도라는 점에서 필요한 조치이며, 나아가 이러한 체제 전환은 1단계 시기에서는 95%가, 2단계에서는 90%가 무료로 할당되기 것이기 때문에 수인가능한 적절한 조치에 해당한다고 본 것이다.

이상 설시를 통해 볼 때 연방행정법원의 견해는 온실가스 배출권한이 헌법상 직업의 자유와 재산권에 의해 보호되는 권리에 해당하는 것이기는 하지만, 이를 그 제한이 비례원칙을 위반할 정도가 아니라는 의미로 이해할 수 있다.

(2) 상쇄(Offset)를 통한 배출권한 획득과 배출권한 거래

현행 배출권거래법은 청정개발체제에 의해 획득된 공인배출저감분(CER, Certificated Reductions)과 공동프로젝트 시행방식에 의해 획득된 배출감축단위(ERU, Emission Reduction Unit)를 온실가스배출권한으로서 제출·승인받도록 하여 전제 12%의 범위 내에서 배출권한 제출의무를 상쇄할 수 있도록 하고 있다(법 제13조 제 2 항).[29] 그 외에도 제 3 국이 배출권거래지침 제25조 제 1 항에서 정한 배출권 상호인정에 관한 협약에 따라 할당한 배출권한은 유럽연합 회원국에서 배출권한으로 승인된다(법 제13조 제 3 항).

29) 독일에서 1단계에서는 CER의 승인만이 가능하고, 2단계부터 ERU, CDR이 모두 인정된다. 배출권거래법 제 6 조 참조.

3. 배출권거래법의 구체적 규율 내용

(1) 배출권거래법의 대상 및 적용 범위

배출권거래법의 규율 대상이 되는 활동은 에너지 산업, 철강 금속생산 가공, 펄프·제지 산업 등을 망라하며, 구체적으로는 같은 법 [별표 1]에서 열거하고 있는 에너지 소비형 시설이 그 대상이다. 이들 시설은 크게 에너지산업(Categorie A)과 에너지 집중형 공정산업(Category B)로 구분되며, 2005년 당시 1850개의 시설이 규제대상에 해당한다.

한편, 배출권거래법에서 정한 온실가스에는 이산화탄소뿐만 아니라 메탄(CH_4), 아산화질소(N_2O), 수소불화탄소(HFC), 과불화탄소(PFC), 육화유황(SF_6)이 포함되나, [별표 1]에 따라 현재 배출권거래의 대상이 되는 온실가스는 이산화탄소로 한정된다.[30)]

(2) 행정조직법적 측면

배출권거래제의 도입에 관한 주무관청은 연방환경청이며, 연방환경청은 산하에 연방배출권거래청(DEHSt)[31)]을 설치함으로써 배출권 거래의 임무를 담당하도록 하고 있다. 연방배출권거래청의 첫 번째 주요한 임무는 온실가스배출권한에 관한 등록부(Emissionshandelsregister)의 관리에 있다. 그리고 배출권거래청이 관리하는 등록부란 배출권거래제도에 참여하는 참여기업을 위한 '배출권거래등록부'뿐만 아니라 독일의 '국가배출등록부'를 모두 포함하는 것이다.[32)] 따라서 배출권거래청은 대외적으로는 유럽배출권거래시장에서 독일 지역의 배출권거래를 담당하는 허브로서의 기능을 수행한다. 가령 유럽공동체가 공동프로젝트실시(JI)나 청정개발체제(CDM)를 통해 온실가스 감축의무를 이행하려 할 경우 배출권거래청이 독일 측 주무행정기관이 되는 것이다.

한편 대내적으로 배출권거래청은 연방환경청의 관할 하에서 할당절차의 운영

30) 온실가스 배출권에 대한 논의가 주로 이산화탄소 배출권을 염두에 둔 것인 점을 감안하여 이하에서도 배출권에 대한 논의는 '(이산화)탄소배출권'에 대한 것을 뜻한다.

31) Deutsche Emissionshandelsstelle(DEHSt)=German Emissions Trading Authority, 자세한 내용은 홈페이지 http://www.dehst.de를 참조.

32) 유럽공동체는 통일적 등록부 제도 운영을 위한 명령을 제정하여 두고 있다. Verordnung der Kommission für ein standardisiertes und sicheres System von Registern, VO 2216/ 2004/EG.

및 배출권한의 할당과 회수에 관한 임무를 맡는다. 배출권 경매를 통한 할당절차가 진행될 경우 경매절차에 대한 관할관청도 배출권거래청이다. 다만, 공해방지법과의 관계에서 공해방지법상 허가를 요하는 시설에 대해서는 원래 공해방지법상의 허가 임무를 담당해 온 각 주법상의 관할관청이 온실가스 배출허가와 배출조사 및 보고에 대한 관할관청이 된다(배출권거래법 제20조 제1항 참조). 그러므로 배출 허가는 주 단위의 관할관청이, 배출권의 배분은 연방환경청이 관할권을 갖는다. 여기서 각 주 및 지방자치단체도 기후변화협약의 이행의무를 진다는 점에서 기후변화 대처를 위한 독자적인 기후보전 프로그램 등을 운영할 수 있는 권한을 갖는다.

(3) 행정작용법적 측면

1) 배출허가제

배출권거래법은 이 법에서 정한 시설에 대해 온실가스의 배출시에 허가를 받도록 하는 한편, 공해방지법상 허가를 필요로 하는 시설에 대해서는 배출권거래법이 아니라 공해방지법을 따르도록 하고 있다(법 제4조 참조). 따라서 온실가스배출거래법이 특별한 조항을 두지 않는 이상, 오염배출거래에 참가하는 시설은 원칙적으로 공해방지법에 따라 시설허가권을 획득하게 되고, 공해방지법 및 제9법규명령에서 정한 절차에 따라 이미 시설허가를 받은 경우에는 배출권한의 확보 여부만이 요구되게 된다. 즉 허가를 받은 기존시설에 대해서는 배출권거래법상의 허가를 받을 필요가 없고, 신규시설이 허가의 대상이 된다. 이러한 규율은 기존시설에 대한 기득이익을 보호하는 취지도 담고 있는 것이나, 공해방지법의 규율이 이미 엄격하여 배출권거래법상의 허가제를 둔 결과로 사업자가 실질적인 추가적 부담을 지게 되는 것은 아니다.

배출허가제를 두는 이유는 총량거래제의 운영에서 중요한 의미를 가진다. 배출허가제를 둠으로써 배출허가 및 배출권한 없는 시설가동이 위법한 것임을 원칙적으로 확인하고, 배출시설 운영자의 경우 허가를 받음으로써 할당을 받아 배출거래시스템에 참여하는 것이 가능해지며 동시에 온실가스 배출을 함으로 인한 일정한 보고의무(법 제5조 참조) 등도 지게 된다.

2) 국가할당계획의 수립과 배출권한의 확보

시설운영자의 경우 온실가스를 배출하기 위해서는 배출허가를 받아야 할 뿐만 아니라, 자신이 필요한 만큼의 배출권한을 할당받아 확보해야 한다. 배출권한이 배분되려면 우선 국가할당계획이 수립되어야 한다. 국가할당계획에는 할당기간에 할당될 총배출권한의 양[33]과 총 배출권한이 개별 활동 주체에 대해 할당되게 될 할당량에 관한 내용이 포함되며, 이 계획의 수립절차는 일종의 시민의 공공참가가 보장되는 독일계획법상의 계획확정 절차와 유사한 방식으로 이뤄지게 된다. 그리고 수립된 국가할당계획은 유럽공동체에서의 승인절차를 거침으로써 법적 구속력 있는 계획이 되며, 이 계획에 근거하여 할당법상의 할당처분이 이뤄지게 된다. 할당처분은 강학상 행정행위에 해당하며, 이는 설권적 처분이라고 할 수 있다. 탄소배출권이 공법상 권리로서의 성격을 갖는다고 보는 이유도 이러한 배출권 할당처분의 성격에서 기인한 것이며, 할당처분은 배출권증서의 최종배부에 의해서 이루어지게 된다.

독일에서 채택하고 있는 총량거래방식은 국가가 오염배출의 총량을 확정하고 그에 따라 개별 배출권한을 '할당'하는 과정을 통해 오염배출의 총량을 줄여나감으로써 국가별 오염배출량의 감축 목표에 도달하려는 것이므로, 할당제도의 설계는 배출권거래제도의 성패를 좌우하는 제도이다. 할당에 대해서는 이하 Ⅲ. 4.에서 다시 살펴보기로 한다.

3) 배출량의 측정·보고·검증 및 그 실효성 확보

배출허가와 총량관리제도를 통해 배출권거래제도를 운영할 때 그 규제비용으로서 문제되는 것이 배출량의 측정·보고·검증 체제이다. 가령 허가 없이 또는 등록부와 달리 온실가스를 배출하더라도 이를 사후 감독할 수 없거나 그 비용이 너무 많이 든다면 배출권거래제도의 성공적 운영이 어렵게 된다. 따라서 배출권거래제도에서는 상향식 통계 제공을 가능하게 하는 배출량의 측정·보고·검증제도를 효율적인 제도로서 확립하는 것이 매우 중요하다.

독일 배출권거래법에 따르면 배출시설 책임자는 자신의 관리하는 시설로부터의 온실가스 배출에 대해 모니터링하고 이에 대해 보고할 의무를 지며(법 제5조 제1항 참조), 그 배출보고는 전문가에 의한 검증을 거치도록 하고 있다(법 제5조 제2항 참조).

또한 이러한 측정·보고 의무를 적기에 이행하지 않았다면 환경청에 의해 배출책임자의 계정이 정지되는 제재를 받도록 하여 그 실효성을 도모하고 있다(법 제17조).

---

33) 할당될 총배출권한의 양은 이 법의 적용범위에 해당하지 않는 국민경제 부문과 비교하여 적절한 비례관계에 놓여야 한다고 한다(배출권거래법 제8조 참조).

4) 배출권한의 거래

(a) 배출권한 거래제도의 구상

배출권한이 시설운영자에게 할당되고 나면, 그 배출권한은 당사자의 합의로 배출권한을 양수하고자 하는 자의 등록계정에 등록하는 방식으로 이전이 가능하다(법 제16조 참조). 이처럼 여기서는 공법상의 권한이 거래의 대상이 되고 있는데, 이러한 공법상 권한 거래를 금지하는 것도 공익적 이유에서 가능한 것이다. 다만, 배출권거래제도는 배출권한의 거래를 허용함으로써 경제적으로 효율적인 방법으로 온실가스를 감축하려는 목적을 갖고 있는 것이므로, 배출권거래의 허용은 그 자체 배출권거래제도의 핵심적 요건이라 할 수 있는바, 그 거래는 허용되어야 할 것이다.

배출권 거래가 허용되게 되고, 시설사업자가 필요한 이상의 배출거래권한을 확보한다면 그는 이를 팔 수 있을 것이고, 배출거래권한이 부족한 시설운영자는 법 제18조에 따른 배출권한 제출의무를 이행하기 위하여 잉여 배출권한을 구매하여야 한다. 배출권한이 배출권거래시장에서 희소할수록 배출권한의 거래가격은 상승하게 된다. 이러한 배출권거래제도의 구상을 실현하기 위해서는 배출권한 할당기간 동안 배출권한의 보유 및 거래(교환, 매매 등)가 자유롭게 인정할 수 있어야 할 것이다. 다만, 독일 배출권거래법은 배출권한을 금융수단으로 이용하는 것은 허용하지 않고 있다(법 제15조 참조).

한편, 유럽연합 회원 각국에서 인정된 배출권한은 유럽연합 내에서는 자유롭게 거래·이전이 가능(배출권거래법 제 6 조 제 3 항, 제13조 제 1 항, 제16조 참조)하며, 독일의 배출권한은 주로 유럽에너지거래주식회사를 통해 거래가 이루어진다.

(b) 배출권거래계약의 법적 성격

한편, 할당받은 배출권한을 대상으로 하여 권한을 양도하는 계약이 성립한다고 할 때, 탄소배출권의 거래관계의 법적 성격이 공법적인 것인지, 사법적인 것인지가 문제될 소지가 있다. 이는 특히 독일의 경우에는 행정절차법상 공법상 계약에 관한 규정을 두고 있어 사법상 계약과 별도의 규율을 하고 있다는 점에서 구별의 실익이 있는데, 공법상 계약으로 취급되면 당사자의 의사가 절대적인 비중을 갖는 사법상의 계약에 비해 행정작용의 법률적합성원칙이 강조되게 되고, 행정절차법·행정소송법의 규율 대상이 될 수 있다.

이 경우 배출권한 자체가 공법적 성격을 가진 것이라는 점에서 비추어 볼 때 배출권한의 양도계약도 공법상의 계약으로 볼 여지가 있으나, 배출권양도행위를 통해 어떤 공법상의 의무가 관련되는 것이 아니라는 점에서 사법상 계약으로 볼 수도 있다.[34)]

(c) 배출권등록부 운영의 공적 측면

배출권 거래계약이 안정적으로 보장되도록 하려면 배출권한의 거래관련사항의 현황을 지속적으로 확인할 수 있도록 배출권등록부를 유지 · 관리하는 것이 중요하다. 독일의 경우에는 특히 배출권의 양도에 대해 등록부에 등재되어 있는 한 이를 사실로서 인정한다고 하여 그 공신력을 인정하고 있다(법 제16조 참조). 이는 배출권한 거래의 안전을 충분히 보장할 필요가 있었기 때문인 것으로 보인다.

(4) 행정구제적 측면

시설이용자가 할당처분에 대해 이의가 있을 경우에는 행정소송을 제기하여야 하며(법 제20조 제3항), 이 경우 취소소송을 제기하더라도 집행정지의 효력은 인정되지 아니한다(법 제12조). 배출권거래제도와 관련하여서는 배출권의 할당절차가 공법적 처분으로서 핵심적 의미를 가지며, 실제 행정소송도 할당처분과 수수료 징수에 집중되어 있다.

4. 배출권한의 할당 방법 - 할당법의 규율

(1) 할당법의 개관

배출권한의 할당 방식을 통해 배출거래제도는 환경정책의 조율수단으로서의 기능을 담보할 수 있다. 할당법은 온실가스 배출권한의 할당 방식과 절차를 별도로 규율하는 법률이다. 할당법2007은 국가의 온실가스 배출목표량을 정하고(법 제4조), 기존배출량에서 이른바 순응계수(Compliance factor, Erfüllungsfaktor, 할당법 제5조에 따르면 0.9709가 순응계수이다)를 곱하여 그 비율에 따라 감축된 배출권한을 할당하도록 하는 한편, 추가되는 신규시설에 대해서는 배출가능한 비축분내에서 환경기준치 방식[35)]을 적용한 할당 방식에 의해 배출권한을 할당하고 있다(법 제11조 참조). 그

34) 보다 자세히는 이 책 내의 논문인 최봉경, 독일의 탄소배출권거래제도에 관한 소고—민사법적 관점을 중심으로를 참조하라.

35) 이는 생산단위당 배출되는 온실가스배출치를 정한 값을 말하는 것으로 영어 표현인 벤치마크(Benchmark)와 같은 의미이다. 자세히는 이하 3. (2) 4) 및 Körner/Vierhaus/von Schweinitz,

밖에 어떤 시설에 대해 어떤 할당규율이 적용되는지는 다음과 같이 주로 그 시설의 운용개시연도에 따라 달라진다.

(2) 할당 기간별 · 시설운영자별 할당 방식(제 1 단계)

제 1 단계, 즉 할당법 2007에 따른 할당 기간별 · 시설운영자별 할당의 방식을 분설하면 다음과 같다. 제 1 단계에서는 위에서 언급한 바와 같이 배출권한이 원칙적으로 무상할당되었다.

1) 기존에 가동되는 시설의 경우—종래 배출량에 따른 할당

2002. 12. 31. 이전에 이미 운영되고 있는 시설에 대해서는 통상 할당법 제 7 조에 의거 2001~2003년의 기준연도에 배출된 오염을 근거로 할당이 산정된다. 할당법 제 7 조에 따른 할당은 이 법 제 5 조에 따른 순응계수, 할당량이 국가할당량을 넘을 경우 같은 법 제 4조 제 4 항에 따른 감축규율을 곱하여 정해지게 된다. 기존 시설의 경우에는 신규시설에 적용되는 할당법 제11조에 따른 할당을 받을 수도 있다.[36]

2) 2003년 이후부터 가동된 기존 시설의 경우—배출량 등록에 따른 할당

2003년 또는 2004년에 가동에 들어간 시설에 대해서는 해당시설의 용량, 최대 배출량, 생산단위별 배출치를 평균치로 산정하여 할당량을 산정한다(할당법 8조). 이와 같은 규율을 하는 것은 이러한 시설에 대해서는 기존 배출량 산정근거가 불충분하기 때문에 기득권 인정 원리에 따른 권한할당을 할 만한 배출량이 없기 때문이다.[37] 이러한 시설에 대해서는 운영개시연도로부터 12년까지 순응계수를 곱하지 않고 할당량이 정해진다(제 8 조 제 1 항 제 2 호). 다만 배출량 등록에 따른 할당의 경우에는 시설운영자에게 특별히 보고의무를 부여하며 실제 생산량이 등록된 것보다 적을 때에는 환경청이 새롭게 할당량을 정할 수 있다(법 제 8 조 제 4 항). 전년도 생산량이 등록년도 보다 적은 경우에는 환경청은 할당결정을 철회하고 실제 생산량에 근거하여 새로운 할당처분을 할 수도 있다. 이 경우에도 신규시설에 적용되는 할당법 제11조가 준용될 수 있다(할당법 제 8 조 제 6 항 참조).

TEHG Kommentar, § 11, Rn. 1 이하 참조.

36) 이 조항은 할당법 2012에서 삭제된다.

37) Weinreich/Marr, NJW 2005, 1078(1082).

3) 2005년부터 가동되는 신규시설

2005년부터 가동되는 신규시설의 경우에는 환경기준치를 토대로 한 예상 평균 연간산출량에 근거하여 할당이 이루어진다(법 제11조). 2003년 이후부터 가동된 기존 시설의 경우와는 달리 배출예상치는 현재 해당 시설에 대한 최고수준의 배출 기술을 적용하여 설정된다. 현재 가능한 최고수준의 기술 기준을 적용하는 경우는 2005년부터 가동되는 신규시설 외에도 할당령 제12조 1~7호에 해당하는 생산의 경우가 포함된다. 이러한 시설에서는 만약 그 시설의 운영자가 정해진 배출예상치를 웃도는 배출치를 신청하고 싶다면, 시설운영자가 신청한 기준이 현재 가능한 최고수준 기술임을 증명하여 제시하여야 한다.

4) 기존에 존재하는 시설을 대체하는 시설

기존시설을 대체하는 신규시설에 대해서는 할당법 제10조의 전용(轉用) 규정이 적용된다. 즉 시설운영자가 기준시설보다 적은 오염배출을 하는 시설로 대체를 하는 경우에는 4년의 기간 동안 기존시설에 대해 부여되었을 배출권한을 신규시설에 넘길 수 있고, 이렇게 발생한 잉여배출량을 팔 수 있도록 하도록 하는 것이다(법 제10조). 다만 여기서의 대체시설이란 것은 할당법 [별표 2]의 척도에 따른 대체시설의 요건에 부합하는 것이어야 한다.

이러한 전용규정은 에너지 효율성을 제고하였을 때 보너스를 지급함으로써 기후정책에서 필요한 유인요소를 부여하기 위한 것이다. 따라서 이러한 대체시설에 대해서는 오염배출을 감축하는 데 도움을 줄 수 있으므로, 추가적인 오염을 유발할 수 있는 추가시설을 설치하였을 경우와 달리 특별 취급하는 것이 정당화될 수 있다.[38]

다만 폐업, 내지 가동중지시설의 경우에 더 이상 사용하지 않는 기존 할당량은 폐기되는 것으로 한다(할당법 제10조 참조).

5) 기타 특별 규정

할당법은 그 밖에도 조기 배출감축조치에 관한 특별규정을 두거나(제12조), 열병합시설 및 핵발전소 대체에 대한 특별 규정(제14·15조)을 두고 있다.

가령 조기 감축조치에 의해 배출권한 할당을 신청한 경우에는 순응계수를 곱하지 않고 배출량에 따라 배출권한을 할당하도록 하여 조기 배출감축조치에 대한 유인요소를 제공하고 있다(법 제12조). 다만 조기 배출감축 조치를 승인받기 위해서는 시

38) Weinreich/Marr, NJW 2005, 1078(1082) 및 각주 62 참조.

설이용자가 1994년부터 단계적으로부터 배출감축노력을 하였음을 입증하여야 한다.

그리고 할당법 2007에는 핵발전소 대체에 관한 규정 등의 경과 규정 등이 존재하는데, 이 규정은 할당법 2012에 와서는 폐지되게 된다.

(3) 배출권한의 제출 및 이월(Banking)

배출책임자는 매년 4월 30일까지 전년도에 자신의 활동으로 인한 유발된 배출량에 해당하는 배출권을 제출하여야 한다(배출권거래법 제6조 제1항). 만일 이 의무를 위반하는 경우에는 배출책임자가 배출권을 제출하지 않고 배출한 이산화탄소 1톤마다 40유로(2단계부터 100유로)의 과태료를 부과한다(배출권거래법 제18조 제1항). 이러한 배출권한의 제출의무는 위에서 본 바와 같이 CDM, JI 방식을 통해 획득된 배출권한을 통해서도 이행될 수 있다.

한편, 배출권한은 할당기간 내에서만 유효한 것이 원칙이다. 따라서 1단계가 종료되면서 할당법 2007에 의해서 무상 분배되었던 배출권한은 2008. 4. 30.로 모두 소멸되었다(법 제20조). 다만, 배출권거래법에서는 예외조항을 두어서 1단계 할당기간으로부터 2단계 할당기간으로의 권한이월(Banking)을 허용하고 있다. 반면, 다음 할당기간으로부터의 배출권한을 앞당겨서 사용하는 차입(Borrowing)은 허용되지 않는다.[39]

(4) 할당법 2012 이후의 할당방식 변화

1단계 할당기간의 운용결과 많은 문제점이 지적되었다. 무엇보다 1단계에서 너무 많은 양의 할당을 한 것이 지적되었고, 시행 초기의 여러 예외조항을 폐지할 필요성이 있다는 지적이 제기되었다.[40] 이에 따라 본격적으로 온실가스 감축의무를 이행하게 된 2단계에서는 보다 한정된 양의 배출권한을 배분하게 된다. 다만, 독일에서는 이를 산업 영역과 에너지 영역으로 나누어 산업영역에 대해서는 1.25%의 감축의무를 부과한 반면, 주로 에너지 영역에 대해 대부분의 감축의무를 부여한 방식을 취하였다. 즉 에너지시설에 대해서는 순응계수를 곱하여 할당량을 배분하는 방식이 아니라, 가장 에너지 효율적인 기업에 맞추어 온실가스 배출권을 분배한 것이다.

---

39) Frenz, TEHG Kommentar, § 6 Rn. 27 ff.

40) Schafhausen, Franzjosef, The Current Status of the Emissions Trading System in Germany의 프리젠테이션 자료 참조.

결과적으로 에너지 영역에 대해서는 높은 수준의 온실가스 감축의무가 부과되게 되었다.

2단계 할당법 2012는 할당법 2007과 달리 배출할당을 하면서 10%에 한해서 경매제를 도입하였다는 점이 가장 큰 특징이다. 경매제의 운용은 큰 문제없이 이루어지고 있으며,[41] 이후 3단계에 들어서면 100% 경매제로 확대 시행될 예정이다. 이러한 조치는 배출권거래제도를 시장원리에 의해 운영하기 위한 목표를 단계적으로 수행해 가는 과정이라고 할 수 있다. 앞으로 3단계에 진입하면 총량할당제가 배출권거래제도의 전제가 되는 것은 동일하게 유지되나, 단일한 유럽탄소시장의 형성을 위해서 국가별 총량할당이 아니라 유럽전체의 단일한 총량할당기준이 마련될 예정이다. 이상의 배출할당방식의 변화 추이를 표로 살펴보면 다음과 같다.

〈표〉 배출권거래 할당기간에 따른 배출권할당 방식의 변화[42]

<table>
<tr><th>할당기간</th><th>시설운영자의 유형</th><th>에너지 영역</th><th colspan="2">산업 영역</th></tr>
<tr><td rowspan="2">2005～2007
(1단계)</td><td>기존업자</td><td colspan="3">2000～2002 기준 분배</td></tr>
<tr><td>신규진입자</td><td>환경기준치방식</td><td colspan="2">환경기준치 방식</td></tr>
<tr><td rowspan="2">2008～2012
(2단계)</td><td>기존업자</td><td>환경기준치 방식
및 경매</td><td colspan="2">무상분배
(2000-2005기준)</td></tr>
<tr><td>신규진입자</td><td>환경기준치 방식
및 경매</td><td colspan="2">환경기준치 방식</td></tr>
<tr><td rowspan="2">2013～2020
(3단계)</td><td rowspan="2">(독일법이 아니라
유럽계획만 있음)</td><td rowspan="2">원칙적 100% 경매
(일부 국가의 예외)</td><td>탄소누출[43]
있는 경우</td><td>탄소누출 없는
경우</td></tr>
<tr><td>환경기준치
방식 및 경매</td><td>환경기준치
방식</td></tr>
</table>

Ⅳ. 전망—독일 기후변화 대응 법 체제의 시사점

지금까지 독일의 기후변화 대응 체제를 기후변화 대응 수단에 따라 차례로 일별하였다. 그 중에서도 배출권거래제도에 대한 소개가 상당 부분을 차지하였는데,

41) Schafhausen, Franzjosef, 위의 자료 참조.

42) Schafhausen, Franzjosef, 위의 자료를 종합한 것이다.

43) 탄소누출(carbon leakage)이란 에너지 집약적 산업이 기후변화 관련 규제가 없는 국가로 이전하는 위험을 가리키는 것이다. 이러한 위험이 있는 경우에는 경매제를 본격적으로 실시하기가 곤란하다.

이는 배출권거래제도가 새롭고 복잡한 제도인 탓이 크지, 배출권거래제도의 도입이 반드시 더 선호되어야 할 기후변화 대응 수단이기 때문은 아니다.

배출권거래제도는 경제적 효율성을 추구하고 시설사업자로 하여금 온실가스 감축에 대한 유인을 제공할 수 있다는 점에서 큰 장점이 있으나, 반면에 배출권거래시장이 활성화될 수 있도록 배출권의 희소가치가 확보되어야 하고, 제도의 복잡성을 감축하여야 할 과제를 안고 있으며, 무엇보다 제도 운영에 있어서 감독비용 등의 행정비용이 지나치게 커지지 않도록 할 수 있을 것이 성공의 전제로서 요구된다.

결국 우리의 경우에도 기후변화 대응에 대한 정책적 수단으로서는 환경세와 배출권거래제도 등이 혼합되어서 사용되지 않을 수 없을 것이며, 배출권거래제도를 시행할 경우에도 제도가 작동하지 않는 일이 벌어지지 않도록 충분한 사전장치가 마련될 필요가 있을 것이다. 이상에서 소개한 독일의 기후변화대응 법체계는 우리 제도의 신중한 설계와 그에 대한 규범적 평가를 할 때 참고의 가치가 있을 것으로 보인다.

참고문헌

김홍균, 환경법—문제 · 사례, 홍문사, 2007, 제 8 장.

박균성·함태성, 환경법 제 3 판, 2008.

윤순진, 영국과 독일의 기후변화정책, ECO 제11권 제 1 호, 2007, 43-95면.

이재협, 선진 외국의 온실가스 규제 법제, 한국환경법학회 법정책포럼 2010-1 자료집, 2010.

이종영/백옥선, 독일 온실가스배출권거래법의 제정배경과 체계, 중앙법학 제10집 제 1 호, 2008, 395-428면.

조홍식, 우리나라 기후변화대책법의 전망, 환경법연구 제30권 제 2 호, 2008, 311-338면.

최봉경, 독일의 탄소배출권거래제도에 관한 소고—민사법적 관점을 중심으로, 기후변화와 법의 지배, 2010.

Adam, Michael/Hentschke, Helmar/Kopp-Assenmacher, Stefan, Handbuch des Emissionshandelsrechts, Berlin u. a. 2006.

Altenschmidt, Stefan, Rechtsprobleme der periodenbegrenzten Gültigkeit der Emissionsberechtigungen, Neue Zeitschrift für Verwaltungsrecht(NVwZ) 2008, 138.

Federal Ministry for the Environment, Nature Conservation and Nuclear Safety, Taking action against global warming—An Overview of German Climate Policy, 2007.

Czybulka, Detlef, Klimaschutz außerhalb des Emissionshandelssystems—Ausgewählte Aktionsfelder und rechtliche Umsetzung in Europa und in Deutschland (김현준 역, 배출권거래제도 이외의 기후보호에 관한 법제도, 유럽과 독일에서 몇 가지 행동강령과 그 법적 전환, 환경법연구 제30권 제 2 호, 2008, 139-217면.

Erdmenger, Christoph, u.a., Klimaschutz in Deutschland: 40%-Senkung der CO_2-Emissionen bis 2020 gegenüber 1990, http://www.accc.gv.at/pdf/40-prozent-senkung%20.pdf(5. 5. 2007).

Frenz, Walter, Emissionshandel—Rückblick und Ausblick, Zeitschrift für Umweltrecht (ZUR) 2006, 393.

ders., Emissionshandelsrecht: Kommentar zum TEHG und ZuG, 2. Aufl., Berlin 2008.

Jachmann, Monika, Die Rechtfertigung der ökologisch motivierten Steuer, Festschrift für Peter Selmer zum 70. Geburtstag, Berlin 2004, 707.

Kloepfer, Umweltrecht, 3.Aufl., 2004, § 17.

Kobes, Stefan, Das Zuteilungsgesetz 2007, NVwZ 2004, 1153.

ders., Emissionshandel 2008-2012, NVwZ 2007, 857.

Koch, Hans-Joachim/Wieneke, Annette, Klimaschutz durch Emissionshandel, Deutsches Verwaltungsblatt(DVBl) 2001, 1085.

Koch, Hans-Joachim, Umweltrecht, 2. Aufl., 2006.

Körner, Raimund/Vierhaus, Hans-Peter/von Schweinitz, Sebastian, Treibhausgas-Emissionshandelgesetz Kommentar, München 2005.

Peine, Neuere Entwicklungen im Emisssionshandelsrecht der Bundesrepublik Deutschland(김현준 역, 독일 배출권거래법의 최근 동향), 환경법연구 제30권 제2호, 2008, 89-138면.

Rebentisch, Manfred, Rechtsfragen der kostenlosen Zuteilung von Berechtigungen im Rahmen des Emissionshandelsrechts, NVwZ 2006, 747.

Sachverständigenrat für Umweltfragen, Emissionshandel und Nationaler Allokationsplan, Kommentar zur Umweltpolitik, 2004, Nr. 2.

Schafhausen, Franzjosef, The Current Status of the Emissions Trading System in Germany, 온실가스 배출권거래제도의 도입과 입법적 과제, 배출권거래제 국제회의 자료집.

Weinreich, Dirk/Marr, Simon, Hanel gegen Klimawandel—Überblick und ausgewählte Rechtsfragen zum neuen Emissionshandelssystem, Neue Juristische Wochenschrift(NJW) 2005, 1078.

제 5 절 일본의 온실가스 배출권거래제도의 현황과 전망

문 상 덕*

Ⅰ. 서 론

일본의 2006년 온실가스[1] 총배출량은 CO_2 환산으로 13억 4,100만 톤으로서, 교토의정서[2](Kyoto Protocol to the United Nations Framework Convention on Climate Change)의 기준년인 1990년의 총배출량 12억 6,100만 톤을 6.4%(8,000만 톤) 상회하고 있다. 이 때문에 일본이 제 1 차 온실가스 감축의무 이행기간[3] 내에 교토의정서에 기한 삭감약속을 달성하기 위해서는 합산하여 12.4%(삭감약속한 6%+6.4%)의 온실가스를 삭감하지 않으면 안 된다. 이 가운데 일본은 교토의정서에 기하여 일본에 인

* 서울시립대학교 법학전문대학원 교수.

1) 기후변화에 관한 국제연합기본협약(United Nations Framework Convention on Climate Change)상 온실가스에는 이산화탄소, 메탄, 아산화질소, 불화탄소, 수소화불화탄소, 불화유황의 6종이 지정된 바 있다.

2) 기후변화협약의 구체적 이행을 위하여 1997년 일본 교토에서 개최된 제 3 차 당사국총회(Conference of Parties, "COP")에서 채택·합의된 것으로서 교토의정서(Kyoto Protocol to the United Nations Framework Convention on Climate Change)라 약칭한다. 교토의정서는 미국의 불참에도 불구하고 2004년 러시아의 비준에 의하여 발효하여 현재 우리나라를 포함한 190여 개국가가 가입하고 있다. 교토의정서는 의무대상국에게 온실가스 감축의무를 부과하고 그 이행을 담보하는 체제를 마련하였으며, 의무대상국이 그 의무를 탄력적으로 이행할 수 있도록 교토메커니즘을 규정하고 있다.

3) 1992년 기후변화협약이 체결됨에 따라 이 협약에 가입한 국가들 중 부속서Ⅰ의 당사국들은 2008년부터 2012년까지 제 1 차 감축 이행기간 중 온실가스 배출량을 1990년 대비 5.2%를 감축하여야 의무를 이행하기 시작하였다.

정된 조치로서, 삼림흡수원대책으로 3.8%, 교토메커니즘[4)](공동이행제도(JI), 청정개발체제(CDM), 배출권거래제(ET))로 1.6% 확보할 것을 목표로 하고 있지만, 이러한 삭감분이 확보되더라도 여전히 7.0%의 온실가스 실질적 배출삭감이 필요한 상태이다.

교토의정서의 목표 달성을 위하여 일본 정부는 1998년 "지구온난화대책의 추진에 관한 법률"(地球温暖化對策の推進に關する法律, 이하 '지구온난화대책추진법'이라 약칭함)을 처음으로 제정하였고 동 법률에 기하여 국내적 대책 및 시책의 기본체계인 "교토의정서목표달성계획"(京都議定書目標達成計劃)[5)]을 수립한 바 있다. 이어 세계 전체의 온실가스 배출량을 현상에 비하여 2050년까지 반감(50% 삭감)한다고 하는 장기목표를 국제적으로 공유할 것을 제안하면서, 그 목표 달성을 위하여 선진국으로서의 일본이 좀 더 솔선수범하여 2050년까지 현상에 비하여 온실가스 배출량을 60~80% 삭감하도록 하고, 이를 위하여 온실가스배출저감을 위한 혁신적인 기술의 개발과 함께 저탄소사회 실현을 위한 "저탄소사회만들기행동계획"(低炭素社會づくり

---

4) 교토메커니즘이란, 교토의정서에 의해 의무 지워진 온실가스배출삭감목표를 선진각국이 달성하기 위한 방법의 하나로 정해진 유연한 조치로서, 선진국이 해외로부터 산정할당량을 조달함으로써 그 산정할당량을 자국의 배출삭감분으로서 이용할 수 있는 것으로, 교토의정서에서는 공동이행제도(JI), 청정개발체제(CDM), 배출권거래(ET)라는 세 가지의 메커니즘이 규정되어 있다.

① 공동이행제도(JI: Joint Implementation, 교토의정서 제6조)

선진국이 다른 선진국에 대하여 기술, 노하우, 자금을 투입하는 한편 이를 받는 국가는 그것을 기반으로 온실가스의 배출삭감사업 등을 실시하여 온실가스의 배출을 삭감한다. 투자국은 그 삭감사업에 의해 발생한 온실가스삭감상당량의 배출권을 자국을 위한 배출권으로서 획득할 수 있는 구조이다. 또한 공동이행제도에 의해 발생된 배출권(CREDIT)을 배출삭감 유니트(ERU: Emission Reduction Units)라 한다. 민간사업자의 참여도 가능한다.

② 청정개발체제(CDM: Clean Development Mechanism, 교토의정서 제12조)

선진국이 개도국에서 온실가스 배출삭감사업 등을 실시하고 그에 의해 발생한 삭감상당량을 자국의 수치목표달성을 위한 배출권으로서 획득할 수 있는 구조이다. 개도국에는 교토의정서에 있어서 삭감의무가 부과되어 있지 않기 때문에, 기후변화조약사무국이 당해 삭감사업에 의한 온실가스 삭감상당량을 인증하면 그 인증배출삭감량(CER: Certified Emission Reduction)을 투자국인 선진국이 자국의 산정할당량으로서 취득할 수 있는 구조이다. 민간사업자의 참가도 인정되고 있는데, 투자국과 개도국 쌍방 및 조약사무국이 민간사업자의 사업계획을 승인하면 민간사업자가 직접 산정할당량을 취득할 수도 있다.

③ 배출권 거래제(ET: Emission Trading, 교토의정서 제17조)

배출권 거래는 위의 공동이행제도나 청정개발체제와는 달리 배출삭감사업을 매개하지 않고 산정할당량이 부족한 국가가 잉여의 산정할당량이 있는 국가로부터 산정할당량을 금전 등을 대가로 하여 조달할 수 있는 구조를 말한다. 즉 교토의정서에 정해진 온실가스 삭감목표치를 배출상한으로 하여 그 목표를 달성할 수 없었던 선진국의 경우에는 그 배출초과분을 보충하기 위하여 목표를 달성한 선진국으로부터 배출잉여분을 구입하고, 그 목표를 달성하여 배출량 잉여분을 갖게 된 선진국은 다른 선진국에 대하여 이를 매각할 수 있는 구조를 말하는 것이다. 배출권 거래제도는 배출삭감목표가 부과된 선진국 사이에서만 인정된 구조이다.

5) 2005. 4. 28 책정, 2006. 7. 11 일부개정을 거쳐 2008. 3. 28 전부개정.

行動計劃)을 정부 차원에서 수립한 바 있다.[6] 위와 같은 목표나 계획은 모두 경제와 환경 양 방면에 걸쳐서 전략적인 차원에서 접근하지 않으면 안 될 것인데, 대폭적인 온실가스의 삭감을 위해서는 지속적인 노력과 실천을 촉구하는 명쾌하고 투명한 추진구조를 경제사회에 적용하고, 관민이 일체가 되어 이 문제에 대응하여야 할 것으로 파악하고 있다.

일본에 있어서의 온실가스 배출권거래제도는 바로 이러한 개혁추진의 방향과 감축전략의 일환에서 그 도입이 계획되고 타진되어 온 것이다. 이것은 탄소에 가격을 매김으로써 사회 전체적으로 보아 적은 비용으로 확실하게 배출삭감을 촉구할 수 있는 중요한 시책으로 파악되고 있다. 즉 정부에 있어서는 삭감비용을 최소화하면서 배출총량의 설정에 의해 확실하게 목표를 달성할 수 있을 것으로 기대되면서, 사업자에 있어서는 배출삭감 이외에도 거래 등을 활용하여 유연한 목표 달성이 인정될 수 있는 제도로 인정되고 있는 것이다.

그동안 일본에서는 배출권거래제도와 관련하여, 환경성이 주관하여 "자주참가형의 국내배출권거래제도"(自主參加型の國內排出量取引制度—JVETS · Japan's Voluntary Emissions Trading Scheme)가 2005년도부터 실시된 이래, 2008년 1월에는 국내배출량거래제도검토회를 설치하여 일본의 실정을 바탕으로 한 바람직한 제도 설계 역시 고찰하여 왔다.[7] 이어 2008년 10월부터는 지구온난화대책추진본부의 주관으로 JVETS를 포함한 "배출량 거래 국내통합시장의 시행(試行)[8]적 실시"(排出量取引の國內統合市場の試行的實施)가 전면적으로 시행되고 있다. 하지만 이러한 제도들은 어디까지나 자주적 · 자발적인 것이므로 일본은 국제적인 탄소시장의 룰 작성을 위해 설치된 ICAP(International Co-Control Benefits Analysis Program—국제탄소시장파트너십)[9]

---

6) "低炭素社會づくり行動計劃", 2008. 7. 29 閣議決定.

7) 환경성은 국내배출권거래제도의 구상과 관련하여 제 외국의 동향을 주목하면서 그 유효성과 필요성의 판단을 위하여 일본의 실적에 입각한 구체적인 제도 설계의 바람직한 모습을 검토하기로 하고, 환경성 내부에 국내배출권거래제도검토회를 설치한 바 있다. 동 검토회에서는 국내배출권거래제도 검토의 전제가 되는 기본적인 인식에 관한 논점 정리 및 제도의 구성 요소 각각의 바람직한 모습 그리고 동 제도가 원활하게 실시되기 위한 기반 정비의 문제를 검토하였다. 이 검토의 결과 2008년 5월 20일 제출된 것이, "국내 배출량거래제도의 바람직한 모습에 관하여-중간정리"이다.

8) 일본에서 사용하는 시행(試行)적 실시는 이하에서는 우리에게 보다 친숙한 "시범적 실시"로 번역, 사용한다.

9) 2007년 10월, EU주요국, 미국 및 캐나다의 수개의 주, 뉴질랜드 등이 창설한 것으로서, 각국 각 지역의 제도를 국제적으로 링크(연계)하기 위한 룰 작성을 시도하고 있다.

에 정식멤버로서 참가하지 못하고 있다. ICAP의 정식멤버가 되기 위해서는, 의무적인 절대량에 의한 배출량 규제를 전제로 한 국내배출권거래제도를 도입하거나 표명하여야 하기 때문이다.

아직 일본에서는 동경도(東京都)의 경우를 제외하고는[10] 국가적 차원의 본격적인(의무적인) 국내배출권거래제도는 제도 설계 등이 확정되어 있지 않고 그 도입 시기도 정해지지 않은 상태이다. 그리고 국내배출권거래제도의 본격 도입이 결정되는 경우에는 관련 법제도의 책정작업이 개시될 필요가 있고, 제도 대상자에게 배출권(排出枠)의 분여와 거래 인정을 통하여 새로운 재산적 가치를 발생시키게 될 것이므로, 이를 둘러싸고는 헌법, 행정법, 민법 등 다양한 법률적 쟁점이 제기될 수도 있다.

이하에서는, 일단 배출권거래제도의 도입을 둘러싼 일본에서의 자발적 참여제도의 전반적 개요와 동경도의 본격적인 배출권거래제도 실시계획의 현황, 그리고 제도 도입 시에 예상되는 다양한 논점이나 법적인 과제 등에 관하여 종합적으로 고찰해 보고자 한다.

Ⅱ. 자발적 참가형 배출권거래제도

1. 국내배출권거래제도의 구상과 그 의의

일본 정부의 교토의정서목표달성계획에서는 목표 달성을 위한 한 수법으로서 배출량거래제도(Cap & Trade)를 들고 있다. 동 계획상 그에 관한 기술을 살펴보면, "중기적인 일본의 온난화와 관련 전략을 실현하는 관점을 포함하여, 2007년도의 평가・검증에 따라 전망되는 산업부문대책의 주축인 "자주행동계획(自主行動計劃—Voluntary Action Plan)"[11]의 확대・강화에 의한 상당한 배출 삭감효과를 바탕으로,

10) 다음에서 고찰하겠지만, 동경도(東京都)에서는 2008년 6월 "도민의 건강과 안전을 확보하는 환경에 관한 조례"를 개정하여 2010년부터 대규모사업소 중심으로 온실가스총량삭감의무 부과와 함께 본격적인 배출권거래제도를 시행하는 것으로 예정되어 있다. 이에 관한 자세한 설명은 후술한다(Ⅱ-4. 참조).

11) 교토의정서목표달성계획(2008. 3. 28 각의결정)에 기하여, 사단법인 일본경제단체연합회(일본경단련) 산하의 개별 업종 또는 일본경단련에 가맹하지 않은 개별 업종이 책정하고 정부에 의한 평가・검증을 받은 개별 업종단위에서의 CO_2배출삭감계획을 말한다. 본 계획에 참가한 것은 최종적으로 36업종, 137단체였다. 자주행동계획의 특징으로는, 각 산업이 전적으로 자주적인 결정

다른 수법과의 비교와 그 효과, 산업활동과 국민경제에 미치는 영향, 국제적인 동향 등의 폭넓은 논점에 관하여 구체안의 평가, 도입의 타당성까지 포함하여 종합적으로 검토해 가야할 과제"로 자리매김하였다.[12)]

일본에 있어서도 국내배출량거래제도는 배출총량을 설정함으로써 온실가스의 확실한 배출삭감을 실현할 수 있는 효과적인 수단임과 동시에, 개개 주체에게 배분된 배출권을 거래 가능한 것으로 함으로써, 탄소배출에 가격을 붙여 이것을 시그널로 받아들인 기업이나 소비자가 비용 대 효과가 높은 대책의 실시를 탄력적으로 추진하도록 함으로써 사회 전체의 대책비용을 저감하는 것이 가능한 것으로서, 장기적・대폭적으로 예측가능한 온실가스 삭감을 도모할 수 있는 매우 유효한 정책수단의 하나로서 평가되어, 그 실제적 도입가능성이나 도입형태 내지 도입시기 등이 지속적・단계적으로 검토・구상되고 현실적으로 실험 등을 거쳐 온 것이다.

2. 자주참가형 국내배출권거래제도(JVETS)(自主參加型の國內排出量取引制度)

(1) 제도의 시행과 실시실적

일본에서는 환경성이 주관하여, 온실가스를 비용면에서 효율적이고 확실하게 삭감하고, 국내배출권거래제도에 관한 지견・경험을 축적하며 사업자들의 자주적인 삭감노력을 지원할 목적으로 2005년부터 자주참가형 국내배출권거래제도를 개시한 바 있다.

동 제도에 따르면, 온실가스의 배출삭감에 자주적・적극적으로 노력하고자 하는 사업자에 대하여는, 일정량의 배출삭감약속에 대응하여 에너지절약 등에 의한 CO_2 배출억제설비 정비를 위한 보조금을 교부하여 지원한다.

일정한 배출삭감 약속을 한 자발적 참여사업자(목표보유사업자)에게는 과거 3년간의 배출량평균치인 "기준연도배출량"에서 당해 배출삭감실시연도의 "삭감예측량"

에 의거해 참여하였고 게다가 그 내용도 각 업계가 현 시점에서 최선이라고 생각되는 한계적 내용을 담고 있다는 것, 제조업・에너지다소비산업만이 아니라 유통・운송・건설・무역 등 참가업종이 매우 다양하다는 점, 온난화대책과 폐기물대책에 관하여 많은 산업이 수치목표를 제시하였다는 점, 이 행동계획은 당분간 매년 리뷰되고 그 결과가 공표된다는 점이다.

12) 동 교토의정서목표달성계획에서는 국내배출량거래제도를 "배출의 교부총량을 설정한 뒤 배출량을 개개의 주체에 배분함과 동시에 다른 주체와의 배출량의 거래나 교토메커니즘의 크레딧 활용을 인정하는 것 등을 내용으로 하는 것"으로 정의하고 있다.

을 뺀 양만큼의 "배출권 초기할당량"이 부여되는데, 배출삭감 실시결과 배출권 초기할당량을 넘는 CO_2를 배출한 사업자는 초과부분의 배출권을 구입하여야만 하고, 배출권의 초기할당량을 하회하는 CO_2를 배출한 사업자는 그 잉여부분의 배출권을 매각하여 이득을 취할 수 있다.

〈그림 1〉 자주참가형 국내배출량거래제도(JVETS)의 개요

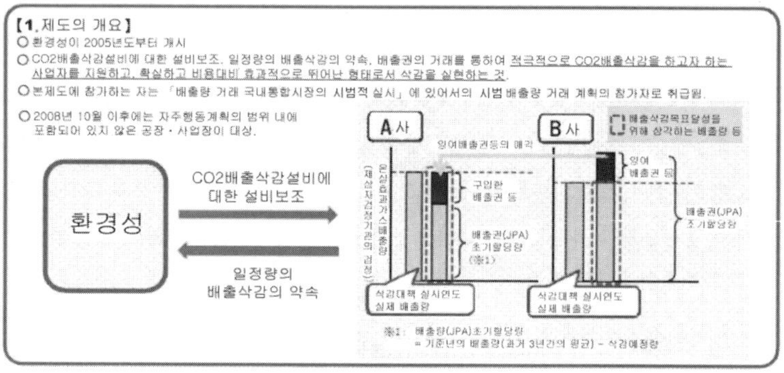

※ 출처: (일본) 배출량거래인사이트 http://www.ets-japan.jp/dms/dms_3_3.html.

자주적 참가사업자에게는 다음과 같은 利點(장점)이 있는 것으로 평가된다.

① CO_2 배출삭감설비에 대한 설비보조의 이용

② CO_2배출량의 제 3 자 검증기관으로부터 심사(심사비용은 환경성 부담)

③ CO_2배출량의 산정에 관한 노하우 획득, 체제 구축

④ 배출권 거래에 관한 노하우의 획득

⑤ 잉여배출권의 매각에 의한 이익

⑥ 에너지 비용의 삭감

⑦ 기업 이미지의 향상(환경선진기업)

2005년 개시 이후 현재까지 JVETS의 전체적인 실시실적은 다음의 표와 같다.

〈표 1〉 자주참가형 국내배출권거래제도(JVETS) 제 1 기~제 5 기의 실적 (2009. 9. 10. 현재)

<table>
<tr><th colspan="3"></th><th>제 1 기
(06년도)</th><th>제 2 기
(07년도)</th><th>제 3 기
(08년도)</th><th>제 4 기
(09년도)</th><th>제 5 기
(10년도)</th></tr>
<tr><td rowspan="5">참가
사업자</td><td rowspan="3">목표
보유
참가자</td><td>A타입</td><td>31사</td><td>58사</td><td>55사</td><td>69사</td><td>52사</td></tr>
<tr><td>B타입</td><td></td><td></td><td>3사</td><td>12사</td><td>6사</td></tr>
<tr><td>C타입</td><td></td><td>3사</td><td>3사(※2)</td><td></td><td></td></tr>
<tr><td colspan="2">거래참가자</td><td>7사</td><td>12사</td><td>24사</td><td>공모×(※3)</td><td>공모×</td></tr>
<tr><td colspan="2">합계</td><td>38사</td><td>73사</td><td>86사</td><td>81사</td><td>58사</td></tr>
<tr><td colspan="3">배출량의 검증기관</td><td>12사</td><td>18사</td><td>20사</td><td>20사</td><td>21사</td></tr>
<tr><td colspan="3">기준연도배출량 합계</td><td>1,665,599t</td><td>1,122,593t</td><td>1,661,251t</td><td>3,366,188t</td><td>515,717t
(※검증전수치)</td></tr>
<tr><td colspan="3">삭감대책실시연도
배출량 합계</td><td>1,288,543t</td><td>842,401t</td><td>1,316,490t</td><td>2010년 7월
확정예정</td><td>2011년 6월
확정예정</td></tr>
<tr><td colspan="3">기준연도배출량으로
부터의 배출삭감량
(기준연도대비삭감률)</td><td>377,056t
(29%)</td><td>280,192t
(25%)</td><td>382,625t
(23%)</td><td>상동</td><td>상동</td></tr>
<tr><td colspan="3">당초약속한 배출삭감량
총량(기준연도대비삭감률)</td><td>273,076t
(21%)</td><td>217,167t
(19%)</td><td>136,410t
(8.2%)</td><td>334,617t
(10%)</td><td>96,382t
(18.7%)</td></tr>
<tr><td colspan="3">배출량 거래건수</td><td>24건</td><td>51건</td><td>23건</td><td>2010년 8월
말 확정예정</td><td>2011년 8월
말 확정예정</td></tr>
<tr><td colspan="3">배출량 거래량</td><td>82,624t</td><td>54,643t</td><td>34,227t</td><td>상동</td><td>상동</td></tr>
<tr><td colspan="3">평균거래가격(대략치)</td><td>1,200엔/t</td><td>1,250엔/t</td><td>800엔/t</td><td>상동</td><td>상동</td></tr>
</table>

※ 1: (06년도)는 2006년도가 배출삭감실시 연도라는 것을 표시. 원칙적으로 배출삭감실시연도는 채택연도의 익년도임

※ 2: 제 3 기 C타입 참가자는 2007년 · 2008년도의 2년간에 걸쳐서 배출삭감실시사업자로서 참가.

※ 3: 배출량거래의 국내통합시장의 시범적 실시에 있어서의 시범배출량거래계획에 있어서의 거래참가자와 일원화

※ 출처: (일본) 배출량거래인사이트 http://www.ets-japan.jp/dms/dms_3_3.html.

(2) 제도에의 참가방법

JVETS에의 참가방법에는 다음의 3가지의 방법이 있다.

1) 목표보유참가자 A타입(보조금을 지원받는 참가자)

CO_2 배출억제설비 도입을 위한 보조금 지원을 인센티브로 일정량의 배출삭감

을 약속하고 배출권을 교부받는 참가자(온실가스의 자주삭감목표 설정에 관한 설비보조사업의 채택사업자)

2) 목표보유참가자 B·C타입(보조금 지원없는 참가자)

설비보조를 받음 없이, 기준연도배출량에 비하여 적어도 1%의 배출삭감을 약속하는 참가자

3) 거래참가자

배출권의 거래를 행할 목적으로 등록부시스템[13]에 구좌를 두고 거래하는 자.

배출삭감목표는 부담하지 않고 배출권 거래의 중개를 행하는 거래참가자이다. 거래참가자에 대하여는 보조금 및 배출권 교부는 이루어지지 않는다. 거래참가자는, 제4기부터는 배출량거래 국내통합시장의 시범적 실시에 있어서의 시범실시 배출량거래계획에서 일원적으로 모집함으로써 본 제도에서는 더 이상 모집하지 않는다.

목표보유참가자는 과거 3년간의 배출량 실적의 평균치를 기준연도배출량으로 하여 거기에서 삭감목표량을 뺀 배출량을 상한으로 정한다. 각 사업자의 배출량은 제3자 검증을 받아 CA(Competent Authority, 환경성 산하에 설치된 본 제도의 룰 관리조직)의 승인을 얻어 확정하고 등록부시스템상에서 관리된다. 참가사업자는 배출량 산정·보고·검증을 용이하게 하는 웹상의 배출량관리시스템[14]을 사용할 수 있다.

목표보유참가자는 배출량이 상한을 상회하지 않도록 자사 내에서 삭감노력을 기울이거나 다른 참가자들과 배출권 거래를 실시하거나 한다. 배출권의 거래에는 거래중개시스템(GHG-trade.com)[15]을 사용할 수 있다.

---

13) 교부나 거래에 의해 이전이 발생하는 사업자별 배출권을 관리하는 시스템으로서, 교토의정서에 기한 국가별 등록부시스템과 마찬가지로, 기업의 배출권의 이전·상각을 관리하는 시스템이다. 기업의 초기할당량을 관리하고 배출권을 거래한 때에는 크레딧의 이전, 정부 구좌로의 상각절차를 수행할 수 있다. 인터넷을 매개로 하여 참가자가 직접 등록부시스템에 액세스·이전이 가능하다.

14) 참가사업자가 자사의 CO_2 배출량 산정·검증을 하는 때에 이용하는 시스템으로, 모티터링·보고가이드라인에 기하여 사업자의 기준연도, 실시연도의 배출량을 산정, 등록하게 된다. 제3자 인증기관은 시스템에 등록된 데이터를 원점에서 검증하게 된다. 이 시스템에서는 통일적인 배출량 산정방법을 제공함으로써 배출량의 산정 및 검증업무를 효율적으로 처리할 수 있도록 하고 있다.

15) 기업간 배출권 거래 중개시스템으로서 JVETS 사무국을 맡고 있는 미츠비시(三菱)종합연구소가 제공하고 있는 서비스이다. 배출권을 매매하는 때에는 사전에 계약이 필요한데, 게시판 기능에 의해 크레딧의 가격·양을 확인한 뒤 신청(청약)을 통해 약정이 이루어질 수 있다. 약정 후 은행구좌에 계좌이체(시스템 대상 외)와 등록부시스템에 별도 이전 절차를 수행한다. 이 중개서비스를 통하여 거래 희망자끼리의 거래가 가능하다.

본 제도에서 대상으로 하는 CO_2 배출량의 실측(實測), 모니터링에 관해서는 일정한 가이드라인에 입각하여 이루어진다. 목표보유참가자는 미리 모니터링계획을 책정하고, CA의 승인을 받을 것이 요구되며 승인 후 모니터링계획에 입각한 모니터링을 실시한다.[16)]

또한 기준연도배출량과 삭감대책실시연도배출량에 관해서는 독립한 제 3 자 검증기관이 검증을 실시한다.

(3) 제도의 기본 운용스케줄

JVETS의 기본적인 제도 운용의 스케줄을 제 3 기(2008년 목표)의 경우를 예로 들어 설명하면 다음과 같다.

① 2007년도: 설비정비기간(A타입만)
- 2007년 5월: 참가사업자의 채택, 배출권 교부결정
- 2007년 8월~11월: 기준연도배출량에 관하여 제 3 자 검증기관의 심사

② 2008년도: 삭감대책실시기간
- 2008년 4월: 삭감대책실시 개시, 배출량의 모니터링 개시
  배출권의 초기할당(배출권은 수시 거래 가능)[17)]

③ 2009년도: 조정기간
- 2009년 5월: 실시연도배출량에 관하여 제 3 자 검증기관의 심사
- 2009년 8월말: 상각(償却)기간—당해 연도 배출량실적에 대응 배출권 제출

기준연도배출량과 배출삭감량에 관하여 살펴보면, 먼저 대상 공장·사업장[18)]의 기준연도배출량(과거 3년간 배출량의 평균치)은 검증기관에 의한 제 3 자 검증을 거친 결과 목표보유참가자 61사의 기준연도배출량의 합계는 1,661,251t-CO_2였다. 그리고 배출삭감실시연도(2008년도)의 목표보유참가자 61사의 배출삭감량은 1년간 382,625t-CO_2으로서, 대상 공장·사업장의 기준연도배출량의 23%에 상당하는 것이

16) 모니터링의 정밀도(精度)에 관해서는 모니터링패턴이나 계측기의 정밀도에 상응하여 다른 정밀도레벨을 각층별로 나타내는 Tier어프로치를 채용하여, 확보해야 할 정밀도를 간편하게 파악할 수 있도록 하고 있다.

17) 참가사업자는 2008년 4월부터 2009년 8월까지를 거래기간으로 하여, 필요에 따라 배출권의 과부족분을 거래하는 배출권 거래를 실시하였다.

18) 본 제도는 전사(全社) 단위가 아니라 대상이 되는 공장·사업장을 특정하여 그 대상 공장·사업장으로부터의 배출량 전체를 산정·검증하는 방식을 취하고 있다.

었다. 본 제도 개시시점에서 목표보유참가자가 약속한 배출삭감예측량의 합계가 136,410t-CO_2(기준연도배출량의 8.2%)였지만 그 삭감예측량을 훨씬 상회하는 삭감실적을 올린 것이다.

위와 같은 일정을 거쳐 삭감실시기간이 종료하면 조정기간(상각기간)에 당해 연도의 연간 배출량에 상응하는 배출권을 제출하여야 한다. 예컨대 10,000t의 CO_2를 배출한 경우에는 10,000t분의 배출권을 제출하여야 한다. 따라서 만일 배출권의 초기할당량이 8,000t인 경우였다면 배출권 2,000t의 조달(구매)이 있어야 한다. 결과적으로 목표달성을 할 수 없었던 경우에는 보조금을 반환하게 하고(A타입), 社名을 공표하게 된다(벌칙규정 적용). 잉여배출권에 관해서는 거래 외에도 다음 기(期)로의 이월(banking)이 가능하게 하였다. 실제에 있어서 제3기의 목표보유참가자 61사는 배출삭감에 노력함과 동시에, 목표 달성에 부족한 차분(差分)이 있는 경우에는 배출권 거래를 활용하여 모든 참가자가 제도참가 시점에서 약속한 삭감목표를 달성하였다고 한다.

(4) JVETS의 의의 및 특징

JVETS는 일본에서 처음으로 유가(有價)에 의한 배출권의 거래·이전이 실현되었다는 점에서 첫 번째의 의의가 있다. 그리고 이렇게 유가상품으로서의 CO_2배출권 창출의 신뢰성을 담보하기 위하여, 기준연도배출량이나 배출삭감실시연도를 대상으로 하여 배출량의 제3자 검증을 실시한 점도 그 특징의 하나라고 할 수 있다. 나아가 배출량 거래의 실시에 있어서 불가결한 인프라들이 구축되었다는 점도 특징으로 들 수 있다. 즉 전자시스템으로서 앞서 언급한 등록부시스템, 배출량관리시스템, 거래중개서비스가 구축되었고, 각종의 가이드라인(모니터링·보고가이드라인, 배출량검증 가이드라인)이 작성, 제시되었으며 배출권 거래약정을 위한 표준계약서 등이 마련되었다.

(5) JVETS의 현재 진행상황

다음에서 볼 수 있듯이, 일본에서는 2008년 10월 21일부터 "배출량 거래의 국내통합시장의 시범적 실시"가 이루어지고 있다. 이로 인하여 JVETS는 그 의의가 줄어든 것이 사실이나 그렇다고 하여 이 제도가 폐지된 것은 아니고 여전히 위 "배출량 거래의 국내통합시장의 시범적 실시"에 있어서의 하나의 참가유형으로 운용되고 있는 상황이다. 다만 현재의 JVETS에 참가하고 있는 주체들은 주로 경단련의 자주행동계획에 포함되어 있지 않은 중소규모의 기업들이라는 점에 변화가 있다.

JVETS에 참가하였던 목표보유참가자들은 2008년 10월 이후 "시행적 실시"의 개시와 함께 새로운 배출삭감목표를 설정하여야 했는데, 그들이 JVETS에 참가하면서 보조금을 받았을 때 보조금으로 인하여 기대된 감축목표에 비하여는 그 목표를 더 줄여야 했다고 한다.

3. 배출권 거래 국내통합시장의 시범적 실시(排出量取引の国内統合市場の試行的実施)

(1) 시범적 실시의 의의

2008년 6월 9일, 내각총리대신은 "저탄소사회・일본을 지향하며"라는 주제의 연설에서 배출량거래제도의 필요성을 언급한 후 그 시범적 실시를 개시하였으며, 이를 통하여 본격 도입할 경우에 필요한 조건, 제도 설계상의 과제를 명확하게 할 것을 표명하였다. 그 연설을 받아 2008년 7월 29일 "저탄소사회만들기행동계획"이 일본 정부에서 각의결정되었다.

저탄소사회만들기행동계획에 따르면, 가능한 한 많은 업종・기업의 참가를 받아 배출량 거래의 국내통합시장의 시범적 실시를 하고, 그 구체적인 내용이나 구성에 관하여는 교토의정서목표달성계획이나 동 계획에 따른 자주행동계획과의 정합성을 고려하면서, 참가기업 등이 배출량이나 원단위(原單位)에 관한 목표를 설정하고 그 목표를 달성함에 있어서 각종의 배출권(排出枠)・크레딧[19]의 매매를 활용할 수 있도록 하며, 기존의 제도나 기획 중인 제도를 활용하면서 가능한 한 많은 업종・기업이 참가할 수 있도록 제도 설계를 추진해간다고 하고 있다.

목표 설정의 방법, 거래대상으로 하는 배출권・크레딧의 종류, 배출량의 모니터링・산정방법 등의 검토를 위하여 관계성청으로 구성되는 검토팀이 2008년 9월에 시범적 실시의 설계 검토를 추진하여 동 10월부터 시범적 실시를 개시하는 것으로 하였다.

이러한 경위를 거쳐 2008년 10월 21일 지구온난화대책추진본부에서 "배출량 거

---

19) 탄소배출권(Carbon Emission Credit).

래의 국내통합시장의 시범적 실시"의 구체적 내용이 결정되어 당일부터 참가자의 모집을 개시하게 되었다.

(2) 배출량 거래의 국내통합시장의 시범적 실시의 개요

위 시행실시는 다음의 두 제도에 의하여 구성되는데,

① 기업 등이 삭감목표를 설정하고 그 목표의 초과달성분(배출권)이나 ②의 크레딧의 거래를 활용하면서 목표달성을 수행하는 제도(시행(試行)[20] 배출량거래계획(試行排出量取引スキーム))

② ①에서 활용 가능한 크레딧의 창출, 거래—국내크레딧 & 교토크레딧

그 위에 국내통합시장이 되도록 각종의 배출권·크레딧(①의 배출권, ②의 크레딧)은 다음과 같이 취급되도록 한다.

- 동등하게 ①의 목표 달성에 충당할 수 있다.
- 거래에 관한 가격지표 등이 제공된다.

(3) 시행(시범실시) 배출량거래계획(試行排出量取引スキーム)

1) 개　요

참가자가 자주적으로 배출삭감목표를 설정한 뒤 스스로의 삭감노력에 더하여 그 달성을 위한 배출권, 크레딧의 거래를 인정하는 제도를 말한다. 즉 신청을 통하여 참가하는 기업 등이 자주적으로 스스로의 배출삭감목표를 설정하고 그 달성을 위하여 배출삭감노력을 수행하는 한편으로 그에 더하여, 기업 등이 배출권이나 크레딧을 거래를 통하여 조달하여 목표 달성에 충당할 수 있는 제도를 말한다. 본 계획은 배출총량목표나 원단위목표의 선택 등 다양한 옵션을 시범적으로 실시하는 것이고, 가능한 한 많은 기업 등의 참가를 통하여 각각의 옵션을 평가하여 민간 기업 등의 자주적인 노력과 창의, 연구를 활용하여 기술개발이나 실효성 있는 배출삭감으로 이어지도록 함으로써, 기술과 제조업 중심의 일본 산업에 부합하는 일본형 모델을 검토하는 것이다. 거래의 대상이 되는 배출권·크레딧에는, 다른 기업 등의 삭감목표 초과달성분(배출권)이나 국내크레딧, 교토크레딧이 있다.[21]

---

20) 이하 "시범실시 배출량거래계획"으로 명명하도록 한다.

21) 국내·외 탄소상쇄(Offset) 인정. 다만 자발적 감축목표이기 때문에 활용범위는 불확실한 것

① 배출권: 시행 배출권 거래계획의 목표설정참가자에게 교부되는 배출권(EXT) 및 JVETS의 목표보유참가자에게 교부되는 배출권(JPA)

② 국내크레딧: 중소기업이나 삼림바이오매스(biomass) 등에 관련되는 삭감활동에 의한 크레딧. 교토의정서목표달성계획에 규정되어 대기업과 중소기업 등의 협동사업으로 실시되는 것으로, 대기업 등이 기술, 자금 등을 제공하여 중소기업 등이 CO_2 배출삭감을 위하여 노력하게 하고 그 배출삭감량을 기술, 자금 등을 지원한 대기업 등의 국내크레딧으로 (국내크레딧인증위원회가) 인정하는 것을 말한다. 자주행동계획 등의 목표달성을 위한 것으로서 중소기업 등의 배출삭감 노력을 활성화, 촉진할 목적으로 시행되는 것이다.[22]

③ 교토크레딧: 교토의정서에 기하여 인증된 해외 삭감활동에 의한 크레딧(JI→EUR, CDM→CER)

〈그림 2〉 배출권 거래의 국내통합시장의 시범적 실시의 개요

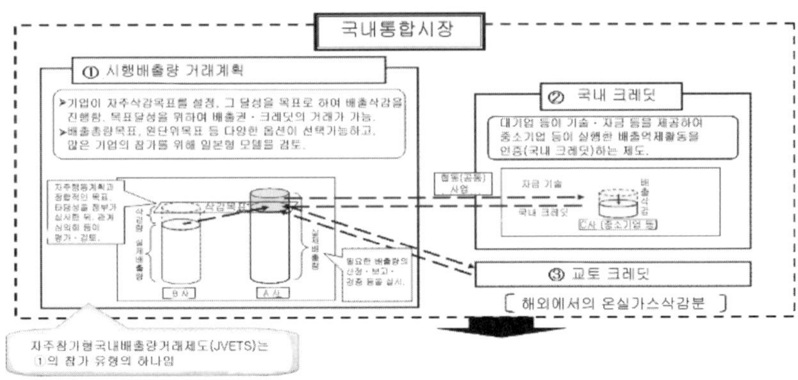

※ 출처: (일본) 배출량거래인사이트 http://www.ets-japan.jp/dms/dms_3_2.html.

2) 참가자 및 참가신청절차

배출량 거래 시범적 실시에의 참가자로는,[23]

① 목표설정참가자(자주적으로 배출삭감목표를 설정하는 사업소 · 개별기업 · 복수기업(기업그룹). 다만 원칙적으로 업계단체를 구성하는 기업전체의 참가는 인정하지 않음)와

으로 보인다.

22) 국내크레딧제도는 "국내배출삭감량인증제도운영규칙"(2008. 10. 21, 경제산업성, 환경성, 농림수산성)에 기하여 운영되고 있다.

23) 2009년 7월 6일 현재, 목표설정참가자 521사, 거래참가자 68사, 국내크레딧제도배출삭감사업자 126사가 참가신청을 하였다.

② 거래참가자(배출권의 거래를 행할 목적으로 하는 개별기업)가 있다. 참가자 이외의 자가 오로지 배출권 거래의 매개(중개)만을 하는 때에는 절차는 불필요하고 자유롭게 중개할 수 있다.

목표설정참가자의 경우에는 참가신청서, 구좌계설신청서(사전교부를 선택한 경우), 기업팸플릿 등 응모사업자의 업무개요의 설명자료 등의 서류를 제출하여 참가신청을 하며(환경성의 자주참가형 국내배출량거래제도(JVETS)에 참가하는 경우에는 그 모집시기, 참가절차 등에 관하여 JVETS의 모집요강을 참조), 거래참가자의 경우에도 참가신청서, 구좌계설신청서, 경리상황설명서, 기업팸플릿 등 응모사업자의 업무개요의 설명자료 등의 서류를 제출하여 참가신청을 한다.

3) 배출삭감목표의 설정

① 설정주체: 사업소, 개별기업, 복수기업(기업그룹)

② 대상가스: 에너지 起源 CO_2로 함.

③ 설정방법

- 참가자(목표설정참가자)가 배출삭감목표를 자주적으로 설정한다. 배출총량목표 또는 원단위 목표의 어느 쪽이나 선택 가능하다.
- 자주행동계획참가기업의 목표는, 자주행동계획과 정합적인 것이 되도록 하고, 목표의 수준은 참가자가 매도자로서 안이하게 참가하지 못하도록 하기 위해 당해 참가자의 최근(直近)의 실적 이상 또는 참가자가 소속하는 자주행동계획의 목표 또는 실적 가운데 높은 수준의 것으로 하며, 특단의 사정이 있는 경우에는 개별사정을 감안하여 별도로 판단한다.
- 자주행동계획 비참가기업의 목표는 환경성의 JVETS의 목표설정 방법도 참고하면서 필요한 목표설정 방법의 정비를 도모한다.
- 목표달성을 위하여 다른 참가자의 목표 초과달성분(배출권), 국내크레딧, 교토크레딧을 활용할 수 있다.

④ 목표설정연도

- 자주행동계획에서 정하고 있는 2010년도의 목표를 기준으로 하여, 2008년~2012년 가운데 전부 또는 일부의 연도를 목표설정연도(연속하는 연도에 한하지 않음)로서 임의로 선택한다.
- 그 선택한 설정연도의 각 연도(목표연도)마다 배출삭감목표를 설정하고 목

표달성의 확인을 행한다.

⑤ 설정절차

- 정부의 운영사무국[24]에 대하여, 소관 성청을 통하여 목표를 신청한다.
- 목표의 타당성에 관해서는 정부가 심사 및 확인을 수행한다. 자주행동계획의 평가・검증제도와 마찬가지로 관계 심의회 등에서 평가 및 검증을 행한다.

4) 배출권의 거래 룰(rule)

① 정부의 "목표달성확인시스템"의 운용[25]

- 목표달성의 확인 및 배출권의 발행, 보유, 이전, 상각 등을 하기 위한 시스템
- 세부적인 이용규정[26]을 만들어서 시스템 운영의 체계화를 기함.

② 거래에의 참가

- 거래주체: 목표설정참가자 및 거래참가자
- 구좌의 개설: 배출권을 거래하는 목표설정참가자, 거래참가자는 매도자・매수자 모두 정부가 운영하는 시스템상의 구좌의 개설이 필요하다. 배출권 거래를 하지 않는 목표설정참가자의 구좌 개설은 임의적이다.

③ 거래의 실시

- 배출권의 교부시기
  - 배출총량목표를 설정한 참가자는, 배출총량목표에 상당하는 배출권을 사전교부 받거나, 목표와 실적의 차분(差分)을 사후에 청산하는 방식 중 하나를 선택한다.
  - 원단위목표를 설정한 참가자는, 목표와 실적의 차분을 사후에 청산한다 (배출권의 교부, 거래에 관해서는 배출총량목표 설정참가자가 사후에 청산하는 경우와 동일)
- 거래의 실시
  - 배출권 거래는 참가자의 책임으로 자유롭게 행할 수 있다.

24) 정부가 시행실시의 원활한 운영을 위하여, 내각관방(총리실), 경제산업성, 환경성 공동으로 구성하는 운영사무국을 설치 운영하고 있다. 내각관방은 전체 일정관리 등 총괄 기능을 담당하고, 경제산업성은 산업계 모집 및 관리, 환경성은 레지스트리 등 인프라 정비의 역할을 분담한다. 레지스트리 운영은 환경성과 경제산업성의 직접 책임 하에 있으나 실제 운영은 NTT가 담당한다.

25) 인터넷사이트 운용: 홈페이지(http://www.mokutatsu-system.go.jp/).

26) "시범실시 배출량거래계획 목표달성확인시스템 운용규정."

- 배출권의 이전은 거래주체가 스스로 구좌상에서 행한다.

• 기타

- Commitment Reserve: 싼 가격에 과매도하는 것을 방지하기 위하여 배출권의 사전교부를 받은 경우에는 그 90%는 상각 이전에 거래의 대상으로 할 수 없다.
- Money game에의 대응: Money game에 의한 문제가 발생하지 않도록 다음의 조치를 강구한다. 즉 배출권의 이월(banking), 차입을 인정하고, 배출권의 가격지표 등의 제공 가능성을 검토하며, 투기적인 거래를 위하여 가격이 폭등하는 등의 경우에는 정부는 적정화를 위하여 구체적인 조치를 검토하여 실시한다.

5) 배출량의 산정·보고, 검증, 목표달성 확인

① 배출량의 산정 · 보고 · 검증(MRV, Measurable · Reportable · Verification)

• 산정 · 보고, 검증

- 목표설정참가자는 목표연도 종료 후 배출량을 산정하여 정부에 보고한다.
- 산정된 배출량에 관해서는 검증을 받는다.

• 구체적 절차

- 자주행동계획 참가기업의 경우

배출량의 산정 · 보고, 검증은 원칙적으로 자주행동계획의 평가 · 검증제도의 프로세스를 통하여 행한다. 또한 배출권을 매각하는 경우에는 배출량에 관하여 정부가 적당하다고 인정하는 제 3 자 검증기관의 검증을 받는다. 그 이외의 경우에도 스스로 희망하여 제 3 자 검증기관의 검증을 받을 수 있다.

i) 목표설정참가자는 목표연도의 산정보고서를 작성하여 목표연도 익년 8월말까지 검증기관에 제출

ii) 검증기관의 검증보고서를 첨부하여 목표연도 익년 9월말까지 소관부국 또는 운영사무국에 제출

iii) 제출된 산정보고서 · 검증보고서는 소관부국의 심사 및 당해 심사결과에 관한 운영사무국의 확인을 거쳐 목표연도 익년 10월 중순까지 확정

- 자주행동계획 비참가기업의 경우

배출량의 산정 · 보고, 검증은 별도 작성하는 가이드라인에 입각하여 행한다. 배출량에 관하여 정부가 적당하다고 인정하는 제 3 자 검증기관의 검증을 받는다.

② 목표달성 확인

• 배출권 · 크레딧의 상각, 목표달성 확인

- 정부는 운영하는 시스템에서 이하의 방법으로 목표설정참가자의 목표달성 등을 확인한다. 즉 배출권의 사전교부를 받은 참자가는 실배출량에 상당하는 배출권 · 크레딧의 상각을 확인하고, 사후청산을 행하는 참가자는 목표와 실적의 차분이 플러스인 경우에는 초과분을 기록(희망하여 구좌를 개설한 자에게는 이것에 상당하는 배출권을 교부), 마이너스의 경우에는 이것에 대응하는 배출권 · 크레딧의 상각을 확인.

• 이월, 차입

- 배출권의 잉여, 부족이 발생한 경우에는 배출권의 이월(banking), 차입(borrowing)이 가능하다. 즉 목표설정참가자가 상각을 하였음에도 배출권의 잉여가 발생하는 경우에는 다음 목표연도의 목표 달성을 위하여 이월이 가능하고, 상각기간까지 거래를 시도하여도 배출권의 부족이 발생하는 경우에는 당해 부족량을 차입할 수 있다는 것이다.
- 이월과 차입은, 목표설정연도의 최종연도 종료 시까지 유효하다.

6) 실시 일정

2008년 10월 21일, 제도의 개시와 더불어 참가기업을 모집한 데 이어, 2009년 8월 31일에는 전년도의 배출량의 보고를 마감하였고, 2009년 11월말일~12월 중순에 걸쳐서 배출권, 크레딧의 상각기한이 설정되어 있고 목표달성을 확인하였다.

(4) 배출권 거래 국내통합시장의 시범적 실시의 향후 전개방향

국내통합시장의 시범실시는 향후 시범실시를 통하여 얻은 경험을 살려서 배출량 거래를 본격적으로 도입할 경우에 필요로 하는 조건, 제도 설계상의 과제 등을 명확히 하고, 기술과 제조업 중심의 일본의 산업에 부합하는 바람직한 제도를 구상하여 국제적인 룰 책정과정에서도 리더십을 발휘할 수 있도록 지향하고 있다.

4. 배출권거래제 도입에 있어서 검토된 주요 논점—환경성 국내배출량거래제도검토회 중간정리[27]를 중심으로

(1) 서

일본에 있어서 현재까지 실시되고 있는 자발적 참가형 배출권거래제도의 도입과 향후 그 도입과 실시가 예상되는 온실가스배출 총량규제와 이에 따르는 배출권거래제도의 구상에 있어서, 학계와 실무계를 중심으로 검토되고 있는 주요 논점들은 다음과 같다. 이러한 논점들의 개요와 그 논의방향은 향후 우리나라에 있어서의 배출권거래제도의 설계와 도입에 있어서도 여러모로 참고할 만하다고 판단되어 여기에 정리·소개하고자 한다.

(2) 주요 논점의 개관

1) 제도의 주요 구성요소에 관한 논점

① 언제까지 무엇을 어느 정도 삭감할 것인가, 즉 '제도기간과 할당총량', '대상가스'를 정할 필요가 있고, 이와 관련하여 '준수에 관한 규칙(준수기간, 상각의무, 준수하지 않을 때의 조치)'를 정비할 필요가 있으며, 또 준수할 경우 배출권의 거래를 인정하도록 한다.

② 배출권을 누구에게 할당할 것인가, 즉 '할당대상'을 정할 필요가 있다. 이에 따라 제도가 커버하는 부문과 업종, 그것이 일본의 총배출량에서 차지하는 비율을 결정하여야 한다.

③ 개개의 할당대상이 되는 '배출권의 할당방법'을 정할 필요가 있으며, 이것을 얼마나 공평한 방법으로 하는가가 중요할 것이다.

④ 제도의 인프라로, 배출량을 정확하게 파악하기 위한 '배출량의 모니터링·산정·보고, 배출량의 검증'에 관한 룰을 정비하고, 또한 배출권의 '등록부'를 설정할 필요가 있다.

이상의 기본설계에 더하여, 가격 폭등과 등락이 경제에 악영향을 미칠 수 있는 점에 대응할 필요가 있다. 즉 온실가스의 삭감이라는 목적을 유지하면서도, 배출권의 수급 핍박·가격 폭등 시에 배출권의 공급을 유연하게 늘리는 것을 가능하게 하

27) 2008. 5. 20, 국내배출량거래제도의 바람직한 모습에 대한 중간정리.

는 조치 등을 사전에 설정함으로써, 가격의 안정화를 꾀하고 비용의 급격한 증가를 회피할 필요가 있다는 것이다. 나아가 탄소제약의 사정이 국가에 따라 다른 상황에서, 일본이 국내에서 엄격한 탄소제약을 부과한 경우, '산업의 국제 경쟁력에 미치는 악영향과 탄소 누출의 위험에 대한 대응 조치'도 검토의 필요가 있다고 본다. 타국의 배출권거래제도와의 '국제적인 링크'를 이룰지의 여부도 검토 과제가 되었다.

2) 제도 외부의 주요 기반과 관련한 논점

① 배출권의 할당과 거래는 자산을 주고받는 것이므로, 그 '회계처리 및 세무처리의 룰'을 명확화하는 것이 중요하다.

② 가격시그널을 통하여 효율적 배출삭감을 실현하기 위해, '거래가 원활하게 이루어질 수 있는 기반'이 정비되어 있고, 시장이 적절하게 기능하는지의 검토도 중요하다.

(3) 주요 개별논점에 대한 검토사항

1) 제도기간과 할당총량

[제 1 기간] 제도 개시~2012년도: 단기적인 기간이므로 각 연차의 할당총량은 이미 정해진 교토의정서목표달성계획에서의 목표를 바탕으로 한다.

[제 2 기간] 차기 국제 틀에 상당하는 기간(예를 들어 2013~2020년도): 각 연차의 할당총량은, 차기 국제 틀에 있어서 일본의 중기 목표달성을 위한 계획을 바탕으로 한다.

[제 3 기간] 예를 들어 2021~2050년도: 장기에 걸쳐 저탄소 사회 구축을 실현하기 위한 제도가 지속한다는 시그널을 발신한다.

2) 준수에 관한 룰

(a) 준수기간 · 상각의무

할당 대상자가 일정 기간에 배출한 온실가스 배출량에 대하여 같은 양의 배출권을 정부에 제출(등록부시스템상의 상각구좌로 이전)해야 하는 것을 상각의무라 하고 그 기간을 준수기간이라 하며, 이와 관련하여 다음의 사항이 검토되었다.

① 통상, 준수기간은 연도의 처음에서 끝까지의 1년을 하나의 단위로 한다.

② 할당대상자는 준수기간인 연도의 종료 후, 일정 기간 내(이를 조정기간이라 부르고, 몇 개월을 상정)에 모니터링 · 산정과 검증을 거쳐 당해 연도의 배출량의 확정

치를 보고한다.

③ 할당대상자는 조정기간 종료 후의 상각기한까지 확정한 배출량에 대해 적어도 동량의 배출권을 정부에 제출함으로써, 당해 준수기간에 관한 준수의무를 이행했다고 간주된다.

④ 또한 배출권의 거래를 비롯하여 이월, 차입 등의 유연한 대응도 가능하다.

(b) 준수하지 않을 시의 조치

할당 대상자가 일정 준수기간에 배출량의 확정치에 대해, 적어도 같은 양의 배출권을 상각기한까지 정부에 제출하지 않은 경우(즉 배출량 〉배출권의 경우), 당해 준수기간에 관해서 준수하지 않은 것으로 간주, 불준수 시의 조치가 강구되어야 할 것인바, 이와 관련해서는 다음의 사항이 검토되었다.

① 준수하지 않았을 때의 조치로, 배출량의 확정치에 대해 부족한 배출권의 양에 따라, 종량 베이스의 과징금을 부과하는 것이 검토되었다. 그리고 이 경우 과징금액은 시장에 있어서 배출권의 가격과 비교할 때 상당히 높은 금액으로 설정함으로써, 준수하지 않는 것에 대한 억제효과를 갖게 할 필요가 있는 것으로 보았다.

② 아울러 차기 준수기간 이후에 부족한 배출권의 양과 동량의 배출권의 추가적 상각을 요구함으로써, 이전 준수기간에 불준수로 발생한 추가적인 온실가스의 배출을 메우게 할 필요가 있다고 보았다.

3) 대상가스

원칙적으로 교토의정서의 대상가스인 6가스를 대상으로 하는 것을 고려하되, 일본에 있어서 각 가스의 배출량 전체에서 차지하는 중요성, 모니터링 정밀도와 배출량의 파악의 가부, 다른 정책 및 규제와의 관계, 가스 발생 메커니즘에 입각한 배출삭감의 여지 등에 의거하여, 대상으로 할 수 있는 가스와 그 배출원을 좁혀야할 필요가 있다고 보고, 특히 지구온난화 계수가 현저하게 큰 가스의 취급에 대해, 모니터링 오차(誤差)가 주는 영향과 대상 외로 하는 것의 불이익을 비교 검토해야 한다고 보았다(지구온난화 계수 HFCs: 1,300(HFC-134a) 등, PFCs: 6,500(PFC-14) 등, SF_6: 23,900).

일단 제도 개시 시에는 에너지 起源 $CO_2+\alpha$(위의 검토결과 대상으로 된 온실가스)를 대상으로 하는 것이 현실적이라고 판단하고 있다. 에너지 起源 CO_2를 중심대상으로 하는 것은, 일본국 온실가스 인벤트리보고서에 따를 때 일본의 온실가스의 배출량 가운데 가장 많은 것이 연료의 연소에 의한 CO_2 배출이며, 약 88%를 차지하고 있기 때문이다.[28)]

4) 할당대상과 적용범위

배출량 거래제도의 대상을 설정함에 있어서는, 화석연료의 생산·수입·판매단계(上流)에 착안하는가, 화석연료·전력의 소비단계(온실가스의 배출단계)(下流)에 착안하는가에 따라, 커버율, 배출삭감 인센티브, 공평성, 운용비용에 차이가 생기므로, 이에 입각하여 할당대상을 적절하게 설정할 필요가 있다.

(a) 상류할당(川上割當)

• 화석연료의 생산·수입·판매업자에게 배출권을 할당한다.
 [예: (할당량)=(화석연료의 탄소함유량)×(생산·수입·판매량)]

• 화석연료의 생산·수입·판매량에 상당하는 배출권을 제출해야 한다.

(커버율)

• 화석연료 기원 CO_2의 대략 전량을 커버할 수 있다.

(배출삭감 인센티브)

• 할당대상자의 비용이 에너지수요자에 대해 가격 전가됨으로써, 배출삭감인센티브가 부여된다(이로 인해 배출권은 유상 할당이 적당하다고 생각된다).

• 직접 할당 대상자가 상류의 소수기업에게만 한정되므로, 실제로 화석연료를 연소시키는 하류의 기업과 소비자의 참가의식이 낮아지고, 배출 삭감 인센티브가 낮아지는 것이 우려된다.

• 할당 대상자 자신에 의한 배출삭감 수단은, 자신의 생산·수입·판매량을 감소시키는 것으로 한정되어버린다는 점에서, 판매량을 확보하기 위해 해외에서의 크레딧 구입에 의존하는 등, 결과적으로 국내에서의 배출 삭감으로 이어지지 않는 것이 우려된다.

(공평성)

• 오염자 부담의 원칙에 반드시 적합하지 않다(운용 비용).

• 할당대상자가 소수이므로 행정비용, 산정·검증비용을 대폭적으로 억제할 수 있다.

---

28) 기타 공업 과정에서 배출된 온실가스(CO_2, CH_4, N_2O)는 4.2%, 폐기물에서 배출된 온실가스(CO_2, CH_4, N_2O)는 3.3%로 되어 있다.

(b) 하류할당(川下割當, 전력 · 직접)

- 화석연료의 수요자, 즉 연료를 소비하여 온실가스를 배출하는 자에게 배출권을 할당한다.
- 전력의 경우, 화석연료를 직접 소비하는 발전소에 할당한다. 전력수요자에 대한 할당은 하지 않음.
- 온실가스의 배출량에 상당하는 배출권을 제출해야 한다.

(커버율)

- 상류 할당에 비해 커버율이 낮아진다(배출삭감 인센티브).
- 실제로 화석연료를 소비하고 배출하는 자를 직접 할당대상으로 하므로, 배출자의 참가의식이 높아지고, 삭감 인센티브가 크다.
- 전력에 대해서는 발전소의 화석연료 소비에 할당함으로써, 가격 전가를 통해 소규모 사업장과 가정에도 인센티브를 줄 수 있다.
- 전력사업자에게 법률에 의한 공급의무가 있으므로 채택할 수 있는 대책은 원단위 개선이 중심이 된다.

(공평성)

- 오염자 부담의 원칙과 정합한다.
- 제도의 대상이 되지 않는 부문과의 공평성 확보가 문제가 된다.

(운용 비용)

- 현행 산정 · 보고 · 공표제도를 활용할 수 있으므로, 행정비용과 산정 · 검증비용을 어느 정도 억제 가능하지만 새로운 부담도 생긴다.

(c) 하류할당(川下割當, 전력 · 간접)

- 화석연료의 수요자, 즉 연료를 소비하여 온실가스를 배출하는 사업자에게 배출권을 할당한다.
- 전력에 대해서는 전력수요자에게 할당한다. 화석연료를 직접 소비하는 발전소 할당은 하지 않음.
- 온실가스의 배출량에 상당하는 배출권을 제출해야 한다.

(커버율)

- 모든 전력수요자에게 배출권을 할당하기 곤란하므로 하류할당(전력 · 직접)에 비해 커버율이 낮아진다(배출삭감 인센티브).
- 발전소의 배출삭감 인센티브가 낮아지는 것이 염려된다.

위와 같은 배출권 할당대상 유형 중, 현재 일본의 자발적 배출권거래제도(시행실시)는 원칙적으로 하류할당형(발전소 미포함)으로서 직·간접배출원인 사업자를 대상으로 운용되고 있다.

5) 배출권의 할당방법

(a) 무상 할당

① 그랜드파더링(Grandfathering)

• 과거의 (배출) 실적에 따라 배출권을 할당한다.

② 벤치마크(Benchmark)

• 산업마다 표준 배출원단위(생산량당 배출량 등)에 의거하여, 배출권을 할당
구체적으로는, 배출권=활동량×벤치마크(원단위)와 같은 공식을 설정하고, 각각의 지표를 할당 대상자마다 검토하여 배출권을 설정한다.

• 활동량으로는 배출량과의 상관성이 높고, 객관성이 높은 동시에 모니터링과 검증이 가능한 데이터가 이용된다. 예를 들어 업무부문에서는 빌딩의 총바닥면적과 가동시간 등이 열거된다.

(b) 유상 할당

③ 옥션(Auction)

• 배출권을 경매로 배분한다.

• 제 외국에서도 실시 사례가 적으므로, 구체적인 룰의 정비 상황 등의 동향을 주시하면서 검토한다.

(c) 제도설계의 기본사고

대상 부문·업종마다 그 상황에 입각하여 각종 할당방법의 조합을 검토한다.

① 유상 할당과 무상 할당의 조합

• 제도 발족 당초는 배출권 가격의 상장관(上場観)이 형성되지 않았고, 또한 할당 대상자의 부담을 배려할 필요가 있었으므로, 당분간 무상할당을 기본으로 하면서, 가능한 부문·업종에 대해서는 공평성의 관점에서 유상 할당의 비율을 높여가는 것을 검토한다.

• 생산성이 국제적인 경쟁이 아니라, 가격 전가가 가능하다고 생각되는 업종에 대해서는 유상 할당하는 것도 생각할 수 있다.

② 무상 할당

- 공평성의 관점에서, 가능한 한 벤치마크(BAT(실행 가능한 최첨단 에너지절약 기술)과, 배출량과 상관이 있는 실적 데이터(설비용량 등), 업종별 평균 원단위 등)에 의거하여 할당하는 것을 생각할 수 있다. BAT는 지속적으로 평가를 행하고 재평가가 필요하다.
- 기술적으로 벤치마크의 채용이 어려운 부문・업종에 대해서는, 조기대책(제도 개시 이전의 삭감 노력)을 감안하여 적절하게 할당을 검토한다.

③ 유상 할당

- 제 외국에서도 실시 사례가 적으므로, 구체적인 룰의 정비 상황 등의 동향을 주시하면서 검토한다.
- 유상할당에 의한 수입의 용도에 대해서는, 해외의 사례에 입각하여 검토한다(예를 들어 할당 대상자에 대한 환원, 기술개발, 제도관리에 대한 충당 등을 생각할 수 있다).

④ 기타

(신규 참여)

- 신규참여자용으로 일정량의 배출권을 유보해두는 것을 고려할 수 있다. 신규참여자에 대해, 과거의 실적이 없으므로 어떤 벤치마크에 의해 무상할당을 행할지, 옥션을 활용하는 것을 생각할 수 있다.
- 무상할당할 경우는 BAT의 도입을 요구하는 것도 생각할 수 있다.

(시설 폐쇄 등)

- 준수기간 중에 시설 폐쇄를 할 때, 정부에 대한 배출권의 반환을 의무화하면, 비효율적인 기존시설을 온존하게 할 동기를 부여할 수 있는 우려가 있는 점에서, 단순히 시설 폐쇄 후의 할당을 행하지 않는 것으로 족하다고 본다.

일본의 경우 배출권 거래 국내통합시장에 참여를 원하는 모든 사업장, 개별기업 등에 대하여는(배출량 기준은 없음. 발전사는 미포함) 감축목표를 정부와 협의한 뒤 무상할당을 적용하고 있다.

6) 배출량의 모니터링·산정·보고, 배출량의 검증, 등록부

(a) 배출량의 모니터링・산정・보고

ISO 등 국제표준 책정의 동향에 입각하여, 지구온난화대책추진법 하에서의 온실가스의 산정 · 보고 · 공표제도와 JVETS에서 '모니터링 · 보고 가이드라인'의 적용 사례를 참고로 하면서, 일본의 실정에 맞는 배출량의 모니터링 · 산정 · 보고의 구조 설계와 요구 정밀도 레벨의 검토를 행하였다.

① 국내 배출량 거래제도에서, 모든 할당 대상자로부터 온실가스 배출량을 정확하고도 통일적으로 파악하는 것은 제도의 운영상 중요하다. 왜냐하면 국내 배출량 거래제도의 궁극적인 목적인 배출량의 삭감이 실제로 이루어진다는 확인은, 결국 배출량의 정확한 파악을 통해서만 담보되기 때문이며, 그것은 제도 자체와 배출권의 가치, 배출량 거래시장의 신뢰성과 안정성의 확보에 중대한 영향을 미치기 때문이다. 따라서 배출량의 모니터링 · 산정 · 보고의 구조, 혹은 그것들의 요구 정밀도 레벨 등은 제도 설계를 할 때 명확히 해 둘 필요가 있다고 판단하였다.

② 또한 타국의 제도와 국제적인 링크를 할 때는, 어느 한쪽의 제도에 있어서 배출량의 모니터링 · 산정이 부정확한 것만으로 양쪽의 제도에 악영향을 미치고, 시장의 안정성 · 제도의 신뢰성을 크게 손상하게 되므로, 구조의 설계와 정밀도의 확보에 특히 신중한 대응이 필요하다고 보고 있다.

③ 또한 배출량의 모니터링 · 산정 · 보고의 설계 때, 위에 서술한 것과 같은 정밀도 확보에 입각한 다음, 할당 대상자에게 지나친 추가적 부담이 되지 않도록 배려할 필요가 있다고 보았다.

(b) 배출량의 검증

ISO 등 국제표준 책정의 동향에 입각하여, 자주참가형 국내배출량거래제도에 있어서 '검증을 위한 가이드라인'과 '배출량관리시스템'의 적용사례를 참고로 하여 배출량 검증 구조 설계를 행한다.

① 배출량 검증이란, 할당 대상자에 의해 보고된 온실가스 배출량의 수치에 관해, 규칙대로 모니터링 · 산정되고, 보고까지 일련의 프로세스에서 오기(誤記) · 계산 잘못 등을 포함하여 오류 없이 배출량의 확정치를 이끌어 내고 있는지를 제 3 자기관이 검증하고, 최종적으로 '적정' 혹은 '부적정'과 같은 검증 결과에 대한 의견을 표명하는 것을 말한다(최종적으로 '부적정'이 된 경우는 보고 의무 위반으로 준수하지 않은 것으로 간주된다).

② 배출량 검증의 적정한 실시는 배출량의 정확하고도 통일적인 파악을 위해 불가결한 인프라이며, 틀을 명확히 해 둘 필요가 있다. 이 경우 검증 결과의 의견 표명은 할당 대상자에게 커다란 영향을 미치게 되므로, 그 공평성 확보를 위한 방책이

필요하다. 그러기 위해서는 검증을 실시하는 검증기관의 역할과 독립성을 명확히 한 다음에, 검증기관에 의한 검증의 품질을 어떤 식으로 확보하는가를 검토할 필요가 있다.

③ 한편, 할당 대상자의 부담을 경감하기 위해, 검증의 품질 확보에 입각한 다음, 검증 비용을 절감시키기 위한 방책에 대해서도 검토가 필요하다.

(c) 등 록 부

이미 운용 개시되어 있는 '자주참가형 국내배출량거래 등록부시스템'을 기본 형태로 하면서, 그 운용 실제 사례를 참고로 하여, 제도의 규모 등에 대응할 필요가 있는 개선에 대해 검토한다. CER 등의 취급에 관해서는 국가별 등록부와의 관계에 대해 검토를 행한다.

① 국내배출량거래제도에서, 할당 대상자로부터 온실가스 배출의 인가증 역할을 하는'배출권'을 관리하기 위한 전자시스템을 등록부(레지스트리)라 부르고, 대상자에 대한 배출권의 초기할당과 유상배분, 배출권의 거래・이전・결제, 실제 배출량에 대응한 배출권의 상각, 이월과 차입 등 배출권에 관한 모든 운영은 이 등록부시스템상에서 행한다. 배출권거래제도 실시를 위해 불가결한 가장 중요한 인프라의 하나이다.

② 유가(有價)로 거래된 배출권은 자산성을 갖고 있으며, 이전(移轉) 오류, 부정조작, 배출권의 이중계산 등이 발생하는 것은 제도의 신뢰성과 안정성을 현저하게 손상하는 점에서, 등록부시스템에는 높은 신뢰성과 안정성, 안전도레벨・관리 레벨이 요구된다.

Ⅲ. 동경도(東京都)의 온실가스총량규제정책과 배출권거래제도

1. 제도 도입의 과정

일본의 최대 지방공공단체의 하나인 동경도(東京都)는 2007년 1월부터 개시한 "카본마이너스도쿄 10년프로젝트"에서 2020년까지 도쿄의 온실가스배출량을 2000년 대비 25% 삭감한다는 독자적 목표를 제시한 바 있다. 그 목표 달성을 위하여 기업의 CO_2 삭감을 추진하는 수단으로써 채택한 것이 바로 온실가스배출량의 "총량삭감의무와 배출권거래제도"[29]이다.

이것은 동경도에 있어서 현재까지의 자주적 노력만을 전제로 한 제도로는 향후 대폭적인 CO_2 삭감에 필요한 기본적 수준을 넘어서는 한층 심도 있는 대책의 계획화는 극히 곤란하다는 판단 하에, 조례의 개정을 통하여 의무적 총량규제와 배출권거래제의 도입을 결정하게 된 것이다. 다음에서 보는 것처럼 본 제도의 대상 사업소는 도내(都內) 사업소의 1%에도 이르지 않는 수(약 1,300개소)이지만, CO_2 배출량의 합계는 도내의 업무·산업부문의 약 40%를 점하고 있음과 동시에 1사업소당 평균배출량은 일반가정 약 3,300세대분의 규모에 상당하는 것이다. 배출량이 많은 사업소에는 보다 적극적인 삭감대책을 확립할 것이 요구되는 것이다.

이러한 관점에 입각하여 2008년 6월 동경도의회에서는 "도민의 건강과 안전을 확보하는 환경에 관한 조례"[30]를 개정하였는바, 이 조례에 따라 CO_2 대규모배출사업소(연료, 열 및 전기의 사용량이 원유환산으로 연간 1500kl 이상인 사업소)에 대해서는 온실가스배출량 총량삭감의무의 부과와 함께 (의무적) 배출권거래제도를 개시한다는 취지의 규정이 삽입되었다.

동경도는 현재 동 제도의 시행과 내년도(2010년 4월)부터의 삭감의무의 이행 개시에 대비하기 위하여 다양한 검토와 준비작업을 진행하고 있는 상황이다.[31]

2. 제도의 주요 내용

동경도가 채택하여 2010년 그 실시를 목전에 두고 있는 온실가스배출총량삭감의무와 배출권거래제도의 주요 내용을 개관하면 다음과 같다.[32]

① 대상시설: 온실가스 배출량이 상당 정도 큰 사업소(＊연료, 열 및 전기의 사용량이 원유(原油)환산으로 연간 1500kl 이상인 사업소)
② 대상가스: 연료·열·전기의 사용에 수반하여 배출되는 CO_2
③ 개시: 2010년도(검증기간의 등록 등 대상사업소의 사전준비에 필요한 부분은 2009년부터 시행)

---

29) 温室効果ガス排出量の「總量削減義務と排出量取引制度」.
30) 都民の健康と安全を確保する環境に關する條例.
31) 자세히는, 東京都地球温暖化對策 사이트 http://www2.kankyo.metro.tokyo.jp/sgw/jorei-kaisei20080625.htm)에서 "温室効果ガス排出總量削減義務と排出量取引制度の導入について" 참조.
32) 排出量取引イサイト(http://www.ets-japan.jp/dms/dms_3_4.html) 참조.

④ 기간: 규칙으로 정하는 기간(5년간 정도. 2010~2014년도 등)

삭감계획기간 5년간 (예) 제 1 계획기간 2010~2014년/제 2 계획기간 2015년~2019년. 삭감의무의 개시 2010년 4월

⑤ 삭감의무대상자: 대상이 되는 사업소의 소유자(원칙). 빌딩소유자를 의무대상의 기본으로 하면서, 그 위에

- 모든 세입자사업자에게 소유자의 삭감대책에 협력할 의무
- 일정 규모 이상의 세입자인 사업자(연면적 5,000㎡ 이상 또는 연간 전기사용량이 600万kwh 이상)에게는 온난화대책계획서를 작성 · 제출할 의무

⑥ 기준배출량: 2002년~2007년까지의 사이에 어느 연속하는 3개년도(사업자가 선택가능)

* 현행 제도기간 내에 총배출량을 삭감한 사업소에 관해서는 기준년을 변경할 수 있는 등 삭감성과를 반영할 수 있도록 배려

* 배출량이 표준적이지 않다고 도지사가 특히 인정하는 연도가 있는 경우, 그 연도를 제외한 2개년도로 할 수 있다.

⑦ 삭감의무율

구 분	해당하는 건물 등	%
Ⅰ-1	사업소 등 오피스빌딩 등(＊1)과 지역냉난방시설	8%
Ⅰ-2	오피스빌딩 등(＊1) 가운데 지역냉난방을 多用(＊2) 사업소	6%
Ⅱ	구분Ⅰ-1, Ⅰ-2 이외의 사업소(공장 등(＊3))	6%

(＊1) 오피스빌딩, 관공청청사, 상업시설, 숙박시설, 교육시설, 사회복지시설, 의료시설 등
(＊2) 사업소의 전체 에너지사용량에서 점하는 지역냉난방으로부터 공급되는 에너지의 비율이 20% 이상
(＊3) 구분Ⅰ-1, 구분Ⅰ-2 이외의 사업소(공장, 상하수시설, 폐기물처리시설 등)
* 특히 삭감대책의 추진에 우수한 톱레벨의 사업소에 관해서는 삭감의무율을 1/2 또는 3/4으로 경감

⑧ 이행수단

- 에너지절약 등 스스로의 사업소에서 삭감대책 실시
  (고효율 에너지소비설비나 기기 교체, 운용대책의 추진)
  - 에너지 절약 등에 의한 특정 온실가스의 배출량 삭감
  - 기타 온실가스의 배출량 삭감
  - 전 계획기간으로부터 이월된 초과삭감량

⑨ 배출권 거래: 타자가 실시한 삭감대책에 의한 삭감량을 거래를 통하여 취득

- 다른 대상사업소가 삭감의무량을 초과하여 삭감한 양
- 都 내의 중소규모사업소가 에너지 절감 등에 의해 삭감한 양

- 都 외의 대규모사업소에 있어서의 에너지 절감에 따른 삭감량
- 재생가능에너지의 환경가치(예: 그린전력증서, 生그린전력, 都의 태양에너지뱅크 등)
- 기타 규칙으로 정하는 것

⑩ 이월 및 상쇄
- 제1계획기간 중에 취득한 위의 삭감량은 제2계획기간 종료까지 이월(banking) 가능(제3계획기간으로의 이월은 불허).
- 도내·외 크레딧의 상쇄 인정

⑪ 배출량 등의 사전·검증·등록·공개
- 배출량이나 삭감량은 산정 후 지사의 등록을 받은 검증기관의 검증을 받아 도에 제출하고, 이를 확인 후 사업소의 배출량으로서 등록하고 의무이행상황 등의 정보공개사이트에서 공개함.
- 배출량의 산정, 검증 등을 위한 가이드라인의 작성, 배포

⑫ 삭감량구좌부의 운용
- 거래에 의한 크레딧(배출권)의 취득, 이전(매매) 또한 그러한 배출권을 총량 삭감의무의 이행에 활용할 경우 이 삭감량구좌부에 기록하여야 함(삭감량구좌부와 구좌개설을 위하여 필요한 절차는 2010년말까지 작성 예정).
  - 지정관리구좌: 지정지구온난화대책사업소 마다 구좌를 개설할 의무 부여
  - 일반관리구좌: 지정지구온난화대책사업소 이외에 거래에의 참가를 희망하는 자에 대하여 구좌개설이 가능함.

⑬ 실효성의 확보
- 평가·표창: 우수 사업소에 대한 평가·표창
- 벌칙: 삭감의무 미달성의 경우
  - 부족량을 삭감하도록 조치명령의무부족량×최대 1.3배의 삭감 조치명령에도 위반하는 경우에 대한 제재
  - 벌금(상한 50만 엔)
  - 도지사가 대신하여 명령부족량을 조달하고 그 비용을 위반자에게 청구

위와 같은 제도의 구체적이고 차질 없는 운용을 위하여, 동경도는 세부적인 기준이나 지침 등을 정리한 다양한 가이드라인[33)]을 작성하여 사업소나 주민들에게 제시하고 있기도 하다.

33) 特定温室効果ガス排出量算定ガイドライン、その他ガス排出量算定ガイドライン、自動車排出量算定ガイドライン、特定温室効果ガス排出量検証ガイドライン、その他ガス削減量算定ガイドライン、その他ガス削減量検証ガイドライン、検証機關の登錄申請ガイドライン 등.

Ⅳ. 배출권거래제도의 법적 논점과 과제—법적 과제 검토회의 중간보고[34]를 중심으로

1. 개 관

일본에서는 현재 기후변화협약과 교토의정서에 기한 교토크레딧의 거래가 인정되고 있는데, 이것은 교토의정서라는 국제조약과 마라케쉬합의를 포함하는 관련문서에 의하여 생성되었기 때문에 별도의 국내법적 법률규정이 요구되지 않았다. 다만 "지구온난화대책의 추진에 관한 법률의 일부를 개정하는 법률"을 통하여 교토크레딧의 보유와 이전을 기록하기 위하여 마라케쉬합의에 기한 할당량구좌부를 경제산업성과 환경성에 설치·운영하도록 규정하였다. 그리고 교토크레딧의 이전에 관해서는 동 구좌부에 있어서의 기록을 효력발생요건으로 함과 아울러, 구좌부상의 기록에 기한 보유의 추정과 선의취득에 관하여 규정하였다. 그리고 교토크레딧은 사업자에 의한 크레딧의 취득 시 직접적인 취득에 더하여 신탁수익(受益)권의 취득에 의한 간접적인 취득도 일반적으로 이루어지고 있다.

한편, 국내배출권거래제도의 경우에는 일본 국내제도이므로 이것을 통하여 거래되는 배출권은 국내법에 의하여 창출되어야만 하고 그를 위하여—법적 성질 등에 관하여 국제문서와의 관계에 유의할 필요가 있었던 교토크레딧과는 달리—국내배출권거래제도의 전제가 되는 온실가스 배출규제의 바람직한 모습, 정부가 규제대상자에게 배출권을 할당하는 행위, 배출권 그 자체, 배출권의 거래 등을 국내법에 비추어 어떻게 정리하여야 할 것인지 등에 관한 많은 법적인 문제가 검토되어 왔다.

이와 관련하여 국내배출권거래제도의 법제화와 관련되는 법적 쟁점과 과제로는, 크게 헌법적인 것, 행정법적인 것, 거래실무 내지 민사법적인 것 등을 들 수 있는바, 이하 이러한 구분에 입각하여 일본에서 논의되었던 주요 법적 논점과 과제에 관하여 개별적으로 검토해 본다.

---

34) 국내배출권거래제도의 법적 과제에 관한 검토회, 국내배출권거래제도의 법적 과제에 관하여 (중간보고), 2009. 4. 7.

2. 헌법적 논점과 과제

(1) 헌법상의 영업의 자유와의 관계

국내배출권거래제도를 도입하는 경우, 기업에 대하여 어떠한 형태로든 온실가스의 배출을 규제할 필요가 있는바, 기업활동에 대하여 이러한 제약을 가하는 것이 헌법 제22조 제 1 항이 보장하는 직업선택의 자유[35] 가운데 직업수행의 자유라고 할 수 있는 영업의 자유에 저촉되는 것은 아닌가. 특히 배출권을 유상할당하는 경우에는, 배출권을 낙찰할 수 없는 기업은 생산활동에 현저한 지장을 불러올 우려가 있는바 이러한 상황이 영업의 자유에 저촉되는 것은 아닐까 하는 점이다. 이에 관하여는 국내배출권거래제도를 이용한 온실가스의 배출규제 그 자체가 바로 위헌이라고 할 수는 없고, 국내배출권거래제도에 의한 온실가스의 배출규제가 영업의 자유를 제약하여 비례의 원칙의 관점에서 허용될 수 있을지의 문제가 검토되어야 할 것이다.

먼저 온실가스의 배출규제에는 지구온난화 방지라는 합리적 이유 내지 목적이 있다는 점에서 규제목적의 정당성에 반하지 않는다고 평가된다. 그리고 규제수단과 관련해서는, 국내배출량거래제도는 탄소에 가격을 매겨 배출권의 양을 정함으로써 확실하게 배출삭감을 달성할 수 있는 한편으로 참가자 간에 자금·자원의 배분에 영향을 줄 수 있고 탄소가격의 지속적 변동으로 참가자에게는 삭감비용의 추계(推計)가 곤란하다는 점 등이 문제될 수 있다. 하지만 확실한 배출삭감을 목표로 하기 위해서는 국내배출권거래제도의 도입이 불가피하고, 그것은 거래를 인정하지 않는 단순한 총량배출규제에 비하여—배출총량을 규제하면서 배출권의 거래를 허용하므로—영업의 자유에 대한 침해도가 상대적으로 완화가 된 유연한 수단이라고 할 수 있어, 전체적으로 비례원칙상의 위헌의 문제는 피할 수 있을 것으로 보고 있다.

(2) 헌법상 평등원칙과의 관계

평등원칙이란, 사물의 본질에 입각한 합리적인 근거에 기한 것이 아닌 한 차별적 취급을 금지하는 원칙으로서, 대상이 되는 업종이나 섹터를 일정 범위에서 한정하는 경우나 기존사업자와 신규사업자가 평등하게 다루어지지 않으면[36] 평등원칙에

35) 직업선택의 자유에는 직업결정의 자유와 직업수행의 자유가 있다.

36) 예컨대 ① 기존사업자에 대하여는 그랜드퍼저링에 의해 과거의 배출실적에 상응하여 배출권을 무상으로 할당하는 한편 신규참가자에 대하여는 벤치마크방식(산업마다의 표준적인 배출원단위(생산량당 배출량 등)에 기하여 배출권을 할당하는 방식)에 기하거나 또는 유상으로 배출

저촉될 가능성이 문제될 수 있다는 것이다.

예컨대 업종, 섹터, 기업, 시설에 관하여 국내배출권거래제도의 대상과 대상 외로 구분하는 것은, 그것이 합리성을 갖는 것이라면 바로 평등원칙에 저촉된다고 하기 어려울 것이나, 다만 대상 외에 대하여 어떠한 조치도 하지 않는 것에 합리성이 없는 경우에는 평등원칙에 저촉될 수도 있을 것이다. 또한 조기에 배출량 삭감노력을 한 자나 국제경쟁이 치열한 영역에 있는 자를 대우하는 경우에도 그것이 합리적인 구별로 볼 여지가 있으면 평등원칙 위반의 문제는 야기되지 않을 것이다.

독일의 경우에, 평등원칙은 정부에 의한 "자의의 금지(부드러운 심사)"를 요구하는 것인지 아니면 "엄격한 비례심사(엄격한 심사)"를 요구하는 것인지에 대하여 논쟁이 있지만, 독일연방헌법재판소의 판결에서는, 국내배출권거래제도의 합헌성 심사의 경우, 인적 속성(인종이나 성별)과 연관되는 구별을 하는 것은 아니므로, 엄격심사가 적용되기보다는 자의의 금지, 즉 부드러운 심사가 문제가 된다고 하고 있다.

요컨대 국내배출권거래제도가 다양한 요소를 고려하여 원칙적으로 합리적으로 제도 설계가 이루어진다면 일반적으로 평등원칙상 위헌이라고는 보기는 어려운 것으로 보고 있는 것 같다.

(3) 정부의 관여로 배출권의 가격 저하가 발생한 경우의 손실보상

배출권은 재산적 가치를 갖는 것인데, 일본 정부가 사후적으로 제도 변경이나 가격상한의 설정 등을 한 경우에 가격이 변화할 가능성이 있는바, 이로 인한 기업의 손실에 대하여 어떠한 보상구조를 정리해 둘 필요성이 있다고 보고 있다.

먼저 제도 변경에 의한 손실의 경우에는, 배출권의 성질, 제도변경의 정도, 보호되는 공익의 성질 등을 고려하여, 너무 지나친 제도 변경은 비례원칙 위반으로서 재산권 침해가 되고 보상의 대상이 되어야 하겠지만 그러한 정도에 이르지 않는 제도 변경이 일반적으로 이루어지는 한도에서는 헌법상의 손실보상의 문제는 야기되지 않을 것으로 본다. 그리고 가격상한의 설정이나 시장조작 등, 제도 당초부터 정해져 있던 조치에 의해 손실을 입은 경우에는 일반적으로는 재산권의 내재적 제약으로 볼 여지가 있어 손실보상의 대상이 되지 않을 수 있다.

권을 할당하는 경우에, 신규참가자에 대하여 보다 엄중한 목표가 과해지는 것이라면 기득권의 보호가 되는 것은 아닌지. 그리고 ② 기존사업자 사이에 있어서도 어떤 특정 사업자가 다른 사업자에 비하여 부당하게 불리한 할당을 받았다면 평등원칙에 저촉될 수 있다는 것. 마지막으로 ③ 경쟁관계에 있는 산업 간에 할당방법에 차이가 생기는 경우 등을 상정할 수 있을 것이다.

3. 행정법적 논점과 과제

(1) 총량규제로부터 도출된 배출권 할당행위의 성질과 분쟁해결절차

행정법상의 논점에 관해서는, 우선 배출권의 할당이 행정청의 처분(행정행위)이라는 점이 분명하므로, 이에 대하여는 결정 전의 사전 행정절차에 있어서 관계자의 참여가 보장되는 절차시스템을 충분하게 확립할 필요가 있다. 그리고 이와 관련하여, 정부는 할당 전에 대상 부문의 정보를 수집하고 의견을 청취함으로써 당해 부문의 실정을 충분히 감안하여 할당을 수행하는 제도설계가 요구된다.

그리고 배출권 할당처분과 관련하여 행정분쟁이 발생하는 경우에는, 먼저 이러한 분쟁이 행정불복심사 및 항고소송의 대상이 될 수 있는 점에 관해서는 이론이 없고, 다만 행정심판에 있어서는 전문적인 견지에서 판단할 수 있는 특별한 분쟁처리기관을 설치할 필요성은 제기되었다.

(2) 배출권거래의 제도설계의 기본구조: 허가제 vs 행위의무

1) 허가제를 전제로 한 경우

온실가스 배출행위에 대하여, 잠정적으로 허가제를 전제로 하는 경우에는 배출권은 국가 전체의 배출삭감목표를 감안하면서 개별 규제대상 사업자의 시설에 관하여 설정되며, 그 이상의 배출은 금지되게 된다. 이 경우 법령에 의해 규제대상시설의 설치(또는 규제대상시설로부터의 온실가스의 배출)를 금지한 뒤에 온실가스의 배출을 할당된 배출상한 내로 억제할 것을 전제로 규제대상시설의 설치(또는 규제대상시설로부터의 온실가스의 배출)를 허가한다고 하는 것이 될 것인데, 이렇게 되면 배출권 및 그 할당은 '허가'라고 하는 행정처분의 일부가 된다.

그런데 허가제로 구성하게 되면, 다음과 같은 요청이 문제될 수 있다. 첫째, 허가된 지위의 양도 시에는 행정청의 허가가 새롭게 필요하다는 것이 통례이지만, 배출권의 경우에는 이렇게 되면 의무 준수를 위한 유연한 조치로서의 거래가 원활하게 기능하지 않게 될 수 있기 때문에, 당해 지위의 양도에 관하여 행정청의 허가가 필요 없는 것으로 해야 할 것이라는 것이다. 둘째, 마찬가지로 거래 원활화의 관점에서, 배출규제의 대상으로 되지 않는 거래를 중개 또는 매개하는 자도 그 거래에 가세할 수 있게 할 필요가 있다. 셋째, 역시 거래 원활화의 관점에서 제도상 허가된 지위를 민사상의 재산으로 전화(轉化)하지 않으면 안 될 것이다. 즉 정부와 사업자와의 사이에서는 온실가스의 배출에 대한 허가제를 두더라도, 배출권 자체는 온실가스배출시설에 대한 허가된 지위가 민사상의 재산으로 전화된 것으로 구성하여, 그 의미에서는 배출권은 온실가스배출시설에 대한 허가에서 유래하는 것이지만 온실가스배출시설에 대한 허가 그 자체는 아니고 따라서 배출권은 허가에서 유래하는 것이지만 배출사업자로부터 유리되어 전전(輾轉) 유통시키는 것도 가능하고, 배출사업자가 아닌 거래참가자도 배출권을 보유할 수 있도록 하자는 것이다.

그런데 이와 같이 허가제를 전제로 하는 구성은, 규제개혁의 완화 및 신규 규제의 창설 억제라는 사회적 요청에 맞지 않을 수 있고, 일본의 경우 대기오염방지법에서 매연발생시시설에 대하여 신고제를 채택하고 있는바, 온실가스 배출규제에 관하여 허가제를 적용하는 것은 규제의 바람직한 모습(밸런스)을 잃을 우려가 있다고 볼 수 있다. 그 결과 온실가스배출시설에 허가제를 도입하는 것은 용이하지 않은 것으로 판단되고 있다.

2) 배출권 제출에 관한 행위의무를 전제로 하는 경우

온실가스의 배출을 일반적으로 금지하는 것이 아니라, 배출권의 제출을 단순한 행위의무로 포착하여 행위의무에 기한 제도를 구축하는 것도 가능한바, 즉 온실가스의 배출은 일반적으로 금지되지 않지만, 온실가스를 일정량 이상 배출하는 자에 대하여는 일정기한 내에(예컨대, 연말에) 배출량에 상응하는 배출권의 제출을 의무지우는 방식이다. 이 경우 배출권은 의무 자체로부터는 독립하여 존재하는 것이 되고, 행정법상의 허가와도 관계없는 것이 되기 때문에, 배출권제출의무의 대상이 아닌 자도 당연히 그것을 거래할 수 있게 되고, 배출권이 배출량에 부족한 경우 의무대상자는 그 부족분에 대한 의무불이행을 추궁 당하게 되므로, 이를 방지하기 위해서는 필요한 배출권을 다른 자로부터 구매하지 않으면 안 되는 것이다. 이것도 불가능한 경우에는 당해 의무 위반에 대하여 위반의 정도, 양태 등에 상응한 벌칙(예컨대 과징금 등)을 부과하면 될 것이다.

3) 소 결

배출권의 법적 성질 및 배출권의 법적 성질의 전제가 되는 온실가스의 배출규제의 바람직한 모습에 관해서는 배출권을 법적 의무를 준수하기 위한 수단으로 받아들여 그 양도 가능성을 인정하는 것이 현실적이고, 그 교부에 있어서는 온실가스의 배출에 대한 허가제를 창설하는 것은 위와 같은 검토를 통하여 볼 때 반드시는 필요하지 않은 것으로 판단되고 있는 듯하다. 즉 온실가스배출시설에 대하여 새로운 허가제를 두지는 않고, 대기오염방지법에 기한 신고 등, 기존의 법령에 기한 특정을 행한 뒤 그 특정된 자에 대하여 배출권의 제출 등의 행위의무를 과하는 후자의 방법이, 기존의 법제도에도 익숙하거나 친숙한 것이 아닌가 검토되고 있는 것이다.

4. 배출권 거래의 기능 제고를 위한 제도적 요건

배출권・크레딧의 거래에는 상대거래(店頭거래)와 거래소거래가 있을 수 있다. 전자는 특정의 상대방과 당사자간에 조건을 교섭하여 거래하는 것이고, 후자는 불특정다수를 상대로 하여 표준화된 거래조건으로 거래하는 것이다. 특히 후자는 청산・결제기능이 있기 때문에 상대거래를 한 자가 거래소의 구좌를 가지고 거래소의 청산・결제기능을 이용할 수도 있다.

현행의 교토크레딧의 거래에 있어서는 청산・결제시스템의 기동적인 운용, 세무・회계상의 취급, 거래에 관한 정보의 공유, 기타 필요한 거래 룰의 정비에 관하여 개선해야 할 점이 있기 때문에, 거래소거래의 실정을 바탕으로 하여 이들 요청에 대응할 수 있는 제도설계가 필요하다.

배출권의 거래가 유연한 조치로서 기능하기 위해서는 배출권 거래시장은 잉여배출권을 갖는 자가 그것을 시장에 공급하고 배출권이 부족한 자가 이것을 구입할 수 있도록 수요와 공급이 접목하는 장이 될 필요가 있다. 이것을 실현하기 위하여 이하의 각 요건이 실현될 필요가 있다.[37)]

① 거래매개자(상사, 금융기관 등)의 기능의 확보

② 배출권의 유동성의 향상: 시장의 투명성 향상, 거래의 원활화 제고

---

37) 배출권 거래의 기능제고 요건의 실현을 위해 필요한 사항
- 배출권의 동질성 확보, 거래의 안전성 및 원활한 거래 촉진에 필요한 규정을 법률에 규정
- 배출권의 거래에 관한 세무, 회계상의 취급을 명확히 할 것
- 배출권의 거래에 관한 투명성을 제고할 것
- 거래형태를 상정하여 등록부의 기능을 구축
- 배출권의 거래계약의 표준화
- 배출권의 거래에 관련되는 리스크를 회피하기 위하여 청산, 결제시스템을 구축하고 그 안전성을 강화할 것
- 현물뿐 아니라, 선물 등 리스크헷지를 위한 수단을 확보
- 거래소에 있어서의 거래의 룰로서, 가격제한 마켓메카제도의 도입
- 배출권의 불공정 거래 규제법규를 책정하는 것에 의해 일정한 업무에 관하여의 규제를 도입

③ 국내배출권거래제도(배출권가격 안정화)/ 배출권 거래의 신뢰성·안전성 확보

V. 맺음말—일본의 온실가스 배출권거래제도로부터의 시사점

온실가스에 대한 배출규제와 배출권거래제도의 도입 및 운용이 전 세계적인 관심사가 되어 있는 가운데, 우리나라 역시 정부 차원의 녹색성장정책의 추진과 함께 최근 저탄소 녹색성장기본법이 국회를 통과함으로써, 온실가스의 배출총량규제제도와 배출권거래법제의 도입이 당면한 현실적 과제가 되었다.[38)]

온실가스 배출권거래제도는 기본적으로 일반적 또는 개별적으로 온실가스 배출허용총량을 설정하고, 이에 따른 배출행위 내지 배출량 규제를 전제로 한다는 점에서, 경제사회 일반에 미치는 영향이 매우 크다고 하지 않을 수 없다. 따라서 기본법제의 설계와 그 구체적인 시행에 있어서는 거시적이고 종합적인 시각과 함께 매우 정밀하고 섬세한 접근이 요구된다고 할 수 있다. 그리고 위 제도를 운용하는 중앙정부나 지자체 등 행정주체뿐 아니라 위 제도에 직접 참여하는 사업자와 각종 경제단위 및 국민 개개인에게 있어서, 제도의 취지와 주요 내용, 제도 내에서 요구되는 경영기법이나 행동양식 등에 관하여 일정한 수준의 경험의 축적을 통하여 폭넓고 깊은 이해가 요구된다고 판단된다.

이러한 관점에서 볼 때, 일본이 온실가스 감축문제에 있어서 국내·외적으로 상당히 전향적이고 적극적인 자세를 보이면서도, 배출권거래제도의 실제 도입과 운용에 있어서는 상당한 수준의 사전 준비가 있었음에도, 여전히 자발적 참가형의 배출권거래제도를 시범적 차원에서 운용해오고 있다는 점은 주목을 요하는 것으로 생각된다. 국가 차원의 온실가스총량규제법과 배출권거래법제를 전격 도입하지 않고, 정

38) 저탄소 녹색성장기본법 제46조(총량제한 배출권 거래제 등의 도입) ① 정부는 시장기능을 활용하여 효율적으로 국가의 온실가스 감축목표를 달성하기 위하여 온실가스 배출권을 거래하는 제도를 운영할 수 있다.

② 제 1 항의 제도에는 온실가스 배출허용총량을 설정하고 배출권을 거래하는 제도 및 기타 국제적으로 인정되는 거래 제도를 포함한다.

③ 정부는 제 2 항에 따른 제도를 실시할 경우 기후변화 관련 국제협상을 고려하여야 하고, 국제경쟁력이 현저하게 약화될 우려가 있는 제42조 제 5 항의 관리업체에 대하여는 필요한 조치를 강구할 수 있다.

④ 제 2 항에 따른 제도의 실시를 위한 배출허용량의 할당방법, 등록·관리방법 및 거래소 설치·운영 등은 따로 법률로 정한다.

부 차원의 지침 등에 의거하여 민간의 자율적 감축제도와 연계하여, 우선적으로 여건이 갖추어지고 참여의사가 있는 기업 등을 중심으로 하여 자발적 참가형의 배출권거래제를 수년 간 단계적으로 운용해 오고 있는 것은, 아마도 정부와 지자체 등의 행정측뿐 아니라 기업과 국민의 민간측에서도, 각각 배출권거래제도의 필요성과 제도적 의의를 이해하고, 그 실제의 운영경험과 축적되는 사례를 통하여, 향후 언젠가 불가피하게 전개될 강제적 배출총량규제와 (의무적) 배출권거래제의 도입을 대비하여, 그 시행착오나 혼란 등을 예방하고, 이러한 운용과정을 통하여 온실가스 감축이라는 국가적 목표를 달성하면서도 경제사회에 미치는 제반 악영향을 최소화하려는 정책적 의도가 숨어있는 것으로 생각된다. 그리고 일본 자체적인 실험과 경험 축적을 통하여, 보다 완비된 일본식 배출권거래제도의 설계와 정비를 도모하고자 하는 자주적 정책의도도 엿보이는 것으로 생각된다.

따라서 이러한 일본의 기본적 자세와 경험은, 현재의 우리나라의 입장과 정책목표 등에 비추어 볼 때도 일정한 시사점이 있는 것으로 생각된다. 특히 경제사회적 충격을 최소화하기 위하여는 일단, 배출권거래제의 도입에 있어서 시행기간과 대상 등을 한정하여 시범사업의 형태로 실험적 운용을 모색해 보는 것이 매우 필요하지 않나 생각된다. 그리고 이 경우에는 일본의 자발적 참가형의 배출권거래제도의 구체적인 내용과 그동안의 제도운용의 경험이 우리에게도 실질적인 참고가 될 수 있을 것으로 생각된다.

한편 온실가스 총량규제 및 배출권거래제도의 강제적 도입·실시에 있어서도, 일본의 동경도의 사례에서와 같이, 우선 여건이 갖추어지고 일정한 정책효과가 예상되는 선진적 지방자치단체부터 지역적·단계적으로 도입·운용하도록 함으로써, 전국 일률적 동시 시행에 의하여 상대적으로 여건이나 준비가 부족한 지역에 미칠 수 있는 경제사회적 부담을 최소화할 필요가 있다고 본다. 지역별 단계적 시행은 향후 선진 지자체에서의 경험과 선례가 타 지방자치단체의 벤치마킹을 통하여 점진적·발전적으로 전국으로 확산될 수 있는 계기를 제공할 수 있다는 점에서 이러한 시행방안도 고려와 검토의 가치가 있지 않나 생각한다.

제 3 장
배출권거래제도 등 온실가스감축을 위한 제도설계에 있어서의 법정책적 문제점

제 1 절 탄소배출권의 헌법적 성격과 거래제도[1)]

전 종 익*

Ⅰ. 서

화석연료의 연소과정에서 배출되는 가스, 특히 이산화탄소(CO_2)가 대기권에 쌓여 지표면으로부터 방출되는 열을 막아 온난화가 진행된다는 온난화 이론에 따라 세계 각국은 온실가스 특히 탄소배출을 줄이려는 노력을 계속해 왔다. 탄소배출에 대한 국제적 인식은 '기후변화에 관한 국제연합 기본협약'(United Nations Framework Convention on Climate Change, 이하 '기후변화협약'이라 한다)과 1997. 12. 11. 채택된 '기후변화에 관한 국제연합 기본협약에 대한 교토의정서'(Kyoto Protocol to the United Nations Framework Convention on Climate Change, 이하 '교토의정서'라 한다)에 의하여 공식화되었다. 우리나라는 1993년 12월 기후변화협약에 가입하였고 1998. 9. 25. 교토의정서에 서명하여 국회에서 비준되었다. 우리나라의 경우 온실가스 배출량은 높으나 교토의정서 발효 당시 개도국으로 분류되어 2012년까지 온실가스 감축의무를 부담하지 않는다. 물론 지난 12월 코펜하겐에서 있었던 기후변화총회(United Nations Climate Change Conference)에서 알 수 있는 바와 같이 교토의정서를 대체할 논의는 계속되고 있으므로 앞으로 국제적으로 감축의무를 부담하게 될 가능성도 상당히 높다.

이러한 세계적인 흐름에 발맞추어 '저탄소 녹색성장 기본법'(법률 제9931호, 이후

---

* 서울대학교 법과대학 · 법학대학원 교수.

1) 이 논문은 법의지배센터의 동의를 받아 법조 2010년 5월호(통권 644호)에 게재된 바 있다.

'녹색성장기본법'이라 한다)이 국회의 의결을 거쳐 2010. 1. 13. 공포되었고, 같은 해 4. 14. 시행된다. 이 법은 정부에게 화석연료의 사용을 단계적으로 축소하고 녹색기술과 녹색산업을 육성함으로써 국가경쟁력을 강화하고 지속가능발전을 추구하는 경제 이른바 녹색경제를 구현해야 할 의무를 부여하였고(제22조 제1항), 저탄소 사회의 구현을 위한 기후변화대응의 기본원칙으로서 지구온난화에 따른 기후변화의 문제 해결을 위한 범지구적 노력에 적극 참여하고 온실가스[2]를 획기적으로 감축하기 위한 각종 기술을 적극 개발하고 활용할 것 등을 규정하였다(제38조 제1호, 제3호). 특히 온실가스감축과 관련하여 온실가스 배출에 따른 권리·의무를 명확히 하고 이에 대한 시장거래를 허용함으로써 다양한 감축수단을 자율적으로 선택할 수 있도록 하며 국내 탄소시장을 활성화하여 국제 탄소시장에 적극 대비할 것을 명시하였으며(제38조 제4호) 총량제한 배출권 거래제 등을 도입할 것을 규정(제46조)하였다. 따라서 온실가스 배출허용총량을 설정하고 배출권을 거래하는 제도 및 기타 국제적으로 인정되는 여러 가지 온실가스 배출권에 대한 거래제도가 도입됨으로써 시장기능을 활용한 온실가스 감축목표의 달성이 멀지 않은 장래에 현실화될 전망이다.[3]

이글은 이와 같이 곧 시행될 것으로 예상되는 온실가스 배출권 거래제 그 중 특히 탄소배출권과 관련하여 그 헌법적 성격을 분석하고 거래제도를 구성할 때 준수해야 할 헌법적 원칙들을 찾아내는 것을 목표로 한다. 여러 가지 온실가스 중 현재 세계적으로 활발히 거래가 이루어지고 있는 것이 탄소배출권이고 우리나라에서의 논의 역시 탄소배출을 중심으로 이루어지고 있으므로 우선 탄소배출권으로 범위를 한정하였다. 이를 위해 우선 국가간 수준에서 온실가스 배출권의 생성과 이전을 규정한 교토의정서를 검토하여 배출권에 대한 기본적인 법적 구조를 살펴보고 이어서 국내에 도입되어 있는 유사한 제도를 검토하여 이를 바탕으로 향후 만들어질 탄소배출권 거래제의 대체적인 모습을 그려본 후 그 헌법적 성격을 분석해본다. 특히 탄소배출권의 자유권적 성격과 재산권적 성격을 검토해보고 각각의 성격이 가지는

---

2) 이 법에서 규정한 온실가스란 이산화탄소(CO_2), 메탄(CH_4), 아산화질소(N_2O), 수소불화탄소(HFCs), 과불화탄소(PFCs), 육불화황(SF_6) 및 그 밖에 대통령령으로 정하는 것으로 적외선 복사열을 흡수하거나 재방출하여 온실효과를 유발하는 대기 중의 가스 상태의 물질을 말한다(제2조 제9호).

3) 다만 구체적인 제도의 실시를 위한 배출허용량의 할당방법, 등록·관리방법 및 거래소 설치·운영 등은 따로 법률로 정하도록 되어 있다(제46조 제4항). 정부는 2010년 하반기 중 총량 제한 탄소 배출권 거래제 도입을 위한 법령제정을 목표로 하고 있다(연합뉴스 2009. 12. 25.) (http://www.yonhapnews.co.kr/economy/2009/12/24/0301000000AKR20091224177900002.HTML)

특성에 따라 탄소배출권 거래제의 구조가 어떻게 분석될 수 있는지를 알아본다.

아직까지 탄소배출권 거래에 대한 구체적인 제도가 도입되기 전이며 그에 대한 헌법적 연구도 거의 이루어지지 않은 상황이어서 이글은 시론적인 것에 불과하다. 따라서 이론적으로 결론을 도출해내기에 문제가 될 가능성이 있는 부분들을 찾아내서 제시함으로써 향후 있을 심화된 학문적 논의의 출발점과 시사점을 제시하는 것에 초점을 맞추어 서술할 것이다.

Ⅱ. 교토의정서의 온실가스 배출권과 수도권 오염물질배출허용총량 이전제도

1. 교토의정서의 온실가스배출권 거래

교토의정서는 우선적으로 선진국(기후변화협약 부속서 1 국가)[4]들에게 2008년부터 2012년까지 당해 국가들의 1990년도 온실가스[5] 총 배출량의 5퍼센트 이상 수준의 온실가스를 감축하도록 온실가스 배출량의 감축의무를 부과하며 이를 위해 배출량 감축을 공약하고 그를 준수할 것을 규정하고 있다(제 3 조 제 1 항). 이와 함께 이들 국가들로 하여금 이러한 공약을 이행하기 위한 배출량 거래에 참여할 수 있도록 하고 배출량 거래를 수량적 배출량의 제한·감축과 관련된 공약의 이행을 위한 국내조치의 보조수단으로 활용하도록 하고 있다(제17조).

이러한 배출량거래제의 시행을 위해서는 거래대상인 '배출량'을 창출하여야 한다. 교토의정서에 따라 거래대상인 온실가스 배출량이 창출될 수 있는 방법의 대표적인 것에는 다음과 같은 것들이 있다.[6] 우선 가장 기본적으로 거래가능한 것이 할

4) 호주, 오스트리아, 벨기에, 불가리아, 핀란드, 프랑스, 독일, 영국, 미국 등 총 36개국. 이들의 선정은 역사적인 책임이 고려되었으며 이러한 이유로 산업혁명 당시 경제적 부를 이룩한 동구권 국가들이 포함되어 있다.

5) 조약 부속서 A에 의하면 온실가스는 이산화탄소(CO_2), 메탄(CH_4), 아산화질소(N_2O), 수소불화탄소(HFCs), 과불화탄소(PFCs), 육불화황(SF_6)이다. 이는 녹색성장기본법의 온실가스와 일치한다.

6) 이하의 온실가스 배출량 단위에 대한 설명은 Matthieu Wemaere & Charlotte Streck, *Legal Ownership and Nature of Kyoto Units and EU Allowances*, *in* Legal aspects of Implementing the Kyoto Protocol Mechanism: Making Kyoto Work, 35, 35-36(David Freestone et al. eds., 2005) 참조.

당량단위(Assigned Amount Units, AAU)이다. 각국은 제 3 조에 의하여 각해마다 일정비율로 배출량이 감축되는 방법으로 배출허용량이 정해진다. 이와 같은 기준년 배출량과 목표수치로부터 산출되는 초기할당량이 바로 할당량단위이다. 당사국은 정해진 온실가스 감축목표량보다 더 감축, 즉 정해진 배출량보다 적게 배출하고 나머지 잉여배출량을 제17조에 따라 다른 당사국에 이전할 수 있다.

두 번째로 거래가능한 배출량에는 배출량감축단위(Emission Reduction Units, ERU)가 있다. 이는 당사국(부속서 1 국가)이 다른 당사국에서 온실가스 배출량을 저감하거나 또는 흡수원을 향상하는 사업인 공동이행조치(Joint Implementation)를 수행한 경우 이에 의하여 발생하는 배출량의 감축이나 흡수원에 의한 제거량의 추가적 증대를 말한다. 당사국은 다른 부속서상의 국가에서 온실가스 배출량을 저감하거나 흡수하는 사업을 수행한 경우 이로 인해 감축된 배출량의 일부를 자신의 온실가스 배출 감축 의무이행에 이용할 수 있게 된다(제 6 조 제 1 항). 이는 사업이 수행되는 국가의 할당량단위 또는 제거단위(Removal Unit)가 전환된 것으로 거래가 가능하다.

마지막으로 청정개발체제(Clean Development Mechanism)에 의한 인증 배출량감축(Certified Emission Reductions, CER)이 있다. 청정개발체제는 부속서상의 국가에 해당하는 선진 당사국이 개도국에서 수행하는 온실가스 감축사업을 말한다. 각 사업활동으로부터 발생하는 발생감축량은 당사자총회가 지정하는 운용기구에 의하여 인증을 받을 수 있으며 이와 같이 인증받은 배출감축량을 제 3 조에 규정에 의한 수량적 배출량의 제한·감축을 위한 공약을 준수하는 데에 기여하기 위하여 사용할 수 있다(제12조 제2, 3, 5항).

국내 온실가스 배출권 특히 탄소배출권의 법적 성격과 거래제도를 마련함에 있어 위와 같은 교토의정서상의 온실가스 배출량 거래제도는 시사하는 바가 크다. 유럽 등 선진 각국이 이러한 제도를 기반으로 여러 온실가스 중에서 특히 탄소배출권 거래제도를 만들고 시행된 점에 비추어 우리의 거래제도 역시 그와 유사한 방향으로 나아갈 것으로 예상할 수 있을 것이다.

다만 이러한 교토의정서상의 온실가스 배출량 거래는 국가간의 거래에 한정된 것이라는 점은 유의해야 한다. 교토의정서의 온실가스배출량 거래제도는 시장원리를 활용하여 국가간의 비용효과를 극대화하려는 것이다. 즉 온실가스 1톤당의 한계배출삭감비용은 각국마다 다르므로 한계비용이 보다 적은 국가에서 보다 많은 대책을 강구함으로써 전체적으로 가장 비용효과적인 방법으로 배출감축목표를 달성하려는 것이다.[7] 물론 청정개발체제 또는 공동이행조치를 실제로 행하는 주체는 기업이나 개인이라 하더라도 교토의정서가 국제조약인 이상 조약상의 기본주체는 국가일 수밖에 없다. 개인이나 법인 등 사경제주체의 온실가스 배출권에 대한 거래 및 보유 등은 국제법상의 의무를 부담하는 개별국가가 국내법제도로 구성하기에 따라 다른 모습을 가질 수밖에 없고 심지어 도입하지 않을 수도 있다. 단적으로 당사국 또는 개별 국가는 영업허가 등 기존의 각종 규제제도를 통하여 국제법상의 의무를 달성할 수 있다면 배출권 거래제를 도입하지 않을 수도 있으며, 탄소세 등의 다른 제도를 새로 도입하는 방법으로 대응할 수도 있다. 따라서 이러한 교토의정서상의 온실가스 배출량 제도가 국내법제도인 탄소배출권의 헌법적 성격을 규명하는 데에 참고가 될 수는 있으나 이것이 그 성격에 영향을 줄 수는 없을 것으로 생각된다.

2. 수도권 대기환경개선에 관한 특별법 상의 배출허용총량 이전제도

온실가스 배출권 거래제 특히 탄소배출권 거래제는 우리에게 그리 친숙한 것은 아니다. 그러나 거래제도를 활용한 환경오염에 대한 대응은 미국과 유럽에서 이론적인 논의를 거쳐 이미 상당기간 시행된 제도이며[8] 우리 법에도 그와 같은 제도가 존재한다.

'수도권 대기환경개선에 관한 특별법'은 대기관리권역에서 총량관리대상 오염물질을 일정한 배출량을 초과하여 배출하는 사업장을 설치하거나 이에 해당하는 사업장으로 변경하려는 자는 환경부장관으로부터 허가를 받아야 하는 것으로 규정하면서(제14조 제 1 항) 이러한 허가신청을 받은 경우 그 사업장의 설치 또는 변경으로 인하여 지역허용배출총량의 범위를 초과하게 되면 이를 허가하여서는 안 된다고 규정하여(제15조) 지역내의 배출가능한 총량범위내에서의 관리를 명시하였다. 이를 기반으로 위 법률은 환경부장관으로 하여금 수도권지역의 사업자들에게 총량관리대상 오염물질의 배출허용총량을 할당(제16조 제 1 항)하도록 하고 사업자가 할당받은 배출허용총량을 초과하여 배출하면 총량초과부담금을 부과·징수할 수 있도록 하고

7) 한귀현, "환경법상 배출권 거래제도에 관한 연구," 공법학연구 제 9 권 제 2 호(2008), p. 356.

8) 미국 환경보호청(EPA)가 오염물질 배출권 거래제를 시험적으로 도입하기 시작한 것은 1974년부터인 것으로 알려져 있다. 시장기능을 활용한 환경오염에 대한 대응 역시 1970년대 이래 이론적으로 논의되었다. Robert W. Hahn & Gordon L. Hester, *Where Did All the Markets Go? An analysis of EPA's Emissions Trading Program*, 6 Yale J. on Reg., 109, 109-113(1989) 참조.

있다(제20조).

한편, 위 법률은 총량관리사업자들로 하여금 할당받은 연도별 배출허용총량의 일부를 총량관리대상 오염물질별로 그 연도 내에 다른 총량관리사업자에게 매매 등을 통하여 이전할 수 있도록 규정하고 있다(제18조 제1항).[9] 배출허용총량의 이전은 양쪽 당사자가 서명한 이전계약서 등 이전에 관한 증명서류를 환경부장관에게 제출하여 확인을 받음으로써 이루어지며, 배출허용총량을 이전한 자는 이전한 만큼 해당 연도의 배출허용총량이 줄어든 것으로 보고 이전 받은 자는 이전받은 만큼 그 연도의 배출허용총량이 늘어난 것으로 본다(같은 조 제2항, 제3항). 따라서 일단 환경부장관에게서 할당받은 배출허용총량의 범위에서 사업자는 자유롭게 영업을 통하여 대기오염물질을 배출할 수 있으며 아니면 이를 이전하여 경제적 이익을 취할 수 있다. 게다가 총량관리사업자가 이전할 수 있는 배출허용총량을 해당 연도에 사용하지 아니한 경우 그 일부를 다음 연도 배출허용한도에 더할 수도 있어(같은 조 제4항) 일정한 제약 조건하에서는 저장 또는 저축도 가능한 것으로 볼 수 있다.[10]

이러한 오염물질 배출허용총량 이전제도를 단계별로 분석해보면, 우선 ① 일정한 지역적 범위와 사업장의 범위를 획정하고, ② 그 범위에서 오염물질의 배출허용총량을 정하며, ③ 개별사업자에게 그 총량을 할당하여 그 범위에서 배출할 수 있도록 하면서 ④ 할당받은 범위에서 자유롭게 오염물질을 배출하여 사업을 하거나 혹은 이를 배출하지 않고 이전할 수 있게 하는 것이다. 앞에서 살펴본 교토의정서의 온실가스 거래제와 이와 같은 '수도권 대기환경개선에 관한 특별법'상의 배출허용총량 이전제도를 종합하여 향후 만들어질 탄소배출권제도의 기본골격을 다음과 같이 예상해볼 수 있다. 기본적으로 탄소배출권은 ① 보유범위에서 탄소를 배출하는 활동을 자유롭게 할 수 있으며 그 범위를 넘어서는 자유로운 활동이 제약되는 점을 전제로 하고 ② 보유한 탄소배출권의 이전 등을 통하여 경제적 이익을 추구할 수 있으며 ③ 거래가능한 탄소배출권은 기존의 배출총량, 향후 배출예상량 등을 종합하여 총량이 할당되어 그 범위에서 거래되거나 또는 일정 기준 이하로 배출이 감축된 경우 당해 감축된 만큼을 거래할 수 있게 될 것이다.

이러한 예상모형에 의하면 배출허용량을 할당하는 것은 개인사업자에게 (1) 할

9) 이러한 배출허용총량 이전제도는 2003. 12. 31. 위 법률이 제정된 때부터 존재하였다.

10) 이에 대한 자세한 설명은 김홍균, "수도권대기질 개선을 위한 총량관리제—배출권거래제도를 중심으로," 저스티스 제91호(2006), pp. 151-165 참조.

당범위에서 허가받은 사업을 하거나 하지 않을 수 있으나 그 범위를 넘어서는 사업을 할 수 없게 되는 지위를 부여하는 것이며, (2) 다른 한편 할당받은 지위를 이용하여 사업을 함으로써 수익을 얻고 이러한 자신의 지위를 양도하는 등 처분할 수 있는 지위를 부여하는 것이라 할 수 있다. 이렇게 보면 위 법률에서 설정한 이러한 법적 지위는 기본적으로 (1)의 경우 자유권과 유사한 것으로 볼 수 있으며, (2)의 경우 재산권과 관련된 것으로 볼 수 있다. 이에 따라 탄소배출권의 헌법적 성격을 자유권적 성격과 재산권적 성격으로 나누어 살펴본다.

Ⅲ. 탄소배출권의 헌법적 성격

1. 자유권적 성격

이산화탄소의 배출은 인류를 포함한 모든 생물의 기본적인 생존과 삶에 필연적으로 부수되어 발생한다. 이를 극단적으로 제한하여 탄소를 전혀 배출하지 말라는 것은 곧 생명활동을 중단하라는 의미와 같으며, 활동을 하면 할수록 그에 비례하여 탄소배출이 증가한다는 점에서 그 제한은 모든 활동에 대한 제약을 의미한다. 또한 많은 산업분야의 영업활동은 현재의 기술수준에서 탄소배출이 없이는 이루어질 수 없는 측면이 존재한다.[11] 따라서 탄소배출은 생명권, 일반적 행동자유권, 거주이전의 자유, 직업수행의 자유(영업의 자유 포함) 등 헌법적으로 인정되는 자유권적 기본권과 밀접하게 연결되어 있으며 그 행사에 필연적으로 포함되어 있다고 볼 수 있다.

이렇게 보면 개별적인 탄소배출 행위를 제한하는 것 자체가 정당화될 수 있는가 라는 문제가 제기될 수 있다. 그러나 개개인의 개별행위는 비록 허용될 수 있다 하더라도 그들의 집합적인 행위가 반드시 허용되어야 하는 것은 아니다.[12] 또한 인류가 사회의 어느 다른 사람의 행동의 자유를 개별적으로 또는 집단적으로 제한할 수 있는 목적으로 받아들여지는 것의 대표적인 것이 바로 자기보호(self-protection)로서, 이에 의하면 다른 사람에게 해를 끼치는 것을 막기 위한 경우에는 사회가 개

11) 대표적인 것으로 철강산업을 들 수 있다. 산화철로 이루어진 철광석으로부터 산소를 떼어내는 과정에서 탄소가 산소와 결합하여 이산화탄소가 배출된다.

12) 이러한 예로 통상 언급되는 것이 공유지의 비극이다. Garrett Hardin, *The Tragedy of the Commons*, 162 Science 1243, 1244(1968).

인에 대해 강제나 통제를 가하는 것이 정의롭게 여겨질 수 있다.[13] 헌법이 제37조 제 2 항에서 공공복리 등을 위하여 기본권을 제한할 수 있도록 하고 있는 것도 기본권을 행사하는 경우 타인의 자유와 권리가 침해된다면 그에 대한 통제가 헌법적으로 정당화됨을 의미한다고 할 수 있다. 따라서 지구 온난화이론에 따라 탄소 등 온실가스의 배출 행위 자체가 세계기후와 인류의 생존에 위협을 주는 행위라면 그에 대한 규제는 정당화될 수 있다.

나아가 과도한 탄소배출이 지구의 자연환경을 파괴하는 것으로 인식되는 점에서 기본적으로 환경을 파괴시키는 것 자체를 '권리'로 인식하는 것은 윤리적, 도덕적으로 허용되기 어려운 측면이 있다. 헌법적으로 보더라도 헌법이 제35조 제 1 항 모든 국민의 건강하고 쾌적한 환경에서 생활할 권리와 국가와 국민의 환경보전노력의무를 명시적으로 규정하고 있는 상황에서 탄소배출을 독립적인 기본권으로 보는 것은 자칫하면 깨끗한 대기환경을 누릴 권리와는 상반되는 대기환경을 파괴시키는 권리가 일정한 경우에는 우선적 의미를 갖게 될 수 있음을 의미하며 이는 허용되기 어렵다.[14]

이와 같이 행위 자체가 본질적으로 제한의 대상이 되며 온전한 권리로 보는 것에 어려움이 있다면 탄소배출 자체를 독립적인 헌법상의 자유권적 기본권으로 보는 것은 타당하지 않다. 결국 탄소배출은 헌법적으로 개별 기본권의 구체적인 행사에 부수되는 범위에서만 의미를 가지는 것으로 보아야 한다. 이에 의하면 탄소배출권이 보장된다면 헌법적 근거로는 개별 기본권을 보장하는 헌법규정들이 될 수 있을 것이다.

이러한 분석에 의하면 탄소배출권을 취득하지 못하는 경우 영업 등이 제한되는 현실을 가장 잘 설명할 수 있다. 다만 이에 의하는 경우 탄소 이외의 아산화질소 등 온실가스들은 인류의 생활과 연결되는 필연성의 면에서 탄소와는 구별되므로 법적으로 같은 취급을 할 수 없는 문제가 있을 수 있다. 또한 뒤에서 살펴보는 바와 같이 자유권의 한 내용으로서의 탄소배출권과 현재 거래되고 있는 탄소배출권을 법적으로 다른 성질을 가진 별개의 것으로 보아야 하는 어려움이 있게 된다. 게다가 탄

13) 이러한 입장의 대표적인 것으로 존 스튜어트 밀의 자유론을 들 수 있다. John Stuart Mill, *On Liberty in* On liberty and other Essays 1, 14(John Gray eds., 1998) 참조.

14) '수도권 대기환경개선에 관한 특별법'상의 오염물질 배출허용총량 이전제도에서 오염물질을 배출할 수 있는 권리를 독립적인 권리로 보는 것에 이러한 어려움이 존재한다는 점은 김홍균, 앞의 글, p. 158 참조.

소배출 자체가 가지는 지구환경과 인류생활에 대한 해악을 생각할 때 정책적인 필요에 의하여 입법을 통해 권리를 설정해주는 것은 가능하다 할지라도 이를 헌법적으로 보호되는 개별 기본권 행사의 내용의 하나로 보는 것이 과연 타당한지에 대한 문제는 여전히 제기될 수 있다. 근본적으로 탄소배출권이 이미 독립적인 권리로서 관념되고 거래되는 상황에서 이는 '독립적인 권리'로 볼 수 없다고 대답하는 것이 과연 적절한 것인가 하는 것은 의문이다.

2. 재산권적 성격

탄소배출권 거래제의 도입은 종래 영업행위와 가격에 대한 규제위주의 명령-규제제도(Command-and-Control system)가 가지는 경제적 비효율에 대한 반성적 고려에서, 기존 모두에게 이용과 접근이 개방되어 있던 자원인 대기에 대하여 일정하게 정해진 정도로 이용할 수 있는 권리를 개인에게 분할하고 시장을 통하여 이를 재분배함으로써 비용의 측면에서 효율을 극대화하려는 취지에서 주장된 것이다.[15] 이와 같이 거래가능한 탄소배출권은 공유되어 있는 재산관계를 개인에게 분할되어 있는 재산관계로 변경한다는 생각을 바탕으로 생성된 것으로서 이론적 근원에서 보면 기본적으로 재산권적 성질을 가질 것이 예정되어 있었다고 할 수 있다.

재산권적으로 보면 특히 탄소배출권 자체를 경제적 가치있는 것으로 보고 거래가 가능하도록 하며, 탄소배출권을 이용하여 사업을 수행함으로써 수익을 얻을 수 있도록 하는 것은 논리적으로 당연히 인정될 수 있다.[16] 또한 법률에 의하여 설정되어야 비로소 거래 등이 가능해지는 점 등은 도입될 탄소배출권 거래제의 현실과도 일치한다. 게다가 탄소 이외의 온실가스들에 대한 배출권 거래제가 도입되는 경우에도 정책적 필요에 의하여 설정된 재산권으로 본다면 탄소배출권의 경우와 함께 일

---

15) Jonathan Baert Wiener, *Global Environment Regulation: Instrument Choice in legal Context*, 108 Yale L.J. 678, 709-710(1998-1999).

16) 헌법은 사유재산제도를 정하고 있음과 동시에 재산권을 헌법상의 기본권으로 보장하고 있고, 사유재산권의 보장은 재산을 보유, 사용, 수익, 처분할 수 있는 권능을 개인에게 보장한다는 것을 의미한다. 정종섭, 헌법학원론(박영사, 2009), p. 677 참조. 다만 헌법 제23조 제1항의 재산권 보장에 의하여 보호되는 재산권은 사적 유용성 및 그에 대한 원칙적 처분권을 내포하는 재산가치 있는 구체적 권리이므로 구체적인 권리가 아닌 단순한 이익이나 재화의 획득에 관한 기회 등은 재산권보장의 대상이 아니다(헌재 1996.8.29. 95헌바36, 판례집 8-2, 90, 103; 2000.7.20. 99헌마452, 판례집 12-2, 128, 151 참조). 따라서 탄소배출의 제한으로 말미암은 영업손실 등은 그 자체로 재산권의 제한으로 볼 수 없다.

관된 법적 논리로 설명할 수 있는 장점이 존재한다.

물론 본래부터 존재하는 것이 아니며 법률에 의하여 비로소 설정되어야 비로소 권리로서 기능한다는 점에서 헌법에서 보장되는 기본권이 아니라 법률상의 권리에 불과하다고 볼 수도 있다. 그러나 재산권은 자유권과 달리 기본적으로 국가공권력에 의한 보호가 전제되어야만 보장되는 것으로서[17] 헌법 역시 제23조 제1항에서 모든 국민의 재산권은 보장된다고 하면서도 그 내용과 한계를 법률로 정한다고 규정하고 있다. 헌법재판소 역시 판례에서 헌법조항들에 의하여 보호되는 재산권은 사적유용성 및 그에 대한 원칙적 처분권을 내포하는 재산가치 있는 구체적 권리라고 하여 사적 유용성, 원칙적 처분권, 재산가치를 재산권의 개념요소로 들면서,[18] 연금수급권 등 법률에 의하여 비로소 인정되는 공법상의 여러 권리에 대하여도 재산권으로 보장되는 것으로 판시하고 있다.[19] 따라서 법률에 의하여 비로소 설정되는 것이라 하더라도 설정된 이후의 개별적으로 인정된 배출권은 재산적 가치가 있는 것으로서 헌법상의 재산권으로 인정될 수 있는 것으로 보아야 한다.

이와 같이 탄소배출권을 재산권으로 보는 입장에 의하면 탄소배출 자체가 자연과 인류에게 유해한 것이라 할 때 그 배출을 기본권적으로 보장된 자유라 볼 수 없고 따라서 탄소배출권을 별도의 자유권적 기본권으로 관념하여 독립하여 취급할 수 없는 자유권으로 보는 입장의 단점을 해결할 수 있다. 또한 정책적인 필요에 의하여 입법을 통해 설정된 권리이면서도 일단 설정되어 개개인이 취득한 이후 그 권리행사를 보장해주어야 한다는 점을 적절하게 설명할 수 있는 장점 역시 존재한다.

그러나 다른 한편 탄소배출권을 독립된 재산권으로 보는 경우 기본적인 생활이나 영업의 자유 등 기본권에 부수되는 탄소배출과 거래가 가능한 재산적 가치있는 탄소배출의 차이가 무엇인가를 설명하기 어렵다는 문제가 존재한다. 게다가 전체로서의 국민 또는 인류에게 속한 대기에 관하여 사적인 재산권을 설정하여 주는 것에 대한 문제제기 역시 해결해야할 과제라고 할 수 있다.[20] 배출권의 설정과 영업의 자

17) 이러한 점에 착안하여 국가의 발생을 재산권에 대한 침해를 방지하려는 목적으로 파악하기도 한다. 대표적인 것으로 아담 스미스는 국부론에서 사람들이 귀중하고 방대한 재산을 획득하게 되면 필연적으로 시민정부(civil government)의 설치를 요구하게 된다고 한다. Adam Smith, The Wealth of Nations, 670(Edwin Cannan ed., Random House 1937).

18) 대표적인 것으로 헌재 1997.11.27. 97헌바10, 판례집 9-2, 651, 664

19) 헌법재판소가 연금급여 및 기타 사회보장급여를 재산권으로 인정한 여러 판례들에 대해서는 전종익, "재산권의 보호영역," 헌법논총 제16집(2005), pp. 418-422 참조.

20) 이러한 입장에서는 탄소배출권거래제도에 의하여 배출허용량이 분배된다 하더라도 이것이 대

유의 제한이 필연적으로 결합되어 있는 점에 대한 하나의 설명으로 배출권이란 대기에 대한 이용권, 즉 재산권인 탄소배출을 통한 이용권을 설정한 것이라고 하는 것이 가능하다.[21] 그러나 경제적 효율을 중시하는 입장에서 보면 배출권의 보유자에게 적절한 권리의 보장이 이루어져야 하는 것은 틀림없으나 이것이 바로 대기에 대하여 탄소배출에 관한 재산권을 보장해주어야 한다는 것을 정당화하지는 않는다. 이러한 문제를 해결하기 위하여 경우에 따라서는 여러 가지 법규정을 통하여 적절하게 권리의 보유와 행사를 보장해주는 동시에 할당된 배출량은 재산권이 아님을 규정으로 명시하는 것도 방법이 될 수 있다.[22]

3. 소 결

이상에서 살펴본 바와 같이 탄소배출권은 자유권적인 측면과 함께 재산권적인 측면을 모두 가지고 있다. 탄소배출의 보유가 개인의 여러 가지 행위들 특히 영업행위와 연결되어 있는 측면에서 보면 자유권적인 속성이 본질적인 부분을 이루는 것으로 볼 수도 있다. 반면 재산적 가치의 측면에서 보면 기본적으로 재산권으로 보아야 한다고 생각할 수도 있다. 이와 같은 헌법적 성격에 대한 논의는 단순한 이론적인 가치를 가지는 것이 아니며 어떠한 성격을 가지는 것으로 보는가에 따라 탄소배출권 거래제 도입을 위한 법률을 제정함에 있어 상당한 차이를 가져오게 되는 점에서 의미가 있다. 이하에서는 각각의 입장에서 탄소배출권 거래제도를 어떻게 분석할

기의 사유화(privatization of the atmosphere)를 의미하는 것은 아니며 다만 대기의 사용을 규제하려는 것에 불과하다고 본다. 따라서 배출권보유자에게 대기 자체로부터 수익을 획득할 수 있는 어떠한 권리가 생성되지는 않는다고 설명한다. Matthieu Wemaere & Charlotte Streck, *op. cit.* p. 39.

21) 다만 탄소배출권을 완전한 의미의 재산권이라고 할 수는 없다. 정책적인 이유에서 설정된 권리로서 마찬가지로 정책적인 이유에서 여러 가지 제약이 예정되어 있고 가능하는 등 여러 가지 한계가 존재하기 때문이다. 이에 따라 탄소배출권을 'regulatory property'라고 부르기도 한다. Jonathan Baert Wiener, *supra* note 14, p. 800.

22) Tom Tietenberg, *Tradable permits in Principle and Practice*, 14 Penn St. Envtl. L. Rev. 251, 267(2006). 이글은 이러한 대표적인 예로 아황산가스(sulfur dioxide)에 대한 배출권거래를 인정하면서 미연방대기청정법(Clean Air Act) 규정이 "이 법에 의한 허가(allowance)는 아황산가스 배출에 대한 제한적인 권한부여로서 그러한 허가는 재산권(property right)을 구성하지 않으며, 어떠한 규정도 그러한 권한부여를 제거하거나 제한(to terminate or limit such authorization)할 수 있는 연방정부의 권한을 제한하는 것으로 해석되어서는 안 된다"고 명시한 것을 들고 있다. 42 U.S.C.§ 7651b(f).

수 있고 그에 따라 만들어지는 제도의 모습이 어떻게 차이가 나는지를 검토한다.

Ⅳ. 거래제도의 구조

1. 자유권적 기본권의 입장

(1) 배출권의 배분

탄소배출을 인류의 활동에 부수하여 보장되는 자유권적 기본권의 한 내용이라고 보면 기본적으로 모든 인간은 헌법상 보장되는 기본권의 범위에서 자유롭게 탄소를 배출할 권리를 처음부터 가지는 것으로 인정된다. 따라서 국가가 이미 제한없이 가지는 탄소배출에 대한 권리를 할당 또는 분배한다는 것은 논리적으로 불가능하다. 결국 탄소배출의 배분은 일차적으로 자유로운 탄소배출에 대한 권리를 일반적으로 제한하는 것이 전제가 되지 않으면 안 되며, 이를 개인 또는 사업자에게 배분한다는 것은 일정한 범위의 사람에게 한정적으로 국가가 당해 행위를 허용하겠다는 것을 의미한다. 즉 탄소배출권의 배분은 공익목적에 의한 기본권적 자유의 제한과 함께 일반적 금지를 해제하여 헌법상의 자유권을 적법하게 행사할 수 있는 법적 지위를 일정한 범위에서 설정하여 주는 행위를 의미한다고 할 수 있다.[23)]

따라서 근본적으로 탄소배출을 할당 또는 분배하는 것은 무상 또는 유상에 상관없이 자유를 제한하는 것에 해당하게 되며 헌법 제37조 제 2 항의 기본권 제한의 한계를 준수하는 범위에서만 허용될 수 있다. 특히 생존 또는 영업에 필수적인 기본적인 탄소배출량을 제한하는 것은 필요한 범위를 넘은 기본권의 제한으로 과잉금지원칙에 위반되어 헌법에 위반되는 것으로 볼 수 있다.

나아가 탄소배출행위 중 생존 또는 영업에 필수적인 부분은 박탈하거나 제한할 수 없는 점에서 그에 대한 유상분배는 헌법적으로 허용될 수 없다. 헌법 제10조에 의하여 국가는 개인이 가지는 불가침의 기본적 인권을 확인하고 보장할 의무를 가지므로, 탄소배출행위를 국가는 방해할 수 없으며 나아가 각 개인에게 보장되도록 국가는 적극적으로 여러 가지 조치를 취하여야 할 의무를 부담한다. 따라서 기본적인 탄소배출의 유상배분은 당연히 보장되는 기본권적 자유의 행사와 경제적 보상을

23) 이는 공법상의 '허가'와 본질적으로 다르지 않다. 김동희, 행정법 I(박영사, 2009), p. 280.

연관시키는 점에서 헌법적으로 허용되기 어렵다.

반면 기본권적으로 보장되는 범위를 넘는 탄소배출권에 대한 유상배분은 오염물질의 배출자로 하여금 그로 인한 해악에 대한 비용을 부담하게 하는 것으로 볼 수 있다. 이는 환경법의 기본적인 원칙인 '원인자 비용부담 원칙(Polluter Pays Principle)'[24]과 일치하는 것으로서 허용될 수 있다

(2) 경제적 가치와 거래

탄소배출권을 자연권적 기본권의 일부로 보는 경우 개념적으로 탄소배출의 자유 자체를 경제적 가치가 있는 재화로 볼 수는 없다. 경제적 가치와 관련없는 일상적인 많은 행위들 역시 탄소배출을 수반한다는 점에서 탄소배출의 경제적 가치는 그와 동시에 이루어지는 다른 행위와 결합하여 판단되어야 한다. 경제적 가치가 있는 것으로 볼 수 있는 다른 행위, 예를 들면 제조업의 공장영업 등 경제활동에 부수적으로 수반되는 탄소배출만이 경제적 가치가 있는 것으로 볼 수 있다. 또한 생존 또는 영업에 필수적인 기본적인 탄소배출은 기본권으로서 보장되어야 하는 점에서 개인의 생존에 수반되거나 일상적인 생활과 관련된 탄소배출 또는 비록 경제적 가치와 관련되어 있기는 하나 기본적인 영업에 부수되는 탄소배출은 재화로서 거래되어 박탈되도록 할 수는 없다. 따라서 가상으로 개별기업 나아가 개인에게 탄소계정이 있다고 상정하는 경우 일정한 기준량까지의 배출권, 즉 헌법적 기본권으로 행사가 보장되는 정도까지의 배출권은 법적으로 거래가 불가능한 것으로 보아야 한다.

게다가 근본적으로 기본권의 주체가 자유권을 행사하지 않았다고 하여 이를 다른 사람에게 양도하는 행위는 가능하지 않다. 자유권은 그 내용을 이루는 행위를 해야 하거나 하지 않아야 할 어떠한 의무로부터 해방됨을 의미하는 권리로서, 형성권에 의하여 권리보유자들에게 부여되는 어떤 법률관계를 창출하거나 변경 또는 소멸시키는 힘이 법적으로 부여되어 있지 않다.[25] 따라서 자유권으로서의 탄소배출권 보유자는 자신의 권리를 행사하지 않았다는 이유로 타인에게 자유롭게 탄소를 배출할

---

24) 원인자 부담원칙은 1972년 OECD 권고사항에 등장한 이래 환경법의 기본적인 원칙으로 인정받아 왔다. Jonathan Remy Nash, *Too Much Market? Conflict Between Tradable Pollution Allowances and the "Polluter Pays" Principle*, 24 Harv. Envtl. L. Rev. 466, 467-472(2000). 배출권거래제의 원인자 부담원칙 부합여부는 제도의 구체적인 형성에 따라 달라질 수 있다.

25) 자유권과 형성권의 차이에 대해서는 김도균, 권리의 문법—도덕적 권리·인권·법적 권리(박영사, 2008), pp. 10-18 참조.

수 있는 법적 지위를 부여할 수는 없다.

이렇게 보면 '수도권 대기환경개선에 관한 특별법'과 같이 일정한 배출량을 할당하고 이를 기준으로 감축한 분량을 매매하여 경제적 이익을 취할 수 있도록 하는 것은 자유권적인 배출권 자체를 매매하는 것으로 볼 수는 없다. 대신 권리로서 보장되어 자유롭게 배출할 수 있는 탄소량을 자발적으로 감축하는 경우 그에 대한 혜택을 부여하는 방법으로 배출량이전이라는 방법을 택한 것으로 보는 것이 하나의 설명일 수 있다. 이에 의하면 탄소배출권의 거래를 단계적으로 분석하면 다음과 같이 설명할 수 있다.

1단계: 탄소배출감축에 대한 보조금을 국가가 개별 기업의 계정에 탄소배출 단위로 지급

2단계: 계정상의 탄소배출단위의 처분을 일정한 범위의 다른 기업으로 한정

3단계: 보조금으로 지급된 탄소배출단위의 구입을 조건으로 추가 배출 허가

즉 탄소배출권 거래의 허용은, 그 자체만을 독립적으로 보면, 기본적으로 혜택을 부여하는 여러 가지 방법 중 하나의 방식에 해당하는 것이다.[26] 일반적으로 헌법적으로 기본권을 제한하는 행위에 비하여 혜택을 부여하는 행위에 대해서는 국가에게 폭넓은 입법형성의 자유가 인정되는 점에서[27] 이렇게 보면 입법자는 탄소배출권의 이전과 관련하여 가격과 거래대상, 거래방법 등에 대한 폭넓은 규제가 가능하게 된다.[28] 또한 정책적인 이유로 탄소배출권 거래제도를 폐지하는 경우 혜택 부여의 중지라는 점에서 법적으로 신뢰보호 등의 문제가 발생할 수는 있으나 이와는 별도로 재산권 상의 수용과 같은 문제가 발생할 여지는 없게 된다.

26) 이렇게 보면 자유권의 한 내용으로서의 탄소배출권과 거래의 대상인 탄소배출권을 법적으로 다른 성질을 가진 별개의 것으로 보아야 한다. 거래대상인 탄수배출권이란 정부에 의하여 지급된 보조금, 즉 재산권에 해당하므로 이는 원래의 탄소배출권과는 구별된다.

27) "시혜적 법률을 규정하는 경우 입법자는 입법목적, 수혜자의 실태, 시혜로 인한 이해관계 등 제반사항을 참작하여 시혜대상을 결정할 수 있고 그 판단은 존중되어야 한다. 따라서 그 결정이 합리적 재량의 범위를 벗어나 현저하게 불합리하고 불공정한 것이 아닌 한 헌법에 위반된다고 할 수 없다."(헌재 1995.12.28. 95헌마196, 판례집 7-2, 893, 900; 헌재 1998.11.26. 97헌바65, 판례집 10-2, 685, 694; 헌재 2006.5.25. 2005헌마715, 판례집 18-1 하, 151, 157-158).

28) 최초로 영업에 필수적인 기본배출량을 획정하여 배분할 때 그 자체로 영업의 자유 등의 기본권이 충분히 보장될 수 있도록 하지 않으면 위헌이 될 수 있음은 물론이다.

2. 재산권으로 보는 입장

(1) 배출권의 배분

탄소배출권을 법률에 의해 설정된 재산적 가치 있는 권리로 보는 경우 배출권을 할당 또는 배분하는 것은 간명하게 다음과 같이 설명될 수 있다. 국가가 개인 또는 기업에게 정책적 이유에서 재산적 가치 있는 권리, 즉 경제적 이익을 지급하는 것에 해당한다고 보는 것이다. 따라서 거래 가능한 탄소배출권를 설정할 때 그 대상과 방식 등에 있어 입법자에게 폭넓은 입법재량이 인정될 수 있고, 이에 따라 최초의 탄소배출권 배분을 무상으로 하거나 유상으로 하거나 모두 가능하게 된다.

다만, 단순히 경제적 가치있는 탄소배출권을 개인 또는 기업 등에 배분하는 것만으로는 탄소배출의 감축이라는 목적을 달성할 수 없으므로 반드시 그와 함께 탄소배출이 수반되는 행위에 대한 일정한 제한이 이루어져야 한다. 탄소배출권을 재산권으로 보는 이상 탄소배출권의 할당은 영업행위 등의 제한을 의미하며 양자는 조건적으로 반드시 상호 결합되어 있어야 한다. 이 경우 법적으로 각각은 독립된 공권력작용에 해당하는 것으로 볼 수 있다. 따라서 영업의 자유 등의 기본권을 제한하는 공권력 작용은 과잉금지원칙 등 헌법적 한계를 준수하여야 한다.

탄소배출권 무상배분의 경우 대상자에게 보조금을 지급하는 것과 같은 효과를 가진다. 특히 각 개인에게 탄소배출권을 무상으로 분배하는 것은 전 국민에게 일정한 정도의 보조금을 지급하는 것으로 볼 수 있다. 유상배분의 경우에는 경제적인 가치가 있는 탄소배출권을 다른 경제적 가치와 교환하는 것이라는 점에서 강제적 유상배분은 불가능하며 자발적 거래에 의하는 것만이 허용될 수 있다.[29]

(2) 경제적 가치와 거래

논리적으로 보면 탄소배출권은 거래가능한 독립된 재화 또는 서비스와 같은 것이므로 이를 보유한 개인 또는 기업은 원칙적으로 전체를 제한없이 거래할 수 있다. 초기 배분을 통해 보유하고 있는 탄소배출권의 거래방식과 상대방 등을 제한하거나 가격의 상한을 설정하는 등의 조치들은 그 자체로 재산권 또는 계약의 자유 등 관련

29) 일정한 법적 기준을 설정하여 탄소배출권을 무상으로 배분하는 경우 평등의 문제가 발생하지 않을 공평한 기준을 찾는 것이 쉽지 않은 점과 개인 또는 법인에게 동일한 보조금을 지급하는 것은 결국 지급하지 않는 것과 같은 것으로 볼 수 있는 점 등에 비추어 보면 경매 등을 통한 유상배분이 정책적인 면에서 더욱 적절하다고 볼 수 있다.

기본권을 제한하는 것에 해당한다. 따라서 탄소배출권의 초기 배분과는 별도로 거래 등을 규제하는 개별 규정들은 모두 기본권제한의 한계를 준수해야 한다. 이는 무상배분의 경우에도 마찬가지이다. 다만 배출권을 유상으로 배분한 경우 배출권의 거래제한 및 가격 제한은 무상배분의 경우에 비하여 더욱 한정적으로 이루어질 수밖에 없을 것이다.

이렇게 보면 '수도권 대기환경개선에 관한 특별법'과 같이 일정한 배출량을 할당하는 것은 오염물질 배출과 관련된 영업에 대하여 원칙적으로 금지조치를 행한 후 일정한 기준에 따라 이를 허용하되 그와 동시에 허용량에 맞추어 배출권이라는 재화를 배분하는 것이며, 할당된 배출량을 기준으로 감축한 분량을 이전하여 경제적 이익을 취할 수 있도록 하는 것은 오염물질 배출감축량에 따라 보유 배출권을 이전할 수 있도록 거래방식과 대상을 제한하고 그 거래와 오염물질 배출을 연결하여 배출권을 취득하는 경우 오염물질 배출 허용량을 증가시키는 것을 의미한다. 이러한 분석틀로 탄소배출권의 거래를 단계적으로 분석하면 다음과 같이 될 것이다.

1단계: 배출허용량 전체에 해당하는 거래가능한 배출권의 부여
2단계: 이전가능한 배출권 범위 및 매매대상의 제한
3단계: 보유 배출권 총량에 따른 영업의 조정

즉 탄소배출권 거래제도는 그 자체만을 보면 거래될 수 없는 것에 대한 특별한 거래제도의 창설이 아니라 기본적으로 거래가 제한없이 이루어져야 하는 것에 대한 제한의 성격을 가진다고 볼 수 있다. 따라서 이 경우에도 기본권에 제한에 대한 헌법적 한계가 준수되어야 함은 물론이다. 재산적 가치 있는 재화의 거래라 하더라도 헌법 제37조 제 2 항에 의하여 공공복리를 위해 제한을 받을 수 있으므로 탄소배출권의 이전과 관련하여 일정한 경우 가격과 거래대상, 거래방법 등에 대한 규제가 가능하나, 무상배분의 경우에는 비교적 폭넓은 규제가 가능할 것으로 보인다.[30] 또한 정책적인 이유로 탄소배출권 거래제도를 폐지하거나 또는 규제의 정도가 일정한 수준을 넘는 경우 헌법적으로 수용에 해당할 수 있어 그에 대한 보상이 문제될 수 있다.

30) 예를 들면 헌법재판소는 각종 연금수급권을 재산권에 해당하는 것으로 보면서도 기본적으로는 모두 사회보장적 급여로서의 성격을 가짐과 동시에 공로보상 내지 후불임금으로서의 성격도 함께 가진다고 하면서 구체적인 재산권 침해에 대하여 엄격하지 않게 판단하고 있다(헌재 1998. 12. 24. 96헌바73, 판례집 10-2, 856, 866, 헌재 2000. 3. 30. 99헌바53 등 판례집 12-1, 344, 352 등).

3. 탄소배출권 거래제도의 헌법적 분석

지금까지 유럽연합 등에서 채택한 탄소배출권 거래제도 중 대표적인 방식으로 총량거래방식(Cap-and-Trade System)과 감축량거래방식(Baseline-and-Credit System)을 들 수 있다.[31] 총량거래방식은 배출되는 이산화탄소의 총량을 강제적으로 제한하고 이를 일정한 범위에서 거래할 수 있도록 하는 것이다. 교토의정서의 할당량단위(AAU) 거래가 이에 해당하는 것으로 볼 수 있다. 이 방식에서 이루어지는 탄소배출권의 초기 할당행위는 이로 말미암아 영업의 자유 등 자유권적 기본권이 제한되는 것을 전제로 하는 점에서 앞서 살펴본 자유권적 기본권을 중심으로 한 입장의 분석틀이 이 거래방식에서 발생하는 탄소배출권을 헌법적으로 설명하는 데에 더욱 적합하다. 총량거래방식을 단계별로 분석하면 법적으로 다음과 같이 설명할 수 있다.

Cap: 탄소배출권할당으로 인한 영업의 자유 등 기본권 제한,
Trade: (배출권 구입) 일정한 조건하의 기본권 제한의 해제
(배출권 판매) 기본권 행위의 자진 제한 및 이에 따른 탄소배출량 감축에 대한 거래가능한 인센티브의 획득

한편 감축량거래방식은 이산화탄소의 배출량에 대하여 일정한 기준을 제시하고 그러한 기준이하로 배출을 감축하는 경우 이를 공식적으로 인증받아 당해 인증받은 감축분을 다른 사업자에게 판매할 수 있도록 하는 제도이다. 교토의정서의 배출량감축단위(ERU) 거래나 청정개발체제에 의한 인증 배출량감축(CER)의 거래가 이러한 방식에 의한 배출권거래제도라 할 수 있다. 기본적으로 단지 경제적인 동기를 부여하여 탄소배출 감축을 유도하는 것 이외에 이로 인한 어떠한 기본권의 제한은 존재하지 않는 점에서 이 방식에서 거래되는 탄소배출권은 법률에 의하여 설정된 재산적 가치 있는 권리로 보는 입장에서 설명하는 것이 타당하다. 이 방식 역시 다음과 같이 단계별로 법적인 분석이 가능하다.

Baseline: 인센티브를 부여하기 위한 기준 배출량의 설정, 이로써 어떠한 권리에 제한이나 권리의 부여 등은 이루어지지 않음.

31) 총량거래방식과 감축량거래방식에 대한 대체적인 설명은 김준환, "배출권거래제도의 도입에 관한 연구" 토지공법연구 제43집 제 3 호(2009), pp. 205-206 참조.

Credit: (배출권의 최초 획득) 인증받은 배출량의 기준이하 감축이라는 요건의 충족으로 비로소 발생하는 법률상의 권리, 경제적 가치가 있는 점에서 공법상의 권리인 재산권에 해당하는 것으로 볼 수 있음. 헌법상 최초의 설정을 국가에 주장할 수 없음. 다만 설정되어 취득한 이후에는 구체적인 재산권으로 보호받을 수 있음.

(배출권의 구입) 배출권이라는 재산권의 취득, 단 그 취득에 대하여 탄소배출권 허용총량의 증가라는 법적 효과가 부여되는 것은 별도의 법규정에 의하여야 함.

Ⅴ. 결

교토의정서나 유사한 우리 제도에 의하여 앞으로 도입될 탄소배출권 거래제도를 예상해보면 초기 할당범위를 넘어서는 탄소배출이 금지되고 이러한 지위를 처분하여 경제적 이익을 추구하는 것이 기본골격이 될 것이며, 탄소배출권은 헌법상 영업의 자유 등 자유권적 기본권 및 재산권과 관련하여 논의가 이루어질 것이다. 자유권적 기본권의 일부로 보는 것은 탄소배출이 기본적인 인간생활이나 영업의 자유가 제한되는 부분을 설명하는 데 적합하다. 이에 의하면 기본적으로 탄소배출권을 할당한다는 것은 자유권을 제한하는 것에 해당하며 따라서 기본적인 생활이나 영업에 부수되는 탄소배출량을 유상으로 배분하는 것과 이에 대한 이전 거래는 성질상 허용될 수 없다. 다만 탄소배출권의 이전거래는 기본적인 범위를 넘어선 탄소배출과 관련하여 이를 자발적으로 감축하는 경우 그에 대한 혜택이 부여되는 하나의 방식으로 볼 수 있으며 이점에서 이전거래에 대한 정부의 폭넓은 규제가 가능해진다. 재산권적 성격을 중심으로 하는 설명은 무엇보다 탄소배출권 거래제도의 이론적인 설명에 근거하는 것으로 대기에 대한 이용권의 설정으로 볼 수 있다. 이에 의하면 초기 할당은 국가에 의한 재화 또는 유사한 경제적 이익의 지급에 해당하므로 유상 또는 무상이 모두 가능해진다. 다만 그 이전거래는 배출량의 감소가 전제되어 있고 이를 이용하는 사업자 등으로 제한되는 점에서 규제를 받으며 그 보유량에 따라 영업이 조정되게 된다. 물론 일반적인 재산권과 마찬가지로 공공복리 등을 이유로 제한이 가능하나 무상배분의 경우에는 규제의 폭이 넓어질 수 있다.

이와 같이 탄소배출권은 양면적인 모습을 가지고 있어 그에 대한 법적인 해명이 아직까지 완전히 이루어진 것으로 볼 수는 없다. 다만 이 글은 탄소배출권이 가지는 여러 가지 요소들을 분리해내고 각각의 성격에 따른다면 어떤 식으로 설명할 수 있으며 거래제도가 만들어질 수 있는지를 논리적 순서에 따라 전개해 본 것에 불과하다. 이론적인 논의의 시발점으로서 경제적인 접근을 중심으로 하여 보면 결국 탄소배출권은 대기에 대한 이용권인 재산권의 하나로 보게 될 것이다. 자유권적 기본권의 입장에서 본다 하더라도 결국 기본적인 생활이나 영업에 수반되는 부분을 넘어서며 이전거래의 대상이 되는 탄소배출에 관해서는 정부가 지급하는 재산적 이익으로 볼 수 있는 점에서 결국 이러한 범위에서 탄소배출권은 재산권으로 설명할 수 있을 것으로 보인다.

그러나 탄소배출권을 재산권으로 볼 수 있으며 이에 따라 거래제도의 구조가 어떻게 이루어질 수 있는가 하는 것을 분석하는 것과는 별개로 경우 정부가 과연 대기에 대하여 이러한 재산권적인 이용권을 설정할 수 있는가, 즉 헌법적으로 이것이 허용될 수 있으며, 허용된다면 그 범위는 어디까지인가의 문제는 여전히 남는다. 이를 위해 대기(air)의 귀속주체는 누구이며, 정부가 이를 개인 또는 기업에게 사적으로 이용할 수 있도록 하는 것이 가능한 것인가 하는 것들이 규명되어야 하나 아직까지 이러한 부분에 대한 헌법적인 설명은 이루어지지 않고 있다. 이는 비단 대기에 한정되는 것은 아니며 헌법상의 영토, 영해, 영공상의 자원이나 자연력에 대한 총체적인 접근이 필요하다.

그런 의미에서 헌법 제120조 제 1 항은 "광물 기타 중요한 지하자원 · 수산자원 · 수력과 경제적으로 이용할 수 있는 자연력은 법률이 정하는 바에 의하여 일정한 기간 그 채취 · 개발 또는 이용을 특허할 수 있다"고 규정하고 있는 것을 주목할 필요가 있다. 대기를 '경제적으로 이용할 수 있는 자연력 또는 자연자원'에 해당하는 것으로 본다면 그에 대한 이용권을 설정할 때 기준이 되는 원칙은 위 규정의 의미와 해석과 관련되지 않을 수 없다. 위 규정이 국가로 하여금 특허를 받도록 한다는 것의 의미는 무엇이며, 위 규정이 특허의 대상이 되는 자원이나 자연력의 귀속주체를 무엇으로 보고 있는가, 그리고 국가는 위 규정에 의하여 자원이나 자연력에 대하여 무엇을 할 수 있는가 하는 것들에 적절한 원칙들을 위 규정으로부터 도출해내야 비로소 탄소배출권 거래제도 구성에 대한 헌법적 원칙들을 찾아낼 수 있을 것이다.

참고문헌

김도균, 권리의 문법—도덕적 권리 · 인권 · 법적 권리(박영사, 2008)

김동희, 행정법 I(박영사, 2009)

김준환, "배출권거래제도의 도입에 관한 연구" 토지공법연구 제43집 제 3 호(2009)

김홍균, "수도권대기질 개선을 위한 총량관리제—배출권거래제도를 중심으로," 저스티스 제91호(2006)

전종익, "재산권의 보호영역," 헌법논총 제16집(2005)

정종섭, 헌법학원론(박영사, 2009)

한귀현, "환경법상 배출권 거래제도에 관한 연구," 공법학연구 제 9 권 제 2 호(2008)

Adam Smith, The Wealth of Nations(Edwin Cannan ed., Random House 1937).

Garrett Hardin, The Tragedy of the Commons, 162 Science 1243(1968)

John Stuart Mill, On Liberty in On liberty and other Essays 1(John Gray eds., 1998)

Jonathan Baert Wiener, Global Environment Regulation: Instrument Choice in legal Context, 108 Yale L.J. 678(1998-1999)

Jonathan Remy Nash, Too Much Market? Conflict Between Tradable Pollution Allowances and the "Polluter Pays" Principle, 24 Harv. Envtl. L. Rev. 466 (2000)

Matthieu Wemaere & Charlotte Streck, Legal Ownership and Nature of Kyoto Units and EU Allowances, in Legal aspects of Implementing the Kyoto Protocol Mechanism: Making Kyoto Work(David Freestone et al. eds., 2005)

Robert W, Hahn & Gordon L. Hester, Where Did All the Markets Go? An analysis of EPA's Emissions Trading Program, 6 Yale J. on Reg., 109(1989)

Tom Tietenberg, Tradable permits in Principle and Practice, 14 Penn St. Envtl. L. Rev. 251(2006)

제 2 절 국내 온실가스 배출권거래제도 구축 방향

윤 종 수*

Ⅰ. 서 론

1. 기후변화 현상

오늘날 우리는 지구가 더워지고 있다는 것을 알고 있을 뿐만 아니라, 높아진 기온이 가져온 몇몇 결과를 우리 눈으로 목격할 수 있게 되었다. 중국의 논과 인도의 밀밭에 관개용수를 제공하는 강들의 수원인 히말라야 빙하 등 세계 도처의 고산 빙하들이 빠른 속도로 녹고 있다. 기후학자들은 그린란드와 남부 서부의 빙하가 모두 녹는다면 해수면은 12미터나 상승할 것이고 세계의 해안도시들이 물에 잠겨 6억 명이 넘는 해안 거주자들이 주거를 옮겨야 할 것으로 경고하고 있다. 2003년 유럽 지역을 덮친 기록적인 열파는 세계 곡물 수확량을 감소시킨 바 있으며, 유럽 9개국에서 5만 2000명 이상의 인명을 앗아가기도 하였다.[1)]

대기중의 온실가스 농도는 산업혁명 이후 상당히 증가했다. 산업혁명 이전 약 277ppm에서 2007년의 384ppm으로 증가하였으며 이에 따라 지구 평균 기온은 약 0.74℃가 상승한 것으로 기록되고 있다. 최근의 연간 탄소 배출량은 1950년대의 네 배에 가까운 490억톤에 이르고 있다(2004년 기준). 이 같은 온실가스 증가량을 감안

---

* 환경부 환경정책실 실장.

1) Janet Larsen, "Setting the Record Straight: More than 52,000 Europeans Died from Heat in Summer 2003," Eco-Economy Update(2006. 7).

할 때, 금세기 말 지구 평균 온도는 섭씨 1.1~6.4℃ 상승할 것이라는 예측이 타당하다.[2] IPCC(기후변화에 관한 정부간 패널)는 금세기 해수면 상승 예상치로 제시한 18~59cm를 넘어서 최근 과학자들은 금세기에 해수면이 2미터 상승할 가능성이 높다고 지적하고 있다.[3]

이와 같이 인류가 기후변화의 심각한 위험에서 벗어나 지속가능한 발전을 이루기 위해서는 금세기 말까지 지구 평균기온 상승을 2℃ 이내로 안정화하는 것이 필요하며 이를 위한 온실가스 농도는 450ppm 이내에 해당한다. 이와 같은 이유로 전지구적으로 온실가스 배출량을 2050년까지 1990년 수준의 절반 이상으로 감축하는 것은 필수적이라 하겠다. IPCC는 선진국에 대해서는 수년 내 온실가스 배출량 최고점에 도달한 이후 2020년에는 '90년 대비 20~40% 감축, '50년까지 80% 감축을 권고하고 있으며, 개도국은 '20년까지 예상배출량(BAU) 대비 15~30%의 감축을 권고하고 있다.

2. 한국의 온실가스 배출량 증가추이

지난 15년간 한국의 온실가스 배출량은 1990년 2.98억톤에서 2005년 5.94억톤으로 약 2배가 증가하였다. 주요 증가요인으로는 높은 경제성장률(1990년대 GDP 증가율 약 7.2%), 제조업 위주의 산업구조(GDP의 28%) 및 국민들의 생활수준 등을 꼽을 수 있다. 〈그림 1〉의 부문별 온실가스 배출 추이를 살펴보면, 산업연소 111.8%, 수송 132%, 가정・상업 70.5%, 산업공정 225.6%, 공공부문 69.5%의 증가율(최종수요기준[4])을 나타내었다.

우리나라의 온실가스 연간 배출량은 2006년 기준 세계 10위로 전세계 배출량의 1.7%를 차지하며, 온실가스 증가율은 OECD 국가 중 1위(99%), 1인당 온실가스 배출량은 OECD 국가 중 17위(11.1톤/인), 100년간 누적배출량은 세계 22위(70억톤)를 기록하였다.[5]

2) IPCC AR4(2007) Summary for policymakers p. 13.

3) Paul Brown, "Melting Ice Cap Triggering Earthquakes", Guardian(London)(2007. 9).

4) 기후변화협약 제3차 국가보고서 초안(2007) 및 에너지통계연보(2008) 활용하여 재구성.

5) WRI(2009), CAIT: Indicator Framework Paper, Climate Analysis Indicators Tool(CAIT) version 6.0.

〈그림 1〉 부문별 온실가스 배출추이

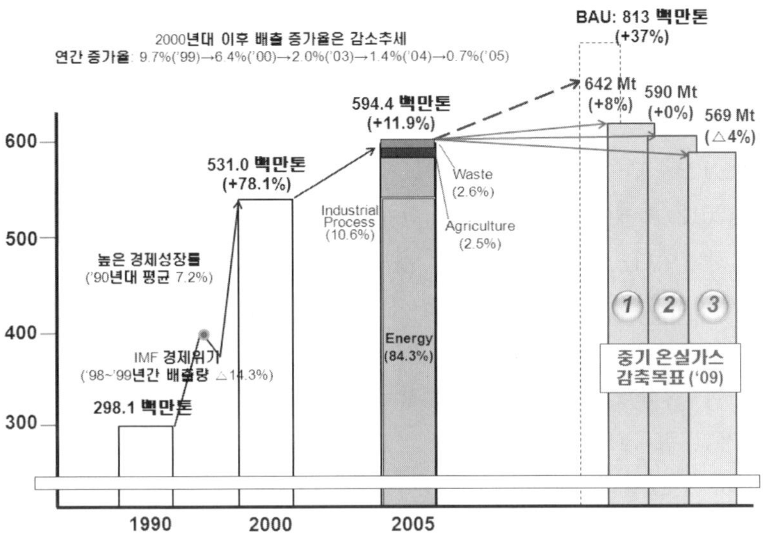

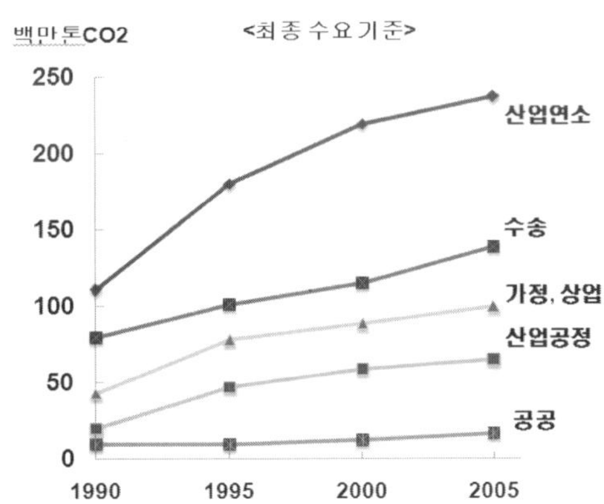

GHG 배출량(Mt)			증가율 (1990~2005)
1990	2005	(%)	
110.5	236.8	40.0	+111.8%
42.8	99.6	16.8	+132.4%
79.6	138.4	23.4	+70.5%
19.9	64.8	11.0	225.6%
9.3	16.2	2.7	+69.5%

한국은 지난 1996년 경제개발협력기구(OECD)에 가입한 이후 국내총생산(GDP) 규모는 2008년 기준 세계 15위, 교역규모는 세계 10위권을 달성했으며, 수출비중은 국내총생산의 70%를 차지하고 있다. 국내 5대 제조업의 해외 수출 비중을 살펴보면, 자동차 부문이 세계 5위(13.4%),[6] 철강부문이 세계 6위(5.2%), 석유화학 부문이

6) 2006. 산업자원백서.

세계 5위(7.8%), 정유 부문이 세계 6위(6.5%)를 차지할 정도로 주요 제조업의 해외 수출 비중이 높은 것을 알 수 있다.

3. 국제 기후변화 협상 동향

지난해 12월 덴마크 코펜하겐에서 개최된 제15차 당사국총회에서도 보는 바와 같이 Post-2012 체제에 대한 논의는 현재까지도 선진국-개도국간 쟁점이 좁혀지지 않고 있는 상황이다. 선진국들은 주요 개도국들이 실질적인 온실가스 감축행동에 동참하기를 요구하고 있지만, 개도국들은 선진국들이 보다 더 적극적인 감축목표를 설정하고 높은 수준의 기술 및 재정을 개도국으로 이전해 주기를 요구하고 있다.

기후변화 협상의 최대 쟁점인 선진국-개도국간 합의가 마무리되면, 개도국 중 OECD 국가인 한국과 멕시코에 대한 선진국 그룹 편입 압력이 본격화될 전망이다. 일례로, 2007년 12월 부퍼탈 연구소에서는, 한국은 멕시코, 중국, 남아공과 달리 강제감축을 해야 한다고 발표하였으며, 2008년 12월 맥킨지 등이 발표한 온실가스 감축 시뮬레이션 결과에서는 한국을 선진국 그룹으로 분류해 놓고 있다.

우리나라를 Annex1 국가로 편입시키려는 선진국의 압력을 차단하기 위하여, 우리나라는 「개도국 감축 행동 등록부(NAMA Registry)」를 Post-2012 기후변화 협상 타결을 위한 대안으로 제시한 바 있다. 2009년 12월 덴마크 코펜하겐에서 개최된 기후변화협약 제15차 당사국총회의 주요 결과를 살펴보면, 전 지구적인 기온 상승을 산업화 이전대비 2℃ 이내로 억제한다는 장기목표에 합의하고 선진국은 개도국의 기후변화대응을 지원하기 위한 기금을 약 1,000억$규모로 설정하기로 한 점[7]에 대해서는 긍정적이다.

그러나 합의에 이르지 못한 중기 온실가스 감축목표와 관련해서는 선진국과 개도국 모두 2010년 1월말까지 중기감축목표와 감축행동계획을 UN기후변화협약에 제출하여 협상시간을 1년 연장하기로 하고 후속협상에서 합의도출을 위한 논의를 지속할 전망이다.

한국 대표단은 코펜하겐 합의문 채택과정에 이르기까지 중간자적인 입장을 견지하여 가장 큰 이견을 보였던 미국과 중국 간 중재를 위해 노력하였고, 합의문 작

7) 선진국의 개도국 지원자금 규모: 2010~2012년까지 연간 300억$, 2020년까지 연간 1,000억$ 규모

성 작업에도 직접 참여하는 등 협상의 진전에 핵심적인 역할을 한 것으로 평가된다. 또한 2012년 제18차 당사국 총회의 한국개최 의사를 표명하였고, 2010년 상반기까지 기후변화 및 녹색성장 전략연구를 전담하기 위한 '글로벌녹색성장연구소'를 설립을 발표하는 등 녹색성장 선도 국가로서의 역할을 수행한 것으로 평가되고 있다.

4. 한국의 국가 온실가스 감축목표 설정 동향

우리나라는 이명박 대통령이 2008년 8월 15일 건국 60주년 기념식에서 「저탄소 녹색성장」을 새로운 국가 비전으로 천명한 이후, 준비작업을 거쳐 2009년 11월에 중기(2020년) 국가 온실가스 감축목표를 발표하였다. 대통령 직속 녹색성장위원회는 2009년 8월 중기(2020년) 국가 온실가스 감축목표의 3가지 시나리오[8]를 제시한 바 있으며, 의견 수렴과정에서 산업계의 강한 반대에도 불구하고, 3가지 시나리오 중 가장 의욕적인 ③안(BAU 대비 30% 감축)을 국가 감축목표로 공식 채택하고 국제사회에 발표한 바 있다. 이것은 IPCC가 개도국에 요구한 삭감목표 중 가장 강한 목표에 해당한다. 우리나라의 자발적인 중기 감축목표는 제15차 당사국 총회 등에서 대다수 국가 및 비정부기구 등 국제사회로부터 높은 평가를 받은 바 있다.

향후 우리나라의 경제성장 전망(2010년 이후 연간 4% 수준)과 선진국과 비교하여 상대적으로 높은 제조업 비중 등을 감안할 때 중기 온실가스 감축목표 달성을 위한 상당한 노력과 비용뿐만 아니라 전 국민차원의 온실가스 감축 실천 운동 등 전 국가적인 기후변화 대응노력이 요구되는 시점이다.

우리나라의 저탄소 녹색성장을 국가적인 패러다임으로 뒷받침하고 녹색성장 정책에 추진기반을 마련하기 위하여 정부는 2009년 2월말 「저탄소 녹색성장기본법안」을 국회에 제출하였고, 12월 29일 여야 합의로 국회를 통과하였다. 이 법은 기후변화 뿐만 아니라 에너지, 녹색기술과 R&D, 녹색산업구조로의 전환과 지원, 녹색국토·도시·건물·교통, 녹색생활 등을 포괄적으로 규정하는 종합법적인 성격을 지닌 점에서 매우 큰 의의를 갖는다.

동 법 제46조[9]에는 온실가스 배출권거래제 도입 근거를 마련하고 있어 우리나

---

8) 중기 국가 온실가스 감축목표 3가지 시나리오('09. 8): ①안 2020년 배출전망치(BAU) 대비 21% ②안 2020년 배출전망치(BAU) 대비 27%, ③안 2020년 배출전망치(BAU) 대비 30%.

9) 제46조(총량제한 배출권거래제 등의 도입) ① 정부는 시장기능을 활용하여 효율적으로 국가의 온실가스 감축목표를 달성하기 위하여 온실가스 배출권을 거래하는 제도를 운영할 수 있다.

라도 구체적인 배출권거래제 기본계획을 마련하고, 다양한 이해관계자와 의견을 수렴하는 등 제도 도입을 위한 본격적인 논의가 필요한 시점이다. EU의 경우, 2000년경 유럽연합 배출권거래제(EU-ETS) 도입에 대한 정부초안(Green Paper) 발표 이후 5년 동안 제도 시행 준비를 거쳐 2005년 1월에 시범사업 성격의 EU-ETS Phase Ⅰ을 시행한 점을 볼 때, 우리나라도 경제에 미치는 파급효과가 큰 배출권거래제의 조속한 주관부처 선정 이후, 각계각층의 이해관계자와 제도의 설계 및 도입방안에 대한 공론화가 필요한 시점이다.

Ⅱ. 배출권거래제도의 이론적 원리

1. 직접규제와 경제적 유인제도의 이론적 비교[10)]

환경오염의 근본적인 원인은 오염을 초래하는 행위의 사적비용(Private Cost)과 사회적 비용(Social Cost)이 다르기 때문이다. 따라서 이를 보완하기 위한 대표적인 경제적 유인제도가 지구온난화의 경우 탄소세와 탄소 배출권거래제 이다.

오염물질 직접규제(Command and Control)와 비교할 때, 탄소세 및 배출권거래제 등과 같은 경제적 유인제도(Market Approach)의 효율성에 관한 이론적 원리는 '한계비용 균등화 법칙'으로 설명이 가능하다. 이 때, 탄소세와 배출권거래제 모두 이론적으로 한계저감비용과 한계피해(marginal damage)가 일치하는 데에서 적정 탄소세율과 균형 배출권가격이 결정된다고 가정한다. 이에 따라 탄소세 부과로 각 오염원들이 지불하게 되는 한계저감비용이 균등화되고, 둘째 배출권 시장의 균형에서 모든 배출원들의 한계저감비용이 일치하게 된다고 가정한다. 즉 〈그림 2〉에서 p는 최적 탄소세율이며 배출권거래 시장에서의 배출권의 균형가격에 해당한다.

---

② 제1항의 제도에는 온실가스 배출허용총량을 설정하고 배출권을 거래하는 제도 및 기타 국제적으로 인정되는 거래 제도를 포함한다.

③ 정부는 제2항에 따른 제도를 실시할 경우 기후변화 관련 국제협상을 고려하여야 하고, 국제경쟁력이 현저하게 약화될 우려가 있는 제42조 제5항의 관리업체에 대하여는 필요한 조치를 강구할 수 있다.

④ 제2항에 따른 제도의 실시를 위한 배출허용총량의 할당방법, 등록·관리방법 및 거래소 설치·운영 등은 따로 법률로 정한다.

10) 김정인, "탄소세 및 배출권거래제의 비용편익 분석 연구"(2009. 9).

〈그림 2〉 경제적 유인제도(배출권거래제, 탄소세)에 따른 비용감소효과[11)]

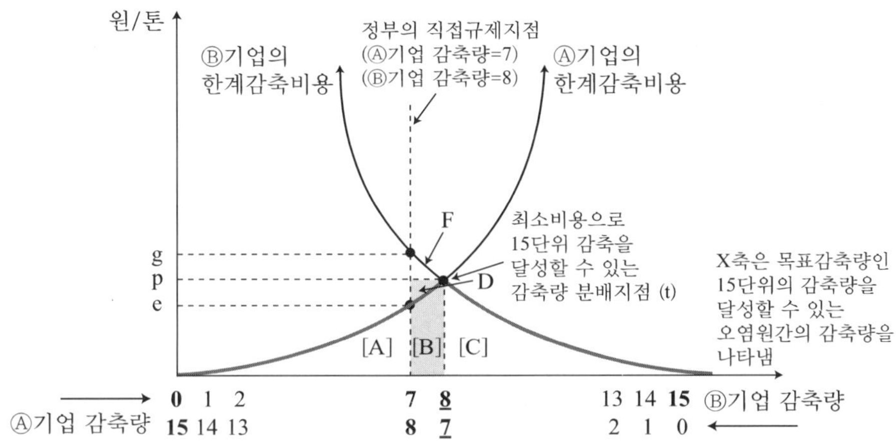

〈그림 2〉에서 기업 Ⓐ와 Ⓑ는 모두 15단위의 온실가스를 배출하고 있으며, 두 곡선은 기업 Ⓐ와 기업 Ⓑ의 한계감축비용, 즉 1톤당 감축비용을 의미한다. 이때 사회적 총 배출량은 30단위이며, 목표 감축량이 15단위라고 가정할 때 임의의 점에서 총 감축비용은 두 오염원의 한계감축비용 곡선 아래의 면적을 의미한다. 총 감축비용을 최소화하는 감축량의 분배지점은 두 기업의 한계 감축비용이 동일하게 되는 (t) 지점이며, 이때 Ⓐ 기업은 8단위를, Ⓑ 기업은 7단위를 줄이게 되며, 사회적인 총 감축비용은 면적 [A]+[B]+[C]만큼에 해당하게 된다.

배출권거래나 탄소세가 허용되지 않고 정부의 직접규제에 따라 감축량이 정해질 경우에는, 정부는 두 기업의 한계감축비용에 관한 정보가 없어, Ⓐ 기업이 7단위를 감축하도록 하고 Ⓑ 기업이 8단위를 감축하도록 강제적으로 규제하게 되며, 이때 Ⓐ 기업의 감축비용은 [A], Ⓑ 기업의 감축비용은 [B]+[C]+[D]+[F]만큼에 해당된다.

그러나 배출권거래제나 탄소세를 도입하게 되면, Ⓐ 기업의 한계감축비용은 e이며 Ⓑ 기업의 한계감축비용은 g이므로 Ⓐ 기업이 비용측면에서 감축의 비교우위를 점하게 된다. Ⓐ 기업의 경우 배출권의 가격이 e보다 높다면 의무감축량보다 더 많이 감축하여 잉여 배출권을 확보한 후 매각하여 차익을 거둘 수 있고, Ⓑ 기업의 경우에도 배출권의 가격이 g보다 낮다면 직접감축하기보다는 배출권을 구입하여 비용

11) 안병훈, "배출권거래제도의 설계 및 환경문제에 대한 적용방안에 관한 연구," 한국환경기술개발원, 1996.

〈그림 3〉 탄소세와 배출권거래제의 기술개발효과

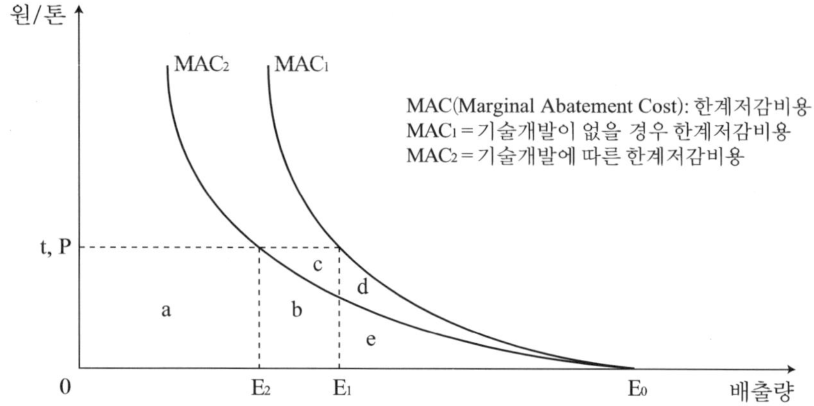

을 절감할 수 있게 된다. 배출권가격이 e와 g 사이에 있다면, 한계감축비용이 같아지는 p 수준에 가격이 이르기까지 거래가 계속되며, 이 때 사회적인 총 감축비용은 [A]+[B]+[C]가 되며, 배출권거래가 허용되지 않을 때와 비교하여 [D]+[F]에 해당하는 비용을 절감하는 효과를 얻을 수 있다. 최적 탄소세율이 p인 경우에도 배출권거래제와 동일한 비용 절감효과를 얻을 수 있다.

탄소세와 배출권거래제의 환경기술개발효과에 따른 동태적 효율성 비교는 〈그림 3〉과 같다. 탄소세의 경우 환경기술개발로 얻게 되는 이득은 배출저감비용 절감분뿐만 아니라 탄소세 감소율도 포함된다. 배출기준이 E_1으로 주어졌을 때 환경기술개발효과는 배출저감비용의 감소분, 즉 면적 (d)에 국한된다. 만약 톤당 t원의 탄소세가 부과되는 경우 기술개발 이전(MAC1)에 기업이 부담하는 비용은 저감비용(d+e)와 탄소세 납부액(a+b+c)가 된다. 환경기술개발 이후(MAC2)에는 배출량은 E_2가 되며 저감비용과 납부액은 각각 (b+e), (a)가 되어 총 부담액은 (a+b+e)가 된다. 결국 환경기술개발로 인한 기업의 부담은 (c+d)만큼 줄일 수 있어 직접규제의 경우보다 (c)만큼의 큰 이득을 기대할 수 있고 기술개발을 위한 동기를 부여하게 된다.

배출권거래제의 경우 배출허용량이 E_1으로 설정되었고, 배출권가격이 p라면, 오염원은 (d+e)만큼의 저감비용을 지불하고 배출량을 E_0에서 E_1으로 줄이게 된다. 이 오염원은 할당된 배출권만큼 이산화탄소를 배출하기 때문에 배출권거래시장에 참여하지 않는다. 기술개발 이후(MAC2) 기업의 적정 배출량은 E_2로 변하기 때문에

(E1-E2)만큼의 잉여배출권을 갖게 되며 이를 배출권거래시장에 판매하여 (b+c)만큼의 수익을 얻게된다. 따라서 기술개발의 경제적 효과는 MAC_1에서의 저감비용 (d+e)와 MAC_2에서의 저감비용 (b+e)의 차이에 잉여배출권 판매수익 (b+c)를 더할 경우 총 (c+d)로 표현된다.

2. 탄소세와 배출권거래제의 비교

탄소세는 온실가스 배출행위의 사회적 비용과 사적 비용간의 차이에 해당하는 만큼 이산화탄소 배출량 만큼 화석연료에 세금을 부과하는 가격정책인 반면, 배출권거래제는 정부가 환경목표에 부합하는 일정량의 배출권(Permit)을 발행하고 오염자는 배출권을 할당받거나 구입하여 보유 배출권의 범위 내에서 오염물질을 배출할 수 있도록 하는 수량정책이다.

2가지 제도 모두 탄소가격(Carbon Price)을 형성하고, 온실가스 배출의 외부효과를 내재화 한다는 측면에서 경제적 유인제도에 속하지만, 배출권거래제의 경우 이론적으로 배출업소간 한계저감비용을 일치시키는 효율적인 정책일 뿐만 아니라 배출권의 총 발행량을 관리함으로써 확실한 환경개선효과를 기대할 수 있다.

탄소세의 효율성은 온실가스 배출량을 사회적으로 최적수준으로 저감시키는 최적세율 t*를 사전에 알 수 있어야 한다는 가정에서 출발한다. 최적세율을 결정하기 위해서는 한계오염피해(Marginal damage)와 한계저감비용(Marginal abatement cost)에 대한 정확한 정보가 있어야 하나 이는 현실적으로 불가능하다. 또한 세율은 국회에서 입법과정을 거쳐 결정되는 실정임을 감안할 때 빈번한 세율개정은 현실적으로 어려움이 따른다. 반면 배출권거래제의 경우 환경목표에 근거하여 총 배출량을 설정하고 배출권의 분배방식만 결정하면 되기 때문에 행정적으로 비용을 절감할 수 있으며 환경목표 달성의 확실성을 부여할 수 있다.[12)]

정치적 수용성 확보 측면에서는, 탄소세나 배출권거래제나 기업의 부담은 증가하게 되는데, 탄소세를 부과할 경우 일반 국민의 부담도 증가한다는 점에서, 대형배출원에 배출허용량을 설정하는 배출권거래제가 정치적으로 선호되는 것으로 평가된다.[13)]

12) 김정인, "탄소세 및 배출권거래제의 비용편익 분석 연구"(2009. 9).

13) PricewaterhouseCoopers, "Carbon Taxes vs Carbon Trading"(2009. 3).

제도의 국제 연계 측면[14]에서는, 각 국가별로 세금의 부과방식, 부과단위 등 탄소세 관련 제도가 상이하며, 특히 개도국의 반발 등을 고려할 때 국제적 탄소세 도입은 어려울 것으로 예상된다. 그러나 배출권거래제의 경우 중국, 인도 등 개도국의 일부 업종에 대해서는 부문별 접근(Sectoral Approach) 및 부문별 거래(Sectoral Trading)[15] 방식이 논의중이며, 각 국가별, 지역별 배출권거래제의 연계 논의가 진행되고 있는 점을 고려할 때,[16] 국제 배출권거래제 도입이 상대적으로 활발하게 진행되고 있다. 탄소세와 배출권거래제의 주요 장・단점을 〈표 1〉에서 비교하였다.

〈표 1〉 탄소세 및 배출권거래제의 장・단점 비교

구 분	배출권거래제	탄 소 세
행정비용	• 높은 행정비용(할당, MRV, 의무준수)	• 낮은 행정비용(기존 세제 활용) * 탄소세율의 설정에는 행정비용 발생
환경목표 달성용이성	• 환경목표 달성에 용이 - 배출허용총량 할당	• 환경목표 달성 실패 가능성 - 최적 탄소세율 설정 필요
탄소가격변동	• 가격 변동폭이 비교적 큼	• 고정된 탄소가격 형성
기술개발측면	• 감축기술개발 속도 반영 용이	• 감축기술개발에 따른 효과는 중장기적으로 나타남
제도의 국제 연계	• 제도의 국제 연계에 용이	• 국제 탄소세 도입 어려움

3. 탄소세 및 배출권거래제 도입시 고려사항

탄소세와 배출권거래제와 장단점이 있기 때문에 배출권거래제만 독자적으로 도입하는 것 보다는 탄소세와의 적절한 조화방안(Policy Mixing)을 모색하는 것이 효율적이다. 첫째, 배출권거래제의 적용대상과 제외되는 부분에 대한 형평성 확보가 필요하다. 현실적으로 모든 배출원에 대해서 배출권거래 도입이 불가능하다는 점을 고려할 때,[17] 양 제도에 중복 포함되지 않도록 하는 방안이 필요하다. 예를 들어, 영국

14) 온실가스는 대기 중에 거의 균일한 농도로 존재하여 전지구적인 영향을 미치기 때문에, 국가단위 환경문제 접근방식이 아닌 국제적 측면에서 온실가스 감축문제에 대응해야 함.

15) Sectoral Trading: 특정 업종에 대하여 Baseline 대비 감축목표를 설정하고, 목표 초과 달성시 탄소배출권을 부여하여 판매를 허용하는 제도로서 Post-Kyoto 체제 협상에서 EU, 일본 등의 선진국이 주장하는 체제.

16) ICAP(International Carbon Action Partnership), (2007. 10).

17) EU-ETS 도입에 따라 EU 총 배출량의 약 41%를 포함, 호주 배출권거래제(CPRS)의 경우 총

의 경우 환경부와 기후변화협약(CCA)을 체결하여 배출권거래제(UK-ETS)에 참여하는 기업에 대해서는 기후변화세(CCL)의 80%를 감면하는 조치를 시행한 바 있다(영국환경청).

둘째, 안정적인 탄소가격 형성을 위한 제도적 보완 장치가 필요하다. 일반적으로 배출권거래제에 따른 탄소가격의 변동은 탄소세 보다 크며, 탄소가격의 변동 폭이 클수록 온실가스 감축효과는 감소한다. 이 때 배출권의 이월(Banking)과 차입(Borrowing)을 적절히 허용할 경우(배출권의 수요・공급 조절 효과), 안정적인 탄소가격을 형성할 수 있다. 탄소세의 경우에도 중・장기적으로 탄소세율을 적절히 조정함으로써 기술개발효과를 반영하고 안정적인 탄소 가격을 유지할 수 있다.

셋째, 온실가스 감축 투자 등을 위한 정부 세입을 증대시키고, 세입 수준에 대한 예측가능성을 확보하여야 한다.[18] 일반적으로 탄소세는 직접적인 과세방식을 채택하므로 정부의 재원확보에 확실성과 예측가능성을 부여할 수 있다. 배출권거래제의 경우 일반적으로 시행 초기에는 제도 도입의 충격을 완화하기 위하여 주로 무상할당을 채택함으로써, 정부 세입의 증대는 기대하기 어려우나 점진적으로 유상할당 비율을 높임으로써 정부 세입을 늘릴 수 있다. 정부의 재원은 기업의 감축기술개발에 지원하거나, 제도 시행으로 인하여 수출경쟁력이 약화가 우려되는 기업 혹은 저소득층을 위한 지원프로그램에 활용할 수 있다.

Ⅲ. 해외 배출권거래제 동향

1. 미국 대기오염물질 배출권거래제도

미국은 1995년부터 청정대기법(Clean Air Act 1990)에 따라 사업장별로 대기오염물질의 배출허용총량을 설정하고, 허용량을 거래하는 배출권거래제를 시행하고 있다. 사업장은 연속배출량 측정시스템(Continuous Emissions Monitoring System, CEMS)을 설치하고, 배출량 측정데이터를 관리청에 의무적으로 송부해야 한다. 미국의 주

배출량의 70%(상류)를 포함할 전망, 미국의 경우 배출량 보고제도는 총 배출량의 약 85%(상류)를 점유.

18) 기업 및 국민에 이중 부담이 되지 않도록 탄소세 등 정부 세입이 발생할 경우 소득세 감면 등의 조치를 취함으로써 세수 중립적으로 운영하는 것이 필요하다.

〈표 2〉 미국 주요 대기오염물질 배출권거래제 시행사례[19)]

구 분		Acid Rain Program	RECLAIM	NOx Budget Program
목 적		산성비원인물질 저감	오존파괴물질 저감	오존파괴물질 저감
지 역		미 전 지역	캘리포니아주 LA 지역	미 동북부 13개주
대상물질		SO_2	SO_2, NOx	NOx
도입시기		1995년	1994년	1999년
참여대상		• 발전소(의무) - 1단계('94~'99): 110개 - 2단계('00~): 800개 • 민간기업, NGO(자발)	• 대규모 배출사업소 - 연간 4톤 이상 (NOx:390개, SO_2:41개) • 기타 희망자	• 화석연료사용 보일러 • 205 mmbtu/hr 이상 열용량 설비 • 15MW 이상 전력생산설비
시행효과	감축	• '05까지 '90년대비 SO_2 △35%(550만톤), NOx △50%(300만톤)	• '03까지 '93년대비 SO_2 △59%, NOx △70%	• '03년까지 '90년 대비 NOx △70%
	비용	• 편익 1,220억$/년, 비용 30억$/년 ('10년까지, EPA)	• 직접규제시 138.7백만$, 거래허용시 80.8백만$	N.O
	거래	• '06년까지 1만회, 93백만톤 거래 • 톤당 150$	N.O	• 초기 23개월간 1,651회, 27만톤 거래 • 톤당 800$ 수준

요 대기오염물질 배출권거래제 시행사례는 〈표 2〉와 같고, 산성비 프로그램 등 성공적인 대기오염물질 배출권거래제의 운영결과에 따라, 향후 배출권거래는 온실가스 감축에도 주요한 수단으로 활용될 것으로 기대된다.

2. 유럽연합 배출권거래제도(EU-ETS)

2001년 2월, 미국 부시 행정부의 교토의정서 체제 탈퇴를 계기로, EU는 공동감축정책을 채택하여 2005년 1월부터 유럽연합 온실가스 배출권거래제(EU-ETS)를 시행함으로써, 기후변화 국제 협상에서도 우위를 점하는 계기를 마련하였다. 제도 도입 초기에 무상할당을 채택하여 산업계의 이해관계를 충족하였으며, 산업계 또한 탄소세(Carbon Tax)보다 배출권거래(ETS)를 더욱 선호하는 입장이다.

19) 출처: 유상희. "국내 온실가스 배출권 거래제 시범사업 연구," 에너지관리공단(2003).

유럽연합 배출권거래제(EU-ETS) 도입과정을 살펴보면, 제도의 설계 과정부터 상당히 심도있는 준비가 이루어졌다. EU 집행위원회(Commission)는 유럽연합배출권거래제도(EU-ETS)에 도입에 관한 초안(Green Paper)을 2000년 3월 8일 발표하였고, 약 6개월간 초안에 대한 이해관계자 의견수렴을 실시하였다. 2000년 7월 4일에는 EU 집행위, 국가별 전문가, 산업계, 환경단체 등 약 30여 명의 실무그룹을 편성하여 총 10여 차례의 TF활동을 통해 2001년 5월경 배출권거래제 도입방안에 관한 최종 보고서를 발간하였다.

상기 논의결과를 바탕으로 EU집행위는 EU배출권거래제 지침(Directive)안을 2001년 10월 23일 의회에 제출하고, 3회에 걸친 의견수렴 결과를 반영하여 2003년 5월 18일 EU 배출권거래제 지침을 제정하기에 이른다(Directive/2003/87).[20]

유럽연합 배출권거래제도의 참여대상은 연간 25ktCO_2 이상 배출시설로 약 11,000개에 이르고 있으며 세부적인 사항은 〈표 3〉에 정리하였다.

전세계적으로 가장 먼저 온실가스 배출권거래제를 시행한 EU는 2008년 12월 유상할당을 강화한 3단계 배출권거래제(EU-ETS Phase 3) 시행계획을 확정하였다. 동 계획 하에서, 역내·외 항공부문을 2011년부터 편입시킬 뿐만 아니라, 알루미늄, 화학산업을 참여 대상에 추가하고, 대상가스도 종전의 CO_2 1가지에서 6대 온실가스로 확대할 계획이다.

또한, EU-ETS를 통해 온실가스를 2020년까지 2005년 대비 21%까지 감축하기 위하여 유상할당 비율을 종전 2.8%(2008~2012년) 수준에서 30% 이상으로 대폭 상향 조정할 계획이다. 발전소에 대하여 유상할당 비율을 2013년 30%에서 2020에 100%까지 확대하고, 기타시설에 대해서는 유상할당 비율을 2013년 20%에서, 2020년 70%, 2027년 100%로 확대할 예정이다. 단, 수출주도형·에너지다소비 업종[21]에 대해서는 경쟁률 저하(Carbon Leakage)를 방지하기 위하여 2020년까지 전량 무상할당 방식을 채택할 예정이다.

무상할당에 의한 배출권 배분원칙도, 그간의 국가별 할당계획(NAP)에 따른 개

---

20) Directive 2003/87/EC of the European parliament and of the council of 13 October 2003 establishing a scheme for greenhouse gas emission allowance trading within the Community and amending Council Directive 96/61/EC.

21) EU 집행위는 제조업의 탄소유출(Carbon Leakage) 위험에 처한 산업을 분류하기 위한 기준으로 ① 탄소가격 부과로 인한 비용이 부가가치의 5% 이상 상승, ② EU 역외 무역의존도가 10% 이상인 업종군을 설정/혹은 2가지 중 하나라도 30% 초과시(2009. 4).

〈표 3〉 유럽연합 배출권거래제도(EU-ETS) 개요(상세)

<table>
<tr><th>구분</th><th>주요 내용</th></tr>
<tr><td>참여대상</td><td>• 약 25ktCO₂ 이상 다배출사업장(에너지다소비 업종): 약 11,908개
- 에너지: 20MW 이상 연소시설, 미네랄오일 정제시설, 코크스로
- 철강: 시간당 2.5톤 이상의 선철, 강철 생산설비
- 광물산업: 500톤/일 이상의 시멘트 클링커 생산설비 등
- 기타: 20톤/일 이상의 목재펄프, 종이, 섬유물질 생산설비 등</td></tr>
<tr><td>할당
및
감축현황</td><td>• EU-ETS 1차기간('05~'07)에는 기업별 세부 배출량 정보의 부재로 총 2.3%가 과다할당(기업이 예상 배출량을 과다산정하여 보고한 결과)
<table>
<tr><td>연 도</td><td>2005년</td><td>2006년</td><td>2007년</td><td>2008년
(할당강화)</td></tr>
<tr><td>할당량</td><td>20.96억톤</td><td>20.71억톤</td><td>21.53억톤</td><td>19.27억톤</td></tr>
<tr><td>실제
배출량</td><td>20.14억톤(△4%)</td><td>20.35억톤(△2%)</td><td>21.21억톤(△1%)</td><td>(미 발표)</td></tr>
</table>
• 감축량은 EU-ETS가 없었을 경우 대비 약 50~100백만톤 가량으로 분석(EEA)
• 감축수단: 에너지효율개선(31%), 연료전환(27%), 공정개선(25%), 생산량 감소(17%)</td></tr>
<tr><td>할당방법</td><td>• 1차 기간(Phase Ⅰ)에 무상할당 99.31%, 유상할당 0.29%(덴마크, 아일랜드, 리투아니아 3개국만 유상할당 시행)
• 2차 기간(Phase Ⅱ)에는 무상할당량이 1차대비 10.5% 감소하고 유상할당은 3.1%(프랑스, 헝가리, 라트비아, 네덜란드, 폴란드, 영국)로 할당 강화</td></tr>
<tr><td>대상범위</td><td>• 대상가스: 1차기간 CO₂만 대상, 2차기간 N₂O 포함, 3차기간 6대 온실가스포함
• 배출원: 직접배출원(연소시설 등)만 포함</td></tr>
<tr><td>온실가스
산정보고
검증</td><td>• 온실가스 산정·보고·검증(MRV) 지침에 따라 산정보고서 및 모니터링 계획서를 의무적으로 제출해야 함
• 배출량은 반드시 공인된 제 3 자 기관의 검증을 거쳐야 함</td></tr>
<tr><td>레지스
트리</td><td>• 각 회원국의 국가 레지스트리를 통하여 배출권의 발행, 취소, 이전, 청산 등 기록·관리를 수행하며, 유럽연합-레지스트리(CITL, Community International Transaction Log)를 통하여 국가간 배출권 계좌 거래 현황을 관리</td></tr>
<tr><td>거래</td><td>• EU 지역에 약 7개의 탄소거래소가 설립되어 배출권 거래를 수행하였으며, 제3자 브로커(OTC)의 참여도 활성화</td></tr>
<tr><td>페널티</td><td>• 1단계('05~'07)는 톤당 40유로, 2단계('08~'12)는 톤당 100유로의 벌금부과</td></tr>
</table>

별적 시행에서 벤치마크 방식의 EU-단일 할당계획을 마련 중이다. 동 벤치마킹 할당계획에서는 에너지 효율기술, 대체연료물질, 대체가능한 생산 프로세스, 재생에너지 기술, 바이오매스, CCS 기술 등을 고려할 전망이다.

또한 교토 크레딧 허용 비율 또한, 개도국이 감축활동에 참여할 경우 종전 13% 수준에서 약 50%까지 대폭 확대할 예정이어서 EU 탄소시장은 앞으로 더욱 활성화 될 전망이다.

EU 탄소시장은 2007년 기준으로 세계 탄소시장의 70%를 차지하고 있으며 EU 지역 7개 등 총 10여개의 탄소거래소가 운영 중이다. 특히, 영국 런던의 유럽기후거래소(ECX)는 EU의 거래소 거래 물량의 87%를 차지하고 있으며, 회원사도 약 15,000여 개로 시장점유율 1위를 차지하고 있다.

〈표 4〉 해외 주요 탄소거래소 운영 현황

지역	탄소거래소	기반	대주주	'07 거래량(백만톤)	취급 상품	근거법령
EU	유럽기후 거래소(ECX)	금융	Climate Exchange (기후거래소)	1,038	배출권 파생상품	기후변화법 금융시장서비스법
	노르드풀 (Nord Pool ASA)	금융	Nasdaq-OMX (나스닥 증권거래소)	95	배출권 현물/파생상품	배출권거래법 증권거래법
	블루넥스트 (BlueNext)	금융	NYSE-Euronext (뉴욕증권거래소)	24	배출권 현물/파생상품	환경법 금융증권법
	유럽에너지 거래소(EEX)	전력 금융	Eurex (유럽파생상품거래소)	23	전력 및 에너지 파생상품 배출권 현물/파생상품	배출권거래법 증권거래법
	오스트리아에너지 거래소(EXAA)	전력	전력청산소 등	0.28	전력 및 에너지 현물	NA
미국	시카고기후 거래소(CCX)	금융	Climate Exchange (기후거래소)	23	배출권 현물, 대기 오염물질 파생상품	상품거래소법
	시카고 기후선물 거래소(CCFE)	금융	시카고기후거래소 (CCX)	4	배출권 파생상품, 대기 오염물질 파생상품	상품거래소법
	녹색거래소 (Green Exchange)	금융	NYMEX (뉴욕상품거래소)	NA	배출권 파생상품, 대기 오염물질 파생상품	상품거래소법
아시아	북경환경거래소 상하이환경거래소	금융	베이징 증권거래소 상하이 증권거래소	NA	배출권 파생상품, 대기 오염물질 파생상품	NA

〈그림-4〉 해외 주요 탄소거래소 위치현황

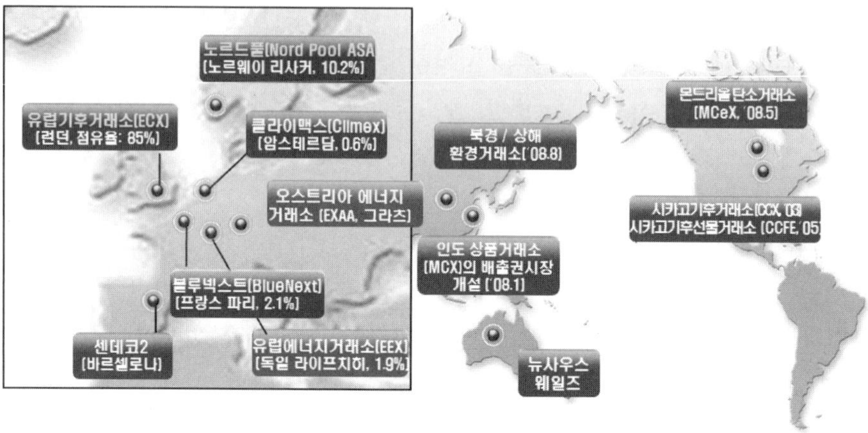

해외 주요 탄소거래소 위치현황과 운영 현황을 〈그림 4〉와 〈표 4〉에 각각 나타내었다.

3. 일본의 배출권거래제도

일본의 경우 향후 본격적인 배출권거래제 도입을 대비하여, 실효성 있는 제도 운영 규칙을 만들고 배출권거래제의 인식 부여 등을 목적으로 2005년 환경성 주도로 '자주참가형배출권거래제(JVETS[22])'를 시행한 바 있다. 또한 일본은 경단련(Keidanren)을 중심으로 1997년에 산업계 자주행동계획(VAP[23])을 출범하여 업계의 자발적인 감축대책을 추진하고 있었는데, 2008년 7월 G8 정상회담시 후쿠다비전을 계기로 자주참가형배출권거래제(JVETS)와 자주행동계획(VAP)이 연계하는 것을 주 내용으로 하는 '배출량 거래 국내통합시장의 시행적 실시[24]'를 2008년 10월부터 시작하고 있다.

최근 일본 정부는 1998년에 제정한 '지구 온난화대책 추진에 관한법률'을 대체

22) JVETS: Japanese Voluntary Emissions Trading Scheme.

23) VAP: Voluntary Action Plan (Keidanren Appeal on the Environment) 환경오염개선, 자원순환의 촉진, 기후변화에 대응하기 위하여 일본 경제단체인연합 회원사 중 발전/산업부문 35업종이 참여하여 2010년까지 1990년 배출량 수준까지 동결하기로 한 자발적 목표를 설정하고 에너지효율 증대 등 온실가스 감축대책에 착수한 자발적 협약.

24) Experimental Introduction of an Integrated Domestic Market for Emissions Trading.

하는 상위법률로써 '지구온난화대책기본법(안)'을 마련하고 있으며 환경성은 2010년 3월경 의회에 동법안을 제출할 계획이다. 일본 정부의 중기 온실가스 감축목표[25) 달성을 위한 핵심정책으로 탄소세, 신재생에너지 고정가격매수제도(feed-in-tariff)뿐만 아니라 강제적인 배출권거래제도(Cap & Trade)도입을 핵심정책으로 동 법률안에 포함하고 있다.[26) 일본 또한 현재의 자발적인 배출권거래제도가 환경성과 경제산업성이 공동으로 운영되고 있는 점을 고려할 때, 향후 지구온난화대책기본법 제정과정에서 배출권거래제도 등 주관부처 논의가 가시화될 전망이다.

4. 국제 탄소시장 연계 동향

더불어, 국제 탄소시장의 연계 논의도 가시화되고 있다. 2007년 10월, EU, 미국 주정부, 호주 등은 지역간 탄소시장의 국제 연계를 논의하기 위하여 「국제 탄소시장 파트너십(International Carbon Action Partnership: ICAP)」을 결성하였으며, EU 10개국, 미국 13개 주(WCI 등), 노르웨이, 호주, 뉴질랜드, 일본 동경도가 회원국으로 활동하고 있다. 그간 ICAP은 국제포럼을 개최하여 '각국 온실가스 산정 · 보고 · 검증(MRV) 체계(2008년 5월)', '배출권 유상할당 방법론(2008년 11월)', '탄소상쇄 크레딧 연계 방안(2009년 5월)' 등 각 설계요소에 대한 논의를 실시하였다.

배출권거래제도의 국제적 연계(Link)를 위해서는 설계요소 전반에 대한 일관성 확보가 필요하며, EU-스위스, 미국-캐나다, 호주-뉴질랜드 등 일부 국가는 이미 지역 탄소시장 연계 논의를 개시하였다.

한편, EU, 일본 등은 Post-2012 협상방안으로 특정 업종에 대한 부문별 접근방안(Sectoral Approach)을 제안하여 글로벌 탄소시장 구축을 시도하고 있다. 그러나 업종별 감축목표 설정에 대한 중국 · 인도 등 개도국의 반발 및 MRV 방법론 부재 등의 사유로 실질적인 진전은 미비한 상황이다.

25) 하토야마 총리는 2009년 9월22일 UN기후변화 정상회의시 기존 아소정부의 감축목표('20년까지 '90년 대비 8% 감축)을 대폭상향조정하여 2020년까지 1990년 배출량 대비 25% 감축목표안을 발표함.

26) Summary of Bill for Basic Act on Global Warming Countermeasures.—2010. 1. 15, Office of market mechanism, Global Environment Bureau. Minitry of Environment, Japan.

〈그림 5〉 해외 주요 온실가스 배출권거래제 추진 지역

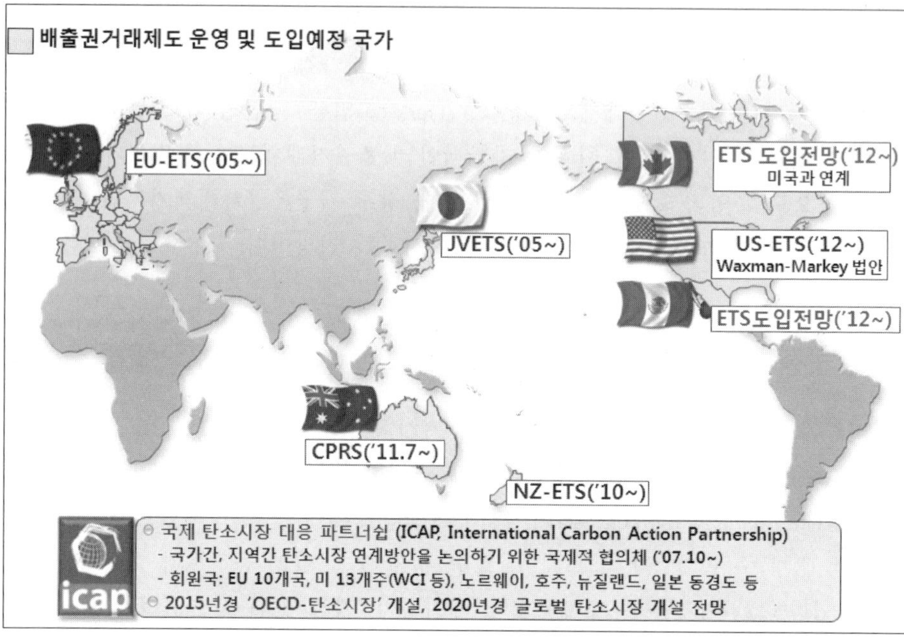

〈표 5〉 해외 주요 배출권거래제도 도입 준비 현황

국가	총괄부처	감축목표	주요 내용
EU (27개국)	EU 연방 환경부	'20까지 △20% ('90년 대비)	• 운영방식: 총량제한(Cap & Trade) • 참여방식: 의무적 참여 • 도입시기: 2005. 1월~ • 대상: 연간 2만 5천톤 이상 다배출사업장 (25Mw 이상 연소시설, 철강, 시멘트, 제지 등) • 배출권 할당량: '08년 약 19.27억톤 (무상(97.2%), 유상(2.8%)) - 3기부터 유상비율 '13년 20%에서 70~100% 상향 • 페널티: 톤당 100유로 벌금('08~'12) • 탄소가격: 약 13유로/tCO_2
미국	환경청 (EPA)	'20까지 △17% ('05년 대비)	• 운영방식: 총량제한(Cap & Trade) • 참여방식: 의무적 참여 • 도입시기: 2012. 1월 • 대상: 연간 2만 5천톤 이상 다배출사업장 ('12년 대상: 전력, 정유사, 불화가스 생산자) ('14년 대상: 다배출 사업장 등) ('16년 대상: 전력송배전업자, 천연가스 공급자)

			• 외부 탄소크레딧 허용규모: 20억톤
호주 (CPRS[27])	기후 변화부 (DCC)	'20까지 △5% ('00년 대비)	• 운영방식: 총량제한(Cap & Trade) • 참여방식: 의무적 참여 • 도입시기: 2011. 7월 • 대상: 연간 2만 5천톤 이상 연료 공급업체 및 다배출사업장 • 할당방식(잠정): 무상 80%, 유상 20% • 페널티: 미정
일본 (JVETS[28]) * 시범 사업	환경성 (MOE)	'20까지 △15% ('05년 대비)	• 운영방식: 총량제한(Cap & Trade) • 참여방식: 자발적 참여 • 도입시기: 2005. 4월~ • 대상('06): 73개사(사업장 및 일부건물) • 할당량('06): 기준배출량 112만톤, 감축목표 21만톤(△19%)을 제외한 91만톤 할당(실제 28만톤(25%) 감축달성) • 인센티브: 보조금 지급(기업당 최대 2억엔) • 페널티: 지급된 보조금의 회수 ▶경단련 자주행동계획과 연계 시행('09. 4~)
미북동부 10개주 (RGGI[29])	주 정부 환경부서	'19까지 △10% ('09년 대비)	• 운영방식: 총량제한(Cap & Trade) • 참여방식: 의무적 참여 • 도입시기: 2009. 1월~ • 대상: 지역 내 발전소(230여 개) • 배출권 할당량: 1.9억톤(미연방 배출량의 2.7% 수준)(약 100% 유상할당) • 외부 탄소크레딧: 매립가스 포집, SF_6 분해, 조림사업, 건물 에너지효율, 농업분야 등
미국 및 캐나다 서부 11개주 (WCI[30])	주 정부 환경부서	'20까지 △15% ('05년 대비)	• 운영방식: 총량제한(Cap & Trade) • 참여방식: 의무적 참여 • 도입시기: 2012. 1월~ • 대상: 연간 2만 5천톤 이상 연료 공급업체 및 다배출사업장 • 배출권 할당량: 미정(무상 95%, 유상 5%) • 외부 탄소크레딧: 할당량의 49%까지 허용

27) CPRS(Carbon Pollution Reduction Scheme): 호주 배출권거래제도(탄소오염감축계획).

28) JVETS(Japanese Voluntary Emissions Trading Scheme): 일본 자주참가형 배출권거래제도.

29) RGGI(Regional Greenhouse Gas Initiative) 참여 주(10): 버몬트, 메인, 뉴햄프셔, 매사추세츠, 로드아일랜드, 코네티컷, 뉴저지, 델라웨어, 메릴랜드.

30) WCI(Western Climate Initiative) 참여주(11): 미국(7)—캘리포니아, 애리조나, 뉴멕시코, 유타, 몬타나, 오리건, 워싱턴/캐나다(4)—브리티시 콜럼비아, 온타리오, 퀘벡, 마니토바.

Ⅳ. 국내 온실가스 배출권거래제도 도입 방안

1. 국내 배출권거래제 도입 경과

한국은 2009년 12월 29일자로 '저탄소녹색성장기본법'이 국회를 통과되어 배출권거래제 실시 근거를 마련하였다. 동 법에서는 총량제한 배출권거래제의 도입 근거만 마련하고, 구체적인 도입 시기와 방식 등은 협상결과를 반영하여 별도 법률로 마련될 예정이다. 배출권거래제의 주관부처는 녹색성장위원회의 연구용역 결과(2009년 하반기)를 반영하여, 2010년 배출권거래제 기본계획 확정단계에서 결정될 예정이다.

현재 국내는 환경부와 지식경제부는 각각 배출권거래제 관련 사업을 준비 중이다. 환경부는 글로벌 스탠더드에 따라 총량제한(Cap & Trade) 방식의 도입이 필요하며 배출권 관리 일원화 및 국제사례를 고려하여 환경부가 주관하는 것이 타당하다는 입장이며, 환경친화기업, 지자체 공공기관 등을 대상으로 2010~2012년에 배출권거래제 시범사업을 도입한 상황이다. 반면, 지식경제부는 배출권거래제는 산업계 부담이 크므로 자발적 방식으로 도입하여야 하며 산업계 이해에 밝은 지식경제부가 주관하는 것이 타당하다는 입장이며, 2007년부터 자발적인 '기업 온실가스 감축실적 등록제도(KCER)'를 실시하고 있고 2010년부터 '에너지 절약 목표관리제(NA)'를 도입할 예정이다.

2007년 7월부터 환경부에서는 수도권 사업장 대기오염물질 총량관리 및 배출권거래제를 실시하고 있다. '수도권 대기환경개선에 관한 특별법'을 근거로 수도권 대기환경청이 행정청 역할을 하며, 대상사업장은 서울시, 인천시, 경기도 지역 내 배출사업장으로, 2007년 7월부터는 1종 174개 사업장에 대하여 우선 실시하고, 2009년 7월부터 1~2종 약 354개 사업장으로 확대하였다. 대상물질은 황산화물(SOx)와 질소산화물(NOx)이며, 사업장별로 5년 단위의 연도별 배출허용총량을 할당하고 할당량 이내로 배출을 허용하는 방식이다. 배출시설별, 오염물질 항목별로 산정 후 사업장 단위로 할당이 이루어지며, 할당량 준수 시에는 대기배출부과금 면제 등 인센티브가 부여되고, 할당량 초과 시에는 차기연도 할당량 삭감 및 총량초과부과금이 부과된다. 배출량 산정은 연속측정장치(CleanSYS)를 사업장 배출구에 부착하여 실시간 배출량을 측정하고, 측정기기 미 부착 사업장에 대해서는 배출계수를 활용하여 산정하게 된다.

2008년도 할당량은 NOx가 6만 5천톤, SOx가 2만 2천톤이며 2012년까지 점차 할당을 강화할 예정이다. 할당량 대비 실제 사업장의 NOx와 SOx 배출량을 살펴보면 할당량의 42%, 46% 수준이지만, 대상사업장들은 제도 시행 이전에 최적방지시설 조기설치 및 연료 전환 등을 통하여 온실가스를 미리 감축하였으며, 유사제도인 미국 서부지역의 Reclaim 사례의 경우에도 초기년도의 배출량은 할당량 대비 NOx 63.1%, SOx 69.8%이며 거래실적은 미비했음을 알 수 있다. 2008년도를 기준으로 할 때 배출권거래는 총 18건이 이루어졌으며, 가격은 무상~1,000원/kg 수준으로 총 1,010톤의 대기오염물질 배출권 거래가 완료되었다.

2009년 이후, 영흥화력, SK에너지 등 수도권 지역에 10여 개의 대형 사업장 증・신설로 2010년경 배출량이 할당량을 상회하게 되고, 신규 사업장은 의무적으로 배출권을 구매해야 하는 점을 감안하면, 향후 배출권거래는 활성화될 전망이다.

〈표 6〉 연도별 할당량 및 예상배출량 비교

구분	질소산화물 NOx(톤)			황산화물 SOx(톤)		
	할당량①	배출량②	차이(①-②)	할당량①	배출량②	차이(①-②)
'08년	65,308	28,081(실적)	+58.5%	22,809	10,417(실적)	+54%
'10년	44,127	51,010	△15.9%	23,047	21,915	+4.5%
'12년	32,760	37,768	△15.3%	18,962	19,469	△2.7%

출처: 환경부 대기관리과.

2. 배출권거래제 도입 방향

국내 온실가스 배출권거래제의 도입 목적은, 중기(2020년) 국가 온실가스 감축목표 달성을 추진하고, 시장 메커니즘을 활용하여 최소 감축비용으로 감축을 달성하며, 컨설팅, 탄소펀드 등 신규 부가가치 창출로 녹색성장을 활성화하기 위함이다.

환경부에서 구상중인 국내 배출권거래제 도입 방향은 크게 4가지로 요약할 수 있다.

첫째, 총량제한 방식(Cap & Trade) 배출권거래제의 도입 추진이다. 동 방식을 통해 온실가스 감축목표의 효과적 달성 기반을 마련하고, 배출권거래제도의 국제 연계를 대비하여 절대량 방식의 목표 설정을 추진할 계획이다. EU, 미국 호주 등 배출권거래제도를 준비 중인 모든 국가가 총량제한 방식으로 도입을 추진하고 있으며, 당초 원단위 방식의 도입을 추진하던 캐나다도 동 방식에 현실성이 없다고 판단하여 총량방식으로 변경하였다. 또한, 동 방식을 통해 의무적인 제도 참가에 따른 탄소 가격 형성으로 온실가스 감축 활성화를 기대할 수 있다.

둘째, 산업계뿐만 아니라 비산업 분야도 포함하는 다양한 경제주체의 참여이다. 이를 통해 업계 부담을 경감시키고, 건물의 에너지 효율 개선 노력을 유도하기 위하여 대형 빌딩, 대형 공공기관 등에 대해서도 제도 도입을 추진할 계획이다. 특히, 경제활동에 직접적 연관성이 낮은 건물 부문을 포함하여 강력한 수요관리 및 감축을 유도할 것이다.

셋째, 제도의 핵심요소인 온실가스 산정·보고·검증(MRV)의 신뢰성 향상이다. 선진국과 MRV 분야에 대한 국제협력을 지속하고, 대기오염물질 연속측정시스템(CleanSYS)을 적극 활용함으로써, 배출량 관리의 정확성을 향상시킬 계획이다.

넷째, 지자체 등이 적극 참여하는 탄소 상쇄제도(Carbon Offset)의 활성화이다. 농축산, 폐기물, 재생에너지 등 제도 외부의 감축사업에 따른 배출권(크레딧)을 사업장 등의 감축목표 달성을 위하에 값싸게 제공할 수 있도록 할 계획이다. 특히, 지자체와 지역 내 사업장간 공동 감축사업을 활성화함으로써, 지자체간 기후변화 대응 경쟁을 유도하고 장기적으로 지역 균형발전에도 기여할 수 있도록 할 것이다. 산업계는 원가 절감 등의 목적으로 에너지효율이 높은 점을 고려할 때, 지자체가 실시하는 감축사업의 크레딧을 해당 지역 내 사업장에 값싸게 공급함으로써, 상호 이익이 발생할 수 있을 것이다.

3. 배출권거래제도 세부 도입방안

(1) 대상 분야 및 범위(Coverage & Scope)

국내 배출권거래제는 발전, 산업(공정 포함), 상업·공공 분야 중 일정 기준 이상 다배출 사업장과 대형 건물(민간/공공)에 대하여 제도 도입을 추진할 계획이다. 수송분야는 자동차 온실가스 배출허용 기준과의 중복규제를 방지하기 위하여, 그리고 농축산·폐기물 등의 분야는 온실가스 배출량 산정의 불확도를 고려하여 제외된다. 국내 배출권거래제도의 포함 대상 및 범위 설정 방안을 〈그림 6〉에 나타내었다.

〈그림 6〉 제도 포함 대상 및 범위 설정 방안

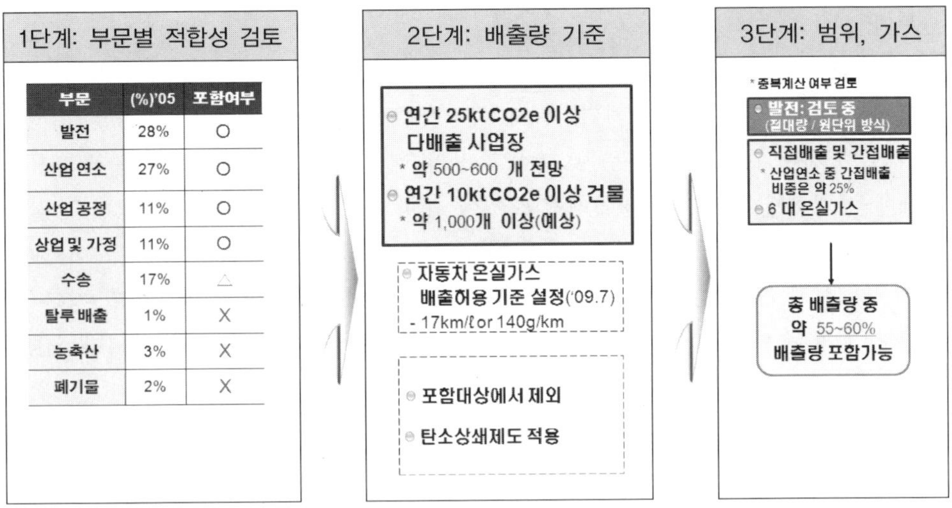

감축할당 대상의 결정은 일반적으로 상류(Upstream) 부문과 하류(Downstream) 부문으로 대별된다. 하류식 접근은 오염자부담원칙에 입각해 직접 에너지를 소비하여 온실가스를 배출하는 부문을 대상으로 하며 일정량 이상의 배출을 하는 해당 부문이 이에 해당된다. 반면, 상류식 접근은 직접 온실가스를 배출하지는 않지만 온실가스 배출의 원인이 되는 상품 및 원료를 생산, 수입, 판매하는 부문을 대상으로 하며 일반적으로 화석연료를 생산·수입·판매하는 부문이다.[31]

국내 배출권거래제 도입 시 할당 대상은「하류 할당+전력분야처리」부문을 대상으로 하는 것이 적합할 것으로 판단된다. 국내 전력시장(가격)의 규제적 측면을 고려하여 상류 할당으로 추진할 경우 탄소가격(Carbon Cost)의 하류측 가격전가 시장에 발생으로 부적합하기 때문이다.

전력부문에 대하여 원단위 방식(tCO_2/Mwh) 목표 설정이 가능할 경우, 일반 하류부문의 직접배출(Scope1)[32]과 간접배출(Scope2)[33] 모두 배출량 산정·검증 대상으로 포함가능하나, 전력부문을 절대량 방식으로 목표를 설정할 경우에는 일반 하류부

31) 출처: 이상엽, "기후변화 대응 온실가스 감축을 위한 국가할당방안 연구," 한국환경정책·평가연구원(2008).

32) 직접배출(Scope1): 연료연소, 이동연소, 공정 배출 등 직접 온실가스를 대기중에 배출하는 배출원.

33) 간접배출(Scope2): 외부에서 구입한 전력·열 사용에 따른 간접 온실가스 배출원.

문의 배출량 산정·검증 대상은 중복산정 방지를 위하여 직접배출(Scope1)로만 제한된다.

배출권거래제 본격 도입에 앞서, 배출량 정보 축적 등을 위하여 '온실가스 의무보고제고'의 선 시행이 필요하다. 현재 국회에 제출된 '저탄소녹색성장기본법'(제44조)에도 명시된 온실가스 의무 보고제도 상의 배출량 산정·보고 체계를 배출권거래제에 연계하게 되면 배출권거래제 도입에 대한 리스크를 완화하고 행정비용 절감에 기여할 수 있다. 동 기간 내에 사업자는 인벤토리의 관리 체계를 구축하여 배출권거래제 시행 시 배출량 산정·보고 절차 등 시행착오를 방지할 수 있고, 정부 또한 할당계획 수립에 필요한 기본 배출량 정보를 사전에 확보할 뿐만 아니라 MRV 체계의 신뢰도 개선 기회로 활용할 수 있다.

(2) 배출권 할당 방법론

환경부에서 계획중인 배출량 할당의 원칙은, 첫째, 할당 수준은 중기(2020년) 국가 온실가스 감축목표 수준과 연계하여 결정하고, 둘째, 이행기간 연도별 배출권 선할당으로 제도의 불확실성을 제거하며, 셋째, 중장기적으로 100% 유상할당 도입을 통한 할당의 효율성을 확보한다는 것이다.

국내 배출권 할당방법론은 「혼합형(유상+무상)」을 채택하고, 무상할당의 경우 에너지효율, 공정대체기술, 연료대체, 온실가스 처리기술 등을 반영한 벤치마크 방식을 채택하는 것이 바람직하다. 벤치마킹 할당을 할 때에는 과거 온실가스 저감노력을 열심히 한 사업장은 상대적으로 할당시 배출권을 많이 보유할 수 있도록 설계하는 것이 중요하다. 과거의 배출실적을 모두 인정하는 무상할당 방식을 채택할 경우에는 저감노력에 대한 무임승차를 인정하는 형식이 되므로, 공평성에서 문제가 발생할 소지가 크다. 이행기간별로 배출권의 유상할당과 벤치마크에 따른 무상할당 개요를 〈그림 7〉, 〈그림 8〉로 도식화하였다. 벤치마크 할당방식에서는, 사업장별 에너지효율이 다른 점을 감안하여 동종업종이라도 에너지 효율이 높은 상위 10% 사업장(Top-runner)을 기준으로 배출권을 차등 배분하게 되고, 2007년 7월부터 시행중인 수도권 대기오염물질 총량관리제 상에서 배출권 할당방안인 최적방지기술을 고려한 BAT(Best Available Technology)와 연계하여 효율성을 극대화할 수 있다.

유상할당을 도입하는 이유는 배출권에 가치를 부여하고 기업에 선택권을 부여함으로써 효율적인 할당을 할 수 있고, 유상할당 시 형성된 탄소가격 시그널을 시장

〈그림 7〉 이행기간별 배출권 할당 방안

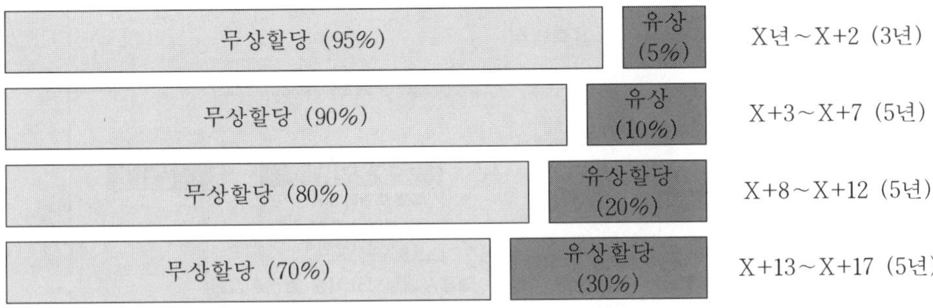

〈그림 8〉 벤치마킹 방식 배출권 할당식(안)

【벤치마킹에 따른 배출권 할당식(무상)】

Allowance(사업장 단위 할당량) =

HE(과거배출량)×GF(부문성장계수)×BF(벤치마크 할당계수)×CF(순응계수)

* HE(Historic Emissions): 과거배출량, 참여기업의 경우 기준년도 배출량

GF(Growth Factor): 업종별 생산량 증가 등 성장률 예측에 의한 계수

BF(Benchmark Allocation Factor): 사업장별 에너지 효율, 공정개선 기술, 연료대체, 사후처리기술 등을 반영한 할당 계수(벤치마크)

CF(Compliance Factor): 업종별 할당량의 합과 총 할당량의 보정을 위한 계수

에 제공할 수 있으며, 유상할당으로 인한 증대된 정부 수입 재원을 활용하여 감축기술 투자 지원과 저소득층 지원이 가능하며, 오염자 책임부담원칙에 부합하여 공평한 할당을 할 수 있게 된다.

(3) 온실가스 배출량 산정 · 보고 · 검증(Coverage & Scope) 방안

온실가스 배출량 산정 · 보고 · 검증(MRV)의 중요성은 크게 2가지로 요약할 수 있다. 첫째, 신뢰성 있는 MRV 체계는 배출권거래제(탄소시장)의 안정성 및 신뢰성 확보의 핵심요소로, 탄소가격의 안정적 형성으로 비용 효율적인 감축기회를 증대시킬 수 있다. 둘째, 주기적(1년, 분기별) 배출량 정보 제공은 탄소시장의 효율성을 증대시킨다. 주기적인 정보 확인으로 의무 불이행 및 오류의 사전 방지에 기여할 수 있으므로 배출량의 정확도 향상을 위한 제도적인 인센티브 제공이 필요하다.

〈그림 9〉 온실가스 배출량 산정·보고·검증 체계(안)

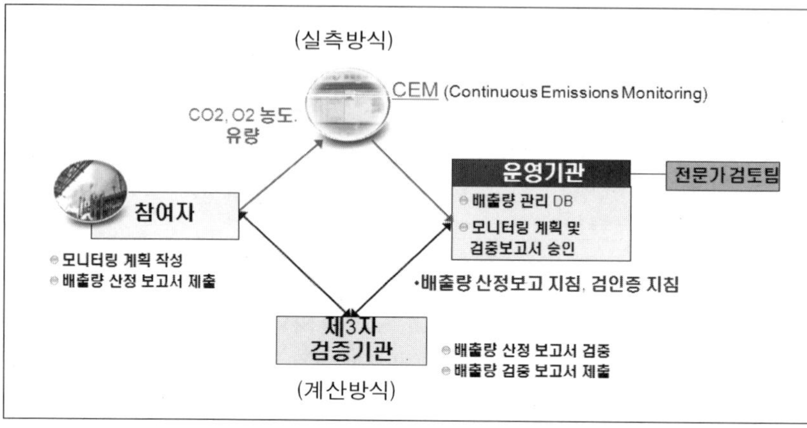

가능하면 기존 대기오염물질 측정 인프라를 활용하여 비용 효율적인 온실가스 배출량 산정·보고·검증(MRV) 체계의 구축이 필요하다. 일반적인 온실가스 배출량 산정·보고·검증 체계는 〈그림 9〉와 같으며, 세부 내용은 다음과 같다.

1) 배출량 산정 단계

배출량 산정방법은 〈표 7〉에 나타낸 것처럼 계산법과 측정법으로 이루어지며, 계산에 의한 배출량 산정방법을 중심으로 측정에 의한 배출량 산정 방법을 상호 보완적으로 활용하게 된다.

배출량 산정의 정확도 향상을 유도하기 위하여, 각 사업장별 배출계수를 개발 및 활용과 온실가스 측정기기 부착 비용 지원 등을 병행하는 것이 필요하다. 사업장

〈표 7〉 배출량 산정 방법론(안)

산정 방법론	특징 및 적용 대상(업종)	데이터 품질관리방안
A) 계산법	◆특징: 비교적 간단하게 배출량 산정 가능 • 대형 연소설비(발전소, 산업연소 등) • 산업공정 온실가스 배출량	제3자 검증기관이 배출량 검증
B) 측정법	◆특징: 측정인프라가 있는 경우에 비교적 정확한 배출량 산정 가능 • 대기오염물질 측정시스템(CleanSys) 설치 사업장 중 - 연소효율이 시간에 따라 달라지는 사업장 - 여러 가지 종류의 복합고체연료를 사용하는 시설 - 산업공정 중 Non-CO_2 배출원 등	측정시스템에 대한 주기적인 정도검사(QA/QC)

별 배출계수 개발 및 활용시 자사 배출량에 영향을 미치므로, 해당 사업장은 업종별 국가 고유 계수(Tier 2)와 사업장별 배출계수(Tier 3)를 비교하여 전략적으로 활용할 수 있다.

배출량 측정에 사용되는 대기오염물질 연속측정 시스템(CleanSYS) 운영현황을 살펴보면, 2009년 12월 기준으로 전국 515개 사업장, 1,330여개 배출구에 대해 측정기기가 부착되어 있고, 측정항목은 TSP(총 먼지량), NOx, SOx, NH_3, HCL, CO, HF, O_2, 유량, 온도이다. 대기환경보전법 제32조(측정기기의 부착), 수도권 대기환경 개선에 관한 특별법 시행령 제18조를 근거로 운영되고 있으며, 운영예산은 2008년 기준으로 85.3억원이다. 추가로 인프라 신규 구축 시 1.3억원, CO_2 측정기 부착 시 0.1~0.2억원이 필요할 것으로 추산된다.

2) 배출량 보고 검증 단계

배출량 보고 · 검증 절차는 〈표 8〉에서와 같이 4단계로 구성되고, 이때 정부, 운영기관, 사업장, 검증기관이 각각의 역할을 수행하게 된다. 정부는 배출량 산정 · 보고 · 검증과 관련한 중요사항 및 각종 가이드라인을 심의 · 승인하기 위한 '온실가스 인정위원회(심의기구)'를 구성하게 되고, 운영기관은 '배출량 산정 · 보고 지침', '배출량 검증 지침', '배출량 인증 심의 규칙', '검증기관 지정 · 관리 지침' 등의 관련규정을 마련한다. 또한, 사업장은 관련 지침 및 양식에 따라 이행기간 동안 배출량 산정 및 데이터 측정 · 수집에 관한 이행계획을 포함하는 모니터링 계획(Monitoring Plan)과 이행기간 실적에 대한 배출량 산정 보고서(Emissions Report)를 작성 · 제출하고, 검증기관은 사업장의 배출량 산정 보고서에 대하여 '배출량 검증 지침'에 따라 검증

〈표 8〉 배출량 보고·검증 방안

구분	1단계	2단계	3단계	4단계
처리 경로	사업장 → 운영기관	사업장 → 검증기관	검증기관 → 운영기관	운영기관
내용	**모니터링 계획** 수립 · 제출	**배출량 산정 보고서** 제출	**배출량 검증 보고서** 제출	**배출량 검증 보고서** 검토 · 승인
처리 일정	이행기간 개시 후 3개월 이내	이행기간 종료 후 3개월 이내	이행기간 종료 후 3개월 이내	이행기간 종료 후 5개월 이내
비고	운영기관 검토 · 승인	배출량 산정 · 보고 지침	배출량 검증 지침	배출량 인증지침, **인증심의기구 승인**

실시 후 '검증 보고서'를 작성하게 된다. 측정법으로 배출량을 산정・보고하는 사업장의 경우 연속측정시스템(CEMS) 측정기기에 대한 주기적인 정도관리(QA/QC)를 실시하며, 해당 배출원에 대해서는 별도의 검증단계를 생략할 수 있으므로 검증비용 절감효과를 도모할 수 있다.

3) 검증기관의 지정 및 관리

배출량 신뢰성에 영향을 미치는 검증단계의 객관성과 투명성을 확보하기 위하여, 운영기관은 '검증기관 지정・관리 지침'에 따라서 검증기관의 이해관계 여부, 전문성 확보 여부, 품질관리체계 등을 지속적으로 감독하게 된다. 특히 온실가스 배출량의 검증제도는 국제적으로 배출권을 인정받기 위해 가장 높은 신뢰도를 요구하는 것이며, 국내 검증기관의 검증보고서가 국제적으로 인정받기 위해서는 온실가스 관리에 관한 국제 표준(ISO)을 준수하여 국내 제도를 도입하는 것이 중요하다.

(4) 이행기간 설정 및 감독 체계

배출권거래제도의 이행기간(안)은 <그림 10>과 같으며, 제도 시행 이전에 의무이행 사항 및 불이행에 따른 패널티를 사전에 예고함으로써, 사업장의 체계적인 대비를 유도할 필요가 있다. 예를 들면, 대상사업장의 담당자를 감독기관이 운영하는 각종 교육과정에 참여시키거나, 배출권거래제도 도입에 따른 사업장의 온실가스 관리체계 등에 대한 각종 컨설팅을 수행하는 것 등이 있다.

배출권거래제도에서의 패널티 부과 대상은 <표 9>에서 나타낸 것과 같이 제도 참여자(사업장)뿐만 아니라, 검증기관 및 거래시장 참여자도 포함된다.

<그림 10> 배출권거래제도의 이행기간(안)

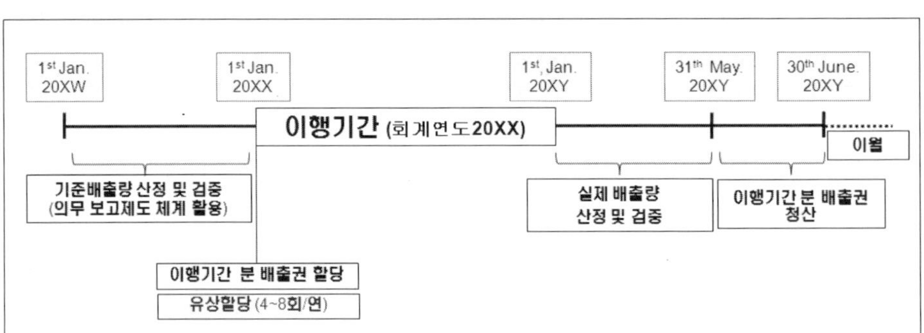

〈표 9〉 배출권거래제도 페널티 설정(안)

구 분	주요 내용	페널티(안)
제도 참여자 (사업장 등)	• 참여자의 배출량 산정 · 보고 의무 • 검증기관 및 감독기관의 업무와 관련한 정당한 자료 요구 및 사업장 출입, 현장측정 등의 요청에 응해야 할 의무	• 행정조치 (경고, 범칙금, 면허취소 등)
	• 배출권(Allowance)의 기한내 청산 의무 - 청산하지 않을 경우 실제 배출량(톤)에 해당하는 벌금 - 청산완료 후 「실제배출량-초기 할당량」에 해당하는 벌금	• 부과금 (톤당 벌금) • 차기 배출권 중 초과분만큼 차감
검증기관	• 사업장에 대한 검증보고서를 허위 작성하였을 경우	• 경고, 지정취소
시장 참여자	• 배출권 거래시장에서 시장 조작 및 불공정 거래시	• 금융관련 제재

(5) 탄소거래소 설립 등 탄소시장 개설 방안

성공적인 배출권거래제도의 시행을 위해서는 배출권(Allowance)에 확실한 법적 지위를 부여하여 금융회사의 배출권 취급 등 배출권과 관련된 매매 · 결제 · 신탁 등에 확설성을 부여하는 것이 필요하다. 배출권을 2009년 2월 시행된 자본통합법 상에서 '파생상품(§4)'으로 취급하여, 선물거래만 가능하도록 하고, 단계적으로 증권의 한 종류로 규정하는 절차와 현물거래 실시 규정 등을 마련하는 것이 필요하다. 배출권의 주요 성격 및 필요한 법적 근거 화보 사항은 〈표 10〉에 나타내었다.

또한, 기존 금융관련 인프라를 활용하여 비용 효율적으로 국내 탄소시장을 개설하고 운영하는 것이 바람직하다. 환경부가 탄소배출권 거래시장을 총괄한다고 가정했을 경우에 한하여 탄소시장 개설 · 운영 체계 및 탄소배출권 거래 흐름도(안)을 〈그림 11〉과 〈그림 12〉에 각각 도식화하였다.

〈표 10〉 배출권의 성격 및 법적 근거 확보 사항

구 분	주요 내용
배출권의 소멸 · 파기	• 배출권 발행과 관련된 허위보고, 사기 등의 사유를 제외하고 감독기관은 일정 보상조치 없이 배출권을 파기하지 못함 * 배출권 관련 리스크 감소 및 탄소시장의 신뢰성 확보 목적
배출권 단위	• tonne CO_2-eq(이산화탄소 환산 톤)
거래 규정 및 절차	• 타인에 대한 배출권 거래는 '배출권 소유 및 이전에 관한 규정' 등 관련 법규에 근거를 명시 • 배출권은 고유 식별번호를 부여받아 전자화된 국가 레지스트리에 등록되어 관리됨 * 배출권 발행, 청산에 관한 사항 등을 투명하게 관리할 목적이며 고유번호에 발행연도 등 명시(파기연도는 없음)
배출권 청산	• 배출권 청산은 단 1회이며, 한번 청산된 배출권은 재사용되거나 청산을 번복할 수 없음
금융상품으로서의 지위	• 배출권의 거래와 관련하여 금융상품(유가증권 혹은 일반상품)으로 법적 지위 부여 * 자본시장통합법 등 관련 규정

〈그림 11〉 탄소시장 개설·운영 체계

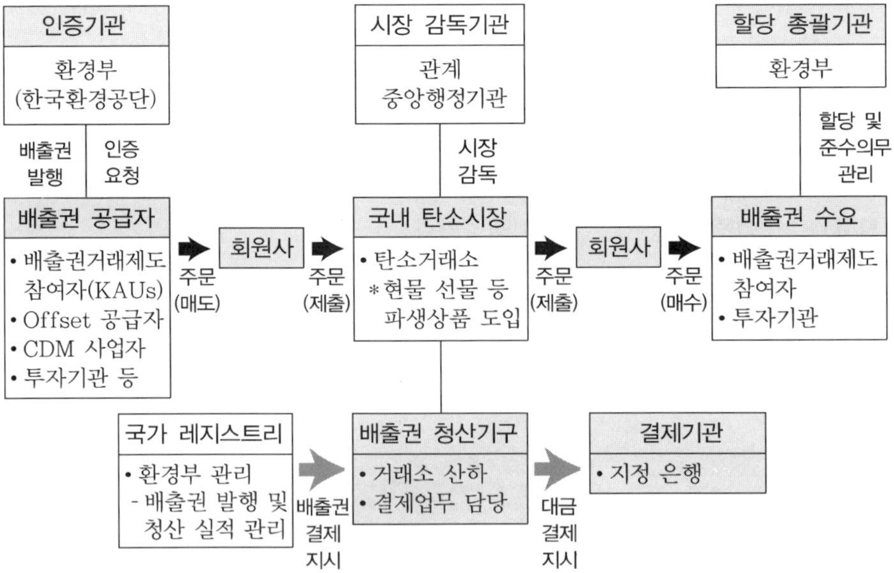

〈그림 12〉 탄소배출권 거래 흐름도(안)

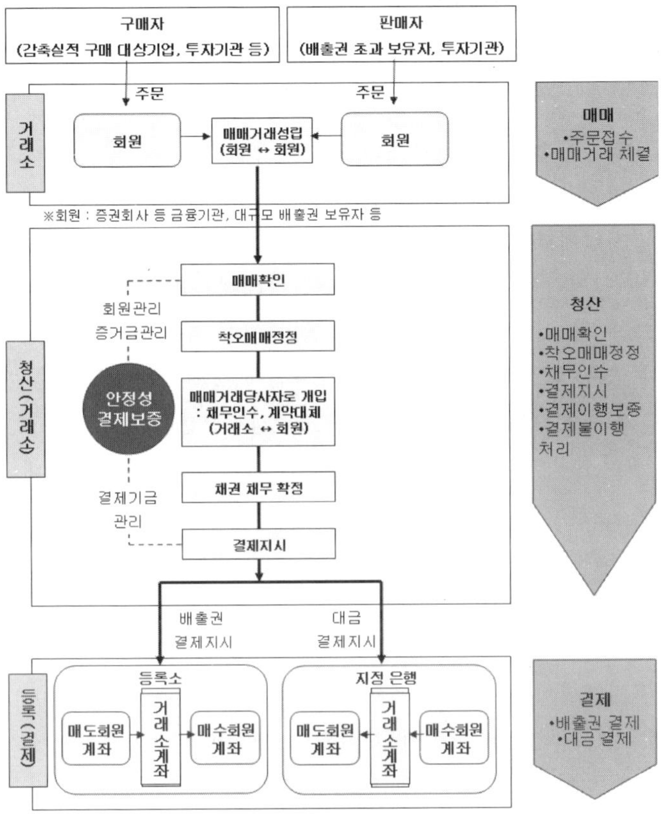

4. 배출권거래제도 도입시 추가 고려사항

(1) 배출권거래제 시행시기

본격적인 배출권거래제 도입 이전에 사전 준비기간이 2~3년 정도가 필요하고 Post-2012 체제에서의 감축 이행기간이 2013~2020년임을 고려할 때, 국내 배출권거래제 시행시기는 2013년부터가 바람직할 것이다. 본격적인 제도 시행 이전 3년간(2010~2012) 시범사업을 운영하여 제도운영의 경험을 축적하고 산업계의 조기감축을 유도하는 것이 필요하다.

(2) 조기행동(Early Action) 인정 여부

제도참여자 (사업장)에 대하여 조기행동을 적절히 인정할 경우, 감축비용이 값싼 시기의 감축실적을 향후 비싼 시기에 활용할 수 있어 국가적으로 감축비용을 절감하는 효과를 볼 수 있다. 온실가스의 감축비용은 시기에 따라 다르며, 감축이 지연될수록 향후 더욱 짧은 기간 동안 큰 폭의 감축을 해야 하므로, 일반적으로 감축비용은 시간이 지남에 따라 상승한다.[34)]

조기행동을 인정하는 방안으로는, 배출권거래제 시행 이전 검증된 조기 감축실적에 한하여 크레딧(Early Action Credit)을 발급하여 추가할당을 실시하거나 탄소시장에 판매할 수 있는 조치하는 방안이 있다. 즉, 배출권거래제도의 기준배출량(baseline) 설정 시 기준연도(Baseyear) 이전의 조기감축분만큼 추가적으로 할당해 주는 것이다. 현재 저탄소 녹색성장기본법 제43조[35)]에는 관리업체 등에 대하여 정부로부터 강제적인 온실가스 감축목표 관리를 받기 이전이나, 배출권거래제 도입 이전에 행한 자발적인 감축실적을 향후 인정하도록 하는 근거조항이 마련되어 있다.

(3) 국제 탄소시장과의 연계 방안

국제배출권거래협회(International Emissions Trading Association; IETA)에 따르면, 2015년경 OECD 단위의 탄소시장이 개설되고, 2020년경 글로벌 탄소시장이 개설될 전망이다. 이에 우리나라에서도 국제 탄소시장과의 연계 방안 검토가 필요하다.

국제 탄소시장과 연계 시에는 각 설계요소에 대한 동등성 확보는 필수 요소이며, 〈표 11〉에 나타낸 사항에 대한 상호검토(peer-review) 후 양자-다자간 협약이 필요하다.

탄소시장의 연계유형은 국가 내 배출권(Allowance)을 각국 기업간 의무이행에 직접 활용할 수 있는 직접 연계방식과, 특정 제도에 따른 크레딧(Credit)을 각국 기업의 의무이행에 활용하도록 하는 간접 연계방식이 있다. 두 방식을 〈표 12〉에서 비

---

34) 출처: 도이치방크(2008. 10), 2009 기후변화 투자백서.

35) 저탄소 녹색성장기본법 제43조(온실가스 감축의 조기행동 촉진) ① 정부는 관리업체가 제42조 5항에 따른 목표관리를 받기 전에 자발적으로 행한 실적에 대해서는 이를 목표관리 실적으로 인정하거나 그 실적을 거래할 수 있도록 하는 등 자발적으로 온실가스를 미리 감축하는 행동을 하도록 촉진하여야 한다. ② 제1항에 따른 실적을 거래할 수 있는 방법 및 절차 등에 필요한 사항은 대통령령으로 정한다.

〈표 11〉 배출권거래제도 국가 간 연계시 상호 동등성 검토 요소[36)]

설계 요소	세부 설계 요소	제도 연계시 검토
제도 범위 및 이행기간	• 대상범위(Covered Sector) • 이행기간 (Commitment Periods) • **제도의 연속성(Continuity of Scheme)** • 신규진입자 및 폐쇄시설 • **사후 조정(Ex-post adjustments)**	바람직 바람직 **필수사항** 선택사항 **필수사항**
배출권	• 배출권 품질(동질성, 대체가능성)	바람직
감축의무	• **총량제한 방식 vs 원단위 방식** • 할당 강도(Environmental stringency)	**필수요소** 바람직
할당방법	• 할당 방법론	선택사항
	• **상한가(Price Ceiling)** • **차입(Borrowing)** • 탄소상쇄 크레딧(Offset Crediting)	**필수사항** **필수사항** 바람직
경쟁력 및 탄소유출	• 탄소유출 방지대책(Leakage Control Mechanism)	선택사항
거버넌스	• 배출량 모니터링 및 검증 체계 • 이행강제력(Enforcement rule) • 레지스트리(Registry)	선택사항 바람직 선택사항

〈표 12〉 배출권거래제 연계유형 비교

직접 연계방식	간접 연계 방식
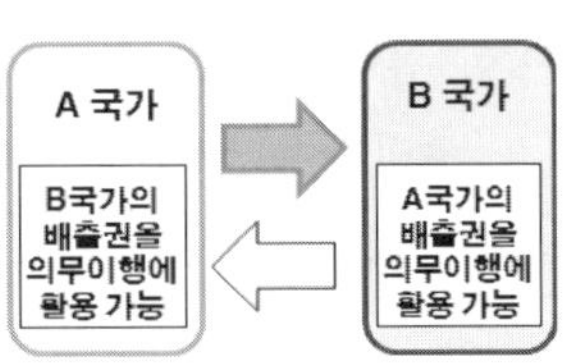	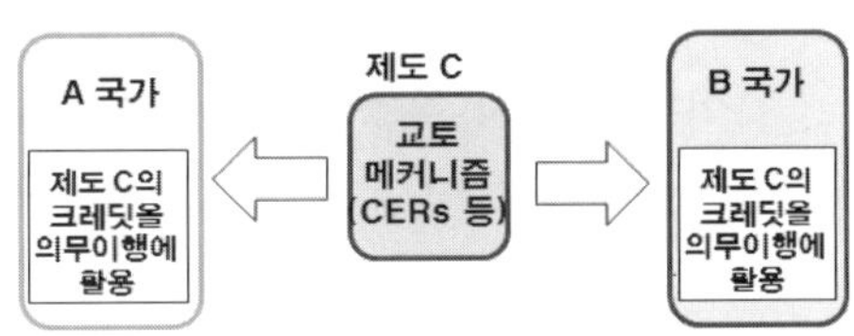 *제도 C의 배출권(Credit)이 A, B 각 시장에서 유통, 근접한 탄소가격 형성

교하였다.

탄소시장의 연계를 위해서는 일차적으로 배출량 산정 · 보고 · 검증(MRV) 분야에 대한 선진국간 협력 · 정보교류 및 상호동등성 확보 노력, 예를 들면 인정기관간

36) Michael Mehling, "Linking of emissions trading system", ICAP, 2009. 8.

상호 협약 등이 필요하다.

Ⅴ. 제 언

본 연구는 온실가스 저감을 위한 정책적 대안을 검토하고 탄소배출권거래제도와 관련된 국제 동향을 조사·분석함으로써 우리나라의 여건에 적합한 배출권거래제를 도입 시행하기 위한 방안을 마련하고자 하였다.

1. 대상 온실가스는 교토의정서에서 규정하고 있는 6개 온실가스를 모두 포함시키는 것이 바람직하지만, 배출권거래시장 시행 초기의 혼란을 방지하고 배출량 산정의 정확도 및 신뢰도를 고려하여 이산화탄소만을 대상으로 시범사업을 시행한 이후 단계적으로 대상을 확대하는 것을 검토할 필요가 있다.

2. 감축목표는 BAU 배출량을 기준으로 하는 것은 많은 시간과 비용이 수반되며 방법적으로 표준화 및 사회적 합의점 도출이 어려우므로 가능한 최근의 과거 2~3개년을 기준연도로 하고, 배출권거래제도의 도입 취지를 고려하여 총량제한 방식의 감축목표를 설정할 필요가 있다.

3. 참여대상을 상류부문으로 적용하는 것은 비현실적이며, 하류 중심으로 제도를 설계하고 발전부문을 별도로 관리하여야 한다. 즉, 하류부문과 발전부문을 참여대상에 포함시키되, 두 부문간의 목표설정 및 거래방식을 차별화하는 것이 현실적이다.

4. 에너지사용량 신고제, 수도권 총량관리제 등의 보고제도가 사업장 단위로 행해지므로, 사업장 단위의 온실가스 배출량(tCO_2)을 기준으로 참여기준을 설정하되, 국가 온실가스 감축목표 및 부문별 특성에 맞는 감축방식을 고려하여 참여 부문 선정 후 배출 비중과 행정비용을 고려하여 참여대상을 결정할 필요가 있다.

5. 할당기준은 주어진 감축목표 달성을 위해 비용효율성과 사회적 수용가능성 측면을 기본원칙으로 적용하며, 과거의 실제 배출량에 근거하여 할당량을 분배하되, 협상을 위한 별도의 할당량과 신규진입자를 위한 할당량을 준비하는 것도 하나의 방안이 될 수 있다. 또한 오염자 부담원칙에 충실한 유상경매가 가장 합리적인 방법이나, 사회적 수용가능성, 배출자의 적응 및 대응능력 확보를 고려하여 제도시행 초기에는 무상과 유상할당 방법을 병행할 필요가 있다. 다만, 무역의존도가 높은 다배출 업종에 대해서는 일정기간 까지는 무상배분을 통한 국제경쟁력 보호가 필요할

수 있다.

6. 감축 비용의 최소화와 배출권거래제 대상 이외의 부문에 대한 감축 유인 등을 위한 상쇄(offset) 프로그램을 허용할 필요가 있으나, 적용 사업의 범위 및 측정, 보고, 검증이 가능한 방법론 개발과 검인정 체계 구축 등이 선행되어야 할 것이다. 또한 국제 거래시장과의 연계와 국내 배출권거래제 참여자들의 비용 효과적인 감축, 시장에서의 배출권 가격 조정 역할 등을 위하여 교토의정서에 따른 배출권(CER, ERU 등)의 연계가 필요하다.

7. 잉여배출권을 이월한 후 미래에 활용할 수 있도록 함으로써 참여자가 장기적인 시각에서 오염물질 저감계획과 준수 전략을 세울 수 있는 신축성을 제공하기 위하여 배출권의 다음연도 이월은 허용할 필요가 있다. 그러나, 차입의 경우 특정 이행기간에서의 감축의무를 차기 이행기간 배출권 차입으로 대신할 우려가 있으며, 배출삭감 노력이 지속적으로 지연될 수 있으므로 허용하지 않는 것이 바람직하다.

8. 마지막으로, 온실가스 저감을 위한 유럽, 일본 등 국제적인 정책 흐름을 볼 때, 국내외 여건변화에 따른 온실가스 배출권거래제도 도입 시기, 제도 형태 등이 달라질 수는 있으나, 한국의 배출권거래제도 시행이 불가피한 선택이라 생각되며, 시범적인 사업 시행 등 보다 충분한 시간을 갖고 제도 시행을 위한 준비가 되어야 하겠다. 특히, 산업계 등 제도 대상자들의 충분한 의견을 수렴하고 국가별 배출권거래제가 상호인정될 수 있도록 국제적 수준에 맞는 제도적 기반을 구축하여야 할 것이다.

<참고문헌>

1. 김정인, 탄소세 및 배출권거래제의 비용편익 분석 연구, 2009.
2. 안병훈, 배출권거래제도의 설계 및 환경문제에 대한 적용방안에 관한 연구, 한국환경기술개발원, 1996.
3. 유상희, 국내 온실가스 배출권 거래제 시범사업 연구, 에너지관리공단, 2003.
4. 이상엽, 기후변화 대응 온실가스 감축을 위한 국가할당방안 연구, 한국환경정책・평가연구원, 2008.
5. 녹색성장위원회, UNEP 발간 한국녹색성장 정책 보고서, UNEP, 2009. 8.
6. 에너지경제연구원, 지식경제부, 에너지통계연보, 2008.
7. 기후변화협약 제3차 국가보고서 초안, 2007.
8. 도이치방크, 기후변화 투자백서, 2009.

9. Janet Larsen, "Setting the record straight: More than 52,000 Europeans died from heat in Summer 2003," Eco-Economy Update, 2006.
10. Paul Brown, "Melting Ice Cap Triggering Earthquakes", Guardian(London), 8 September 2007.
11. Pricewaterhouse Coopers, "Carbon Taxes vs Carbon Trading", 2009. 3.
12. ICAP(International Carbon Action Partnership), 2007. 10
13. Michael Mehling, "Linking of emissions trading system", ICAP, 2009. 8.
14. IPCC AR4, Summary for policymakers, 2007.
15. WRI(2009), CAIT: Indicator Framework Paper, Climate Analysis Indicators Tool (CAIT) version 6.0.

제 3 절　온실가스 감축 인프라 구축방안

박　천　규*

Ⅰ. 서　　언

2009. 12월 개최된 15차 기후변화당사국 총회는 코펜하겐 합의문(Copenhagen Accord)1)이라는 미봉책과 더불어 1년 더 협상하기로 하면서 폐막되었다. 이러한 결과에 대해 일부의 성공이냐 또는 총체적 실패냐의 논쟁뿐만 아니라 실패의 원인에 대해 다양한 시각과 분석이 나오고 있다. 기후변화 대응이라는 명분에 모든 국가가 동의하지만, 구체적으로 감축의무 및 재정지원이라는 부담의 비율 및 그 의무의 이행방식에 대해서는 합의하기가 상당히 어렵다는 점을 반증하고 있다고 할 수 있다. 온실가스 감축량을 많이 부담할 경우 경제발전에 지장을 초래하기 때문에 각국은 가급적 감축량을 적게 할당받고, 그 이행에 대한 검증도 국제적인 검증보다는 국내적 조치에 그치기를 바라는 것은 당연하다고 할 수 있다.

사실 코펜하겐총회의 결과는 2007년 합의된 발리로드맵과 그 이후의 협상과정에서 어느 정도 예상된 것이다. 즉 발리로드맵은 교토의정서와는 달리 개도국도 일정 부분 온실가스를 감축2)해야 한다고 함으로써 이러한 점을 어떻게 규정할 것인지

* 녹색성장위원회 기후변화대응팀장.

1) Accord는 조약, 합의 등 여러 가지로 번역할 수 있으나, 코펜하겐 합의문에 대해 15차 당사국 총회는 "이를 유의한다(take note)"고 함으로써 UN에서의 결정문, 결의문과 효력에 있어서 차이가 많아 합의문이라고 변역한다.

2) 이른바 개도국에게도 "국가적으로 적절한 감축행동(Nationally Appropriate Mitigation Action)"과 이에 대해 "측정·보고·검증가능한 방식(measurable, reportable and verifiable)"이 적용되

에 대해 선진국과 개도국간 개념정립에서 부터 구체적 절차와 세부 내용에 이르기까지 합의할 사항이 많았기 때문이다. 또한 '검증'이라는 틀에 대해 선진국과 개도국간 인식의 차이 해소에서부터 상호간 신뢰형성에 이르기까지 험난한 여정이 필요하리라는 점은 충분히 예견될 수 있었다.

결국 각국간 감축목표라는 수치적 의무량뿐만 아니라 이를 어떻게 검증하느냐에 대해 합의가 이뤄지지 못하였다고 할 수 있으며, 위 이슈들은 통계구축이라는 변수에 의해 상호 연계되어 있기 때문에 2010년에 계속될 협상에서도 핵심적인 변수로 작용할 것으로 예측된다. 이러한 점은 코펜하겐 총회 고위급회의에 참가한 클린턴 미 국무장관이 (개도국 감축행동에 대한) 투명성 제고, 즉 검증이슈가 "협상의 핵심(deal breaker)"이라고 한 데서 그 중요성을 유추해볼 수 있다.

또한 국가감축목표 설정, 각 부문별 목표, 정책 등 이행방식 제안 등 여러 가지 후속조치도 결국 신뢰할 만한 통계 구축에서부터 시작해야 한다. 정책목표 제시, 배출권 거래제 및 탄소세 등 새로운 규제수단 도입에서부터 이러한 정책의 실질적 효과를 평가하는 것도 결국은 국가 통계 및 개별 사업장 통계 구축과 평가에 의존할 수밖에 없기 때문이다.

Ⅱ. 우리나라 여건 및 인프라 구축 필요성

1. 우리나라의 여건

온실가스 감축 의무를 지는 국가는 기후변화협약상 Annex Ⅰ 국가, 교토의정서 규정에서는 Annex B에 포함된 국가이다. 따라서 우리나라의 경우 Annex Ⅰ이나 Annex B에 포함되어 있지 않기 때문에 국제 협약에 의한 구속적인 온실가스 감축 의무 대상에는 해당되지 않는다. 그럼에도 불구하고 국제적인 감축 의무에 대비하여 여러 가지 국내정책들이 추진되고 있는바, 그 이유를 몇 가지로 나누어 살펴볼 수 있다.

우선, 우리나라를 바라보는 국제 사회의 시각이다. 우리는 OECD가입국으로서 2006년 GDP 규모가 1,112.7십억불(ppp기준)로써 세계 10위이며 실질 성장률은

기 때문이다.

5.0%로 7위를 기록하고 있다.[3] 이러한 경제적 수치들은 Post-Kyoto체제에 관한 국제 협상시 우리나라에 대한 압력이 가중될 것이라는 것을 예측케 한다.

〈표 1〉 우리나라 거시경제 지표

지 표	우리나라			OECD 평균
	단 위	05년	06년	
GDP 규모 (ppp기준)	십억불	1,027.4(10위)	1,112.7(10위)	1168.6
1인당 GDP (ppp기준)	US달러	21,342(23위)	23,038(23위)	31,469
1인당 GNI (ppp기준)	US달러	21,310(23위/29)	23,038(21위/26)	-
실질 GDP 성장률	%	4.2(7위)	5.0(7위)	2.9
가계 저축률	%, 가처분소득 대비	4.7(8위/21)	3.9(7위/13)	-
투자율(총고정자본형성)	%, GDP대비	29.3(1위)	29.0(3위)	21.0
• 설비투자	%, GDP대비	9.0(7위/26)	8.9(3위/19)	-
• 주택건설투자	%, GDP대비	5.8(12위/27)	5.6(12위/20)	-

※ 출처: OECD Factbook 2008, OECD.

또한, 우리나라는 서비스업에 비해 제조업 비중이 다른 OECD 국가에 비해 높은 구조를 갖고 있으며, 특히 철강, 조선 등 에너지 다소비 업종이 상당히 높아 향후 우리나라가 온실가스를 의무적으로 감축해야 할 경우 상당히 부담이 될 것이라는 점이다. 그 결과 에너지 연소에 의한 이산화탄소 배출량이 IEA 기준 세계 9위[4]이며, 우리나라 이외에 상위 10개국 중 Annex I 에 포함되지 않은 나라는 중국, 인도 등 두 나라뿐이다. 중국과 인도는 우리나라 인구에 비해 20배가 많음을 감안하면, 우리나라 산업의 에너지 집약도가 상당히 높음을 알 수 있다. 또한 OECD에 의하면 우리나라의 총에너지 공급량은 218.5Mtoe로 OECD 가입 국가 중 7위이며, 1인당 총에너지 공급량은 4.50toe로 11위에 해당한다.[5]

한편 우리나라 온실가스 총배출량은 2006년 기준 599.5백만톤CO_2[6]이며, 이중 에너지 분야가 505.4백만톤CO_2로 84.3%, 산업공정 분야가 63.7백만톤CO_2로 10.6%

---

3) OECD Factbook, 2008, OECD.

4) CO_2 emission from fuel combustion, 2008, IEA.

5) OECD Factbook, 2008, OECD.

6) 지식경제부 자료에 의한 수치이며, 국립환경과학원은 이와 다른 국가통계를 갖고 있다.

를 차지한다. 따라서 에너지 및 산업공정 분야에서의 배출이 우리나라 총 온실가스 배출량에서 차지하는 비중이 높은바, 이 분야가 결국은 국가 온실가스 관리정책 수립시 관심을 두어야 하는 대상이 됨을 알 수 있다.7)

〈표 2〉 우리나라 부문별 온실가스 배출량 (단위 백만 tCO_2, %)

부 문	'90	'00	'04	증가율	'05	증가율	'06	증가율	'90~'06 증가율
에너지	247.7 (83.1)	438.5 (82.6)	489.0 (82.8)	1.6	498.5 (83.9)	1.9	505.4 (84.3)	1.4	4.6
산업공정	19.9 (6.7)	58.3 (11.0)	68.5 (11.6)	0.4	64.8 (10.9)	-5.3	63.7 (10.6)	-1.8	7.5
농 업	13.5 (4.5)	17.0 (3.2)	16.4 (2.8)	2.6	16.1 (2.7)	-1.9	15.1 (2.5)	-6.4	0.7
폐기물	17.0 (5.7)	17.2 (3.2)	16.5 (2.8)	-3.3	14.9 (2.5)	-9.5	15.4 (2.6)	2.9	-0.6
총배출량	298.1 (100.0)	531.0 (178.1)	590.4 (198.1)	1.4	594.4 (199.4)	0.7	599.5 (201.1)	0.9	4.5
토지이용/임업	-23.7	-37.2	-31.5	-6.7	-32.0	1.5	-31.2	-2.5	1.7
순배출량	274.4 (100.0)	493.8 (180.0)	559.0 (203.7)	1.9	562.4 (205.0)	0.6	568.4 (207.2)	1.1	4.7

*1. ( )는 구성비임. 2. 온실가스 총배출량/순배출량지수는 '90년 100일 때 상대지수.
3. tCO_2: Tons of Carbon Dioxide(이산화탄소톤). 4. '90~'06 증가율%는 연평균 증가율임.
※ 출처: 지식경제부 보도자료, 2009. 2. 3, 지식경제부.

또한, 1990년부터의 추이를 살펴보면, 온실가스 총배출량은 여전히 증가추세이나 그 증가율은 둔화되고 있다. 1인당 온실가스 배출량은 2006년에 안정화 단계에 접어들었고, GDP당 온실가스는 1995년 이후 지속적인 하향세를 보이고 있음을 알 수 있다. 특히 2005년부터는 1% 미만의 낮은 성장률 또는 거의 정체된 상황을 보이고 있다.

7) 아래의 통계는 IPCC 지침에 의한 국가통계 보고형식에 따른 것으로 '공급측면'에서 온실가스 배출량이라고 할 수 있다. 건물, 가정 등 최종 수요에 따른 통계는 국가통계와 다르게 도출될 수 있어 국가통계 상의 부문별 점유율로 정책의 대상을 명확히 알 수 있는 것은 아니다.

〈표 3〉 온실가스 배출관련 주요지표

	1990	1995	2000	2005	2006	증가율(%) '90~'06
온실가스 총배출량 (A) (백만 tCO_{2eq})	298.1	453.2	531.0	594.4	599.5	4.5
인구 (B) (천 명)	42.9	45.1	47.0	48.1	48.3	0.7
GDP (C) (10억, 2000 PPP 기준)	320,696	467,099	578,665	723,127	760,251	5.5
1인당 온실가스 (A/B) (tCO_{2eq}/인)	6.95	10.05	11.30	12.35	12.41	3.7
온실가스/GDP (A/C) (tCO_{2eq}/백만원, 2000)	0.93	0.97	0.92	0.82	0.79	-1.0

※ 출처: 지식경제부 보도자료, 2009. 2. 3, 지식경제부.

이러한 추세는 흔히 국가 온실가스 배출 추이를 상승, 정점(peak) 또는 정체기(plateau), 하향으로 나눌 때 정체기에 해당된다고 볼 수 있으며, 우리나라 산업구조가 현 에너지 집약적 형태에서 서서히 서비스업의 비중이 높아지는 구조로 전환될 경우 우리의 온실가스 배출량도 정점(peak)을 지나 감소추세를 보일 수 있다는 가능성을 엿보게 한다.

2. 인프라 구축 필요성

(1) 국가 온실가스 인벤토리

국가 온실가스 인벤토리는 그 나라의 지리적 경계를 범위로 하여 인위적 활동에 의한 온실가스 배출량 및 흡수량을 카테고리별로 산정하는 것이다. UN 기후변화국제협약(UNFCCC)에 따르면, 해당 국가는 IPCC에서 제시한 기준에 따라 자국의 온실가스 배출량을 산정하여 제출할 의무를 가지게 된다.[8)9)]

8) UNFCCC Article 4.1(a) Develop, periodically update, publish and make available to the Conference of the Parties, in accordance with Article 12, national inventories of anthropogenic emissions by sources and removals by sinks of all greenhouse gases not controlled by the Montreal Protocol, using comparable methodologies to be agreed upon by the Conference of the Parties;

9) UNFCCC Article 12.1(a) A national inventory of anthropogenic emissions by sources and

국가에서 제출하는 온실가스 배출량 보고서는 Annex I 에 포함된 국가가 제출해야 하는 National Inventory Report(NIR)와 협약에 가입한 국가가 제출해야 하는 National Communication(NC)로 구분되며, NIR은 국가의 온실가스 배출량을 자세하게 보고해야 하는 반면, NC는 국가의 온실가스에 관련된 일반적인 현황과 배출량 등을 제출하도록 하고 있다.10) 현재 우리나라는 non-Annex I 국가로서 NIR제출 의무는 없으며, 공식적으로 1998년과 2003년에 2번의 NC를 제출한 상황이다. 따라서 Post-Kyoto체제에 대비하거나 2009. 11월 발표한 국가목표의 달성의지를 국제사회에서 인식받기 위해서는 NIR 작성 인프라를 구축하는 것이 시급하다 할 것이다. 또한 신뢰성있는 NIR은 감축정책 수립에 있어 핵심적이고 근본적인 정보를 제공하며, 정책 이행 단계의 실효성, 평가 단계에서의 성취도 등을 판단하는 기준이 되기도 한다.

국가 온실가스 배출량 산정 형태는 산정 주체에 따라 한 기관에서 관련 자료를 취합하여 전 분야를 산정하는 중앙관리형과, 해당 분야에 관련된 기관이 개별적으로 산정하는 분산관리형, 이를 혼합한 혼합관리형 등으로 나눌 수 있다.11)

국가별 관리 형태를 살펴보면 미국, 호주, 캐나다, 일본 등은 중앙관리형, 독일, 오스트리아, 네덜란드, 영국 등은 혼합관리형, 벨기에, 이탈리아 등은 분산관리형이라 할 수 있다.12) 대부분의 선진국은 활동자료를 제공하는 협력기관이 있고, 제공된 자료를 토대로 산정방법과 배출계수 등을 결정하고 배출량을 산정하는 주관기관을 가지고 있으며, 국제사회는 온실가스 인벤토리의 일관성과 신뢰도 제고를 목적으로 그러한 주관기관의 역할을 강조하고 있다. UNFCCC의 실행 지침인 마라케쉬 합의문에 따르면 국가는 온실가스 인벤토리를 관리하기 위한 전담기관(Single Entity)을 지정하여 지속적인 품질관리를 실시해야 하고,13) 인벤토리의 신뢰도 확보를 위해 산정에 참여하지 않은 제 3 자의 검증과정을 거치도록 하고 있다.14)

---

removals by sinks of all greenhouse gases not controlled by the Montreal Protocol, to the extent its capacities permit, using comparable methodologies to be promoted and agreed upon by the Conference of the Parties;

10) NIR과 NC의 가장 큰 차이점은 NIR의 경우 국가배출량 산정근거(배출계수 등)를 적시해야 하고, 이에 대해 "전문가 검토팀"에 의한 제 3 자 검증을 거친 반면 NC의 경우 국가통계 작성과정 및 변수를 상세히 제시할 필요가 없고, 타국에 의한 제 3 자 검증도 거치지 않는다는 점이다.

11) 이러한 분류는 국가 통계의 작성체계를 이해하기 쉽게 하고자 함이다.

12) 국가 온실가스 배출계수 총괄관리방안 수립연구, 2008, 환경관리공단.

13) Marrakeche Accord, Annex Guidelines for National Systems, V.10 (c) Designate a single national entity with overall responsibility for the national inventory.

14) Marrakeche Accord, Annex Guidelines for National Systems, Ⅵ.15 (b) Provide for a basic

현재 우리나라는 각 부문별 담당기관에서 배출량을 산정하여 지식경제부가 단순 취합하는 분산관리 형태라고 할 수 있고, 국가 온실가스 인벤토리 전체에 대한 통일성이 있다거나 제 3 자 검증이 실시되지 않고 있어, 우리나라 국가 인벤토리의 신뢰성에 의문이 제기될 수 있는 단점을 내포하고 있다고 할 수 있다. 따라서 국가 온실가스 인벤토리의 신뢰도 향상과 효율적 운영을 위한 방안을 조속히 강구해야 한다.

이와 관련하여 단시일내 신뢰도 향상을 위해서는 중앙관리형이 좀 더 바람직한 것으로 보이며, 특히 인벤토리 작성 및 검증 주체와 관련 피규제자와의 객관적 거리 유지가 필요하다고 하겠다. 한편 국가 온실가스 인벤토리를 담당하게 되는 주관기관은 다른 나라의 사례를 우선적으로 고려하여 시행착오를 줄이고, 배출량 산정 방법 등에 대한 전문성을 단시일내 제고할 수 있는 부처 또는 기관을 선정해야 할 것이다.

(2) 배출원 인벤토리(배출량 의무보고제도)

국가 인벤토리는 국가 전체의 온실가스 배출량을 부문별로 산정하여 국내의 총괄적 배출량 관리를 목적으로 작성되나, 배출원 인벤토리는 사업장, 건물 등 단위 시설, 조직, 기구 등에서 발생하는 온실가스를 산정하여 관리하는 것을 목적으로 한다. 국가 인벤토리가 국내적 필요성과 UNFCCC 제출을 위한 국제적 필요성 모두를 가지는 반면, 배출원 인벤토리는 효과적인 온실가스 감축을 위한 국내적 필요성에 의해 작성된다고 할 수 있다. 또한 배출원 인벤토리는 배출권거래제, 배출량 의무보고제, 탄소세 등 국내적으로 추진 중인 온실가스 감축 관련 제도와 밀접한 관계를 가지고 있다.

배출권거래제는 수치화된 배출권한을 거래하는 제도로써 해당 배출원이 그 기관에 할당된 배출권 이하로 온실가스를 배출했을 경우 그 잔여 배출권을 거래할 수 있게 하는 제도이다. 따라서 배출원 인벤토리는 거래의 가능량을 결정짓는 중요한 요소라 할 수 있고, 배출량 의무보고제도는 배출원으로 하여금 그 기관에서 배출하는 양을 보고케 하는 제도이다. 탄소세는 배출권거래제나 배출량 의무보고제와 달리

---

review of the inventory by personnel that have not been involved in the inventory development, preferably an independent third party, before the submission of the inventory, in accordance with the planned QA procedures referred to in paragraph 12 (d) above;

배출되는 온실가스를 기준으로 하는 것이 아니고, 대표적인 온실가스인 이산화탄소를 배출하는 화석연료 거래시 부과되는 세금으로써 배출원의 배출량 산정시 연료의 거래량을 기준으로 할 경우 중요한 연관성이 있다 하겠다.

또한 국가의 온실가스 관리 측면에서 각 배출원은 온실가스를 실제적으로 감축하는 중요한 대상이기 때문에 감축목표를 설정하고 관리하는 데 있어서 배출원 인벤토리는 가장 기본적인 요소라고 할 수 있다.

온실가스 배출량을 산정하는 방법은 크게 계산법과 측정법[15]이 있으며, 좀 더 객관적이며 실제에 가까운 것은 측정법이라 할 수 있다. 배출원 의무보고제를 시행하고 있거나 준비 중인 국가들의 경우 대부분 직접 측정에 의한 산정법을 가장 상위 단계의 산정 형태로 규정하고 있다.[16] 우리나라의 경우 사업장별 측정 시스템인 CleanSYS[17]가 측정에 의한 방식으로 활용될 수 있다.

Ⅲ. 주요 국제 사례

1. 국가 온실가스 인벤토리

앞서 언급한 것처럼 국가 온실가스 인벤토리 관리체계는 국가 통계(인벤토리) 주관기관을 기준으로 할 때 중앙관리형, 분산관리형, 혼합관리형으로 구분할 수 있다. 중앙관리형은 분야별 온실가스 배출량을 결정하고 이를 국가 인벤토리로 만드는 과정에서 주관기관이 핵심적인 역할을 하는 형태로서 협조기관은 활동도[18](필요시 배출계수도 함께 제출)를 제출하고 주관기관은 이를 받아 온실가스 배출량을 산정하고 취합하여 국가인벤토리를 형성하는 방식이다. 분산관리형은 부문별로 인벤토리를 산정하고 주관기관에서는 이를 취합하여 국가 인벤토리를 산정하는 형태이다. 혼합관리형은 중앙관리형과 분산관리형의 중간 형태로써 다양한 형태로 나타날 수 있는

---

15) 계산법은 에너지연소량에 배출계수를 곱한 값으로 온실가스 배출량, 특히 이산화탄소 배출량을 측정하는 방법이며, 측정에 의한 방법은 실측치(농도)에 유량을 곱한 값이다.

16) Mandatory Reporting Rule(미국), National Greenhouse Gas and Energy Reporting Act(호주), EU-ETS Measuring Reporting Guidelines(EC).

17) 배출원별 실시간 측정시스템.

18) 활동도란 각 부문별 연료 사용량 등을 말하는 것이다.

바, 각 부문별로 해당 기관에서 인벤토리를 산정하고 주관기관에서는 이를 검토, 검증하는 방식이 하나의 예로 제시될 수 있다. 아래에서는 미국, 일본, 영국, 호주 등 주요 국가의 사례를 분석하고자 한다.

(1) 미 국

미국의 온실가스 인벤토리는 크게 3개 기관에 의해 관리되고 있다. 가장 중요한 총괄책임기관으로는 EPA(Environmental Protection Agency)가 있으며, 실무책임기관으로는 EPA의 OAR(Office of Air & Radiation) 산하 OAP(Office of Atmospheric Programs)가 있다. 셋째, 관련 정부기관과 민간기관으로 다양한 자료 제공 및 협력을 수행한다고 할 수 있다. 아래 [그림 1]은 미국의 온실가스 인벤토리 관리체계를 보여주고 있다.

〈그림 1〉 미국의 온실가스 인벤토리 관리 체계

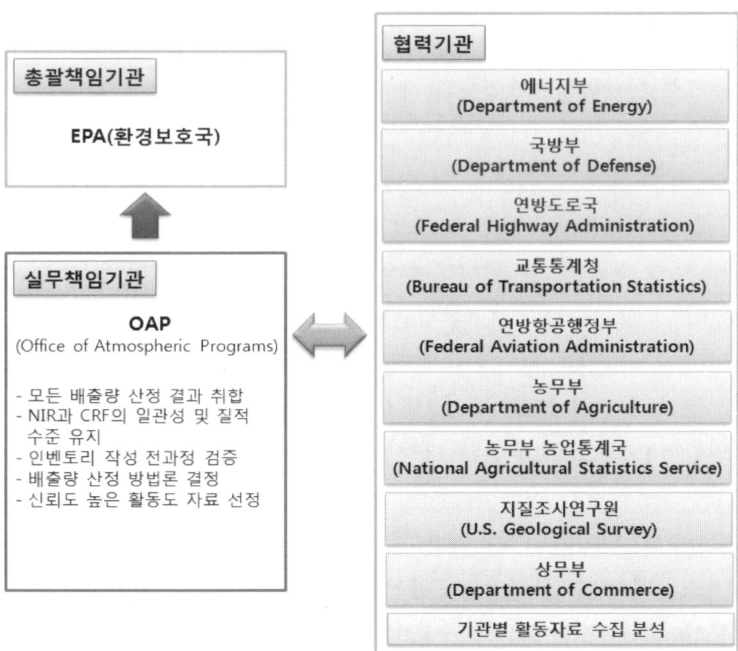

이를 좀 더 구체적으로 살펴보면, EPA가 총괄기관으로서 분야별 책임기관의 작성결과를 취합·관리하여 국무부에 제출하고, 국무부는 이를 UNFCCC에 제출한

다. 한편 EPA내에서 인벤토리 작성 등의 실무는 OAP에서 담당한다. OAP는 배출원 부문별로 담당 배출원 및 온실가스 배출특성을 잘 파악하고 있는 실무 전문가를 책임자로 임명하여 인벤토리의 신뢰성 제고를 의도하고 있다. 또한, OAP에는 QA/QC 책임자(QA/QC Coordinator)가 있어서 인벤토리 작성 전 과정에 대해 QA/QC를 책임지도록 하고 있다. OAP와 부문별 관련 정부기관간에는 협조 체계가 구축되어 있는바, 각 협력기관은 활동도(자료)를 수집 분석하여 최종적으로 OAP에 제출하게 된다.

미국 관리체계의 강점은 기관별 또는 전문가별 역할 및 기능이 명확하게 구분되어 있고, EPA에 의한 중앙관리형으로 효율적 인벤토리가 작성・관리 운영된다는 점이다. 그리고 QA/QC 과정에 대한 강조와 함께 외부 전문가에 의한 검토가 이뤄져 인벤토리의 객관성 확보 및 신뢰도 제고가 가능한 시스템이라고 할 수 있다. 반면, 일부 부문의 경우 국가 고유의 방법론과 배출계수를 획기적으로 개발하는 데에 있어서 제약점이 있다고 할 수 있다. 요약하면 미국은 중앙관리형으로써 체계적이고 일관성 있는 인벤토리 관리가 가능하나, 다양한 기관 및 전문가의 참여를 통해 배출계수를 효율적으로 개발할 수 있도록 체계를 만드는 것이 향후 과제라고 할 수 있다.

(2) 일 본

일본의 온실가스 인벤토리는 크게 다섯 개 기관에 의해 관리되고 있다. 첫째 총괄책임기관으로써 환경성, 둘째, 실무책임기관으로 국립환경연구원(National Institute for Environmental Studies)의 지구환경센터(Center of Global Environmental Research) 내의 GIO(Greenhouse Gas Inventory Office of Japan), 셋째, 실무담당기관으로 데이터의 수집 및 정리 기관인 Mitsubish UFJ Reasearch and Consulting, 넷째, 관련 정부기관과 민간기관 등으로 구성된 다양한 자료 제공 및 협력기관, 마지막으로 GIO의 자문기구인 "온실가스 배출량 산정방법 위원회(Committee for the Greenhouse Gas Emission Estimation Methods)"가 있다.

"온실가스 배출량 산정방법 위원회(Committe for the Greenhouse Gas Emission Estimation Methods)"는 1999년에 인벤토리 작성에 직접 참여하지 않은 제 3 의 전문가 약 60명으로 설립하였다. 위원회의 역할은 인벤토리 방법론을 개발하고 개선하는 것이며, 부문별로 6개 위원회(에너지 및 산업공정, 수송, 농업, 폐기물, F-Gas, LULUCF)가 있고 각 소위원회는 10명의 위원으로 구성된다.

〈그림 2〉 일본의 국가 인벤토리 관리체계도

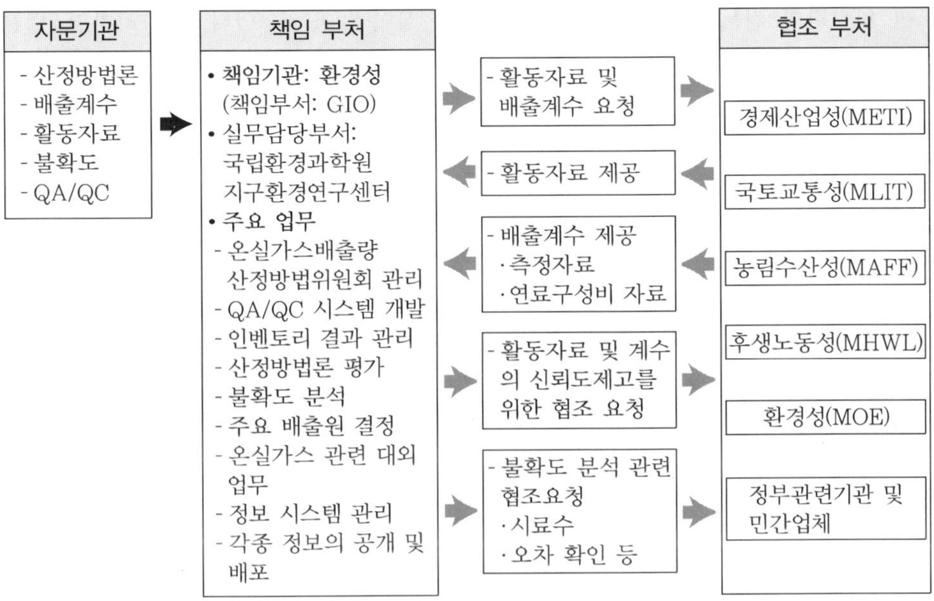

〈그림 3〉 일본의 온실가스 배출량 산정방법 위원회 조직도

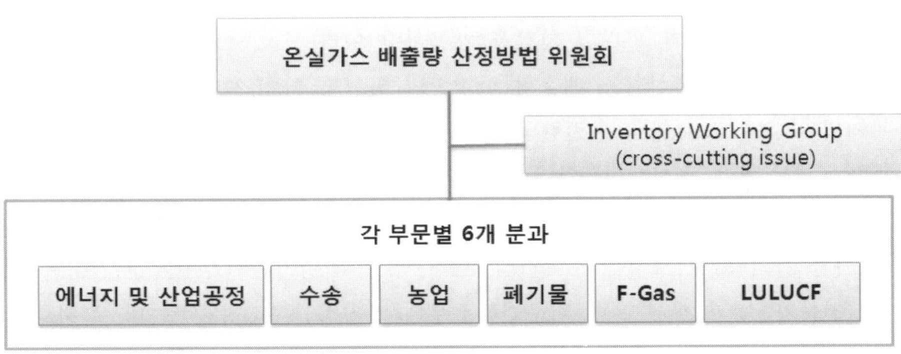

일본 관리체계의 강점은 “온실가스 배출량 산정방법 위원회”를 운영하여 산정방법을 결정하고, 이를 하향식으로 부문별 담당기관에 제공함으로써 단일기관이 총괄적 책임을 진다는 점이다. 이를 통해 일관성 있는 방법론의 개발이 가능하고, 산정방법 및 인벤토리 결과에 대한 검증체계가 잘 갖춰져 있다고 할 수 있다. 반면, 분야별 전문가와 공감대 형성이 이뤄지지 않으면 위원회에서 결정한 산정방법과 배출

계수가 현장에서 적용되는데 문제가 있을 수 있고, 위원회의 독립성이 보장되지 않으면 위원회의 검토 결과에 대한 신뢰도에 손상이 있을 수 있다. 요약하자면, 일본은 중앙관리형으로써 국립환경연구원 GIO에 의해 국가인벤토리가 일관성 있게 관리되고, 배출량 및 배출계수 산정방법 개발에 역점을 두어 신뢰성 향상을 도모하고 있으며, "온실가스 배출량 산정방법 위원회"가 중심적 역할을 수행하고 있다고 할 수 있다.

(3) 영 국

영국 온실가스 인벤토리의 총괄책임기관은 DECC(Department of Energy and Climate Change)로, 동 부처에서 국가 인벤토리 시스템(NIS, National Inventory System) 수립 및 인프라 구성 등의 역할을 담당한다. 실무책임기관은 컨설팅 회사인 AEA Energy & Environment로써 국가 인벤토리 준비, 보고 및 질적 관리 등 전반적인 사항에 대해 책임을 지고 있다. 분야별 실무 담당기관으로 AEA E&E, North Wyke, UK Centor for Ecology and Hydrology(CEH) 등이 있다. 특히, AEA E&E가 에너지, 수송, 산업공정 및 폐기물분야 등에 대한 인벤토리를 담당함으로써 실질적인 실무책임기관이자 인벤토리 담당기관이라고 할 수 있다. 이 밖에 정부, 정부투자 및 출연기관, 기업체, NGO, 협회 등 다양한 기관이 협력기관으로써 온실가스 배출량 산정과 관련된 자료를 제공하고 있다.

영국은 일본의 「온실가스 배출량 산정방법 위원회」와 유사한 「온실가스 배출통계 관리위원회」를 2006년에 설립한바, 동 위원회는 인벤토리 개발 및 작성에 참여하지 않은 전문가로 구성되어 있다. 동 위원회에서는 DECC로 하여금 인벤토리 QA/QC를 효과적으로 수행하도록 자문을 수행하고, 여타 정부기관과 산업체 등 이해당사자들 간의 의견 조정을 도모한다. 또한, 실무 책임기관인 AEA E&E 전문가, 분야별 전문가, 법과 경제 분야 전문가들로부터 정기적인 보고를 받는다. 특히, 인벤토리 결과의 질적 수준, 정확도, 완성도 등이 국제적 수준에 부합되는지를 판단하고 NIR을 최종 승인하는 역할도 수행한다.

영국 관리체계의 특징은 혼합관리형으로써 전문성있는 컨설팅회사가 핵심적인 역할을 수행하고 있다고 할 수 있다. 또한 「온실가스 배출통계 관리위원회」가 인벤토리 전반에 대해 자문·견제 및 보완 기능을 하고 있다는 점이다. 반면, 인벤토리 산정방법 및 결과에 대해 평가하고 검증하는 시스템과 산정방법을 획기적으로 개선하는 방안 등 인벤토리의 수준을 지속적으로 제고하는 시스템 측면에서는 미흡한 점이 있다고 할 수 있다. 결국 영국의 시스템은 앞에서 언급한 「온실가스 배출통계 위원회」가 본래의 설립 목적대로 운영되느냐 여부에 따라 온실가스 배출량과 배출계수 신뢰도가 좌우될 수 있다고 할 수 있다.

〈그림 4〉 영국의 온실가스 인벤토리 관리 조직도

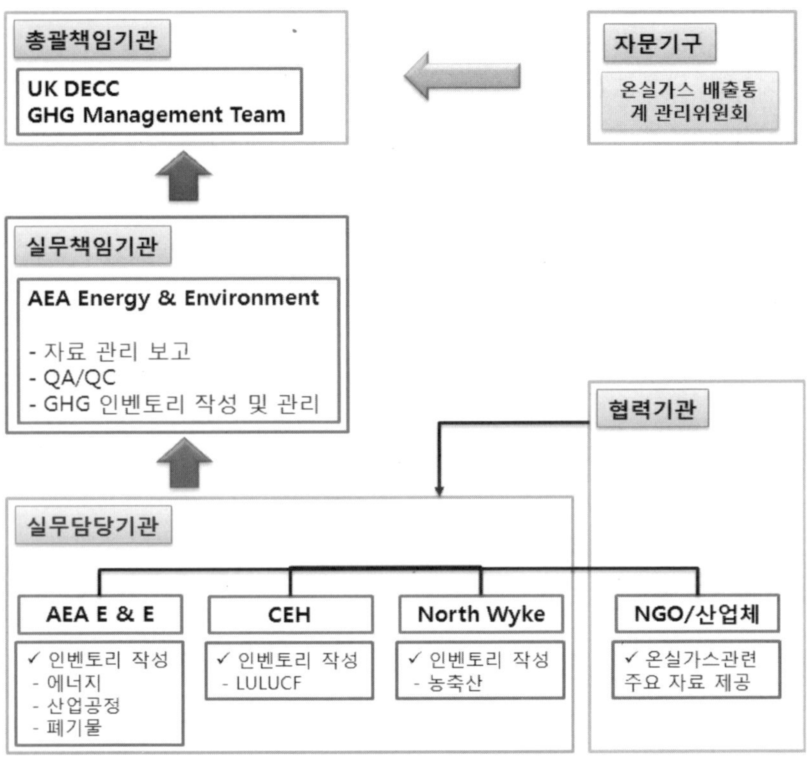

(4) 호　　주

호주의 인벤토리는 3개 조직에 의해서 관리되고 있다. 첫째, 총괄책임기관인 기후변화부(Department of Climate Change, DCC), 둘째, 관련 정부기관과 민간기관 등으로 구성된 다양한 자료 제공 및 협조기관, 셋째, 「국가 온실가스 인벤토리 위원회(NGGIC)」가 그것이다.

총괄책임기관인 DCC는 기본적으로 NIR을 매년 업데이트해 UNFCCC에 제출한다. 이를 위해 IPCC 규정에 따라 국가 온실가스 인벤토리를 작성하고, 주(State) 및 특별지역(Territory)에 대한 온실가스 인벤토리를 검토한다. 또한 IPCC 규정에 의한 부문별 통계 이외에도 경제적 목적에 의한 국가 인벤토리도 작성하고 있다.

호주는 통합관리시스템인 온실가스 배출정보 시스템(Australian Greenhouse Emissions Information System, AGEIS)을 보유하고 있고, 이 시스템을 중심으로 온실가스 배출량 등록 및 관리, QA/QC 및 개선 노력이 이뤄지고 있다. 또한 온실가스 배출량산정과 관련하여 호주 통계청 및 농업자원경제청 등을 포함한 여러 부처(기관)에서 자료를 제공하고 있다. 이외에도 호주는 배출량 측정 및 분석 프로그램(Emissions Measurement and Analysis Programme)을 통해 산정의 표준화를 도모하고 있다.

〈그림 5〉 호주의 온실가스 인벤토리 관리 조직도

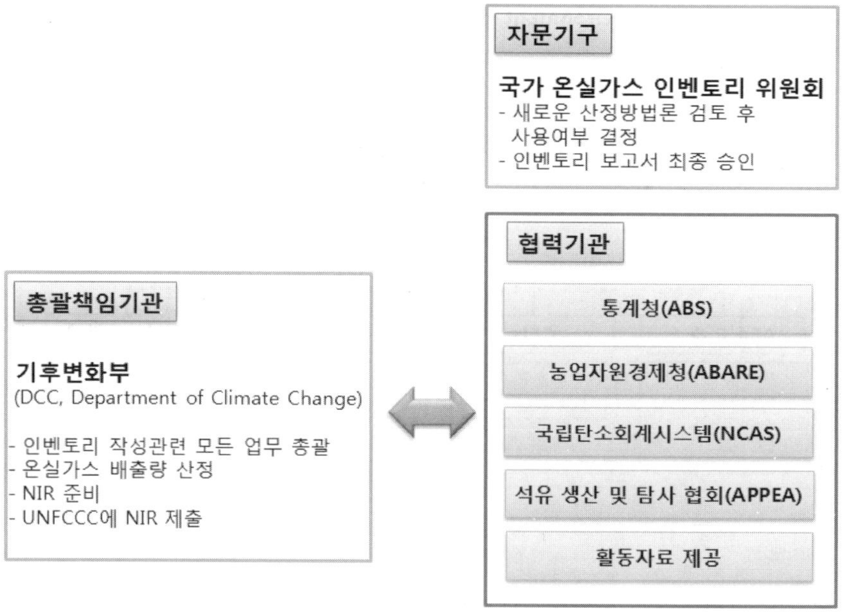

호주도 연방 및 주 정부의 인벤토리 전문가로 자문기구 성격의 「국가 온실가스 인벤토리 위원회(NGGIC)」를 1990년에 설립하였다. 동 위원회의 역할은 첫째, 새로운 산정방법론을 검토하여 사용 여부를 결정하는 것이고, 둘째, 인벤토리 보고서를 최종적으로 승인하는 것이다. 인벤토리 보고서 초안은 호주의 관련 중앙정부 및 지방정부의 전문가들에 의해 검토가 이뤄지며, 그 결과를 위원회에서는 종합적으로 취합하여 검토한 다음에 인벤토리 보고서를 완성하게 된다.

호주 관리체계의 강점은 AGEIS 시스템을 통해 인벤토리를 통합관리하고 있어서 인벤토리의 일관성, 투명성, 관리의 용이성이 있고, 「국가 온실가스 인벤토리 관리위원회」가 DCC의 결정을 확인하고 견제·검증할 수 있는 기능을 갖고 있다는 점이다. 반면, 인벤토리 개선을 위한 외부 전문가의 참여가 미흡하여 형식적이고 행정적인 개선 작업에 머물 가능성이 있는 것은 경계해야 될 사항으로 보인다.

2. 배출원 인벤토리(배출량 의무보고제도)

배출량 의무보고제를 추진하고 있는 주요 국가로는 일본, 미국, 호주를 들 수 있다. 미국의 경우 배출량 의무보고제를 규정한 법률 또는 주체로서 DOE 1605(b) Program, Mandatory GHGs Reporting Act, RGGI[19]가 있으며, 3개 제도간 보고업종 및 규모에서 차이가 있다. RGGI는 25MW 이상 화력발전부문만을 대상으로 한 반면, Mandatory GHGs Reporting Act는 연간 25,000톤CO_{2eq} 이상의 배출원을 대상으로 하고 있다.

일본의 경우 두 가지 배출량 보고제도를 운영하고 있는바, 배출권거래시스템인 JVETS와 온실가스 배출량 산정·보고·공표 제도가 그것이다. JVETS는 보고업종에 대해 제한을 두지 않고 있으나, 온실가스 배출량 산정·보고·공표 제도는 1, 2종 사업장, 특정 운송업자, 그리고 종업원 21인 이상 3,000톤CO_{2eq} 이상의 배출자를 대상으로 삼고 있다.

호주는 배출량 보고제도로 NGER법[20]과 배출권 거래제도에 위한 보고제도 등 두가지 제도가 있으나, 양 제도간 보고업종 및 규모가 25,000톤CO_{2eq} 이상으로 같아서 차이가 없다. 그 밖에 EU의 배출권거래제도(EU ETS)는 발전(에너지), 철금속의 가공과 생산, 광물산업, 펄프와 종이, 항공 산업 등을 포함하고 있어서 동 업종의 경우 배출량 보고가 이뤄져야 하고, 영국의 배출권거래제(ETS)는 대형발전소, 정유, 연안자원개발, 철강, 시멘트 등을 포함한 적이 있다.

아래의 <표 4>는 주요 국가의 배출량 보고제도를 요약한 것이다.

19) RGGI는 미 동부지역 주(State)들의 배출권 거래제 프로그램을 말한다.

20) NGER: National Greenhouse Gas and Energy Reporting Act.

〈표 4〉 국가별 보고 업종 및 규모

<table>
<tr><th colspan="2">국 가</th><th>보고 업종 및 규모</th></tr>
<tr><td rowspan="3">미국</td><td>DOE 1605(b) Program</td><td>규모 제한없이 전 부문(기업, 정부기관, 비영리기관, 가정, 기타 민간기관 등)</td></tr>
<tr><td>Mandatory GHGs Reporting Act</td><td>연간 25,000tCO_{2eq} 이상
단, 연간 25,000 tCO_2 이상을 배출하는 livestock operations은 제외</td></tr>
<tr><td>RGGI</td><td>25MW 이상 화력발전부문</td></tr>
<tr><td colspan="2">EU ETS</td><td>발전(에너지), 철금속의 가공과 생산, 광물산업, 펄프와 종이, 항공 산업 등</td></tr>
<tr><td colspan="2">영국 ETS</td><td>대형발전소, 정유, 연안자원개발, 철강, 시멘트, 석회, 세라믹, 유리, 펄프 및 제지, 화학, 음식료, 알루미늄, 서비스 등</td></tr>
<tr><td rowspan="2">일본</td><td>JVETS</td><td>제한 없음</td></tr>
<tr><td>온실가스 배출량 산정, 보고, 공표 제도</td><td>1, 2종 사업장, 특정 운송업자,
종업원 21인 이상의 3,000 tCO_{2eq} 이상 배출자</td></tr>
<tr><td rowspan="2">호주</td><td>NGER System</td><td>연간 25,000tCO_{2eq} 이상, 100TJ 이상</td></tr>
<tr><td>배출권거래제도</td><td>연간 25,000tCO_{2eq} 이상</td></tr>
</table>

(1) 일본의 온실가스 배출량 산정·보고 제도

일본은 1998년에 "지구 온난화대책 추진에 관한 법률(온대법)"을 제정하였고, "지구 온난화대책 추진에 관한 법률시행령"과 "지구 온난화대책 추진에 관한 법률 시행규칙"을 마련하여 온실가스 배출량 산정 및 보고에 대한 체제를 갖추었다. 보고 대상 온실가스는 CO_2, CH_4, N_2O, HFC_S, PFC_S, SF_6 로 교토의정서 상의 6가지 온실가스가 모두 포함되어 있고, 보고 의무 대상 사업장은 〈표 5〉와 같다.

산정방법은 "지구 온난화대책 추진에 관한 법률 시행령"에서 규정하고 있으며, 모든 경우에 있어서 실제의 산정방법을 구체적으로 제시하기 보다는 분야별로 배출계수를 제시하는 데 그치고 있다. 또한 호주와 달리 단일의 산정방법을 제시하여 산정결과의 일관성과 동일 업종별 비교가 가능한 장점은 있으나, 사업장 특성을 반영하기 곤란하고 배출량 산정의 정확도를 제고하기 위한 장치가 없는 것이 아쉬운 점이라고 할 수 있다. 또한, 향후 상향식(botton-up) 방식의 인벤토리 산정이 가능토록 시스템은 구축되어 있으나, 업종별로 단일 배출계수를 제시하고 있어 하향식 방식과의 차이가 없다. 즉, 산정방법의 기준인 배출계수는 Tier 1 또는 Tier 2 수준에

〈표 5〉 일본의 온실가스 배출량 산정·보고 제도의 온실가스별 보고업종 및 규모

<table>
<tr><th>온실가스 종류</th><th>보고 업종 및 규모</th></tr>
<tr><td rowspan="2">에너지에 의한 CO_2
(연료의 연소, 외부로부터 공급된 전기 또는 열 사용에 의한 배출)</td><td>• 에너지 절약법의 제 1 종 에너지 관리 지정 공장 및 제 2 종 에너지 관리 지정 공장의 설치자
- 제 1 종: 에너지 사용량 3,000㎘/연
- 제 2 종: 에너지 사용량 1,500㎘/연</td></tr>
<tr><td>• 에너지 절약법의 특정 화물 수송 사업자, 특정 하주, 특정 여객 수송 사업자 및 특정 항공수송 사업자</td></tr>
<tr><td>비에너지 기원 CO_2</td><td rowspan="6">• 다음의 두 요건에 모두 해당하는 사업소 설치자
- 온실가스별 배출량이 CO_2환산량으로 연간 3,000톤 이상인 사업장
- 사업장 전체의 상시 종업원수가 21명 이상</td></tr>
<tr><td>CH_4</td></tr>
<tr><td>N_2O</td></tr>
<tr><td>HFC_S</td></tr>
<tr><td>PFC_S</td></tr>
<tr><td>SF_6</td></tr>
</table>

불과하다.

의무보고 대상업체는 온대법에 따른 각 부처의 시행규칙에서 정하는 기간에 해당 온실가스 배출량을 그 사업장 소관 장관에게 보고하고, 사업장 소관 장관은 이를 환경성장관과 경제산업성장관에게 통지하도록 되어 있다. 환경성 장관과 경제산업성 장관은 보고된 온실가스 배출량에 대해 두 부처의 시행규칙에 근거하여 저장·관리하며, 특정배출자를 담당하는 해당 사업장 소관 장관에게 관련 분야의 내용을 통지하도록 되어 있다.

데이터 수집은 연료 및 원료 사용량, 제품 등 생산량, 소각량, 가스 사용량 등에 대한 구입기록, 재고기록, 사용기록 등의 회계데이터나 거래전표, 작업 기록 등을 이용하고, 배출가스 농도의 측정 등 실측을 실시하는 경우 정해진 측정 방법 규격에 따르고, 연속적(정상적)인 운전이 아닌 경우 정확한 샘플링을 보장하도록 하고 있다. 그리고 측정방법, 측정기기, 샘플링방법, 측정 정도, 측정데이터 등도 함께 보고토록 한다.

또한, 데이터의 품질보증을 위해 책임자 또는 담당자에 대한 검토체계의 정비 필요성을 교육시키며, 단위계를 확인하고, 관련 데이터와의 비교 및 데이터의 시계열 비교 등을 통한 관련성의 체크와 자의적 데이터 및 탈락치를 식별하도록 요구한다.

요약하면 일본은 배출원별로 배출량 산정에 대해 단일 방법을 제안하고 있어서

일관성과 업체간 비교라는 측면에서 강점을 갖고 있으나, 낮은 Tier의 산정방법을 제안하고 있어 상향식 국가 인벤토리로 확대·적용하기에는 어려움이 있다고 볼 수 있다.

(2) 미국의 Mandatory GHGs Reporting Act

미국은 최근 온실가스 다량 배출원에 대해 온실가스 배출량 의무보고제를 2010년부터 시행하는 제도를 마련하였다. 의무보고제와 관련된 상세 사항은 Federal Register에 기술되어 있고, 법적 근거는 FY2008 Consolidated Appropriations Acts 이다. 동 법에 따라 향후 정책결정에 유익한 정확하고 종합적인 온실가스 배출량 수집 기반을 마련하였다고 볼 수 있다.

보고대상 온실가스는 교토의정서 상의 6가지 온실가스와 NF_3와 같은 불소첨가 온실가스도 포함하고 있다. 보고 의무 대상 사업장은 전력사용과 관련하여 기존 법에 의해 탄소배출 보고 의무가 있는 업체, 25,000톤CO_{2eq} 이상 배출 업체가 포함된다. 그리고 아디피산, 알루미늄제조, 시멘트생산, 석회제조업, 질산 제조업, 인산제조업, 탄화규소 제조업 등에 대해서는 모든 시설이 의무보고 대상이다.

동 배출량 보고제는 2010년 1월 1일부터 자료 수집을 시작하되, 2010년도의 배출량은 2011년 3월 31일까지 보고해야 한다. 이러한 보고는 매년 전자 양식을 통해 실시한다. 배출량 산정은 연속직접측정(CEM[21]) 및 사업장 고유방법론, Tier 2 수준 이상의 방법론 등 높은 수준을 요구하고 있다.

보고된 온실가스 배출량은 정확성과 완전성 검증을 거쳐야 하고, 검증 방법으로써 EPA의 검증과 자체 검증을 제안하고 있다. EPA의 검증방법에 대한 접근방식은 독립적 검증이 없는 자가 보증, 제 3 기관의 검증을 수반하는 자가 보증, EPA 검증을 수반하는 자가 보증하는 방식이 있다. 따라서 현재의 검증 시스템으로는 의무보고 업체가 자체 검증을 통해 보고할 가능성이 높으나, 향후에는 EPA가 지정한 검증기관 또는 검증인에 의한 제 3 자 검증체제로 전환될 것으로 예상된다.

21) CEM: Continuous Emissions Monitoring.

〈표 6〉 미국의 Mandatory GHGs Reporting Act의 온실가스별 보고업종 및 규모

업 종	배출원 정의	보고 온실가스	기 준
전기구입	전력 사용	CO_2	기존 법에 의해 탄소 배출 관련 보고 의무를 갖고 있는 업체
고정연소	연료 연소	CO_2, CH_4, N_2O	25,000tons CO_2-eq
전기생산	연료 연소하여 전기생산	CO_2	25,000tons CO_2-eq
아디픽산	제조 과정에서 N_2O 배출	N_2O	모든 시설
알루미늄 생산	1차 알루미늄 생산업체	CO_2, PFCs, CH_4	모든 시설
암모니아 제조	액화과정, 기화과정	CO_2, CH_4, N_2O	모든 시설
시멘트 생산	$CaCO_3$가 CO_2와 결합하여 가열되는 과정	CO_2	모든 시설
전자제품 생산	생산과정에서 PFCs, HFCs, SF_6, NF_3 배출	PFCs, HFCs, SF_6, NF_3	25,000tons CO_2-eq
합금 제조업	합금생산하는 모든 시설	CO_2, CH_4, N_2O	25,000tons CO_2-eq
불소계 온실 가스 제조업	제조과정에서 HFC, PFC, SF_6, NF_3 배출	HFC, PFC, SF_6, NF_3	25,000tons CO_2-eq
유리 생산업	탄산염을 사용한 고온반응 과정	CO_2	25,000tons CO_2-eq
HCFC-22 생성 및 HFC-23제거	생성 및 제거시 CO_2, CH_4, N_2O 배출	CO_2, CH_4, N_2O	25,000tons CO_2-eq
수소 생산업	암모니아 생산시설, 석유 정제시설, 메탄올 생산시설	CO_2, CH_4, N_2O	25,000tons CO_2-eq
철 및 강철 생산업	가공시설, 제공시설, 생산시설	CO_2, CH_4	25,000tons CO_2-eq
납 생산업	납 생산하는 제련소	CO_2	25,000tons CO_2-eq
석회 제조업	석회석 가열시 CO_2 배출	CO_2	모든 시설
마그네슘 생산업	생산 및 처리과정에서 SF_6 배출	CO_2, HFCs, PFCs, SF_6	25,000tons CO_2-eq
기타 탄산염 사용	제조과정에서 CO_2 배출	CO_2	별도의 기준없음
질산 제조업	제조과정에서 N_2O 배출	N_2O	모든 시설
석유/천연가스 장치	생산시설, 처리시설, 수입/저장시설		25,000tons CO_2-eq
석유화학산업	제조과정에서 CO_2, CH_4, N_2O 배출	CO_2, CH_4, N_2O	25,000tons CO_2-eq
석유정제산업	석유정제시 발생되는 부산물	CO_2, CH_4, N_2O	25,000tons CO_2-eq
인산제조산업	제조시 CO_2, CH_4, N_2O 배출	CO_2, CH_4, N_2O	모든 시설
펄프 및 제지산업	원목 주연료로 제조 과정에서 CO_2, CH_4 배출	CO_2, CH_4	25,000tons CO_2-eq
탄화규소제조산업	제조과정에서 CO_2, CH_4, N_2O 배출	CO_2, CH_4, N_2O	모든 시설

(3) 호주의 NGER 시스템

호주는 2007년 NGER법(National Greenhouse Gas and Energy Reporting Act 2007)을 제정하였다. 동법 시행령으로 National Greenhouse Gas and Energy Reporting Regulations 2008를 제정하고, 산정지침으로써 National Greenhouse Gas and Energy Reporting(Measurement) Determination 2009를 제시하여 부문별 온실가스 산정 및 보고에 대한 틀을 마련하였다.

보고대상 온실가스는 CO_2, CH_4, N_2O, PFC_S, HFC_S, SF_6 등 6가지이고, 단위 사업장의 경우 25,000톤CO_{2eq} 이상의 배출사업자가 포함된다. 여러 사업장을 운영하는 사업체의 통합 배출량은 회계연도에 따라 조금씩 다르나, 2009년 7월 1일 이후에는 50,000톤CO_{2eq} 이상 배출자가 포함된다.

〈표 7〉 호주의 NGER 시스템의 온실가스별 보고 규모

구 분		규모(톤CO_{2_eq})
단위 사업장		25,000 이상
법인 (통합 사업장)	회계연도 '08. 7. 1일	125,000 이상
	회계연도 '09. 7. 1일	87,500 이상
	'09회계연도 이후	50,000 이상

그리고 매년 전자양식으로 National Greenhouse Gas and Energy Register에 등록하여 보고토록 하고 있다. 산정방법은 앞에서 언급한 "산정지침"에서 제시된 방법론 중에서 사업자가 선택하여 사용토록 규정하고 있다. 동 산정방법을 구체적으로 살펴보면 Method 1은 기본적인 방법으로써 국가 온실가스 인벤토리 결과(평균 배출계수)를 활용한 방식이며, Method 2는 사업장 특성을 반영한 산정방법으로써 '자료수집'을 위해서는 사업체 경험에 기초한 방법을 적용하되, 호주 표준방법을 '분석방법'으로 적용한 방식이다. Method 3은 사업장 특성을 반영하되 '자료 수집 및 분석방법'으로 호주 표준방법을 적용한 경우이고, Method 4는 연속 또는 주기적 측정을 통해 사업장 온실가스 배출량을 확정한 경우이다.

의무 보고 대상으로 분류될 개연성이 높은 사업장 또는 자발적으로 보고를 원하는 사업장은 "온실가스 및 에너지 자료 담당관(GHG and Energy Data Officer)"에

등록을 위한 신청서를 제출하면 담당관은 등록 대상 업체로서 자격이 있는 지를 심사한 후 통보하게 된다. 그리고 보고 의무 대상업체는 담당관에게 온실가스 배출량, 에너지 생산량, 에너지 소비량 자료를 제출해야 한다. 동 담당관은 사업장 배출량 보고 내용이 의심스럽다고 여겨질 때 외부 검증을 요구하며, 사업장이 외부검증기관을 지정하거나 담당관이 외부 검증업체를 지정하여 외부 검증을 실시하게 된다.

호주제도의 특징은 낮은 수준의 Method 적용시 배출량 산정에서 불리하도록 규정하고 있다는 점이다. 즉, 높은 수준의 Tier 방법(연속 또는 주기적 측정방법을 규정한 Method 4)으로 전환을 의도하고 있는 것이다. 이는 호주의 배출량 산정방법이 다양하여 배출량 보고 결과를 다른 사업장과 비교·검토하는 데 있어서 혼선을 야기할 가능성이 있으므로 높은 수준의 Method를 사업자가 선택하도록 유도할 필요성이 있기 때문이다.

3. 측정·보고·검증 체계(MRV: measurable, reportable and verifiable)

발리행동계획(Bali Action Plan)에서는 Post-2012 기후체제를 위해 "Measurable(측정가능한), Reportable(보고가능한), Verifiable(검증가능한)" 온실가스 감축 활동(actions) 및 공약(commitments)을 포함하고 있다. 발리행동계획에서의 MRV는 "개발도상국이 지속가능 발전을 하면서 기술, 재정 그리고 능력형성을 지원받고 수행하는 국가적으로 적절한 감축 활동[22)]"에 적용될 뿐만 아니라, 선진국의 온실가스 감축 공약과 활동에도 적용[23)]하도록 되어 있다.

이러한 MRV는 「국가 단위」 또는 개별 「사업장 단위」로 구분하여 적용될 수 있으며, 국가단위의 경우도 선진국 및 개도국 모두에 '단일의 규정'을 적용할 것인지 아니면 차별화를 시도할 것인지에 따라 다른 형태로 표현될 수 있다. 특히 post-2012체제에서 개도국에 적용될 MRV에 대해서는 선진·개도국간 이견이 크다.

MRV의 목적과 대상(국가, 사업장, CDM과 같은 개별 프로젝트 등)이 다르므로 여러 가지 형태의 MRV 방식과 체계를 생각해 볼 수 있다. 물론 MRV의 근본 목적인

---

22) Bali Action Plan의 1(b)(ii)단락 "nationally appropriate mitigation actions by developing country Parties in the context of sustainable development, supported and enabled by technology, financing and capacity-building."

23) Bali Action Plan의 1(b)(i)단락 "apply to developed countries' greenhouse gas(GHG) commitments and actions."

투명성, 신뢰성 확보에 손상이 있어서는 곤란하다. 그러나 MRV 대상과 목적에서 미세한 차이가 있으므로 MRV 체계를 결정할 때, 측정 · 보고 및 검증에 관한 사항을 분리하여 검토하는 것도 하나의 방법이 될 것이다.

구체적으로 예를 들어 보면 CDM과 같은 경제적 이득이 수반되는 사업 또는 선진국이 개도국에 재정지원을 하여 실시하는 감축활동과 개도국이 자발적으로 시행하는 감축활동은 보고 및 검증에 있어서 같은 수준을 적용할 것인지 여부에서 차이가 있을 수 있다. 나아가 모든 경우에 '보고'는 하되 일부 대상(예: 지원받지 않는 자발적 감축활동)에 한하여 검증을 생략할 수 있는지 여부 등에서 차이가 있을 수 있다. 이상의 사항을 간단하게 요약하면 아래의 〈표 8〉과 같다.

〈표 8〉 서로 다른 유형의 감축활동/의무에 따른 MRV 요약

활동/의무 유형	정량적		제 3 국 검증	MRV 계량	MRV결과의 국가별 비교가능
	측정 (Measurement)	보고 (Reporting)			
국가배출량 수준	예	예	예*	온실가스 결과	예(배출량 수준, 배출량 감축 아님)
다른 배출량 관련 목표	예	예	예*	온실가스 결과 또는 입력	아니오(계량이 국가 사이에 다르다면)
부문별 배출량 목표	예	예	예*	온실가스 결과/중간 결과	예/아니오(목표 설정 방법과 국가 사이에 다른지 아닌지에 따라)
CDM/기타 판매 기구	예	예	예	온실가스 결과(그리고 종종 중간 결과), 프로젝트/부문별 결과	예(MRV가 배출량 감축에 초점이 맞춰져 있기에)
정책 및 조치(PAM) (판매 불가)	아마도 (PAM의 유형에 의존)	아마도 (PAM의 유형에 의존)	아마도	입력, 중간 결과 또는 온실가스 결과	아니오(계량이 국가 안에서도 국가사이에서도 다를 것임, 부문 및 PAM에 의존)

* 제 3 국 검증은 국제 탄소시장을 이용하기 위해 필요할 수 있음.

감축활동의 MRV를 수행하는 과정은 MRV의 구성요소, 즉 측정 · 보고 · 검증에 따라 다양하게 나타날 수 있다. 먼저 측정의 경우, 국가 온실가스 배출량 산정 및 감축활동의 결과(범위)를 측정할 때 참고 가이드라인과 규칙 · 우수실행지침을 적용할지 여부, 부문별 모니터링을 사용할지 여부에 대해 결정해야 한다.

두 번째로 보고의 경우, 국가는 배출량 또는 감축활동 보고시 "공통보고양식

(common reporting format)"과 공통보고지침(common reporting guidelines)을 사용할지 여부를 결정해야 한다. 예를 들어, 보고단위, 시기, 보고수집기관, 보고대상 등을 구체적으로 명시할 경우에는 그 보고내용에 있어서 일관성있고 비교가능한 보고가 이뤄질 수 있다.

세 번째로 검증의 경우, 검증 기관이 누구이고, 검증과정에서 무엇을 해야 하며, 검증결과를 어떻게 보고하고, 그리고 검증결과에 따라 그 전 단계인 '보고'에 대한 조정을 어떻게 수행할 것인지를 결정해야 한다. 물론 검증 단계에서 제기된 문제에 대해 그 처리방법, 벌칙, 이의제기 방법 등 여러 가지 이슈에 대해서도 구체적으로 규정해야 한다.

(1) 국가 배출량

UNFCCC, 교토의정서, 마라케쉬 합의문에는 국가 인벤토리 산정, 국가 인벤토리 시스템 설정, 국가 인벤토리 보고 및 검토, 국가간에 차이가 나는 온실가스 단위의 처리 방법(차이 부분에 대한 보고 지침)을 포함하여, 국가 인벤토리에 대한 보고 및 검토(Monitoring, Reporting and Reviewing, MRR) 내용이 규정되어 있다. Annex I

〈표 9〉 국가 온실가스 배출량 보고 규정 요약

	Annex I 국가			Non-Annex I 국가		
	보고주기	검토	영향	보고주기	검토	영향
온실가스 배출량 인벤토리 (UNFCCC하에서 요구)	매년	예 (기술적 검토)	교토매커니즘 참여 요구조건	비규칙적 (국가보고서에 포함)	아니오	-
온실가스 인벤토리 시스템 (NIR) (교토의정서 하에서 Annex I 국가에 요구, non-Annex I 국가에 장려)	국가인벤토리 보고서(NIR)에 포함(매년)	예 (인벤토리 검토의 필수 요소)	교토매커니즘 참여 요구조건	비규칙적 (국가보고서에 포함)	아니오	-
온실가스 감축 단위의 이전・양도/구매	매년	예, 국제 매매 기록에 의해 검증	교토매커니즘 참여 요구조건	보고되지 않음*	아니오	-
등록 (교토의정서 하에서 요구)	국가 보고서에 포함(매 3~5년)	예 (국가보고서)	교토매커니즘 참여 요구조건	보고되지 않음*	아니오	-

* 국가수준의 정보는 보고되지 않지만, 프로젝트 수준의 정보는 보고되고 CDM 등록소 및 집행이사회(Executive Board)를 통해 검증됨.

국가들은 구속력이 있는 배출량 의무를 지고 있고, non-Annex I 국가들은 배출량 감축의무를 지고 있지 않기 때문에, 교토의정서 하에서 MRR 규정은 Annex I 국가에 적용된다.

국가 배출량을 산정하기 위해서는 국가 고유의 활동자료와 배출계수 모두 필요하며, 나아가 국가 고유의 배출계수를 만드는 것도 필요하다. 한 국가의 배출량(인벤토리) 설정 비용은 그 국가의 경제규모, 전문적인 지식 수준 등에 따라 달라질 수 있다. 예를 들면, 초기 국가보고서 작성시 브라질의 온실가스 인벤토리 개발은 연구기관 및 NGOs, 산업협회, 정부기관 등 150개 기관과 약 700여 명의 전문가가 참여하였다.

(2) 배출원 인벤토리의 MRV

2010년에 지속될 Post-2012 체제 마련을 위한 협상에서는 '국가 인벤토리'에 대한 MRV, 그 중에서 검증(verification) 방법에 대해 선진·개도국간 첨예하게 대립할 것이다. 그러나 MRV의 대상을 국가내로 한정할 경우 각 부문별, 그 중에서도 사업장에 대한 MRV, 특히 어떠한 검증체계를 구축할 것인지 여부가 중요해진다. 특히 배출권 거래제도를 시행하고 있거나 시행예정인 국가의 경우 배출원 인벤토리에 대한 MRV가 더욱 중요한바, 이는 배출권 거래 대상에 대한 MRV 설계 방안이 배출권 거래제의 신뢰성 및 연속성을 담보할 수 있기 때문이다.

모니터링 및 검증 체계는 그 목적과 대상에 따라 다르게 나타나고, 규율하는 체계도 다양하다. EU ETS는 합법적으로 구속력이 있는 모니터링 및 보고 가이드라인(MRG)을 수립하였다. 이것은 배출량 측정과 보고에 대한 모니터링 방법론의 등급화된(Tiered) 시스템을 제공한다. 또한 EU ETS하에서 운영자는 확립된 모니터링 계획을 갖고 있어야 하나, 국가 수준의 인벤토리에서는 모니터링이 일부분에서만 적용된다. MRG에 따르면, 검증 시스템뿐만 아니라 자료 시스템, 조정 시스템, 품질보증 및 품질관리 등이 명확하게 보고되어야 한다는 것을 명시하고 있다. 그리고 EU ETS는 동 제도의 신뢰성을 담보하기 위해 CO_2 배출량에 대해 외부의 제3자 검증을 의무화하고 있다.

한편 자발적 배출권 거래제를 실시하고 있는 일본의 경우 환경성을 중심으로 검증체계를 구축·실시하고 있다. 다만 검증 대상의 공정 및 연료 사용방식 등이 다양하므로 구체적인 검증방법을 명시하기 보다는 일반론적 고려사항을 명시하고 있다.[24]

24) 일본 환경성, "배출량 검증을 위한 가이드라인," 2008. 6월.

Ⅳ. 국내의 법적 규제현황

1. 기존 법령

현재 시행중인 온실가스 인벤토리와 관련있는 법으로는 대기환경보전법, 에너지기본법, 에너지이용합리화법이 있다. 대기환경보전법의 경우 온실가스를 기존 대기오염물질 보고 및 측정(대기 중 농도 측정)체계와 연계하여 시행하도록 하는 규정을 포함하고 있으며, 에너지기본법과 에너지이용합리화법은 온실가스를 직접적인 대상으로 하기보다는 에너지 사용 측면(에너지 통계 작성)과 관련이 있다 하겠다.

(1) 대기환경보전법

대기환경보전법의 온실가스 관련 조항은 제 2 조(정의), 제11조(대기환경개선 종합계획의 수립 등), 제12조(온실가스 배출계수의 개발 및 관리), 제17조(대기오염물질의 배출원 및 배출량 조사), 제77조의 2(친환경운전문화 확산 등) 등이 있다.

제 2 조는 이산화탄소, 메탄, 아산화질소, 수소불화탄소, 과불화탄소, 육불화황 등을 온실가스로 규정하고 있으며, 이는 교토의정서에서 관리 대상으로 한 6가지 온실가스이기도 하다.

제11조는 매 10년마다 대기환경개선을 위해 종합계획을 수립하도록 하는 규정으로, 대기 중 온실가스 농도 변화의 현황과 전망, 환경분야 온실가스 배출을 줄이기 위한 목표 및 대책 등을 포함하도록 하고 있다.

제12조[25]는 온실가스 배출량 산정에 활용되는 배출계수에 관한 사항으로, 환경부장관이 정부의 배출계수를 개발하고 관리하도록 하고 있다.

제17조는 대기오염물질의 배출원과 배출량의 조사방법, 조사절차, 배출량의 산정방법을 규정한 것으로 대기오염물질과 온실가스간 배출원이 같고, 대기오염물질의 배출량을 조사하기 위해서는 연료사용량 및 시설의 종류 등을 알아야 하기 때문에 대기오염물질과 온실가스간의 통합적 관리 차원에서 온실가스 배출원 및 배출량도 함께 조사할 수 있는 근거가 된다.

제77조의 2는 자동차에서 배출되는 온실가스를 줄이기 위한 대국민 홍보에 관

25) 이 조항은 "저탄소녹색성장기본법(안)" 부칙에 의하면 삭제되도록 되어 있다.

한 사항을 추진하도록 하고 있다.

(2) 에너지이용합리화법

에너지이용합리화법의 온실가스와 관련된 조항은 제3조(정부와 에너지사용자·공급자 등의 책무), 제8조(국가·지방자치단체 등의 에너지이용 효율화조치 등), 제9조(에너지 공급자의 수요관리 투자계획), 제10조(에너지 사용계획의 협의), 제11조(에너지 사용계획의 검토), 제14조(금융·세제상의 지원), 제25조(에너지절약 전문기업의 지원), 제28조(자발적 협약체결기업의 지원 등), 제29조(온실가스 배출감축실적의 등록·관리), 제30조(온실가스의 배출을 줄이기 위한 교육훈련 및 인력양성 등) 등이 있으나 대부분 에너지의 효율적 이용에 관한 사항으로 볼 수 있다. 이 중 온실가스 인벤토리를 직접적으로 다루고 있는 조항은 제29조이나, 이 또한 에너지이용합리화를 통한 온실가스 감축량을 등록하도록 하고 있어, 배출원 인벤토리의 개념은 아니라 하겠다.

(3) 에너지기본법

에너지기본법에서 온실가스 인벤토리 관련 조항은 제19조(에너지 관련 통계의 관리·공표)가 있으며, 이 조항 중 온실가스 인벤토리 관련 내용은 “저탄소녹색성장기본법”이 부칙에 의해 동 법이 발효되면 삭제되도록 되어 있다.

2. 저탄소 녹색성장기본법(안)

정부는 국가비전인 저탄소 녹색성장을 제도적으로 뒷받침하기 위해 2002.2월 정부안을 확정하여 국회에 제출하였고, 국회는 2009년 11월 기후변화특별위원회에서, 12월에는 본회의에서 이를 통과시켜 2010년 4월이 되면 동 법이 발효될 예정이다.

동 법안은 배출권거래제를 제외한 국가 기후변화대응 및 온실가스 관리체계 전반에 관한 사항을 포함하고 있어 향후 우리나라 기후변화 대응의 기본 틀을 규정하고 있다고 할 수 있다.

동 법안에서 온실가스 인벤토리와 관련한 조항은 제40조(기후변화대응 기본계획), 제44조(온실가스 배출량 및 에너지 사용량 등의 보고), 제45조(온실가스 종합정보관리체계의 구축)가 있다.

제40조(기후변화대응 기본계획)에서는 5년마다 기후변화대응 기본계획을 세우도

록 하고 있으며, 동 기본계획에는 온실가스 배출량·흡수량 현황 및 전망을 포함하도록 하고 있다.

제44조(온실가스 배출량 및 에너지 사용량 등의 보고)는 관리업체[26]로 하여금 매년 온실가스 배출량을 측정·보고·검증 가능한 방식으로 명세서를 작성하여 정부에 보고하도록 하고 있다. 이는 배출원 인벤토리를 형성하기 위한 조항이라고 할 수 있다.

제45조(온실가스 종합정보관리체계의 구축)는 국가 온실가스 인벤토리 구축에 관한 사항으로 온실가스 종합정보관리체계란 국가의 온실가스 배출량·흡수량, 배출·흡수 계수(係數), 온실가스 관련 각종 정보 및 통계를 개발·검증·관리하는 체계를 말한다. 동 조항에 따르면 관계 중앙행정기관의 장은 온실가스의 종합정보관리를 위해 필요한 자료의 제공 등에 적극 협력해야 하는 의무를 가지며, 정부는 정보를 관리함에 있어 전문성, 투명성, 신뢰성 등의 제고에 노력해야 하고 매년 그 결과를 공표해야 한다.

Ⅴ. 바람직한 온실가스 감축 인프라 구축방안

1. 국가 온실가스 인벤토리

(1) 쟁점사항

앞에서 살펴본 것처럼 우리나라는 Annex I 국가가 아니어서 선진국처럼 국가 인벤토리보고서(NIR)를 매년 작성할 필요가 없다. 그러다 보니 그간 우리나라 국가 통계의 신뢰성에 많은 의문이 제기되곤 했다. 국가통계는 단순히 각 부문별 통계의 취합에 그치는 것이 아니라 국가 중장기 감축목표의 결정 및 이행조치와 직결되고, 또한 각 부문별 목표를 정하는 데 있어서도 근간이 된다. 물론 우리나라가 Post-2012체제에서 어떤 지위를 받느냐에 따라 NIR을 매년 작성해야 할 가능성이 있기도 하다.

이에 따라 현재 전문가뿐만 아니라 정부 부처 내에서도 기존의 국가 인벤토리 작성 시스템에서 벗어나 선진국처럼 국가 통계의 신뢰성 및 타당성을 제고할 수 있

26) 온실가스 감축목표 달성을 위해 대통령령으로 정하는 기준량 이상의 온실가스 배출 및 에너지 소비업체.

도록 새로운 시스템을 구축해야 한다는 데 공감대가 형성되고 있다. 다만 새로운 국가통계시스템 구축에 있어서 국가 온실가스 인벤토리 관리형식, 주관부처 선정 등의 이슈에 대해서 정부 내에 이견이 있는 것으로 알려지고 있다.

먼저 국가 인벤토리 관리형식에 있어서 중앙관리형이냐 아니면 분산관리형인지에 대해 의견이 엇갈리고 있다. 중앙관리형 국가 온실가스 관리체제를 도입하면 단기간내 국가 인벤토리 체계를 집중적으로 구축할 수 있고, 이에 따라 국가 인벤토리의 신뢰도를 향상시킬 수 있다는 점이 장점으로 부각될 수 있다. 특히 현재의 분산관리형에서의 자료의 독점체제는 인벤토리에 대해 제3자 검증을 요구하는 UNFCCC의 규정을 충족하는 데 한계가 있다는 점을 논거로 제시할 수 있다. 또한 인벤토리 작성·검증 주체와 인벤토리에 기반한 규제정책을 펼 경우 피규제자와의 객관적 거리 유지가 필수적이라는 점에서도 중앙관리형이 바람직한 점이 있다. 또한, 총괄관리기관에서 일정한 기준에 따라 배출량을 산정 및 관리하므로 효율적으로 인벤토리를 구축할 수 있다. 반면, 분산관리형은 현재 시행되고 있는 제도로 자료수집이 용이하고, 해당 부처에서 직접 통계를 작성할 때 우리나라 통계의 발전이 가능하다는 점을 논거로 제시할 수 있다.

두 번째로 국가 통계의 주관부처에 대해서도 이견이 있는 것으로 알려지고 있다. 이와 관련하여 국제적 추세 및 주요 국가와의 협력체계, 국가 인벤토리의 신뢰성 제고 가능성 등을 선정기준[27]으로 정하여 빠른 시일내 주관부처를 정하는 것이 바람직한 것으로 보인다.

(2) 국가 온실가스 인벤토리 체계 구상

중앙관리형 또는 분산관리형 모두 장단점을 갖고 있고, 주요 국가도 각국의 특성에 따라 인벤토리 관리 방식을 선택하고 있다. 그러나 현재 우리나라 국가 통계의 신뢰성에 의문이 제기되어 빠른 시일내 국가 인벤토리 체계를 구축할 필요가 있다는 점을 고려할 때 중앙관리형을 도입하는 것이 바람직한 것으로 보인다. 중앙관리형은 하나의 주관부처(single entity)가 각 부처(기관)에서 제출한 부문별 배출량 산정자료(활동자료 및 배출계수)를 토대로 UNFCCC 지침에 따라 온실가스 배출량을 산정하기 때문에 우리나라처럼 "국가인벤토리보고서(NIR)" 작성경험이 없는 국가가

27) 2006 IPCC 가이드라인에 의하면 "제3자 검토" 및 "여타 국가와의 상호 검토"가 바람직함을 규정하고 있다(2006 IPCC Guideline Vol. 1. 6.17 및 6.10.1).

앞으로 NIR을 단기간내 발전시키기 위해서는 책임을 지고 국가통계를 작성할 단일 기관을 선정하는 것이 효과적인 제도로 보이기 때문이다. 또한 중앙관리형을 도입할 경우 주요 배출원(에너지·산업공정)과의 독립적 관계 유지로 객관적인 통계작성이 가능하다. 다만, 기존 인벤토리 작성 경험과 부문별 배출계수 개발 필요성을 고려할 때 혼합관리형을 선택하는 것도 대안으로 검토할 수 있다고 여겨진다. 이 경우에도 가 부처(기관)에서 개발한 배출계수에 대한 검증 및 총괄관리, 부문별 인벤토리 제출 결과에 대한 품질인증(QA)은 필수적이며, 전체적인 안목에서 국가 온실가스 인벤토리를 총괄 관리할 수 있도록 단일 부처(기관)를 정하는 것도 필요한 것으로 보인다.

한편 인벤토리 관리 형식도 중요하지만 영국, 일본, 호주 등의 사례에서 보듯이 "전문가 검토위원회"에서 실질적으로 전문적인 검증 및 방법론을 발전시키는 것이 중요하다. 이와 관련하여 동 위원회의 독립성 및 전문성을 제고할 수 있도록 제도적인 보장과 함께 예산 및 인력을 충분히 지원하는 것이 필요하다. 물론 각 부처(기관)간 협력체계를 구축하고, 모든 자료를 공유하고 공개함으로써 투명하고, 신뢰할 만한 통계시스템을 마련하는 것도 필요한 것으로 보인다.

2. 배출원 인벤토리(배출량 의무보고제도)

(1) 쟁점사항

배출원 인벤토리의 핵심인 배출량 보고제도에 대해 정부 부처내에서 이견이 있는 것으로 알려지고 있다. 동 제도는 국내적으로 「저탄소녹색성장기본법」에 최초 제시된 것으로써 보고를 받는 주관부처 선정, 보고 대상업체(이른바 관리업체) 기준 등에서 의견이 엇갈리고 있다.

현재 우리나라는 대기환경보전법 및 에너지이용합리화법에 따라 일정 배출량 이상의 사업장은 에너지 사용량 등을 보고해야 하며, 이를 토대로 온실가스 배출량을 재산정하는 시스템을 운영하고 있다. 즉 대기 배출원 조사시스템 및 에너지사용량 신고제도를 통해 제출된 활동자료(에너지 사용량)를 토대로 사업장별 온실가스 배출량이 산정되고 있다. 다만 양 제도의 목적이 다른데, 대기환경보전법에 의한 보고제도는 온실가스를 포함하여 대기오염물질의 배출량 통계를 집계하기 위한 측면이 강한 반면 에너지 사용량 보고제도는 에너지의 안정적 수급 목적으로 통계가 집계된다고 할 수 있다. 아래 [표 10]은 위 두 제도를 비교한 것이다.

이와 관련하여 온실가스가 배출되는 과정 및 특성에 대한 이해 및 실측시스템 필요성에 대해서도 이견이 있는 것으로 알려지고 있다. 일반적으로 온실가스는 다른 대기오염물질과 함께 사업장에서 같은 배출구를 통해 배출된다. 또한 미국과 호주 등은 온실가스 실측의 중요성을 강조하고 있다. 현재 우리나라는 상당히 많은 사업장에 배출가스 실측시스템(CleanSYS)이 설치 · 운영되고 있어 사업장별 배출량 모니터링, 배출량 보고제도의 신뢰성 제고를 위한 교차 검증(Cross-checking) 및 사업장별 배출계수(Tier 3) 개발 · 검증이 가능토록 하는 인프라가 이미 구축되어 있다고 할 수 있다.

〈표 10〉 현 배출량 보고제도 및 시스템 비교

구분	대기배출원 관리시스템(SEMS)	에너지사용량 신고제도
근거	대기환경보전법 제17조	에너지이용합리화법 제31조
목적	대기관리정책의 수립 · 이행	에너지관련 정책의 수립 · 이행
대상 사업장	• 1~3종 약 4,089개('08) - 1종: 941개 - 2종: 1,314개 - 3종: 1,997개	• 2,000TOE 이상 2,811개('05) - 산업: 1,967, 건물: 815, 발전: 29 • 20,000TOE 이상 454개('05) - 산업: 409, 건물: 16 발전: 29
보고 항목	• 일반현황: 배출시설수 및 현황 • 굴뚝정보: 제원(굴뚝 내경, 높이), 방지시설 면제여부, CleanSys 부착여부 • 배출가스 농도, 오염물질 배출량 • 방지시설 정보: 처리용량, 처리물질, 처리효율, 설치연도, 운영비 • 보고항목: 배출시설별(공정별) 연료, 원료 및 전력 사용량, 제품생산량 현황	• 에너지사용실적 및 계획 • 에너지절약 실적 • 에너지사용 설비(발전설비 포함) • 대지 및 건물현황(단열, 냉난방 방식 등) • 설비별, 제품별 에너지 사용현황
담당자	• 사업장별 환경기술인 - 환경기술인 자격등급 등 정보 입력	• 사업장별 에너지관리자 - 에너지이용합리화법 65조
DB 현황	• CAPSS: 대기정책지원시스템('05) • GHG-CAPSS: 온실가스-대기오염물질 통합관리시스템('07)	• 국가 에너지 종합정보 DB

(2) 배출량 보고제도 구상

국제적으로도 온실가스 배출량을 보고할 때 '계산에 의한 방식'과 '실측에 의한 방식'이 모두 쓰이고 있으나, 정확성 측면에서 볼 때 실측에 의한 방식이 보다 바람직하다[28]고 할 수 있다. 다만 실측에 의한 방식은 추가적으로 비용이 소요된다는 점에서 기존 인프라가 구축되어 있는지 여부 등을 함께 고려해야 한다. 이러한 점에서 우리나라는 대기오염물질에 대해 실측 시스템(CleanSYS)이 구축되어 있으므로 다른 나라에 비해 실측에 의한 방식을 도입할 여건이 좋다고 할 수 있다.

다만 온실가스 배출량 보고제도가 최초로 도입되는 점을 감안할 때 초기에는 계산에 의한 산정방법과 측정에 의한 산정방법 중 사업장이 전략적으로 선택할 수 있도록 하는 것도 타당성이 있다고 할 수 있다. 실측 시스템이 없는 사업장의 경우 기존 보고체계를 근간으로 추가적인 검증을 거치도록 관련 규정에 반영하고, 굴뚝자

〈표 11〉 온실가스 배출량 의무보고제도 도입 방안

<table>
<tr><th>구 분</th><th>세부 내용</th></tr>
<tr><td>관리업체 기준(안)</td><td>• 온실가스 배출량 기준: 연간 2만 5천tCO_{2-eq} 이상 다배출사업자
• 에너지사용량 기준(환산시): 약 연간 450TJ 이상 에너지소비시설</td></tr>
<tr><td>대상 가스</td><td>• 6대 온실가스(CO_2, CH_4, N_2O, HFCs, PFCs, SF_6)</td></tr>
<tr><td>보고 대상 배출원</td><td>• 직접 온실가스 배출(Scope 1)
- 고정연소, 이동연소, 공정배출, 탈루성 온실가스 배출, 폐기물(매립/소각/폐수 등)
• 간접 온실가스 배출(Scope 2)
- 조직 경계 밖에서 생산된 전력・열・스팀의 사용</td></tr>
<tr><td>산정 방법</td><td>• 두 가지 산정방법론 중 사업장이 선택 가능
<table>
<tr><th>구분</th><th>계산에 따른 산정방법</th><th>측정에 따른 산정방법</th></tr>
<tr><td>특징</td><td>활동자료와 배출계수를 활용하여, 비교적 간단하게 산정가능</td><td>측정기기를 활용, 신뢰도 높은 배출량 산정・보고 가능</td></tr>
<tr><td>대상</td><td>• 대형 연소설비(발전 등)
• 산업공정 배출량</td><td>• CleanSys 설치 사업장 중
- 연소효율이 시간에 따라 다른 경우
- 복합 고체연료를 사용하는 시설
- 산업공정 배출원(배출구로 대기중에 유출되는 경우)</td></tr>
<tr><td>품질관리</td><td>전문 검증기관을 활용한 검증 필요</td><td>측정항목에 대해서는 대기환경보전법에 따라 정도관리</td></tr>
</table></td></tr>
<tr><td>보고 경로</td><td>• 관리업체(사업장) → 시・도지사 → 정부</td></tr>
</table>

28) 앞서 국제사례 부분에서 소개한 것처럼 미국의 "온실가스 배출량 의무보고제도(MRR)," 호주의 NGER법, EU의 ETS 산정지침 및 IPCC 2006년도 가이드라인 등에서는 우리나라 CleanSYS와 같은 연속측정시스템(실측에 의한 방식)이 보다 불확도(uncertainty)가 적음을 강조하고 있다. 문헌상의 근거로 "2006 IPCC 가이드라인 Vol. 1 Ch.3.1.6 및 6.7.16, Vol.2. Ch.1.3.1.," 미국 "Mandatory Reporting Rule(MRR) pp. 953-960" 등이 있다.

동측정기(CleanSYS)를 활용하여 측정에 따라 배출량을 보고할 경우 사업장 검증비용을 절감할 수 있도록 인센티브를 주는 방안을 검토할 필요가 있다. 특히 자동으로 실측할 경우 검증기관에서 사업장을 방문할 필요가 없다는 장점도 있다. 또한, 실측에 의해 온실가스 배출량을 보고할 경우 기존 대기배출원관리시스템(SEMS)과 통합 운영할 수 있어 사업장의 이중부담을 경감할 수 있는 측면이 있다고 할 수 있다.

3. 검인증 체계 구축방안

(1) 국가 온실가스 인벤토리

Post-2012 체제 협상에서 핵심 이슈 중의 하나는 국가가 정한 감축목표에 대해 MRV를 어떻게 적용할 것이냐 하는 것이다. 만약 MRV가 모든 국가의 감축목표에 적용될 경우[29] 세계의 온실가스 배출량 통계에 대한 신뢰성은 향상되어 미래 기후변화 영향 예측 및 분석, 각국의 온실가스 감축 정책의 효과성 분석에 도움이 될 수 있을 것이다. 또한 post-2012 체제가 미래의 배출량을 정량적으로 감축하도록 하고, 발리행동계획하의 MRV 정의가 교토의정서와 마라케쉬 합의문하에서 적용되는 정의와 비슷해지며, 현재의 non-Annex I 국가에 정기적인 온실가스 배출량 인벤토리 의무가 부과된다면 국가 수준의 검증체계에서 중대한 변화가 필요할 것이다.

다만 현재의 Post-2012체제 협상 진행상황을 볼 때 개도국이 자국에 불리한 검증체계를 받아들이기는 어렵다고 보는 것이 현실적일 것이다. 따라서 개도국의 감축노력을 "선진국의 지원을 받는 감축행동(supported mitigation actions)"과 "그렇지 않은 감축행동"으로 나눠서 살펴볼 필요가 있다.[30] 비구속적인 목표를 갖는 국가와 현재의 Annex I 국가와 같은 의무국가간에 MRV 규정이 다르게 적용될 가능성이 높다고 보는 것이 보다 현실적이기 때문이다. 그러나 만약 비구속력이 있는 목표를 갖고 있는 국가의 배출량 크레딧을 다른 국가에게 팔 수 있도록 허용된다면, 탄소 시장의 안정 및 거래의 신뢰성 제고를 위해서도 구속력이 있는 목표를 가진 국가와 마찬가지의 엄격한 가이드라인에 따라 측정하고 보고하며 검증하는 체계를 마련하는

29) 2009년 post-2012 체제 마련을 위한 협상시 호주는 선진/개도국 모두 국가 감축목표 및 이를 달성하기 위한 정책수단을 "National Scheduling"이라는 표에 포함하여 UN에 제출토록 하자는 제안을 한 바 있으며, 이에 대해 개도국은 크게 반발하였다.

30) 이른바 코펜하겐합의문에서는 "선진국의 지원을 받는 감축행동"에 대해 국제 수준의 MRV를 받는다는 문구가 있다.

것이 필요할 것이다.

(2) 배출원 인벤토리(배출량 의무보고제도 등)

저탄소녹색성장기본법 및 배출권거래제 도입 계획 등에 따라 앞으로 각 부문별 배출원의 온실가스 배출량에 대한 검인증체계 구축방안이 활발히 논의될 것이다. 그 동안 국내 검증업무는 CDM 사업[31]과 관련한 기관, 외국계 전문기관[32]을 중심으로 비교적 복잡하지 않은 검증활동이 이뤄져 왔다면, 앞으로는 배출권 거래제 도입에 대비하여 보다 복잡하고 다양한 국내 검증업무를 수행할 수 있도록 정교한 검인증 체계 구축, 검인증기관 육성 및 지원 방안을 마련하는 것이 긴요한 과제로 대두할 것이다.

검증기관은 감축의무를 받는 기업(사업장 등) 및 개별 감축 프로젝트(CDM 등)의 감축 실적 및 보고 등에 대해 정확성을 검증하고, 앞으로 도입될 관리업체의 온실가스 배출량 보고서에 대한 타당성도 함께 검토하는 기능을 갖게 될 것이다. 결국 검증기관의 능력, 인원구성, 검증원에 대한 재교육, 검증의 정확성을 담보하기 위한 교차 검증(cross-checking) 등 다각적인 제도를 도입할 필요가 있다.

이를 위해서는 검증기관 및 검증인의 자격요건을 명확히 하고(예: 일정기간 교육을 받거나 검증경험이 있는 인원의 최소 확보요건 등) 검증기관을 지정하고 검증활동에 대해 감시하는 인정기관을 둘 필요가 있다. 동 인정기관은 개별 검증기관의 활동 내역을 주기적으로 보고받고, 교차검증을 실시하며, 부정행위 등을 감시할 수 있는 능력과 시스템을 갖추고 있어야 한다.

그러나 앞으로 더욱 강화될 검증업무는 그 대상과 공정 등의 다양성에 따라 한층 더 복잡한 과정이 필요할 것이며, 많은 시행착오도 예상해야 한다. 이러한 부작용을 최소화하기 위해서는 결국 다양한 부문에 대한 표준적인 연구 및 데이터베이스 구축[33]을 통해 검증절차 및 업무의 질을 일정하게 유지할 수 있도록 부단한 감시 및 검증원에 대한 교육이 필요할 것이다.

---

31) CDM DOE(Designated Operation Entity): CDM 사업의 타당성 검토 및 검증을 수행하기 위해 UNFCCC에서 적합성을 평가하여 지정한 전문 운영기관.

32) 국내 운영중인 외국계 CDM DOE로 TUV SUD, DNV, BSI, SGS 등이 있다.

33) 우리나라의 일부 정부부처에서 배출량 산정/보고 및 검증 가이드라인을 발표하고 있다(예: 환경부의 배출권 거래제 시범사업을 위한 배출량 산정/보고 검증 가이드라인). 그러나 검증대상 사업장 등의 다양성(기기 및 공정 등)에 따라 검증기관과 인정기관과의 수시 협의 및 점검이 초기에는 필요할 것이다.

4. 상향식, 하향식 인벤토리간 상호 연계 및 비교 체계 구축

상향식(Bottom-up) 인벤토리 시스템인 배출원별 보고제도 및 지자체 배출량 인벤토리와, 하향식(Top-down) 인벤토리 시스템인 국가 온실가스 인벤토리간 상호비교를 통하여 신뢰성 있는 국가 인벤토리의 검증 업무 추진이 가능하다.

국가 인벤토리와 지자체 인벤토리는 부문별 총 배출량을 비교할 수 있다는 점에서 양 인벤토리간 상호 보완할 수 있는 방향으로 접근할 수 있다. 또한, 온실가스 감축을 실질적으로 추진하는 주체가 지자체라는 점에서 지자체 통계의 MRV를 국가 인벤토리 수준으로까지 상승시켜야 한다. 배출원별 인벤토리는 국가의 총 배출원을 모두 포함하지는 못하나, 국가 배출량의 검증에 유용한 용도로 사용할 수 있고, 일부 배출원의 경우에는 국가 통계로도 사용할 수 있다.

그리고 실측시스템인 CleanSYS가 배출량 의무보고제도에 활용되도록 하고, 국가 인벤토리에서는 활동자료 등의 검증에 이용하는 방안을 검토할 필요가 있다.

Ⅵ. 결 어

코펜하겐 기후변화 당사국 총회는 기후변화 대응이 상당히 어려움을 실증하였다고 할 수 있으며, 2010년에도 post-2012 체제 마련을 위한 국제협상에서 많은 논란과 고통이 수반될 것으로 예측된다. 그러나 기후변화로 인한 피해, 특히 최빈국(LDC), 군소도서국가(AOSIS) 및 아프리카 국가에 미치는 영향이 현실화되고 있어 post-2012 체제 마련을 위한 국제협상이 마냥 늘어질 수는 없을 것이다.

우리나라는 이러한 국제협상에 능동적으로 참여하여 post-2012 체제가 우리의 경제 및 사회에 미치게 될 영향을 최소화하는 한편 선진국과 개도국간 교량 역할도 적극적으로 수행해야 한다. 나아가 기후변화 위기를 도전으로만 인식하지 말고, 우리와 후손의 지속가능한 발전을 달성할 수 있는 기회로 전환시켜야 한다. 즉 우리나라의 경제 · 사회 시스템을 저탄소형으로 전환하고, 신성장동력을 창출하는 한편, 우리가 국제사회에 밝힌 중기감축목표도 성실히 이행함으로써 우리의 경쟁력을 중장기적으로 제고하고, 국격도 상승시켜야 한다. 우리 사회의 패러다임을 미래형으로 획기적으로 전환시켜야 한다.

이를 위해서는 먼저 우리나라의 온실가스 배출구조에 대한 면밀한 점검과 함께 경제·사회 전 부문에서 온실가스를 적게 배출하는 방안을 강구해야 한다. 이러한 목표를 달성하기 위해서는 기후변화 대응을 위한 인프라를 우선적으로 구축해야 한다. 미국, 일본, EU 등 우리보다 앞서서 기후변화에 대응한 국가의 사례를 연구하고 우리의 여건을 고려하여, 빠른 시일내에 온실가스 감축 기반을 구축해야 한다.

체계적이고 신뢰성있는 국가 온실가스 인벤토리 시스템을 우선적으로 구축해야 한다. 복잡한 온실가스 배출구조를 고려할 때 정확한 국가 온실가스 인벤토리가 구축되어야만 국가 중기감축목표를 달성하기 위한 부문별 세부 목표 등 후속조치가 뒤따를 수 있다. 또한 사업장 등 배출원에 대한 인벤토리 작성체계도 신속히 마련해야 한다. 사업장 의무보고 체계를 마련하고 이를 주관할 정부부처를 선정해야 한다. 이렇게 해야만 합리적인 온실가스 감축 정책 및 조치가 도출될 수 있다.

이러한 온실가스 감축 인프라 구축에 있어서 글로벌 스텐다드 및 추세, 국가 및 사업장 인벤토리의 특성 등을 종합적으로 고려해야 한다. 과거의 추진 주체와 경험을 판단기준으로 삼지 말고, 미래지향적 인식을 통해 국제사회에서 통용될 수 있고 앞서갈 수 있는 시스템을 만들어야 한다. 그래야만 우리나라에 대한 국제사회의 압력을 완화시킬 수 있고, 나아가 우리의 지속가능한 발전을 담보할 수 있다.

제 4 절 온실가스 배출권 할당방식에 관한 논쟁과 시사점

김 용 건*

Ⅰ. 배출권 거래의 개념과 구성요소

배출권 거래(marketable permit system; emissions trading)는 Dales(1968)에 의해 처음으로 제안된 후 환경문제를 해결하기 위한 시장유인정책의 하나로 배출부과금(effluent charge)제도와 함께 많은 학자들의 주목을 받아 왔으며 현재 미국을 비롯한 여러 나라에서 이를 활용하고 있거나 활용을 계획하고 있다. 특히 기후변화, 산성비, 오존층파괴와 같은 국제환경문제에서 현재 가장 유망한 정책수단으로 평가받고 있다.

배출권 거래제도는 Dales(1968)에 의해 거래제도라는 형태로 처음 제안되기는 하였으나 배출권 거래의 기본 개념은 Coase(1960)에서 출발한 것으로 인식된다. Coase(1960)는 사회적비용에 관한 논문에서 환경문제를 포함한 외부성의 문제는 근본적으로 불명확하거나 또는 정의되지 않은 재산권(property right) 때문에 발생한다고 보았다. 따라서 환경재에 대해 명확히 재산권을 정의해 줌으로써 경제주체간의 자발적 협상을 유도해 환경문제를 효율적으로 해결할 수 있다고 주장하였다. 이러한 Coase의 환경재에 대한 재산권과 경제주체간 자발적 협상의 논리는 배출권 거래제도의 핵심이라고 할 수 있다.

* 한국환경정책・평가연구원 선임연구위원.

배출권 거래제도는 환경 혹은 자원과 관련된 허가(권리)를 비교가능한 정량적 개념으로 정의하고, 이의 거래를 허용하는 제도라 할 수 있다. 이를 테면, 한 단위의 배출권은 일정량의 오염물질 배출에 대한 허가를 의미하며, 배출업소는 배출권 보유량 이하로 배출량을 줄이거나 다른 업체로부터 부족한 양에 해당하는 배출권을 구입할 수 있고, 배출량을 초과하는 양의 배출권을 보유하는 업체는 잉여배출권을 판매할 수 있는 것이다.

배출권 거래제도는 오염문제의 근본적 원인이 환경에 대한 재산권의 부재 혹은 불완전성에 있다는 인식하에, 환경(오염행위)에 대한 재산적 권리를 설계하고 경제주체간에 배분하여 거래토록 함으로써 효율적인 의사결정을 촉진하고자 하는 제도이다. 배출권 거래제도하에서 오염물질의 배출저감비용이 작은 업체는 배출량을 더 삭감하는 대신 상대적으로 비용이 큰 업체에게 배출권을 판매함으로써 이익을 얻을 수 있다. 또한 저감비용이 큰 업체는 무리한 저감노력을 하는 대신에 배출권을 매입함으로써 저감의무를 대신할 수 있다. 물론 이 때 지불하는 매입비용은 저감비용이 상대적으로 낮은 기업이 보다 많은 저감을 위해 노력하는 데 쓰일 것이다. 배출권의 거래가격은 판매자의 추가적 배출삭감비용보다는 크고 구매자가 절약하게 되는 삭감비용보다는 작은 수준에서 결정(합의)될 것이며, 결과적으로 총 배출량이 증가하지 않으면서 거래참여업체 모두가 이익을 얻을 수 있게 된다. 배출권 시장이 효율적으로 운영되어 이와 같은 호혜적 거래가 모두 성사된다면 비용상으로 사회적 최선의 자원배분이 달성될 수 있다.[1)]

이와 같은 비용효과성(효율성)은 배출권 거래제도의 가장 중요한 장점으로 평가된다. 거래비용이 없을 경우 배출권 거래제도는 배출권의 초기배분에 상관없이 정해진 환경의 질(총 배출량 관리목표)을 최소비용으로 달성할 수 있다. 단, 거래비용, 정보의 비대칭성, 가격조작 등의 요인이 효율성을 저하시킬 수 있다.

구체적으로, 배출권 거래제도하에서 오염물질 단위당 저감비용이 상대적으로 낮은 오염원은 가능한 한 배출량을 많이 줄여 이를 타 오염원에 판매함으로써 배출권의 판매수입을 올리려고 하고, 저감비용이 높은 오염원은 배출권의 매입을 통해 저감목표를 달성하고자 하기 때문에 전체적으로 오염물질 감축에 따른 저감비용을 감소시키는 거래가 발생하게 된다. 이러한 점은 [그림 1]의 예를 통해서 알 수 있다.

1) 배출권 거래제도의 경제적 효율성(비용효과성: cost-effectiveness)에 대한 이론적 증명은 Montgomery(1972)를 참조하시오.

〈그림 1〉 배출권 거래제도 하에서의 비용최소화

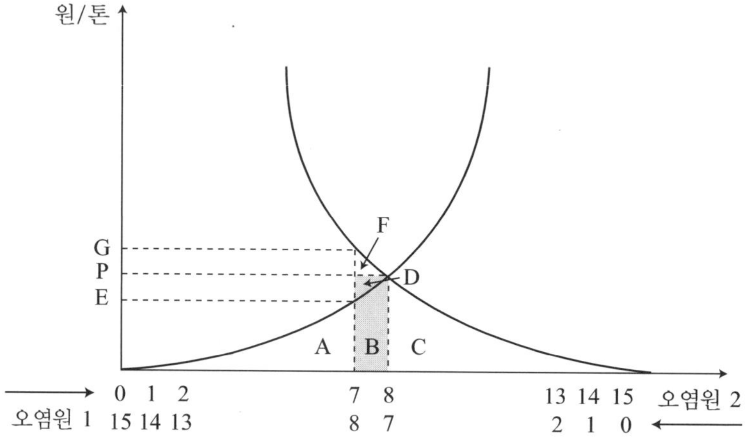

[그림 1]은 각 15톤의 오염물질을 배출하고 있는 두 오염원(국가 혹은 기업)의 한계저감비용을 나타내고 있다. 현재 오염물질 총 배출량은 30톤이고 목표로 하는 저감량이 15톤이라고 하자. X축은 15톤의 저감량을 달성할 수 있는 오염원간의 저감량 분배를 표현하고 있으며, 임의의 점에서의 총 저감비용은 두 오염원의 한계저감비용곡선 아래 부분 면적의 합으로 표현될 수 있다. 총비용을 최소화하는 오염물질 저감량의 분배는 오염원 1이 8톤을 저감하고 오염원 2가 7톤을 저감하는 경우로서, 총비용은 [A+B+C] 영역으로 표시되며 이때, 오염원의 한계저감비용이 동일하게 된다.2)

이제 초기에 할당된 오염물질 삭감량이 오염원 1에게는 7톤, 오염원 2에게는 8톤이라고 가정하자. [그림 1]에서 왼편의 세로점선이 이 경우를 표시하고 있다. 만약 두 오염원간의 배출권 거래가 없다고 가정한다면 이때 각 오염원이 부담하는 저감비용은 오염원 1의 경우는 [A]를, 오염원 2의 경우는 [B+C+D+F]가 되어 총비용은 [A+B+C+D+F] 영역이 된다.

그러나 두 오염원간의 배출권 거래가 허용된 경우에는 다른 결과가 발생된다. 즉, 현재 할당된 저감량 수준에서 오염원 1의 한계저감비용은 "E"이고 오염원 2의 한계저감비용은 "G"이다. 이것을 달리 표현하면 오염원 1의 경우 온실가스 배출권

2) 그림에서 횡축은 삭감량을 나타낸다. 편의상 배출량이 아닌 삭감량을 기준으로 설명하였는데, 배출량과 삭감량은 상호 대칭관계에 있으므로 본고에서 설명하고 있는 논리는 배출량의 경우에도 그대로 적용될 수 있다.

가격이 "E"수준 이상이라면 배출권을 매각할 용의가 있고, 반면에 오염원 2의 경우 배출권의 가격이 "G"수준 이하라고 한다면 배출권을 구입할 용의가 있다는 것을 의미한다. 그러므로 배출권 가격이 "E"와 "G" 사이에 형성된다면 배출권의 거래는 이루어지게 되며, 두 오염원의 한계저감비용이 동일하게 되는 점에서 배출권의 가격(P)이 결정되고 이때 배출권시장에서의 수요와 공급이 균형을 이루게 된다. 이때 [B+D] 영역만큼의 금액이 배출권의 거래를 통해서 오염원 2에서 오염원 1로 이전되고 오염저감비용은 오염원 1이 [A+B] 영역만큼을 그리고 오염원 2가 [C] 영역만큼을 부담하게 된다. 결과적으로 배출권 거래제도 하에서는 배출권의 거래를 통해서 전체적으로 [D+F] 영역만큼의 비용을 절감하게 되어 비용최소화를 달성하게 된다.

이러한 비용효과성은 배출부과금에 의해서도 달성될 수 있다. 거래비용이 없는 완전경쟁상태에서 초기배분을 경매에 의존하는 배출권 거래제도는 배출부과금제도와 동일한 자원배분을 가져오는 것으로 알려져 있다. 위의 예에서, '15'만큼의 삭감을 요구하는 배출권을 발행하는 거래제도하에서의 균형시장가격이 P라고 할 때, P의 세율을 갖는 배출부과금하에서 발생되는 균형삭감량은 '15'가 된다.

배출권 거래제도를 배출부과금과 구별되게 하면서 후자에 비해 우수한 점으로 평가받는 점은 불확실성 하에서 배출총량의 직접관리를 통한 '환경의 질' 개선효과를 보장한다는 점이다. 명확한 목표관리를 통해 정책의 효과성 확보가 가능하고 정책시행의 사후평가가 용이하도록 해준다.

"형평성과 효율성의 조화(혹은 분리) 가능성(separation of efficiency and equity)"도 배출권 거래제도의 장점으로 평가받는다. 즉, 경제적 효율성을 저해하지 않으면서 초기배분의 자유로운 조정을 통해 경제주체간의 이익배분을 조정할 수 있다. 배출권의 초기배분시 유·무상 분배방식의 적절한 혼합을 통해 배출업소의 경제적 부담을 적정수준으로 유지할 수 있도록 함으로써, 거래주체, 거래규칙의 설계를 통해 관련 당사자의 이해관계 조정이 용이하다. 이 외에도 기술개발을 촉진하고[3] 효율적인 자원배분을 촉진하는 가격기구로서의 역할을 할 수 있으며,[4] 경제주체의 자율성에 기초한 상호견제와 협력을 촉진할 수 있다는 장점을 갖고 있다.[5]

3) 배출권 판매업체 및 매입업체 모두에 있어서 직접규제시 보다 기술개발의 유인이 높다.
4) 주어진 환경목표 하에서 환경자원에 대한 올바른 가격을 생산하여 자원배분의 효율성을 극대화할 수 있는 의사결정을 유도할 수 있다.
5) 오염총량이 정해진 상황에서 업체상호간 배출량에 대한 상호감시를 유도하고, 배출저감 기술

배출권 거래제도의 단점은 감시 및 행정비용과 거래비용이 클 수 있다는 것이다. 직접규제수단에 비해 정교한 배출측정방식이 필요하며, 거래자의 탐색, 거래승인 등에 따른 거래비용이 발생한다. 또한 시장의 불확실성에 따른 위험비용이 발생할 수 있다. 독과점, 불완전 정보 등에 따른 배출권 가격의 불안정성, 정산에 따른 시장의 불안정성 등 경제주체가 당면하는 불확실성과 불안정성이 증가될 수 있다. 목표 오염총량의 결정과정이 없다는 점도 지적될 수 있다. 환경목표의 설정과 이에 상응하는 목표 오염총량의 결정을 위해서는 환경적 피해에 대한 정보와 정책적 판단이 필요하다.

배출권 거래제도는 크게 두 가지 유형으로 구분될 수 있다. 하나는 삭감인증권 거래(Baseline and Credit)이고 다른 하나는 총량고정 배출권 거래(Cap and Trade)이다.[6] 전자는 어떤 배출원이 제도가 정하는 일정한 기준배출량(Baseline)보다 낮은 수준의 배출을 인정받을 경우 그 차이 만큼을 삭감인증권으로 획득하여 판매할 수 있는 제도이고, 후자는 배출총량 목표를 정하고 이에 해당하는 배출권을 할당하고 거래할 수 있도록 하는 제도(배출원은 배출권 보유량을 초과하여 배출할 수 없음)이다. 삭감인증권 거래는 배출권의 공급 측면에만 국한되는 개념으로서 배출권의 수요를 창출하는 제도적 기반 없이는 존재하기 어렵다. 반면 총량고정 배출권 거래는 그 자체로 배출권 공급과 수요를 포괄하는 제도이다. 아래에서는 총량고정 배출권 거래에 한정하여 논의하도록 한다.

총량고정 배출권 거래제도를 구성하는 주요 항목은 배출한도 이행기간, 총량배출한도의 수준, 배출규제의 적용대상 오염물질 및 오염원, 배출한도에 해당하는 배출권의 할당 방법, 배출권 거래 규칙(이월, 차입, 가격규제 등), 배출권 확보의무 위반시 벌칙, 배출량 측정방법 등을 들 수 있다. 이 중에서도 배출권 할당방법은 가장 핵심적인 설계변수로 인식되고 있다. 이는 배출권의 할당이 관련 경제주체의 경제적 이해관계에 가장 직접적인 영향을 미치기 때문이다. 배출권의 할당방법은 이처럼 형평성 측면의 중요성뿐만 아니라 배출권 거래제도의 경제적 효율성에도 큰 영향을

투자에 대한 상호협력을 증진시킬 수 있다.

6) 삭감인증권 거래나 총량고정 배출권 거래로 분류되기 어려운 형태의 배출권 거래제도도 설계될 수 있는데, 주목할 만한 예로서 영국에서 2002~2006년간 시행했던 인센티브 경매(Incentive Auction)를 들 수 있다. 인센티브 경매는 일정수준의 재원을 배분함으로써 배출삭감 목표와 배출권 할당을 동시에 진행하는 방식이다. 이에 대해서는 한국환경정책·평가연구원(2001) 및 Kim et. al.(2003)에서 상세한 설명을 볼 수 있다.

미칠 수 있으며 제도 관련 행정비용과 환경적 효과성에도 적지 않은 영향을 미친다.

배출권 거래제도는 배출권이라는 권리의 할당과 배출행위에 대한 배출권 확보(혹은 제출)의 의무 부과라는 두 가지 측면의 규칙을 필요로 한다. 원칙적으로 배출자는 배출량에 상당하는 배출권을 확보·제출해야 하며, 이를 위해 배출권을 구매하거나 초기에 할당받은 배출권을 이용할 수 있고 배출량 삭감을 통해 잉여배출권을 판매할 수도 있다. 이처럼 배출량에 상당하는 배출권 확보의 의무를 갖는 배출자를 규제대상이라 부르도록 한다.

배출권의 할당은 배출권을 누구에게 어떤 방법으로 나누어 줄 것인가에 관한 문제이다. 개념적으로 배출권 할당의 대상이 되는 경제주체는 배출권 확보의무를 갖는 규제대상과 다를 수 있다. 예를 들면 배출권을 일반 국민에게 할당하되, 배출권 확보의무는 최종배출자로서의 기업에 부담시킬 수 있다. 하지만 통상적으로 규제대상에게 배출권을 할당하는 방안이 보편적으로 적용되고 있다. 즉, 규제 대상인 배출원에게 배출권을 직접 할당하는 것이 일반적이다. 아래에서도 이처럼 규제 대상을 배출권 할당 대상으로 한정하여 논의하도록 한다.

Ⅱ. 배출권 할당 방법의 유형과 특징

총량고정 배출권 거래제도(Cap and Trade)에서 주어진 배출총량에 해당하는 배출권을 할당하는 방법은 크게 유상과 무상 두 가지로 나눌 수 있다. 유상 할당에는 일정한 가격으로 규제당국이 배출원에 판매하는 직접판매 방식과 경매를 통해 할당하는 방식이 활용될 수 있다. 하지만 배출총량이 고정되어 있는 총량고정 배출권 거래제도에서 배출권의 가격은 시장의 수급상황에 따라 결정되기 때문에 정해진 가격에 기초한 직접판매는 보완적인 수단으로서의 역할에 한정될 수밖에 없다.

유상과 무상 두 가지 할당방식이 갖는 매우 중요한 차이의 하나는 후자의 경우 신규 및 폐쇄 배출원에 대한 별도의 할당 규칙이 필요하다는 것이다. 즉, 무상할당의 경우 할당을 위한 기준이 필요하며, 이러한 기준은 과거의 실적이 고려되어야 하는 경우가 많은데 신규 배출원의 경우는 현재 존재하지 않으므로 그러한 기준 실적이 없으며, 따라서 이에 대한 추가적인 규칙이 필요하다. 또한 배출원이 폐쇄될 경우 무상으로 할당되는 배출권을 계속해서 무상으로 공여할 것인가 폐쇄 후에는 무상 공여를 중단할 것인가에 대한 규칙이 필요하다. 이러한 신규 및 폐쇄 배출원에 대한 할당 규칙은 주어진 배출총량을 유지할 수 있는 가능성에도 영향을 미친다. 예를 들어 신규 배출원에 대한 배출권 할당을 고려하여 미리 일정량의 배출권을 규제당국이 보유하다가 미래에 신규 배출원이 출현할 경우 이 범위 내에서 배출권을 무상할당 할 수 있을 것이다. 만일 예상보다 많은 신규 배출원이 출현할 경우 일부 신규 배출원에 대해서는 무상할당을 하지 않을 것인가도 중요한 문제인데, 이 경우 새로운 기업의 출현과 투자를 저해하는 문제를 야기할 수 있다. 반면에 주어진 배출한도를 초과하여 추가적으로 배출권을 할당한다면 이는 총량고정 배출권 거래제도의 장점을 포기하게 되는 결과를 초래할 수 있으며, 그렇다고 너무 많은 배출권을 신규배출권을 위하여 별도 보유하기에는 기존의 배출원에 대한 할당량을 지나치게 많이 줄여야 하는 문제가 발생한다. 주어진 배출한도를 맞추기 위해서 추가적으로 필요한 신규배출원 할당량을 별도의 경매 등의 절차를 통해 정부가 시장에서 구매하는 방법이 활용될 수도 있으며, 마찬가지로 폐쇄 배출원으로부터 회수되는 배출권을 경매 등을 통해 정부가 시장에 판매할 수도 있다.

무상할당은 다양한 공식에 따라 이루어질 수 있는데, 크게 불변실적 기준 무상분배(Grandfathering)와 실적조정 무상분배(Updating)의 두 가지로 구분할 수 있다. Grandfathering은 과거 기준연도(기간)의 배출량/투입열량/산출물(kWh 등) 등의 평균 또는 최고치(혹은 최고치 2~3년의 평균)를 기준으로 할당하는 방법이다. 과거 배출량을 배출권리로 인정해 주는 방법으로 비규제자의 반대를 최소화한다는 실행상의 용이성(정치적 수용성)이 있지만 시행 이전 단계에서의 배출삭감노력에 대한 역인센티브 초래 가능성이 높다. 즉, 배출을 많이 한 오염원일수록 이익을 얻게 되며, 이러한 정책이 예견될 경우 오염원은 전략적으로 배출을 늘리는 왜곡된 행태를 보일 수 있다. 또한 오염원에게 무상으로 배출권을 부여함으로서 오염원의 자산을 증가시키고, 산출물의 가격인상을 통해 소비자에게로의 부담전가가 가능할 경우 오히려 오염자가 횡재이윤(windfall profit)을 향유하는 결과를 초래하기도 한다.[7] 투입열량이나 산출물을 기준으로 배출계수(업종별 차별화 가능)를 적용하여 할당할 경우(이를 벤치마킹(Benchmarking)이라고 부름)에는 과거 삭감노력에 대해 일부 보상이

7) 미국의 CFC 쿼터제도에서 이같은 문제가 제기되어 CFC 배출업체의 부당이익환수를 위한 탄소세의 추가 도입된 바 있으며, EU의 온실가스 배출권거래에서도 전력부문이 배출권 무상 취득 및 전력가격 상승을 통해 높은 추가 이윤을 향유하고 있다는 지적이 제기된 바 있다.

가능하지만 업종 및 업체간 일률적인 기준 마련이 어렵기 때문에 구체적인 기준의 설정이 대단히 복잡해진다.

벤치마킹의 경우 할당기준 지표, 동일기준 적용 그룹 분류, 기준값의 선정방법 등에 따라 매우 복잡다양한 방법이 설계될 수 있다. 할당기준 지표의 경우 산출물량(output), 생산능력(용량: capacity), 투입물량(input) 등이 활용될 수 있다. 또한 기준별로 동일한 공식이 적용되는 시설 그룹을 어떻게 정의할 것인가도 매우 중요한 문제이다. 산출물의 동질성을 기준으로 그룹을 나눌 수도 있으며 생산공정이나 투입에너지/원료, 시설 연령 등을 기준으로 나눌 수도 있다. 또한 기준값(benchmark parameter)의 선정방법으로서 과거실적의 비중, 동일그룹내 과거실적 평균 혹은 이의 백분위수(percentile), Best Available Control Technology(BACT) 기준 등이 적용될 수 있다. 과거실적 평균이나 백분위수, BACT 기준 등은 주어진 배출한도를 하향식(top-down)으로 나누는 기준으로서보다는 배출한도 자체를 상향식(bottop-up)으로 정해 나갈 때, 혹은 신규배출원 할당방식으로 보다 유용하게 사용될 수 있다.

Updating은 할당의 기준이 되는 실적을 기간에 따라 조정하여 적용하는 것이다. 예를 들면 대상연도 대비 전년도(기간) 또는 당해연도의 투입열량 혹은 산출물에 비례하여 할당하는 것을 의미한다. 당해연도 투입열량 혹은 산출물 등에 비례하여 할당할 경우, 열량 또는 산출물 단위당 배출량에 대한 규제로서 원단위 혹은 배출집약도(emission intensity) 규제와 유사하다.[8] 이는 배출 원단위의 개선에 대한 지속적이고 추가적인 유인을 제공한다는 장점이 있으나, 서로 다른 배출자의 특성(투입 및 산출물의 다양성 등)을 고려할 수 있는 원단위 기준의 설정 자체가 복잡하다는 문제 이외에도 산출보조금(output subsity) 효과를 통한 인센티브 왜곡 가능성이 단점으로 지적된다. 산출보조금 효과란 배출권을 산출물 규모에 비례하여 무상할당할 경우 산출물 자체를 늘림으로써 배출권을 확보하려는 유인을 제공하기 때문에 원단위의 부분적인 하락에도 불구하고 산출물 시장에서의 과당경쟁과 총량적인 배출행위 증가를 유발하게 되는 것을 말한다. 이는 소비자 후생을 증가시킬 수 있지만 생산자 비용과 배출행위를 상승시키는 문제점을 초래할 수 있다.

Updating은 특정 배출원에 공여되는 미래 할당량이 배출원의 현재 혹은 미래의

8) 당해연도의 투입 혹은 산출량 등에 연계된 극단적 형태의 Updating의 경우 배출권의 총 할당량이 당해 연도 의사결정 결과에 따라 사후적으로 결정(혹은 조정)되어야 하는데, 이 경우 주어진 배출한도를 지키기 위해서는 배출권 할당량의 최종 확정시에 당해연도의 관련 실적이 반영된 조정계수의 적용이 필요하다.

의사결정에 의해 영향을 받는다는 점에서 다른 무상할당과 구별된다. 이러한 특성은 배출원의 온실가스 감축노력에 있어서도 미래 할당량 증가를 목적으로 하는 전략적 행태를 유발할 수 있다는 점에서 경제시스템의 효율성을 훼손할 수 있다. 신규 배출원에 대한 무상할당(혹은 폐쇄 배출원의 무상할당 중단)의 경우도 Updating의 한 형태로서 경제적 효율성에 문제를 야기할 수 있다.

Ⅲ. 주요 배출권 거래제도의 할당 기준

〈표 1〉에서 볼 수 있듯이 과거에 시행된 배출권 거래제도 대부분의 경우 배출량 혹은 생산량에 기초한 무상할당이 주된 할당방법으로 활용되어 왔다. 최근에는 온실가스에 대한 배출권 거래제도가 광범위하게 적용되고 있으나 과거 대부분의 사례는 미국의 대기정책 분야에 집중되어 있다. 2002년에 시행된 영국의 온실가스 배출권 거래제도(UK ETS)에서는 인센티브 경매가 주된 할당방법으로 활용되었는데 이는 배출권을 판매하는 것이 아니라 삭감실적을 정부가 구입하는 수단으로서 경매가 활용된 것이다. 이는 과거 배출실적에 상응하는 배출권을 무상 배분한 후 정부가 주어진 재원을 활용하여 배출권의 일부를 구매하는 개념으로 이해할 수 있는데, 자발적 참여 방식의 비강제적 배출권 거래제도 시행시 적용가능한 방식이다. 강제적인 총량고정 배출권 거래제도에서도 이와 유사한 형태의 인센티브 경매가 설계될 수 있는데, 1차적으로 과거 실적 등을 기준으로 무상할당 한 후 주어진 총량한도 수준에 이를 때까지 정부가 경매를 통해 배출권을 구매할 수 있다.

2005년부터 시행하고 있는 유럽연합의 배출권 거래제도(EU ETS) Phase I (2005~2007년)에서는 과거 배출실적에 따른 무상분배가 가장 광범위하게 적용되고 있으며, 신규 배출원에 대해서는 벤치마킹 방법이 주로 적용되고 있다. Phase II (2008~2012년)에서는 신규 배출원은 물론 기존 배출원에 대해서도 벤치마킹의 적용이 확대되는 경향을 보이고 있다.

또한 Phase Ⅰ에서는 경매 비중 상한선이 5%였으나 Phase Ⅱ에서는 상한선이 10%로 증가하였다. 물론 대부분의 국가에서 상한선에 크게 못 미치는 수준의 경매를 활용하였다. 2012년 이후에는 경매의 비중이 대폭 확대될 예정이다. 전력부문의 경우 100% 유상 경매가 추진되고 있으며, 다른 업종의 경우도 2013년 20%에서 시

〈표 1〉 주요 배출권 거래제도의 할당기준

프로그램	물질	규제대상	할당연도	할당방법	참 고
산성비 프로그램	SO_2	석탄발전소	Phase I ('95~'99); Phase II ('00~)	['85~'87년간 소비연료의 투입열량 평균]×[Emission rate] Emissions rate=2.5 pound/mmBtu(Phase I)→1.2(Phase II)	수지균형경매(revenue neutral auction) 병행 (총량의 2.8%)
RE-CLAIM	SO_2 NOx	SO_2 또는 NOx 4톤 이상 배출업소	1994~2003(매년 7~8% 삭감)	['89~'92년 중 peak activity level(생산량 또는 투입열량)]×[업종별 계수]	'87, '88 및 '93년 activity level이 높을 경우 non-tradable allocation
OTC	NOx	주정부	1999~	'90년 배출량 대비 55% 삭감('99년까지) 및 70% 삭감('03)	
OTC (메사추세추)	NOx	화석연료 연소 보일러 및 간접 열교환기 (투입열량 250mmBtu/hour 이상), 15Mw 이상 발전소	1999~	'94~'98년 중 전력생산 최고연도 2년의 평균(후속연도의 할당은 각 연도의 4~6년 전년도 중 전력생산 최고연도 2개 연도의 평균)을 기준으로, 1.5 lb/MWh (발전소) 또는 0.44 lb/mmBtu (steam output or heat input)	신규발전소에 대해서도 동일한 기준으로 할당 (5% set-aside for new sources)
OTC (기타 주정부)	NOx	상동	1999~	[뉴햄프셔] 3년 및 4년전 발전량 평균에 비례 [뉴저지] 과거 3년중 투입열량이 높은 2년의 평균에 비례 [펜실베이니아] 3년전 투입열량에 표준배출계수 적용	[코네티컷] '97 및 '98년의 early emission reduction에 대한 one-time additional allowance credit
EPA SIP Call	NOx	25Mw 이상 발전기의 보일러 및 250mmBtu/hour 이상의 산업용 보일러	2004~	매 5년마다 과거 5년간 activity에 비례하여 Updating, 최소 3년전 할당, 주정부 차원의 총량목표 달성(기타사항은 주정부 재량으로 할당)	신규 업체 할당: 발전소 0.15 lbs/mmBtu, 기타 0.17 lbs/mmBtu
영국	CO_2	자발적 참여(발전소 제외)	2002~2006	인센티브 경매(기준연도: 1998~2000)	5년간 삭감량 경매를 통해 £215백만 배분

자료원: 한국환경정책·평가연구원(2003).

〈표 2〉 EU ETS Phase II의 국가별 할당방법

국가	경매 비중	대상 배출원	할당 기준
오스트리아	1.22%	업종	emissions(02-05)×growth rate×sectoral reduction potentia l* CF(S)
		기존	E) production(02-05)×uniform BAT-BM* CF N) emission(02-05)×reduction potential* CF(S)
		신규	authorized capacity, load factor, installation-based BAT
독일	0%	기존	E) fuel-specific BAT-BM×average capacity use(00-05) N) average emission(00-05)* CF(=0.9875)
		신규	E) fuel-specific BAT-BM, standardized load factor N) homogenous product(e.g. cement, glass, tiles) - standardized load factors, BAT-BM(differentiated by sub-product groups or technologies); Others - BAT
프랑스	0%	업종	production(04/05)×growth rate×average BM(04/05)×reduction potentia l×CF(=0.9729)
		기존	installation's share of emissions in BP(varying: 1996 to 2005)
		신규	BAT-BM×projected output
그리스	0%	업종	projected emission* CF(=0.89 for combustion; =1.0 for CHP and process emission; =0.91 to 0.99 for industry)
		기존	average emission(00-04, without lowest year)* CF(S)
		신규	capacity×load factor×specific emission factor×CF(S)
영국	7%	업종	E) (total ET budget - industry allocation)×CF(=0.7) N) proj. emission incl. growth and reduct. potential: CF=1
		기존	E) capacity×standardized load factor(00-03)×technology-and fuel-based BM N) installation's share emissions in 3 years out of 2000-2003
		신규	E) uniform BM×standardized load factor×CF(=0.7) N) uniform BM×standardized load factor×CF(=0.9-0.95)
네덜란드	4%	기존	E) average emission(3yr. from 00-05)×growth factor×efficiency factor ×CF(=0.73) N) average emission(3yr. from 00-05)×growth factor(1.7)×efficiency factor×CF(=0.87-0.92)
		신규	BAT-BM (covenant)×projected output(capped at 90%)

자료원: Schleich(2007)의 Annex 표 발췌 · 요약.

주) '업종' 행이 있는 경우는 업종에 대한 1차 할당이 있는 경우(이 경우 업종내 시설별로 2차 할당이 이루어짐)이며, 없는 경우는 업종에 대한 할당 과정 없이 시설에 대해 바로 할당하는 경우임. '기존'과 '신규'는 각각 기존 배출시설과 신규 배출시설에 대한 기준을 뜻함. CF는 compliance factor의 약자로서 국가별 감축목표 달성을 위한 조정계수이며, CF(S)는 업종별 특성이 반영된 sector-specific CF를 뜻함. BAT는 Best Available Technology의 약자이며 BM은 Benchmark의 약자임. E)는 에너지시설, N)는 비에너지 시설에 대한 기준을 뜻함.

작하여 2020년 70%, 2027년에는 100%로 경매 비중을 높일 계획이다. 단, 국제경쟁력 문제가 심각한 일부 업종에 대해서는 100% 무상할당을 허용할 예정인데, 온실가스 규제에 따른 비용증가영향이 5% 이상이며 수출입비중이 10% 이상인 업종 혹은 비용증가영향이나 수출입비중의 어느 하나라도 30% 이상인 업종에 대하여 적용할 계획이다.

EU ETS는 2012년 이후에 대한 계획에서 무상할당의 경우효율 기준 상위 30%를 기준으로 하는 벤치마킹 방식으로 할당방법을 제한할 것을 검토중이다. 한편 신규 진입 배출원을 위해 총 할당량의 5%를 유보하도록 하는 안이 추진중이다.

6월 26일 미국 하원을 통과한 Waxman-Markey의 American Clean Energy Security Act에서도 배출권 할당방식으로 점진적인 경매의 확대를 규정하고 있다.[9) 법안은 2013년 20%에서 2030년 70%로 경매 비중을 높이도록 규정하고 있다. 또한 연방 환경청(EPA)으로 하여금 연간 27억톤 상당의 배출권을 비축하도록 하고 시장가격 급등시 경매를 통해 이를 방출함으로써 시장 안정화에 노력하도록 하고 있으며, 개발도상국의 산림훼손 방지를 위한 지원을 위해 2012~2025년간 약 5%의 배출권을 경매를 통해 판매하도록 규정하고 있다.

Waxman-Markey 법안에서도 자국 기업의 국제경쟁력을 보호하기 위한 규정을 포함하고 있는데, 매출액 대비 에너지 혹은 온실가스 집약도가 5% 이상이고 수출입 비중이 15% 이상인 업종(또는 에너지 혹은 온실가스 집약도가 20% 이상인 업종)에 대해 온실가스 규제에 따른 직간접 비용을 지원하도록 하고, 이러한 지원을 배출권의 무상배분(Updating 방법)을 통해 시행할 계획이다.[10) 이러한 국제경쟁력 보호규정에 따른 무상할당량은 전체의 약 20% 수준으로 예측되는데 2035년까지 점진적으로 소멸시킬 예정이다.

Waxman-Markey 법안은 전력, 천연가스, 난방유 등에 대해서 소비자 가격상

---

9) Waxman-Markey 법안은 교토의정서상의 온실가스 6종(CO_2, CH_4, N_2O, SF_6, HFCs, PFC)뿐만 아니라 NF_3에 대해서도 배출권 거래제를 적용하고 있으며, HFCs에 대해서는 다른 온실가스와 달리 별도의 독립된 시장을 형성하도록 규정하고 있다. 또한 블랙카본에 대해서도 배출권 거래제도는 아니지만 배출규제 조항을 두고 있다.

10) Waxman-Markey 법안에서는 에너지 집약도(energy intensity)를 전력 및 연료 구입비용을 출하액(value of shipment)으로 나눈 값으로, 온실가스 집약도(GHG intensity)는 온실가스 배출량(tCO_2e: 직접연료연소, 공정배출, 전력사용에 따른 간접배출 포함)의 20배를 출하액으로 나눈 값으로 정의하고 있다. 또한 수출입 비중(trade intensity)은 수출과 수입의 총액을 출하액과 수입액의 합으로 나눈 값으로 정의하고 있다.

승을 억제하기 위해 관련 생산·판매 업체에게 총 배출한도의 약 40%를 무상 할당할 계획이며, 주정부, 자동차 제작사, 탄소포집저장(CCS) 시범사업자 등에 대해서도 청정기술개발을 지원하기 위해 총량의 약 20%를 무상할당할 계획이다.[11] 나머지 배출권은 경매를 통해 배분되도록 규정되어 있으며 그 양은 2012년 전체의 약 18%에서 2030년에는 70%까지 증가할 전망이다.

미국에서는 북동부 및 중부의 10개 주에서 2009년부터 지역온실가스규제(Regional Greenhouse Gas Initiative: RGGI)를 시행하고 있는데, RGGI에서는 총 배출권의 95%를 경매(분기별로 연간 4회)를 통해 배분하고 있다.[12] 2008년 9월 및 12월에

〈표 3〉 Waxman-Markey 법안에서의 할당 계획

구 분	할당대상	할당방법	할당량 비중 (2012~2050)
에너지 부문 할당	전력 및 가스 판매자	무상(Grandfathering) (소비자 보조금)	23%
저소득층 지원	-	경매	15%
소비자 지원	-	경매	20%
기술개발·보급 지원	주·지방정부	무상	15%
국제경쟁력 보호	에너지 다소비업종	무상(Updating)	8%
국내연료생산촉진	국내 정유사	무상	1%
전략비축분	-	경매(최소가격 $28/t$CO_2$e)	2%
발전소 할당	석탄발전소 및 장기계약 발전소 등	무상	3%
개도국 열대우림 보존	-	경매	4%
적응 지원	-	경매	7%
기타	조기행동, 고용 촉진, 재정적자 보전 등	경매 등	2%

11) Waxman-Markey 법안은 전력, 천연가스 등 에너지 기업(대부분의 경우 정부의 가격규제(cost-of-service regulation)를 받고 있음)에 대해 무상으로 할당받는 배출권의 경제적 가치에 해당되는 재원을 소비자에 대한 고정 환급금(lump-sum rebate)으로 지출하도록 규정하고 있다.

12) RGGI는 2019년까지 2009년 수준의 10% 삭감을 목표로 발전소에 대하여 강제적인 총량고정 배출권 거래제도를 시행하고 있다. 이행기간(compliance period)은 2009~2011, 2012~2014, 2015~2019의 세 구간으로 나뉘며, 기간간 예치(banking)는 허용되나 차입(borrowing)은 허용되지 않는다. 2008년에 약 65백만톤이 $246백만에 거래되었으며, 2009년 3월 3차 경매에서는 33.7백만톤이 $106백만에 거래되었다.

각각 12.6 및 31.5백만톤에 대하여 2차례의 조기 경매(pre-compliance auction)가 시행되었으며, 가격은 약 $3.9/톤으로 상당히 낮은 수준으로 보고되고 있다. RGGI의 경매는 $1.86/톤의 최저가격이 정해져 있는데 이는 ICF International의 모델분석결과에 따른 배출권 가격 예측치 $2.32의 80% 수준이다.

Ⅳ. 배출권 할당방식별 비교평가

1. 평가 기준

할당방법을 선택할 때 고려되어야 할 기준으로는 환경적 효과성, 경제적 효율성, 행정비용, 분배의 형평성 등 다양한 원칙들이 있다. 무엇보다도 할당방법이 주어진 환경목표, 즉 온실가스 감축목표를 달성하도록 담보할 수 있어야 할 것이다. 총량고정 배출권 거래제도의 경우 배출한도 자체가 사전에 고정되기 때문에 감축목표의 달성 자체는 할당방법과 무관한 것으로 평가할 수 있다. 따라서 총량고정 배출권 거래제도에 한정하여 논의하는 본 연구에서는 별도의 평가기준으로서 고려하지 않도록 한다.[13] 다만 총량고정 배출권 거래가 적용되는 (규제대상 배출원) 범위를 넘어서 보다 포괄적인 배출원을 고려할 경우 거래제도 적용대상 배출원의 배출삭감 노력이 적용 대상 이외의 배출원에서의 배출증가를 초래하는 소위 탄소 누출(carbon leakage) 문제의 심각성이 환경적 효과성 기준에서 검토될 수 있는데, 본고에서는 이를 경쟁력 왜곡문제에서 다루도록 한다.

다음으로 중요한 기준은 경제적 효율성인데, 이는 특정 할당방법이 감축비용이 낮은 대안(신기술개발 포함)의 선택을 충분히 촉진함으로써 전체적인 감축비용을 최소화할 수 있을 것인가 하는 문제이다. 즉, 에너지효율 향상, 저탄소 에너지·원료·제품으로의 전환 등의 대안을 보다 효과적으로 촉진할 수 있는가의 측면에서 할당방법을 평가할 수 있다. 또한 보다 저렴한 감축대안을 효과적으로 촉진하기 위해서

13) 삭감인증권 거래제도의 경우 환경적 효과성이 중요한 문제로 고려되어야 하는데, 기준배출량(Baseline)의 설정이 엄격하게 이루어지지 못할 경우 삭감 노력과 무관한 자연발행 잉여배출권을 양산함으로서 배출권 거래제도의 환경적 효과성을 크게 저해할 수 있다. 김용건(2008)에서는 삭감인증권 거래제도의 대표적인 사례인 교토의정서상 청정개발체제(Clean Development Mechanism)가 초래하는 환경적 효과성 문제에 대해 보다 상세한 분석결과를 제시하고 있다.

는 배출권 거래시장 자체가 시장 지배력에서 자유롭도록 경쟁적이어야 하며, 거래비용(거래대상 탐색비용, 거래수수료 등)이 충분히 낮아야 할 뿐만 아니라 (배출권 시장이 아닌) 기존의 시장(배출자가 생산·판매하는 제품·서비스 시장) 또한 경쟁적이어야 한다. 이는 현실적으로 만족되기 어려운 조건인데, 배출권의 할당방법에 따라 이러한 경제적 효율성이 영향을 받으므로 가능한 한 경제적 효율성이 높아지도록 할당방법을 설계하여야 한다. 이에 추가적으로 배출권 할당 방식이 정부 재정에 미치는 영향을 살펴볼 필요가 있다. 경매의 경우 정부가 재정적 수입을 확보할 수 있으며 이를 타 부문의 왜곡적 조세 경감에 활용할 경우 국가경제시스템의 효율을 높일 수 있다.

세 번째 기준으로서 행정비용을 들 수 있는데, 특정의 할당방법이 지나치게 많은 자료의 확보와 분석을 필요로 할 경우, 그리고 감시와 확인을 위해 많은 행정적 부담을 초래할 경우 비록 다른 장점이 많더라고 바람직하지 않을 수 있다.

네 번째 기준으로서 분배의 형평성을 고려하여야 한다. 배출권의 할당은 필연적으로 부의 재분배를 초래하게 되므로 특정의 할당방법이 어떤 업종, 어떤 업체에 보다 유리하게 될 것인가를 평가함으로써 보다 공평한 결과를 담보할 수 있어야 할 것이다. 예를 들어, 오염자 부담원칙에 충실한가, 과거의 감축노력에 대해 불이익을 주지 않는가, 감축여력이 없는 업종에 과도한 부담을 주지 않는가 등이 중요한 기준이 될 수 있다. 또한 소비자의 세금 부담, 시장가격 변화를 통한 소비자 실질 소득에의 영향 등도 함께 고려되어야 한다.

마지막으로 배출권 거래제도에서의 할당이 관련 기업, 산업 및 국가 차원의 경쟁력에 상당한 영향을 미칠 수 있다는 점에서 이를 고려할 필요가 있다. 경쟁력이란 다양한 수준에서 다양한 개념으로 정의될 수 있는데, 배출권 할당 차원에서 특히 중요하게 논의되는 것은 국가간의 경쟁력 문제, 즉 국제경쟁력에 미치는 영향이다. 국내적으로 기업간 및 업종간의 경쟁문제는 효율성 차원에서 다룰 수 있는 반면, 국가간의 경쟁력 문제는 각국이 처한 여건과 정책 환경이 상이하여 효율성 차원에서 다루기 어렵기 때문이다.

국제경쟁력 문제를 다룸에 있어서 경쟁력의 개념은 매우 다양한 방식으로 정의될 수 있다. 즉, 경쟁력의 지표를 시장점유율로 볼 것인지, 수익성으로 볼 것인지에 따라 다양한 논의가 전개될 수 있다. 배출권 거래제도는 기업의 생산비용, 판매가격 인상을 통한 소비자로의 부담전가 등을 통해 기업의 경쟁력에 많은 영향을 미칠 수 있다. 생산비용의 경우 배출권 확보를 위한 비용(직접비용)과 배출권 거래제에 따른 원자재 가격변화 등을 통한 생산요소 투입비용 증가(간접비용), 온실가스 감축잠재력 등 다양한 경로로 발생할 수 있다. 직접비용의 경우 총량규제 대상인 배출량(전기의 경우 생산자가 아닌 소비자를 규제할 경우 전기사용량)이 큰 기업이 많은 영향을 받으며, 간접비용의 경우는 직접비용이 많으면서 가격인상을 통한 부담전가가 가능한 업종의 생산품을 많이 이용하는 기업에서 크게 발생할 수 있다. 후자의 대표적인 예로는 전기를 다량 사용하는 업체를 들 수 있다.[14] 이러한 생산비용증가가 가격 인상을 통해 소비자에게로 전가될 수 있다면 경쟁력의 문제는 심각하지 않을 수 있는데, 가격인상을 통한 비용부담 전가 가능성은 해당 제품(혹은 대체가능 제품) 시장의 국제경쟁정도, 시장경쟁구조(독과점 특성, 대체가능한 경쟁제품 유무 등), 정부 규제특성(수익률 규제 유무 등), 수요의 가격탄력성 등에 따라 달라진다. 따라서 온실가스 규제에 따라 경쟁력에 심각한 영향을 받는 기업 혹은 업종은 생산비용증가 영향이 크고 이러한 비용증가의 전가가 어려운 경우가 된다. 특히 국제경쟁력만을 고려할 경우 생산비용증가 영향이 크고 관련 시장의 국제경쟁정도가 높은 경우일 것이다. 생산비용 증가 영향의 경우 총비용 혹은 이윤 대비 추가비용 비중 지표 등을 통해 영향의 정도를 평가할 수 있는데, 총비용에서의 비중보다는 이윤 대비 비중이 경쟁력에 미치는 영향을 보다 잘 설명할 수 있다.[15]

국제경쟁정도는 특정 국가의 온실가스 규제에 따른 제품가격상승이 해당 시장의 공급을 타국 기업으로 전환토록 함으로써 특정국가 기업의 이윤 혹은 시장점유율을 감소시킬 것인가로 정의할 수 있다.[16] 이를 평가하기 위해서는 시장개념평가(market definition test) 혹은 별도의 지표(수입 및 수출 탄력성, 개방도, 무역집약도 등)가 활용될 수 있다.[17]

국제경쟁력 문제가 중요한 문제로 인식되는 배경에는 온실가스 규제가 전세계

14) 전기를 다량 사용하는 업체의 경우에도 전기에 대한 온실가스 규제가 전기 생산자가 아닌 전기 소비자일 경우에는 해당 업체가 배출권 규제대상이 아닐 경우 전기 사용에 따른 간접비용이 발생하지 않는다. 물론 전기 소비업체가 온실가스 (간접배출에 대한) 규제대상인 경우 전력 다소비 업체가 배출권 규제대상업종에 포함된다면 이 업체는 직접비용을 부담하게 된다.

15) 업종 단위의 이윤 지표로서는 총부가가치 또는 노동비용을 제외한 총부가가치가 이용될 수 있다.

16) 이러한 직접적인 경쟁정도와 별도로 특정 국가의 온실가스 규제에 따른 제품가격상승이 그러한 제품을 이용하여 생산하는 2차 상품의 가격을 인상시킴에 따라 그러한 2차 상품의 공급을 타국으로 이전시킴으로 인해 결과적으로 영향을 미치는 간접적인 경쟁력 영향도 고려할 필요가 있다.

17) 개방도(openness index)는 시장 총수요의 수입 비중 및 총 생산량의 수출 비중, 혹은 각각의 총부가가치 대비 비율 등으로 평가할 수 있다.

모든 배출원에 동일하게 적용되지 않는 현실에서 기인한다. 이에 따라 일부 국가가 적극적인 온실가스 규제정책을 시행하더라도 그 국가의 기업이 온실가스 규제가 없는 국가의 기업에 비하여 경쟁력을 잃게 되고, 이는 온실가스 규제를 적용받지 않는 기업이 (경쟁력 향상을 통해) 생산활동을 확대하고 온실가스 배출 역시 증가시키도록 함으로써 범 지구적인 온실가스 감축효과를 훼손할 수 있다는 우려가 국제 경쟁력 문제를 강조하는 배경으로 등장하게 되었다. 이러한 국제경쟁력의 왜곡은 온실가스 배출규제를 적용받는 기업에 국한되지 않고 온실가스 규제에 간접적인 영향을 받는 산업부분에까지 확대될 수 있다.[18] 이처럼 일부 국가의 배출감소가 다른 국가의 배출증가를 초래하는 현상을 탄소누출(carbon leakage)이라 하는데, 이는 일종의 풍선효과이다.[19]

온실가스 배출권 거래제도가 일부 산업의 국제경쟁력 왜곡을 초래하고 그에 따라 일부 기업이 심각한 손실을 겪게 된다면 이는 국제 무역의 공정성과 효율성을 저하시킴은 물론 규제를 시행하는 국가경제에도 부당한 피해를 초래할 수 있다. 특히 탄소누출 효과까지 우려된다면 이는 온실가스 감축노력 자체가 무의로 끝날 수 있다는 점에서 그 심각성이 결코 작지 않을 것이다. 실제로 교토의정서상 온실가스 삭감의무를 부담하고 있는 부속서 I국가에서는 국제경쟁력 왜곡과 탄소누출을 이유로 다양한 정책수단을 검토하고 있는데, 이에는 상계관세 등 무역조치와 함께 배출권 할당시 관련 기업에 대한 특별대우가 포함된다.

2. 할당방식에 대한 비교평가

(1) 경제적 효율성

배출권 할당방법이 경제적 효율성에 미치는 영향은 단기적 관점과 장기적 관점

18) 예를 들어 알루미늄 제조업체는 생산과정에서 전력을 다량 소비하는데, 전력부문에 대한 배출권 거래제가 전기 가격을 상승시켜 알루미늄 생산비용을 높이고 이는 알루미늄 제조업체의 수익성과 국제경쟁력에 심각한 영향을 줄 수 있다. 실제로 EU ETS 시행과정에서 알루미늄 산업의 국제경쟁력 문제가 사회적으로 문제가 된 바 있다.

19) 이러한 누출효과로 인해 극단적인 경우 일부 지역의 온실가스 감축량보다 더 많은 양의 온실가스가 다른 지역에서 증가될 수 있다. 예를 들어 특정 국가의 온실가스 규제로 특정 제품의 생산 및 수출이 감소할 수 있고, 그 영향으로 온실가스를 규제하지 않는 지역에서의 해당 제품 생산 및 수출이 증가할 수 있는데, 이 때 온실가스 규제를 하지 않는 지역의 생산시설이 보다 탄소집약적이라면 제품의 생산이 보다 탄소집약적 시설로 이동함으로써 누출효과를 증폭시킬 수 있다.

으로 나누어 살펴볼 필요가 있다. 단기적 관점은 비용효과적인 배출삭감대안이 충분히 촉진될 수 있는가를 보기 위한 것이며, 장기적 관점은 투자나 시장의 진입·퇴출 문제가 어떤 영향을 받는가와 관련된 것이다.

할당을 유상 혹은 무상으로 할 것인가는 기본적으로 기업의 재정적 수입과 이윤에 영향을 미치므로 장기적 관점의 투자나 시장에서의 신규 기업 진입이나 기존 기업의 퇴출에 영향을 미친다. 즉, 유상 보다는 무상 할당을 많이 받는 기업 혹은 업종일수록 수익과 이윤이 증가하고 투자(연구개발 포함) 여력이 증가한다. 또한 생존가능성이 한계상황에 있는 한계기업의 경우 무상할당 비중이 클수록 생존가능성이 크게 되며 이는 해당 업종 혹은 산업의 보다 확대(혹은 덜 축소)될 가능성을 나타낸다. 무상할당의 경우 일반적으로 과거(혹은 현재)의 배출량이나 에너지 소비량 또는 에너지 다소비 제품의 생산량에 비례하여 할당하게 되므로 유상 경매와 비교할 때 배출집약적 혹은 에너지 집약적 산업의 수익성을 증가시키고 이러한 산업의 상대적 비중을 증가시킨다. 물론 온실가스 규제 자체가 없는 경우보다는 덜할 수 있지만 유상 경매와 비교할 때는 온실가스 배출집약도나 에너지 집약도가 높은 산업의 경쟁력에 유리한 영향을 미친다.[20] 이러한 온실가스 다배출 산업의 상대적 확대 현상은 저탄소 산업구조로의 전환에 배치되는 것일 수 있으나, 국가 단위 경쟁력에 미치는 영향은 보다 복잡한 양상으로 나타날 수 있다. 특히 대표적인 온실가스 다배출 산업인 전력 산업의 경우 배출권 무상분배에 따른 이윤 증가가 저탄소 기술개발 및 투자로 이어질 경우 국가적인 에너지 공급 효율성을 높임으로써 긍정적인 결과를 초래할 수도 있다.[21]

비용효과적인 온실가스 삭감대안을 촉진하는데 미치는 영향, 즉 단기적 관점의 경제적 효율성 측면에서 배출권의 할당은 실적조정 무상분배(Updating)를 제외하면

20) 무상할당의 비중이 높을 경우 일부 산업은 배출권 거래를 통한 온실가스 규제 하에서 오히려 생산규모가 확대될 수도 있다. 김용건·장기복(2008)에 따르면 전력 산업의 경우 무상할당을 통한 온실가스 규제 하에서 전반적인 온실가스 다배출 산업의 축소 경향에도 불구하고 이러한 다배출 산업(예: 전력산업)내에서의 상대적 경쟁력 상승의영향으로 절대적인 생산수준 자체가 확대될 수 있음을 보여주고 있다.

21) 무상할당에 따른 수익을 반드시 그 해당 시설과 관련된 기술이나 투자에 사용해야 할 이유는 없다. 만일 무상할당에 따른 수익의 활용이 그 수익을 얻는 사업자의 사업과 무관하게 전체 시장에서 수익성이 높은 사업에 투자될 경우, 어떤 사업자가 무상할당으로 얻는 수익과 그 사업자의 고유 사업 영역(즉, 업종)의 관련성은 약해질 수 있다. 자본시장이 보다 효율적일 경우 이러한 가능성은 더 높아질 것이다. 단, 진입 및 퇴출기업에 대한 무상할당의 영향은 자본시장을 통한 투자조정과 무관하게 그 자체로 해당 사업의 수익성에 영향을 줄 수 있다.

동일한 효과를 나타내는 것으로 이해된다. 즉, 무상 혹은 유상 경매가 기업이 재정적 수입 혹은 이윤에 영향을 주지만 기업의 생존 혹은 투자에 미치는 영향을 배제할 경우 온실가스 한계 감축비용에 별도의 영향을 주지 않는 것으로 이해될 수 있다.[22] 하지만 실적조정 무상분배의 경우에는 배출권 배분의 기준이 되는 실적기준의 형태에 따라 투입에너지 및 원료의 사용과 산출물 생산량에 대한 의사결정과정에 직접적인 영향을 미친다. 예를 들어 산출물 생산량(전력산업의 경우 전력생산량(kWh))에 비례하여 배출권을 분배할 경우 보다 많은 배출권 획득을 위해 생산량을 확대할 수 있으며, 에너지 사용량에 비례하여 할당할 경우 노동력이나 자동화 기계보다는 에너지의 이용을 확대함으로써 배출권 무상 획득을 확대할 유인이 있다.

무상할당의 경우 신규 및 폐쇄 배출원에 대한 별도의 할당이 필요한데, 신규 및 폐쇄 배출원에 대한 할당은 그 자체가 신규 투자 혹은 사업장 폐쇄라는 기업의 의사결정에 영향을 받으므로 일종의 실정조정 무상분배에 해당한다. 따라서 무상 할당의 경우 비록 불변실적 기준 무상할당의 경우에도 기업의 진입 및 퇴출 행태에 영향을 미침으로써 시장의 효율성을 왜곡할 가능성을 내포한다. 이러한 왜곡은 다양한 형태로 나타낼 수 있는데, 예를 들어 신규 배출원에 대한 무상할당은 새로운 투자를 촉진할 수 있으며, 폐쇄 사업장에 대한 배출권 할당 중단은 다배출 사업장의 수명기간을 연장시킬 수 있다.[23] 이러한 영향은 배출누출효과를 완화하는 등 긍정적 효과를 나타낼 수도 있으며, 생산물 시장의 왜곡을 통한 부정적 효과를 나타낼 수도 있다. 기존의 시장이 독과점적이었다면 이러한 경쟁의 증가는 시장을 보다 완정경쟁시장에 가깝게 함으로써 경제시스템의 효율을 높일 수도 있다.

한편 경매는 정부 입장에서 수입을 창출할 수 있으며 이는 배출업소가 부담하는 타 조세(국민연금 사업자 부담금 또는 법인세 등)나 국가경제 차원의 기타 조세(소득세나 법인세 등)의 왜곡효과를 경감하는 데 활용함으로써 배출업소에 대한 부담을 경감하고 국가 차원의 조세체계를 효율화하는 데 기여할 수 있다. 이처럼 환경세 수입이 조세구조 합리화(왜곡적 조세의 한계세율 인하)를 통해 후생을 증가시키는 현상

22) 대부분의 경제학적 연구는 실적조정 무상분배(Updating)를 제외한 할당의 경우 유무상 여부에 관계없이 온실가스 한계감축비용에 아무런 영향을 미치지 않는다고 결론짓고 있다. 최근의 관련 연구로는 NERA(2007)를 들 수 있다.

23) 폐쇄 사업장에 대하여 배출권 무상배분을 계속할 경우에는 특정 국가(혹은 지역)에서의 사업운용을 조기에 중단(사업장 폐쇄)하고 신규 배출원에 대해 무상배분을 적용하는 다른 국가(혹은 지역)로 사업을 이전하려는 유인을 줄 수 있다.

을 이중배당(double dividend)이라 부른다.[24] 특히 노동소득세나 자본소득세와 같이 노동과 자본의 공급을 왜곡시키는 조세를 대체함으로써 국가경제의 효율성을 제고하는 데 기여할 수 있다.

(2) 행정 비용

행정비용 측면에서 경매는 경매 방법의 설계, 경매 시행에 필요한 인프라 구축 등의 초기 비용을 필요로 한다.[25] 또한 주기적으로 경매를 시행하는 데 필요한 규제당국의 행정비용이 필요하며, 배출원 등 경매에 참여하는 주체의 경우 경매에 대한 학습비용, 경매참여 전략 수립 및 실행을 위한 교육, 컨설팅 등의 비용이 요구된다.

배출권 할당에서 처음부터 경매 비중을 100%로 유지하거나 영원히 경매를 도입하지 않는 경우를 배제한다면, 경매에 필요한 행정비용은 불가피한 측면이 있으며, 따라서 경매와 무상할당 간의 선택 혹은 양자간 비중의 설계에 있어서 행정비용의 차이는 크게 중요하지 않을 것으로 판단된다.

서로 다른 무상할당 방식 간의 비교에서는 벤치마킹의 경우가 단순히 배출실적을 기준으로 할당하는 방식에 비해 보다 많은 자료(과거 생산량 및 에너지·자원 투입량, 설비 용량 등)의 검증과 보다 복잡한 공식의 개발을 필요로 함으로 보다 높은 행정적 비용을 초래할 수 있다. 이러한 추가적 행정비용은 업종 혹은 부문의 특성에 따라 매우 다르게 나타날 수 있는데, 특히 산출물 혹은 투입 자원・에너지의 동질성

24) 환경세 수입을 왜곡적 조세의 한계세율 인하에 활용할 경우가 확정(고정)액으로 환급(lump-sum transfer)하는 경우보다 후생을 증가시키는 경우 약한 이중배당효과가 있다고 하며, 이러한 후생증가효과가 커서 환경세 부과 자체가 환경세를 부과하지 않는 경우보다도 (환경세 부과에 따른 경제적 부담을 모두 감안하더라도) 후생을 증가시키는 경우 강한 이중배당효과가 있다고 한다.

25) 배출권의 경매 방법으로는 다양한 방식이 적용될 수 있다. 경매 대상 배출권을 한번의 경매로 모두 판매할 것인지 주기적인 경매를 통해 나누어 팔 것인지가 결정되어야 하며, 경매 참여자격을 배출원으로 제한할 것인지 브로커나 일반 국민 등도 참여할 수 있도록 할 것인지가 결정되어야 한다. 경매 방법으로는 경매 참가자가 다양한 가격대에 대한 구입의사를 표나 함수의 형태로 입찰하도록 하고 1회의 경매에서 경매절차를 완료할 수도 있으며, 경매가격을 점차적으로 조정하면서 해당 가격에서의 구입의사를 입찰하도록 하는 다단계 경매를 채택할 수도 있다. 또한 경매 낙찰자가 지불하는 가격을 하나의 청산가격으로 정할 수(uniform price auction)도 있으며 낙찰자가 제출한 가격으로 지불하도록 함으로써 차별화된 가격을 적용(discriminatory auction)할 수도 있다. 이처럼 다양한 경매방식을 대상으로 선택하는 것은 정책 환경에 따라 매우 복잡하고 전문적인 분석과 연구를 필요로 한다.

이 낮을수록 보다 높은 행정적 부담이 초래될 수 있다. 특히 요구되는 자료가 사업상 기밀유지 필요성이 높은 경우에는 벤치마킹 방법의 적용 자체가 불가능할 수도 있다.

(3) 형 평 성

환경문제의 해결에 있어서 중요한 원칙의 하나로 인식되고 있는 오염자 부담원칙은 배출량 경매를 통해 가장 잘 구현될 수 있을 것이다. 실적기준 무상분배나 기준연도 조정 실적기준분배, 삭감량 경매 모두 과거 배출실적을 보상함으로써 오염자 부담원칙과 상반된다. 이처럼 오염자에 대한 보상적 성격을 갖고 있는 할당방식들은 배출감소를 위한 노력에 대해 오히려 불이익을 주며 반대의 경우 이익을 주는 문제점을 갖는다. 소위 조기행동(early action)으로 불리는 노력에 대한 보상을 위해 벤치마킹, 원단위 기준 등의 보완적 할당방식을 병행할 수 있으나 이들 방식 또한 여러가지 다른 문제점을 야기할 수 있다. 배출량 경매는 오염자 부담원칙에 가장 충실한 방법으로서 배출삭감노력을 간접적으로 보상한다는 장점이 있다. 또한 기업의 진입 및 퇴출의 경우에도 배출삭감에 대한 유인을 왜곡하지 않는다. 과거 배출실적을 인정하는 타 할당방식의 경우 배출실적이 없는 신규 사업자에 대한 배출권 할당기준을 어떻게 설계하는가에 따라 신구 사업자간 차별이 발생하는데, 이를 효율적으로 해소하기 위한 기준을 만들기는 용이하지 않다. 또한 사업자가 폐업하는 경우에도 기 할당받은 배출권을 판매할 수 있도록 할 것인가의 여부에 따라 사업자의 삭감행태 및 진입·퇴출에 큰 영향을 미친다.

배출량에 기초한 불변실적 기준 무상분배(emissions grandfathering)와 벤치마킹은 모두 과거의 실적에 따라 배분함으로써 현재 혹은 미래의 의사결정에 영향 받지 않는다는 측면에서 경제적 효율성에 미치는 영향이 동일하게 나타날 가능성이 크다. 하지만 분배적(즉, 형평성) 측면에서는 할당 기준이 전자는 배출량인 반면 후자는 생산량 등 다른 지표가 적용된다는 점에서 매우 다른 효과를 나타낼 수 있다. 한편 개별 기업의 특별한 여건을 반영할 필요(일종의 '필요(need)'를 중시하는 형평성 원칙)가 있다는 점에서 배출량 기준 무상할당이 바람직할 수 있다. 즉, 시설의 특징, 원자재 가용성 등 사업 여건, 기존 시설의 공정 특성, 지역단위 규제의 차이 등을 가장 잘 반영하는 것이 과거의 배출실적이라고 평가할 수 있을 것이다. 하지만 벤치마킹의 경우도 이러한 여건을 반영하도록 설계될 수는 있다. 물론 복잡한 벤치마킹 규칙의 설계는 방대한 자료의 수집 및 분석과 감시 비용 등의 추가적 부담을 초래할 수 있다. 마지막으로 온실가스 규제 가능성을 인지하지 않은 상태에서 이루어진 과거의 투자가 온실가스 규제에 따라 손실로 전환됨에 따른 비용(stranded costs)에 대한 고려도 필요하다. 이에 대한 고려를 위해서는 과거의 배출량을 최대한 중시하는 방식이 필요할 수 있다.

(4) 국제경쟁력

국제경쟁력 문제는 타국과의 경쟁적 관계가 깊은 업종 혹은 기업에 대하여 주로 고려될 필요가 있다. 즉, 국제경쟁력 문제를 논의할 때 그 대상은 온실가스 배출권의 할당 대상이 되는 배출원 중에서 국제경쟁력 문제에의 노출 정도가 큰 경우에 한정하는 것이 합리적이다. 국제경쟁력 문제에의 노출 정도는 수출입 관련 비중과 함께 배출권 거래제 적용에 따른 비용 상승 수준이 주요 기준으로 고려될 필요가 있다. 즉, 수출입 비중이 높고 배출집약도가 높은 업체는 국제경쟁력 문제에 보다 노출되어 있으며, 국제경쟁력 왜곡문제를 예방하기 위해서는 할당 과정에서 별도의 고려가 필요하다.

무상할당은 유상할당에 비하여 규제 대상 기업의 경쟁력에 유리한 영향을 미칠 수 있다. 경매를 통한 할당의 경우 규제 대상 기업은 경매 청산가격으로 배출권을 구입하여야 하므로 그에 해당하는 만큼 재정적인 손실을 입게 되는 반면, 무상할당의 경우 다량의 배출권을 무상으로 획득할 수 있다. 이러한 재정적 이득은 기업의 수익과 이윤을 증가시킴으로써 기업의 생존이 한계상황에 인는 한계기업의 경우 생존 가능성을 증가시키고, 이러한 과정을 통해 관련 산업이 보다 확대될 수 있다. 반면, 경매를 통한 할당의 경우에는 배출권 획득비용 증가가 기업의 수익과 이윤을 하락시킴으로써 한계기업의 생존 가능성을 감소시키고 관련 산업이 축소될 수 있다. 한계기업이 아닌 경우에도 할당 방법에 따른 재정적 수입의 변화는 수익성에 영향을 미치고, 수익성의 변화가 투자나 연구개발에 영향을 미치고 이는 다시 미래의 경쟁력과 생산규모에 영향을 미칠 수 있다. 단, 이윤의 변화가 기업의 배당 등을 통해 기업 외부의 이해관계자에게 이전될 경우 기업의 생산 활동에는 변화를 야기하지 않을 수 있으며, 이 경우 불변실적 기준 무상할당과 경매는 경제적 효율성에 큰 차이를 나타내지 않을 수 있다. 투자와 연구개발 등에 의한 중장기적 영향과 기업 진입 및 퇴출을 고려하지 않을 경우에도 불변실적 기준 무상할당과 경매는 생산규모와 가격에 미치는 영향이 경제학적으로 동일한 것으로 인식되고 있다. 즉, 무상할당을 통한 재정적 이익이 고정적(lump-sum) 성격이어서 기업의 한계비용 혹은 한계수익에 영향을 미치지 않고 따라서 기업의 생산량 선택에는 (단기적으로) 영향을 미치지 않을 수 있다.[26)]

실적조정 무상분배(Updating)의 경우는 재정적 수입 또는 이윤의 변화에 따른 영향과 별도로 생산 관련 의사결정에 직접적인 영향을 미칠 수 있다. 예를 들어 생산량에 비례하여 배출권을 무상을 배분하는 경우 해당 기업은 생산량 변화에 따른 온실가스 배출변화에 대하여 충분한 보상을 받을 수 있으므로 사실상 생산활동에 영향을 거의 받지 않을 수 있다. 오히려 저탄소 에너지·원료로의 전환이 가능할 경우 추가적 이득을 얻을 수 있으며, 타국의 경쟁대상기업보다 유리한 입장이 될 수 있다. 즉, 국제경쟁력 왜곡과 탄소누출을 예방하는 데 다른 할당방식보다 효과적인 대안이 될 수 있다. 하지만 실적조정 무상분배를 통한 생산량 확대가 산출물 시장에서의 경쟁을 심화시키고 산출물 시장 가격의 하락을 초래함에 따라 수익성에는 부정적 영향을 미칠 수 있다. 또한 국제경쟁력에 노출되어 있는 일부 업종에 대해서만 실적조정 무상분배를 적용할 경우 이러한 업종에서의 생산 증가 및 배출 증가가 타 업종에서의 산출 감소 및 배출 삭감을 확대시킬 경우 국가 차원에서의 영향이 매우 복잡다양하게 나타날 수 있다.

신규 및 폐업 기업에 대한 할당방법의 경우도 특정 국가 관련 산업의 국제경쟁력에 영향을 미칠 수 있다. 신규 기업에 대한 할당이 무상으로 이루어질 경우 해당 국가에 신규 사업장이 보다 많이 출현할 것이고, 이는 해당 국가의 산업을 확대시킬 수 있다. 또한 폐업 기업에 대하여 배출권 무상할당 권리를 인정할 경우 관련 기업은 생산활동을 보다 확대(혹은 생산활동 기간을 연장)할 것이다. 이는 역시 관련 산업의 수익성을 높이고, 해당산업의 생산활동이 온실가스 규제가 없는 타국으로 이전될 가능성을 줄이게 될 것이다.

---

26) 이러한 설명은 대다수의 경제학 연구에서 나타나는데, 최근의 관련 설명으로는 NERA(2007)를 들 수 있다. NERA(2007)의 23쪽에는 "Any of the idealized allocation methods typically would not be expected to differ in their effects on product prices, quantities supplied, or abatement decisions"라고 기술되어 있는데, 여기서 idealized allocation은 불변실적 기준 무상분배와 경매와 같이 할당량이 기업의 현재 혹은 미래의 의사결정과 무관한 할당방식을 총칭하는 것이다. NEAR(2007)는 이와 함께 생산물 시장에서의 경쟁력 손실이 무상할당(이 경우 불변실적 기준을 뜻함)을 통해 복구될 수 없다고 설명하고 있다.

Ⅴ. 요약 및 시사점

다수의 경제학자들은 무상배분보다 경매 방식이 바람직하다는 주장을 제시하고 있다.[27] 경매는 오염자 부담원칙을 충실히 반영하므로 공정성 측면에서 우수할 뿐만 아니라 경매를 통한 가격신호가 시장이 효율적인 작동을 촉진하게 되며, 경매 수입은 다른 왜곡적 조세의 경감이나 기술개발 등을 위한 재원을 활용될 수 있다는 장점이 있다. 또한 무상배분에 따른 다양한 문제점, 조기감축행동에 대한 불이익, 신규 및 폐쇄 사업장에 대한 부적절한 인센티브의 제공, 보조금 효과를 통한 산출물 시장의 왜곡(Updating의 경우) 등을 회피할 수 있다. 무상할당 비중이 높은 경우에는 온실가스 규제에 따른 비용부담수준을 넘어서는 보상으로서 역할함으로써 오염물질 배출자가 횡재이윤(windfall profit)을 얻게 되는 부작용을 초래할 수도 있다.

배출량 경매의 가장 큰 문제점은 배출업소에 대한 부담이 크다는 점이다. 이로 인해 배출량을 100% 경매로 할당한 사례를 찾아보기 어렵다. 하지만 비록 단기적으로 무상배분의 이용이 불가피할 경우라 하더라도 경매 방식으로의 조기 이행은 합리적인 경제질서의 확립을 위해 필요한 것으로 인식된다. 또한 배출업소의 재정적 부담은 단계적인 접근과 경매수입 재분배를 통해 완화될 수 있다. 예를 들어 초기에는 소폭의 배출량경매를 실적기준 분배와 병행하여 시작하고 점차 배출량 경매의 비율을 높일 수 있다. 또한 초기에는 배출량의 할당을 비교적 여유있게 하고 이를 점차 줄여나감으로써 배출권 가격(경매시 낙찰가격)을 점진적으로 높여갈 수 있다면 배출업소의 입장에서도 초기 재정부담이 작아지고 중장기적인 기술개발 및 투자를 통해 효율적으로 대응할 수 있을 것이다. 마지막으로 배출권 경매수입은 배출업소가 부담하는 타 조세(국민연금 사업자 부담금 또는 법인세 등)나 국가경제 차원의 기타 조세(소득세나 법인세 등)의 왜곡효과를 경감하는 데 활용함으로써 배출업소에 대한 부담을 경감하고 국가 차원의 조세체계를 효율화하는 데 기여할 수 있다.

국제경쟁력에 심각한 영향이 우려되는 업종의 경우에는 무상배분이 적용될 필요가 있다. 특히 관련 업종에 있어서 경쟁관계에 있는 국가가 충분한 강도의 온실가스 규제를 하지 않고 있을 경우 국제경쟁력 보호를 위해 무상배분을 통한 지원이 불

27) 무상배분보다 경매방식의 우수성을 제시하는 논문의 대표적인 사례로 Cramton and Kerr (1998)을 들 수 있다.

가피하다. 또한 무상할당방식 중에서도 과거 배출량에 기초한 무상할당이나 벤치마킹 보다는 Updating 방식이 보다 강력한 지원 효과를 나타낼 수 있다. EU와 미국 등 주요 국가에서도 국제경쟁력 보호를 위한 무상할당 규정을 추진하고 있는데, 국제경쟁력이란 경쟁상대 국가와의 상대적 개념이므로 주요 교역대상국의 정책 상황을 토대로 전략적으로 설계되어야 한다. 예를 들어 중요 교역 상대국이 Updating을 적용하고 있을 경우에 벤치마킹에 따른 무상배분만으로는 경쟁력 보호가 어려울 수 있다. 그리고 중요 교역상대국이 온실가스 규제를 시행하고 있지 않을 경우에도 벤치마킹 보다는 Updating 방식이 보다 효과적인 국제경쟁력 보호장치가 될 수 있다. 하지만 Updating의 적용이 국내적으로 사업자간의 과당경쟁을 유발하는 효과도 있으므로 국제경쟁력 보호에 오히려 악영향을 미칠 수도 있으므로 신중한 선택이 필요하다.

참고문헌

김용건, "온실가스 배출권 거래제도 동향 분석 및 국내 도입방향 연구," 한국환경정책·평가연구원(1999).

김용건, "온실가스 배출권 거래제도: 국제동향과 시사점," 녹색성장: 국가성장전략의 모색, KDI/미래기획위원회/경제인문·사회연구회(2008).

김용건·장기복, "국제 온실가스 배출권 거래제도의 파급효과 분석," 한국환경정책·평가연구원(2008).

한국환경정책·평가연구원, "온실가스 집약도 목표설정 및 배출권 거래제도와의 연계방안에 관한 연구," 환경부(2003).

Capoor, Karan and Philippe Ambrosi(2009), *State and Trends of the Carbon Market*, World Bank.

Coase, R. H.(1960), The Problem of Social Cost, *Journal of Law and Economics* 3, 1-44.

Cramton, Peter, and Suzi Kerr(1998), "Tradable Carbon Permit Auctions: How and Why to Auction Not Grandfather," *Resources for the Future*, Descussion Paper 98-34.

Dales, J. H.(1968), *Pollution, Property and Prices*, Toronto: University Press.

Ecofys (2006), *Auctioning of CO_2 Emission Allowances in the EU ETS*, Directorate General Environment, European Commission.

Ecofys Netherlands and The Fraunhofer Institute for Systems and Innovation Research(2008), *Developing Benchmarking Criteria for CO_2 Emissions*.

Harrison, David Jr. and Daniel B. Radov(2002), *Evaluation of Alternative Initial Allocation Mechanisms in a European Union Greenhouse Gas Emissions Allowance Trading Schemes*, NERA.

Kim, Yong Gun and Erik F. Haites(2005), *Greenhouse Gas Emissions Trading Schemes: Recent Development and Policy Recommendations for Korea*, Korea Environment Institute.

Kim, Yong Gun, Erik F. Haites, Steve Sorrell, Tae Yong Jung, Poul Erik Morthorst, Myung Kyoon Lee, Jong Soo Lim(2003), *Domestic Greenhouse Gas Emissions Trading Schemes*, Korea Environment Institute/UNEP RISO Centre/Institute for Global Environmental Strategies.

Montgomery(1972), W. D., Markets in Licenses and Efficienct Pollution Control Programs, *Journal of Economic Theory* 5, 395-418.

NERA(2007), *Allocation and Related Issues for Post-2012 Phases of the EU ETS*, Directorate General Environment, European Commission.

Schleich, Joachim, Regina Betz and Karoline Rogge(2007), *EU Emission Trading—Better Job Second Time Around?*, Fraunhofer Institute for Systems and Innovation Research.

제 5 절　환경세와 '담세력에 따른 과세' 원칙 간의 관계에 관한 시론(試論)[1)]

윤　지　현*

Ⅰ. 글을 시작하면서

1. 환경정책적 수단으로서의 세금

반드시 모든 사람들이 동의하는 것은 아닐지도 모르지만, 최근 과학자들의 연구 결과에 따르면 현재 나타나고 있는 '지구온난화' 현상의 주된 원인으로는 '온실가스'(greenhouse gas), 특히 이산화탄소의 과도한 배출이 지목되고 있다. 그리고 이른바 '탄소배출권 거래제'와 함께 이산화탄소의 배출을 억제하기 위하여 가장 중요한 정책수단으로 논의되고 있는 것이 바로 이산화탄소 기타 온실가스의 배출에 세금을 물리는 방안이다.

주지하는 바와 같이 온실가스의 배출과 같은 환경오염은 경제학적으로는 이른바 외부효과(externalities)를 발생시키는데, 이러한 외부효과를 일으킨 경제적 활동에 세금을 물리는 것은 그러한 경제적 활동의 비용을 사회적 차원에서 측정한 것과 그러한 활동을 하는 경제주체의 입장에서 측정한 것을 일치시킴으로써 이른바 '시장의 실패'를 보완하는 효과를 낸다.[2)] 보통 이를 주장한 경제학자 아더 피구(Arthur C.

---

* 서울대학교 법과대학·법학대학원 교수.

1) 이 글은 서울대학교 법학연구소 '법의 지배' 센터에서 2009년 '기후변화와 법의 지배'라는 주제로 실시한 학회에서 발표된 후 조세법연구 제16권 제2호에 같은 제목으로 투고되었다.

Pigou)의 이름을 따서 이러한 성격의 세금을 피구세(稅, Pigouvian tax)라고 부르는데, 온실가스의 배출에 세금을 물리는 것도 기본적으로는 바로 이러한 피구세의 메커니즘을 이용하기 위한 것이다.[3)]

사실 우리나라를 비롯하여 많은 나라에서는 이미 각종 에너지 소비에 세금을 물리고 있지만,[4)] 이와 같이 피구세의 메커니즘을 온전히 이용한 온실가스 배출의 억제, 즉 '환경친화적 세제 개편'[5)]의 구체적 방안으로서는 흔히 '탄소세'(carbon tax)나 기타 '환경세'(environmentally-related tax)로 불리는 새로운 형태의 세금을 도입하는 방안이 자주 거론된다.[6)] 그리고 이 글에서는 바로 이러한 환경세를 주된 논의의 대상으로 삼고자 한다.

2. 공평과세의 관념—'담세력'에 따라 세금을 걷어야 한다는 원칙

한편 21세기 초를 살고 있는 우리는 19세기 이래 점진적으로 정착되어 온, "세

---

2) 흔히 외부효과의 '내부화'(內部化, internalization)라고 표현하는 듯하다. 이준규・박정우, "기후변화협약에 따른 탄소배출 규제의 과세문제," 조세법연구 제15권 제 3 호, 한국세법학회 편, 세경사, 2009, 178쪽.

3) 김형성・박정우, "환경친화적 조세정책과 환경세 도입방안에 관한 연구," 환경법연구 제21권, 한국환경법학회 편, 1999, 303~305쪽 참조.

4) 이 글에서는 이와 같이 에너지의 소비에 부과되는 세금을 포괄하여 '에너지세'라고 부르고 이에 관한 세제(稅制)는 '에너지세제'라고 부르기로 한다.

한편 우리나라의 경우 주로 유류 소비에 많은 세금이 매겨지고 있고 그러한 세금으로서는 개별소비세(휘발유, 경유, 중유, 등유, 프로판 가스, 부탄가스, 천연가스 등에 부과, 개별소비세법 제 1 조 제 2 항 제 4 호 각 목 참조), 교통・에너지・환경세(휘발유, 경유 등에 부과, 『교통・에너지・환경세법』 제 2 조 제 1 항 각 호 참조. 2009년 12월 31일 법률 제9901호 개정으로 그 적용시한이 2013년말까지로 연장되었다. 법률 제9901호 부칙 제 3 조 참조)가 대표적이다. 여기에다 부가세(surtax)의 성격을 가진 교육세(개별소비세와 교통・에너지・환경세의 납세의무자에게 각 세금의 액수에 비례하여 부과, 교육세법 제 3 조 및 제 5 조 제 1 항 참조)와 지방주행세(교통・에너지・환경세의 납세의무자에게 그 세금의 액수에 비례하여 부과, 지방세법 제196조의 16, 같은 조의 17 제 1 항 참조)가 따라붙고, 끝으로 일반적인 세금으로서 부가가치세와 관세가 아울러 부과된다. 이에 관하여 보다 상세한 것은 김승래・박상원・김형준, 세제의 환경친화적 개편에 관한 연구, 한국조세연구원, 2008, 24쪽 이하 참조.

5) 이 말은 보다 광의(廣義)로도 사용될 수 있겠지만, 여기서는 탄소세 기타 세금의 부과를 통하여 온실가스의 배출량을 줄이고자 하는 방향의 세제 개편을 의미하는 것으로 쓰고자 한다.

6) 이와 같이 온실가스 배출량에 따라 부과하는 세금은 현재의 에너지세(예컨대 교통・에너지・환경세)를 이러한 내용으로 강화・개편하는 방안을 통하여도 달성될 수 있고, 흔히 '탄소세'라고 불리는 별도의 세목을 신설함으로써도 달성될 수 있을 것이나, 이 글에서는 이에 관한 구별 없이 이산화탄소 기타 온실가스의 배출량에 따라 부과하는 세금은 모두 '환경세'라고 부르는 것으로 한다.

금은 '담세력'(擔稅力, ability to pay)에 따라 걷어야 한다"는 원칙[7]에 대체로 공감을 하고 있고, 세제(稅制)와 관련하여 가장 중요한 이념 중 하나라는 데에 이론이 없을 '공평과세'의 이념은 이와 같은 담세력 원칙을 통하여 달성될 수 있다고 믿고 있다.[8] 그러나 환경세는 기본적으로 '담세력'보다는 온실가스의 배출량, 즉 납세자가 환경에 미치는 악영향의 크기에 따라 걷는 세금이라는 점에서 지금까지 우리가 알고 있던 일반 원칙에서 벗어나 있다. 이를 '오염자 부담의 원칙'(polluter-pays principle)이라고 부르기도 하는데,[9] 따라서 환경세의 광범위한 도입은 우리가 현재 세금 또는 공평과세에 관하여 가지고 있는 고정 관념과 충돌할 가능성이 없지 않다.[10]

물론 현행의 각종 에너지세 역시 이미 환경세의 성질을 어느 정도 가지고 있는 것이 사실이다.[11] 그러나 에너지세는 아직은 전체 세제에서 차지하는 비중이 제한적인 가운데[12] 에너지 자원을 소비하는 데 대한 소비세, 즉 (일반 소비세에 대립되는 개

---

7) 일반적으로는 '응능부담'(應能負擔)이라는 말이 흔히 사용되고 있는 듯하나(성낙인, 헌법학(제8판), 2008, 법문사, 916쪽. 아래 각주 8에서도 살펴보는 바와 같이 이 표현은 헌법재판소 결정에서도 종종 등장한다), 이 글에서는 이하 '담세력 원칙'이라고 줄여서 부르도록 한다. 한편 정종섭, 헌법학원론(제 4 판), 박영사, 2009, 1034쪽은 '담세력 원리'라는 용어를 사용하고 있다.

8) 예컨대 헌법재판소는, '조세평등주의는 조세의 부과와 징수를 납세자의 담세능력에 상응하여 공정하고 평등하게 할 것을 요구'한다고 하고(헌재 1997. 10. 30. 96헌바14(판례집 제 9 권 제 2 집, 463쪽)), '응능부담의 원칙'을 조세법률주의, 조세평등주의 등과 함께 조세에 관한 헌법상 원칙의 하나로 열거하고 있다(헌재 2007. 6. 28. 2006헌가14(판례집 제19권 제 1 집, 801쪽)).

9) Anuschka Bakker(Editor), Tax and the Environment—A World of Possibilities, IBFD, 2009, pp. 7~9은 이 원칙에 관하여 '자연환경에 가하여진 손상은 이를 가한 자가 부담하여야 한다(the polluting party pays for the damage done to the natural environment)'는 원칙이라고 정의하면서 이 원칙의 기원에 관하여 설명을 덧붙이고 있다.

10) Ferdinand H. M. Grapperhaus, Taxes through the Ages—A Pictorial History, IBFD, 2009, pp. 62~63은 담세력 원칙과 '혜택에 따른 과세'의 원칙(principle of direct benefit, 이하 이 글에서는 담세력 원칙에 대하여 '혜택 원칙'이라고 부르기로 한다) 외에 세 번째의 새로운 과세 원리로서 '손실에 따른 과세'의 원칙(principle of damages)을 들면서, 이는 '누군가 자신의 행동으로 사회에 손실을 입힌 경우 정부는 그 개인에 대한 과세를 통하여 그러한 손실을 보전할 수 있다'는 원칙이라고 설명하고 있다. 이 설명은 환경 문제에 국한되지 않는, 보다 일반적인 것이기는 하지만, 아마도 환경세와 관련된 최근의 '오염자 부담의 원칙'을 염두에 두었을 것으로 짐작한다.

11) 각주 4에서 살펴본 에너지세들은 현재에는 모두 사용량에 비례하여 부과되므로, 어느 정도는 그러한 에너지원들의 사용을 줄이는 방향으로 작용할 수 있을 것이다(다만 각 에너지원별로 세율을 달리하고 있는데 이것이 각 에너지원별로 탄소 기타 유해물질의 함유량과 반드시 비례하지 않는다는 한계가 있다). 그리고 이러한 환경세로서의 성격은 특히 2006년 12월 31일 법률 제8138호로 종래의 교통세법이 현재의 『교통 · 에너지 · 환경세법』으로 명칭을 변경함으로써 좀 더 뚜렷이 부각되기 시작하였다고 볼 수도 있을 것이다.

12) 국세청의 '국세통계 2009'에 따르면 2008년 기준으로 우리나라의 전체 세수(稅收)는 약 157조 5,286억 원이며, 그 중에서 에너지세 가운데 비중이 압도적으로 높은 교통 · 에너지 · 환경세가 차지하는 액수는 약 11조 9,092억 원 가량이다(한편 개별소비세는 전체 징수액이 4조 4,993억 원

념으로서) 개별 소비세의 한 종류 정도로 이해되고 있는 듯하지만,13) 환경세 개념의 광범위한 도입은 더 이상 이를 개별 소비세라는 기존의 틀로써는 이해하기 어렵게 만들 것이다. 따라서 만약 탄소세를 비롯한 환경세가 좀 더 광범위하게 도입되어 전체 세제에서 차지하는 비중이 지금보다도 훨씬 더 커진다면,14) 납세자들로서는 이

정도이므로 그 중 유류 소비 등에 대하여 부과되는 부분은 더 작다). 다만 국제 기준으로 보면 이러한 교통·에너지·환경세가 전체 세수에서 차지하는 비중이 반드시 낮은 것은 아닌데(이에 관하여 상세한 통계는 The Political Economy of Environmentally Related Tax, OECD, 2006, p. 29의 'Figure 2.2' 참조. 같은 쪽의 기술에 의하면 우리나라는 오히려 환경 관련 세금의 세수 비중이 가장 높은 편에 속하는 것으로 평가되고 있다), 이는 교통·환경·에너지세의 전신인 교통세가 우리나라에서 환경세 개념이 그다지 일반화되어 있지 않았던 1990년대부터 이미 세수의 상당한 비중을 차지하고 있었던 것과 관련이 있을 것으로 짐작한다(국세청의 '국세통계 1998'에 따르면 1997년 전체 세수 63,645,889백만 원 중 교통세는 6,149,400백만 원으로서 오히려 현재 교통·환경·에너지세가 전체 세수에서 차지하는 비중보다 더 높다).

한편 이 글에서 인용하는 국세청의 '국세통계'는 모두 국세청 웹사이트의 '국세통계연보' 메뉴(http://www.nts.go.kr/info/info_03_02.asp?minfoKey=MINF4920080211210012&top_code=&sub_code=&sleft_code=&ciphertext=)를 통하여 접근할 수 있는 자료들에 따른 것이다.

13) 단적으로 각주 12에서 살펴본 국세청의 '국세통계'만 보더라도 여러 가지 국세 관련 통계를 보여 줌에 있어서 환경세를 따로 분류하지 않고 이를 '소비세제'의 일부로서 취급하고 있다.

14) 현재로서는 산업계와 정부 일각의 반발로 인하여 탄소세나 이에 유사한 세금의 도입 가능성은 단기적으로는 그리 높아 보이지 않는다. 이는 예를 들어 최경환 지식경제부 장관이 우리나라의 온실가스 중장기 감축 목표가 발표된 2009년 11월 17일 "일각에서 거론되는 탄소세 도입 주장에 대해서는 '지나치게 환경적 요인만 생각해선 곤란하다'며 부정적 입장을 밝힌 것으로 보도된 것이나(연합뉴스 웹사이트 http://app.yonhapnews.co.kr/YNA/Basic/article/new_search/YIBW_showSearchArticle.aspx?searchpart=article&searchtext=%ec%98%a8%ec%8b%a4%ea%b0%80%ec%8a%a4%20%ea%b0%90%ec%b6%95%20%eb%aa%a9%ed%91%9c&contents_id=AKR20091117203100003 참조), 기획재정부가 발표한 2010년 '정책과제별 실천계획'에서 '에너지 및 자동차 세제의 환경친화적 개편'을 '중장기적으로 추진'하는 것으로 정하여진 점(매일경제신문 웹사이트 http://news.mk.co.kr/newsRead.php?year=2009&no=646688 참조)에서 어느 정도 짐작할 수 있다.

그러나 '중장기'적으로 보면 환경세 위주로 세제 개편이 이루어질 가능성을 배제할 수 없다. 우선 최근 2010년 1월 13일 공포된 저탄소녹색성장기본법이 이러한 세제 개편의 가능성을 열어 놓고 있다(제3조 제7호 등 몇몇 규정들이 세제에 관한 언급을 포함하고 있다). 그리고 현재로서는 아직 설왕설래가 있을 뿐이지만, 최근에 와서는 이러한 세제 개편에 관한 보도가 잇따르고 있다. 예컨대, 어느 '대통령 직속 녹색성장위원회 관계자'는 "'특히 탄소세 부문은 조세연구원에서 연구용역을 받아 제도실시 영향 등 내용을 분석 중'이라며 '본 방향은 소득세 중심의 세제를 버닝택스(Burning Tax, 화석연료 연소량에 비례한 세제를 의미)로 바꾸는 것'이라고 설명했다" 던가(인터넷 머니투데이 1월 4일자 기사, http://www.mt.co.kr/view/mtview.php?type=1&no=2010010409552476219&outlink=1 참조), 정부가 지방세 차원에서도 '재산세를 에너지 사용량과 연계해 부과하고 자동차세도 연비나 이산화탄소(CO_2) 배출량에 따라 매기는 방안을 추진한다'는 것(연합뉴스 웹사이트 http://app.yonhapnews.co.kr/YNA/Basic/article/new_search/YIBW_showSearchArticle.aspx?searchpart=article&searchtext=%ec%9e%ac%ec%82%b0%ec%84%b8%20%ec%97%90%eb%84%88%ec%a7%80&contents_id=AKR20100203190700004 참조)들이 그것이다.

세금이 가지는, 기존의 세금과 다른 성격에 보다 주목하지 않을 수 없게 될 것이다.

3. 논의의 범위

요컨대 이 글은 환경친화적 세제 개편 또는 환경세의 더 광범위한 도입이라는, 우리가 현재 당면하고 있는 과제와 관련하여 우리나라가 일정한 정책적 결단을 내리기에 앞서 환경세 도입이 우리 세제 전반에 미칠 영향과 이에 대한 우리의 대응방안이 가져야 할 기본적인 방향을 개괄적으로 짚어 보는 것을 그 목적으로 한다. 따라서 환경친화적 세제 개편이나 환경세의 구체적인 내용, 또는 탄소세 기타 환경세가 탄소배출권 거래 제도에 비하여 온실가스 감축에 더 효과적인 방안인가 여부 등은 이 글의 범위 밖이다. 다만 이 글에서는 환경세가 가지는 기본적인 성격과, 이러한 성격이 현재 우리가 가지고 있는 세제의 기본원리 또는 우리가 처해 있는 현실과 어떻게 어울리는지(또는 어울리지 않는지)에 관한 정확한 인식이 필요하다는 점을 다시금 환기시키고, 나아가 이러한 영향이 현행 세제의 기본원리에 맞지 않는다는 의미에서 '부정적'인 측면이 있다면 이러한 부정적 영향을 감소시키기 위해서는 또한 어떠한 정책이 필요한가에 관하여 개괄적인 방향 제시를 하고자 한다. 한편 실제로 이러한 영향이 근본적으로 부정적인 것인지 여부, 또 만약 그렇다고 한다면 이러한 부정적 영향을 감소시키기 위하여 수립되고 실행되어야 할 정책들의 구체적 내용에 관하여는 이후의 연구에 맡긴다.

Ⅱ. 현행 세제의 기본──담세력에 따른 과세 원칙

1. '담세력 원칙'의 역사적 정착 과정

(1) '담세력 원칙'의 의미

I.장에서 현행의 세제는 기본적으로 담세력 원칙에 따르고 있다는 점을 잠시 언급하였다. 주지하는 바와 같이 '담세력에 따른 과세'라는 표현 자체는 아담 스미스(Adam Smith)로 거슬러 올라간다.[15] 그런데 아담 스미스의 표현에는 순수하게 '세

15) Richard A. Musgrave, "Ability to Pay," Encyclopedia of Taxation and Tax Policy(Ed.

금을 부담할 수 있는 능력에 따른 과세'라는 의미 외에도 납세자가 "국가로부터 받은 '혜택'(benefit)에 상응하는 과세"라는 의미가 함께 포함되어 있는 것으로 흔히 이해되고 있다.[16] 다만 이 말은 아담 스미스가 원래 의도한 바가 무엇이었든 간에, 현재에는 주로 전자(前者)의 의미로만 사용되고 있는 듯하고,[17] 혜택 원칙은 담세력 원칙과는 별도의, 세제를 만드는 원리인 것으로 흔히 설명되고 있다.[18]

물론 '담세력 원칙'이라는 표현을 이와 같은 의미로 사용하더라도, 다시 '담세력'이란 과연 무엇을 말하는 것인가 하는 의문이 이어지게 된다. 그리고 이는 이른바 '과세의 대상'(tax base)을 무엇으로 할 것이냐의 문제와도 일맥상통하게 된다. 즉 현재 우리가 알고 있는 세금과 관련하여 보더라도 소득세나 법인세는 개인이나 법인[19]의 '소득'을, 부가가치세나 개별소비세와 같은 소비세는 '소비'를, 또 한동안 뜨거운 논란의 대상이 되었던 종합부동산세는 '재산'을 각각 담세력으로 하는 등 각종의 세금들은 담세력 또는 그 과세의 대상을 다르게 파악하고 있음을 알 수 있다. 물론 현행 세제의 중심을 소득세제로 본다면, 현재 우리 세제가 담세력으로 파악하고 있는 대상 중 그래도 가장 중요한 것은 소득이라고 함에 별다른 무리가 없을 것이다.[20]

Joseph J. Cordes, Robert D. Ebel, and Jane G. Gravelle), Urban Institute Press, 2005, p. 1.

16) Richard A. Musgrave, "Equity and the Case for Progressive Taxation," Tax Justice(The Ongoing Debate), The Urban Institute Press, 2002, p. 10.

17) 국가로부터 받은 혜택과 소득을 같은 선상에 두는 것은 국가의 기능이 단순한 개인의 경제활동의 보호 이상으로 확대된 지금 시점에서 보면 '너무 좁은'(too narrow) 시각이라는 점은 Richard A. Musgrave, "Equity and the Case for Progressive Taxation," p. 11에 지적되어 있다.

18) Grapperhaus, Taxes through the Ages, p. 62.

19) 개인의 소득과 구별되는 법인의 소득이란 것이 따로 존재하는가에 관하여는, 예컨대 이창희, 세법강의(2009년판), 박영사, 2009, 493~495쪽에 설명되어 있는 바와 같이, 법인세의 '본질'과 관련된 논란이 있을 수 있으나, 여기서는 논외로 한다.

20) '오늘날의 정치이념이나 헌법이념은 소득세를 세제의 이상으로 삼고 있'고 '소득세가 안고 있는 여러 가지 경제적 부작용에도 불구하고 소득세는 세제의 중핵이 되어 있'다고 서술하고 있는 것으로 이창희, 앞의 책, 1053쪽. 한편 세수 측면에서 보더라도 소득세와 법인세가 우리나라 전체 내국세 세수에서 차지하는 비중은 2008년 기준으로 약 55%에 달한다('국세통계 2009'에 제시된 통계에 따르면, 전체 내국세 세수는 136,556,310백만 원, 이 중 소득세는 36,355,129백만 원, 법인세는 39,154,491백만 원이다).

이 점은 비교법적으로서도 마찬가지여서, 예를 들어 Victor Thuronyi, Comparative Tax Law, Kluwer Law International, 2003, p. 57은 '전 세계에 걸쳐 가장 중요한 세금(the most important tax worldwide)'은 소득세라고 단언하고 있다.

(2) 여러 가지 '담세력'

이와 같이 현행 세제가 다양한 과세 대상을 담세력으로 삼아 세금을 부과하고 있는 것에는 지금 우리가 살고 있는 시대의 이런저런 정책적인 이유도 물론 있겠지만, 세제의 역사적인 형성 과정 역시 무시할 수 없다. 아래에서 보는 바와 같이 소득과 소비, 재산이라는 담세력은 동시에 나타난 것이 아니라 각각의 시대의 필요에 의하여 차례차례 나타난 것인데, 이 과정에서 보듯이 일단 한 번 생긴 세금은 새로운 세금이 나타남으로 인하여 다소 그 절대적·상대적 비중이 줄어드는 일이 있을지는 몰라도 국가가 그 부과를 아예 포기하는 일은 비교적 드물기 때문에, 적어도 큰 틀에서는 세금의 종류는 시간이 지나감에 따라 대체로 늘어나는 경향을 보인다고 설명할 수도 있을 것이다. 그런데 20세기 이래 우리가 받아들인 현재의 세제는 다른 법제와 마찬가지로 결국에는 유럽과 미국, 즉 서양의 것이므로,[21] 담세력 개념과 관련하여서도 서양 세제의 역사를 한번 살펴볼 필요가 있다.

사실 세금이란 기본적으로 정비된 국가체제를 전제로 하는 현상이므로, 지방분권이 일반화되고 중앙정부의 권력이 약했던 봉건시대에는 세금의 존재가 그리 두드러지지 않았다고 한다. 그런데 중세 후반기 및 근세 초기로 들어오면서 근대적인 의미의 영토국가가 탄생하고, 국가의 영역 전체 및 백성 개개인에 대한 국왕의 전제적(專制的) 지배권이 강화되는 현상이 나타났다.[22] 넓은 영토 및 많은 백성에 대한 국왕의 지배권은 국왕의 힘을 뒷받침하는 상비군과 관료 체제의 필요성을 낳게 되는데, 이러한 상비군과 관료 체제를 유지하는 국왕의 경제적 원천은 결국 세금일 수밖에 없었다. 이런 이유로 중세 후반 이후에는 다시 중앙정부가 백성들로부터 직접 거둬들이는 각종 세금이 차례로 나타나게 된 것이다.

1) 토지에 대한 세금

이러한 초기의 세금 중 중요한 존재로는 우선 토지에 대한 세금이 있다. 농업이 중심이 되었던 당시만 해도 부가가치를 낳는 가장 중요한 생산의 원천은 토지였고,

---

21) 김석환, '미국 소득세제의 기원에 대한 소고', 조세법연구 제15-2권, 한국세법학회 편, 세경사, 2009, 200쪽 역시 우리나라의 세제가 '소비세제와 별도로 응능부담의 원리에 입각한 누진적 소득세제를 채택하고 있는 점 … 등 미국 등 서구 여러 나라들과 유사한 조세체계를 갖고 있다'고 평가하고 있다.

22) 서유럽 지역에서 봉건시대로 접어들면서 중앙정부의 과세권이 약화되었다가 중세 후반부로 들어서면서 다시 강화되는 과정에 관하여는 Grapperhaus, Taxes through the Ages, pp. 25~29.

이러한 토지에 대한 지배권을 갖고 있던 사람이 그 당시로서는 가장 재력이 풍부한 사람이었기 때문이다.[23] 부동산을 가진 사람에게 세금을 물려야 한다는 생각은 이와 같이 오랜 옛날부터 내려온 것이라고 볼 수 있으며, 이러한 생각은 부동산이 경제 내에서 차지하는 상대적 비중이 현저히 약화된 지금에도 그대로 존속하고 있는 것을 우리나라의 현행 세제 내에서도 확인할 수 있다.[24]

2) '개별간접세'[25](Excise Tax)

한편 중세시대부터 이미 여러 가지 형태의 개별간접세(excise tax)가 부과되고 있었다.[26] 이들은 현재의 용어로는 소비세의 일종으로 볼 수 있겠지만, 역사적으로는 흔히 국왕 기타 영주가 자신이 독점적으로 보유하거나 보유한다고 주장하는 특정한 생산도구 등에 대하여 그 사용의 대가를 거둬들인 데에서 기원한다고 한다.[27] 이러한 대가는 초기에는 당시 경제적 부의 원천이었던 도시로부터 받아낸 것이지만, 도시는 다시 이러한 부담을 그 시민들에게 전가하였고, 이러한 부담의 전가가 결국 세금의 형태로 발전해 나갔다는 것이다. 특히 시간이 갈수록 이와 같은 대가관계의 관념이 희박해지고 국가가 특정 재화에 대하여 세금을 거둘 수 있다는 관념만이 남게 되면서 이러한 종류의 세금은 각국에서 널리 이용되었다고 한다. 지금도 그렇지만 간접세의 형태를 가지는 이 세금은 대개 재화나 용역의 가격에 포함되어 그 부담이 다음 단계의 경제주체에게 전가될 수 있기 때문에 조세 저항을 줄일 수 있었고,[28] 한편 국가로서도 비교적 소수의 생산업자들만 직접 관리하면 되는 편리한 세제였기 때문에[29] 상당히 널리 이용되어, 소득세가 오늘과 같이 널리 받아들여지기

---

23) Grapperhaus, Taxes through the Ages, p. 32.

24) 토지에 대하여는 여전히 국세인 종합부동산세, 지방세인 재산세가 부과된다. 물론 이러한 세금은 현재에는 토지뿐 아니라 건물에 대하여도 부과된다. 종합부동산세법 제11조, 지방세법 제181조 및 제182조 제 1 항 참조.

25) "Excise tax"라는 용어를 한 마디로 정의하기는 쉽지 않다. 이 글에서는 "excise tax"의 중요한 성격이, ① (일반적이 아니라) 개별적인 재화나 용역 등에 관하여 부과되는 것이고(Thuronyi, *op. cit.*, p. 58은 이 종류의 세금이 '제한적 종류의 재화에 부과되는 판매세(sales tax)의 일종으로 파악할 수 있다'고 설명하고 있다), ② 일반적으로 '간접세'라고 부르는 세금으로서의 성격이 있다는 점(J. Fred Giertz, "Excise Taxes," Encyclopedia of Taxation and Tax Policy(Ed. Joseph J. Cordes, Robert D. Ebel, and Jane G. Gravelle), Urban Institute Press, 2005, p. 125는 'excise tax'가 '전통적으로 간접세(indirect tax)라고 불리던 것의 한 사례'라고 설명한다)에 착안하여 이와 같이 번역하였다.

26) 이에 관하여 Grapperhaus, Taxes through the Ages, pp. 47~49는 그 기원을 중세에 국왕이 보유하던 각종 '특권'(regalia)을 부유한 자유도시에 부여하는 대가로 받은 금전에서 찾기도 한다.

27) Grapperhaus, Taxes through the Ages, pp. 48~49에 이러한 과정이 흥미롭게 서술되어 있다.

28) Ferdinand H. M. Grapperhaus, Tax Tales, IBFD, 2009, p. 26.

전에는 국가 수입의 대종을 이루었다고 한다.[30]

3) 소득세제의 출현

한편 오늘날 가장 중요한 담세력으로 이해되고 있는 소득에 대한 과세는 비교적 뒤늦은 18세기말에 영국에서 최초로 나타났다.[31] 개개인의 소득에 대하여 과세하는 소득세는 처음부터 직접세·누진세의 형태로 나타났기 때문에, 그 성질상 개인의 생활 깊숙한 부분까지 국가가 파악할 수 있다는 것을 전제로 하지 않으면 안 되었다. 소득세는 이로 인하여 처음에는 상당한 조세저항에 부딪혔고, 이를 부과하는 측에서도 원래 '나쁜 세금'이지만 단지 전쟁을 수행하기 위하여 불가피한 필요악으로 이해되었다고 한다.[32] 이와 같이 한시적인 성격을 가진 세금으로 처음 도입되었던 소득세는 19세기 후반으로 접어들면서 소득이 가장 이상적인 담세력이고 소득이 많은 사람이 더 많은 세금을 내는 것이 공평하다는 생각이 일반화되면서 점차 세제의 중심으로 등장[33]하게 되어 현재에 이르고 있다.[34]

4) 소비세제의 정착

한편 소득세 이전에 국가 수입의 대종을 이루었던 개별간접세의 경우, 시간이 갈수록 그 과세의 대상을 보다 일반화시켜야 한다는 생각이 나타나게 되고, 결국 20

---

29) 이런 이유로 특히 그 생산과 소비가 시장경제 체제 내로 온전히 편입된 재화나 용역에 대하여 이러한 개별간접세를 물리는 것이 보통이라는 점에 관하여는 경우가 흔하다고 한다. J. Fred Giertz, *op. cit.*, p. 125.

30) 이창희, 앞의 책, 248쪽은 소득세 도입 전 '영국의 재정수입은 수입물품에 붙는 관세, 특정 물품의 매매에 붙는 물품세(excise tax) 및 토지세가 대종을 이루고 있었다'고 설명한다('excise tax'를 '물품세'라고 번역하고 있음에 유의하라). 또한 Ajay K. Mehrotra, Envisioning the Modern American Fiscal State: Progressive-Era Economists and the Intellecutal Foundations of the U.S. Income Tax, 52 UCLA L. Rev. 1794는 소득세가 본격적으로 도입되기 전인 19세기 말 당시의 상황에 관하여 '주로 관세와 담배, 주류에 관한 역진적인 개별간접세와 결부되어 있었다(associated)'고 설명하고 있다.

31) 이창희, 앞의 책, 248쪽.

32) 이창희, 앞의 책, 249쪽. 한편 Graperhaus, Tax Tales, p. 63에 따르면, 1816년의 비인 평화조약이 체결된 직후 실제로 소득세는 폐지되었고 관련된 장부와 서류는 전국에서 불태워졌으며, 당시 정부는 다시는 소득세를 부과하는 일이 없을 것이라는 점을 '엄숙하게 약속'(solemnly sworn) 하였다고 한다(하지만 이 약속은 1842년에 다시 깨어지게 된다).

33) 김석환, 앞의 글, 224쪽은 미국의 경우 소득세제가 처음부터 '누진세를 통한 부의 재분배라는 뚜렷한 가치를 지향'했고 '그동안 역진적 성격을 띤 관세와 물품세에 주로 의존하던 세수구조를 부자로부터 가난한 자에게 부의 이전을 추구할 수 있도록 하여 응능부담의 원칙을 통한 인민주의적 공평의 이념을 제도적으로 포섭할 수 있'게 해 주었다는 점을 지적하고 있다.

34) 이창희, 앞의 책, 247~248쪽. 특히 소득세에 관한 논쟁이 치열하게 전개하여 온 미국의 경우 소득세가 정착되기까지의 과정을 흥미롭게 서술한 것으로서 김석환, 앞의 글, 202~212쪽.

세기에 와서는 특정의 재화나 용역에 한하여 과세되는 것이 아니라 재화나 용역 일반에 대하여 과세되는 '일반매상세'(general turnover tax)로 전환되는 경향을 보이게 된다.[35] 그런데 이러한 일반매상세는 순수익(net profit)이 아니라 매출 자체(gross receipt)에 대하여 과세하는 것이었기 때문에, 이로 인한 '누적효과'(cascading effect)가 경제에 미치는 왜곡 현상이 지적되면서 결국 20세기 중반 이후 유럽 각국을 비롯하여 많은 나라에서 부가가치세로 대체된다.[36]

이러한 역사적 과정을 통해서도 알 수 있듯이, 부가가치세는 개별간접세의 간접세로서의 성격과 일반매상세의 일반적 세금(broad-based tax)으로서의 성격을 모두 이어 받은 세금이며, 명시적으로 소비에 대하여 부과하는 세금이다. 특히 주지하는 바와 같이 20세기 중반 이후 경제학자들과 세법학자들 사이에서는 소득세와 소비세 중에 어느 것이 더 우월한 세제인가에 관하여 오랜 기간에 걸쳐 이론적 논쟁이 이어져 오고 있는 것과도 관련하여, 부가가치세는 현존하는 대표적인 소비세로서 이론적으로도 중요한 위치를 점한다. 한편 1976년 이를 도입[37]한 우리나라에서도 부가가치세는 세수 측면[38]에서 간접세와 소비세의 가장 큰 부분을 차지하고 있다.

(3) 소득세, 직접세, 누진세 중심 세제의 정착

이와 같이 현재에 와서는 소득세와 소비세가 세제의 중심을 이루고 있으며, 종래의 토지에 대한 세금은 재산에 대한 과세로 변형되어 부과되고 있으나 과세의 대상이 되는 재산의 중심은 여전히 부동산이다. 그리하여 현재의 세제 하에서 담세력으로서는 크게 소득, 소비, 그리고 재산이 있다는 설명이 제시되고 있기도 하다.[39]

또한 앞의 (1)항에서 언급한 바와 같이, 적어도 현재에 이르기까지는 이 중에서도 특히 중심적인 지위를 차지하고 있는 것은 소득이다. 따라서 담세력 원칙이란 흔히 '소득에 따른 과세'와 동의어로 이해되기도 한다.[40] 그리고 소득세란 처음부터 어

---

35) Grapperhaus, Tax Tales, pp. 26~27.

36) Alan Schenk and Oliver Oldman, Value Added Tax—A Comparative Approach, Cabridge University Press, 2007, pp. 3~4.

37) 1976년 12월 22일 법률 제2934호로 부가가치세법이 제정되어 1977년 7월 1일부터 시행되었다(부칙 제1조).

38) 각주 12, 20에서 인용한 2008년 통계로 부가가치세가 우리나라 세수에서 차지하는 비중은 27.8%에 달한다.

39) 이창희, 앞의 책, 104~105쪽.

40) Kevin Holmes, The Concept of Income(a multi-disciplinary analysis), IBFD, 2001, p. 21는 소득세에 대한 가장 흔한 정당화 근거(justification)는 소득세가 (소비세에 비하여) 개인의 담세력

느 정도의 누진세를 가리키는 것이었는데,[41] 이러한 경향은 그 후에도 현재에 이르기까지 처음보다 훨씬 더 강화된 채 계속하여 지속되고 있다.[42] 그리고 소득세의 이와 같은 누진세로서의 성격은 소득세가 초기부터 직접세의 형태를 띠는 것으로 나타났다.[43]

다만 이미 다양한 형태로 존재하고 있었던 개별간접세가 보다 포괄적인 과세 대상을 갖는 세금(broad-based tax)으로 진화하는 과정에서 소비세라는 현대적 관념으로 바뀌어 세제의 중요한 부분으로 그대로 존속하게 됨으로써, 현행 세제는 ① 소득세와 소비세의 대립 및 공존,[44] ② 소득세의 상대적으로 중심적인 위치, ③ 소득세의 직접세와 누진세로서의 성격 등을 근간으로 하고 있다고 평가할 수 있을 것이다.

2. 우리 세제의 기본—공평과세의 기본 관념

1.항에서 살펴본 것과 같이 현재 서양에서 널리 통용되는 소득세 중심의 세제는 우리나라의 현행 세제에서도 그대로 받아들여져 있다. 그리고 이 점은 세제의 내용뿐 아니라 세제를 구성하는 원리에 대한 사람들의 이해라는 면에서도 마찬가지이다.

즉 담세력 원칙이 소득의 수준에 따른 과세라는 점, 특히 적어도 소득세의 차원에서 보면 여기서의 담세력 원칙이 단순히 '담세력에 비례적으로 따르는 과세'가 아

을 잘 반영하는 가장 공평한(fairest) 세금이라는 점에 있다는 것이라고 서술하고 있다. 한편 국내 문헌으로서는 정종섭, 앞의 책, 1035쪽이 '보통은 담세능력의 측정척도로 소득을 채택하고, 과세에 의한 소득의 감소를 효용의 희생으로 설정하고, 이러한 희생을 균등하게 하는 것을 조세부담의 공평이라고 본다'고 설명하고 있다.

41) 1799년에 영국 수상 윌리엄 소(小) 피트(William Pitt, the Younger)가 최초로 도입한 소득세는 연 소득 60파운드 이하는 비과세하고, 그 이상의 소득에 대하여는 1%에 약간 못 미치는 세율을 적용하되, 200파운드 이상의 소득 구간에 대하여는 10%의 세율을 적용하는 내용이었다고 한다. 전태영, 세금이야기, 생각의 나무, 2005, 277쪽.

42) 예컨대 미국의 경우 연방헌법의 개정 과정을 거쳐 연방소득세가 도입된 1913년의 소득세제 하에서 이미 1~6%의 누진세율이 적용되고 있었는데, 이 세율은 두 차례의 세계 대전을 거치면서 1939년에는 22~94%까지 껑충 뛰었고, 1950년대 내내 최고세율은 90%대에 머물렀다고 한다. 이에 관하여 상세한 것은 Dennis J. Ventry Jr., "Equity versus Efficiency and the U.S. Tax System in Historical Perspective," Tax Justice(The Ongoing Debate), The Urban Institute Press, 2002, pp. 31~36.

43) 누진세가 논리필연적으로 직접세가 될 수밖에 없다는 점에 관하여는 이창희, 앞의 책, 290쪽

44) 부가가치세를 도입한 유럽 각국의 경우 대체로 소비세가 전체 세수의 15~25%를 차지하고 있다고 한다. Gilbert E. Metcalf, "Consumption Taxation," Encyclopedia of Taxation and Tax Policy(Ed. Joseph J. Cordes, Robert D. Ebel, and Jane G. Gravelle), Urban Institute Press, 2005, p. 66.

니라 '담세력에 누진적으로 따르는 과세'를 의미한다는 점에 관하여 적어도 상식적인 차원에서는 아무런 의문도 제기되고 있지 않다. 또한 세제 전체로 보더라도 소득수준에 대하여 역진적(逆進的, regressive)인 세제는 불공평하여 바람직하지 않은 세제이고 누진적(累進的, progressive)인 세제가 보다 공평한 것으로서 더 바람직한 세제이며, 이에 따라 세제가 어느 정도의 소득재분배 효과를 가져야 한다는 점이 별다른 의문 없이 그대로 받아들여지고 있다.[45]

실제로 대한민국 건국 이래로 소득세제는 계속하여 누진세를 채택하여 왔고,[46] 이러한 누진세제는 현행 헌법 제119조 제2항의 '적정한 소득의 분배'에 관한 명시적 언급에 의하여 보다 튼튼한 헌법적 뒷받침을 받고 있는 것으로 볼 수 있다.[47][48] 또한 최근에 와서 간접세의 비중을 높이는 방향의 세제 개편이 거론된 바가 있지만, 세제의 역진성을 이유로 한 반론 역시 곧바로 제기되었던 것을 보더라도,[49] 이와 같

45) 이 점은 우리나라의 대표적인 세법 교과서들을 살펴보더라도 쉽게 찾아볼 수 있다. 즉 이태로·한만수, 조세법강의(신정5판), 박영사, 2009, 70쪽은 "누진세율은 일반적으로 소득의 재분배 기능을 달성하는 데 적합한 것으로 받아들여지고 있어 납세의무자의 담세력을 기준으로 부과되는 조세에서 통상 적용된다"고 설명하고 있다.

또한 임승순, 조세법(2009년도판), 박영사, 2009, 42쪽 역시 누진세율이 '헌법이 추구하는 이념인 복지국가를 실현하기 위한 유효적절한 수단'이고 따라서 '그것이 사유재산제도의 근본이념을 훼손할 정도로 과도하여 비례의 원칙에 위배된다고 볼 수 없는 한 합리적 차별'에 해당한다고 보는 것이 '정설'이라고 설명하고 있으며, 위의 책, 109쪽에서는 다시 누진세율 중에서도 현재 우리 세법이 취하고 있는 이른바 '초과 누진세율'(소득의 '구간'에 따라 다른 세율을 적용하는 방법)이 '담세력에 따른 세 부담의 배분이라는 요청에 가장 적합'하다고 서술하고 있다.

46) 1949년 7월 15일 최초로 제정되어 시행된 소득세법(법률 제33호) 제20조는 4~65%에 이르는 무려 16단계의 누진세율 구조를 가지고 있었고, 현재와 같은 '종합소득'의 개념이 최초로 등장한 1974년말 개정 소득세법(1974년 12월 24일 공포 법률 제2705호) 제70조 제1항에서도 마찬가지로 8~70%에 이르는 16단계의 복잡한 세율 구조를 가지고 있었다.

47) 이창희, 앞의 책, 56쪽에 따르면 헌법 제119조 제2항에 따라 국가는 국민들 간의 세후 소득격차가 세전 소득격차보다 적어도 더 늘어나지 않도록 노력할 의무를 진다고 설명한다. 이러한 설명을 따른다면, 적어도 소득에 대하여 역진적인 세제는 헌법에 위반될 소지가 생긴다고 결론지을 수 있을 것이다.

같은 뜻으로, 김석환, 앞의 글, 200쪽 역시 우리나라의 세제 중에서도 누진적인 소득세는 '헌법이 규정한 국가의 적절한 소득재분배 의무를 이행하는 가장 효과적인 수단의 하나로 매우 중요한 사회적 역할을 담당'하고 있다고 기술하고 있다.

48) 다만 헌법이 명시적으로 소득의 적정한 재분배에 관하여 언급하고 있는 것은 현행 헌법이 최초이다(이전의 헌법들은 대체로 제헌헌법의 '사회정의의 실현과 균형있는 국민경제의 발전'이라는 보다 추상적인 표현을 답습하여 왔다). 헌법학자의 글로서 이 점에 주목하고 세제가 다른 사회 정책들과 마찬가지로 소득 재분배의 수단으로 사용될 수 있다는 점을 언급하고 있는 것으로서, 전광석, '사회보장의 소득재분배구조에 대한 헌법적 접근', 공법연구 제21집, 한국공법학회 편, 1993, 277~279쪽.

49) 인터넷 머니투데이 2009년 6월 5일 기사(http://www.mt.co.kr/view/mtview.php?type=1&no=

이 소득의 수준에 누진적으로 따르는 세부담의 분배가 우리 사회에서 공평과세의 기본 관념으로 어느 정도 정착되어 있다는 점을 쉽게 짐작할 수 있을 것이다.

사실 사람들이란 '무엇이 공평한 것인가' 하는 문제에 대하여 상당히 심각하게 반응하는 경향이 있으며, 어떤 정책이 실제로 성공을 거둘 수 있을 것인가 하는 점은 정책 자체의 내용뿐 아니라 이러한 정책을 받아들이는 사람들의 태도에도 크게 의존하게 된다는 것이 최근의 유력한 견해이다.[50] 그렇게 보면 환경친화적 세제 개편을 추구함에 있어서도 우리나라 사람들의 공평과세에 관한 이러한 기본 관념을 충분히 고려하지 않으면 안 된다는 결론에 일단 도달할 수 있을 것이다.

Ⅲ. 환경세가 본격적으로 도입될 경우 예상되는 세제 개편의 내용

1. 유럽 각국의 경험을 중심으로

잘 알려진 바와 같이 환경친화적 세제 개편의 분야에서 지금까지 가장 적극적인 행보를 취해 온 것은 유럽의 여러 선진국들, 그 중에서도 스칸디나비아 반도에 위치한 나라들이다. 여기서 굳이 상세한 것을 언급할 필요는 없겠지만,[51] 1990년 최초로 탄소세를 도입한 핀란드를 비롯하여, 스웨덴, 노르웨이, 덴마크 등의 스칸디나비아 반도 제국 등 유럽의 몇몇 나라들이 탄소세 내지는 탄소 배출량에 상응하여 부과되는 세금을 운용하고 있는 것으로 평가 받고 있다.[52]

20090604151512017288&outlink=1)에 따르면, 기획재정부의 용역 의뢰를 받은 한국재정학회에서 부가가치세 등 간접세 비중을 보다 높이는 방향의 세제 개편을 제안하였다고 하는데, 이 기사는 동시에 '간접세는 조세저항이 심하지 않아 인상이 비교적 용이하지만 가난한 사람에게 세금을 더 많이 걷는 조세의 역진성이 발생한다'는 비판적 견해를 표명한 어느 '연구기관 관계자'의 견해를 아울러 싣고 있다. 이명박 대통령 집권 이후의 소득세, 법인세율 인하를 중심으로 한 감세 정책에 대하여 비판적인 방향의 이러한 언론보도는 이외에도 인터넷을 통하여 다수 검색할 수 있다.

50) 이에 관한 최근 경제학계의 매우 흥미로운 시각을 담고 있는 것으로, 조지 애커로프 · 로버트 쉴러(김태훈 옮김), 야성적 충동, 랜덤하우스, 2009, 46~56쪽.

51) 이에 관하여 이미 김승래 · 박상원 · 김형준, 앞의 책, 48~53쪽과 권오성, '환경보호를 위한 조세정책 방향—에너지세제를 중심으로', 조세연구 제 4 권, 한국조세연구포럼 편, 세경사, 2004, 9~17쪽이 상세한 것을 소개하고 있다.

52) '탄소세'(carbon tax)란 하나의 추상적 명칭이어서, 구체적으로 어떤 나라의 어떤 세금이 '탄소세'에 해당하는가에 관한 평가는 반드시 일치하지 않는 듯하다. 예를 들면 비슷한 시기에 나온

특히 이들 나라들은 대부분 이로 인하여 증가된 세수를 이용하여 소득세나 법인세 부담들을 줄여 줌으로써 세수 중립을 달성한 것으로 알려져 있는데,[53] 이러한 세제 개편을 통하여 경제적 효율을 증대시켜 성장과 고용 창출 등을 모색하고 있다는 분석이 제시되어 있다.[54][55]

2. 경제협력개발기구(OECD) 차원에서의 논의

한편 세제에 관한 국제적 협력 분야에서 선도적인 지위를 차지하고 있는 국제기구인 '경제협력개발기구'(OECD)에서는 최근 환경세 분야에 있어서도 많은 연구 결과들을 내어 놓고 있다.[56] 이러한 연구결과들에서는 지구온난화 문제를 해결하기 위하여 세제를 적절하게 개편하게 될 경우 얻어지게 될 혜택이나 환경친화적 세제 개편의 구체적인 내용뿐 아니라 이러한 환경친화적 세제 개편이 각국에 대하여 가져올 수 있는 부정적인 영향에 관하여도 언급하고 있는 것을 볼 수 있다. 그리고 이

두 문헌을 살펴보더라도, Gilbert E. Metcalf and David Weisbach, The Design of a Carbon Tax, 33 Harv. Envtl. L. Rev. 508은 현재 탄소세를 운용하고 있는 나라는 스칸디나비아 반도의 5개국(아마도 아이슬란드를 포함시킨 것이 아닌가 짐작한다)과 영국이라고 설명하고 있으나, Reuven S. Avi-Yonah and David M. Uhlmann, Combating Global Climate Change: Why a Carbon Tax is a Better Response to Global Warming than Cap and Trade, 28 Stan. Envtl. L. J. 34는 핀란드, 덴마크, 노르웨이, 스웨덴의 스칸디나비아 반도 제국(諸國) 외에 이탈리아와 네덜란드, 그리고 캐나다의 브리티시 컬럼비아 주(州)와 퀘벡 주를 탄소세 도입의 예로 들고 있다.

53) 김승래 · 박상원 · 김형준, 앞의 책, 48~53쪽.

54) 김승래 · 박상원 · 김형준, 앞의 책, 43~44쪽.

55) 다만 이러한 유럽 여러 나라들의 탄소세 운용에 관한 최근 미국 학자들의 시각은 반드시 호의적인 것만은 아닌 듯하다. 즉 부시 행정부가 지구온난화 문제에 대응하기 위한 연방정부 차원의 노력이나 국제적 협력을 거의 제공하지 않은 것을 개탄하고 이에 관한 유럽 각국의 선도적 노력을 인정하면서도(Avi-Yonah and Uhlmann, Supra note 51 at 19; Janet E. Milne, Carbon Taxes in the United State: The Context for the Future, 10 Vt. J. Envtl. L. 2), 유럽 각국의 탄소세와 관련된 세제의 내용 자체는 기업 경쟁력 저하에 대한 우려로 인하여 그 과세의 대상이 좁고(narrow-based) 동시에 많은 비과세 · 면세(exemption) 규정이 존재하고 있어서 환경세로서의 충분한 효과를 내지 못하고 있다고 평가하고 있다(Metcalf and Weisback, Supra note 51 at 508, 509). 이에 대한 대안으로 위 두 견해는 모두 화석연료의 용도를 따져서 과세 여부를 결정할 것이 아니라, 아예 그 생산 또는 수입 단계에서 일률적으로 탄소세를 부과(upstream imposition)하는 것이 근본적인 해결책이면서도 동시에 탄소세 도입시의 징세(徵稅) 비용을 최소화하는 것이라고 주장하고 있다(Metcalf and Weisback, Supra note 51 at 523, Avi-Yonah and Uhlmann, Supra note 51 at 31, 32).

56) 대표적인 것으로, Environmentally Related Taxes in OECD Countries—Issues and Strategies, OECD, 2001; The Political Economy of Environmentally Related Tax, OECD, 2006 등을 들 수 있다.

러한 부정적인 영향으로서 중요하게 들어지고 있는 것들 중 하나[57]가 환경친화적 세제 개편이 각국의 소득분배 상황을 악화시킬 가능성이 있다는 것이다.[58]

즉 경제협력개발기구의 연구 결과들은 환경친화적으로 세제를 개편할 경우 세제가 실제로 보다 역진적인 방향으로 바뀔 것인가, 또 얼마나 역진적으로 될 것인가에 관하여 다소 조심스러운 입장을 취하면서도, 일단 그러한 경향이 존재할 수 있다는 점은 분명히 인정하고 있다.[59][60] 따라서 이러한 부정적 효과에 관하여 환경친화적 세제 개편을 추진하고 있는 각국의 주의를 환기시키고 있으며, 이에 대한 보완책이 필요하다는 점 역시 명확히 하고 있다.[61]

특히 이와 관련하여 탄소세의 도입으로 인하여 늘어난 세수를 어떻게 사용할 것인가가 매우 중요하다는 점을 강조하고 있으며,[62] 소득재분배와 관련된 고려를 정책에 반영함에 있어서는 세율을 낮추는 등 조세가 갖는 '가격 신호'(price signal)의 기능을 약화시키는 것(mitigation)보다는 배려의 대상이 되는 계층이나 집단에 대한

---

57) 또 다른 하나는 특정 국가만이 환경세를 도입하였을 경우 그 국가의 기업들의 국제경쟁력(competitiveness)이 저하되지 않을까 하는 우려이다. 이에 관하여는 Environmentally Related Taxes in OECD Countries, 2001, pp. 71~86.

58) 다만 세제에 국한하지 않고 보다 넓은 맥락에서 볼 때에는, 환경세로 거둬들인 세수를 어디에 사용할 것인가 하는 문제와 이로 인하여 개선된 환경개선의 효과를 어떤 계층이나 집단이 우선적으로 향유하게 되는가 하는 문제를 아울러 고려하여야 한다고 한다. The Political Economy of Environmentally Related Tax, p. 134~136.

59) The Political Economy of Environmentally Related Tax, p. 134에서는 스웨덴, 오스트레일리아, 영국, 이탈리아, 스페인, 노르웨이 등에서 행하여진 실증적 연구의 결과를 인용하면서, 연구결과에 따라 다소간 차이는 있지만 대체로 탄소세 기타 환경세의 도입은 세제 전체의 역진성을 심화시키는 방향으로 작용한다고 요약하고 있다. 이러한 조심스러운 태도는 아마도 환경세의 도입 그 자체로 인한 효과만을 따로 떼어내어 보지 않고 그 이후 세수의 활용방안 등이 소득의 분배 상황에 관하여 미치는 영향을 전체적으로 고찰하였기 때문이 아닌가 짐작한다.

60) 다만 미국 쪽의 문헌들에서는 이러한 역진성의 문제를 보다 당연한 것으로 받아들이는 경향이 강한 듯한데, 아마도 이는 세수의 활용은 별도의 문제로 취급하였기 때문이 아닐까 짐작한다. 예컨대 Metcalf and Weisbach, Supra note 51 at 513; Roberta F. Mann, The Case for the Carbon Tax: How to Overcome politics and Find Our Green Destiny, 39 Envtl. L. Rep. & Analysis, 10124.

한편 김형성 · 박정우, 앞의 글, 327쪽에서도 '저소득층일수록 소득 중 에너지비용이 높으므로' 환경세 도입으로 인한 '부담이 저소득층에 가중되는 경향이 있다'고 설명한다.

61) The Political Economy of Environmentally Related Tax, p. 136에서는 이러한 역진성의 문제가 환경세와 관련하여 각국에서 정책적 논의의 중요한 대상(a key issue in the policy debate)이 되고 있고, 실제로 일반인들이 이를 '불공평'(unfair)한 세금이라고 받아들이는 이상 이를 성공적으로 도입하기는 매우 어려울 수밖에 없다는 점("it will be very difficult to 'sell' a tax that is perceived as unfair")을 지적하고 있다.

62) The Political Economy of Environmentally Related Tax, p. 135.

직접적 이전지출(compensation)의 방법이 더 바람직하다는 입장을 취하고 있다.[63]

3. 환경세의 도입이 우리 세제의 기본구조에 미치게 될 영향

이제 시각을 다시 우리나라의 현실 쪽으로 돌려보자. 우리나라 역시 최근인 2009년 11월 17일 온실가스 감축 목표를 발표하면서, 앞으로 어떤 방식으로든지 탄소배출량을 줄이는 방향으로 정책을 운용하지 않으면 안 되게 되었다. 구체적으로 어떤 방향을 취할 것인가에 관하여 아직 분명한 정책적 결단이 내려진 것으로 보이지는 않지만,[64] 우리나라도 대체로 몇몇 유럽 국가들의 예를 따라 탄소배출권 거래제를 널리 시행하는 쪽으로 먼저 방향을 잡아가고 있는 것이 아닌가 싶다.[65] 반면 탄소배출량 감소를 위한 또 하나의 중요한 정책수단인 환경세는 일각의 반대[66]로 중장기적 과제로 분류된 채 아직 충분히 부각되지 못하고 있으며, 향후 탄소배출권 거래제를 보완하거나 또는 대체하는 수단으로서 탄소세 기타 환경세가 실제로 도입될 것인지 여부 역시 아직은 불투명한 상황이다.

그러나 탄소배출량을 감소시키는 데 있어서 세제가 갖는 장점 역시 무시할 수 없는 것이기 때문에,[67] 중장기적으로 보면 전면적으로 탄소세를 새로이 도입하는 데에 이르지는 않더라도 적어도 현행 에너지세제를 강화·개편하는 등 탄소배출량 감소를 위하여 세제를 활용하게 될 가능성은 배제할 수 없을 것이다.[68]

(1) 소득에 대한 역진성의 문제

그런데 탄소세를 전면적으로 도입하는 것이 되었든 기존의 에너지세제를 보다 환경친화적인 내용으로 개편하는 것이 되었든 간에, 이러한 새로운 세금은 Ⅱ.장에서 살펴본 바와 같은, 우리가 현재 갖고 있는 공평과세에 관한 기본 관념에 잘 부합

63) The Political Economy of Environmentally Related Tax, p. 136.

64) 각주 14 참조.

65) 언론보도에 따르면, 지식경제부는 2011년 하반기부터 탄소배출권 거래제를 '시범'적으로 실시하고 2012년부터는 '단계적으로 도입'할 방침을 세웠다고 한다(매일경제신문 웹사이트 http://news.mk.co.kr/outside/view.php?year=2009&no=655759 참조).

66) 각주 14 참조.

67) 최근 미국에서 이에 관한 논의가 특히 활발하여지고 있는 듯하다. 대표적인 것으로 Avi-Yonah and Uhlmann, Supra note 51 at 35.

68) 저탄소녹색성장기본법 제3조 제7호 전문(前文)은 온실가스의 배출 억제를 위하여 세제를 활용할 수 있다는 점을 분명히 하고 있다.

하지 않을 수 있다는 점에서 문제가 될 수 있다. 당장 이러한 세금은 온실가스의 배출량에 따라 정하여져야만 그 입법의도에 부합하게 될 것인데, 온실가스의 배출량은 우리가 현재 가장 중요한 담세력으로 받아들이고 있는 '소득'과는 반드시 상관관계를 갖고 연동되는 것이 아니기 때문이다.

즉 가계가 되었든 기업이 되었든 간에, 그 소득의 수준과 온실가스 배출량이 반드시 비례하는 것이 아닐 뿐 아니라, 오히려 효과적으로 에너지를 활용할 수 있는 시설을 갖추었거나 온실가스를 배출하지 않는 새로운 세대의 기술을 활용할 수 있는 고소득의 가계나 기업이 그렇지 못한 저소득의 가계나 기업에 비하여 더 작은 세금만을 부담하게 될 가능성마저 생긴다.[69] 한편 징세 업무의 효율성 측면에서 볼 때에도 탄소세는 가계라든지 최종 소비자 단계(downstream)보다는 중간 생산자 단계(midstream)에서 부과될 가능성이 높은데,[70] 이렇게 되면 탄소세는 현재의 소비세가 그러하듯이 간접세의 성격을 띠게 되어[71] 이미 그 자체로 (소득에 대하여) 역진적 성격을 띠게 될 수밖에 없는 것이기도 하다.[72]

(2) 증가된 세수의 활용과 관련된 문제

한편 환경친화적 세제 개편을 통하여 기존에 없던 세금이 새로 생기거나(예컨대 탄소세의 성격을 가지는 세금을 신설할 경우) 기존재하던 세금을 전보다 더 많이 걷게 될(기존의 에너지세 등이 환경세의 성격을 보다 강하게 띠도록 세제를 개편하는 경우) 가능성이 생기게 된다. 그런데 전체 국가경제 규모에서 재정 부문이 차지하는 비중을 얼마로 할 것인가 하는 것은 전체 거시경제적 정책의 차원에서 결정되어야 하는 것이므로, 환경정책적 수단으로 세제를 새로이 사용한다고 하더라도 이로 인하여 국민

69) 예컨대 영국의 경우, 가정의 에너지 소비에 대하여 세금을 부과할 경우 그 피해는 흔히 단열이 잘 되지 않고 열효율이 떨어지는 난방 시설만을 갖춘 집에서 살고 있는 저소득층(이른바 "fuel poor")에게 보다 크게 돌아갈 것이라는 믿음이 널리 퍼져 있다고 한다. The Political Economy of Environmentally Related Tax, p. 136.

70) 다만 징세 측면에서 보아 가장 효율적인 방법은 역시 아예 화석연료의 생산 또는 수입 단계(upstream)에서 탄소세를 부과하는 것이라는 주장이 있다는 점에 관하여는 각주 55 참조.

71) 이준규 · 박정우, 앞의 글, 197쪽.

72) 경제협력개발기구는 이와 같은 두 가지 종류의 소득재분배와 관련된 문제(distributional effect)가 발생할 수 있다는 점을 지적하고 있다. 즉 The Political Economy of Environmentally Related Tax, p. 134에 따르면, 가계에 직접 세금을 물릴 경우 그러한 직접적인 세부담이 야기하는 문제, 에너지를 사용하는 기업에 세금을 물릴 경우 이로 인한 재화나 용역 가격 상승이 야기하는 문제가 모두 발생할 수 있다는 것이다.

경제에서 재정 부문이 차지하는 비중이 더 높아지는 결과로 되는 것은 곤란하다고 주장할 여지가 생기게 된다. 이와 관련하여 환경친화적 세제 개편은 '세수중립적'(稅收中立的, revenue neutral)이어야 한다는 주장이 나오는데,[73] 이는 곧 환경친화적 세제 개편으로 인하여 늘어난 세수는 다른 세금의 세수를 줄이는 데에 사용되어 전체적으로 보면 환경친화적 세제 개편에 불구하고 국가 세수의 규모에는 변화가 없어야 한다는 것이다.

그런데 만약 이와 같이 역진적인 성격을 띨 가능성이 높은 세금인 환경세로부터 거둬들인 세수를 상쇄하기 위하여, 예를 들어 누진적인 세금인 소득세를 전반적으로 감면하는 정책을 취한다면,[74] 이는 그 자체만 놓고 보았을 때 세제의 소득재분배적 성격을 이중으로 후퇴시키는 결과로 될 수 있을 것이다.[75] 이러한 점을 감안한다면, 만약 세수중립 하에서 세수를 '재순환'시킨다고 하더라도 이로 인하여 감면되는 세금은 환경세와 마찬가지로 역진적인 성격을 띠는 세금, 예컨대 일반 소비세로서의 부가가치세와 같은 것이 되어야 하는 것이 아닐까 하는 의문도 제기될 수 있다. 이와 관련하여서는 국가가 소득재분배를 위하여 노력할 의무를 부과한 헌법 제119조 제2항의 규정에 불구하고 우리나라 세제의 소득재분배 효과가 아직도 불충분하다는 평가가 일반적이라는 점이 아울러 고려되어야 할 것이다.[76]

물론 소득재분배 정책의 실현 수단에는 세제만이 있는 것이 아니므로 이와 같이 논의를 단순화시키는 것에는 무리가 없지 않고, 무엇보다 I.장에서 밝힌 이 글의 성격상 여기서 환경친화적 세제 개편에 따른 세수 중립을 달성하여야 할 것인지, 또 달성하여야 한다고 하더라도 구체적으로 어떤 방식으로 달성하여야 하는지에 관하여 분명한 견해를 제시하려는 것은 아니다. 다만 여기서는 환경친화적 세제 개편을

---

73) Anuschka Bakker (Editor), *op. cit.*, p. 16에서 이러한 주장을 소개하고 있다.

74) 각주 14에서 살펴본 바와 같이 최근 정부 일각에서 이러한 전망이 나오고 있는 듯한데, 필자의 억측일 수도 있겠으나 특히 최근에 와서 집권여당에서 추진한 '감세정책'의 결과 전체 세수에서 직접세 비중이 낮아지고 간접세 비중이 높아지고 있다는 분석이 일반적인 것에 비추어 보면, 이러한 전망이 가지는 의미는 또 다르게 다가온다.

75) 예컨대 네덜란드나 덴마크는 이러한 점을 감안하여 모두 소득세 부담을 줄임에 있어서 그 목표를 저소득층에 맞춤으로써 전체적인 소득분배 상황을 오히려 종전보다 더 개선하였다는 점을 소개하고 있는 것으로 The Political Economy of Environmentally Related Tax, pp. 140~142.

76) 이창희, 앞의 책, 56쪽은 '우리 경제의 소득불평등계수는 세전이나 세후나 거의 차이가 없다'는 점을 지적하고 있고, 우리 세제가 이러한 특징을 갖게 된 이유를 역사적인 차원에서 고찰한 김정진, '제3·4 공화국 시기의 세법 개정과 조세의 공평성', 조세법연구 제11권 제1호, 한국세법학회 편, 세경사, 2005, 301쪽에서도 같은 내용이 지적되어 있다.

실행함에 있어서는 이와 같은 세수 중립, 또는 세수의 재순환 방안과 관련하여 소득 재분배에 관한 고려가 분명하게 뒤따라야 한다는 점은 강조하여 두고자 한다.[77]

Ⅳ. 우리나라의 탄소세 도입의 기본 방향에 관한 제언

1. 세제의 소득재분배 기능에 관한 고려

이른바 '이중배당'(double dividend) 이론으로 알려져 있는 바와도 같이, 세수중립 하에서 탄소세를 도입하는 것은 탄소세의 도입 그 자체가 가져오는 환경에 대한 긍정적 영향과 함께, 이로 인하여 감면되는 세금의 용처(用處)에 따라서는 사회 전체에 또 다른 혜택을 가져올 수 있는 가능성을 낳게 된다.[78] 따라서 지구온난화를 막아야 한다는 절대명제 하에 환경세가 보다 광범위하게 도입된다고 가정한다면, 이러한 두 번째의 혜택(즉 환경세 도입으로 인하여 생긴 재원)을 어떻게 활용할 것인가 하는 것 역시 탄소세 기타 환경세 도입 여부에 대한 결정만큼이나 중요한 정책적 의미를 가지는 것이다.

이에 관한 구체적인 방안을 제시하려는 것이 이 글의 목적은 아니지만, 특히 환경에 대한 긍정적 영향이라는 첫 번째의 혜택이 세제의 역진성이라는 그다지 달갑지 않은 부산물을 아울러 가져오기 때문에, 이 두 번째의 혜택의 활용 방안을 정할 때에는 적어도 이러한 역진성 완화에 관한 고려가 반드시 함께 이루어져야 한다는 것이 필자의 생각이다. 이러한 의미에서 볼 때 저탄소녹색성장기본법 제 3 조 제 7 호가 환경친화적 세제 개편과 관련하여 '국내산업의 국제경쟁력이 약화되지 않도록 고려하여야 한다'고 명시하면서도 유독 이로 인한 세제의 역진성 심화 또는 소득재분배 기능의 약화 문제에 관하여 별다른 언급을 하지 않고 있는 것은 우려스러운 일이며, 현재의 세제가 정착되어 온 역사적 과정이나 이에 대하여 오랜 기간 동안 형성되어 온 국민적 공감대를 충분히 고려하지 못한 결과라고 생각한다. 지구온난화 문제가 심각한 것은 말할 나위도 없는 것이지만, 그렇다고 하여 현재 우리 세제의 기본을 이루고 있는 담세력 원칙을 후퇴시켜도 된다는 결론이 거기서 당연히 바로 도

77) 이 점은 김승래 · 박상원 · 김형준, 앞의 책, 171~173쪽에서도 지적되어 있다.

78) Bakker, *op. cit.*, p. 16.

출된다고 볼 근거는 없기 때문이다. 또한 이 문제에 관하여 우리나라가 현재 처해 있는 상황[79]이, 예컨대 오랜 기간 동안 이른바 '복지국가' 정책을 추구하여 온 북유럽 여러 국가들[80]과도 반드시 같을 수 없다는 점에도 유의하지 않으면 안 된다.[81]

요컨대 탄소세 도입으로 증가되는 세수의 활용 방안을, 올바른 정책목표 하에 정교하게 강구하는 것이 무엇보다 중요하다. 이와 관련하여서는 우선 거시경제적 차원에서 세수 중립을 지킬 것인지에 관한 논의가 있어야 할 것이고, 만약 세수 중립을 지킨다고 한다면 어떠한 세금을 어떻게 줄이는 방향으로 나갈 것인지에 관한 논의가 뒤따라야 한다. 또한 세수 중립을 지키지 않을 경우에는, 특히 어느 정도의 역진성이 불가피한 탄소세가 소득분배 상황을 악화시키는 것을 막기 위한 방안으로 세율을 낮춘다든지 일정한 경제적 활동에 대하여 탄소세를 비과세하거나 면세하는 방안보다는 주로 피해를 입은 계층이나 집단에게 직접적인 이전지출 등의 방법으로 소득을 보조하는 것이 더 바람직한 정책 방향이라는 것에 대한 공감대가 어느 정도 형성되어 있다는 점[82]에 주목하여야 할 것이다.

2. 세제의 패러다임 변화에 관한 국민적 공감대의 필요성

지구온난화 문제에 대처하는 각국의 정책 수단 중에서 세제는 혹시 가장 중요한 것은 아니라도 적어도 가장 중요한 정책수단 중 하나로 관심을 모으고 있다. 그리고 '오염자 부담의 원칙'이 중심적인 원리로 등장하는 이러한 새로운 세제는 20세기 이후 우리에게 익숙한 것이 되어 온 담세력 원칙, 또는 '소득세제를 핵심으로 하는 세제'라는 기존 관념에 도전하면서, 우리에게 세제에 관한 새로운 패러다임을 요구하고 있다.

---

79) 우리나라 세제의 소득재분배 기능이 다른 선진국들과 비교했을 때에도 썩 만족스럽지 못하다는 점에 관하여는 이미 각주 76에서 지적한 바 있다.

80) Thomas Sterner, "Environmental Tax Reform: The Swedish Experience," European Environment Vol. 4 Issue 6 (1994), p. 20에서는 1980년대 후반에서 1990년대 초반에 이루어진 스웨덴의 세제 개편이 최고세율이 80%를 넘던 1980년대 이전의 소득세 중심 세제에 대한 반작용과 그 무렵 일어났던 몇몇 환경오염 사고에 의하여 탄력을 받게 되었다고 서술하고 있다.

81) The Political Economy of Environmentally Related Tax, p. 136에서도, 탄소세가 가지는 역진성에 대한 대책은 세제(tax systems)를 통해서나 사회보장 제도(social security systems)를 통하여 강구될 수 있겠지만, 그 구체적인 내용은 결국 나라마다 다를 수밖에 없다는 점을 지적하고 있다.

82) 위 Ⅲ. 2.항 참조.

여기서 단정하려는 것은 아니지만, 이와 같이 장래에는 아예 세제의 중심이 담세력 원칙 또는 소득세제 중심에서 오염자 부담의 원칙 또는 환경세 중심으로 옮겨갈 가능성을 배제할 수 없다. 그러나 그러한 패러다임의 변화가 그 당시의 시대적 상황에 비추어 옳은 것인지 여부에 관계없이 이러한 변화를 실현한다는 것은 결코 쉬운 일이 아니라는 점을 잊어서는 안 된다.[83] 이 점은 역사를 통해서도 배울 수 있다. 소득세제가 처음 나타났을 때에 그러하였듯이 몇 세대 후에는 너무나 당연한 것으로 받아들여지는 것도 처음 도입되었을 당시에는 악마와 같은 발상으로 받아들여질 수도 있는 것이다.

더군다나 소득세제와는 반대로 역진성을 가진 환경세는 일부 계층 또는 집단에 더 큰 악영향을 끼칠 우려가 있기 때문에, 환경친화적 세제 개편으로 인한 진통은 그만큼 더 커질 우려가 있다. 당장 지난 2009년 12월 코펜하겐에서 열린 제15차 유엔기후변화협약(UNFCCC) 당사국총회에서 개발도상국들이 보인 입장에서도 유추할 수 있듯이,[84] 따지고 보면 사실 환경에 대한 규제 자체가 불공평하게 받아들여질 수밖에 없는 측면이 없지 않다. 예전에 탄소 배출에 관한 별다른 제약이 없는 가운데 경제활동을 영위함으로써 이미 잘 살고 있는 사람들과 이제 막 열심히 탄소를 배출하는 경제활동을 영위함으로써 전보다 더 잘 살아보려고 하는 사람들에게 동일한 수준의 규제를 가할 경우, 그것이 불공평하게 받아들여질 수 있다는 점은 너무나 당연한 것이기 때문이다('전보다 더 잘 산다'는 차원이 아니라 탄소를 배출하지 않으면 현재의 생활수준조차도 유지할 수 없는 사람들은 말할 나위도 없다). 특히 전자의 사람들은 앞으로 탄소 배출을 줄이고서도 지금의 생활수준을 계속하여 유지할 수 있는 다양한 수단을 이미 보유하고 있는 반면, 후자의 사람들은 탄소 배출이 경제활동(또는 최

83) 영국에서 최초로 소득세가 도입되었을 때 납세자들의 반발에 관하여는 이창희, 앞의 책, 249쪽 참조. 한편 미국의 소득세 도입과 관련된 일부 납세자들의 반발에 관하여는 김석환, 앞의 글, 202~212 참조. 이에 따르면 지금은 너무나 당연한 것처럼 여겨지는 소득세도 1862년 최초 도입 당시 '부자라는 이유로 사람을 차별하는 사악한 세금이라는 주장' 등이 제기되었다고 하며, 뒤이어 다시 1894년에 소득세가 도입되었을 때에도 '소득세는 증오심에서 나오는 세금으로 전시가 아닌 때에는 도저히 부과될 수 없는 계급적 입법이므로 자유국가에서 택할 수 있는 수단이 아니라'거나 '절약에 대한 과세임은 물론 성공에 대한 벌금이므로 사람들을 타락시키며 세무공무원들에게 끊임없이 사생활을 캐도록 하는 무시무시한 세금으로서 징세에 막대한 비용이 들고 공화정의 전통과 원칙에 반한다는' 주장 등이 제기되었다고 한다.

84) 한국일보 웹사이트에 실린 2009년 12월 11일자의 어느 기사(http://memory.newshankuk.com/theme/content.asp?articleno=m20091211133442w7908)에 따르면, 이 회의에 참석한 중국 대표는 '현재의 기후변화를 초래한 선진국 측은 법적, 역사적 책임을 면할 수 없다'고 하면서 '마땅히 개도국이 기후변화에 대응할 수 있도록 재정지원을 해야 한다'고 말했다고 한다.

소 생활수준의 유지)의 유일한 수단일 수도 있기 때문에 더욱 그렇다.[85]

이러한 상황에서 환경에 관한 당위성만을 내세워 섣불리 각종 환경과 관련된 규제 정책을 실행하는 것은, 그것이 시대의 흐름에 맞는 것인지 여부에 관계없이, 국제적으로나 국내적으로나 설득력을 가질 수 없을 것이고, 특히 국내적으로는 일부 계층 또는 집단으로부터 상당한 조세저항을 야기할 것이라는 우려를 제기하지 않을 수 없다.[86][87] 그리고 무엇보다 이러한 조세저항을 패러다임의 전환에 따르는 불가피한 진통이라고 치부해 버리기에는, 지구온난화의 문제가 너무나 심각하고 이 문제에 관하여 우리가 갖고 있는 시간적 여유가 별로 없을지도 모른다는 점을 또한 생각하지 않을 수 없다. 탄소세의 도입은 만약 그것이 필요하다고 판단된다면, 최대한 신속하게, 그리고 효과적으로 마찰이나 시행착오 없이 이루어져야 하는 것이다.

요컨대 환경친화적 세제 개편을 추진함에 있어서는 그러한 개편이 가져올 부정적 영향, 특히 세제의 소득재분배 기능을 약화시키는 측면에 관하여 솔직하고 충분한 논의가 선행되어야 한다.[88] 그리고 예컨대 증가된 세수의 활용을 통하여 이러한 부정적 영향을 감소시켜야 할 것인가, 만약 그렇다면 구체적으로 어떤 방법에 의하여야 할 것인가에 관하여 또한 논의가 이루어져야 한다. 나아가 이러한 논의에 따라 우리 사회의 구성원들이 각자 처해 있는 위치에 상응하여 어떻게 부담을 나눌 것인가, 그리고 그와 같이 부담을 나누는 가장 공평한 기준에 대하여 합의를 이뤄내지 않으면 안 된다고 필자는 생각한다. 특히 '공평'은 세제에 깊이 뿌리박고 있는 핵심적인 관념 중 하나이기 때문에, 환경친화적 세제 개편이 지향하는 방향이 대다수 국

---

85) 각주 69에 언급한 영국의 이른바 "fuel poor" 문제를 생각하여 보자.

86) 당장 우리는 최근 몇 년 간 주기적으로 일어난 화물 운송업자들의 '파업' 사태가 유류세 부담과 관련이 있다는 것을 알고 있다. 예컨대 세계일보 웹사이트(http://www.segye.com/Articles/News/Society/Article.asp?aid=20071111002690&ctg1=01&ctg2=00&subctg1=01&subctg2=00&cid=0101080100000&dataid=200711111519000072)의 2007년 11월 11일자 기사 참조.

그리고 이러한 사회적 진통이 결코 우리나라에 국한된 현상이 아니라는 점에 관하여는 2008년 중반 유럽에서 일어난 고유가(高油價)로 인한 파업 사태에 관한 연합뉴스 웹사이트(http://news.naver.com/main/read.nhn?mode=LSD&mid=sec&sid1=101&oid=001&aid=0002108365)의 2008년 5월 31일자 기사 참조. 이에 놀란 유럽 집행위원회(European Commission)가 저소득층에 대한 추가적인 세제 관련 배려 조치를 강구하도록 각국에 촉구하는 등의 대책을 취하였다는 점에 관하여는 Bakker, *op. cit.*, p. 63.

87) 김정진, 앞의 글, 320~323쪽은 심지어 1976년의 부가가치세 도입이 이른바 '유신체제'의 몰락의 중요 원인 중 하나가 되었다고 주장한다.

88) 경제협력개발기구 역시 환경친화적 세제 개편에 관한 의사결정 과정에 처음부터 소득재분배에 관한 고려가 포함되도록 제도적으로 보장할 필요가 있다고 강조하고 있다. The Political Economy of Environmentally Related Tax, p. 142.

민들로부터 공평한 것이라고 받아들여지지 않는 한 이러한 세제 개편은 결코 성공할 수 없을 것으로 생각한다.[89]

Ⅴ. 맺 음 말

지금까지 주로 새로운 환경세 개념의 도입이 현재 우리가 갖고 있는 세제의 기본 원리에 비추어 볼 때 어떻게 받아들여질 것인지, 만약 조화롭게 받아들여지지 않는 것이라면 그 해결을 위한 정책의 기본적 방향은 어떠해야 하는지에 관하여 생각해 보았다. 그 결과 환경친화적 세제 개편에는 경제적 효율뿐 아니라 '공평'에 대한 적절한 고려가 반드시 필요하다는 결론에 도달하였다. 그리고 이 점은 두 가지 측면에서 생각할 수 있을 것이다.

먼저 현재 우리가 갖고 있는, 담세력 원칙을 중핵으로 하는 소득세 중심의 세제는 기본적으로 '공평'에 대한 고려의 역사적 산물이라는 점에 반드시 유의하지 않으면 안 된다. 그리고 이 점을 소홀히 다룬다면 환경친화적 세제 개편은 그 내용에 관계없이 애당초 성공하기 어려울 것이라고 생각한다.

다만 담세력 원칙이 현재 '수직적 공평' 개념에 관하여 일반적으로 받아들여지는 견해라고 하여 그것이 앞으로도 계속 유지되리라는 보장은 없다. 원래 '공평'이라는 개념 자체가 유동적인 것이기도 하고, 또 세제가 '공평' 개념을 달성하는 유일한 수단인 것도 아니기 때문이다. 환경세의 광범위한 도입 필요성이 끊임없이 제기되는 지금, 우리는 어쩌면 20세기 초 이후 최초로 세제에 관한 기본관념을 바꾸어야 하는 시점에 가까이 와 있는지도 모른다. 만약 그렇다면 지구온난화로 인하여 전 인류의 공멸이 우려되는 상황 하에서 우리가 지향하여야 하는 '공평', 특히 '수직적 공평'의 내용은 무엇인가? 또 이러한 '공평' 개념을 구현함에 있어서 세제가 담당하여야 하는 역할은 어떠한 것인가? 만약 수직적 공평의 달성에 있어서 세제의 역할이 종전

89) 경제협력개발기구는 또한 이러한 논의는 세제 개편과 관련된 대중의 지지를 확보하기 위하여 그러한 논의가 필요할 때 적시에 이루어져야만 한다는 점을 강조하고 있고(The Political Economy of Environmentally Related Tax, p. 139), 소득재분배적 측면과 관련된 논의가 이루어지지 않거나 무계획적으로 이루어질 경우(tackled in an *ad hoc* fashion) 조세저항이나 궁극적인 정책 실패로 귀결되어, 필요 이상의 사회적 비용을 발생시킬 수 있다는 점을 아울러 경고하고 있다(*Ibid*., p. 144).

보다 제한되는 것이라면, 또 다른 어떤 수단을 통하여 이에 도달하여야 하는가? 이러한 것들이 바로 21세기 초를 사는 우리가 앞으로 풀어나가야 할 문제가 아닌가 생각한다.

물론 '공평'에 관한 정답을 찾는 것은 그 자체로 쉬운 일이 아니다. 또한 이러한 '수직적 공평'에 관한 정답 발견의 과정이 결국 정치적으로 이루어질 수밖에 없다는 점과 대립하는 사회경제적 이익들을 조화시키는 장(場)으로서의 기능을 거의 수행하지 못하고 있는 우리나라 정치의 현실을 고려할 때, 이러한 정답 발견의 과정 역시 극히 고통스러운 것이 될 가능성이 높다. 그렇다 하더라도 이 문제는 결코 우리가 회피할 수 있는 문제가 아니며,[90] 만약 이에 관한 충분한 국민적 공감대를 형성되는 데에 이르지 못한다면, 우리나라가 중장기적으로 환경친화적 세제 개편을 통하여 달성하고자 하는 목표는 달성되지 않거나 또는 그 달성에 극심한 진통이 따를 수밖에 없다. 그리고 이는 결국 우리나라와 세계의 미래 모두에 있어 또 하나의 재앙이 될 수밖에 없을 것이다. 이 점에 관한 정책 당국자들의 깊이 있는 통찰과 균형 잡힌 시각을 기대하며 이 글을 맺는다.

90) 이에 관하여 리처드 머스그레이브의 다음과 같은 말은 깊이 음미하여 볼 필요가 있다고 생각한다. "그렇다고 하여 수직적 공평의 문제가 단순히 개인의 선호의 문제로서, 본질적으로 너무나 주관적인 것이기 때문에 아무런 유의미한 논의가 가능하지 않다고 말할 수는 없다. 유일한 정답이 있을 수는 없을지 몰라도, 공평에 관한 모든 견해가 똑같이 좋거나 똑같이 나쁜 것은 아니다. 과거와 현재에 관한 사려 깊은 분석은 의미 있는 명제들에 이를 수 있다. 세제의 공평이 세금의 경제적 효과보다 더 복잡한 문제이기는 하지만, 그렇다고 하여 공평의 문제가 덜 중요하게 되는 것은 아니다. 좋은 세제는 두 가지를 모두 추구하여야 한다." Musgrave, Equity and the Case for Progressive Taxation, p. 10.

제 4 장

기후변화대응 규제법제의 설계와 산업경쟁력 강화

제 1 절 환경친화적 녹색금융을 위한 법적 과제 / 정순섭
제 2 절 기후변화와 기업공시 / 안수현
제 3 절 자동차 연비 및 온실가스 규제에 관한 정책적 · 법적 고찰 / 이창수 · 이지연
제 4 절 기후변화정책과 철강산업 / 박 현

제 1 절 환경친화적 녹색금융을 위한 법적 과제[1)]

정 순 섭*

Ⅰ. 서 론

최근 녹색금융(green finance)이라는 말이 다양하게 사용되고 있지만, 아직 일반적으로 합의된 정의는 이루어지고 있지 않다.[2)] 일반적으로는 '인류의 지속가능한 성장을 위한 녹색산업에 대한 자본의 공급과 거버넌스 역할을 수행하는 금융'을 의미하는 것으로 생각된다. 가장 단순하게는 금융이 투자대상을 환경친화적인 녹색산업으로 확대하는 현상으로 생각할 수 있지만 대출기준이나 기업정보공시를 포함한 보다 적극적인 변화를 의미하는 것으로 받아들여지고 있다. 녹색금융은 전통적으로 다양한 재무적 '위험'과 '수익'을 기초로 정의되어 온 금융법의 세계에 '환경'이라는 다소 생소한 요소를 도입하고자 하는 점에서 전통적인 금융법체계와 충돌할 수밖에 없다.

환경에 대한 금융의 접근은 두 가지 상반된 모습으로 나타난다. 첫째, 금융은

---

* 서울대학교 법과대학 · 법학대학원 교수.

1) 본고는『환경법연구』제31권 제2호, 한국환경법학회, 2009. 9.에 게재된 것을 수정 · 보완한 것임을 밝혀둔다.

2) 정부에서도 '녹색금융'이라는 용어를 사용하고 있다. 기획재정부/행정안전부/지식경제부/환경부/금융위원회/중소기업청/녹색성장위원회, "녹색투자 촉진을 위한 자금유입 원활화 방안", 2009. 7. 6. 그 외 녹색금융이라는 용어를 사용하고 있는 국내자료로는 노희진 외, 기업의 사회적 책임과 녹색금융, 한국자본시장연구원 사회책임투자연구회 Working Report 09-01, 2009를 들 수 있다.

환경에 유해한 산업에 대한 자금지원이라는 형태로 환경침해적인 결과를 간접적이지만 발생시킬 수 있다. 둘째, 금융은 동시에 환경침해적인 산업에 대한 자금지원을 거부함으로써 환경친화적인 산업의 발전에 역시 간접적으로 기여할 수 있다. 녹색금융은 금융의 환경에 대한 이러한 두 가지 접근가능성을 하나로 모아 환경친화적인 결과를 추구하는 금융형태라고 할 수 있다. 산업발전에서 금융이 차지하는 역할과 기능의 일반적인 중대성을 고려할 때 녹색금융은 환경친화적인 산업발전을 위하여 매우 효율적인 수단으로 이용될 수 있다.

전통적인 금융법원칙에 따르면 투자자 등으로부터 모은 자산을 운용하는 금융업자 특히 집합투자업자가 제1차적으로 고려해야 할 사항은 투자자의 재산적 가치의 증대 즉 재무적 수익의 최대화라고 할 수 있다. 그러나 녹색금융의 한 분야인 사회적 책임투자에서는 재산적 가치 이외의 환경적·사회적·지배구조적 요소에 대한 고려를 요구하고 있다는 점에서 전통적인 수탁자책임법리에 중대한 변화를 요구하게 된다. 또한 녹색금융은 대출심사과정에서 환경적·사회적·지배구조적 요소에 대한 고려를 요구하는 점에서 전통적인 은행업무에 대해서도 많은 변화를 요구하고 있다. 또한 환경정보의 공시 등을 통하여 전통적인 회계공시제도에도 일정한 변화를 요구하고 있다. 탄소배출권거래는 현재의 거래소시스템의 유용성을 시험하는 도구가 될 것이다.[3] 이러한 과정을 통하여 금융은 현재의 환경적·사회적·지배구조적 거버넌스 구조에서 종래보다 훨씬 더 중요한 역할을 수행하게 될 것이다.

그러나 다양한 종류의 금융상품과 금융업무를 환경정책의 수행과 지속가능성장이라는 정책적 목표의 달성을 위하여 이용하고자 하는 녹색금융도 결국 전통적인 금융법원리의 테두리 내에서 작동될 수밖에 없다. 이하 본고에서는 전통적인 금융법원리와 녹색금융의 관계를 녹색금융과 은행, 녹색금융과 투자, 탄소배출권거래라는 3가지 주제를 중심으로 검토한다.

---

3) 아직 국내에서는 탄소배출권제도가 시행되고 있지 않으므로 그 의미를 명확히 정의할 수 없다. 본고에서의 논의는 특정한 형태나 구조를 전제로 하는 것이 아니라 가장 일반적인 의미에서의 탄소배출권이라는 의미에서 이 용어를 사용하고 있음을 밝혀 둔다. 다양한 형태의 탄소배출권거래의 구조와 현황에 대해서는 Karan Capoor and Philippe Ambrosi, State and Trends of the Carbon Market 2008, The World Bank, May 2008; International Emissions Trading Association, *Greenhouse Gas Market 2008—Piecing Together a Comprehensive International Agreement for a Truly Global Carbon Market*, 2008. 12. 3.에서 매우 상세하게 정리하고 있다.

Ⅱ. 녹색금융의 의의와 범위

1. 의 의

녹색금융의 의의는 자본의 공급과 투자수단의 다양화라는 전통적인 금융의 역할 과 함께 일정한 거버넌스 기능을 동시에 수행하는 데 있다. 금융은 자본의 공급을 통하여 인류의 지속가능한 성장을 위한 자본적 기초를 제공한다. 인류의 고령화 등에 따라 투자자들에게 다양한 투자수단을 제공하는 것은 금융의 핵심기능 중 하나가 되고 있다. 녹색금융은 녹색산업에 대한 직접 또는 간접적인 투자수단을 제공할 수 있다는 점에서 투자수단의 다양화를 위한 중요한 창구를 열어주게 된다.

동시에 금융에서 '녹색'이 가지는 의의는 환경 거버넌스 구조에서 금융에게 일정한 역할을 요구하는 수준으로까지 발전하고 있다. 전통적으로 금융은 특히 환경정책의 수행에서 '대출자책임'(lender liability) 등의 논리 아래 일정한 역할을 담당해왔다. 이러한 논리가 자본시장으로 확대된 것이 이른바 '사회적 책임투자'(socially responsible investment, SRI)라고 할 수 있다. 따라서 녹색금융의 논의에서 대출자책임과 사회적 책임투자를 비롯한 금융의 거버넌스 기능은 매우 중요한 의미를 가지게 된다. 기후변화에 대한 대책으로 활발히 논의되고 있는 탄소배출권에 대해서도 금융은 이를 새로운 투자상품으로 인식함으로써 유동성을 공급하고 다양한 수요자들이 적시에 필요한 거래를 할 수 있도록 하는 기능을 제공한다.[4)]

이러한 의미에서 녹색금융은 '녹색산업을 위한 금융지원은 물론 녹색금융상품을 통한 환경개선과 새로운 금융상품 개발, 리스크 관리 기법 개선 등을 기반으로 금융산업 발전을 추구하는 것을 포함하는 개념'으로 이해할 수 있다.[5)]

---

4) 탄소배출권이외에 환경세, 환경부담금, 책임과 보상 등을 환경정책목적 달성을 위하여 이용하려는 움직임을 시장형 수단(market-based instrument)이라고 한다. 생산이나 소비가 인간의 건강이나 환경에 부과하는 숨은 비용(hidden costs)을 동시에 환경적·경제적·사회적 정책목적을 달성하고자 하는 것이다. European Environment Agency, *Market-based Instruments for Environmental Policy in Europe*, 2005, p. 6.

5) 저탄소 녹색성장 위한 다양한 금융혜택, 디지털 타임즈, 2009. 6. 29. 저탄소녹색성장기본법에서는 '녹색산업'을 "경제·금융·건설·교통물류·농림수산·관광 등 경제활동 전반에 걸쳐 에너지와 자원의 효율을 높이고 환경을 개선할 수 있는 재화(財貨)의 생산 및 서비스의 제공 등을 통하여 저탄소 녹색성장을 이루기 위한 모든 산업"이라고 정의하고 있다(2조 4호).

2. 범　　위

녹색금융은 첫째, 전통적인 금융분야에서 환경위험을 새로운 위험요소로 고려하는 단계, 둘째, 자본시장에서 투자판단을 위한 기준으로서 환경적 요소를 고려하는 단계, 셋째, 환경적 위험을 기초자산으로 하는 금융상품을 거래하는 단계 등을 모두 포함한다. 녹색금융은 이러한 과정을 통하여 거래상대방인 기업의 환경위험을 적절히 통제하고 환경친화적인 산업에 자원이 분배되도록 유도함으로써 지속가능성장이라는 녹색금융의 최종적인 목적을 달성하게 되는 것이다.

저탄소녹색성장기본법에서는 저탄소녹색성장을 촉진하기 위한 '금융의 지원 및 활성화'방안을 녹색경제 및 녹색산업의 지원 등을 위한 재원의 조성 및 자금 지원, 저탄소 녹색성장을 지원하는 새로운 금융상품의 개발, 저탄소 녹색성장을 위한 기반시설 구축사업에 대한 민간투자 활성화, 기업의 녹색경영 정보에 대한 공시제도 등의 강화 및 녹색경영 기업에 대한 금융지원 확대, 탄소시장의 개설 및 거래 활성화 등으로 정리하고 있다(28조 각호). 그리고 저탄소 녹색성장 추진의 기본원칙의 하나로 환경오염이나 온실가스 배출로 인한 경제적 비용이 재화 또는 서비스의 시장가격에 합리적으로 반영되도록 금융체계를 개편하여 자원의 효율적 배분을 도모하도록 규정하고 있다(3조 7호).

녹색금융의 발전을 위해서는 몇 가지 전제조건이 갖추어져야 한다.[6] 정부에서는 녹색분야 금융활성화의 제약요인으로 실물적 요인과 금융적 요인 그리고 정책의 불확실성의 세 가지를 들고 있다.[7] 첫째, 실물적 요인으로는 시장기대에 부응하는 투자대상 프로젝트가 많지 않고, 녹색 프로젝트나 기업의 정의마저 명확하지 않다는 점을 들고 있다. 둘째, 금융적 요인으로는 자본시장이 아직 충분히 성숙되지 않아 불확실성이 높고 장기 프로젝트에 투자할 금융상품이나 투자가도 많지 않으며, 녹색기술의 사업화 가능성이나 경제성을 평가하는 능력도 제한적이라는 점을 들고 있다. 셋째, 정책불확실성으로는 근본적으로 CO_2 감축목표 설정, 탄소배출권 거래제 도입시기 등 정책의 불확실성으로 인해 기업의 녹색분야 투자동인이 미약한 점을 들고 있다.

6) 이하 녹색금융의 전제조건에 대해서는 기획재정부/행정안전부/지식경제부/환경부/금융위원회/중소기업청/녹색성장위원회, 녹색투자 촉진을 위한 자금유입 원활화 방안, 2009.7.6 참조.

7) 위 보고서, 1면.

정부에서는 이러한 문제를 반영하여 다음과 같은 대책을 제안하고 있다. 실물적 요인과 관련하여 녹색산업 지원이 원활하게 이루어질 수 있도록 기술 또는 프로젝트가 녹색분야인지 여부에 대한 인증제의 도입,[8] 녹색기술을 보유하거나 녹색 프로젝트를 수행하고 있으면서 일정 요건을 충족하는 기업을 녹색기업으로 확인하는 방안이 검토되고 있다.[9] 저탄소녹색성장기본법에서는 녹색기술 · 녹색산업의 표준화 및 인증 등(32조)으로 반영하고 있다.

금융적 요인과 관련하여 녹색산업은 불확실성이 크고 투자 회임기간이 장기이며 외부효과(사회적 수익>사적 수익)가 큰 특성을 지니고 있어 시장기능에만 의존하는 금융메커니즘으로는 충분한 투자자금 유입을 기대하기 곤란하고, 재정을 통한 지원에도 한계가 있으므로 자본시장을 최대한 활용하면서 녹색산업 특성에 맞는 자금유입 메커니즘을 구축할 필요성을 지적하고 있다. 구체적으로는 민간과 재정의 녹색산업의 발전단계에 맞추어 일정한 역할을 담당하는 것으로 정리할 수 있다. 동시에 녹색펀드, 녹색예금, 녹색채권, 녹색보험 등의 도입을 제안하고 있다.[10]

정책불확실성의 해소를 위하여 탄소배출권거래제의 도입 등을 위한 기본계획을 밝히고 있다. 현재 발표된 바에 따르면 2012년까지 탄소배출권시장개설을 위한 준비를 완료하는 것으로 되어 있다.[11]

Ⅲ. 녹색금융과 은행

1. 의　　의

은행분야에서의 녹색금융의 발전은 특히 대출심사에 환경위험을 평가요소로 고려하기 시작한 것이 시초라고 할 수 있다.[12] 그 배경은 첫째, 환경 위험(environmental

8) 인증대상으로는 녹색기술(신재생에너지, 에너지 · 자원 효율화, 자원순환 · 환경오염 저감기술 등)과 녹색프로젝트(신재생에너지 시설, 폐자원 에너지화 시설, 자전거 도로 등)를 예시하고 있다. 위 보고서, 4면.

9) 기업 확인요건으로는 녹색기술이 해당기업의 핵심기술이거나 녹색프로젝트가 주력사업인 경우 등으로 요건을 엄격히 특정할 필요가 있다고 지적하고 있다. 위 보고서, 4면.

10) 위 보고서, 8-13면.

11) 위 보고서, 14면.

12) Oren Perez, "The New Universe of Green Finance: From Self-Regulation to Multi-Polar

risk)을 경제적 · 정치적 위험과 같은 전통적인 금융위험(financial risk)과 동일한 선상에서 이해하게 된 점, 둘째, 생태적으로 문제 있는 프로젝트를 지원할 수 없다는 이념적 고려가 있었던 점 등 두 가지로 설명되고 있다.13)

전통적으로 금융위험은 거래상대방이 채무를 불이행함으로써 손실을 볼 위험을 말하는 신용위험(credit risk) 또는 거래상대방위험(counterparty risk), 거래대상상품의 가격이 변동됨으로써 손실을 볼 위험을 말하는 시장위험(market risk) 또는 가격위험(price risk), 업무수행절차나 운영과정에 문제가 발생하여 손실을 보게 될 위험을 말하는 운영위험(operational risk), 법률상 이유로 거래가 무효화되거나 규제상 제재를 받게 될 위험을 말하는 법적 위험(legal risk) 등을 포함하는 것으로 이해되어 왔다. 환경위험에서는 이상의 금융위험이 복합적으로 나타나게 되지만 주로 법적 위험의 한 유형으로 이해하는 것이 타당할 것이다.14)

금융위험의 하나로서 환경위험은 직접위험(direct risk)과 간접위험(indirect risk) 그리고 명성위험(reputation risk)의 세 가지로 구분할 수 있다.15) 직접위험이란 파산한 차주(borrower)가 소유하는 오염된 토지를 은행이 직접 정화할 법적 책임을 부담하게 될 가능성을 말한다. 간접위험은 차주의 환경책임이 그의 채무상환능력에 부정적인 영향을 미칠 가능성을 의미한다. 그리고 명성위험은 환경적으로 문제가 있는 투자에 자금을 지원함으로써 은행의 이미지에 잠재적인 손상을 입을 가능성을 말한다. 따라서 환경위험도 단순히 사회적 · 윤리적인 차원의 문제가 아니라 금융거래당사자의 손익에 영향을 미칠 수 있는 금융위험의 하나로 인식되게 된 것이다.

2. 금융과 환경위험평가

이러한 고려는 1990년대 들어서면서 특히 세계은행과 같은 개발은행에 의하여

Governance", Bar Ilan University Pub Law Working Paper No. 07-3, March 2007, p. 4.

13) Oren Perez, 위 보고서, p. 4.

14) 금융시장에서 법적 위험은 첫째, 금융계약의 이행이 법적 이유로 인하여 불가능하게 됨으로써 손실을 볼 위험(enforceability risk)과 둘째, 금융거래를 하면서 특정한 금융규제에 위반함으로써 민사상 손해배상청구의 대상이 될 위험(liability risk), 셋째, 둘째, 금융거래를 하면서 특정한 금융규제에 위반함으로써 제재의 대상이 되거나 언론보도 등 그 밖에 다른 방법으로 명성이 침해되는 위험(reputation risk)의 세 가지로 파악할 수 있다. 금융시장에서의 법적 위험이 가지는 다양한 의미에 대해서는 Roger McCormick, *Legal Risk in the Financial Markets*, Oxford University Press, 2006, pp. 1-31에서 상세히 논의하고 있다.

15) Oren Perez, 위 보고서, p. 4.

프로젝트 파이낸스 분야에서 중요한 요소로 부각되기 시작하였다.[16] 일반적인 금융기법이 차주의 신용력이나 차주 또는 제 3 자가 제공하는 담보를 기초로 신용위험을 관리하는 데 비하여, 프로젝트 파이낸스는 프로젝트 자체의 수익성을 기초로 하는 점에서 차이가 있다.[17] 또한 프로젝트 파이낸스는 도로나 유전 또는 발전소와 같은 대규모 개발사업을 대상으로 하는 경우가 많아 환경위험에 가장 직접적으로 노출될 수 있다. 따라서 주로 프로젝트 파이낸스에 참여하는 개발금융기관이나 민간금융기관이 그들의 대출판단에 환경평가를 중요하게 고려할수록 기업의 환경보호수준은 높아질 수 있게 되는 것이다.

세계은행의 환경평가에 관한 업무지침 제 1 조는 "은행은 자금지원을 위하여 제안된 모든 프로젝트가 환경적으로 건전하고 지속가능한 것임을 확인하고 의사결정을 개선하기 위하여 모든 프로젝트의 환경평가(environmental assessment, EA)를 요한다"고 규정하고 있다.[18] 아시아개발은행(Asian Development Bank, ADB)과 유럽부흥개발은행(European Bank for Reconstruction and Development, EBRD), 미주개발은행(Inter-American Development Bank, IADB)에서도 동일한 요건을 채택하고 있다.[19] 그 후 민간은행들도 유사한 정책을 채택하고 있다.

이러한 시도는 국제기구의 공식적인 제도로 발전하고 있다. 유엔환경프로그램금융이니시어티브(United Nations Environmental Program Finance Initiative)는 UNEP와 민간금융기관 간의 협력체로서 1990년대초에 발족되어 민간금융기관의 환경가치에 대한 역할의 증대를 추구하고 있다. UNEPFI는 주로 은행분야를 대상으로 하는 '환경 및 지속가능성장에 대한 금융기관 성명'(UNEP Statement by Financial Institutions on the Environment & Sustainable Development, 1992년 작성 · 1997년 수정)과 주로

16) 프로젝트 파이낸스에서의 환경위험의 중요성을 강조하고 있는 것으로는 Hal S. Scott, *International Finance: Law and Regulation*, Sweet & Maxwell, 2008, p. 668.

17) 프로젝트 파이낸스의 일반적인 구조에 대해서는 Philip R. Wood, *Project Finance, Securitisations, Subordinated Debt*, Sweet & Maxwell, 2007, pp. 305.

18) 세계은행의 환경평가관련 규정은 1989년 업무지침(Operational Directive) 4.01에 규정된 것이 최초이다. 그 후 1999년 업무지침(Operational Policy, OP) 4.01과 은행절차(Bank Procedure, BP) 4.01에서 규정하고 있다.

19) ADB는 2002년 '환경정책'(Environment Policy)에서, EBRD는 2003년 '환경정책(Environmental Policy)'에서, 그리고 IADB는 2006년 '환경 및 안전장치 준법정책'(Environment and Safeguards Compliance Policy)에서 동일한 내용을 규정하고 있다.

위 자료는 〈http://www.adb.org/documents/policies/environment/environment_policy.pdf〉, 〈hhttp://www.ebrd.com/about/policies/enviro/policy/policy.pdf〉, 〈http://www.iadb.org/sds/doc/ENV-Environment_and_Safeguards_Compliance_P.pdf〉에 게재되어 있다(2009. 7. 12 방문).

보험시장을 대상으로 하는 '보험업에 의한 환경 약정 성명'(Statement of Environmental Commitment by the Insurance Industry)의 2가지 성명을 발표하였다.[20] 이들 2가지 성명은 은행과 보험회사에 의한 업무와 관련하여 환경위험에 대한 고려를 증대하는 것을 내용으로 한다.

또 하나의 중요한 발전은 국제금융공사(International Finance Corporation, IFC)의 주도에 의한 '적도원칙'(the Equator Principles)의 채택이다. 적도원칙은 프로젝트 파이낸스에서 환경 및 사회적 이슈를 관리하기 위한 환경적·사회적 기준을 제시하고 있다. 이 원칙을 채택한 은행 등 금융기관은 동 원칙에서 제시하는 기준을 충족하지 못하는 프로젝트에 대한 자금지원을 할 수 없다. 적도원칙은 2003년 6월 시티그룹 등 민간금융기관에 의하여 시작되었으며 현재 67개 금융기관이 동원칙을 채택하였다.[21]

3. 녹색예금과 대출

(1) 의 의

최근 정부에서는 투자자는 장기저리 예금가입을 통해 은행에 자금을 제공하고, 낮은 금리는 세제혜택을 통해 보전하고, 은행은 시중금리보다 낮게 조달된 자금을 녹색프로젝트에 장기 저리로 대출하는 구조를 녹색금융의 활성화 방안 중 하나로 검토하고 있다.[22] 특별히 운용목적을 미리 정하고 이루어지는 예금거래로서 일반적인 예금거래와는 차이가 있지만, 은행법상 특별한 법적 문제를 야기하는 것은 아니다. 다만 세제상 특례를 도입하기 위한 입법은 필요할 것이다.

---

20) 이 2가지 성명은 〈http://www.unepfi.org/signatories/statements/index.html〉에 게재되어 있다(2009. 7. 12. 방문).

21) Tim Baines, "Integration of Corporate Social Responsibility Through International Voluntary Initiatives", *Indiana Journal of Global Legal Studies*, Volume 16 No 223, 2009, p. 225 이하는 적도원칙을 기업의 사회적 책임을 명문화한 대표적인 사례로 소개하고 있다. 적도원칙을 소개한 국내자료로는 박훤일, "해외투자와 지속가능발전원칙—프로젝트 파이낸스의 적도원칙을 중심으로" 「무역상무학회지」 제31권, 2006년 8월, 27-56면 참조.

22) 기획재정부/행정안전부/지식경제부/환경부/금융위원회/중소기업청/녹색성장위원회, 녹색투자 촉진을 위한 자금유입 원활화 방안(2009. 7. 6), 12면 참조.

(2) 녹색주식 연동예금

그러면 특정한 녹색기업의 성과나 녹색산업에 속하는 기업으로 구성된 지수(예컨대 녹색산업 주가지수)[23]에 연동된 예금을 거래하는 것은 가능한가. 「자본시장과 금융투자업에 관한 법률」(이하 "자본시장법")상 금융투자상품에 해당하는지 여부와 은행법상 은행업무에 포함되는지 여부가 검토되어야 한다.

첫째, 자본시장법은 원본손실위험이 있는 유형의 예금을 투자성있는 예금으로 분류하여 규제하고 있다. 투자성있는 예금은 금융투자상품에 해당하므로 그 발행을 위해서는 투자매매업 인가를 취득하여야 한다. 그러나 은행이 투자성있는 예금계약을 체결하는 경우에 한하여 투자매매업 인가를 받은 것으로 간주하는 규정을 두고 있다(자본시장법 77조 1항). 따라서 녹색기업의 성과나 녹색주가지수에 연동된 예금이라도 원보보전이 이루어질 경우에는 투자성있는 예금에 해당하지 않으므로 자본시장법상 문제는 발생하지 않는다. 그리고 투자성있는 예금은 외화예금을 제외하고는 증권신고서 제출의무가 발생한다(자본시장법 77조 1항).

둘째, 은행법상 예금의 범위에 투자성있는 예금이 포함된다고 볼 수 있는지 여부가 문제된다. 은행법은 예금의 정의를 별도로 두고 있지 않지만 일반적으로 "금융기관이 불특정다수인으로부터 일정한 기간을 정하거나 또는 정하지 않고 예금증서와 교환하여 금전의 예입을 받는 것"으로서 민법상 금전소비임치계약으로 해석하고 있다.[24] 따라서 원본손실위험이 있는 투자성있는 예금은 은행법상 예금에 해당하지 않는 것으로 해석될 가능성이 높다. 이와 관련하여 일본의 법체계와의 차이를 주의하여야 한다. 일본에서 자본시장법상 '투자성있는 예금'에 해당하는 개념은 은행법상 '특정예금등'이다(일본 은행법 13조의 4).[25] 그런데 일본에서는 특정예금등을 은행법에서 규정하면서 은행업무의 하나로 자연스럽게 규정되는 형태를 취하고 있다.[26] 이에

---

23) 정부에서는 녹색산업 현황조사를 토대로 금년말까지 녹색산업 주가지수 개발방안을 마련하여 2010년에는 녹색산업 주가지수를 개발·발표하고 2011년에는 관련 신상품(ETF)을 상장한다는 계획을 발표한 바 있다. 위 보고서, 15면.

24) 은행감독원, 은행법해설, 한국은행 은행감독원, 1993, 34-35면.

25) 일본 은행법상 특정예금등은 금리, 통화의 가격, 금융상품시장의 시세 그 밖의 지표에 관한 변동에 따라 그 원본에 관하여 손실이 발생할 우려가 있는 예금 또는 정기적금 등으로서 내각부령에서 정하는 것을 말한다(은행법 13조의 4). 은행법시행규칙에서는 파생상품예금, 외화예금, 통화옵션결합형예금의 3가지를 열거하고 있다(14조의 11의 4).

26) 松尾直彦·松本圭介(編), 實務論点 金融商品取引法, 金融財政事情硏究會, 2008, 35-36면.

비해 우리나라에서는 투자성있는 예금을 자본시장법에서 규정하고 있을 뿐 은행법에는 전혀 규정을 두고 있지 않다. 따라서 자본시장법상 투자성있는 예금이 은행법상 예금에 포함되는지 여부가 문제되는 것이다. 따라서 은행법상 은행이 원본손실위험이 있는 녹색주가연동예금을 취급하기 위해서는 〈 i 〉 동 업무를 은행법상 겸영업무로 규정해야 하고, 〈 ii 〉 자본시장법상 투자매매업 인가는 취득한 것으로 간주되어 있으므로 특별히 문제되지 않고, 〈iii〉 은행법상 겸영업무 영위를 위해 대상업무에 대한 직접 규제법인 자본시장법상 인가를 취득한 후 은행법상 별도의 겸영업무 인가를 취득하여야 한다(은행법 28조). 여기서 말하는 겸영업무 인가는 은행의 겸영업무 영위가 은행의 본업무인 여수신업무와 환업무의 영위에 미칠 부정적인 영향을 판단하기 위한 것이다. 은행의 특수성을 고려한 입법이라고 생각된다.

4. 대출자책임론

대출자책임(lender liability)은 은행 등 대주(lender)가 대출이나 그에 부수적인 행위의 결과로서 일정한 책임을 부담하게 되는 경우를 총괄적으로 가리키는 용어이다.[27] 대출자책임은 대출과정에서 이루어진 대주의 각종 의무위반 등을 근거로 발생하는 것이 일반적이겠지만,[28] 환경오염에 대한 대출자책임은 독특한 구조를 취하게 된다. 대출을 위하여 담보로 취득한 토지 등에 오염이 발생한 경우 대주는 경우에 따라 소유자로서 또는 차주에 대한 통제권을 가진 운영자로서 일정한 환경법상 책임을 부담할 수 있게 되는 것이다.[29] 은행 등 대주의 책임부담능력을 고려한 것이라는 설명(big pocket liability)도 가능하지만, 은행 등 대주의 차주에 대한 영향력을 환경정책목적달성에 이용하기 위한 제도라고 보는 것이 적절할 것이다. 즉 은행 등 대

27) 대출자책임에 관한 일반적인 논의로는, James O'Donovan, *Lender Liability* (English Edition), Sweet & Maxwell, 2005, p. 2 이하.

28) 예컨대, 은행이 기업을 상대방으로 금융상품거래를 하면서 설명의무 등 일정한 행위규제를 준수하지 않음으로써 손해배상책임을 지게 되는 판매책임위험(liability risk)은 대표적인 예라고 할 수 있다. 우리나라에서는 그동안 은행 등 금융회사와 거래상대방과의 관계의 법적 성질과 특히 은행의 거래상대방에 대한 의무에 대해서는 많은 논의가 이루어지지 않았다. 그러나 특히 최근에 KIKO라는 통화파생상품을 대상으로 국내은행과 기업들간에 진행되고 있는 소송은 금융회사와 거래상대방 간의 관계에 관한 일반적인 논의를 이루어지게 하고 있는 점에서 금융법상 매우 중요한 의미를 가진다고 평가할 수 있다.

29) 우리나라에서의 환경오염에 대한 대출자책임을 논의한 것으로 심영, 대출자책임(Lender Liability)—미국과 영국을 중심으로, 증권법연구, 제 4 권 2호, 2003, 357면 이하.

주를 통한 금융중개기능이 이루어지는 간접금융시장에서는 은행 등 중개기관에 일정한 책임을 부과함으로써 환경정책목적을 달성하고자 하는 것이라고 보는 것이다.

Ⅳ. 녹색금융과 투자

1. 서 언

투자분야에서 녹색금융은 환경적 현상을 기초자산으로 하는 금융투자상품의 거래와 환경적 요소를 투자판단의 기준으로 하는 두 가지 모습으로 나타날 수 있다. 날씨나 자연재해를 기초자산으로 하는 파생상품의 거래는 전자의 예가 될 것이고, 사회적 책임투자는 후자의 예가 될 것이다. 현행 금융규제법상 환경관련 금융투자상품의 가능성을 살펴보고 사회적 책임투자에 관한 국내의 논의를 정리한다.

2. 환경관련 금융투자상품

(1) 의 의

환경관련 금융투자상품은 크게 환경적 현상을 기초자산으로 하는 파생결합증권과 파생상품, 환경관련 종목에의 투자를 목적으로 하는 집합투자기구가 발행한 집합투자증권으로 구분할 수 있다.[30] 현행법상 이러한 상품의 가능성을 자본시장법을 중심으로 검토한다.

(2) 파생결합증권과 파생상품

1) 의 의

자본시장법상 파생결합증권은 “기초자산의 가격·이자율·지표·단위 또는 이를 기초로 하는 지수 등의 변동과 연계하여 미리 정하여진 방법에 따라 지급금액 또는 회수금액이 결정되는 권리가 표시된 것”을 말한다(4조 7항). 자본시장법은 파생

30) 자본시장법상 금융투자상품과 파생결합증권, 파생상품의 정의에 대해서는 동법 제3조와 제4조 그리고 제5조에서 상세하게 규정하고 있다. 자본시장법상 금융투자상품 정의에 대해서는 김건식·정순섭, 자본시장법, 두성사, 2009, 제1편 제2장, 19면 이하에서 상세히 논의하고 있다.

상품을 선도, 옵션, 스왑 중의 어느 하나에 해당하는 계약상의 권리로 정의하고 있다(5조 1항). "선도"는 "기초자산이나 기초자산의 가격 · 이자율 · 지표 · 단위 또는 이를 기초로 하는 지수 등에 의하여 산출된 금전등을 장래의 특정시점에 인도할 것을 약정하는 계약"으로 정의한다(5조 1항 1호). 옵션은 "당사자 일방의 의사표시에 의하여 기초자산이나 기초자산의 가격 · 이자율 · 지표 · 단위 또는 이를 기초로 하는 지수 등에 의하여 산출된 금전등을 수수하는 거래를 성립시킬 수 있는 권리의 부여를 약정하는 계약"으로 정의한다(5조 1항 2호). 스왑은 "장래의 일정기간 동안 미리 정한 가격으로 기초자산이나 기초자산의 가격 · 이자율 · 지표 · 단위 또는 이를 기초로 하는 지수 등에 의하여 산출된 금전등을 교환할 것을 약정하는 계약"으로 정의한다(5조 1항 3호). 파생결합증권은 파생상품이 결합된 증권상품이다. 파생상품적인 요소를 어느 정도까지 반영할 수 있는가, 달리 말하면 파생결합증권과 파생상품을 가르는 기준은 무엇인지가 문제된다. 그 기준은 추가지급의무의 존재 여부로서 추가지급의무가 부존재하는 범위까지는 파생결합상품이고 추가지급의무가 생기는 순간 파생상품으로 보게 된다.[31]

2) 기초자산의 범위

금융규제법상 우선적으로 해결되어야 할 과제는 파생결합증권과 파생상품의 기초자산에 환경적 현상이 포함되는지 여부이다. 자본시장법은 舊증권거래법과 달리 기초자산의 범위를 크게 확대하여 재해연계증권(CAT bond)이나 강수량연계증권 등도 발행이 가능하게 되었다. 자본시장법은 기초자산을 다음과 같이 정의하고 있다(4조 10항).

> 1. 금융투자상품
> 2. 통화(외국의 통화를 포함한다)
> 3. 일반상품(농산물 · 축산물 · 수산물 · 임산물 · 광산물 · 에너지에 속하는 물품 및 이 물품을 원료로 하여 제조하거나 가공한 물품, 그 밖에 이와 유사한 것을 말한다)
> 4. 신용위험(당사자 또는 제삼자의 신용등급의 변동, 파산 또는 채무재조정 등으로 인한 신용의 변동을 말한다)
> 5. 그 밖에 자연적 · 환경적 · 경제적 현상 등에 속하는 위험으로서 합리적이고 적정한 방법에 의하여 가격 · 이자율 · 지표 · 단위의 산출이나 평가가 가능한 것

이상에서 제 1 호부터 제 4 호까지의 기초자산은 기존 증권거래법령에서도 인정

31) 김건식 · 정순섭, 위의 책, 27-29면 참조.

되고 있는 것이지만, 제 5 호는 자본시장법에서 추가된 것이다.[32] 제 5 호는 객관적인 방법에 의하여 현금흐름(cash flow)의 산출이 가능한 것은 모두 기초자산으로 인정한다는 취지라고 할 수 있다. 제 5 호에 의하여 새로이 추가될 수 있는 기초자산으로는 재난이나 자연재해와 같은 자연적 현상, 탄소배출이나 기후변화 등 환경적 현상, 물가상승률 등 경제적 현상 등을 들 수 있을 것이다. 이와 관련하여 아래 V. 3.에서 후술하는 바와 같이 탄소배출권이 제 5 호의 기초자산에 속할 수 있는지 여부가 논의될 수 있다. "합리적이고 적정한 방법" 즉 기초자산에 대한 평가방법의 합리성과 적정성을 확보할 수 있는 한 기초자산의 범위에 대한 제한을 사실상 제거한 것이다.

3) 재해연계증권의 발행

자연재해 등을 기초자산으로 하는 재해연계증권(CAT bond)에 대해서는 추가적인 검토가 필요하다. 강수량이나 지진의 발생 등 자연재해를 기초자산으로 하고 있을뿐 일반적인 파생결합증권과 동일한 것으로 볼 수 있다.[33] 재해연계증권의 발행수요는 특히 보험회사의 경우에 많을 것으로 알려져 있다. 보험회사가 재해연계증권을 발행하는 방법은 보험회사 스스로가 발행인이 되는 경우와 자산유동화구조를 이용하는 경우가 있을 수 있다.

먼저 보험회사 스스로가 발행인이 되는 경우를 생각해 보자. 현행 보험업법은 보험회사에 대하여 '재무건전성기준을 충족시키기 위한 경우 또는 적정한 유동성을 유지하기 위한 경우에 한하여' 사채를 발행할 수 있도록 목적제한규정을 두고 있다(법 114조; 시행령 58조 2항 2호). 따라서 이 규정이 유지되는 한 보험회사가 직접 재해연계증권을 발행하는 것은 불가능하다.

다음으로 자산유동화구조를 이용하는 경우에는 보험업법과 자산유동화에 관한 법률상 문제를 지적할 수 있다. 재해연계증권을 자산유동화구조를 이용하여 발행할 경우 그 자산유동화는 일반적인 형태의 자산의 양도를 수반하는 '진정매매형 자산유동화'(true sale securitization)가 아니라 자산의 양도를 수반하지 않고 자산보유자와 유동화기구(SPV)간에 파생상품거래를 통하여 위험만 이전되는 '합성유동화'(synthetic securitization)가 이루어지게 된다. 이러한 거래구조가 가능하기 위해서는 무엇

32) 김건식 · 정순섭, 자본시장법, 두성사, 2009, 49-50면 참조.

33) 재해연계증권의 구조에 대해서는 Paul U. Ali, "Securitisation of Catastrophic Risks", Jan Job de Varies Robbe and Paul U. Ali(eds), *Innovations in Securitisation Yearbook 2006*, Kluwer Law International, 2006, pp. 35-45; Christopher L. Culp, Structured Finance & Insurance-The Art of Managing Capital and Risk, John Wiley & Sons, 2006, pp. 487-522.

보다도 자산보유자와 유동화기구 간에 파생상품거래가 가능해져야 한다. 그러나 현행 보험업법은 자산보유자에 해당하는 보험회사의 장외파생상품거래를 제한하고 있다(법 105조 1항 7호, 2항; 시행령 49조 3항 1호, 4항). 그리고 자산유동화에 관한 법률상 유동화기구가 할 수 있는 업무는 유동화자산의 양수와 유동화증권의 발행으로 엄격하게 제한되어 있어서(22조) 장외파생상품거래는 할 수 없는 것으로 해석되고 있다. 따라서 현행법상 보험회사는 재해연계증권을 발행할 수 없다.

그러면 보험회사 이외의 금융투자업자가 재해연계증권을 발행하는 것은 가능한지 여부가 문제된다. 적어도 자본시장법상 제한은 없는 것으로 생각된다. 다만 재해연계증권을 그 기능을 중시하여 보험업법상 보험계약을 볼 가능성에 대해서는 검토를 요한다.[34]

3. 녹색산업투자회사

(1) 의 의

녹색산업투자회사는 "녹색기술 및 녹색산업에 자산을 투자하여 그 수익을 투자자에게 배분하는 것을 목적으로 하는 녹색산업투자회사"를 말한다(저탄소녹색성장기본법 29조 1항)를 설립할 수 있다. 녹색산업투자회사는 자본시장법상 집합투자기구로서 주식회사형태인 투자회사에 해당한다(9조 18항 2호).

(2) 설립과 운용

저탄소녹색성장기본법은 녹색산업투자회사의 설립과 운영에 필요한 세부사항은 시행령으로 정하도록 하고 있어 상세한 내용을 알 수 없지만(29조 6항), 자본시장법상 기능별 규제의 원칙과 충돌할 수 있다.

자본시장법은 '동일한 기능에 대한 동일한 규제'를 기본원칙으로 하여 동법상 포괄적으로 정의되어 있는 집합투자에 해당할 경우 동법의 규제를 받는 것을 원칙으로 하고 있다. 자본시장법상 '집합투자'는 첫째, 2인 이상에게 투자권유를 하여 모은 금전등 또는 「국가재정법」 제81조에 따른 여유자금을, 둘째, 투자자 또는 각 기금관리주체로부터 일상적인 운용지시를 받지 아니하면서 재산적 가치가 있는 투자

34) 거래구조와 당사자들의 거래목적 등에 따라서 다양한 논의가 가능하므로 상세한 논의는 추후의 과제로 한다.

대상자산을 취득 · 처분, 그 밖의 방법으로 운용하고, 셋째, 그 결과를 투자자 또는 각 기금관리주체에게 배분하여 귀속시키는 것을 모두 포함하는 구조다(6조 5항).

문제는 자본시장법 이외의 근거법률에 따라 만들어지는 집합투자기구('타법펀드' 또는 '타부처펀드')에 대한 규제방법이다. 여기에는 투자자의 보호라는 금융감독정책적 요청과 특정 산업의 육성을 위한 자금보달의 효율화라는 산업정책적 요청이 충돌하는 문제가 있다. 타법펀드에 대하여 자본시장법 입법과정에서는 첫째, 타법펀드 중 공모펀드에 대해서는 자본시장법상 각종 규제가 직접 적용되고, 둘째, 자본시장법상 규제가 과도하다고 판단될 경우에는 예외를 둘 수 있는데, 그 예외는 타법펀드의 근거법에 두되, 14가지 핵심규제는 예외로 할 수 없으며, 셋째, 금융위의 공동감독 및 검사권을 인정한다는 세 가지 원칙에 따라 정리되었다.

이러한 원칙에 따라 자본시장법은 시행령으로 정하는 법률에 따라 사모(私募)의 방법으로 금전등을 모아 운용 · 배분하는 것으로서 시행령으로 정하는 투자자의 총수가 시행령으로 정하는 수 이하인 경우를 동법상 집합투자의 정의에서 배제하는 규정을 두고 있다(6조 5항 1호).[35] 녹색산업투자회사에 대해서도 동일한 검토가 이루어져야 할 것이다.

(3) 자산운용

녹색산업투자회사가 투자할 수 있는 분야는 녹색기술에 대한 연구와 시제품의 제작 및 상용화를 위한 연구개발 또는 기술지원 사업, 녹색산업에 해당하는 사업, 녹색기술 또는 녹색산업에 대한 투자 또는 영업을 영위하는 기업으로 한정되어 있다(저탄소녹색성장기본법 29조 2항).

녹색기술은 "온실가스 감축기술, 에너지 이용 효율화 기술, 청정생산기술, 청정에너지 기술, 자원순환 및 친환경 기술(관련 융합기술을 포함한다) 등 사회 · 경제 활동의 전 과정에 걸쳐 에너지와 자원을 절약하고 효율적으로 사용하여 온실가스 및 오염물질의 배출을 최소화하는 기술"로, 그리고 녹색산업은 "경제 · 금융 · 건설 · 교통물류 · 농림수산 · 관광 등 경제활동 전반에 걸쳐 에너지와 자원의 효율을 높이고 환경을 개선할 수 있는 재화(財貨)의 생산 및 서비스의 제공 등을 통하여 저탄소 녹색성장을 이루기 위한 모든 산업"으로 정의되어 있다(저탄소녹색성장기본법 2조 3호 ·

---

35) 타법펀드에 대해서는 김건식 · 정순섭, 『자본시장법』(2009), 72-74면에서 상세히 논의하고 있다.

4호). 역시 세부적인 사항은 시행령에서 규정되어야 할 것이다.

(4) 감독 및 검사

금융위원회는 공공기관이 출자한 녹색산업투자회사와 해당 회사의 집합투자업자 · 자산을 보관 · 관리하는 신탁업자 및 일반사무관리회사에게 해당 회사의 업무 및 재산 등에 관한 자료의 제출이나 보고를 요구할 수 있으며, 관계 중앙행정기관은 금융위원회에 해당 자료의 제출을 요구할 수 있다(저탄소녹색성장기본법 29조 4항).[36]

관계 중앙행정기관은 이렇게 제출된 자료나 보고 내용에 대하여 검사가 필요하다고 인정하는 경우 금융위원회에게 해당 녹색산업투자회사에 대한 업무 및 재산 등에 관한 검사를 요청할 수 있으며, 해당 검사 결과 중대한 문제가 있다고 여겨지는 경우에는 금융위원회는 관계 중앙행정기관과 협의하여 해당 녹색산업투자회사의 등록을 취소할 수 있다(저탄소녹색성장기본법 29조 5항).

4. 사회적 책임투자

사회적 책임투자(socially responsible investment, SRI)는 투자결정 시 기업의 재무적 수익 이외에 환경 · 사회 · 지배구조(environmental, social and corporate governance, ESG) 등 기업의 장기적 존속가능성에 영향을 미치는 위험관련 요소를 동시에 고려하여 장기적인 관점에서 투자하는 진보적 투자방식을 말한다.[37] 대출자책임이 주로 간접금융시장에서 은행 등 대주들을 중심으로 일정한 환경책임을 묻는 것이라면 사회적 책임투자는 자본시장에서 주로 집합투자기구를 운용하는 운용업자들을 중심으로 투자결정 시에 환경 · 사회 · 지배구조적 요소를 고려함으로써 일정한 거버넌스 기능을 수행하는 것이라고 할 수 있다. 최근에는 환경사회적 문제에 관한 지속가능성에서 우월한 실적을 보이는 기업이 평균적으로 우월한 재무적 수익을 달성하였다고 하는 보고도 이루어지고 있다.[38] 국내에서는 아직 기업의 지속가능성 수준이나

36) 저탄소녹색성장기본법에서는 집합투자관계업자에 대하여 "자산운용회사 · 자산보관회사"라는 용어를 사용하고 있지만(29조 4항), 자본시장법상으로는 "집합투자업자 · 신탁업자"라는 용어를 사용하는 것이 정확하다.

37) 노희진, "기업의 사회적 책임(CSR)과 사회책임투자(SRI)"(2009)「기업지배구조 리뷰」Volume 45, 67면. 최근에는 투자자에 대한 책임을 강조하여 단순히 RI(Responsible Investment)라고 부르고 있다. UNEPFI, Principles for Responsible Investment, p. 6.

38) Matthew J. Kiernan, *Investing in a Sustainable World: Why Green Is the New Color of*

성장정도에 관한 정보공개제도의 부재, 명확한 투자기준의 부재 등으로 발전과정에 있다고 할 수 있지만 녹색금융과 투자를 연관지우는 가장 중요한 투자기법으로 발전할 것으로 생각한다.

이와 관련하여 저탄소녹색성장기본법에서 사업자에게 "녹색경영을 선도"하고 "기업활동의 전 과정에서 온실가스와 오염물질의 배출을 줄이고 녹색기술 연구개발과 녹색산업에 대한 투자 및 고용을 확대하는 등 환경에 관한 사회적 · 윤리적 책임"을 다할 것을 요구하고 있는 것은 기업의 환경책임을 명문화한 것으로서 주목된다(6조 1항).[39] 여기서 '녹색경영'이란 "기업이 경영활동에서 자원과 에너지를 절약하고 효율적으로 이용하며 온실가스 배출 및 환경오염의 발생을 최소화하면서 사회적, 윤리적 책임을 다하는 경영"(2조 7호)을 말하는 것으로서 역시 기업의 환경책임을 강조한 것이다.

특히 이와 관련하여 기업의 환경관련 정보의 공시가 가지는 기능에 주목할 필요가 있다.[40] 향후 기업의 환경보전활동을 촉진하기 위해서는 환경경영이 사회적으로 평가되어 기업에 이익의 증가를 가져오는 반면, 반환경적 행동이 경쟁상 불리한 입장에 놓여 시장을 상실한다는 사회적 상황을 구축하여 시장이 명확한 신호를 보낼 필요가 있다.[41]

끝으로 예컨대 집합투자업자가 사회적책임투자를 운용기준으로 하는 펀드를 조성하여 운용하는 경우 전통적인 집합투자업자의 책임과의 관계는 검토를 요한다. 자본시장법상 집합투자업자의 운용자책임에 대해서는 주로 일정한 재무적 이익의 확보를 기준으로 정의되어 왔다.[42] 집합투자업자가 펀드 투자자의 재무적 이익의 극대화 이외의 환경적 · 사회적 · 지배구조적 고려사항을 투자결정과정에 추가하는 것이 집합투자업자의 운용책임에 반하는 것이 아닌지 여부가 문제되는 것이다.[43] 이익추

Money on Wall Street (2009), xiii.

39) 그리고 사업자에게는 정부와 지방자치단체가 실시하는 저탄소 녹색성장에 관한 정책에 적극 참여하고 협력할 의무도 부과하고 있다(6조 2항).

40) 노희진 외, 「사회책임투자를 위한 기업 정보공개」(사회책임투자연구회 Working Paper 08-01, 2008).

41) 정보공시제도의 부차적인 효과로서 자기규제적 효과를 기대할 수 있다. 기업이 환경에 관한 정보를 공시하는 것은 기업의 사회적 공약으로 보아 사회적 비난을 받을 행동을 자제할 뿐만 아니라 공시내용과 합치한 환경행동을 함으로써 사회의 신뢰 · 평가를 획득하고자 하는 역학의 작용이 인정된다. 기업의 환경정보공시에 대해서는, 吉川榮一, "環境リスクと企業に對する情報公開請求" 「上智法學論集」 제52권 1 · 2호(2008), 127-148면.

42) 김건식 · 정순섭, 자본시장법, 두성사, 2009, 608-609면.

구의 필요성과 환경적·사회적·지배구조적 요소의 고려하는 윤리적 요청의 충돌을 조정한 것은 첫째, 사회적 책임투자가 일반적인 투자기법보다 우월한 투자성과를 달성할 수 있다는 영업성의 강조와 둘째, 운용업자에 의한 투자자에 대한 사회적 책임투자기법의 사전적 공시였다고 할 수 있다.[44] 장기적으로 이러한 환경법과 금융법의 대치상태가 지속되는 것이 바람직한가. 운용업자의 책임에 관한 전통적인 금융법원리를 수정하는 방향으로 전개되는 것이 바람직하다고 생각되지만, 쉽게 결론을 내릴 수 있는 문제는 아니다.[45] 단기적으로는 투자자에 대한 사회적 책임투자기법의 사전적 공시를 통하여 문제를 조절해 갈 수 있을 것이다. 그러나 장기적으로는 투자대상기업의 환경적 건전성의 확보가 투자자의 재무적 이익의 극대화로 연결될 수 있는 법적 기초가 확립되어야 할 것으로 본다.

Ⅴ. 탄소배출권거래

1. 의 의

지구온난화와 기후변화에 대한 유용한 대책으로 인정되고 있는 탄소배출권이 금융법상 가지는 문제는 첫째, 탄소배출권 자체를 금융투자상품으로 볼 수 있는지 여부, 둘째, 탄소배출권을 자본시장법상 파생결합증권이나 파생상품의 기초자산으로 볼 수 있는지 여부, 셋째, 탄소배출권 거래를 금융회사의 업무로 볼 수 있는지 여부 등 세 가지로 나누어 볼 수 있다.

---

43) 이 문제를 SRI의 사업적 측면과 윤리적 측면의 충돌로 보는 입장으로는, Benjamin J. Richardson, Putting Ethics into Environmental Law: Fiduciary Duties for Ethical Investment, *Osgoode Hall Law Journal* Vol 46 No 243, 2008, p. 249 이하.

44) 이를 (ⅰ) 기업의 효율성 및 이윤 증대와 사회적 이익 창출의 일치를 강조하는 사업성과형(business case), (ⅱ) 단순한 이윤 증대 보다는 사회규범에 따른 윤리적 행위를 강조하는 가치주도형(values-driven models), (ⅲ) 사회적 가치 즉 장기적 부의 창출과 그에 대한 보상을 강조하는 장기성과형(systems of measurement and rewards)으로 구분하여 설명하기도 한다. Steven Lydenberg, *Corporations and the Public Interest-Guiding the Invisible Hand*, Berrett-Koehler, 2005, pp. 39-53.

45) 이 문제는 주식회사 이상의 충실의무의 대상을 주주로 볼 것인지 아니면 채권자 등 그 밖의 지분권자로 확대할 것인지와 유사한 차원의 논의라고 볼 수 있다.

2. 탄소배출권 자체

탄소배출권 자체의 거래를 금융상품으로서 금융규제의 대상으로 하고 있는 국가는 거의 존재하지 않는다. 탄소배출권 자체의 법적 성질에 대해서도 권리성을 인정하는 견해와 그렇지 않은 견해가 있지만 자본시장법에서 규정하고 있는 일반적인 금융투자상품과는 구별되는 특징을 보유한 것으로 생각된다.46) 그런데 문제는 예컨대, 장차 처분하여 이익을 얻을 목적으로 탄소배출권을 매입하는 경우이다. 이런 경우에는 금융투자상품의 4가지 요소, 즉 목적, 금전 등의 지급, 권리, 투자성을 모두 충족하고 있는 것처럼 보인다. 그러나 탄소배출권 그 자체를 금융투자상품으로 취급할 정책적 필요는 없다고 생각한다.

탄소배출권의 금융규제법상 지위는 오히려 자본시장법상 한국거래소에서 거래대상상품으로 지정할 수 있는지 여부와 관련하여 논의되고 있는 것으로 보인다. 현행 자본시장법상 탄소배출권을 금융투자상품에 속하지 않는다고 볼 경우 한국거래소에서 이를 거래대상으로 상장하여 거래하는 것은 불가능하다. 일본의 경우 금융상품거래법을 개정해서 탄소배출권시장개설업무를 금융상품거래소의 겸영업무로 규정하였다(87조의2).47) 저탄소녹색성장기본법에서는 탄소배출권거래소의 설립과 운영 등에 관하여는 따로 법률로 정하도록 규정하고 있다(46조 4항).

3. 탄소배출권 파생상품거래

Ⅳ.에서 살펴본 바와 같이 자본시장법상 기초자산의 정의는 '그 밖에 자연적·환경적·경제적 현상 등에 속하는 위험으로서 합리적이고 적정한 방법에 의하여 가격·이자율·지표·단위의 산출이나 평가가 가능한 것'을 포함하여 매우 포괄적으

46) 탄소배출권의 법적 성질에 관한 기본적인 논의로는 Wybe Th. Douma, Leonardo Massai and Massimiliano Montini(eds), *The Kyoto Protocol and Beyond—Legal and Policy Challenges of Climate Change*, T·M·C Asser Press, 2007, pp. 71-77 참조.

47) 일본 금융상품거래법 제87조의2 금융상품거래소는 거래소금융상품시장의 개설 및 이에 부수하는 업무 외에 다른 업무를 영위할 수 없다. 다만 내각총리대신의 인가를 받은 경우에는 거래소금융상품시장의 개설 및 이에 부수하는 업무의 수행을 방해하지 않는 한도에서 산정할당량(지구온난화대책의 추진에 관한 법률(1998년 법률 제117호) 제2조 제6항에서 규정하는 산정할당량을 말한다)에 관한 거래 그 밖의 금융상품거래와 유사한 것으로서 내각부령에서 정하는 거래를 하는 시장의 개설 및 이에 부수하는 업무를 할 수 있다.

로 정의되어 있다. 탄소배출권파생상품이 가능하기 위해서는 자본시장법상 '그 밖에 자연적 · 환경적 · 경제적 현상 등에 속하는 위험'에 탄소배출권이 포함되어야 한다. 이에 대하여 일부에서는 '탄소배출권'은 '권리'로서 '현상'이라고 볼 수 없다는 이유에서 자본시장법상 기초자산 정의에 포함되지 않는다는 주장도 제기되고 있다. 그러나 자본시장법상 기초자산의 정의는 가격산출의 합리성과 적정성이 보장되는 모든 위험을 포함하는 포괄적인 개념으로 이해되어야 한다. 요컨대 자본시장법상 기초자산 정의의 핵심적인 기준은 산출방법의 객관성에 있지 위험의 종류에 있는 것이 아니라는 것이다. 따라서 탄소배출권은 자본시장법상 기초자산 정의에 포함된다고 보아야 할 것이다.

한편 탄소배출권을 자본시장법 제 4 조 제10항 제 3 호의 일반상품으로 보려는 견해도 있을 수 있을 것이다. 이러한 입장은 미국의 선물규제법인 상품거래소법(1936 Commodity Exchange Act)와 자본시장법의 차이를 간과한 것이라고 할 수 있다. 미국 상품거래소법상 상품(commodity)의 정의는 법률상 열거되어 있는 농산물과 다른 물품, 그리고 현재 또는 장래에 그에 대한 선물거래가 이루어질 모든 용역, 권리 그리고 이익(all services, rights, and interests in which contracts for future delivery are presently or in the future dealt in)을 포함한다고 하여(7 USC 1a(4)) 유체물 이외의 무체물도 포함하고 있다.[48] 그러나 자본시장법상 일반상품의 정의는 '농산물 · 축산물 · 수산물 · 임산물 · 광산물 · 에너지에 속하는 물품 및 이 물품을 원료로 하여 제조하거나 가공한 물품, 그 밖에 이와 유사한 것'이라고 하여 유체물임을 명확히 규정하고 있다. 따라서 자본시장법상 탄소배출권을 일반상품으로 해석하기는 곤란하다.

4. 탄소배출권과 금융업무

탄소배출권 거래를 은행이나 금융투자업자 또는 보험회사의 업무로 볼 수 있는가. 탄소배출권 거래 또는 이를 기초자산으로 하는 파생상품거래에 금융기관이 적극적으로 참여하는 것은 유동성을 공급함으로써 탄소배출권 거래의 실수요자의 거래의 편의와 거래의 효율화를 가능하게 해 줄 수 있다는 점에서 적극적으로 검토될 필요가 있다. 이에 대해서도 탄소배출권 자체와 탄소배출권을 기초자산으로 하는 파생

48) Philip M. Johnson and Thomas L. Hazen, *Derivatives Regulation I*, Asphen Publishers, 2004, p. 9.

상품으로 나누어 살펴볼 필요가 있다.

첫째, 현행 은행법이나 자본시장법 그리고 보험업법에는 탄소배출권에 관한 명시적인 규정을 전혀 두고 있지 않다. 일본의 은행법은 산정할당량을[49] 취득하거나 양도하는 것을 내용으로 하는 계약의 체결 또는 그 중개, 주선, 대리를 하는 업무로서 내각부령에서 정하는 것을 겸영업무로 규정하고 있다(11조 4항).[50] 금융기관의 업무범위는 건전성 규제의 일환으로서 엄격한 규제의 대상이 되고 있다. 현행법상 금융기관의 업무범위는 고유업무, 겸영업무, 부수업무라는 개념을 이용해서 정의되고 있다. 고유업무의 범위에 대해서는 업종별로 그리고 논자별로 견해가 다를 수 있지만, 일반적으로 은행의 경우 예금과 대출 및 환업무로 이해되고 있다. 겸영업무란 금융업무로서 다른 법률에 의하여 진입규제의 대상이 되고 있는 것을 말하고, 부수업무는 그러한 규제가 없는 비금융업무를 말하는 것이 일반적이다.[51] 탄소배출권은 어디에 해당한다고 볼 것인가. 본질상 금융업무라고 하기는 어렵겠지만 일반산업과의 관련성을 고려하여 겸영업무로 규제하는 것이 타당할 것으로 본다. 각각 은행법과 자본시장법 그리고 보험업법을 개정해서 탄소배출권 거래를 은행과 금융투자업자, 그리고 보험회사의 겸영업무로 규정할 필요가 있다고 본다.

둘째, 탄소배출권을 기초자산으로 하는 장외파생상품은 자본시장법상 투자매매업자나 투자중개업자의 업무범위에 포함된다고 볼 수 있다. 은행의 경우에는 조금 특별한 문제가 있다. 자본시장법상 은행은 장외파생상품업무를 영위하기 위해서는 투자매매업 인가를 취득하여야 한다. 탄소배출권을 기초자산으로 하는 장외파생상품에 대해서도 인가의 변경을 통하여 별도의 인가를 취득하여야 할 것으로 생각된다. 일본의 은행법은 '산정할당량'을 기초자산으로 하는 장외파생상품거래를 은행의 업무로 규정하고 있다(10조 14항).[52]

---

49) 산정할당량은 「지구온난화대책의 추진에 관한 법률」(1998년 법률 제117호) 제 2 조 제 6 항에서 규정하는 산정할당량 그 밖에 이와 유사한 것을 말한다.

50) 금융상품거래업자에 대해서는 금융상품거래법 제35조 제 2 항 제 7 호와 금융상품거래업등에 관한 내각부령 제68조 제16항에서, 그리고 보험회사에 대해서는 보험업법 제99조 제 2 항 제 4 호에서 규정하고 있다.

51) 그러나 현행 금융규제법이 반드시 이러한 원칙에 따라 입법이 이루어져 있는 것은 아니다. 자본시장법은 이러한 원칙을 최대한 반영하여 겸영업무와 부수업무를 규제하고 있다.

52) 금융상품거래업자에 대해서는 금융상품거래법 제35조 제 2 항 제 7 호와 금융상품거래업등에 관한 내각부령 제68조 제17항에서, 그리고 보험회사에 대해서는 보험업법 제98조 제 1 항 제 8 호에서 규정하고 있다.

5. 탄소배출권과 집합투자 · 신탁

탄소배출권을 자본시장법상 집합투자나 신탁의 투자대상자산으로 볼 수 있는가. 이 역시 위에서 본 것과 마찬가지 이유에서 적극적으로 검토될 필요가 있고, 역시 마찬가지 이유에서 탄소배출권 자체와 탄소배출권을 기초자산으로 하는 파생상품으로 나누어 살펴볼 필요가 있다.

첫째, 탄소배출권 자체가 자본시장법상 집합투자의 투자대상자산에 포함되는가. 구간접투자자산운용업법은 간접투자의 자산운용수단을 투자증권, 장내파생상품 또는 장외파생상품, 부동산, 실물자산, 그 밖에 대통령령이 정하는 것으로 제한하고, 동시행령에서 어음, 보험금지급청구권, 어업권, 광업권 등을 추가적으로 열거하고 있었다(법 2조 1호; 시행령 3조). 다만 구간접투자자산운용업감독규정에서 "온실가스(에너지기본법 2조 10호에 정의된 것을 말한다)를 배출할 수 있는 권리로서 정부, 국제기구, 외국정부 및 외국지방자치단체에 의하여 공인된 권리"를 자산운용수단으로 추가하고 있었다(2조의 2). 그러나 자본시장법은 구간접투자자산운용업법과 달리 집합투자의 투자대상자산을 '재산적 가치가 있는 투자대상자산'이라고 규정하고 있을 뿐 전혀 제한을 두고 있지 않다(6조 5항). 따라서 탄소배출권도 '재산적 가치가 있는 투자대상자산'으로서 집합투자재산으로 투자할 수 있다고 보아야 할 것이다. 집합투자기구의 종류는 특별자산집합투자기구나 혼합자산집합투자기구에 속하게 될 것이다(자본시장법 229조 3호, 4호).

둘째, 탄소배출권을 기초자산으로 하는 파생상품도 당연히 집합투자의 투자대상자산에 포함된다고 볼 수 있다. 집합투자기구의 종류는 특별자산집합투자기구나 혼합자산집합투자기구에 속하게 될 것이다(자본시장법 229조 3호, 4호).

셋째, 탄소배출권은 자본시장법상 신탁업자의 수탁가능재산에 속한다고 볼 수 있는가. 자본시장법 제103조 제 1 항은 신탁업자의 수탁가능재산을 1. 금전, 2. 증권, 3. 금전채권, 4. 동산, 5. 부동산, 6. 지상권, 전세권, 부동산임차권, 부동산소유권 이전등기청구권, 그 밖의 부동산 관련 권리, 7. 무체재산권(지적재산권을 포함한다)으로 규정하고 있다. 탄소배출권의 법적 성질에 관한 논의의 결과에 따라 판단되어야 할 것으로 생각된다. 다만 입법론으로는 자본시장법상 신탁업자의 수탁가능재산의 범위를 집합투자의 경우와 마찬가지로 '재산적 가치가 있는 투자대상자산'이라고 규정(6조 5항)함으로써 문제를 해결하는 것이 바람직하다고 생각한다. 집합투자와 신탁의 대상자산을 달리 규정할 특별한 이유는 없다고 생각되기 때문이다. 탄소배출권에 대한 파생상품도 마찬가지로 보아야 할 것이다.

Ⅵ. 결 론

녹색금융의 의의는 자본의 공급과 투자수단의 다양화라는 전통적인 금융의 역할 과 함께 일정한 거버넌스 기능을 동시에 수행하는 데 있다. 녹색금융은 첫째, 전통적인 금융분야에서 환경위험을 새로운 위험요소로 고려하는 것, 둘째, 자본시장에서 투자판단을 위한 기준으로서 환경적 요소를 고려하는 것, 셋째, 환경적 위험을 기초자산으로 하는 금융상품을 거래하는 것 등을 모두 포함한다. 녹색금융은 이러한 과정을 통하여 거래상대방인 기업의 환경위험을 적절히 통제하고 환경친화적인 산업에 자원이 분배되도록 함으로써 지속가능성장이라는 녹색금융의 최종적인 목적을 달성하게 되는 것이다.

은행 분야에서 녹색금융은 대출심사에서 환경위험의 평가요소화, 녹색예금, 대출자책임 등의 형태로 발전하고 있다. 투자분야에서 녹색금융은 환경관련 금융투자상품의 개발, 사회적 책임투자 등의 형태로 발전하고 있다. 전통적인 대출자책임론과 함께 사회적 책임투자가 강조되는 것은 금융시장의 변화를 상징한다. 탄소배출권의 금융법상 문제는 첫째, 탄소배출권 자체를 금융투자상품으로 볼 수는 없다는 점, 둘째, 탄소배출권은 자본시장법상 파생결합증권이나 파생상품의 기초자산으로 볼 수 있는 점, 셋째, 탄소배출권 거래를 금융회사의 업무로 볼 수 있는지 여부에 대해서는 불명확한 점이 남아 있으므로 입법적 해결이 필요하다는 점 등을 결론으로 제시한다.

특히 사회적 책임투자와 관련하여 문제되고 있지만, 환경법원리와 금융법원리가 충돌하는 보다 근본적인 논의로서 현재의 금융기관이 부담하는 수탁자책임의 범위에 환경적·사회적·지배구조적 요소와 같은 비재무적 요소를 포함하는 것이 가능한지에 대한 심도 깊은 연구가 필요하다. 현상황에서 단기적으로는 그러한 결론은 곤란한 것으로 생각된다. 그러나 장기적으로는 투자자에 대한 공시와 사업성의 강조라는 단기적인 대안을 벗어나서 보다 근본적인 변화를 생각할 시기가 된 것으로 판단된다.

참고문헌

김건식 · 정순섭, 〈자본시장법〉, 두성사, 2009

노희진 외, 〈기업의 사회적 책임과 녹색금융〉, 한국자본시장연구원 사회책임투자연구회 Working Report 09-01, 2009

노희진 외, 〈사회책임투자를 위한 기업 정보공개〉 한국자본시장연구원 사회책임투자연구회 Working Paper 08-01, 2008

노희진, "기업의 사회적 책임(CSR)과 사회책임투자(SRI)", 〈기업지배구조 리뷰〉 제45권, 2009

박훤일, "해외투자와 지속가능발전원칙—프로젝트 파이낸스의 적도원칙을 중심으로" 〈무역상무학회지〉, 제31권, 2006. 8.

심영, "대출자책임(Lender Liability)—미국과 영국을 중심으로", 〈증권법연구〉, 제 4 권 제2 호, 2003. 12.

은행감독원, 〈은행법해설〉, 한국은행 은행감독원, 1993.

기획재정부/행정안전부/지식경제부/환경부/금융위원회/중소기업청/녹색성장위원회, "녹색투자 촉진을 위한 자금유입 원활화 방안", 2009. 7. 6.

Tim Baines, "Integration of Corporate Social Responsibility Through International Voluntary Initiatives", Indiana Journal of Global Legal Studies, Volume 16 No 223, 2009

Christopher L. Culp, Structured Finance & Insurance-The Art of Managing Capital and Risk, John Wiley & Sons, 2006

Wybe Th. Douma, Leonardo Massai and Massimiliano Montini(eds), The Kyoto Protocol and Beyond-Legal and Policy Challenges of Climate Change, T · M · Ç Asser Press, 2007

Philip M. Johnson and Thomas L. Hazen, Derivatives Regulation I, Asphen Publishers, 2004

Matthew J. Kiernan, Investing in a Sustainable World: Why Green Is the New Color of Money on Wall Street, AMACOM, 2009

Steven Lydenberg, Corporations and the Public Interest-Guiding the Invisible Hand, Berrett-Koehler, 2005

Roger McCormick, Legal Risk in the Financial Markets, Oxford University Press, 2006

James O'Donovan, Lender Liability(English Edition), Sweet & Maxwell, 2005

Oren Perez, "The New Universe of Green Finance: From Self-Regulation to Multi-Polar Governance", Bar Ilan University Pub Law Working Paper No. 07-3, March 2007

Benjamin J. Richardson, "Putting Ethics into Environmental Law: Fiduciary Duties for Ethical Investment" Osgoode Hall Law Journal Volume 46, 2008

Hal S. Scott, International Finance: Law and Regulation, Sweet & Maxwell, 2008

Jan Job de Varies Robbe and Paul U. Ali(eds), Innovations in Securitisation Yearbook 2006, Kluwer Law International, 2006

International Emissions Trading Association, Greenhouse Gas Market 2008—Piecing Together a Comprehensive International Agreement for a Truly Global Carbon Market, December 2008

Karan Capoor and Philippe Ambrosi, State and Trends of the Carbon Market 2008, The World Bank, May 2008

European Environment Agency, Market-based instruments for environmental policy in Europe, 2005

松尾直彥/松本圭介(編), 〈實務論点 金融商品取引法〉, 金融財政事情研究會, 2008

吉川榮一, "環境リスクと企業に對する情報公開請求", 〈上智法學論集〉, 제52권 1·2호 2008

제 2 절　기후변화와 기업공시

안　수　현*

Ⅰ. 서　론

최근 기후변화에 대한 관심이 전세계적으로 높아지면서 투자자들 또한 기후변화를 투자에 관한 의사결정에 중요한 이슈로 인식하기 시작하였다. 이들 투자자들은 나아가 기업으로 하여금 기후변화에 관한 정보를 공시하도록 금융감독기관에게 요구하고 있는데, 대표적으로 미국의 경우 기관투자자와 환경단체 그리고 정부기관이 합동으로 증권감독기구인 SEC에게 공개기업이 기후변화와 관련한 일련의 정보를 의무적으로 공시하게 조치할 것을 요청한 바 있다.[1] 개별회사들도 변화를 경험하고 있기는 마찬가지이다. 이들 회사의 주주들이 기후변화와 관련한 주주제안을 하는 경우가 빈번하기 때문이다.[2] 주주들은 이사회로 하여금 회사성과와 관련하여 기후변화가 초래할 불리한 영향을 사전에 평가하고 그 영향을 감소시키는 방안을 모색하였는지를 공시하게 하는 방안을 제안하는 경향이 있다.

종래에도 환경정보를 기업공시대상으로 파악하여 이에 관한 제도화방안들을 논

---

* 한국외국어대학교 법학전문대학원 교수.

1) Petition for Interpretive Guidance on Climate Risk Disclosure(2007)(available at http://www.sec.gov/rules.pettiions/2007/petn4-547.pdf.) 2009년 7월 27일 SEC는 Investor Advisory Committee와 SIF(Social Investment Forum)와의 회합을 통해 환경을 포함한 사회책임 등을 정보공시에 반영할 것을 약속한 바 있다.

2) 이에 관해서는 다음의 자료를 참조: OGE Energy, SEC NO-Action Letter, 2008 WL 541778 (Feb. 27, 2008); Pulte Homes, SEC No-Action Letter, 2008 WK 384377(Feb. 11, 2008) 등.

의한 예가 있기는 하였지만 기후변화로 특정해서 기업공시대상으로 논의하는 것[3]은 최근 들어 보이는 새로운 경향이라고 할 수 있다. 그만큼 기후변화에 대한 관심이 자본시장에서 그리고 주주행동차원에서 제기될 정도로 높아졌다고도 할 수 있다.

이처럼 최근 투자자들의 움직임이 기후변화라는 이슈를 중심으로 조직화되는 배경을 다음과 같이 세 가지로 정리할 수 있다. 우선, 종래 환경정보를 기업공시대상으로 파악하고 강제공시대상으로 하는 데에는 정보범위가 지나치게 포괄적이고 복잡할 수 있고, 기업의 정보생산비용의 부담측면에서 그 효용에 이의를 제기하는 경향이 적지 않음을 고려할 수밖에 없다는 점이다. 반면, 기후변화를 공시대상으로 특정할 경우 종래의 포괄적인 환경정보 공시범위를 대폭 감소할 수 있다는 점에서 기업의 준수 및 이행면에서 설득력이 있다는 점을 고려한 것이라 분석할 수 있다. 둘째, 환경정보를 제도적으로 공시하게 할 경우 규제집행측면에서 환경정보를 담은 환경보고서를 자율규제사항으로 하는 것이 바람직한 것인지 아니면 강제하는 것이 타당한지를 놓고 정책적인 판단이 쉽지 않은 점에서 기후변화는 최근 국제사회에서 이견이 없을 정도로 중요한 이슈로 등장하고 있고, 투자자들이 강제공시대상으로 제도화해줄 것을 요청할 정도로 투자판단에 중요한 정보라는 점에서 논의의 진전이 이루어졌다고 볼 수 있다. 셋째, 강제공시라는 측면에서 기업의 공시비용과 부담을 고려하지 않을 수 없으나 기업공시제도하에서도 그러한 비용과 부담을 감소시키는 방법을 얼마든지 고려할 수 있다는 점에서도 기업공시차원에서의 논의가 진전된 점이 있다. 예컨대, 공시대상의 요건으로서 '중요성 요건'의 충족을 요구하거나 추측정보 내지 soft information으로 기재하게 함으로써 허위공시를 이유로 소송 내지 제재의 부담을 줄이는 등 얼마든지 기업의 부담을 줄이면서도 공시대상으로 하는 방안들을 고안해낼 수 있다는 점도 기후변화에 대한 공시논의를 진전시키는 요인이 되었다고 할 수 있다.

이하에서는 이처럼 최근 기후변화와 관련하여 이에 대한 기업의 대응과 비즈니스상의 기회를 투자자들은 투자의사결정과정에서 중요한 정보로 파악하고 이에 대

3) 대표적으로 Mark Latham, Enviornmental Liabilities and the Federal Securities Laws: A Proposal for Improved Disclosure of Climate Change-Related Risks, 39 Envtl. L. 647(2009); Anne L. Kelly, Global Warming: Climate Change and the Law, SM106 ALI-ABA 179 (2007); Jeffrey M. McFarland, Warming Up to Clmate Risk Disclosure, 14 Fordham J. Corp. & Fin. L. 281(2009); Richard M. Schwartz & Donna Mussio & Fried Frank, Shriver & Jocobson LLP, Environmental Disclosure Requirements Under the Federal Securities Laws, 1746 PLI/Corp 259(2009).

한 정보를 요청하는 경향이 늘어난 현상과 이에 대한 규제감독기관의 대처를 미국의 예를 중심으로 살펴보고 우리나라에서의 기업의 대응 및 향후 입법정책적인 측면에서의 시사점을 살펴보도록 한다.

Ⅱ. 미국의 기후변화에 대한 기업공시 현황과 최근의 공시법제 제도화 움직임

1. 증권법상의 기업공시법제와 환경정보

미국의 경우 1933년 증권법에 기초하여 이미 주식공개기업에 대해 사업보고서에 환경정보를 공시할 것을 의무화하고 있다. 대표적으로 환경에 관한 법규준수상황, 소송 및 환경에 관련한 우발사고로 인한 경영상의 위험관련 정보의 공시 등이 그것이다. 구체적으로 공시에 관한 내용을 정하고 있는 감독규정으로 SEC가 정한 Regulation S-K[4]를 들 수 있으며, 이 중 세 개조문은 환경에 관한 정보를 공시하게 하는 근거규정이 된다. 아울러 기업회계개혁법이라 불리는 Sarbanes-Oxley법상의 일부 규정들도 환경정보 공시와 관련된다.

(1) Regulation S-K

우선, 근거가 되는 규정을 개괄적으로 살펴보면 i) Item 101에서는 회사의 사업에 대하여 기술하도록 하고 있으며, ii) Item 103에서는 소송이 제기되거나 진행중에 있는 경우 이에 관한 공시를 하도록 하고 있다. iii) Item 303에서는 경영자의 재무상태와 사업의 결과에 대한 경영자의 토론과 분석(Management's Discussion and Analysis of Financial Condition and Results of Operation, MD&A)을 기재하도록 하고 있다. 이하에서는 이들 규정들에 관해 자세히 살펴보기로 한다.

① Item 101

Item 101에서는 회사로 하여금 각 사업 단위별 손익, 전자산과 회사와 자회사가 수행한 사업 및 향후 수행하려는 사업, 사업을 수행하고 있는 지역에 관한 정보

4) Regulation S-K, 17 C.F. R. §229.101.

를 포함하여 공시하도록 하고 있다. 이 밖에 사업의 전개 일반(general development of business) 및 사업에 관해 설명형식으로 서술하도록 하고 있으며, 아울러 환경법 준수 내지 위반에 따른 자본지출, 수익, 경쟁적 지위에 미치는 중대한 영향에 관해 공시하도록 하고 있다.[5)]

② Item 103

Item 103에서는 발행기업 내지 그 자회사가 당사자가 된 중대(material)한 소송에 대해 간략히 기술하도록 하고 있다. 다만 사업수행에 따른 통상의 소송은 제외된다. 비록 어떠한 소송이 중대한 것인가에 대하여 규정이 있기는 하지만, SEC는 예상되는 환경관련 소송은 반드시 공시해야한다고 해석하고 있다.[6)]

③ Item 303

Item 303에서는 경영자의 경영토론분석보고서(MD&A)에 관해 규정하고 있는데, 이 보고서에서는 기업성과와 재무상태에 영향을 미치는 회사상태와 기회 및 위험을 서술형식으로 과거와 장래관점에서 요약하여 기술하도록 하고 있다. 이러한 보고서는 투자자에게 기업의 재무상태, 재무상태의 변화 및 영업결과를 이해하는 데 필요한 정보를 제공하는 것을 목적으로 한다.[7)] 따라서 이러한 보고서에 담아야 할 정보에는 경우에 따라 사회적 정보 내지 환경정보[8)]가 포함될 수 있다고 해석되고 있다.[9)]

---

5) Regulation S-K, 17 C.F. R. §229.101(c)(1)(xii). 주목할 것은 환경법 위반을 공시하라는 의미가 아니고 이러한 위반과 관련하여 지출, 수익 경쟁적 지위에 경영에 미치는 중대한 영향을 공시하라고 하고 있다. 따라서 중대하지 않으면 공시사항이 되지 않는다.

6) David Monsma & Timothy Olson, Muddling Through Counterfactual Materiality and Divergent Disclosure: The Necessary Search for a Duty to Disclose Material Non-Financial Information, 26 Stan. Envtl. L. J. 137, at 103

7) Regulation S-K, 17 C.F. R. §229.303(a)

8) 환경책임등 환경정보가 포함된다고 보는 견해로는, 우선 Robert Repetto & Duncan Austin, Coming Clean: Corporate Disclosure of Financially Significant Environmental Risks(World Resources Institute, 2000)(http://pdf.wri.org/clean.pdf); Stanford Lewis & Tim Little, Fooling Investors & Fooling Themselves: How Aggressive Corporate Accounting & Asset Management Tactics Can Lead to Environmental Accounting Fraud(The Rose Foundation, 2004)(available at http://www.rosefdn.org/fooling.pdf); Elizabeth E. Hancock, Red Dawn, Blue Thunder, Purple Rain: Corporate Risk of Liability for Global Climate Change and the SEC Disclosure Dilemma, 17 Gio. Int'l Envtl. L. Rev. 233, at 238(2005). 예컨대 회사로 하여금 지구온난화에 대한 영향에 관해 공시하여야 한다고 주장하고 있다.

9) Cynthia A. Williams & Joh M. Conley, An Emerging Third Way? The Erosion of the Anglo-American Shareholder Value Construct, 38 Cornell Int'l L. J. 493, at 524.

(2) 기업회계제도개혁법(이른바 "Sarbanes-Oxley Act"로 약칭)

미국은 2002년 지속적으로 발견되는 기업의 회계부정에 대응하고자 회계등 재무정보의 신뢰성을 제고할 목적에서 Sarbanes-Oxley법을 공포한 바 있다.[10] 이 법은 기본적으로 재무정보의 정확성과 투명성을 확보할 것을 목적으로 상장회사의 경영자로 하여금 회사의 상태에 중대한 변화를 인식하고 적절하게 공시할 수 있도록 내부통제정책과 절차를 마련하고 이러한 절차를 따르고 있음을 인증할 것을 요구하고 있다. 따라서 내부통제의 강화로 인해 환경에 관한 책임 및 기타 중대한 영향을 미치는 책임에 대해서도 이러한 규정이 적용되는 것으로 해석되고 있다. 때문에 비록 환경책임과 관련한 부실공시에 대하여 소송을 제기할 수 있다는 명문의 규정은 없지만 소송을 제기할 수 있다고 해석된다.[11] 또한 동 규정을 위반하여 부실공시한 회사최고경영자와 재무임원에 대해서는 형사처벌 등의 형사적 제재는 물론 민사적 재재가 부과된다. 아울러 이들이 과거 1년 동안 지급받은 보너스와 이익은 몰수된다(제304조).[12]

2. 미국 기업들의 공시현황

한 연구결과에 의하면 S&P 500에 속하는 기업 중 절반에도 이르지 못하는 기업들이 기후변화에 따른 위험과 도전에 대응하지 못하고 있다고 한다.[13] 비록 기업들은 기후변화가 기업에게 중요한 영향을 미칠 수도 있을 것이라는 점에는 이견이 없어 보이나 실제 공시대상으로 파악하지는 않는 경향이 있다.[14] 그러한 이유는 무

10) 이법은 단행법으로 존재하는 것은 아니고 증권법의 일부로 포섭되는 형태를 취하고 있다. 구체적인 내용에 대한 설명은 우선, 안수현, "회계제도개혁법의 입법현황과 실무상 몇가지 고려점-미국 Sarbanes-Oxley Act와의 비교를 통하여", 「증권법연구」 제 4 권 제 2 호(2004) 참조.

11) Lewis D. Lowenfels & Alan R. Bromberg, Implied Private Actions Under Sarbanes-Oxley, 34 Seton Hall L. Rev. 775, 776(2004).

12) 서류를 공시한 날 또는 SEC에 서류제출일중 빠른 날자를 기준으로 과거 12개월 동안 당해 기업으로부터 수령한 보너스 기타 인센티브 내지 주식에 기초한 보상일체와 같은 기간 발행기업의 증권을 처분하여 얻은 이익 일체를 회사에 반환하도록 하고 있다.

13) 자세한 소개는 Jeffrey M. McFarland, Warming Up to Climate Change Risk Disclosure, 14 Fordham J. Corp. & Fin. L 281, at 7 참조.

14) 미국의 기업들이 기후변화에 따른 위험을 투자자들을 포함하여 이해관계자에게 공시하는 방법으로 크게 다음과 같은 방법이 있다. 하나는 SEC에 신고하는 보고서에 담는 방안이다. 다른 하나는 지속가능성보고서에 담는 방안이다. 마지막으로 CDP(Carbon Disclosure Project)설문에

엇보다도 공시부담에서 찾을 수 있을 것으로 보인다. 왜냐하면 보통의 비즈니스 위험과는 다른 측면이 있어 기후변화에 따른 위험을 평가하는 것이 기업으로서는 매우 부담스러울 수 있기 때문이다. 더구나 기후변화와 관련하여 경영진은 위험으로 파악하기보다는 오히려 기회로 파악하여 공시할 경우 부정적인 것은 배제한 채 긍정적인 측면만을 적극적으로 공시하려는 유인도 없지 않다. 혹은 기후변화를 위험으로 파악할 경우 단기성과를 극대화하는 데 부정적인 영향을 야기할 수 있음을 우려할 수도 있다. 이렇듯 기후변화 관련정보는 경영진의 왜곡된 인센티브와 결합되어 투자자에게 잘못된 투자선택을 하도록 야기할 가능성이 있다. 이러한 점을 우려하여 합리적인 투자결정을 위한 정보로서 기후변화에 대한 정보를 강제정보공시사항으로 파악하고 이에 대한 공시를 정확하고 명확하게 해달라는 요청이 투자자들로부터 강력히 제기되었다.[15] 의회 역시 이러한 추세를 인정하여 그간 기후변화 관련 공시제도화법안이 제출된 바 있다.[16]

3. 최근의 기후변화관련 공시제도 개선을 위한 투자자들의 움직임

(1) 투자자들의 기후위험지침 제정에 대한 요청(이하 "Climate Risk Petition"로 약칭)

1) 배 경

2007년 기관투자자, 정부기관, 검찰, 그리고 환경단체들은 연합하여 증권감독기구인 SEC에게 기후변화에 대한 기업의 대응방안을 증권법상의 의무공시대상으로 규정하고 그에 상응하여 기업의 공시범위를 명확히 해달라는 요청을 하였다. 즉 구체적으로 기후변화문제를 의무공시대상으로 파악하되 이를 위한 근거규정인 Regulation S-K Items 101, 103, 303의 규정을 준수하는 데 필요한 지침(Interpretive Guidance)을 제정할 것을 요청한 것이다. 이에 대하여 최근 SEC는 그러한 지침제정을 고려할 것을 약속한 바 있다.

응답하는 방안이다.

15) 최근 투자자들은 조직화된 움직임을 보이고 있다. 대표적으로 Investor Network on Climate Risk(INCR)을 들 수 있고, 2006년 10월에는 14개의 선도적인 기관투자자들과 다른 기관들이 연합하여 Global Framework for Climate Risk Disclosure를 성안한 바 있다.

16) America's Climate Security Act of 2007, S. 2191, 110th Cong. §9002; Greenhouse Gas Accountability Act of 2007, H.R. 2651, 110th Cong. §6.

2) 공시대상

2007년 제안된 Climate Risk Petition에서 제안된 공시대상은 다음과 같다. 우선, 증권법상의 공시의무대상인 발행기업들은 기후변화에 따른 위험을 검토할 것과 이러한 기후변화에 따른 위험을 i) 물리적 위험(physical risk),[17] ii) 법적 분쟁,[18] iii) CO_2 배출과 관련한 재무상의 위험으로 분류하는 방안이 제안되었다. 아울러 CO_2 배출에 따른 기회도 공시대상에 포함되도록 요청되었다.

3) 특　징

위와 같은 Climate Risk Petition의 프레임에 기초한 공시내용은 다음과 같은 특징이 있다. 우선, 기후변화를 회사의 중요사항으로 파악하고, 이러한 기후변화에 따른 위험을 투자자에게 중요한 정보로 파악하고 있는 점이다. 둘째, 기후변화에 따른 위험을 증권법상의 공시대상으로 파악하였다는 점이다. 특히 증권법은 '중요성'을 기준으로 투자자에게 유의한 중요한 정보인 경우 공시대상으로 파악하고 있는 점에서 기후변화에 따른 위험을 이같은 중요성 요건을 갖춘 정보로서 인식하고 있는 점에서 특징이 있다. 그러나 현행 공시제도하에서 기업의 공시이행 여부를 감독하고 집행하는 SEC가 어떠한 태도를 보이고 있는지가 명확하지 않아 그 태도를 명확히 할 것을 요청하고 있는 점에서 특히 주목할 가치가 있다. 정부차원에서 환경정보, 특히 기후변화정보를 투자정보로 파악하려는 움직임이 확대되고 있는 것과 달리[19]

---

17) 물리적 위험의 경우 보험회사만큼 직접적인 영향을 받는 회사도 없을 것으로 보인다. 허리케이인이나 각종 재해의 증가는 보험회사의 수익에 직접 영향을 미치기 때문이다. 또한 대기변하의 급변으로 기상도의 정확성이 예측할 수 없을 정도로 훼손될 경우 농업을 비롯한 다양한 산업에 불리한 영향을 미칠 수 있음은 쉽게 상상할 수 있다.

18) 대표적으로 소송위험 역시 기업이 직면하게 되는 또 다른 위험이 된다. 최근 기후변화로 인한 소송들이 제기되고 있는 것도 이를 쉽게 예상하게 한다. 대표적인 소송사례로는 Connecticut v. American Electrical Power Co., Inc 406 F. Supp. 2d 265(S.D.N.Y. 2005); California v. General Motors Corp. No. C06-05755 MJJ, 2007 WL 2726871(N.D. Cal. Sept. 20, 2006); 그 외에도 에너지관련 회사들을 상대로 그들이 온실화효과를 가져옴을 알면서도 혹은 알 수 있었음에도 불구하고 온실가스배출을 계속하였다는 점을 이유로 소송이 제기되는 예들이 다수 있다. 대표적으로 Native Village of Kivalina v. ExxonMobil Corp., No. C 08-01138 SBA(N.D. Cal. Feb. 26, 2008), available at http://www.climatelaw.org/cases/country/us/kivalina/Kivalina%20Complaint.pdf) 참조; 이 외에도 탄소배출권 할당량을 갖고 행정기관과의 분쟁이 끊임없이 발생하고 있다. 할당을 받지 못하면 신규사업을 진행할 수 없기 때문이다. 이에 관해서는 Steven Mufson, Power Plant Rejected Over Carbon Dioxide for First Time, Wash. Post, Oct. 19, 2007, (http://www.washingtonpost.com/wp-dyn/content/article/2007/10/18/AR2007101802452.html?nav=emailpage(last visited July 19, 2009) 참조.

19) 우리의 감사원과 유사한 기능을 수행하는 GAO(Gov't Accountatility Office)에서는 SEC가 환

SEC의 태도가 그간 분명하지 않아 투자자와 정부가 연합하여 요청하였다는 점에서도 Climate Risk Petition은 매우 큰 의미가 있다고 평가할 수 있다.

(2) CERES보고서[20]

1) 배 경

CERES는 투자자, 환경단체, 기타 비영리법인 그리고 기관투자자인 Calvert가 연합하여 설립된 단체로 이들은 종래 재무정보에 국한된 기업공시제도로는 부족하다고 인식하고, 재무정보 외에 사회, 환경요소를 고려한 기업공시시스템으로 전환할 것을 목적으로 기업공시항목을 개발하고 정책적으로 제안하는 활동을 적극적으로 수행하고 있다.

2) 특 징

CERES 역시 기후변화를 공시대상으로 하는 보고서를 발표한 바 있는데, 무엇보다 이 보고서는 기후변화에 따른 공시사항을 보다 세분하여 제안하고 있는 점이 특징이다. 이는 상술한 Climate Risk Petition에서 제안한 내용이 기후변화에 따른 공시를 강제공시대상으로 파악한 것과는 대조적으로 자율공시사항으로 파악한 것과 상관이 있다. 때문에 증권법상의 강제공시대상으로 하는 데에는 적합하지 않은 성격의 정보들도 포함되어 있는 점에서 전자의 제안과는 큰 차이가 있다.

3) 공시대상

CERES보고서에서는 다음과 같이 공시대상을 분류하고 있다.

·Category 1: 기후변화에 따른 위험과 CO_2 배출량 통제의 전략적인 분석
·Category 2: 온실가스배출량의 공시
·Category 3: 물리적 위험(Pysical Risks)
·Category 4: 규제상의 위험

이하에서는 이들 공시대상의 내용을 개괄적으로 살펴보기로 한다. 우선

경정보공시를 위해 추가적인 조치를 할 것을 제안한 바 있다. 이에 관해서는 GAO, Report to Congressional Requesters, Environmental Disclosure: SEC Should Explore Ways to Improve Tracking and Transparency of Information(July 2004)(available at http://www.gao.gove/new.items/d04808.pdf) 참조.

20) Am. Law. Inst., Climate Risk Disclosure by the S&P 500[이하 CERES Report라고 칭함].

Category 1: 기후변화에 따른 위험과 CO_2배출량 통제의 전략적인 분석 항목에서는 다음의 세 가지 정보를 포함하여 공시할 것을 요구하고 있다. 즉 (a) 기후변화에 따른 정책 선언, (b) 위험감소 노력을 위한 기업의 성명서 (c) 기후변화 위험관련 회사지배구조 서술이 그것이다. 구체적으로 보면 (a) 기후변화에 따른 정책선언에서는 기후변화에 대한 기업의 현재 상황과 기후변화에 대한 기업의 책임, 기부변화정책에 영향을 미치도록 정부, 기타 단체에의 참여 등이 포함되어 있다. (b) CO_2배출량 통제와 관련하여서는 기후변화 위험을 감소시키고자 하는 배출량 통제활동은 물론 잠재적 기회도 공시하도록 하고 있다. 예컨대 배출량 감소대상, 새로운 기술의 발전, 상품과 예상 출시기간 등이 그것이다. (c) 기후변화 위험관련 회사지배구조를 서술하는 것과 관련하여 기후변화 위험을 관리·감독할 임원의 성명을 포함하여 지배구조상의 활동을 적시하도록 하고 있다. 예컨대, 이사회가 기후변화관련 의사결정에 참여하고 있는지, 혹은 임원보수가 기후변화 위험감소와 연동되어 있는지가 그것이다.

다음으로 Category 2: 온실가스배출량의 공시와 관련하여 CERES보고서에서는 온실가스 총배출량을 공시하도록 하고 있다. 특히 CERES는 과거 10년 동안의 배출량과 현재의 배출량 그리고 장래 추정되는 배출량을 모두 공시할 것을 요구하고 있다.

다음으로 Category 3: 물리적 위험(Pysical Risks)의 공시와 관련하여서는 기업의 사업과 운영에 기후변화가 미칠 수 있는 물리적 영향을 공시할 것을 요청하고 있다. 아울러 기업이 이러한 위험에 어떻게 대처할 것인지에 관해서도 공시하도록 하고 있으며 대응으로 인한 비용 추정치도 공시하도록 하고 있다.

마지막으로 Category 4: 규제상의 위험에 대한 공시와 관련하여 CERES보고서는 각국의 온실가스규제가 대상회사의 사업운영 및 성과에 어떠한 영향을 미칠 것인지를 공시할 것을 요구하고 있다. 아울러 2015년의 감축목표인 특정 온실가스배출량을 충족하는 데 소요되는 예상비용을 공시하도록 하고 있으며, 예상되는 온실가스 규제의 추진현황을 시나리오화하여 그에 대한 대응을 기술하도록 하고 있다. 아울러 그로 인해 회사와 주주가치에 미치는 영향을 정량적으로 표시하여 공시할 것을 요구하고 있다.

(3) 탄소정보공개프로젝트(Carbon Disclose Project, CDP)[21)]

CDP는 2000년 세계 금융기관들이 투자에 있어 기후변화가 기업에 기회와 위기가 될 수 있다는 인식을 공유하면서 자발적으로 기후변화가 기업에 미치는 직간접적인 영향에 관한 정보수집을 위하여 자발적으로 설립한 세계 주요 기업의 탄소 배출과 관련된 정보를 분석하는 글로벌 프로젝트이자 기구를 말한다. 프로젝트와 동일한 이름의 The Carbon Disclosure Project(www.cdproject.net)라는 비영리기관이 글로벌 수행기관이고, 각 권역별로 또는 국가별로 파트너쉽 베이스로 CDP수행기관들이 활동하고 있다.

CDP는 두 가지 목표를 갖고 있는데, 하나는 전세계 금융회사 및 기관투자자들이 기후변화 관련 투자리스크 또는 투자기회를 명확히 측정할 수 있도록 정확한 기업정보를 제공하여 궁극적으로 관련 투자리스크를 포트폴리오에 보다 체계적으로 반영할 수 있도록 지원하는 것이다. 둘째, 전세계 주요 상장기업의 경영진에게 금융계와 주주들이 기후변화가 미칠 기업의 미래가치의 향방에 높은 관심을 가지고 있다는 사실을 명확히 주지시키는 데 있다. CDP는 2003년부터 매년 시행되어 2008년 CDP 6차, 2009년 CDP 7차 조사보고서가 발표된 바 있다. 2008년 CDP로부터 정보공개 요청을 받은 기업은 전세계적으로 3700개이며, 이 중 한국 기업은 100개에 이른다. 그리고 2009년 실시된 정보공개 요청대상기업은 6,000여 기업으로 확대되었다. CDP에는 2009년 기준 475개 이상의 기관투자자와 금융회사(2008년에는 315개)들이 참여하고 있으며, 2003년 참가기관이 55개 기관이었던 것에 비교하면 상당한 발전을 보이고 있다.

CDP는 단일한 환경이슈, 즉 기후변화에 대해 전세계 기업에 동일한 내용으로 질문하고 답변을 받기 때문에 연기금 및 금융회사는 물론 투자자들에게 용이하게 정보를 이용하게 할 수 있다는 장점이 있다. CDP에서 질의하고 있는 사항으로, 기업들에게 정보공개를 요청한 항목을 보면 다음과 같이 4가지 범주로 구분된다.[22)] 그 중 하나가 (a) 위험과 기회이다. 구체적인 세부항목으로는 규제상의 위험, 물리적

---

21) 이하의 내용은 한국사회책임투자포럼, 기업탄소정보공개프로젝트(CDP), 2008 CDP6 참조.

22) 구체적으로 응답내용은 1. 위험과 기회 2. GHG 배출회계, 배출강도, 에너지 및 배출권거래, 3. 성과, 4. 지배구조 등으로 나뉘어 있다. 보다 자세한 내용은 Carbon Disclosure Project 2009 Korea 100 Report 참조(http://kosif.org/data/cdp/2009/cdp2009_report/CDP%202009_Korea%20100%20Report.pdf).

위험, 그리고 기타로 나뉘어 있다. (b) 두 번째 항목은 지배구조항목이다. 세부항목으로는 책임, 개인의 인센티브, 의사소통정책 등을 담고 있다. (c) 세 번째 항목이 온실가스에 관한 회계정보이다. 이에는 배출량, 자료의 정확성 인증, 비용 등을 포함하고 있다. (d) 마지막으로 성과에 관한 정보를 요청하고 있다. 이에는 배출량감소계획, 목표설정과 달성기준 그리고 실행계획 등이 포함되어 있다.

최근에는 캘리포니아 교직원연금(CalSTRS)과 같은 일부 CDP 서명기관들이 주주총회에서 주주제안을 통해 기업들로 하여금 CDP에 응답하고 기후변화 경영전략을 이행하라고 촉구하는 모습을 보이고 있다.

(4) Global Reporting Initiative(GRI)

GRI는 CERES가 UN환경계획(UNEP)과의 협력하에 1997년에 시작한 프로젝트를 말한다. 이 프로젝트는 선진국에서 증가하는 환경보고서 내용의 질의 신뢰성과 비교가능성의 향상을 위해 세계적으로 통일된 내용을 작성하여 보고서를 읽는 이해관계자에게 의미가 있도록 시도되었다. 그러나 곧 1970년대부터 북유럽, 영국, 이탈리아에서 널리 알려진 사회보고서와 1997년 영국의 서스테이너빌러티사의 존 엘길턴씨가 주창한 tripple bottom line의 정신을 받아들여 환경에 국한하지 않고 경제, 사회분야를 포함한 지속가능성보고서의 가이드라인을 만드는 것을 목적으로 발전되었다. 지속가능한 발전을 실현하기 위해서는 다음 세대의 수요를 희생하지 않고 현재의 경제, 환경 사회의 수요와 균형을 이루는 것이 필요하다고 보아 지속가능보고서의 작성은 기업과 단체가 이러한 세 가지 분야의 측면을 동시에 고려하면서 성과를 향상시키기 위한 방법으로서 실무에 보급되기 시작하였다.

실제 지속가능성보고서를 작성하고 있는 기업이나 업계단체, 이해관계자인 NGO, 컨설턴트, 회계법인, 기관투자자, 노동단체, 학계 등이 참여하여 가이드라인 작성에 참여하고 있으며, 1999년 3월에 공개초안을 발표한 후 시험기간을 거쳐 2000년 6월 초판인 지속가능성보고서 가이드라인(2000년판)이 발표되었고, 매년 개선증보판이 발표되고 있다. 원칙적으로 환경과 사회에 대한 이해관계자의 요구와 성과에 대한 평가를 둘러싼 논의들이 매년 급속히 전개되고 있는 현실을 반영하여 가이드라인은 기본적으로 3년마다 수정하는 것을 기본방침으로 하여 2002년 8월에 요하네스부르그회담에서 2판인 “GRI 지속가능성보고서 가이드라인 2002”를 발표한 이후에도 지속적으로 개선되고 있다. 가이드라인을 보급하고 정기적으로 수정하기 위해서는 상설전문기관이 필요하기 때문에 2002년 9월 GRI는 상설의 국제 NGO로(UNEP협력기관) CERES에서 독립하여 따로 네덜란드 암스테르담에 사무국을 개설한 바 있다.

GRI 2002 가이드라인은 다음 표와 같이 4개 부분으로 구성되어 있다.

〈표〉 가이드라인의 구성

Part A: 가이드라인 사용방법
Part B: 보고원칙
  투명성, 포함성, 감사가능성, 망라성, 적합성, 지속가능성의 상황, 정확성, 중립성, 비교가능성, 명료성, 시기의 적절성
Part C: 보고서의 내용
  1. 비젼과 전략
  2. 보고조직의 개요
  3. 지배구조와 경영시스템
  4. GRI 가이드라인 대조표
  5. 성과지표
    • 경제성과지표
    • 환경성과지표
    • 사회성과지표
Part D: 용어해설과 부속문서

Part A(가이드라인의 사용방법)는 지속가능성보고서에 관한 설명과 GRI의 다른 보고서와의 관계 등을 개괄적으로 설명하고 있다. Part B는 보고원칙으로서 재무보고서에서 요구되는 바와 같이 지속가능성보고서에서 요구되는 11개의 원칙을 열거하고 있다. 특히 투명성, 포괄성(보고에 있어 이해관계자를 포함시키는 것)을 다른 원칙보다 상위에 두어 중요한 원칙임을 밝히고 있다. Part C(보고서내용)는 실제 보고서를 작성함에 있어 구성할 내용들을 제시하고 있다. 이 순서대로 기재할 필요는 없지만, 보고조직의 비전과 전략, 조직의 개요, 조직의 지배구조와 경영시스템을 기술하고 여기에 경제·환경·사회의 3개 측면에서의 성과지표에 대응하는 내용을 포함시키도록 하고 있다. Part D는 용어 해설과 부속문서로 재무보고서와 지속가능성보고서의 관련성과 보고서의 제 3 자 보증의 방식 등에 관하여 해설하고 있다. 주목할 점은 성과지표를 선택함에 있어 보고서작성 조직과 이해관계자가 직접 만나 세계적으로 공통하여 적용 가능한 항목을 면밀히 선택한 것이며 그 대부분은 국제인권규약, 국제노동기구의 협약 등 국제적으로 합의한 기준과 이미 세계적으로 널리 보급된 지

표에 기초하고 있다. 특히 각 측면에서의 조직의 성과를 측정하고 기술하기 위한 지표가 제시되어 있는데, 지표는 이해관계자의 관심도가 가장 높고 전체 조직이 보고를 해야 하는 필수지표(50개 지표)와 채택을 권고하는 임의지표(47개 지표)로 나뉘어 있다. 이 중 환경지표는 다음과 같다.

분 야	분 야	지 표
환경	환경	원재료 에너지 물 생물다양성 방출물, 배출물 및 폐기물 공급업자 제품과 서비스 법의 준수 수송 기타 전반

가이드라인을 활용하는 보고조직은 처음부터 Part B와 C에서 규정한 항목을 전부 충실하게 실천할 필요는 없다. GRI는 가이드라인의 단계적 적용을 인정하고 있고 적용가능한 부분부터 유연하게 활용하기 시작하여 점점 적용할 수 있는 내용을 증가해갈 것을 추천하고 있다. 즉 지속가능성보고서가 아니라도 환경보고서를 작성하는 조직에서도 GRI가이드라인에 해당하는 항목이나 지표 등을 활용하는 것이 가능하다. 이러한 일환으로 GRI는 "GRI준거"라고 하는 기준을 마련해 두어 경험을 쌓은 선진적인 조직이 GRI가이드라인에 가능한 한 기초해서 보고서를 작성할 것을 권고하고 있다. 이에 의해 지속가능성보고의 질을 향상시키면서 동시에 준거한 보고서간에서의 비교가능성을 높이는 것을 목적으로 하고 있다. 또한 GRI가이드라이인 대조표의 작성에 의해 각 지표에 대응한 기재요소를 나누어 독자에게 이용편의성을 높이고 있다.

GRI의 법정책적 의의를 살펴보자면 개별 국가 및 국내법상의 규제를 초월하여 범세계적으로 통용되는 글로벌규제로서의 역할을 수행한다는 점, 글로벌 규제를 통한 기업의 사회적 책임을 촉구하고 특히 다양한 이해관계자(multi-stakeholder)들에게 의사소통의 장을 마련하고 있는 것에 특징을 찾을 수 있다.

4. 검토 및 시사점

(1) 공시내용과 효과에 관한 비교 · 검토

앞서 살펴본 Climate Risk Petition의 경우 무엇보다도 투자자들이 기후변화관련 정보를 기업의 강제공시측면에서 접근하고 있는데, 이 점은 다른 기관들이 접근하고 있는 방향, 즉 자율공시시스템 구축과 큰 차이가 있다.

그런데 이처럼 기후변화관련 정보를 기업공시법제하에서 기업의 강제 공시대상으로 수용하고자 하는 경우 무엇보다 기업의 공시 부담과 투자자의 투자정보에 대한 수요를 균형있게 하는 선이 어디인가라고 하는 점이 고려되어야 한다. 너무 많은 정보를 공시대상으로 하는 것도, 너무 적은 정보 내지 의미없는 정보를 공시대상으로 하는 것 모두 투자자들이 원하는 수요는 아니기 때문이다. 이러한 문제는 특히 구체적으로 공시항목을 어떻게 설정할 것인가와 밀접한 관련이 있다. 이러한 점에서 Climate Risk Petition에서 제안한 공시유형은 비교적 단순하게 분류하고 있으나 기후변화로 인한 중요한 대표적인 위험들을 분류하고 있는 점에서 시사점이 있다. 또한 공시유형이 단순한 것은 공시이행을 강제공시로 삼은 것과 밀접한 관련이 있으며, 이러한 점에서 기업의 공시부담을 고려한 것임을 일응 이해할 수 있다.

반면 CERES보고서가 제안한 공시는 임의공시인 점에서 그 공시내용이 비교적 상세하고 포괄적인 배경을 이해할 수 있다. Climate Risk Petition과 비교하여 Category 1: 기후변화에 따른 위험과 CO_2배출량 통제의 전략적인 분석 항목에서 (a) 기후변화에 따른 정책선언, (b) 위험감소노력을 위한 기업의 성명서 (c) 기후변화위험관련 회사지배구조 등을 공시하게 한 점은 기업의 기후변화에 대한 대응은 근본적으로 위로부터의 인식이 있을 경우에만 효과적인 것임을 시사하고 있다. 또한 Category 3: 물리적 위험(Pysical Risks)의 공시항목에서 물리적 위험에 대한 대처로 인해 야기되는 추정비용을 공시하게 하고 있는 점과 Category 4: 규제상의 위험에 대한 공시와 관련하여 각국의 온실가스규제가 대상회사의 사업운영 및 성과에 어떠한 영향을 미칠 것인지를 공시할 것을 요구하고 있는 점은 재무상의 비용과 규제상의 위험이 기업이 직면한 중요한 위험임을 재강조하고 있다고 할 수 있다. 다만, 강제공시대상으로 하기에는 기업의 준수부담과 비용부담측면에서 적절하지 않은 내용들이 일부 있는데, Category 4: 규제상의 위험에 대한 공시 항목에서 2015년의 감축목표인 특정 온실가스배출량을 충족하는 데 소요되는 예상비용을 공시하도록 하고 있는 점과 예상되는 온실가스규제의 추진현황을 시나리오화하여 그에 대한 대응을 기술하게 하고 있는 점 그리고 그로 인해 회사와 주주가치에 미치는 영향을 정량적으로 표시하여 공시할 것을 요구하는 점은 자율적인 공시를 전제로 하고 있는 점에서 의미가 있으나 강제공시사항으로 고려하기에는 어려운 점이 있다.

한편, CDP는 탄소배출에만 초점이 맞추어져 있는 점, 기후변화 경영전략을 공개할 것을 주된 목적으로 하고 있는 점에서 차이가 있다. 반면, GRI의 지속가능성보고서 가이드라인은 정보공개를 목적으로 하되 정보대상을 환경에 국한하지 않고 경제, 사회분야를 포함한 지속가능성보고서의 가이드라인을 만드는 것이 주된 목적이라는 점에서 차이가 있다.

(2) 시 사 점

미국의 경우 기후변화관련 정보가 증권법상의 공시법제하에서 정착하는 경향이 있음은 우리에게 시사점이 매우 크다. 다만 미국의 공시법제와 우리나라의 공시법제는 외관상 유사하기는 하나 그 내용에서 차이가 있다는 점을 유념할 필요가 있다. 무엇보다 미국 증권법에는 현재 우리나라의 공시제도하에서는 공시대상으로 하지 않는 사항들을 공시대상으로서 규제하고 있기 때문이다. 대표적으로 위험요소(risk factor)에 대한 공시가 이에 해당한다.

1934년 증권거래소법 제13조 (a)에 의해 등록증권 발행기업들은 SEC에 정기공시를 하여야 하는데, 이들 공시내용과 서식은 SEC에서 정하고 있다. 정기공시는 Form 10-K에 의한 연차보고서와 Form 10-Q에 의한 분기보고서가 해당된다. 이와 함께 Regulation S-K에 의해 공시가이드라인을 상세히 제공하고 있다. 특히 연차보고서에서는 기업의 사업전개에 관한 토론내용을 포함하도록 하고 있다. 즉 Item 101(Description of Business), 103(Legal Proceedings), 303(Management's Discussion and Analysis), 503(c)(Risk Factors)가 이에 해당된다. 이중 Item 503(c)에서는 기업으로 하여금 기업이 발행한 증권소유를 위험하게 할 중요한 요소들을 공시하도록 하고 있다. 이것이 바로 위험요소에 관한 공시이다. 위험요소에 대한 공시의 경우 모든 위험을 유형화하여 공시하게 하고 있지는 않고, 대신에 위험에 관하여 일반적으로 서술하게 하고 있다. 기후위험과 관련하여 기업들은 아직 이를 위험요소에 관한 공시사항으로 인식하고 있지는 않는 것으로 보인다. SEC 역시 그렇게 보지는 않는 태도를 보이고 있다.

둘째, 위의 서술에서 보여지듯이 SEC는 환경정보도 투자자의 의사결정에 중요한 정보로 파악하고 공시대상으로 하는 데 비해 우리나라는 아직 증권법상의 공시대상으로 포함하고 있지는 않다. 다만 미국증권법상 공시대상이 되기 위해서는 '중요성기준'을 충족하여야 한다. 그렇다면 기후위험도 공시대상으로서의 요건인 중요성기준을 충족하는가? 일반적으로 기후위험에 대하여 갈수록 투자자들은 중요하다고 보는 경향이 나타나고 있다. 기업들도 일부 중요하다는 인식을 하는 경향이 있으나 실제 공시대상으로 여기지는 않고 있다.

그러나 종래 SEC가 공시대상이 되는 중요성 요건을 경제적으로 중요한 것을 기준으로 보는 것에 비추어 볼 때 기후위험이 경제적인 측면에서 영향을 미친다는 점에서는 이견이 없을 것으로 보인다. 즉 증권법상의 공시요건인 중요성요건을 충족한다고 볼 수 있다. 아울러 투자자에게 합리적인 투자판단을 하도록 하기 위해서는 완전하고 공정한 정보를 취득하게 하는 것이 필요하다. 이러한 점에서 최근 증권법상의 강제공시대상으로 파악하여야 한다는 점에서는 크게 이견이 없고, 다만 환경정보 중 특히 기후변화에 대하여 이에 대한 기업의 부담을 고려하여 공시범위를 명확히 해달라는 투자자들의 요청이 높아지고 있는 현상이 있음은 우리에게 시사하는 바가 크다 할 것이다.

Ⅲ. 우리나라의 기후변화 관련 기업의 행동과 공시

1. 기후변화에 대한 기업의 공시 현황

기업들의 기후변화에 대한 인식과 대응은 점진적이기는 하나 점차 높아지고 있는 것으로 보인다. 그러나 이에 대한 기업의 대응, 특히 탄소배출량 감축 관련 경영전략과 내용에 대해서는 자발적인 공시조차 미흡한 편이라고 평가할 수 있다.

CDP 한국위원회는 2008년 한국의 시가총액 상위 50개 기업을 대상으로 기업에 탄소정보관련 설문지를 배포하고 이에 기초하여 CDP보고서를 발간하였는데, CDP 응답기업수는 16개기업으로 응답률이 32%에 불과하였다. 반면, 2009년 9월에 발표된 CDP(탄소정보공개프로젝트) 조사보고서에 의하면[23] CDP 설문조사에 응답한 기

23) 양춘승, CDP개요와 국내기업의 대응현황(2009.7) 참조.

업의 수가 50%로 증가한 것으로 나타났다. 2009년 조사에서는 대상기업수의 경우 KRX 100지수를 중심으로 100개 상장기업을 대상으로 하였으며, 100개 기업 중 응답기업수는 50개 기업으로, 배출량정보를 공개한 기업의 수는 27개사로 나타났다. 더욱이 배출량정보를 검증받은 기업의 수는 16개, 배출량 감축계획을 가지고 있는 기업의 수는 31개로 나타났다. 2006년 응답기업수가 7개기업(대상기업수 16개 기업)인 데 비해 2009년 50개 기업(대상기업수 100개기업)인 점에서 탄소배출에 대한 관심은 보다 높아졌다고 평가할 수 있다.

이처럼 CDP 2009년 조사에 응답한 기업들의 수가 대폭 증가하였고, 배출량 감축계획을 갖고 있는 기업의 수 및 검증기업의 수가 증가한 배경에는 구체화된 기후변화 관련 규제위험에 관한 인식이 높아졌음을 꼽을 수 있다. 특히 2009년 12월말 국회에서 통과된 저탄소 녹색성장기본법이 가장 직접적으로 영향을 미칠 수 있다는 인식이 크다. 그러나 이러한 인식에도 불구하고 응답기업 가운데 61%는 지배구조체제를 구축하고 있으나 39%는 여전히 기후변화와 관련한 책임을 지고 있는 조직이 없다고 응답하고 있다. 하지만 기후변화 관련 조직을 통해 온실가스 감축 목표 및 활동 등에 대한 계획을 세우고 이를 최고경영진이 최종 집행, 확인하는 형식으로 진행될 경우 보다 효과적인 온실가스 감축프로그램으로 인정받을 수 있다. 이러한 기업의 소극적인 반응은 CDP가 자율적인 정보 공개프로그램이라는 점에서 기업들의 참여가 크지 않을 수 있다는 점을 감안하더라도 기업들의 탄소배출저감 노력을 자발적으로 보여주려는 의지의 일환으로 정보공개를 크게 고려하고 있지 않음을 보여준다. 결국 현재 탄소배출과 관련하여 기업의 경영전략적인 차원에서 투자자가 의미있는 정보를 얻는다는 것은 매우 어려운 실정이다.

2. 기업공시법제상 환경정보・기후변화관련 정보의 지위

회사법상 기업의 공시규제체제는 크게 상법상의 공시와 자본시장과 금융투자업에 관한 법률(이하 "자본시장법"이라고 약칭한다)[24]상의 공시체제로 대별된다. 전자의 공시는 주주에 대한 정보공시차원에서 요구되는 것인 데 반해 후자의 공시는 현재

24) 동법의 제정 및 2009년 2월 4일 발효로 기존의 증권거래법은 폐지되었다. 이외에 선물거래법, 간접투자자산운용업법, 증권선물거래소법, 신탁업법, 종합금융회사에 관한 법률들이 함께 폐지되었다.

의 투자자는 물론, 장래의 투자자를 대상으로 정보를 공시하고 있는 점에서 차이가 있다. 반면, 둘 다 재무적 정보를 중심으로 공시를 요하고 있으나, 후자의 공시서류 특히 사업보고서에는 비재무적 정보유형으로서 지배구조에 관한 정보가 포함되는 점에 큰 차이가 있다. 즉 환경에 관한 정보는 어느 유형이건 현행법상 공시대상으로 하고 있지 않다. 이 점에서 미국과는 큰 차이가 있다. 미국의 경우 현재 기후변화관련정보는 기업공시법제상 요구되는 의무공시정보에 포함되어 있으며, 다만 그 공시내용 및 규제집행과 관련하여 SEC의 명확한 기준을 요구하는 움직임이 높아지고 있다는 점에서 우리에 비하여 한층 진보된 측면이 있다.

3. 기후변화 관련 공시제도화의 필요성

(1) 정보의 중요성

기업으로 하여금 정보를 공시하게 하는 근본적인 이유는 바로 투자자가 합리적인 투자판단을 하는 데 필수적이고 중요한 것인 한 공시되어야 한다는 점에 있다. 즉 중요성 기준(materiality)을 충족하는 한 그것은 재무적 정보이건, 비재무적 정보이건 기업공시대상이 되어야 한다. 또한 중요한 정보는 강제공시대상이 될 뿐 아니라 사기방지를 위해서도 요구된다.[25] 그런데 기업이 직면하게 될 기후변화 관련위험 및 이로 인한 비용은 투자자에게 투자판단에 있어 중요한 정보가 됨은 명백하다.

(2) 대리인문제의 시정

특히 기후변화에 대응한 여러 가지 회사의 노력을 과대평가하거나 환경변화에 대한 대응을 무시하고 오로지 단기적인 이익만을 추구하여 수익을 부풀릴 경우 외부의 투자자들은 회사의 행동을 정확히 평가할 수 없다. 즉 정보의 비대칭에 의한 대리인 문제가 발생할 소지가 크다. 따라서 중요한 정보의 적절한 공시를 요구하는 것은 비단 기후변화 관련정보이건 아니건 자본시장의 효율적 운영에 필요한 것일 뿐 아니라 경영자의 잘못된 인센티브를 예방하는 데도 도움이 된다.

---

25) 정보중요성의 의의와 중요성기준에 대해서는 김건식 · 송옥렬, 『미국의 증권규제』, 홍문사 (2001), 313면 이하 참조.

(3) 기업경영진의 의무 이행의 담보

이사회 구성원인 이사는 회사에 대하여 선관주의의무와 충실의무를 부담하고 있다. 즉 이사들은 기업의 이익극대화를 위해 주의를 다해야 한다. 때문에 기후변화 위험이 기업 이익에 미치는 영향이 비록 불확실하기는 하나 직면하게 될 경영상 위험임에는 국내외적으로 주지된 위험이라는 점에서 이사회에서 그에 관한 정책을 수립하고 토의하여 대응하지 않으면 안 된다. 또한 이렇게 수립된 정책과 토의내용을 투자자에게 공시하는 것은 선관주의의무 및 충실의무를 수행하고 있음을 보여주는 중요한 행동이 된다.

4. 정기공시서류인 사업보고서에의 수용가능성 및 검토

① 유 용 성

기업의 사업수행과 관련하여 사업성과에 영향을 미치는 다양한 요소들을 검토하고 있는지에 관해 기업경영을 직접 담당하고 있고 정통한 경영자로 하여금 공시하게 할 경우 이는 기업의 이해관계자 중 특히 투자자에는 매우 의미가 있다. 즉 기업평가자료들을 기업경영자 스스로 공시하게 하는 것을 말한다. 이러한 공시매체로는 정기적으로 공시할 의무로서 부과된 정기공시서류인 사업보고서가 대표적이다.

기업의 재무상태와 경영자의 경영성과를 제대로 평가하기 위해서는 기후변화에 대한 자체 분석과 장래 경영성과에 중대한 영향을 미칠 요소로 무엇을 어떻게 검토하고 판단하였는지에 관해 외부자도 알 필요가 있다. 특히 갈수록 경영환경의 불확실성이 높아지고 있는 현실에서 불확실성에 관한 경영자의 예측정보도 투자자에게는 투자판단에 중요하고 의미있는 정보가 된다. 사업보고서에 기후변화관련 정보에 관해 기재하게 할 경우 가장 큰 이점은 기후변화에 대한 자체분석과 장래 경영성과에 미칠 중요한 요소로 어떤 요소를 경영자가 고려하였는지에 관해 알 수 있게 한다는 점이다.

② 사업보고서[26]에의 기재방안 검토

(i) 사업보고서 제출대상법인

사업보고서 제출대상법인은 현행법상 주권상장법인 및 대통령령으로 정하는 법

26) 자본시장법 제159조.

인(이를 '사업보고서 제출대상법인'이라고 한다)이 된다. 이에는 다음의 법인이 해당된다(자본시장법시행령 제167조).

▪ 다음의 증권을 증권시장에 상장한 발행인 • 주권 외의 지분증권(집합투자증권과 자산유동화계획에 따른 유동화전문회사등이 발행하는 출자지분 제외) • 무보증사채권(담보부사채권과 제362조 제 8 항에 따른 보증사채권을 제외한 사채권을 말한다) • 전환사채권 · 신주인수권부사채권 · 이익참가부사채권 또는 교환사채권 • 신주인수권이 표시된 것 • 증권예탁증권(주권 또는 위에서 열거된 증권과 관련된 증권예탁증권만 해당) • 파생결합증권
▪ 다음의 증권을 모집 또는 매출(자본시장법 제130조에 따른 모집 또는 매출은 제외)한 발행인(주권상장법인 또는 위 가.에서 열거한 증권발행인으로서 해당 증권의 상장이 폐지된 발행인 포함) • 주권 • 위 항목에서 열거한 증권
▪ 주식회사 외부감사에 관한 법률 제 2 조에 따른 외부감사대상법인으로서 위의 나.에 해당하는 증권별로 그 증권의 소유자수(금융위원회가 정하여 고시하는 방법에 따라 계산한 수)가 500인 이상인 발행인(증권의 소유자수가 500인 이상이었다가 50인 미만으로 된 경우로서 영 제167조 제 2 항 제 5 호에 해당하지 아니한 발행인 포함)

(ii) 현행 사업보고서의 기재내용

현재 사업보고서는 다음의 체제로 구성되어 있으며 기업들은 각 해당항목을 기술하여야 한다.

〈표〉 사업보고서 구성체계

Ⅰ. 회사의 개황 1. 회사의 목적 2. 회사의 연혁 3. 자본금 변동사항 4. 주식의 총수등 5. 의결권 현황 6. 배당에 관한 사항등	Ⅴ. 지배구조 및 계열회사등의 현황 1. 지배구조의 개요 2. 계열회사등의 현황 3. 타법인 출자현황
Ⅱ. 사업의 내용(제조업) 1. 사업의 개요 2. 주요제품 및 원재료등	Ⅵ. 주식에 관한 사항 1. 주식의 분포 2. 주식사무 3. 최근 6개월간의 주가 및 주식 거래실적

3. 생산 및 설비에 관한 사항
4. 매출에 관한 사항
5. 수주상황
6. 파생상품등에 관한 사항
7. 경영상의 주요계약 등
8. 연구개발 활동
9. 기타 투자의사결정에 필요한 사항

Ⅲ. 재무에 관한 사항
1. 요약재무정보
2. 재무제표 이용상의 유의점
3. 회계정보에 관한 사항
4. 재무제표(생략)
5. 연결재무제표(생략)
6. 부문별 재무현황
7. 합명 전·후의 재무제표

Ⅳ. 감사인의 감사의견등
1. 감사인(공인회계사)의 감사의견등
2. 당해 사업년도 감사(내부감사)의 감사의견등
3. 연결재무제표에 대한 감사인의 감사의견등
4. 최근 3사업년도의 외부감사인에게 지급한 보수등에 관한 사항
5. 기타

Ⅶ. 임원 및 직원등에 관한 사항
1. 임원의 현황
2. 직원의 현황
3. 노동조합의 현황
4. 회계 및 공시 전문인력 보유현황

Ⅷ. 이해관계자와의 거래내용
1. 최대주주등과의 거래내용
2. 주주(최대주주등 제외)임원・직원 및 기타 이해관계자와의 거래 내용

Ⅸ. 부속명세서

Ⅹ. 그 밖의 투자자보호를 위하여 필요한 사항
1. 주요경영사항신고내용의 진행사항등
2. 주주총회의사록 요약
3. 우발채무등
4. 제재현황
5. 결산일 이후에 발생한 중요사항
6. 중소기업 기준 검토표
7. 공모자금 사용내용

XI. 첨부서류
1. 이사의 경영진단의견서
2. 내부회계관리제도 운영보고서

(iii) 사업보고서 기재항목에 기후변화에 관한 정보를 추가하는 방안의 검토

기후변화 관련정보를 공시하게 할 경우 특히 상술한 사업보고서 기재사항 중 네 가지 기재항목을 정비하여 추가하도록 보완하는 방안을 고려해 볼 수 있다. 이는 투자자의 투자판단에 중대한 정보인 경우 당연히 정보의 중요성 때문에 공시하여야 할 것이지만, 그렇지 않다 하더라도 일부 정보의 경우 기후변화관련 정보로서 특정하여 기재하게 한다는 데 의의가 있다.

우선, 위 기재항목 중 Ⅱ. 사업의 내용 중 9. 기타 투자의사결정에 필요한 사항 중에 포함시켜 공시하는 방안이다. 사업수행을 함에 있어 예상되는 위험과 관련하여 기후변동, 환경변화로 인해 사업에 미치는 중대한 영향을 기재하게 함으로써 투자자의 투자의사결정에 필요한 사항에 포함시킴으로써 일괄적으로 이해하기 쉽게, 합리

적으로 판단하도록 제공할 필요가 있다. 특히 상술한 Climate Risk Petition에서 제안하고 있듯이 기후관련 위험을 유형화하는 방안도 유용할 것으로 보인다. 그 밖에 기후변화관련법규 준수비용, CO_2관리시스템 구축예상비용 등 정량화된 수치를 기재하는 것도 생각해 볼 필요가 있다.[27] 아울러 투자자가 적절히 판단할 수 있도록 대표이사가 기후변화에 대한 분석 및 대응에 관해서 검토했는지 여부에 대해서도 서술하도록 하는 방안을 고려할 수 있다.

둘째, 지배구조와 관련해서도 Ⅴ. 지배구조 및 계열회사등의 현황 등에서 기후변화를 담당할 조직, 위원회 내지 위험관리시스템 등에 대해 기술하도록 할 필요가 있다. 투자자에게 있어 정보의 신뢰성을 담보하기 위해서는 무엇보다도 해당 회사의 기후변화 관련 지배구조에 대한 정보가 기초가 되기 때문이다.

셋째, Ⅹ. 그 밖의 투자자보호를 위하여 필요한 사항의 우발적 채무 및 제재현황에서 기후변화 관련법 위반으로 제재받은 경우 내지 관련소송을 포함하여 기술하게 할 필요가 있다. 이 경우 진행중인 소송도 기재하도록 할 필요가 있으며, 소송규모가 일정 규모 이상인 경우 반드시 기재하도록 공시범위를 정하는 것도 가능한 방안이 될 것으로 보인다.

넷째, 이사의 경영진단의견서에도 추가로 기술하게 할 필요가 있다.[28] 이사의 경영진단의견서는 미국의 이른바 MD&A(Management's Discussion and Analysis of Financial Condition and Results of Operations)[29]를 모델로 한 것으로 그 내용으로 기업의 경영성과, 재무상태, 자금조달, 기타 참고사항 등에 대해 서술형식으로 기재하도

27) 입법예로서 미국의 SK Regulation Item 101 참조.

28) 미국의 경우 SEC의 입장이기도 하다. 학계에서 환경책임 등 환경정보가 이에 포함된다고 보는 견해로는, 우선 Robert Repetto & Duncan Austin, Coming Clean: Corporate Disclosure of Financially Significant Environmental Risks(World Resources Institute, 2000), http://pdf.wri.org/clean.pdf; Stanford Lewis & Tim Little, Fooling Investors & Fooling Themselves: How Aggressive Corporate Accounting & Asset Management Tactics Can Lead to Environmental Accounting Fraud(The Rose Foundation, 2004), available at http://www.rosefdn.org/fooling.pdf; Elizabeth E. Hancock, Red Dawn, Blue Thunder, Purple Rain: Corporate Risk of Liability for Global Climate Change and the SEC Disclosure Dilemma, 17 Gio. Int'l Envtl. L. Rev. 233, at 238(2005). 예컨대 회사로 하여금 지구온난화에 미치는 영향에 관해 공시하여야 한다고 주장하고 있다.

29) MD&A는 SEC Regulation K에 의해 규율되고 있다. 이러한 경영자의 토론과 분석에 관한 보고서를 요구하는 이유는 경영자가 장래 영업과 재무상태에 영향을 미칠 중요한 추세와 불확실성에 대한 토의와 분석내용을 공시하게 함으로써 중요한 정보에 대한 공시의무를 보다 구체화하고, 이를 통해 투자자보호를 한층 강화하기 위함이다. 아울러 경영자의 안목을 통해 회사의 경영상태를 검토하도록 기회를 제공하기 위함이다.

록 하고 있다. 실무에서는 대체로 기업들은 금융감독원이 발행한 공시서류 작성가이드라인에 기초하여 작성하는 경향이 있다.[30] 이사의 경영진단의견서 중에 기후변화 관련 정보를 공시하도록 하는 것과 관련하여서는 위의 항목 중 경영성과나 기타 경영성과의 판단에 필요한 항목 중에 기재하도록 하거나 기타 항목에서 회사특성에 따라 경영성과의 판단에 필요하다고 생각되는 사항을 기재하도록 하는 것이다. 따라서 경영자에게 이미 알려진 주지된 추세나 향후 기업의 재무적 성과와 영업의 결과에 중대한 영향을 미칠 가능성이 큰 것으로 보이는 경우에는 공시하도록 할 필요가 있다. 예컨대 장래 입법될 법규로 미치는 중대한 영향은 공시대상으로 보아야 할 것이다.[31]

(iv) 예측정보로서 기재하는 방안의 강구

기후변화로 인한 위험은 기업에 따라서는 현재 현실화되기보다는 대체로 장래 현재화될 가능성이 높다. 이 때문에 기후변화를 위험으로 파악하지 않는 기업의 행동도 이해할 수 없는 것은 아니다. 한편, 공시차원에서 볼 때 잠재적인 위험을 공시하게 할 경우 오히려 오해를 야기할 수도 있다. 이 때문에 허위 내지 오인가능한 정보라는 이유로 기후변화에 대한 공시로 인해 소송이 야기될 우려도 없지 않다. 이러한 문제를 고려하여 기후변화에 따른 위험관련정보를 공시함에 있어 불필요한 소송 내지 분쟁에 직면하는 것을 제거하는 것이 필요하다.

이를 위해 현행 자본시장법상 마련된 예측정보제도라는 것을 활용하는 방안을 생각해볼 수 있다. "예측정보"란 객관적으로 입증이 가능하지 않은 개념으로 증권발행인의 미래의 재무상태 또는 영업실적 등에 대한 예측 또는 전망치에 관한 사항을 말한다. 발행인은 미래의 재무 상태나 영업실적 등에 대한 예측 또는 전망에 관한 사항으로서 매출규모, 이익규모 등 발행인의 영업실적, 그 밖의 경영성과 자본금규모, 자금흐름 등 발행인의 재무상태, 특정한 사실의 발생, 특정한 계획의 수립으로 발행인의 경영성과 또는 재무상태의 변동 및 일정 시점에서의 목표수준에 관한 사항, 그 밖에 대통령령으로 정하는 사항을 공시할 수 있다(자본시장법 제119조 제3항). 이러한 예측정보(soft information)는 발행공시는 물론, 유통공시에서도 이용이 가능하다. 다만 예측정보의 공시는 법에서 정한 방법에 의하여만 한다(동법 제125조

30) 금융감독원이 발행한 공시가이드라인 안내서 소개로는, 한국상장회사협의회, 상장협자료 2006-4, 「알기쉬운 공시서류 작성 안내 및 공시모범사례집」, 2006. 2.

31) Securities Act Release No. 6835, 54 Fed. Reg. 22430.

제2항 제 1 호~제 4 호). 이를 처벌면책조항(Safe harbor Rule)이라고 부른다. 즉 ① 그 기재 또는 표시가 예측정보라는 사실이 밝혀져 있을 것과 ② 예측 또는 전망과 관련된 가정이나 판단의 근거가 밝혀져 있을 것, 그리고 ③ 그 기재 또는 표시가 합리적 근거나 가정에 기초하여 성실하게 행하여질 것 및 ④ 그 기재 또는 표시에 대하여 예측치와 실제 결과치가 다를 수 있다는 주의문구가 명기되어 있을 것 등이 이에 해당한다. 이 경우 예측정보의 부실공시로 인한 손해배상책임에 대해서는 특칙이 마련되어 있다. 즉 예측정보가 위의 처벌면책조항에 따라 기재 또는 표시된 경우에는 손해배상의 책임을 지지 않는다(동법 제125조 제 2 항). 이는 면책조항이 없으면 예측정보가 실현되지 아니할 경우 소송이 빈발할 가능성이 있어 기업의 공시의지를 위축할 소지가 있기 때문에 법적으로 특칙을 통해 면책가능성을 제공하고 있는 것이다. 따라서 기업의 부담을 줄이면서 시장에 정보전달의 효과를 기대하는 측면에서 기후변화 관련 정보의 제공과 관련해서 위와 같은 공시형식을 이용하는 방법을 생각해 볼 수 있다.

Ⅳ. 결 론

기후변화는 갈수록 기업경영에 있어 위험과 사업기회를 동시에 가져다주는 새로운 경영환경의 하나로 인식될 것으로 예상된다. 이에 따라 투자자들도 이러한 위험과 기회를 재무적 성과측면에서 파악하는 데 중요하고 유의한 정보로서 인식할 것으로 보인다. 전술한 바대로 기후변화에 대한 기업의 대응능력에 관심을 갖는 투자자들로서는 이러한 정보를 요청하는 경향이 강해질 것으로 예상되며 이러한 움직임을 우호적으로 보는 단체, 심지어 관련 정부부처들도 연합하여 기후변화에 상응하여 기업공시제도를 정비할 것을 증권감독기관에 요청할 것으로 보인다. 현재 미국의 움직임은 이러한 방향을 잘 보여주고 있다.

이러한 변화를 고려할 때 투자자의 합리적인 투자판단을 지원하고, 투자자 외에 다양한 이해관계자의 정보수요에 대응하며 기업의 체질강화를 통해 경쟁력 있는 기업으로서 지속가능한 성장을 이루도록 자본시장법제를 통해 기후변화관련 정보를 공시하게 하는 방안을 고려할 필요가 있다. 특히 이들 기후관련 정보의 공시매체가 자본시장법제를 활용한 공시서류에 초점을 맞추는 경우 그 중에서도 정기적인 공시매체인 사업보고서를 이용하는 방안을 적극 검토할 필요가 있다. 향후 더 늦지 않게 기후변화관련 위험을 구체화하고, 투자에 유의한 정보로서 용이하게 접근할 수 있도록 공시항목의 발굴과 기재방식을 위한 실무상의 연구가 함께 진행되기를 고대한다.

제 3 절 자동차 연비 및 온실가스 규제에 관한 정책적 · 법적 고찰[1)]

이창수* · 이지연**

Ⅰ. 서 론

세계 각국은 1970년대 2차례 석유파동(oil shock)를 겪으면서 에너지절약을 위해 자동차 연비제도를 도입 · 운영해 왔지만, 21세기 들어 기후변화 문제가 주요 현안이 되면서 자동차에서 배출되는 온실가스를 규제하기 시작하였다. 각국의 사례[2)]를 보면 크게 2가지 형태로 규제방식이 나눠지는데, 미국 · 일본 · 중국 · 우리나라 등은 연비 규제제도를 채택하고 있고, EU는 자동차 온실가스 배출 규제제도를 채택[3)]하고 있다. 최근에는 EU · 미국을 중심으로 자동차 산업의 경쟁력 제고와 온실가스 감축을 위해 강화된 자동차 연비 및 온실가스 배출 기준을 속속 발표하여, 세계 자동차 산업 환경이 급속도로 변화하고 있다. 특히, 미국은 2009년 9월 15일에 종전 연방차원에서 연비만 규제하던 것을 바꾸어 연비와 자동차 온실가스 배출을 병행 규제하는 정책을 발표함으로써 전 세계적으로 큰 반향을 불러 일으켰으며,[4)] 연비와 온실가

* 대통령실 미래전략기획관실 녹색성장환경비서관실 선임행정관.

** 변호사.

1) 이 글은 저자들 개인의 소견으로서 정부의 공식입장과는 차이가 날 수 있음을 밝힌다.

2) The International Council on Clean Transportation, Passenger Vehicle Greenhouse Gas and Fuel Economy Standards A Global Update, 2007, pp. 10-20를 참조하라.

3) European Federation for Transport and Environment, Reducing CO_2 Emissions from New Cars A Study of Major Car Manufacture's Progress, 2006, pp. 5-6.

4) EPA Regulatory Announcement, EPA and NHTSA Propose Historic National Program to

스 규제는 새로운 기술개발을 유도하면서 자국의 자동차 산업을 보호하는 일종의 무역규제로서의 성격도 내포하고 있다.[5)]

우리나라는 총에너지의 97%를 해외수입에 의존하고 있고 그 중 자동차 에너지 소비량은 2008년 32.6%를 차지하고 있으며, 자동차부문의 온실가스 배출량은 전체의 14%를 차지하고 있어 교통부문의 온실가스 감축이 반드시 필요한 상황이다. 이러한 세계적 흐름에 대비하고 국내 상황을 타개하기 위하여 2009년 7월 6일 대통령 직속 녹색성장위원회[6)]는 자동차 연비 및 온실가스 배출 규제를 강화하는 "자동차 연비 및 온실가스 기준 개선방안"을 발표하였다.[7)] 녹색성장위원회는 에너지 절약, 온실가스 감축이라는 두 가지 측면을 모두 감안하여 기존 연비제도를 유지·강화하고, 자동차 배기가스 중 온실가스 배출을 줄이기 위한 온실가스 배출 규제 제도를 도입하기로 하였다. 다만, 자동차 업계의 부담을 경감하는 차원에서 "선택형 단일규제 제도"를 도입하여 업계가 자율적으로 연비와 온실가스 배출 규제 기준 중 1개를 선택하여 준수 할 수 있도록 하였다.

현재 정부가 강력히 추진 중인 "저탄소 녹색성장"에 있어 에너지절약과 온실가스 감축은 핵심적인 사항이라 아니할 수 없는데, 연비와 자동차 온실가스 배출규제 제도를 동시에 도입하기로 한 것은 두 마리 토끼를 잡겠다는 정부의 의지를 보여준 상징적인 사례라 할 수 있다. 일각에서는 자동차 규제 강화가 대형차를 선호하는 국내 자동차 시장을 왜곡하고, 세계 경제위기로 자동차 업계가 겪은 어려움에 추가적 부담을 안겨줄 수 있다고 우려한다.[8)] 다른 일각에서는 교통 부문의 효과적 온실가스 감축을 위해서는 연비보다 온실가스 배출을 중심으로 규제하는 것이 기후변화대응이라는 측면에서 유리하고, 잘 설계된 환경규제가 새로운 녹색시장을 창출하고 녹색기술 개발을 가속화시킬 것[9)]이라 주장한다. 특히, 저탄소 녹색성장 기본법안을 국회

Reduce Green House Gases and Improve Fuel Economy for Cars and Trucks, EPA-420-F-09-047, Sep. 2009.; NHTSA, NHTSA and EPA propose New National Program to improve Fuel Economy and Reduce Greeen House Gase Emission for Passenger Cars and Light Trucks, 2009. 9. 15.

5) 우리나라 자동차산업은 세계5위의 생산규모이며, 국내 생산차량의 70%이상이 수출(2008년기준으로 유럽 818,147대, 북미 766,616대 등)되어 해외의 법과 제도에 많은 영향을 받는 업종이다.

6) 녹색성장위원회는 2009년 2월 16일 대통령훈령에 의해 설치된 대통령 직속 자문위원회이다. 이에 관한 상세한 내용은 녹색성장위원회의 홈페이지(http://www.greengrowth.go.kr)를 참조하라.

7) 녹색성장위원회, "자동차 연비 및 온실가스 기준 개선방안," 2009. 7. 6.

8) 연합뉴스, "차업계, 현행 연비제도 유지 건의," 2009. 6. 29.

에서 심의하는 과정에서, 2009년 12월 29일 국회를 통과한 저탄소 녹색성장 기본법(제47조 제 2 항)[10]이 자동차 연비·온실가스의 선택형 단일규제를 채택한 것은 자동차 온실가스 규제방안을 담았던 당초의 정부안(제47조 제 2 항)[11]보다 정책적 측면에서 오히려 후퇴했다는 비판을 받기도 하였다.[12] 이런 비판에도 불구하고 녹색성장위원회가 그동안 익숙한 연비제도 외에 자동차 온실가스 규제를 새로 도입하였다는 점, 산업계 및 지식경제부의 강한 반발을 고려한 현실적인 대안이라는 점, 자동차 업계가 연비도 좋고 온실가스 배출도 적은 자동차를 앞으로 생산·판매해야만 생존할 수 있다는 시그널(signal)을 강하게 주었다는 점 등에 있어 이번 정책은 긍정적으로 평가되고 있다. 그러나 이와 같은 현실적인 이유와는 별개로 동 방안이 정책적으로 또 법적으로 최선의 해결책(best solution)인 지에 대해서는 보다 진지한 고찰이 필요하다. 특히, 미국의 "병행 규제제도"와 비교할 때 문제가 없는지, 향후 전기차가 상용화되었을 때에 나타날 예상 문제점이 없는지 등에 대한 다각적인 검토가 필요하다 할 것이다.

이 글의 목적은 미국에서 도입하는 "병행 규제제도"를 변형한 "선택형 단일규제제도"가 산업정책적·환경규제적 측면에서 적절한 지와 연비 또는 온실가스 규제라는 선택형 규제를 무슨 법률에 어떤 내용과 형태로 법적으로 수용하는 것이 바람직한 지를 고찰하기 위한 것이다. 이하에서는, 우리나라 자동차 연비 규제현황과 문제점, 각국의 규제형태 및 입법현황, 정부의 선택형 단일규제제도의 내용을 살펴본 뒤, 과연 어떤 규제방식과 입법이 정책적·법적으로 바람직한 지에 대해 기술하기로 한다.

---

9) Richard Welford, Business and the Environment, 1996, pp. 33-35.

10) 국회에서 통과된 저탄소 녹색성장 기본법 제47조 제 2 항은 "정부는 자동차의 평균에너지소비효율을 개선함으로써 에너지 절약을 도모하고, 자동차 배기가스 중 온실가스를 줄임으로써 쾌적하고 적정한 대기환경을 유지할 수 있도록 자동차 평균에너지소비효율기준 및 자동차 온실가스 배출허용기준을 각각 정하되, 이중규제가 되지 않도록 자동차 제작업체(수입업체를 포함한다)로 하여금 어느 한 기준을 택하여 준수토록 하고 측정방법 등이 중복되지 않도록 하여야 한다"로 규정하고 있다.

11) 저탄소 녹색성장 기본법 정부안 제47조 제 2 항은, "정부는 교통부문에서 배출되는 온실가스를 줄이기 위하여 국제 기준 및 동향 등을 고려하여 대통령령으로 정하는 바에 따라 자동차 등의 온실가스 배출허용기준을 정하여 그 배출량을 제한할 수 있다. 이 경우 다른 법령에 따른 규제기준 및 측정방법 등과 중복되지 않도록 하여야 한다"로 규정하고 있었다.

12) 내일신문, "연비 비슷해도 미국보다 기준 낮아," 2009. 8. 6.

Ⅱ. 현황 및 문제점

1. 국내 제도현황

현재 우리나라에서 시행되고 있는 자동차 관련 대표적 규제로는 에너지이용합리화법에 따른 연비규제와 대기환경보전법에 따른 배출가스 규제를 들 수 있다. 이 외에도 지식경제부는 고시에 근거하여 이산화탄소 표시제도를 연비표시제와 같이 시행하고 있는바, 이하 국내제도 현황에 대해 자세히 살펴보기로 한다.

(1) 연비 규제

우리나라는 에너지절약을 목적으로 1988년에 일반형 승용차를 대상으로 한 연비 표시제도가 최초로 실시되었다. 이후 수차례 개정을 거쳐 현재 연비 및 등급 표시제도와 평균연비제도가 실시되고 있다.

에너지이용합리화법 제15조·제16조, 동법 시행규칙 제7조, 지식경제부고시 제2008-162호 「자동차의 에너지소비효율 및 등급표시에 관한 규정」(이하, "자동차 연비 규정"이라 한다)에 따라 승용 및 승합자동차는 연비 및 등급 표시제도가, 화물자동차는 연비 표시제도가 실시되고 있다.

〈그림 1〉 승용 및 승합자동차(경형 제외)의 연비 및 등급의 표시방법

출처: 자동차의 에너지소비효율 및 등급표시에 관한 규정[별표 5]

또한, 2005년부터 에너지이용합리화법 제17조, 동법 시행규칙 제11조, 자동차 연비규정 제8조에 따라 평균연비를 고시하고, 평균연비에 미달하는 승용자동차를 제조하거나 수입하여 판매하는 자에 대하여는 개선명령을 하고, 개선명령을 이행하지 아니하는 자에 대하여는 그 내용을 공표할 수 있도록 하는 연비 규제제도를 실시

하고 있다.

정부는 지난 2007년 12월에 2012년도부터 기존보다 15% 가량 강화된 연비기준을 〈표 1〉과 같이 적용하기로 결정[13]한 바 있으나, 동 기준은 2009년 7월 6일 녹색성장위원회의 발표에 따라 대폭 상향 조정되었다.

〈표 1〉 승용자동차의 평균에너지소비효율(기준평균연비)

적용기간	적용 기준
2011년까지	배기량 1,600cc 이하 12.4km/ℓ, 배기량 1,600cc 초과 9.6km/ℓ
2012년부터	배기량 1,600cc 이하 14.5km/ℓ, 배기량 1,600cc 초과 11.2km/ℓ

출처: 자동차의 에너지소비효율 및 등급표시에 관한 규정[별표 3]

그리고 2009년 12월 2일에 지식경제부는 자동차 연비규정을 개정 · 고시하였다. 동 고시에는 기존의 에너지소비효율 정의[14]에 연비 이외에도 온실가스를 포함[15]하였는데, 2012년부터 연비 및 CO_2 배출기준을 17㎞/ℓ 이상 또는 140g/㎞ 이하로 규제하고, 자동차 연비 및 CO_2 배출량을 표시하도록 규정하고 있다. 이 외에도 일정요건을 갖춘 자동차 제작사의 자체시험성적을 인정하여, 측정절차를 간소화하도록 규정하고 있다.

(2) 배출가스 규제

우리나라는 자동차 배출가스 내 대기오염물질의 저감을 위해 1980년에 자동차 배출가스 규제 제도를 도입하였다. 이에 따라 대기환경보전법 제46조 · 제48조, 동법 시행령 제46조, 동법 시행규칙 제62조 · 제63조 등에 따라 자동차 제작자는 자동차를 제작하려면 미리 환경부장관으로부터 보증기간 동안 제작차 배출허용기준에 맞게 유지될 수 있다는 인증을 받아야 한다. 인증을 받지 못할 경우에는 대기환경보전법 제89조 · 제90조 · 제91조에 따라 벌칙을 받게 되어 사실상 자동차 출시 자체가 불가

13) 지식경제부, 고시 제2008-7호; 지식경제부, 고시 제2008-162호.

14) 지식경제부, 고시 2008-162호 제 3 조에는 "에너지소비효율(또는 "연비"라 한다)을 자동차에서 사용하는 단위 연료에 대한 주행거리(㎞/ℓ)를 말한다"로 규정하고 있다.

15) 지식경제부, 고시 2009-292호 제 3 조에는 "에너지소비효율을 자동차에서 사용하는 단위 연료에 대한 주행거리(㎞/ℓ, 이하 "연비"라 한다) 및 단위 주행거리당 발생하는 이산화탄소량(g/km, 이하 "이산화탄소배출량"이라 한다)을 말한다"로 규정하고 있다.

능하다 할 수 있다.[16)]

대기환경보전법 시행규칙 별표 17에 따르면, 배출가스 내 규제대상물질로 휘발유·알코올 또는 가스 자동차의 경우에는 일산화탄소·탄화수소·질소산화물 및 알데히드를, 경유 자동차의 경우에는 일산화탄소·탄화수소·질소산화물·매연 및 입자상 물질을 정하고 있다. 하지만 대기환경보전법에는 CO_2를 포함한 온실가스 물질은 포함하고 있지 않다.

〈표 2〉 자동차 배출허용기준(휘발유 또는 가스승용자동차의 경우)

차 종	일산화탄소	질소산화물	탄 화 수 소		
			배기관가스	부로바이가스	증발가스
승용 자동차	2.11g/㎞ 이하	0.62g/㎞ 이하	0.25g/㎞ 이하	0g/1주행	2g/테스트 이하
	2.11(2.75)g/㎞ 이하	0.40(0.62)g/㎞ 이하	0.25(0.3)g/㎞ 이하	0g/1주행	2g/테스트 이하

출처: 대기환경보전법 시행규칙[별표 17]

2. 그간의 국내 자동차 규제제도의 문제점

(1) 자동차 온실가스 직접 규제 곤란

20세기 후반의 기온상승이 인간의 활동에 기인한 것이라는 견해가 국제적으로 채택되면서[17)] 전체 지구차원의 국제적 공동노력인 기후변화협약이 1992년 5월 유엔환경개발회의에서 채택되었다.[18)] 현재 우리나라는 온실가스 감축 의무국가는 아니나 1990년부터 현재까지 에너지 사용 및 온실가스 증가율이 OECD 국가중 1위를 차지하고 있고, 2009년 12월 덴마크 코펜하겐에서 열린 제15차 기후변화협약 당사국 총회에서 우리나라는 2020년 온실가스 감축목표를 배출전망치(BAU) 대비 30% 감축으로 대외발표하고,[19)] 2010년 1월 이를 코펜하겐합의문(Copenhagen Accord)의 부속

16) 조강래, "자동차 배출가스 규제의 역사와 자동차 기술의 발전," 오토저널, 2008. 2, pp. 123-127.

17) IPCC(Intergovernmental Panel on Climate Change), IPCC Fourth Assessment Report (AR4), Climate Change 2007 : Impacts, Adaptation and Vulnerability, 2007, pp. 112-116.

18) 기후변화협약은 1994년 3월 공식 발효되었고, 우리나라는 1993년 12월 세계 47번째로 동 협약에 가입하였다.

19) YTN, "이명박 대통령, 코펜하겐회의 기조연설," 2009. 12. 17. 한편 정부는 코펜하겐회의 1달 전인 2009년 11월 17일 이명박 대통령 주재로 열린 49회 국무회의에서 상기한 국가온실가스 감

서에 등재 · 통보하였기 때문에 감축부담이 불가피한 상황이다. 특히, 교통부문에서의 온실가스 배출은 국가 총배출량의 약 20% 비중을 차지하고 있고,[20] 에너지원간 대체효과가 낮아 온실가스 배출량은 보다 커질 것으로 예상되는바, 자동차 온실가스의 배출 감축정책 추진이 절실히 요구되고 있다.[21]

이처럼 자동차의 온실가스 배출 규제의 필요성은 당연히 인정된다고 할 것이나, 저탄소 녹색성장기본법이 제정되기 전까지는 국내적으로 자동차 온실가스를 직접 규제할 수 있는 법률이 부재한 상황이었다. 이런 상황에서 2009년 7월 6일 녹색성장위원회가 자동차 연비 및 온실가스규제 방안을 발표하는 과정에서 자동차 온실가스 규제 도입에 대한 많은 논란이 있었다. 특히, 자동차 연비를 통해 온실가스를 직접 규제할 수 있느냐의 문제가 많은 논란이 있었는데 결론적으로 현 연비규제, 온실가스에 대한 표시제를 통해서는 자동차 온실가스를 직접 규제하는 것이 쉽지 않거나 적절하지 않다는 결론에 도달하였다.

연비는 탄화수소(HC), 일산화탄소(CO), 이산화탄소(CO_2)의 농도를 측정한 뒤 이를 토대로 계산하는데,[22] 일반적으로 같은 유종의 경우에는 연비와 이산화탄소 배출량은 아주 밀접한 상관관계를 갖는다. 즉, 연비가 좋아질수록 이산화탄소 배출량이 줄어드는 것으로 알려져 있다. 하지만, 동일한 연비라 하더라도 유종을 달리하는 경우에는 반드시 이산화탄소 배출량까지 동일한 것은 아니며, 상대적으로 연비가 낮은 차량이라 하더라도 연비가 높은 차량보다 이산화탄소 배출량은 더 낮을 수 있다.[23] 따라서 연비와 이산화탄소 배출량이 매우 높은 상관관계를 가지고 있는 것은 사실이나, 그렇다고 양자가 동일하거나 연비규제로서 효율적인 이산화탄소 규제가 가능하다고 일률적으로 단언하기 어렵다고 하겠다. 아울러 미국의 경우에는 휘발유 차량이 96%를 차지함에 따라 연비기준으로 Co_2의 병행 감축이 상당부분 가능함에도 불구하고 별도의 Co_2 배출기준을 마련 중인데, 우리나라는 휘발류 차량과 디젤

축목표를 심의 · 의결한 바 있다. 뉴시스, "정부, 온실가스 감축목표 'BAU 대비 30%' 확정," 2009. 11. 17.

20) 2006년 우리나라의 온실가스 배출량 부문별 비중을 살펴보면, 전환(35.5%), 산업(31.3%), 교통(19.8%), 산업공정(10.6%), 가정상업(11.3%) 순으로 되어 있다.

21) 한화진, "자동차 CO_2 배출규제 동향 및 대응방향," 자동차공학회지, 1999. 10.; 이산화탄소 저감 및 처리기술개발사업단, 기후변화협약—더워지는 지구 그 원인과 대책, 2005.

22) 지식경제부, 고시 2008-162호 "자동차의 에너지소비효율 및 등급표시에 관한 규정" 별표 1을 참조하라.

23) 박심수, "자동차 온실가스 저감대책 수립방안 마련을 위한 연구," 고려대, 2008년, p. 244.

차량이 다양하여 자동차 온실가스 기준을 별도로 마련할 필요가 크다 할 것이다. 그리고 EU뿐만이 아니라 미국 캘리포니아 등 10여 개 주 등에서는 이미 자동차 CO_2를 직접 규제하고 있어 전 세계에 자동차를 수출하는 우리나라로서는 이에 대비할 필요성이 크다 하겠다.

〈그림 2〉 연비 및 이산화탄소 배출량 관계도

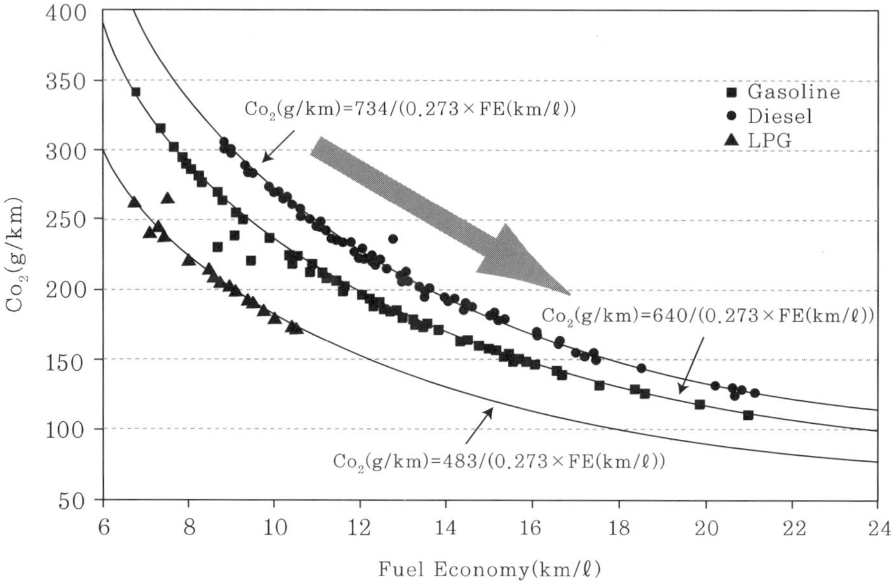

출처: 자동차공업협회, 2007년.

(2) 자동차 온실가스 규제의 법적 근거 미비

2009년 12월 지식경제부는 저탄소 녹색성장기본법이 제정되지 않은 상황에서 자동차 연비규정 고시(2009-292호)를 개정하였는데 에너지소비효율에 연비뿐만 아니라 자동차 온실가스 내용을 포함시켰다.[24] 연비인 에너지소비효율은 에너지절약, 에너지 이용효율에 관한 개념으로서 이산화탄소 규제와는 법적으로 다른 개념이라 할 수 있다. 그럼에도 불구하고 에너지 소비효율 개념 속에 연비뿐만이 아니라 온실가스 규제개념을 포함시켜 정의한 것이 사전적으로나 법적으로 적절한 지에 대해 비판이 제기되고 있다. 왜냐하면 에너지소비효율과 관련이 약한 온실가스 배출량 기준

24) 각주 15를 참조하라.

('12년부터 140g/㎞ 이하)을 고시로 설정한 것은 에너지이용합리화법 등 관련 법상 법적인 근거가 없기 때문이다. 연비 및 온실가스 규제는 자동차업계뿐만이 아니라 자동차산업 전반, 일반 국민에게까지 미치는 파급효과가 큰 사항으로 법률이 아닌 고시에서 자동차 온실가스 규제를 정하도록 하는 것은 문제가 있다 할 것이다. 또한 비교법적 으로도 에너지 관련법령에서 자동차 온실가스를 규제하는 입법례는 찾아보기 어려운데, 이는 마치 대기환경보전법령에서 자동차 연비를 규제하려고 시도하는 것과 비슷하기 때문일 것이다.[25] 그리고 현 에너지이용합리화법상 자동차 연비 고시 개정은 관계부처와 협의토록 되어 있는바, 이런 사전협의를 거치지 않은 절차적 문제점[26]도 노출되었다.

향후 자동차 온실가스를 직접 규제함에 있어 현행의 대기환경보전법에 따른 배출가스 규제와 동일하게 취급할 것인지 아니면 배출가스와 온실가스의 차이점을 인정하여 별도로 규제할 것인지에 대한 검토가 필요하다. 동 사항은 정부조직법에 따른 온실가스 규제, 자동차 규제기관과도 연관되어 있다. 연비제도와 온실가스 규제 관계를 어떻게 설정하느냐에 따라 연비제도와 온실가스를 규제하는 기관이 정해질 수 있기 때문이다.

(3) 연비 제도의 강제수단 미비

자동차 연비규제를 통해 자동차 제작사를 규제하는 것이 적절한지에 대해 검토가 필요하다. 자동차 연비는 에너지효율이 좋은 차량을 소비자가 선택하도록 하는 것인데, 에너지 효율이 낮은 자동차에 대해 벌칙을 부과하는 것이 정책적, 법적으로 적절한지 검토가 필요하다 하겠다.[27]

연비 규제는 자동차 에너지(연료) 사용량 저감이 그 목적이라고 할 수 있다. 연비를 직접적으로 규제하지는 아니하더라도 연비표시제 등으로도 시장메커니즘을 통해 소비자로 하여금 시장에서 연비가 낮은 차량을 외면하고 연비가 높은 차량을 선

---

25) 이런 이유 때문에 선진 각국은 자동차 연비는 에너지관련법에서, 자동차 온실가스 규제는 대기보전법령에서 규제하고 있다.

26) 에너지이용합리화법 제17조에는 "지식경제부장관은 … 「자동차관리법」 제 3 조 제 1 항에 따른 자동차 등 지식경제부령으로 정하는 기자재를 제조하거나 수입하여 판매하는 자가 지켜야 할 평균에너지소비효율을 관계 행정기관의 장과 협의하여 고시하여야 한다"로 규정하고 있다.

27) 온실가스의 경우에는 종전에는 개인에게는 직접적으로 해롭지는 않았기 때문에 온실가스를 오염물질로 보지 않았지만 최근 미국·호주 등 온실가스를 오염물질에 포함시켜 규제하려는 움직임이 확산되는 추세에 있다.

택하도록 하여 연비 규제의 목적을 간접적으로 달성하는 것이 가능하다. 그러나 교통부문의 석유 수요량은 세계 석유 수요의 50% 정도를 차지하고 있으며,[28] 도로 교통은 총 수송에너지 수요의 80%를 차지하고 있는바, 교통부문에서 사용되는 화석연료를 절약하여 고갈되어 가는 석유자원을 보호할 필요가 있다. 따라서 자동차 제조자(또는 수입자)가 보다 적은 양의 연료를 소비하는 자동차를 판매하도록 하는 것이 가장 효과적인 수단 중의 하나임을 부인할 수는 없다. 즉, 자동차의 연비향상 정책으로서의 연비 표준의 규제는 교통부문의 에너지절약을 위해 필수적인 규제라고 할 수 있다.[29] 하지만, 현행 에너지이용합리화법을 살펴보면 제작사별 판매차량의 평균연비기준 미달시, 제작사에 대한 개선명령 및 공표만을 두고 있다. 연비 및 등급 표시제도는 연비 및 등급의 표시와 등급기준 등이 지식경제부고시 내용에 적합하지 아니한 경우에만 개선명령 또는 공표를 할 수 있을 뿐이어서 연비를 직접적으로 규제하는 것이라 할 수 없다.

연비제도는 승용자동차의 제조 또는 수입시 고시한 평균연비를 충족하도록 의무를 부과하고 있으므로 연비를 규제하고 있다고 볼 수는 있으나, 평균연비에 미달하는 승용자동차를 제조하거나 수입하여 판매하더라도 이에 대한 규제가 개선명령 및 개선명령 미이행시 공표에 불과하여 벌금·과태료 등 행정벌적인 제재수단이 없다 하겠다. 게다가 자동차제작·판매자의 평균연비가 전년과 같거나 향상되었을 경우 또는 자동차제작·판매자가 개선이행계획서를 제출하고 그 계획서에 제시된 사항만을 이행하였을 경우에는 개선명령도 아니할 수 있도록 하는 등[30] 제재수단이 약해 연비제도의 효과를 기대하기에는 역부족이라 할 것이다.

(4) 기업평균으로 한 규제의 문제점

현행 자동차 연비제도는 기업이 시장에 판매하는 자동차를 기준으로 하여 규제하고 있다. 이는 기술력이 좋은 기업, 기술력이 낮은 기업에 상관없이 일률적으로 기준을 적용하다 보면 공정한 경쟁을 유도하는 데 문제로 작용할 수 있다. 예를 들어 A기업에서 판매하는 자동차의 평균 연비가 14km/ℓ인 데 반해, B기업에서 판매하는 자동차의 평균 연비가 12km/ℓ라고 하자. 이때 정부에서 연비기준을 올리기

28) OPEC, World Oil Outlook, 2008, p. 53.

29) 위의 글, p. 96.

30) 지식경제부, 고시 2008-162호 "자동차의 에너지소비효율 및 등급표시에 관한 규정" 제8조 제2항을 참조하라.

위해 일률적으로 17k/km로 향상하려 할 경우 A기업은 3km/ℓ만 올리면 되지만, B기업은 5km/ℓ나 올려야 되는 어려움에 도달하게 된다. 대체적으로 기술이 낮은 기업일수록 자본력도 떨어지다 보니, B기업은 사실상 시장에서 자동차를 생산・판매가 어렵게 되는 것이다. 만약에 정부에서 기업평균으로 연비를 올리고, 온실가스 배출 기준을 정하려 한다면, 그 수준은 경쟁력이 낮은 기업에 맞추어질 수밖에 없게 되고, 결국 판매되는 자동차의 연비 및 온실가스 배출량 수준은 하향 평준화될 수 있는 것이다.

(5) 연비 및 배출가스의 측정방법상의 문제

정부는 현재 에너지이용합리화법에 의거 연비를 측정하도록 하고 있고, 대기환경보전법 및 관계 법령에서 배출가스 인증시험시 일산화탄소・탄화수소・질소산화물・알데히드・매연・입자상물질을 측정하도록 하고 있다. 하지만, 연비시험 시 측정되는 항목이 실제적으로는 배출가스 인증시험 시 측정되는 항목과 거의 유사하다. 두 시험 모두 연비 외에 일산화탄소・탄화수소・질소산화물・입자상물질・이산화탄소까지 측정되고 있다.

이는 동일한 측정항목에 대한 중복측정으로 측정기관의 장비 구입 등으로 인한 불필요한 예산 낭비를 초래할 뿐만 아니라, 연비 시험의 수수료와 배출가스 인증시험 수수료를 중복하여 지불하게 하여 자동차 제작사로 하여금 비용을 이중으로 부담하도록 하는 문제점이 있다.

〈표 3〉 자동차 연비 시험 및 배출가스 인증시험 수수료(2009년 6월 현재)

구 분		휘발유·가스차량	경유차량
연비시험	한국에너지기술연구원	1,554,000원/건	1,799,000원/건
	자동차부품연구원	1,878,000원/건	1,849,500원/건
	한국석유품질관리원	1,985,000원/건	2,180,000원/건
배출가스 인증시험	국립환경과학원	1,050,200원/건	1,053,100원/건

(6) 친환경자동차의 수요 관리 정책 미흡

우리나라는 자동차 부문 온실가스 배출관리에 있어 많은 어려움이 있다. 대형 차량에 비해 30% 미만의 이산화탄소를 배출하고 있는 경・소형차의 판매를 유도할 수 있는 유인책이 미흡해 제작사측이 소형 차량보다는 이윤이 많이 남는 중·대형 차량 위주의 영업을 추진해 대형 차량의 판매가 지속적으로 증가하고 있기 때문이다.

〈표 4〉 변속기 종류별 이산화탄소 배출량 및 판매 비율

구 분	이산화탄소 배출량(g/km)			판매량 (대)					
	승용차	다목적	전체	승용차		다목적		계	
				판매	비율	판매	비율	판매	비율
수 동	144.1	209.9	168.2	31,388	4.4%	26,417	7.8%	57,805	5.5%
자 동	192.7	232.1	203.4	686,582	95.6%	310,462	92.2%	997,044	94.5%
계	189.8	230.2	201.1	717,970		336,879		1,054,849	

출처: 자동차공업협회, 2007년.

또한, 자동 변속차량에 비해 이산화탄소 배출량이 25% 정도 적은 수동 변속 차량의 선호도가 2007년 승용차 판매량 중 4.4%로서 현저히 낮고,[31] 이산화탄소 배출이 가장 많은 도로에서의 여객 및 화물 수송 분담률이 약 77%로 매우 높다는 문제점이 있다.

〈표 5〉 여객 및 화물 수송량 분담률(2007년)

구 분		철 도	지하철	도 로	해 운	항 공
여객	수송량(천명/연)	989,294	2090290	9518760	12634	16848
	분담률	7.8	16.6	75.4	0.1	0.1
화물	수송량(천톤/연)	44562		550264	120079	316
	분담률	6.2		76.9	16.8	0.1

출처 : 환경부, 자동차 온실가스 저감대책, 2009. 5. 보고서.

향후, 자동차 제조 기술 향상만으로는 교통부문 온실가스 감축에 한계가 있으므로, 자동차 제작단계에서 온실가스 배출을 직접 규제하는 것뿐만 아니라 자동차 수요 패턴이 친환경·고효율 위주로 변화하도록 유인체계를 마련할 필요가 있다 하겠다.

31) 박심수, 앞의 글, p. 253.

Ⅲ. 각국의 규제형태 및 입법현황

1. 연비 규제형

현재 연비를 직접적으로 규제하고 있는 나라로는 미국·캐나다·일본·중국·우리나라가 있는바,[32] 이하 이들의 예를 살펴보기로 한다.

(1) 미 국

미국 연방정부는 미국의 의무적인 연비 표준인 기업평균연비(Corporate Average Fuel Economy, CAFE) 프로그램[33]을 1970년대 중반에 도입되었다. 현재는 1975년에 통과된 "에너지 정책 및 보전법(Energy Policy and Conservation Act of 1973)"에 근거하여 승용차에 대한 CAFE 프로그램을 실시하고 있다. 자동차 제작사는 매년 미국 내에서 신규로 판매하는 자동차에 대해 CAFE 기준을 만족해야 하고, 미달성시에는 미달성분 0.1mpg당 $5.5의 벌금을 차량생산대수에 곱하여 부과 받는다.[34]

하지만 30년 이상 유지되어 온 CAFE 제도는 여러 측면에서 개선의 필요성이 제기되었다. 2007년 12월 하원에서 통과된 "에너지 독립 및 안보법(Energy Independence and Security Act)"[35]은 기업평균연비 제도의 가장 큰 문제점으로 지목받았던 자동차 전체에 일률적으로 적용되는 기업평균연비기준에 차량별(승용차, 경트럭) 특성을 반영하고, 연비기준을 2020년까지 35mpg로 강화하기로 하였다.

한편, 2009년 1월 미국 오바마 대통령은 지구온난화 대응을 위해 자동차 연비기준 강화에 강한 의지를 표명하였으며, 2007년 에너지 법안에서 요구하는 자동차의 연비기준을 강화하도록 교통부에 지시하였다. 이에 2009년 5월 19일에 새로운 연방연비기준을 발표하여 2016년에 35.5mpg로 규제하기로 하였다.[36]

---

32) IEA, Review of International Policies For Vehicle Fuel Efficiency, 2008, pp. 15-24.

33) 기업평균연비는 "특정 자동차 제조업체에서 신규 생산되는 승용차의 평균 연비를 규제하는 방식의 제도"를 말한다.

34) NHTSA, Automotive Fuel Economy: Title 49 U.S. Code, Chapter 329, `Sec. 32912. http://www.nhtsa.dot.gov/nhtsa/Cfc_title49/ACTchap321-331.html, 2009. 12. 2. 접속.

35) EIA, Energy Independence and Security Act of 2007. http://www.eia.doe.gov/oiaf/aeo/otheranalysis/aeo_2008analysispapers/eisa.html, 2009. 12. 2. 접속.

36) http://www.whitehouse.gov/the_press_office/President-Obama-Announces-National-Fuel-

(2) 일 본

일본은 "에너지사용합리화에 관한 법률"에 근거하여 1998년에 차세대 자동차 중 가장 효율적인 차량의 연비 수준을 달성하게끔 하는 "Top-Runner 방식"[37]의 연비기준을 도입하였다. 이후, 2006년까지 지속적으로 일련의 연비기준제도를 추진해 왔다.[38]

2006년에는 2030년까지 에너지 소비효율을 30% 개선하기 위해 수송부문에서 석유의존도를 80% 줄이는 것을 목표로 하는 "신국가 에너지전략"을 발표하였다. 이에, 2007년 2월 "자동차의 에너지 소비효율 성능 향상에 관한 제조사업자 등의 판단기준"을 개정하여 2015년에 자동차 차량중량에 따른 목표 연비 기준을 달성토록 하였다.[39]

한편, 2004년 4월부터는 연비 성능을 순위와 목표에 따라 4단계 등급으로 나누어 제조사에게 차량의 연비 성능 수준을 나타내는 인증 스티커를 차량 뒷문에 부착할 수 있도록 하는 연비 인증 프로그램을 실시하고 있다.[40]

(3) 중 국

중국은 2004년에 승용차에 대한 의무적인 연비 표준 제도를 도입할 것을 발표하여, 2005년에 1단계, 2008년에 2단계 제도가 발효되었는데, 차량의 중량 등에 따라 다른 기준 값을 설정하도록 하였다. 특정 유형의 차량을 판매하기 위해서는 제조사들은 해당 차량이 연비 표준에 일치함을 인증 받아야 한다.[41]

현재 중국은 자동차 연비를 15.2km/ℓ(16개 중량구간별로 최저연비 규제)에서 2015년에 17.9km/ℓ로 강화하는 방안 검토 중에 있는 것으로 알려져 있다.[42]

Efficiency-Policy를 참조하라.

37) Top-Runner 제도는 에너지 효율이 최고인 제품을 그 제품군의 최저 효율기준으로 설정하고 일정기간에 이 설정된 목표효율을 달성하도록 의무화하는 제도이다.

38) 산업자원부, "자동차 에너지소비효율 등급체계 개편 및 고연비자동차 보급시책 연구," 2007, p. 52.

39) 산업자원부, 위의 글, p. 52.

40) 장승찬, "자동차 연비향상을 위한 주요국 동향", 에너지관리, 통권 제251호(2009. 4), p. 74.

41) 위의 글, p. 78.

42) New York Times, "China Is Said to Plan Strict Gas Mileage Rules," 2009. 5. 27. http://www.nytimes.com/2009/05/28/business/energy-environment/28fuel.html, '09. 12. 2. 접속.

2. 온실가스 규제형

21세기 들어 기후변화 문제가 중요해지면서 선진 각국에서는 자동차 연비 제도를 대체하거나 보완하는 자동차 온실가스 규제를 도입하는 추세에 있다. 현재 자동차 온실가스를 규제하고 있는 나라로는 EU 회원국, 미국 14개 주정부가 있는 바, 이하 그 사례를 살펴보기로 한다.

(1) EU

EU의 경우 연비를 규제하지 않고, CO_2 배출을 직접 규제하고 있다. 연비는 표시제로 하여 자동차 온실가스 중심으로 규제하고 있다.[43] 2006년에 EU는 1990년 대비 총 온실가스 배출량을 약 7.7% 감축하였으나, 교통부분의 온실가스 배출은 오히려 약 28% 증가하였다. 이에 자동차 제조업체들의 자발적 감축약속에도 불구하고 교통부문의 CO_2 배출량이 계속 증가함에 따라 EU는 2007년 12월에 자동차의 CO_2 배출규제를 강제하는 규정안을 제출하여 2009월 4월 23월에 동 법안을 통과시켰다.[44] 동법은 승용차 CO_2 배출허용기준을 2012년부터 130g/km로 설정하여 2015년까지 단계적으로 적용하고, 2020년부터 95g/km로 설정하는 것 등을 주요 내용으로 하고 있다. 또한, 자동차 제작사에게는 CO_2 배출허용기준을 만족하지 못할 경우 2012년부터 이산화탄소 초과 g당 누진제를 적용하고, 2019년부터 95유로 벌금을 부과토록 하였다.

(2) 미국 주정부 등

현재 미국 캘리포니아·버몬트·메인·뉴욕 등 14개 주정부와 캐나다 퀘벡주[45]는 자동차 온실가스 규제제도를 채택하고 있는데, 대표적 사례인 캘리포니아 제도를 살펴보기로 한다.

미국 캘리포니아주 대기보전국(California Air Resources Board, CARB)은 2004년

43) European Parliament, CO_2 Reductions from Passenger Cars, 2006.

44) Regulation (EC) No 443/2009 of the European Parliament and of the Council of 23 April 2009 setting emission performance standards for new passenger cars as part of the Community's integrated approach to reduce CO2 emission from light-duty vehicles(European Union, 2009); 오태현, "EU의 자동차 CO_2 배출규제와 시사점", 대외경제정책연구원, 2009. 8. 12. 참조.

45) Reuters, "Quebec adopts California's auto emission standard," 2009. 12. 30.

9월에 세계 최초로 자동차 온실가스 배출규제 초안을 채택하였으며, 2005년 1월 자동차 온실가스 배출규제법을 제정하였다.[46] 동 법은 승용차와 경트럭에 대해 이산화탄소 배출허용기준을 설정하는 내용의 법으로서, 미국 캘리포니아주는 환경청(EPA)에 개별 주정부가 좀 더 강력한 자동차 배출기준을 적용해 시행할 수 있도록 청정대기법(Clean Air Act, CAA)의 적용 예외를 인정하여 줄 것을 신청하였다.[47] 그리고 앞서 본 바와 같이 2007년 4월 미 연방대법원에서는 Co_2는 대기오염물질이라는 판결하였다. 하지만 2008년 3월 EPA는 연방차원에서의 단일조치 추진이 온실가스 감축을 위해 더 바람직하다는 이유로 캘리포니아 주에 대한 적용제외 승인을 거부하였다.

2009년 2월 오바마 대통령은 동 사안에 대해 재검토 할 것을 EPA에 지시하였는바, 2009년 6월 30일에 EPA는 14개주에서 연방기준보다 강하고 즉시 시행 가능한 온실가스 규제 법안을 최종 승인하였다.[48]

캘리포니아 법(AB 1493)은 2009년 5월 19일에 발표된 승용차의 연방 연비기준인 39mpg보다 훨씬 엄격한 44.2mpg기준을 적용하고 있다. 이는 2012년 승용차 배출기준이 2016년 연방 연비기준과 비슷할 정도로 강력한 수준이라 할 수 있다. 그리고 규제대상으로 CO_2뿐만 아니라 이산화탄소(CO_2)·메탄(CH_4)·아산화질소(N_2O)·수화불화탄소(HFCs) 등 운전·냉방·연료생산 등 전 과정에서 발생하는 온실가스 총량을 관리하도록 하고 있다. 적용시기도 2009년 생산모델부터 바로 적용하도록 하였다.

3. 연비 및 온실가스 병행 규제형: 미국

미국의 경우 그동안 연비만을 규제해 왔으나, 최근 연비뿐만 아니라 온실가스도 함께 규제하려는 시도를 하고 있다. 미 연방정부는 2009년 5월 19일에 "연비기준 상향 조정 및 온실가스 감축계획"을 포함한 자동차 온실가스 배출량 저감 정책을 발

---

46) Reducing Greenhouse Gas Emissions from Light-Duty Motor Vehicles(Northeast State Center for a Clean Air Future, 2004. 9).

47) 미국은 주별로 연방정부와 다른 별도의 기준을 설정할 수 있으나, 이 경우 연방정부의 적용제외(waver) 승인이 필요하다.

48) 캘리포니아 환경청, "Clean Car Standards—Pavley, Assembly Bill 1493," 2009. http://www.arb.ca.gov/cc/ccms/ccms.htm, 2009. 12. 2. 접속.

표하였다. 이에 따라 2009년 9월 15일에 환경청(EPA)과 교통부 산하 고속도로 교통안전청(NHTSA)은 오바마 대통령이 제안한 온실가스 감축 및 연비향상을 위한 강력한 기준 마련을 위한 공동 작업을 하였는데, 승용차와 소형트럭[49]에 대하여 2016년까지 온실가스를 250g/mile(155.3g/km)로 감축하고 이에 상응하여 연비를 35.5mpg(15.1km/l)로 향상하는 것을 목표로 하는 연방 프로그램 안을 공동으로 발표하였다. 그 배경을 살펴보면, 연비와 온실가스 규제는 입법목적이 전자는 오염물질인 온실가스 규제이고, 후자는 연료 절감 및 에너지 효율이라는 측면에서 다르다 할 수 있다. 또한 연비규제에는 air conditioning 개선이 고려되기 어렵고, 온실가스 규제는 크레딧의 뱅킹·거래 등 탄력적인 제재수단(compliance flexibilities)을 통해 비용효과적인 접근이 가능하나, NHTSA는 연비규제에 대해 크레딧의 유연성(flexibility)을 활용하는 것을 법적으로 제한하거나 금지하고 있기 때문이다.[50] 연비 프로그램안의 주요내용을 살펴보면, 환경청(EPA)과 고속도로 교통안전청(NHTSA)은 자동차 온실가스와 연비규제를 청정대기법(CAA)과 에너지정책및 절약법(EPCA)에 따라 각각 규정할 계획이다. 온실가스 기준은 2016년에 250g/mile이고, 연비 기준은 35.5mpg로 하였지만, 관련 기관(EPA, NHTSA)과 법령(CAA, EPCA)이 다르더라도 2중 규제가 되지 않도록 자동차 제조사의 보고의무와 자료수집 등은 단일화(a single set)하도록 하고 있다. 또한, 연비 및 온실가스 기준준수 미달 시에는 각각 소관법률에 따라 벌칙(penalty) 부과가 가능하도록 하였지만, EPA는 동일한 사안에 대해서 패널티를 부과할 때에는 EPCA에 의한 패널티(penalty)를 충분히 고려(consider)토록 하였다.

새로운 규제를 통하여 9.5톤의 이산화탄소 감축효과와 180억 배럴의 석유절감 효과가 기대되는데, 프로그램 시행을 위해 약 600억 달러 이하의 비용이 소요될 것으로 예상되는 데 비해, 예상되는 경제적 효과는 2,500억 달러 이상으로 보고 있다.

이와 같은 일련의 진행 과정을 보면 미국의 자동차 관련 규제 정책이 기존의 연비 규제 중심에서 온실가스 규제를 병행 규제하는 방향으로 이동하고 있음을 알 수 있다.

---

49) 규제대상인 승용차와 소형트럭이 미국 전체 석유사용의 40%, 교통부문의 온실가스 배출의 약 40%를 차지한다.

50) Green Car Congress, "US EPA and NHTSA Jointly Propose New Fuel Economy and Greenhouse Gas Regulations for Vehicles," http://www.greencarcongress.com/2009/09/epa-nhtsa-20090915.html, 2009. 12. 2. 접속.

〈표 6〉 CO_2기준 및 이에 상응하는 연비(미국): 제조사별 평균

연 도	2012	2013	2014	2015	2016
승용차(g/mile)	261	253	246	235	224
소형트럭(g/mile)	352	341	332	317	302
승용차+소형트럭(g/mile)	295	286	276	263	250
승용차+소형트럭(mpg)	30.1	31.1	32.2	33.8	35.5

출처: www.epa.gov.

Ⅳ. 우리나라의 선택형 단일규제제도

정부는 2009년 2월에 자동차 온실가스를 중심으로 규제하는 방안을 저탄소 녹색성장 기본법 정부안에 반영하여 국회에 제출하였다. 동 정부안에는 대통령령으로 정하는 온실가스 배출허용기준을 정하도록 하고, 부칙에서 에너지이용합리화법에 자동차 연비 규정을 삭제하였다.[51]

하지만, 지난 7월 6일 발표된 「자동차 연비 및 온실가스 기준 개선방안」 안건을 녹색성장위원회를 중심으로 마련하는 과정에서 자동차 온실가스 규제로 전환되는 국제적 흐름과 함께, 지식경제부・환경부간 이견, 자동차 업계의 연비규제 선호 등의 현실적 이유가 종합적으로 고려되어, 연비와 온실가스 규제를 병렬적으로 도입하되 이중규제가 되지 않도록 업계가 선택적으로 단일규제를 받도록 하는 방안이 마련되었다. 특히, 동 과정에서 미국에서 연비와 온실가스 규제를 병렬적으로 도입하기로 한 것이 많은 영향을 미쳤다고 할 수 있다. 우리나라는 2012년부터 단계적으로 연비를 17km/ℓ, 온실가스 배출량을 140g/km 이하로 규제하기로 하였다. 동 기준은 미국보다는 높다고 하나, 유럽연합(EU)의 기준인 130g/km보다는 낮은 중간수준의 절충안을 채택한 것이라 할 수 있다.

2009년 11월 9일 국회 기후변화대책특별위원회(이하 '기후변화특위'라고 한다)는 자동차 온실가스 규제로 되어 있던 저탄소 녹색성장 기본법안을 수정하여 선택형 단일규제를 도입하는 수정안을 통과시켰다.

기후변화특위 논의 과정에서 동조항과 관련하여 법안 문구에 대한 많은 논란이

51) 저탄소 녹색성장기본법안 제47조 제2항 및 부칙 제4조 제8항을 참조하라.

있었다. 지식경제부는 에너지이용합리화법에 따라 연비 및 온실가스를 모두 규제할 수 있도록 요구하였고, 환경부는 연비는 에너지이용합리화법, 자동차 온실가스 규제는 대기환경보전법에 따라 하도록 법안에 명시할 것을 요구하였다. 그리고, 법안 문구에 "대기환경을 오염(또는 훼손)하는"이라는 문구에 대해서도 많은 논란이 있었다. 환경부는 온실가스가 오염물질이라는 것을 명시하자고 주장한 데 반해, 지식경제부는 동 문구뿐만 아니라 대기환경이라는 표현까지도 삭제할 것을 요구하였다. 논의결과, "대기환경을 오염(또는 훼손)하는" 문구는 삭제되고, '대기환경'이라는 표현은 존치하는 것으로 합의에 도달하였다. 그리고 2009년 12월 국회 본회의에서는 기후변화특위 수정안대로 "선택형 단일규제"를 도입하는 것으로 하여 저탄소 녹색성장기본법이 최종 통과되었다.

Ⅴ. 자동차 연비 및 온실가스 규제에 관한 정책적 · 법적 검토

1. 정책적 검토

(1) 선택형 단일규제제도 검토

2009년 7월 6일 녹색성장위원회가 발표한 자동차 연비 및 온실가스에 관한 선택형 단일 규제 제도는 국내외 현실을 잘 반영하고 있다고는 하나, 내용을 보면 타협적이고 모호한 부분이 적지 아니하다. 전 세계적으로 자동차 연비와 온실가스 규제 방향이 불분명한 상황에서 우리나라만 한 방향으로 나아가기 어려운 측면이 있기 때문일 것이다. 따라서 앞으로 국제적인 상황변화에 따라 추가적인 논의가 필요할 것으로 보인다. 현재의 대안은 궁극적인 해결책이라기보다는, 현실적인 이유로 인한 일종의 타협책이라고 할 수 있다.

장기적으로 가능한 대안들을 검토해 보면 다음과 같다.

첫째, 종전과 같이 연비는 직접적으로 규제하고, CO_2는 표시제로 운영하는 방안이 있다. 기존 규제를 그대로 유지하여 새로운 규제에 대한 적응 부담을 줄일 수 있다는 장점이 있으나, EU 등이 자동차 온실가스 규제를 도입하고 있고, 종전에 연비규제를 시행하고 있던 미국마저도 자동차 온실가스 규제 중심으로 관련 규제를 개편하고 있는 국제추세에 역행하는 것이라는 문제점이 있다. 우리나라는 모든 나라에 자동차를 수출하고 있어 세계적인 규제에 맞추어 나가야 하는 상황에서 장기적으로 각국이 연비제도를 계속 존치시킬지 또는 온실가스 규제방향으로 전환하는지 여부는 계속 살펴보아야 할 것이다.

둘째, 자동차 온실가스 규제기준을 설정하고, 연비는 소비자에게 정보를 제공하기 위한 표시제로 운영하는 방안이다. 미국과 달리 우리나라는 현재 연비 규제를 위반하더라도 벌칙이 없으므로 온실가스 규제 기준을 바로 도입하여도 특별한 법적 혼란은 생기지 아니할 것으로 생각되나, 기존의 연비규제에 맞춰 자동차를 제작 또는 수입해오던 업체들 입장에서는 새로운 규제에 대해 다시 적응해야 하는 부담이 있을 것으로 생각된다. 국제적인 추세전환이 명확하지 않은 상황에서 자동차온실가스 규제로 단일화하는 것은 계속적인 검토가 필요할 것으로 보인다.

셋째, 최근 미국처럼 연비 규제뿐만 아니라, 온실가스도 함께 규제하려는 것으로 바뀌, 연비 및 온실가스 기준을 각각 설정하되 규제의 수준이 동일하게 되도록 기준을 상호 고려하여 설정하는 방안이다.[52)]

기존의 연비규제 외에, 자동차 온실가스 규제를 도입하는 데 따른 추가적인 부담이 있고, 자동차 업계의 입장에서는 차종 포트폴리오를 구성할 때 두 기준을 모두 고려해야 하므로 이중 규제에 해당한다는 비판이 있을 수 있다.[53)]

하지만, 연비 규제는 교통부문의 에너지절약을 위해 필수적인 규제이고, 기후변화 대응 필요성 및 자동차 온실가스 관련 규제의 국제 동향 등을 고려하면 양 규제의 필요성이 모두 인정되므로, 연비 및 온실가스 병행규제 방안이 합리적이고 타당한 방안이 될 수 있다. 다만 이중 규제의 문제를 최소화할 수 있도록 규제 수준을 상호 고려하여 마련할 필요가 있다. 즉 온실가스 규제를 중심으로 기준을 마련한 뒤 이에 상응하는 연비 규제 기준을 정립하거나, 연비 규제를 중심으로 기준을 마련한 후 이에 상응하는 온실가스 규제를 정립하여 규제의 형평성을 맞추는 노력이 필요한바, 선택형 규제 제도와 달리 규제내용과 벌칙을 업계 선택에 맡기는 부작용을 방지하고 특히 규제수준이 하향평준화되는 것을 막을 수 있다. 아울러 에너지이용합리법에 의한 연비제도와 달리 대기환경보전법에 의해 온실가스를 규제할 경우 과태료 외에 환경법체제 내에서 일반적으로 사용되고 있는 정지명령·과징금부과 등 다양

52) Green Car Congress, "US EPA and NHTSA Jointly Propose New Fuel Economy and Greenhouse Gas Regulations for Vehicles," http://www.greencarcongress.com/2009/09/epa-nhtsa-20090915.html, 2009. 12. 2. 접속.

53) 연합뉴스, "차업계, 현행 연비제도 유지건의," 2009. 6. 29.

한 정책수단을 사용하거나 정책믹스를 할 수 있는 장점이 있다 할 것이다.

앞에서 살펴본 것과 같이 장기적으로 자동차 온실가스 규제가 바람직한지, 연비규제가 좋은지, 두 제도가 병렬적으로 존재해야 하는지, 선택형으로 해야 하는지, 아니면 두 제도 모두 폐지해야 하는지는 쉽게 결정하기 어렵다 하겠다.

현행 대기환경보전법상 온실가스는 기후·생태계 변화유발물질에 포함되어 규제하고 있다.[54] 위 법률상 기후·생태계 변화유발물질에 관한 규제로는 실태 측정(동법 제 3 조), 배출억제 정책추진(동법 제 9 조), 대기환경개선 종합계획의 수립 및 시행(동법 제11조), 온실가스 배출계수의 개발 및 관리(동법 제12조) 등이 있으나, 대기오염물질에는 포함되지 아니하여 실질적인 기후변화 대응책으로서는 부족하다고 할 것이다.[55] 그리고 "수도권 대기환경개선에 관한 특별법" 및 동법 시행규칙 별표 2에 의거 권고기준으로 자동차 배출가스 종류에 Co_2가 포함되어 있고, "수도권특별법"에 따른 "자동차 배출가스 등급산정방법에 관한 고시"(환경부 고시 2007-193) 제 3 조 제 2 호에 이산화탄소를 배출가스로 규정하고 있다.

종전에는 이산화탄소가 인간에게 직접적인 해를 끼치지는 않는 것으로 보았기 때문에 오염물질로 보지 않았으나, 2007년 노벨평화상을 공동수상한 "기후변화에 관한 정부간 패널(IPCC)"은 제 4 차 보고서에서 온실가스 배출에 의한 기후변화 야기의 과학적 확실성에 대해 종지부를 찍은 바 있다. 미국은 이산화탄소를 건강을 위해(危害)하는 오염물질로 규제해야 한다고 2009년 12월 7일 공식 발표[56]하였다. 미국 환경청(EPA)의 경우 그간 차량에서 방출되는 온실가스를 규제할 권한이 EPA에는 없을 뿐만 아니라, 설령 관련 규제 권한이 있다 할지라도 청정대기법(CAA: Clean Air Act)에 따라 규제를 거부할 수 있는 재량권을 보유하고 있다고 주장해 왔다. 하지만, 매사추세츠주를 포함한 친 온실가스 규제 주들이 EPA를 상대로 소송을 제기하여 이에 대해 2007년 4월 2일 미 대법원은 이산화탄소는 대기오염물질이고, EPA는 청정대기법에 의거하여 규제할 권한이 있으며 이를 거부하는 것은 직무유기에 해당한다고 최종 판결을 내린 바 있다.[57] 동판결에서 연방 대법원은 EPA에 온실가

54) 환경부, 대기환경보전법 제 2 조, 동법 시행규칙 제 2 조 등을 참조하라.

55) 같은 취지, 조홍식·황형준, "녹색성장과 환경법제의 대응," 법제연구 제36호, 2009, pp. 53-54.

56) EPA, "Greenhouse Gases Threaten Public Health and the Environment" 참조. http://www.epa.gov, 2009. 12. 8. 접속.

57) Massachusetts v. Environmental Protection Agency, 549 U.S. 497, 2007; 동 판결의 배경, 쟁점, 반응 등에 대하여는, VOA NEWS, "미 대법원, 환경보호청에 온실가스 규제권한 부여-더이상 온실가스 배출규제 거부 못해," 2007. 4. 5; 이상돈, "미국 대법원, 온실가스 규제를 명하다,"

스가 인류보건에 미치는 영향에 대한 사실관계를 판단하도록 명령하였고, 2007년 12월에 EPA는 첫째, 6대 온실가스가 공중보건을 위협하고(endangement finding), 둘째, 온실가스가 지구 온난화의 원인(cause or contribute finding)이라는 내용의 보고서를 백악관에 제출하였으나 부시 행정부는 이에 대한 검토를 거부하였다. 2008년 1월 EPA는 연간 2만 5천톤 이상의 온실가스 다배출시설 등에 대한 의무보고를 내용으로 하는 "온실가스 의무보고규칙(Mandatory Green House Gas Reporting Rule)"을 발표하였다. 2009년 2월 오바마 대통령은 취임을 즈음하여 캘리포니아 등에서 연방기준보다 강화된 자동차 배출가스 허용기준을 막아온 부시행정부의 환경정책을 재검토하도록 지시하였다. EPA는 2009년 6월 30일 교통부와 Joint Rule making중임에도 불구하고, 연방기준보다 강하고 즉시 시행되는 캘리포니아 등 14개주의 온실가스 규제법안을 최종 승인하였다.[58] 한편, 미 하원은 2009년 6월에 통과시킨 '청정에너지안보법안(Waxman-Markey법안)'[59]에서 온실가스를 "지구온난화 오염물질(global warming pollution)"로 명확히 규정하고, 이산화탄소를 청정대기법에 근거하여 EPA가 규제하도록 하였으며, 미 상원도 2009년 9월에 EPA가 보유한 청정대기법에 의한 온실가스 권한 인정[60] 등을 골자로 한 "청정에너지 일자리와 미 국력법안(Kerry-Bower법안)"[61]의 주요내용을 공개하였다. 코펜하겐 기후변화 당사국 총회가 개회되는 2009년 12월 7일, EPA는 인간활동에 의해 유발되는 온실가스가 미국 국민과 인류 보건에 위해하므로 오염물질로 규제한다는 발표를 했는바, 이는 EPA에서 2009년 4월 21일 인간활동에 의해 유발되는 온실가스가 기후변화 위험을 초래할 뿐만 아니라 인류보건에 위해하다는 초기결정을 발표하고 60일간 의견수렴 및 검토 절차에 돌입하여 8개월만에 최종적으로 도출된 결론이었다.[62] 미국은 2010년부터 청

---

http://www.leesandon.com, 2010. 1. 4. 접속. 등을 참고하라.

58) Green Car Congress, "EPA Grants California Vehicle GHG Regulations Waiver," 2009. 6. 30.; 참고로 연역적으로 볼 때, 캘리포니아는 연방정부가 대기오염에 관한 규제를 하기 시작한 1970년 이전에 대기오염에 관한 규제를 시작하였기 때문에 Federal Clean Air Act에 따라 주(state)의 차량배출가스 기준을 설정할 특별한 권한을 가지고 있었다. 법제처, 세계법제정보, "미 환경청(EPA) 캘리포니아 배출가스 규제를 환원시키다," 2007. 8. 23. http://moleg.tistory.com/594, 2010. 1. 4. 접속.

59) H.R.2454: The American Clean Energy And Security Act of 2009.

60) '청정에너지안보법안'은 온실가스 규제에 있어 EPA의 청정대기법에 의한 권한보다 우선 적용하도록 하고 있는데 반해, "청정에너지 일자리와 미 국력법안"은 EPA의 청정대기법에 의한 온실가스 규제권한을 인정하였다.

61) S.1733: Clean Energy Jobs and American Power Act.

62) 온실가스를 오염물질로 인정하게 됨으로서 관련 소송이 급증할 것으로 예상된다. 2006년 9월

정대기법을 통해 온실가스 저감을 위한 제반 규제 정책을 적극적으로 추진할 전망이다.

그리고 호주 정부는 2008년 6월 탄소'오염'감축계획(Carbon 'Pollution' Reduction Scheme, CPRS)을, 2009년에는 CPRS 법안을 발표하였는데, 이는 온실가스가 오염물질이라는 호주정부의 입장을 명확히 표명한 것이라고 할 수 있다.

이런 점들을 고려해 볼 때, 선택형 단일규제제도나 미국형 병렬규제제도가 비록 최선책은 아니나 차선책으로 검토될 수 있는 대안이 될 수 있다고 본다.

다른 한편, 이산화탄소를 대기오염물질에 포함시키더라도 이산화탄소 배출을 현행의 배출가스 규제와 동일하게 규제하는 것이 타당한지는 별도로 검토할 필요성이 있다. 현행 대기환경보전법 제46조 이하에서 규제하고 있는 배출가스와 이산화탄소는 같은 배출구에서 대기 중으로 배출되어 대기환경에 악영향을 미치는 기체상의 물질이라는 점에서 공통점이 있다. 그러나 배출가스의 경우 차량이 노후화됨에 따라 더 많은 배출가스가 배출될 가능성이 있으므로 차량의 제작단계에서뿐만 아니라 운행단계에서도 규제할 필요성이 있어 현재 대기환경보전법에 근거하여 운행차의 배출가스 정기검사 및 정밀검사(동법 제62조, 제63조) 등을 실시하고 있지만, 이산화탄소의 경우 규제를 도입한 대부분의 나라에서 차량 제작단계의 규제만 두고 있다. 따라서 이산화탄소 배출규제를 도입할 경우 대기환경보전법상의 대기오염물질의 일종으로 규제하더라도 배출가스 규제와는 약간 다른 형태의 규제가 검토될 수 있을 것으로 여겨진다.

2009년 8월 GM에서는 휘발유 1ℓ로 98km를 달릴 수 있는 플러그인 하이브리드카 시보레 볼트를 2010년 말 출시한다고 발표하였다.[63] 볼트는 일반적인 하이브리

캘리포니아주는 지구 온난화 책임을 물어 6대 자동차 회사를 제소한 바 있다. AFP, California Sues Six Carmakers Over Global Warming, 2006. 9.20.; 알레스카 북부 해안마을 키발리나(Kivalina)의 주민들은 2008년 2월 26일 엑슨모빌 · 세브론 등 정유회사 5개, 전력업체 14개, 석탄업체 1개를 상대로 마을을 침수시킨 기후변화에 대해 책임을 묻는 소송을 제기했다. 조선일보, "알래스카 주민들 지구온난화 소송," 2008. 2. 29.; 최근 미 상급심의 입장은 기후변화 문제는 현재 정치적으로 다뤄지는 문제이지만 반드시 비사법적인 문제로 다뤄져야 한다는 것을 의미하지는 않는다고 한다. 코네티컷주(State of Connecticut)와 미 전력회사(American Electric Power Company)의 기후변화 소송, 그리고 코머(Comer)와 머피 오일 사(Murphy Oil USA)의 허리케인 카트리나로 인한 피해가중 소송에서 하급심에서는 원고패소를 내렸으나 연방 고등법원에서는 이를 번복해 원고 승소판결을 내렸다. Mark Hume, Think globally, take legal action locally?, The Globe and Mail, 2010. 1. 4.

63) 서경호, "휘발유 1ℓ로 100km 가는 차 나온다," 중앙일보, 2009. 8. 13.

드카 다음 단계인 플러그인 하이브리드 자동차이며 전기자동차에 가까운 형태의 자동차로 그동안 그린카 개발에 소극적이었던 미국이 친환경자동차 개발에 박차를 가하고 있는 등 세계 자동차업계는 그린카 개발 경쟁에 돌입하고 있다. 전기자동차의 경우 온실가스 배출량이 거의 제로에 가까워 온실가스 배출기준이라는 게 의미가 없을 수 있으므로 순수한 전기차가 본격적으로 생산 판매되면 연비와 온실가스 규제에 대해 대대적인 수술이 필요할 것으로 보인다. 왜냐하면 기존의 자동차가 기계공학적인 측면에서 주로 다루어졌다면 전기자동차는 전자공학적인 측면에서 논의가 되는 등 기술적인 측면에서도 자동차 패러다임 자체가 변화하기 때문이다.

화석연료의 경우에는 화석연료를 엔진 내에서 연소함으로써 실린더를 밀어내고 동 에너지로 자동차가 움직이게 된다. 하지만 전기자동차는 전기에너지를 바로 모터에 공급함으로써 움직이게 되어 상대적으로 에너지 손실 여지가 적어지게 된다.

전기차가 도입되게 되면 자동차는 하나의 전자제품처럼 취급될 수도 있다. 전자제품에 대해서도 에너지소비효율 및 온실가스 배출량을 산정할 수 있지만, 온실가스 배출량은 간접 배출에 따른 것이라 할 수 있다. 전기차의 경우 기존의 연비는 전자제품과 같은 에너지소비효율이 될 것이고, 온실가스 배출량은 전자제품처럼 표시될 것으로 보인다. 두 제도는 표시제도로는 계속 남을 것이다. 하지만, 전자제품의 경우에는 에너지소비효율이 낮다고 벌칙을 주지 않는 것을 감안하면, 에너지소비효율에 따른 벌칙규제는 어려울 것으로 보인다. 반면, 온실가스의 경우 기후변화를 유발하는 오염물질로서 간주한다면 표시제와 함께 생산·판매에 대한 규제는 가능할 것으로 예상할 수 있다.

(2) 규제수준

아래의 그래프는 EU에서 자동차 온실가스를 규제할 때 적용된 자동차 제작사별 온실가스 배출량 규제수준으로 자동차 제작사별로 다른 기준을 적용받게 됨을 알 수 있다.

〈그림 3〉에서와 같이 EU에서는 자동차 온실가스 규제를 자동차 제작사별로 다르게 적용받도록 하고 있다. 온실가스 규제수준인 130g/km는 유럽에 판매되는 전체 자동차에 대한 전체 기준으로 업체별로 일괄적으로 130g/km를 따르도록 하고 있지 않다는 것이다.64)

64) 수입자동차협회에서 개최한 워크숍 발표자료인 "International Conference on FE/GHG," 2009.

〈그림 3〉 EU의 자동차 제작사별 온실가스 규제 수준

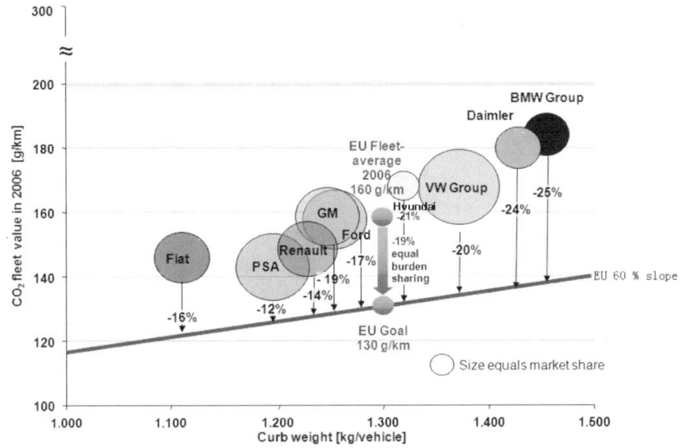

출처: 수입자동차협회 워크숍 자료(2009. 11. 17)

예를 들어, Fiat의 경우에는 현재 온실가스 배출이 낮은 자동차를 주로 판매하고 있고, BMW의 경우에는 현재 온실가스 배출이 높은 자동차를 주로 판매하고 있다. 이에 따라 Fiat는 130g/km보다 낮은 약 120g/km을 적용받게 되고, BMW는 약 140g/km를 적용받게 된다.

이런 점을 감안하여 우리나라의 경우에도 모든 업체에 대해 일괄적으로 17km/ℓ, 140g/km를 적용하기보다는 업체별 현재 상황을 감안하여 규제기준을 적용하는 것이 바람직할 것으로 보인다.

그리고 정부가 발표한 새 규제의 수준 또한 미국보다는 높다고 하나, 유럽연합(EU)의 기준보다는 낮은 수준이라, 제반 여건을 고려하여서 단계적으로 높일 필요가 있다 하겠다. 만일 선택형 규제제도에 의해 연비 또는 온실가스를 규제할 경우 각 부처는 업체로부터 당해 규제제도를 선택받기 위해 규제수준을 하향 평준화할 소지가 없지 아니하다. 따라서 미국식 병행규제제도가 국제수준의 규제수준을 유지하는데 유리할 것으로 보이며, 어느 한 부처에서 연비와 자동차 온실가스를 함께 담당할 경우 업계의 입김에 휘둘려 규제수준이 국제기준보다 낮아질 가능성이 크므로, 연비는 에너지담당부처에서, 자동차 온실가스는 환경담당부처에서 담당하는 것이 적절할 것으로 여겨진다.

---

11. 17.을 참조하라

일류만이 살아남을 수 있는 냉혹한 국제사회에서 우리나라도 최고수준의 자동차 개발기술을 갖추어 나가야 한다. 이를 위해서는 자동차 제작사별로 향후 생산 판매되는 자동차의 포트폴리오를 5년 전에 이미 결정하는 점을 감안할 때, 2015년 이후(Post-2015)의 자동차 규제 기준에 대한 논의도 1~2년 이후에는 다시 시작해야 한다. 이를 위해서 자동차 규제를 입법화할 때에는 지속적인 기준 강화를 위한 추가적 제도적 장치가 필요하다고 하겠다.

(3) 표시제도

지식경제부는 에너지이용합리화법에 따른 연비 규정의 목적 및 내용이 "자동차의 연비 등급 설정 및 자동차 제작사에 대한 평균 연비 준수 의무를 부여"하는 것임에도 불구하고, 2008년 3월 24일 "자동차의 에너지소비효율 및 등급표시에 관한 규정"을 개정하여 에너지이용합리화법에 법적 근거가 없는 자동차 이산화탄소 표시제를 도입하였다. 그리고 지식경제부는 2009년 12월 2일 자동차 연비규정을 개정・고시해 이산화탄소 표시제를 넘어 자동차 온실가스 규제제도를 도입(140g/㎞ 이하 규제)하였다.

지식경제부・환경부 제도의 혼란을 배제하고라도 현행 에너지이용합리화법상에 따른 이산화탄소 표시제도는 법적 근거가 미약하여 추가적인 검토가 필요하다. 특히, 자동차 에너지 효율을 다루는 연비법령에서 자동차 온실가스를 규제할 수 있는지 의문인바, 이것은 대기환경보전법에서 자동차 온실가스를 규제하면서 연비를 함께 규제하는 것과 같은 불합리성 때문일 것이며 선진 각국의 입법례도 마찬가지인 것으로 안다.[65] 또한 법이나 시행령이 아닌 고시에서 자동차 온실가스를 규제하는 것이 가능한 지도 의문이다.

(4) 측정방법

지식경제부와 환경부는 동일 차량에 대해 유사한 방법으로 유사한 항목에 대하여 2차례 측정을 별개로 실시하고 있다. 지식경제부는 자동차를 수입・제작하고자 하는 경우에 지정된 시험기관으로부터 연비 측정의 명목으로 이산화탄소와 연비를

65) Vehicle Fuel Economy Labels—A guide for motor vehicle traders(EECA, 2009); Revision of the CO_2/cars labelling directive 1999/94/EC—Concept paper prior to the stakeholders meeting on 5 June 2008(ADAC, 2008); Staff Report : Proposed Amendments to The SMOG Index Vehicle Emissions Label(CARB, 2007)를 참조하라.

측정 받아야 한다. 이에 반해, 환경부는 배출가스 인증시험에 따라 자동차를 수입·제작하고자 하는 경우에 자동차 배출허용기준에 맞게 유지되는지 여부에 대하여 인증을 받아야 한다. 동일 차량에 대한 중복시험으로 불필요한 업무 및 예산 낭비를 초래하게 되는 문제점이 있다.

따라서 연비, 배출가스의 측정을 일원화할 필요가 있다 하겠다. 현재 대기환경보전법에 따라 수행하고 있는 배출가스 측정의 경우에는 국가에서 인증해야 하고, 에너지이용합리화법에 따른 연비 측정은 민간에서 수행하고 있다.

2009년 12월 2일 개정한 지식경제부의 고시 별표 1에 의하면 대기환경보전법에 의한 자동차 배출가스 측정방법에 따라 배출가스 농도를 측정토록 하고 있으나 주행거리 축적이 160km 이내로 대기환경보전법의 3,000km 이상인 측정방법과 달라 동일 차량에 대하여 2차례의 시험실시가 요구되는바, 연비 및 온실가스 측정시험을 외국과 같이 배출가스 인증시험으로 일원화·간소화하는 작업이 필요하다고 본다.[66]

2. 법적 검토

(1) 입법 형태

자동차 연비와 온실가스 규제 도입의 필요성 및 규제 형태와 관련하여 단기적으로는 선택형 단일 규제 방식이 바람직하다고 할 것이나, 동 방안의 문제점은 무엇인지, 문제점에 대한 해결방안은 무엇인지 등에 대해서도 추가로 검토해 보아야 한다.

1개의 기준만을 도입하는 경우와는 달리 선택형 단일규제 제도의 경우에는 어느 한 기준을 정하면서 다른 기준을 고려하지 아니할 수 없어 나름대로의 의미가 있다 하겠다. 그러나 2개의 규제 수준이 동일하지 아니한 경우 더 강한 규제를 하는 기준은 자동차 업계에서 선택하지 아니할 것이 분명해 사문화될 수밖에 없다고 본다. 위와 같은 선택형 단일규제 제도의 문제점을 해결하기 위해서 가장 적합한 방안은 2개의 기준의 규제 수준을 동일하게 하여 어느 하나의 기준을 선택하여 준수하더라도 결과적으로 다른 기준도 준수하게 되도록 사실상 단일규제 방식을 채택하는 것이라 생각된다.

우선 우리나라의 경우 다른 나라와 달리 자동차에 사용되는 유종이 휘발유·경

66) 참고로 미국의 경우, 교통부(DOT)에서는 연비규제시 환경청(EPA)에서 배출가스 인증시험시 측정된 연비값을 그대로 활용하고 있다.

유·LPG로 다양하므로 유종에 따라 규제 수준을 정하는 방법을 검토해볼 필요가 있다고 본다. 즉 앞서 본 바와 같이 유종이 다양한 경우 연비와 이산화탄소 배출량이 반드시 상관관계에 있다고 볼 수는 없으나, 동일 유종 내에서는 그 상관관계가 인정되므로 유종별로 규제 기준을 정하는 방안도 생각해 볼 수 있다.

또한, 에어컨의 냉매제 사용시 발생하는 수소불화탄소(HFCs)의 경우 온실가스에는 해당하나 연비와는 아무런 상관성이 없는바, 미국의 경우와 같이 연비 기준을 정하면서 수소불화탄소(HFCs)의 감축 등도 고려하는 것도 검토할 필요성이 있다. 즉 EPA는 오바마 대통령이 2009년 5월 19일 연비 기준을 2016년부터 35.5mpg로 상향조정하고 온실가스를 저감할 계획임을 발표함에 따라 2009년 9월 15일 연비 기준 35.5mpg에 상응하는 이산화탄소 배출 기준을 250g/mile로 정하여 발표하였는바, 고속도로 교통안전국(NHTSA)은 EPA의 이산화탄소 배출기준의 에어컨 개선에 따른 수소불화탄소(HFCs) 감축 인정 등을 고려하여 연비기준을 34.1mpg로 하향 조정한 바 있다.[67)]

연비 및 온실가스 선택형 단일규제 방안을 선택하는 경우 입법방식으로는 다음과 같은 방안을 생각해 볼 수 있다.

첫째로 저탄소 녹색성장 기본법을 개정하여 동법에서 연비는 에너지이용합리화법에서, 자동차 온실가스는 대기환경보전법에서 각각 정하도록 명시하는 것이다. 이 방안은 저탄소 녹색성장 기본법에서 연비와 자동차온실가스 규제기관 및 입법형태 등을 명시적으로 해결하는 방안이다.

둘째로 연비와 온실가스 규제를 모두 에너지이용합리화법에서 규율하는 방안이다. 에너지이용합리화법에서 연비 기준과 함께 온실가스 기준도 정하면서, 에너지이용합리화법에 따른 연비 기준을 택하는 경우에는 동 법안에 따른 온실가스 기준이 배제된다고 보는 것은, 저탄소 녹색성장에 관하여서는 다른 법률에 우선하여 적용하려는 저탄소 녹색성장기본법의 취지에 부합하지 아니하고, 또한 에너지 효율, 연비 문제를 다루는 에너지이용합리화법에서 오염물질 또는 지구온난화 유발물질인 온실가스를 직접 규제하는 것은 적절하지 않고 외국의 입법례도 없는 것으로 안다.

셋째, 연비와 온실가스 규제를 모두 대기환경보전법에 규율하는 방안인데, 두 번째 방안의 반대라고 할 수 있는데, 에너지효율을 규율하는 연비제도를 에너지법이

---

67) NHTSA, "Joint Rulemaking to Establish Vehicle CAFE and GHG Emissions Standards." http://www.nhtsa.dot.gov/portal/fueleconomy.jsp, 2009. 12. 2. 접속.

아닌 대기환경보전법에서 규율하는 것은 이 또한 타당하지 아니하다.

넷째, 선택형 단일규제의 소관·관리방식·규제 법령 등을 법에 명시하지 아니하고, 저탄소 녹색성장 기본법 시행령에서 해결하는 방안이다. 시행령에서 기본적인 사항을 규정하고, 구체적·세부적 내용은 고시로 위임하는 것이다.

생각건대, 입법학적으로 볼 때 첫 번째 입법형태가 입법목적, 규제내용 등을 고려할 경우 가장 바람직하다고 여겨진다. 국회를 통과한 저탄소 녹색성장기본법에는 자동차 배기가스 중 온실가스를 줄임으로써 쾌적하고 적정한 대기환경을 유지할 수 있도록 온실가스 규제를 도입하도록 규정하고 있어 사실상 대기환경 관리 차원에서 자동차 온실가스를 규제하도록 하고 있는바, 미국 등의 입법동향에서 볼 수 있듯이 대기환경보전법에 따라 자동차 온실가스 규제제도를 도입하는 것이 적절할 것으로 보인다.

참고로 선택형 단일규제의 입법방식은 에너지이용합리화법과 대기환경보전법에 상대기준을 만족할 때에는 자기 법령에 따른 규제 적용을 받지 않도록 하여 해결할 수 있다. 예를 들어, 에너지이용합리화법에서는 자동차 제작사가 연비 규제를 준수하되, 대기환경보전법에 따른 온실가스 규제를 준수한 경우에는 에너지이용합리화법에 따른 연비규제를 이행한 것으로 본다고 규정할 수 있다. 대기환경보전법에도 비슷하게 규정하면 될 것이다.

한편, 정부는 저탄소 녹색성장 기본법 시행령을 제정하는 과정에서 자동차 연비와 온실가스 배출기준 및 제재의 소관 및 법적 성격을 산업육성 지원측면에서 바라보는 것이 적절한지, 아니면 환경규제 측면에서 바라보는 것이 적절한지에 대해 많은 논의를 하였다. 결국 국제적인 추세를 고려하고, 자동차 연비 및 온실가스 기준 설정과 제재는 지원보다는 규제측면에서 접근하는 것이 보다 바람직하다는 결론에 따라, 동법 시행령(2010년 4월 14일 시행)에서는 연비기준은 지식경제부에서, 자동차 온실가스 기준은 환경부에서 각각 정하되 환경부가 지식경제부와 협의하여 이들 양 기준을 통합 고시하고, 자동차 연비와 온실가스의 적용, 관리규제 업무는 환경부로 일원화해 관장하도록 하였다.[68]

---

68) 저탄소 녹색성장 기본법 시행령 제37조(자동차의 평균에너지소비효율 및 온실가스 배출허용 관리) ① 법 제47조 제2항에 따라 교통부문의 온실가스 관리를 위한 업무를 추진할 때 자동차 평균에너지소비효율기준은 지식경제부장관이, 자동차 온실가스배출허용기준은 환경부장관이 각각 정하되, 자동차 제작업체(수입업체를 포함한다. 이하 같다)에 대한 자동차 평균에너지소비효율기준 및 자동차 온실가스 배출허용기준의 적용·관리는 환경부장관이 관장한다. 이 경우 환경

저탄소 녹색성장 기본법과 동법 시행령은 자동차 연비 및 온실가스규제의 원칙과 추진주체만 명시했을 뿐, 아직 자동차 제작사 대상의 세부적인 법적 규제장치를 갖추고 있지 않다. 따라서 자동차 연비 및 온실가스 관리규제업무를 관장하게 된 환경부는 자동차업계, 학계 및 이해관계자들의 의견을 광범위하게 수렴해 관련 법령개정 및 고시제정을 조속히 추진할 필요가 있다. 유의할 점은 관련법령 개정 및 고시제정에 있어서 정부는 규제로 인한 자동차 업계의 현실적 어려움과 국제경쟁력 등을 감안하여 경직적이 아닌, 유연성(flexibility) 있는 제도의 설계가 중요하다는 점을 인식할 필요가 있다. 자동차 연비 및 온실가스 배출 규제에 따른 유연성 제도에는 기준의 단계적 적용, 차량무게를 고려한 공차중량방식, 일정대수 이하 판매 제작사에 대해서는 유예기간 설정, 그린카에 대한 추가적인 인센티브 부여, 초과달성분 및 미달분에 대해 소급·이월(carry back-carry forward)을 허용하는 제도, 초과달성분에 대한 크레딧(credit) 거래제도, 배출가스, 연비 및 온실가스 배출량의 측정방법 및 관련 절차의 개선, 이중규제가 되지 않도록 하는 기준, 제재의 조정 등이 있을 것이다.

(2) 제제 수단

자동차 규제를 업계에서 준수하도록 하기 위해서는 과징금·과태료 등의 제제수단이 완비되어야 한다. 하지만, 현행 연비제도에는 벌칙이 없으며, 자동차온실가스규제 또한 아직 제제수단이 없다.

앞으로 제제수단을 도입하게 되면, 연비 또는 온실가스 기준을 초과한 제작사나 소비자에 대해 제제 또는 불이익을 주는 것이 가능할 것으로 보인다.

우선 연비규제의 경우에는 현행 연비 규제의 근거 법률인 에너지이용합리화법의 관련 규정을 정비하면 될 것으로 본다.

자동차 온실가스 규제의 경우에는 관련법령이 결정되지 않았지만, 온실가스 규제를 도입하는 관련법령에 제제수단 등의 근거와 세부기준을 마련하면 될 것으로 보인다.

하지만, 소비자에 대한 제제가 둘 다 가능할지는 생각할 필요가 있다. 온실가스

부장관은 해당 기준의 적용·관리에 관한 자료를 지식경제부장관에게 제공하여야 한다. ② 환경부장관은 국내외 자동차 산업의 여건, 국제적인 규제 동향, 측정 방법·절차 및 제재의 단일화 등을 고려하여 자동차 제작업체가 제 1 항에 따른 자동차 평균에너지소비효율기준 및 자동차 온실가스 배출허용기준을 선택적으로 준수할 수 있도록 하는 기준 등을 지식경제부장관과의 협의를 거쳐 관보에 고시한다.

의 경우에는 기후변화 오염을 유발하는 원인으로 배출원인의 책임을 물을 수 있지만, 연비의 경우에는 추가적 · 법리적 검토가 필요하다. 그러나 미국의 에너지법 등의 경우 연비위반에 대한 벌칙을 두고 있는 점, 에너지사용 억제 등의 입법목적 달성을 위해 가능할 것으로 본다.

한편 연비와 온실가스가 일정한 상관관계가 있다지만, 동일하지는 않기 때문에 양 기준 위반시 동일하게 제재하는 것이 타당한지 추가로 검토할 필요가 있다. 특히, 업계가 선택적으로 규제를 받게 된다면 업계는 제재수준뿐만 아니라 제제의 정도도 고려해야 하는 불합리성이 발생할 수 있고, 연비규제 위반에 대해 벌칙을 낮게 설정한다면 자동차 온실가스 위반에 대한 강한 규제는 사실상 사문화될 가능성이 높다 하겠다. 그리고 온실가스 규제는 환경규제의 일종이기 때문에 연비규제에서 할 수 없는 배출허용기준 위반시의 정지명령, 과징금부과 등 다양한 제재수단이 고려될 수 있는데, 연비와 온실가스 규제 위반에 대한 제재를 동일하게 할 경우, 효과적이고 다양한 제재수단을 사용하지 못하는 결과를 야기할 수 있다.

따라서 미국 정부에서 도입하려는 연비와 온실가스 병렬규제와 양규제의 특성을 살린 제재수단 도입이 합리적일 것으로 보인다. 둘 다 제제를 하되, 서로 제재 정도를 고려해 주는 것이 에너지절약, 온실가스 감축이라는 두 마리 토끼를 동시에 잡을 수 있기 때문이다.

(3) 인센티브—디스인센티브 관련 입법 조치

자동차 연비가 높고 온실가스 배출이 적은 자동차를 생산하더라도 소비가 되지 않으면 기술개발은 오히려 자동차 제작사에 추가경비 부담만을 안겨줄 수 있다. 국내외적으로 친환경 자동차에 대한 수요가 증가하고 있다고는 하나 아직도 대형차 중심의 시장에서 벗어나고 있지는 못하고 있다. 정부가 과감하게 자동차 제작사에게 친환경 자동차를 생산하도록 입법을 통해 규제를 강화하더라도 소비자에 대한 친환경 소비를 유도하지 못한다면 자동차 제작사에 어려움만 가중시킬 것이다. 따라서 친환경차 수요를 확대하기 위한 후속입법 작업은 자동차 제작사에 대한 연비 및 온실가스규제 입법과 같이 추진되는 것이 바람직하다.

부담금부과의 근거가 되는 개별 법률에는 부과요건 등이 구체적이고 명확하게 규정되어야 하고, 다만 세부적인 내용을 당해 법률이 구체적으로 범위를 정하여 대통령령 · 총리령 · 부령 또는 조례 · 규칙으로 위임할 수 있는 것이므로,[69] 저탄소 녹색성장기본법 제47조 제 3 항[70]의 규정이 구체적으로 범위를 정하여 시행령 등에 위임하고 있지 아니한 이상 자동차 등의 이산화탄소 배출 규제를 위하여 부담금을 부과하려면 별도의 법률로 규정할 필요성이 있다고 본다.[71] 즉 자동차 등의 이산화탄소 배출을 저감하기 위하여 부담금 부과 등의 규제를 하려면 법률로 부담금의 부과요건 등을 구체적이고 명확하게 규정하여야 하며, 또한 배출허용기준 위반시 제재수단 등의 규제를 두려는 경우에도 법률에 그 근거가 있어야 할 것이다.

현재의 경유차 환경개선부담금제도의 경우 처음 도입취지[72]와는 달리 기술이 발전됨에 따라 유로 5 기준을 만족하는 경유차가 초래하는 대기오염의 사회적 비용이 휘발유차의 그것에 비해 크게 차이가 나지 않을 정도로 축소되었는바, 경유차에 부과되고 있는 현행의 환경개선부담금제도는 개편이 필요한 상황이다. 2009년 7월 6일 녹색성장위원회의 대통령 보고 시 이르면 2011년부터 자동차세 부과기준을 현재의 배기량에서 연비와 온실가스 배출량기준으로 바꿀 계획임을 발표 하였는바, 동 제도의 세부기준을 마련할 때 환경개선부담금제도와의 연계 방안에 대해 검토할 필요가 있다고 본다. 참고로 프랑스에서는 2008년 1월 1일부터 CO_2를 적게 배출하는

〈표 7〉 차량 구입 시 인센티브/페널티(프랑스)

<table>
<tr><th>CO₂ 배출량 (g/km)</th><th>인센티브 (유로)</th><th>페널티 (유로)</th></tr>
<tr><td>60 이하</td><td>5,000</td><td rowspan="4">-</td></tr>
<tr><td>60~100</td><td>1,000</td></tr>
<tr><td>101~120</td><td>700</td></tr>
<tr><td>121~130</td><td>200</td></tr>
<tr><td>131~160</td><td>-</td><td>-</td></tr>
<tr><td>161~165</td><td rowspan="4">-</td><td>200</td></tr>
<tr><td>166~200</td><td>750</td></tr>
<tr><td>201~250</td><td>1,600</td></tr>
<tr><td>250 이상</td><td>2,600</td></tr>
</table>

69) 기획재정부, 부담금관리기본법 제 4 조를 참조하라.

70) 저탄소 녹색성장 기본법 제47조 제 3 항은, "정부는 온실가스 배출량이 적은 자동차 등을 구매하는 자에 대하여 재정적 지원을 강화하고 온실가스 배출량이 많은 자동차 등을 구매하는 자에 대해서는 부담금을 부과하는 등의 방안을 강구할 수 있다"라고 규정하고 있다.

71) 한국자동차공업협회, "2008 한국의 자동차 산업—국내 · 세계 자동차통계," 2008, pp. 110-111.

72) 환경부, "'07 수도권 운행 경유자동차 배출가스저감사업—보조금 업무처리지침"을 참조하라.

〈표 8〉 이산화탄소 저/고 배출 차량의 판매량 변화(프랑스)

차량의 CO_2 배출량(g/㎞)	2007 등록(대)	2008 등록(대)
100g 이하	355	2,086
100~120	405,674	718,448
121~130	229,570	209,368
131~160	932,577	835,589
161~165	50,934	38,557
166~200	317,456	183,807
201~250	96,417	46,666
More 251	27,934	12,263

출처 : 환경부, 자동차 온실가스 저감대책, 2009. 5.

차량을 구매할 때에는 보너스를 지급하고, CO_2를 많이 배출하는 차량을 구매할 때에는 벌금을 부과하는 "Bonus-Malus"제도를 시행하고 있는데, CO_2를 적게 배출하는 차량의 구매율이 2007년 대비 77~487% 급증한 사례가 확인되었는바, 차량 구매자 대상 인센티브-디스인센티브제의 도입시 적극 참조해 볼 필요가 있다고 하겠다.[73]

이 외에도 교통혼잡료 부과 확대, 교통유발부담금 확대에 대한 추가적인 검토가 필요할 것으로 여겨진다.[74]

Ⅵ. 결 론

지금 세계는 금융위기에 따른 국제경제 회복과 지구온난화에 의한 기후변화·에너지 문제라는 범세계적인 현안을 해결해야 하는 과제를 안고 있다. 우리나라도 이러한 세계적 흐름을 빗겨갈 수 없으며 국제적 흐름에 빠르게 대응하기 위해서는 관련 법령을 정비하고 더 나은 법적 수단을 강구해 나가는 것이 필요한 시점이다.

73) 한국조세연구원, "자동차 관련 세제정책의 방향," 2008, pp. 11-16.

74) 서울시정연구원, "승용차 이용감축을 위한 서울시 교통수요관리 추진방안," 2007.; 국토해양부, "교통 혼잡을 완화하는 대도시권 교통정책 방향," 2008; 서울시정연구원, "U-서울 도래와 서울시 교통대응 전략—ITS 사업," 2008.을 참조하라.

자동차는 산업적으로나 환경적으로 대단히 중요한 상징이자 상품이라 할 수 있다. 따라서 자동차와 관련해 잘 설계되고 계획된 제도설계는 기후변화대응, 에너지 위기 극복, 신성장동력 육성이라는 일석삼조의 효과를 기대할 수 있는 반면, 만일 정책적 · 법적 틀(framework)을 잘못 설계할 경우 자동차 시장을 혼란과 어려움에 빠뜨릴 수도 있다.

이상에서 살펴 본 바와 같이 단기적으로는 기존의 연비제도를 정비하여 효율적으로 정비 · 운영하여야 하고, 저탄소 녹색성장 기본법이 제정된 만큼 자동차 연비 및 온실가스 규제를 선택적 단일규제로 관련 개별법을 개정하고 고시를 조속히 제정하여야 한다. 그러나 중장기적으로는 미국처럼 연비와 온실가스를 병행규제할 것인지, 아니면 EU처럼 자동차 온실가스로 단일규제할 것인지에 대해서도 국제적 흐름과 경제적 · 환경적 측면 등을 두루 고려해 진지한 검토가 있어야 할 것이다. 또한 2차 전지, 스마트 그리드 및 자동차 관련 기술의 급격한 발전에 따라 하이브리드카 · 수소전지카 · 순수전기차 등이 속속 등장하고 있어 현재와 같은 연비, 온실가스 규제시스템이 언제까지 지속할 수 있을지도 가늠하기 어려운 상황이다. 그러나 중요한 것은 규제방법일 수도 있지만, 이보다 더 중요한 것은 규제수준이라 본다. 왜냐하면 자동차 연비와 온실가스 규제를 도입하는 것이 궁극적으로는 화석연료를 소비하는 자동차가 시장에서 사라지고 전기차로 나아가기 위한 것이기 때문이다. 따라서 정부는 지속적으로 연비와 온실가스 규제를 잘 조화하는 법적 체제를 만들고 규제수준을 단계적으로 강화하는 것이 저탄소 녹색성장으로 나아가는 데 있어 효과적인 정책이라 할 수 있을 것이다. 앞으로 우리가 지향해야 할 최선의 규제방법은 세계적인 추세(trend)를 적기에 반영하여 우리 자동차 산업의 경쟁력을 향상시키면서 범세계적 현안인 기후변화 · 에너지문제에 효과적으로 대응하는 것이라고 생각한다.

제 4 절 기후변화정책과 철강산업

박 현*

Ⅰ. 철강산업과 온실가스 배출

1. 세계철강산업의 현황 및 전망

1990년대 소폭으로 증가하던 세계 철강수요는 2000년대에 들어 가파른 상승세를 보였다. 2008년 기준 세계 철강산업의 조강[1]생산량은 총 13억 2천 7백만톤[2]인데, 2000년의 8억 4천 7백만톤에 비하여 약 57%, 매년 약 5.8%씩 증가한 양이다. 1991년~2000년 기간의 조강생산 증가가 년간 약 1.6%에 불과한 데 비하면 3.6배나 높은 수치이다.

2000년대 들어 나타난 철강수요 및 생산의 급속한 증가세는 단연 중국과 인도가 주도하여 왔다. 2000년~2008년 기간 동안 한국과 일본의 철강생산량 증가가 각각 24%와 12%에 머무른 데 반해 중국은 293%, 인도는 105%를 기록하였다.

철강수요 및 생산의 증가세가 앞으로도 계속될 것인가에 대한 논란은 있을 수 있으나, 장기적으로 지속될 가능성이 높아 보인다. 2008년도 세계 인구[3]를 약 67억

* 포스코 환경에너지실 기후에너지그룹 팀장, 공학박사(hyeonpark@posco.com).

1) 조강[粗鋼, crude steel]: 제강로(製鋼爐, 또는 전로 轉爐)에서 제조된 그대로의 가공되지 않은 강철.

2) Worldsteel Association, World Steel in Figures 2009(2009).

3) U.S. Census Bureau(2008).

명으로 추산할 경우, 조강생산량 13억2천7백만 톤은 대략적으로 세계 1인당 약 0.2톤의 철강수요에 해당된다. 인구통계기관에 의하면 2050년 세계 인구가 약 95억명에 이를 것으로 전망되는 가운데, 아시아 및 아프리카 등 개발도상국을 중심으로 한 철강수요가 지속적으로 늘어나, 1인당 철강수요가 0.3톤까지 상승한다고 가정하면 2050년 세계 철강산업의 조강생산량은 현재 대비 2배가 넘는 28억톤에 이를 수 있음을 의미한다.

汎세계적으로 향후 수 십년간 철강수요와 생산량의 증가는 불가피하며, 이는 철강생산과정에서 배출되는 온실가스 양도 지속적으로 늘어날 것임을 뜻한다. 또한 중국의 조강생산량이 세계 전체량의 30%를 상외하는 가운데, 韓·中·日간 철강산업의 경쟁은 갈수록 치열해지고, 3국 간 철강재 무역구조가 중국向 수출기조에서 중국發 수입기조로의 변화가 뚜렷해지고 있다.

지구온난화가 범지구적인 참여와 노력을 요하는 동시에, 철강산업의 대한 기후변화정책이 해당국 업계의 산업경쟁력에 영향을 미칠 수 있음을 고려할 때, 국내 정책 마련 시 세계 철강수요 전망과 중국의 정책기조는 반드시 고려해야 하는 사항이다.

〈그림 1〉 세계 조강생산량 추이[4)]

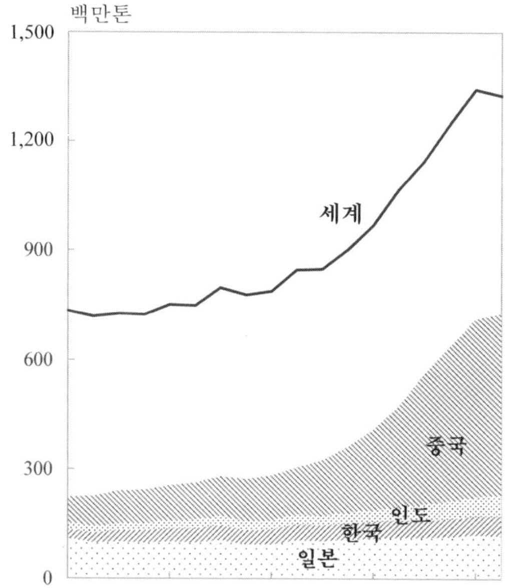

4) Worldsteel Association, World Steel in Figures 2009(2009).

2. 철강공정의 온실가스 배출원인

일관제철은 철광석을 원료로 사용하여 고로(용광로)에서 쇳물(용선)을 생산한 다음, 불순물을 제거하는 정련과정을 거쳐 조강을 만든 후 압연강판으로 만드는 일련의 철강제조 공정을 일컫는다.

우리나라는 ㈜포스코가 유일하게 고로를 갖춘 일관제철공정을 포항제철소와 광양제철소에 보유하고 있다. 1968년 설립되어 1973년 첫 쇳물을 생산한 이래 2008년도 기준 약 3천3백만 톤의 조강을 생산하였다. 국내 두 번째 고로社인 ㈜현대제철은 연산 4백만 톤 규모의 당진제철소를 2010년 가동을 목표로 건설 중에 있다.

(1) 일관제철에서 배출되는 온실가스의 대부분은 이산화탄소(CO_2)

일관제철의 가장 많은 에너지를 필요로 하는 공정은 제선공정이다. 산화철(철성분이 산소와 결합되어 붉은 색을 띰)로 이루어진 철광석을 환원(산소를 떼어내는 반응)시켜 순수한 철로 만드는 과정이다. 환원제로 탄소가 주성분인 석탄원료가 사용되며, 환원반응과정에서 탄소가 산소가 결합하여 이산화탄소(CO_2)가 배출된다. 일관제철 공정에서 배출되는 온실가스의 대부분은 이산화탄소이며, 대부분인 약 90%가 석탄을 사용하는 제선공정에서 배출된다.

(2) 철강의 이산화탄소 배출량은 생산량과 밀접한 관계

일관제철의 석탄은 연료가 아닌 환원제의 역할을 하는 원료이며, 이산화탄소 배출량은 석탄사용량, 즉 철강생산량과 거의 비례적인 관계를 가진다. IPPC 1996 가이드라인을 포함한 다수의 온실가스 배출량 산정 가이드라인,[5][6]은 철강의 온실가스 배출을 연료에 의한 배출이 아닌 공정배출(process emissions)로 분류하고 있다.

석탄을 타원료로 대체하는 것은 자원 및 기술의 가용성, 경제성 등을 고려할 때 단기적으로 쉽지 않다. 이를 해결하기 위한 기술개발이 추진되고 있으나 장기간이 소요되는 프로젝트가 대부분이다. 대표적인 프로그램은 국제철강협회가 주도하고 한국, 유럽, 일본, 미국, 호주 등 주요국 철강업계가 참여하여 지난 2003년부터 추진중인 Worldsteel CO_2 Breakthrough Programme[7]이다. 유럽 철강업계가 공동 참여하

5) IPCC Guidelines for National Greenhouse Gas Inventories(1996).
6) EU ET Guidelines for the Monitoring and Reporting of GHG emissions(2004).

는 ULCOS,[8] 일본철강연맹 중심의 COURSE 50,[9] 한국의 POSCO 프로그램으로 구성되어 있다.

3. 산업 생산활동과 온실가스 배출

2006년도 기준 전세계 온실가스 배출량은 약 460억톤이며, 철강산업은 약 14억톤을 배출하여 3.2%를 차지하고 있다. 우리나라 산업부문 배출비중이 높고, 농업 폐기물 등 기타부문이 상대적으로 낮은 것은 주로 산업구조적 차이에 기인한다.

〈표 1〉 부문별 온실가스배출 비중, 2006년도[10]

부 문	세계 배출비중	국내 배출비중
산 업	10.5%	37%
발 전	25.9%	29.9%
교통/수송	14.5%	16.7%
가정/상업	7.3%	9.5%
기타(농업 폐기물 등)	41.8%	6.9%

〈표 2〉 주요국 부문별 CO_2 배출구조, 2007년도[11]

국 가	전력, 난방	산 업	수 송	가 정	기 타
중국	48.8%	31.5%	6.6%	4.8%	8.4%
브라질	10.7%	30.7%	40.7%	4.6%	13.3%
일본	38.9%	22.1%	20.5%	5.6%	12.9%
한국	41.1%	20.9%	19.4%	7.3%	11.3%
인도	58.2%	20.4%	8.4%	8.7%	4.2%
EU15	33.2%	16.7%	25.9%	13.0%	11.2%
캐나다	23.1%	16.6%	29.2%	7.3%	23.9%
멕시코	31.1%	15.0%	33.6%	5.5%	14.8%
미국	42.7%	10.9%	31.2%	6.0%	9.2%

7) Worldsteel, Steel industry launches global initiative to explore opportunities to radically reduce CO_2 emissions, 06 Oct. 2003(http://www.worldsteel.org).

8) ULCOS: Ultra Low CO_2 Steelmaking.

9) COURSE 50: CO_2 Ultimate Reduction in Steelmaking Process by Innovative Technology for Cool Earth 50.

10) (세계) IEA World Energy Outlook 2008, (국내) 지식경제부 보도자료('09. 2. 3).

11) OECD in Figures 2007.

일본, 한국 등 제조업 기반의 경제구조를 가지고 있는 국가는 상대적으로 산업부문의 비중이 높게 나타나는 반면, 서비스 산업이 발전하고 제조업 비중이 감소한 유럽연합 15개국, 미국, 캐나다 등은 비중이 낮게 나타난다.

우리나라는 제조업 및 중화학공업 중심의 에너지집약형 산업구조를 형성하고 있다. GDP의 2004년 제조업 비중은 31.3%로 오히려 더 증가하였으며, 2020년까지 중장기적으로 다소 하락하나 여전히 제조업 중심이 될 것으로 전망된다.[12)]

특히 철강, 석유화학, 시멘트산업 등 중화학공업 비중이 선진국 대비 높은데, GDP의 중화학공업 비중은 '04년 26.0%에 달한다.[13)] 제조업 내 경공업 비중은 '00년 22.4%에서 '05년 17.5%로 감소한 반면, 중화학공업이 77.6%에서 82.5%로 상승하였다.[14)]

〈그림 2〉 제조업 GDP 점유비 변화[13)]

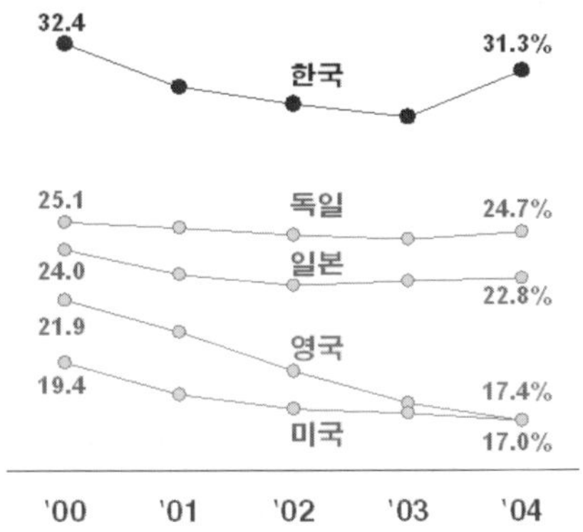

〈그림 3〉 중화학공업 GDP 점유비, 2004년[13)]

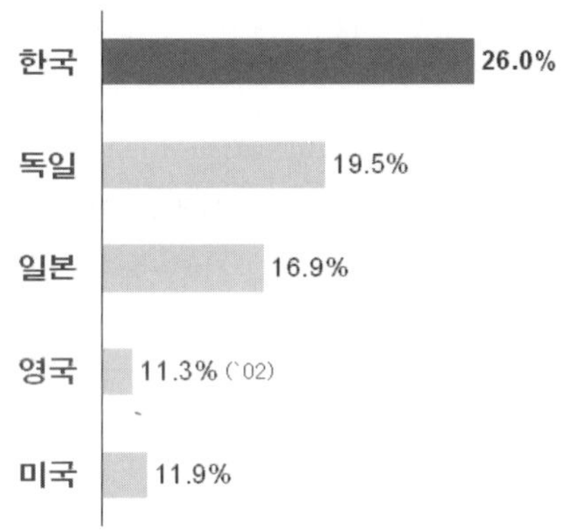

온실가스의 주 배출원인을 소비활동 또는 생산활동으로 구분하여 보면, 통상 소비활동과 연관성이 높은 상업, 가정부문에 비하여 우리나라의 온실가스 배출비중은 생산활동인 산업부문이 월등히 높다. 이는 온실가스 감축정책이 순(純)비용을 수반토록 적용될 경우, 여느 국가에 비해 제조산업 및 경제에 미치는 영향이 클 수 있음을 의미한다.

12) 포스코경영연구소 전문가 자문(2008).

13) 통계청 국가통계포털(2008).

14) 포스코 경영연구소 전문가 자문(2008).

Ⅱ. 철강산업과 온실가스 감축정책

1. 유럽연합 배출권거래제와 철강산업

유럽연합은 2005년 1월 산하 25개 회원국이 참여하는 배출권 거래시장을 출범시켰다. 당시 회원국에 위치한 12,000개의 사업장이 의무적으로 참여하고, 총 온실가스 배출량의 45%를 커버하는 세계 최대규모를 자랑하는 최초의 국제적 거래시장의 탄생이었다.[15][16]

동 제도는 유럽연합집행위원회(European Commission)가 2001년 10월 유럽의회에 제출하고, 2003년 7월 의회의 승인을 득한 후 동년 10월에 발효되는 등 2005년 1월 거래시장 출범에 앞서 짧지 않는 준비기간을 가졌음에도 불구하고, 세부적인 시행일정이 지연되는 문제점을 드러내었다. 배출권거래제 운영 및 시스템에 관한 제반 규칙은 출범 한달 전인 2004년 12월에야 가까스로 마련되었고, 국가별 배출 허용량 할당계획(National Allocation Plan)에 대한 유럽연합집행위원회의 승인절차는 출범 후 약 6개월이 지난 시점까지도 마무리되지 못하였다.[17][18][19]

특히, 정부-산업계, 정부-유럽연합집행위원회 간에 배출허용량 할당을 둘러싼 심한 의견 충돌을 보였다. 2004년 1월 Arcelor사(現 Arcelor-Mittal사)가 유럽재판소에 제소한 배출허용량 할당의 법규위반 심판청구를 하였으며 영국정부는 자국산업에 할당된 배출허용량이 타국가에 비하여 적다는 이유를 들어 집행위에 이의를 제기하였다.[20][21][22] 2004년 3월 독일전역의 철강노동자들은 배출권거래로 인한 철강산

15) EU Commission press release, 'Climate change: EP vote paves the way for global fight against climate change, IP/04/505', 20 April 2004.

16) EU Commission, 'EU emissions trading. An open scheme promoting global innovation to combat climate change', January 2005.

17) EU Proposal for a Directive of the European Parliament and of the Council establishing a scheme for greenhouse gas emission allowance trading within the Community and amending Council Directive 96/61/EC, 23 October 2001.

18) EU Commission press release, 'Greenhouse gas emissions trading: Commissioner Wallström hails final agreement on climate change breakthrough, IP/03/931', 2 July 2003.

19) EU Commission, 'Regulation for a standardised and secured system of registries pursuant to Directive 2003/87/EC of the European Parliament and of the Council and Decision No 280/2004/EC.

20) Dillon, P., 'Pitfalls, Penalties and Prosecutions of Emissions Trading and ETS', 4th

업위축과 고용감소를 항의하는 시위를 벌였다.[23] 2008년 12월 유럽연합 본부가 위치한 브뤼셀에서 유럽전역의 철강노동자와 자동차노동자들이 모여 시위하는 상황이 발생하였다.[24]

유럽 철강업계가 배출권거래제의 시행과 관련하여 제기한 우려사항은 크게 2가지로 요약된다. 첫째, 생산량 변동(증산 또는 감산)과 연계되지 않는 배출허용량 할당 시 생산활동의 제한 가능성, 둘째, 배출권가격의 과도한 변화 및 발전사의 비용전가로 인한 전력가격 인상이다.[25][26]

(1) 다수의 유럽연합 회원국은 자국의 산업경쟁력을 고려, 배출허용량을 충분히 할당

에너지집약산업의 경우 단기적인 온실가스 감축 잠재량이 크지 않은 상태에서 배출허용량을 삭감하여 받게 될 경우, 해당 사업장은 국내 또는 해외로부터 배출권을 구매해야 하는 비용증가로 이어진다. 이러한 상황에서 다수의 유럽연합 회원국은 자국 산업의 경쟁력을 고려하여 비교적 충분한 배출허용량을 할당하였다. 2005년 당시 주요국별 과거 배출실적 대비 배출허용량 할당결과가 다음 표에 나타나 있다.

배출권거래제 1차 기간의 실제 배출량은 할당량 대비 회원국 평균 12.42%의 잉여량이 발생하였다. 2차 기간(2008~2012년)의 국가할당계획을 검토한 유럽집행 위원회는 2차 기간의 할당량을 1차 기간 대비 평균 9.5%를 삭감하였으나, 1차 기간 배출실적 보다는 여전히 높은 수준으로 나타났다.

1차 기간의 거래제 시행결과 잉여량이 발생했음에도 불구하고, 2차 기간에 과거 배출실적보다 많은 양을 할당한 원인은 배출권할당량 사후조정(ex-post)을 금지한 제도적 문제가 한 원인이다. 배출권을 할당 한 이후 추가할당 또는 할당량 회수가

Euromoney Annual Emissions Trading Conference, London, November 22-23 2004.

21) Defra news, 'Commission decision on UK National Allocation Plan', 7 July 2004.

22) Point Carbon, 'UK confirms lower allocation limit: to sue for extra allowances', 11 March 2005.

23) European industrial relations observatory on-line, Industrial relations in the steel industry, 04 May, 2005.

24) 신화통신, European metal workers protest EU's climate policy, 3 December 2008(http://www.chinaview.cn).

25) EUROFER position paper, 'Competitiveness effects on the EU steel industry', February 2004.

26) EUROFER advocacy paper, 'Implementation of the ET scheme through National Allocation Plans will there be a level playing field be as a result of the current moves?', 7 October 2004.

〈표 3〉 유럽연합 배출권거래제 1차 기간 할당현황[27] (2005년 당시)

국 가	배출실적 ($MtCO_2$,연평균)	1차기간(2005~2007)	
		할당량 ($MtCO_2$)	실적대비 할당비율 (+잉여, −부족)
Austria	31.74(2001)	33.0	+4.0%
Czech Rep.	89.03(2000)	97.6	+9.6%
Finland	41.2(2002)	45.5	+10.4%
Germany	501(2000~2002)	499.0	-0.4%
Hungary	31.727(2003)	31.3	-1.3%
Italy	224.0(2000)	223.1	-0.4%
Luxemburg	2.613(2002)	3.4	+30.1%
Netherlands	101.2(2000)	95.3	-5.8%
Poland	219.8(1999~2002)	239.1	+8.8%
Slovakia	26.52(2000~2002)	30.5	+15%
Spain	164.32(2002)	174.4	+6.1%
Sweden	20.2(1998~2001)	22.9	+13.4%
U.K.	245.9(1998~2002)	245.3	-0.2%

불가능한 상태에서, 계획(전망치)에 미 반영된 자국 산업의 성장, 즉 생산량 증가는 곧바로 배출권을 추가로 구매해야 하는 비용으로 연계되므로, 최초 할당 시에 산업계의 증산계획을 우선 고려할 수밖에 없었던 것이다.

한편, 사후조정을 금지한 조항은 일부이긴 하나 유럽연합 역외로 생산기지를 이전토록 유도하여 역내 생산량이 감소하는 결과를 낳았다.[28] 기업이 시장경쟁력 약화로 인하여 생산활동이 저하되어 발생한 자연적인 온실가스 감축분까지 배출권 크레디트를 부여하는 모순된 상황이 발생할 문제점을 안고 있다.

따라서, 에너지집약산업의 실질적인 에너지효율향상을 유도하고, 생산량 증감에 따른 제도참여 리스크를 줄이기 위해 생산량당 온실가스 배출량을 할당하는 원단위 방식의 채택, 또는 생산량의 증감을 고려한 배출허용량 사후조정의 인정이 필요하다.

27) EU Commission, National Allocation Plan website(http://europa.eu.int/comm/environment/climat/emission_plans.htm).

28) Arcelor-Mittal(前 Arcelor): 역외국가인 브라질에서 생산한 중간재를 역내에서 가공함으로써 발생한 배출허용량 잉여분 중 3.9$MtCO_2$를 처분하여 85백만 수익 발생(Arcelor Annual Report 2005).

〈표 4〉 유럽연합 배출권거래제 1차 기간 실적 및 2차 기간 할당현황[29)]

국 가	배출실적 ($MtCO_2$) 2005~2007	1차기간(2005~2007)		2차기간(2008~2012)	
		할당량 ($MtCO_2$)	실적대비 할당비율 (+잉여, -부족)	할당량 ($MtCO_2$)	실적대비 할당비율 (+잉여, -부족)
Austria	32.5	33.0	+1.49%	30.7	-5.89%
Belgium	54.4	62.1	+12.43%	59.5	+8.60%
Czech Rep.	84.7	97.6	+13.27%	96.8	+12.55%
Finland	40.1	45.5	+11.90%	37.6	-6.62%
France	120.9	156.5	+22.72%	132.8	+8.93%
Germany	478.5	499.0	+4.12%	453.1	-5.60%
Greece	59.8	74.4	+19.68%	69.1	+13.52%
Hungary	24.8	31.3	+20.81%	26.9	+7.86%
Italy	216.7	223.1	+2.85%	195.8	-10.70%
Latvia	2.8	4.6	+39.66%	3.4	+19.08%
Luxemburg	2.5	3.4	+27.03%	2.5	+0.76%
Netherlands	81.9	95.3	+14.06%	95.8	+14.51%
Poland	207.2	239.1	+13.36%	209.5	+1.12%
Portugal	33.4	39.9	+16.21%	34.8	+3.93%
Slovakia	19.4	30.5	+36.32%	30.9	+37.15%
Slovenia	8.9	8.8	-0.72%	8.3	-6.79%
Spain	180.0	174.4	-3.23%	152.3	-18.21%
Sweden	18.1	22.9	+20.85%	22.8	+20.51%
U.K.	250.0	245.3	-1.91%	246.2	-1.54%
TOTAL	2,013.1	2,298.5	+12.42%	2,080.9	-3.26%

(2) 배출권가격의 급격한 변화 및 발전사의 비용 전가는 현실로 나타나

앞서 언급했던 바와 같이 철강을 포함한 유럽 산업계가 우려했던 배출권가격의 급변과 전력가격의 인상은 현실로 나타났다.

배출권거래제 1차 기간의 첫해인 2005년도의 배출실적이 발표된 이듬해 5월, 상

29) EU Commission, National Allocation Plan website(http://europa.eu.int/comm/environment/climat/emission_plans.htm).

당한 배출권 잉여분이 발생했음이 알려진 직후 배출권 가격은 4월 최고점인 CO_2 톤당 €31.58 수준에서 5월 중순 €9.70으로 급락하였다. 2차 기간인 2008년 1월부터 이듬해 9월까지의 가격추이도 경기침체로 잉여분이 많을 것으로 전망되면서 비슷한 양상을 보였는데, 이는 배출권 가격이 시장의 수요와 공급조절 기능보다 정부의 배출허용량 할당수준에 더 큰 영향을 받는 문제점으로 나타났다.

〈그림 4〉 유럽연합 배출권 시장 가격 추이[30)]

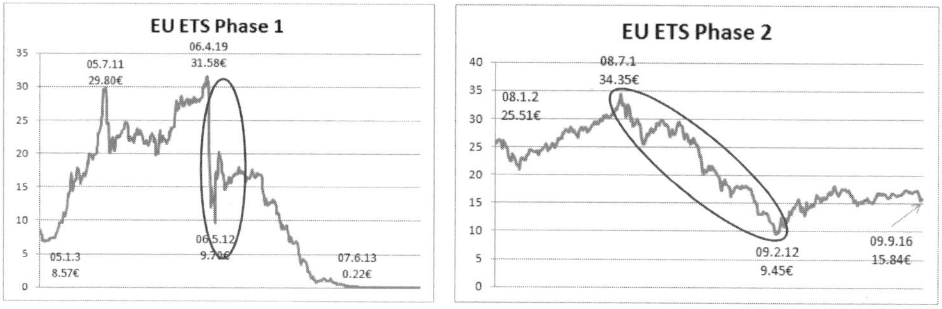

배출권거래제 시행 이후 유럽 전력가격은 배출권가격의 상승세과 거의 비례하여 상승하였다. 발전사는 로컬마켓의 시장 특성으로 온실가스 감축에 소요되는 비용을 소비자에게 전가하기가 손쉬운 반면, 무역경쟁관계의 철강 등 관련 산업은 전력가격 인상으로 인한 간접적인 비용부담에 노출되게 된다.

유럽집행위원회는 3차 기간(2013~2020년)의 배출권거래제 개선을 주요 골자로 한 Energy Package 2008을 발표('08. 1)한 바 있는데, 전력부문은 경매에 의한 배출허용량 할당을 100%까지 점차 확대하여 간다는 계획이다. 이에 2020년 유럽 가구당 전력요금이 10~15% 상승하고 산업계 원가 부담이 커질 가능성이 높아 보인다.[31)]

유럽연합 배출권거래제의 산업 경쟁력을 고려한 정책은 당분간 지속될 것으로 보인다. 역외 국가 대비 경쟁력 약화가 예상되는 에너지다소비업종(철강, 시멘트 등)은 무상할당 방식을 유지한다는 방침이며, 거래제에 참여하는 사업장에 대한 탄소세(Energy Taxation)의 적용면제 정책도 지속될 전망이다.

30) Point Carbon데이터 분석자료(2009).

31) 포스코경영연구소 분석자료(2009).

〈그림 5〉 유럽 배출권거래제 배출권 및 전력가격 추이(2005년 1~4월)[32]

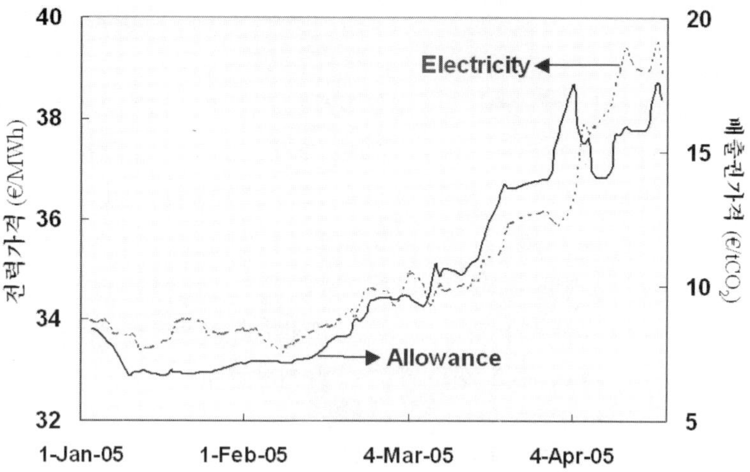

2. 일본 온실가스 감축정책과 철강산업

(1) 일본철강연맹의 자주행동계획

일본 산업부문의 대표적인 온실가스 감축정책은 에너지절약을 골자로 한 자발적 협약 형태인 자주행동계획이다. 1997년 일본산업계가 「경단련(일본 경제 단체 연합회) 환경자주행동계획(이하 자주행동계획)」을 확정하여 도입하였다.[33]

자주행동계획은 산업·에너지 전환부문 34개 업종, 운수부문 13개 업종/기업 등 총 60개 업종/기업이 참여하고 있는데, 산업·에너지 전환부문은 「2008~2012년의 5년 간 평균 CO_2 배출량을 1990년도 수준 이하로 억제하도록 노력한다」라는 전체목표를 설정하고 있다.

각 업종단체는 개별적으로 목표를 설정하고 있는데 에너지사용량, 에너지원단위, CO_2 배출량, CO_2 원단위 등의 형태를 선택할 수 있게 하고 있다. 산업·에너지 전환부문 업종 중 총량목표를 채택한 업종(17개)에 비하여 원단위를 선호한 업종(25

32) 유럽철강연맹 자료(2005.6).

33) Ministry of Economy, Trade, and Industry in Japan(METI), 'Interim Report by Global Environmental Subcommittee, Environmental Committee, Industrial Structure Council—Future Measures for Global Warming', August 2004.

개)이 많았는데, 그 사유로 기업들은 생산량은 수요에 의해서 좌우되는 것으로 기업이 통제하기가 어렵다고 밝힌 바 있다. 특히, 수요증가가 전망되는 업종은 원단위를 선호하였다.

경단련의 계획 확정에 앞서 일본철강업계는 일본철강연맹(JISF, Japan Iron & Steel Federation)이 중심이 되어 2006년 12월 철강산업의 자주행동계획을 채택하였다. 2010년까지 1990년 대비 에너지사용량을 10% 감축하는 목표를 포함하고 있으며[34] 2005년을 기준으로 6.9%의 감축실적을 달성하였다. 1990년과 2005년의 조강생산량이 각각 1억 1천 2백만 톤 및 1억 1천 3백만 톤으로 유사한 수준이었으며, 에너지효율 향상도 한계에 이르러 향후 일본 철강산업의 목표달성 여부는 경제상황에 따른 철강생산량이 변동이 주요 변수로 작용할 전망이다.

(2) 일본 배출량거래제 통합시장 정책

배출권거래제 도입에 관한 논의는 일본에서 10여년 이상 진행되었으나, 국내 이해 당사자간의 논란으로 지연된 가운데, 환경성과 경제산업성이 독자적인 자발적 배출권 거래제를 시행하는 등 관련 제도가 난립하고 있었다. 이후 2008년 7월 각료회의에서 채택한 「저탄소 사회만들기 행동계획」에 국내 배출량 거래 통합시장 도입을 명시하여 추진하게 되었다.[35] 일본 철강업계는 배출권기금을 업종단체 명의로 출자하여 개별기업이나 사업장이 아닌 일본철강연맹 자격으로 참여하고 있다.[36]

일본 배출권거래제의 특징[37]은 ① 원단위 목표와 배출총량 목표 중 선택이 가능토록 산업활동에 유연한 정책을 적용하고 있으며, ② 감축목표 달성에 이용가능한 배출권과 크레디트의 사용비율에 제한을 두지 않는다는 점이다. 교토의정서 상의 크레디트는 물론 일본 국내 온실가스 감축사업에 의하여 발생한 크레디트도 사용 가능토록 함으로써, 실제 탄소규제가 어려운 중소기업의 감축활동을 촉진하는 효과도 기대한다는 점이다. 또한, ③ 동 제도가 구속적인 배출량 거래제도의 도입을 전제로 한 것이 아님을 강조하고 있는데, 국제경쟁관계에 노출된 산업계의 입장과 향후 전개되는 포스트-교토체제의 국제논의 동향을 주시하여 산업계에 부담을 주는 정책추진을 신중하게 결정하겠다는 의도로 풀이된다.

---

34) The Japan Iron and Steel Federation website(http://www.jisf.or.jp/energy/index.htm).

35) 低炭素社會づくり行動計畫(2008. 7).

36) 김성희(IEEJ), 안윤기(POSRI), '일본의 기후변화정책의 시사점 및 정책적 함의'(2009).

37) 김성희(IEEJ), 안윤기(POSRI), '일본의 기후변화정책의 시사점 및 정책적 함의'(2009).

3. 캐나다 온실가스 감축정책과 철강산업

2008년 3월 캐나다 정부는 산업부문의 온실가스 감축계획인 Turning the Corner Plan의 세부방안을 발표하였는데, 시행은 2010년 1월로 계획되어 있다. 2006년 대비 2020년까지 총량기준 20%(약 330MtCO_2)를 감축하는 국가목표를 포함하고 있으며 산업부문은 오일샌드, 석탄화력발전 부문을 주 감축대상으로 하고 있다.

철강 등 국제시장의 경쟁에 노출된 산업부문은 2020년 BAU(Business As Usual) 배출전망을 토대로 목표를 수립하였으며, 특히 산업공정에 필수적으로 사용되는 원료 및 부원료 사용량의 일정비율을 공정배출(fixed process emission)로 인정하여 배출규제 대상에서 제외하고 있다.

〈표 5〉 캐나다 주요 산업부문별 감축목표, 2020년[38)]

Sector	2006 배출실적 (MtCO_2)	2020 BAU전망 (MtCO_2)	2020 배출목표 (MtCO_2)
Oil Sands	29	108	49
Electricity	123	122	89
Petroleum Refining	23	32	20
Chemicals	9	12	8
Upstream Oil&Gas	94	68	57
NaturalGas Pipeline	15	14	13
Iron Ore Pelletizing	2	4	3
Lime	3	4	3
Iron,Steel & Titanium	13	19	18
Aluminium&Alumina	13	13	11
Cement	13	14	13

〈표 6〉 철강부문 공정배출 분류[38)]

구 분	해당 (부)원료
일관제철	철산화물(철광석)의 환원에 필요한 탄소원(석탄), 석회석, 융제 용 부원료, 용선 및 직접환원철의 탈탄제

38) Asia Pacific Partnership Steel Taskforce(Busan, 2006).

4. 호주 온실가스 감축정책과 철강산업

호주정부는 국가 기후변화정책안(Carbon Pollution Reduciton Scheme)을 담은 Green Paper를 2008년 7월 발표한 데 이어, 동년 12월 최종안인 White Paper를 발표하였다. 2000년 대비 2020년까지 온실가스 배출을 25% 감축하고 2050년까지 60% 감축한다는 국가목표를 담고 있으며, 주요 정책수단으로 온실가스 배출량 및 에너지 사용량 보고제도(National Greenhouse and Energy Reporting, NGER)의 시행과 국가 배출권 거래제(National Emission Trading Scheme, NETS)를 2011년에 도입하는 계획을 포함하고 있다.

호주 국가 배출권거래제 적용 대상은 연간 25,000톤 이상의 온실가스를 배출하는 사업장으로 전력, 에너지, 자원, 운송, 산업처리 및 폐기물, 조림 등 대부분의 산업부문을 포함하나 농업분야는 2015년까지 대상에서 제외한다는 계획이다. 동 제도 시행에 따른 급격한 연료비 인상을 완화하기 위해 2010~13년간 연료세를 인하하는 계획도 담고 있다.

배출허용량 할당과 관련, 산업경쟁력을 고려해 일정비율 무상할당을 계획하고 있는데, 특히 철강, 알루미늄 등 주요 탄소집약 수출산업(Emissions-intensive Trade-exposed, EITEs)은 무상할당 비율이 높게 가져간다는 방침[39]이다.

Ⅲ. 철강산업경쟁력을 고려한 국내 기후변화정책 방향

1. Pledge & Review에 기반한 자발적 감축

산업계에 대한 탄소규제정책은 양면성을 가지고 있다. 국가적 또는 범 지구적 온실가스 감축에 일정 역할을 담당해야 함과 동시에, 감축비용 지출로 인한 산업경쟁력 약화측면을 고려해야 하는 대상이다. 특히, 기후변화가 범 지구적인 문제임에도 불구하고 탄소규제가 특정 국가 또는 산업에 국한하여 적용될 경우 형평성에 대한 논란은 끊임없이 제기되어 왔다. 유럽연합의 산업계가 역내 배출권거래제 시행으

39) 매출액 1백만불 당 탄소집약도가 2,000톤CO_2 이상일 경우 배출허용량의 90%를 무상할당.

로 인해, 대량으로 온실가스를 배출함에도 불구 규제를 받지 않는 중국 등 개발도상국 산업계와 불리한 경쟁을 감수해야 한다고 주장하는 사례가 대표적인 예이다.

사실상 선진국조차 교토의정서 상의 온실가스 감축목표 이행이 쉽지 않은 상태에서, 세계 주요 산업의 경쟁관계에 있는 모든 국가를, 선진국과 개발도상국을 포괄하여, 동일한 탄소규제를 적용한다는 것은 실현성이 떨어지므로, 다수의 국가와 국제정책은 규제에 앞서 자발적 참여를 유도하는 정책을 채택하여 왔다. 산업경쟁력 유지와 온실가스 감축을 동시에 고려한다는 측면도 고려됨은 물론이다.

대표적인 자발적 온실가스 감축정책은 Ⅱ.2.에 언급한 일본의 경단련을 중심으로 한 자주행동계획이다. 유럽연합집행위원회는 유럽, 일본, 한국의 자동차공업협회와 신차의 1킬로미터 주행당 CO_2 배출량 목표를 포함하는 자발적 협약을 맺었다. 국제알루미늄협회는 회원사들이 참여하는 자발적 온실가스 감축목표를 선언하였다.[40]

자발적 참여에 기반한 제도는 선진국 중심의 온실가스 감축정책에 개발도상국을 유인하는 대표적인 방식으로 활용되고 있다. 호주, 일본, 한국, 중국, 인도, 캐나다, 미국 등 7개국이 참여하는 '아시아 태평양지역 기후변화 파트너십[41]'은 자발적이고 비구속적인 방식의 온실가스 감축기술 이전과 확산의 협력을 목표로 하고 있다. 경제협력개발기구(OECD)는 선진국과 개도국의 산업부문이 감축정책에 함께 참여하는 부문별 접근방식[42]에 큰 관심을 보여 왔는데, 부문별 접근방식을 국내 정책에 반영하는 제도적 장치의 하나로 Pledge & Review 방안을 제안하였다.[40] Pledge & Review는 자발적 선언의 이행책임과 결과에 대한 평가를 강조하는 방식이다.

국제에너지기구와 미국의 청정대기정책센터(CCAP: Center for Clean Air Policy) 등은 개발도상국의 산업체 참여를 보다 강력하게 유인하는 Sectoral Crediting Mechanisms(SCM)[43][44][45]를 제안하였다. No-lose sectoral pledges라고도 불리는 同

40) IEA Information Paper, Sectoral Approaches to Greenhouse Gas Mitigation—Exploring Issues for Heavy Industry, November 2007.

41) Asia Pacific Partnership on Clean Development and Climate (APP), 2006~.

42) 부문별접근방식(Sectoral Approach): 선진국과 개발도상국에 상관없이 산업부문(예: 철강산업) 별로 가급적 동일한 온실가스 감축정책을 적용하여 범지구적 참여를 유도코자 하는 방식. 산업섹터제, Sector Specific Approach, Sector Approach 등 유사한 용어가 혼용되고 있음.

43) Martina Bosi and Jane Ellis, 'Exploring Options for Sectoral Crediting Mechanisms', IEA/OECD, 2005.

44) Jake Schmidt, Ned Helme, and Pedro Barata (Center for Clean Air Policy), 'Sector Based Approach for Post 2012: Electricity Sector and Major Industries', IEA ENEL Workshop, Rome, 30-31 October 2006.

정책은, Pledge & Review로 설정한 목표를 초과 감축 할 경우 초과분에 대하여 크레디트를 부여하며, 목표를 달성하지 않더라도 페널티를 받지 않는 방식이다.

〈그림 6〉 Sectoral Crediting Mechanism

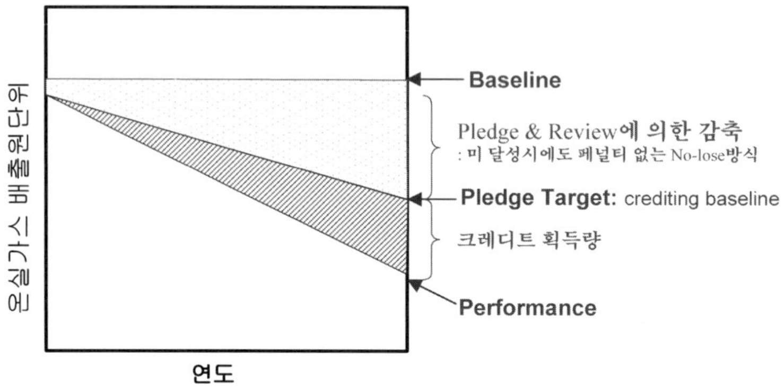

기후변화정책에 참여하는 산업체의 자발성과 국제적 무역경쟁관계에 노출된 산업 경쟁관계를 고려하여, 자발적 감축제도의 시행을 탄소규제 도입에 앞서 우선 검토할 필요가 있다. 자발적 감축은 대기업은 물론 중견, 중소기업의 참여 폭을 늘리는데 효과적이다. 구체적인 방식은 정부와 기업(또는 업종단체)간 협약, 개별기업(또는 업종단체)의 Pledge & Review 등을 고려해 볼 수 있겠다. 아울러 Sectoral Crediting Mechanism의 이행을 통해 획득한 크레디트를 국제 탄소시장에 거래가 가능토록 하는 국제협상 방안을 검토해 볼 필요가 있겠다.

2. 산업경쟁력을 고려한 배출권거래제 도입

배출권거래제는 년간 배출허용량을 할당한 후 실제 배출량을 통상 그 이듬해에 산정하여 초과 시 배출권 구매를 강제하거나 감축 시 판매권을 부여하는, 기업의 단기적 감축대책을 요구하는 정책이다. 철강 등 에너지집약산업이 적용가능한 단기적 감축대책은 ① 생산량 증감과는 무관하게 기존공정의 효율을 향상시켜 원료, 부원료, 에너지사용량을 줄이거나 ② 생산량을 직접 줄이는 두 가지로 구분할 수 있다.

45) Murray Ward (GtripleC), 'Sectoral Crediting Mechanisms Sectoral Crediting Mechanisms—Practical issues', Side Event at COP12, Nairobi, 8 November 2006.

통상 에너지집약산업의 특성상 공정, 에너지효율개선이 꾸준하게 이루어진 경우가 많아, 생산량 증감에 의한 온실가스 배출량의 변동이 에너지효율개선에 의한 것보다 매우 크다. 한편, 생산활동의 증감은 수요와 공급을 기반으로 한 시장상황, 글로벌 경제여건, 기업의 시장지배력 및 경쟁력에 우선하며, 이에 비해 탄소규제에 의한 영향은 상대적으로 낮다. 한 예로 2008년 말 불어닥친 글로벌 경제위기는 단기적이긴 하나 2009년 상반기 서유럽의 철강생산량을 50% 가량 급감시켰으며, 일본과 한국도 20~30%대의 감산을 가져왔다. 반면, 경제성장을 멈추지 않은 중국의 철강생산량은 오히려 소폭 증가하였다.

• 생산량 변동에 따른 리스크를 최소화할 수 있는 원단위 방식

유럽 등 해외사례에서 보듯 배출권거래제의 시행을 둘러싼 쟁점사항은 배출허용량을 할당하는 방식이다. 총량할당은 사업장에서 배출되는 온실가스 총량을 제한하는 방식으로, 유럽연합 배출권거래제 1차 기간에 적용된 사례를 비춰볼 때 해당 사업장의 생산계획을 고려하지 않은 영국방식과 생산계획을 고려하는 네덜란드 방식으로 나뉜다.

영국방식은 철강 등 해당업종의 배출허용량 총량을 할당 한 후 사업장 별로 배분하는 방식으로 사업장의 증산 또는 감산 등 생산계획에 대한 유연성이 매우 낮다. 반면, 네덜란드 방식은 배출허용량 할당 시 해당사업장의 생산계획을 반영하여 이에 따른 배출량 변화의 리스크를 줄일 수 있다.

하지만 배출허용량의 사후조정(Ex-post)을 제한하고 있어, 실제 생산량이 계획대비 증가 또는 감소할 경우, 이에 따른 배출권 잉여 또는 부족으로 인한 문제점을 여전히 안고 있다. 즉, 예측하지 못한 경기호전으로 많은 기업이 계획보다 증산할 경우 배출허용량 부족에 따라 배출권 시장가격 폭등과 구매에 따른 비용부담이 증가하게 된다. 경기변동에 따른 감산이 발생하였을 경우 배출권 잉여분 발생으로 배출권 시장가격 폭락 등 시장의 불안정 심화시킬 수 있다.

또한, 시장경쟁력의 약화로 도태되어 생산활동이 줄어든 기업은 사후조정이 제한된 총량할당방식을 적용할 경우 오히려 의도하지 않은 잉여 배출권(windfall profit)을 부여하여, 탄소시장의 불안정성을 가중시키는 잠재적 요인이 될 수 있다. 사회주의 계획경제의 붕괴로 인해 러시아와 동구권이 획득한 자연발생 잉여배출권(hot air)과 유사한 사례가 될 수 있다.

〈그림 7〉 총량할당방식 비교

❖ 영국방식[46](생산계획 고려 없는 총량제한 방식): 총량 A 할당

A	=	H	X	R	X	C
배출허용량 tCO_2/년		해당업종 총배출량 tCO_2		해당사업자 CO_2 배출비중		강제감축비율

❖ 네덜란드 방식[47](생산계획을 고려한 총량제한 방식): 총량 A 할당

A	=	H	X	G	X	C
배출허용량 tCO_2/년		과거배출원단위 (예, '06~'08년 조강 톤당 tCO_2 평균치)		생산계획 (예, '13년 생산량 = '06~'08년 평균		강제감축비율

또한, 총량방식은 기업의 역외 생산기지 이전에 의한 의도하지 않은 잉여 배출권을 부여하고, 역내로 이전하는 생산기지의 비용부담을 가중시키는 근본적 원인을 제공할 수 있다.

원단위[48] 방식은 철강산업의 경우 조강 톤당 CO_2 배출량으로 정의되는 CO_2 배출원단위가 일반적으로 고려된다. 생산량 증감과 관련성이 낮아 에너지효율 증대 등 직접적인 감축노력과 실적의 연계성이 높고, 생산기지 역외이전 등 임의적 생산물량 조정에 의해 의도하지 않은 판매 배출권이 발생하는 문제점을 방지할 수 있다. 기업의 입장에서 갑작스런 시장여건 변화 등 경영계획에 미반영된 생산량 증감 시 발생할 수 있는 배출권관리 리스크를 최소화할 수 있다.

경제협력개발기구(OECD) 산하 국제에너지기구(IEA)는 세계 철강산업의 부문별 접근방식으로 '조강 톤당 CO_2 배출량'으로 정의된 CO_2 원단위를 적용하는 방안을 제안[49]한 바 있다. 국제철강협회(Worldsteel Association)는 철강산업의 부문별 접

46) UK National Allocations Plan, April 2005.

47) Dutch National Allocation Plan for CO_2 Emission Allowances 2005-2007, April 2004.

48) 원단위[原單位, intensity, indexed basis, output based]: 사전적의미로 제품 하나를 만드는 데 드는 원료, 동력, 노동력 따위의 기준량을 뜻함. 투입(input) 대비 산출(output) 성과를 의미하는 효율의 역수로, CO_2 원단위는 경제적 가치 또는 생산 한 단위 증가 시의 이산화탄소 배출량을 의미함. 통상 철강산업의 CO_2 원단위는 '조강 또는 철강 톤당 CO_2 배출량'을 적용함.

49) Clinton Watson, John Newman, Rt Hon Simon Upton and Petra Hackmann, 'Can trans-

근방식으로 '철강 톤당 CO_2 배출량'을 줄이는 CO_2 원단위에 의한 감축방식을 선호하는 입장을 밝힌바 있다.[50] 호주의 뉴 사우스 웨일스 주는 지난 2003년 발전사 등을 대상으로 원단위 방식에 근거한 'New South Wales Abatement Scheme[51]'을 도입하여 시행 중이다.

〈그림 8〉 원단위 할당방식

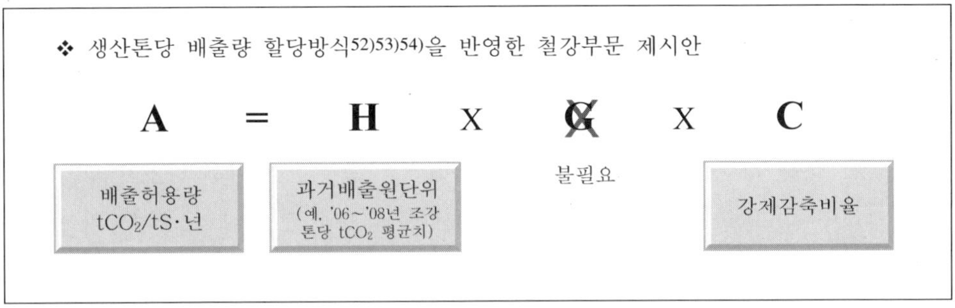

3. 국내 크레디트 제도의 활성화

배출권거래제는 배출권 할당, 배출실적의 모니터링, 보고, 검증 등 복잡한 절차를 수반하게 되며, 특히 할당과정은 감독기관과 참여 사업장간의 수차례에 걸친 협의과정을 요하게 된다. 따라서 탄소규제 성격의 배출권거래제는 유럽연합의 사례에서 보듯 일정규모 이상의 대형 사업장을 대상으로 하게 된다.

우리나라의 배출권거래제 도입에 근간이 되는 저탄소녹색성장기본법은 2009년 4월 국회에 상정되어, 동년 12월 통과되었으며, 구체적인 거래제 시행방안과 참여사

national sectoral agreements help reduce greenhouse gas emissions?', OECD Round Table on Sustainable Development, Paris, 1-2 June 2005.

50) Worldsteel position paper—A global sector approach to CO_2 emissions reduction for the steel industry, December 2007.

51) New South Wales Abatement Scheme, Australia(http://www.greenhousegas.nsw.gov.au).

52) Robert Marschinski, 'Efficiency of Emissions Trading between Systems with Absolute and Intensity Targets, EAERE 2008 Annual Conference, Gothenburg, June 25-28, 2008.

53) IEA Information Paper, Sectoral Approaches to Greenhouse Gas Mitigation—Exploring Issues for Heavy Industry, November 2007.

54) Schmidt, Jake and Ned Helme. Operational Issues for a Sector-Based Approach: Questions and Answers. Center for Clean Air Policy, October 2005.

업장의 기준은 마련되고 있다. 유럽연합 배출권거래제의 기준을 적용할 경우, 국내는 발전, 철강산업의 소수의 사업장이 다량의 배출량을 점유하는 상황이 발생하여, 소수의 참여기업이 배출권 시장의 수요와 공급에 상대적으로 큰 영향을 미칠 가능성이 높다.

물론, 국제 배출권거래시장과 연계된다면, 배출권 보유 및 거래량이 소수의 기업에 편중되는 리스크가 다소 완화될 수 있으나, 유럽연합 사례를 보듯 역외로부터 배출권 또는 크레디트를 구매하는 방식은 가급적 일정비율 이하로 제한하는 것이 통례이므로 큰 효과가 있을지는 의문이다. 배출권 거래시장의 불확실성에 대한 문제점은 빈번하게 제기되어 왔는데, 2006년 4월 유럽연합 배출권시장의 가격 급락, 2008년 말 미국 발 금융위기에 촉발된 잉여배출권 급증으로 인한 탄소시장의 혼란 등이 그것이다. 2009년 7월에 Point Carbon社는 2009년 전 세계 탄소시장의 총 거래량은 590억톤으로 전년 대비 20%가 증가 하였으나, 총 거래금액은 626억 유로로 오히려 33% 정도 줄어들 것으로 전망하였다.

배출권거래 위주의 탄소시장에서 유동성을 보완하기 위하여 유엔기후변화협약 교토의정서 상의 청정개발체제 크레디트(CER)[55]를 거래토록 한 제도 또는 이와 유사한 방안이 사용된다. 대부분의 유럽연합 회원국은 배출권거래제 상의 감축목표 이행을 위한 CER사용 비율을 보통 10% 수준으로 제한하고 있다. 반면, 독일은 20%까지 허용하여 기술이전 정책을 촉진하고, 배출권거래 시장과 공존하도록 해 탄소시장의 확대를 유도하고 있다.

일본은 유엔 청정개발체제 제도를 국내 대기업과 중소기업 간에 적용 가능한 방식으로 변형하여 도입한 사례이다. 일본 정부는 국내 배출삭감량인정제도(國內排出 削減量認証制度, JCDM)[56]를 2008년 3월 28일 각료회의의 결정을 거쳐 동년 10월 21일부터 시행하였다. 대기업이 기술과 자금을 제공하여, 자주행동계획에 참여하지 않는 중소, 중견, 대기업이 에너지효율 개선을 위한 설비투자 등 온실가스 감축대책을 실시하고, 이때 발생한 감축크레디트를 인증하여 기술과 자금을 제공한 대기업의 자주행동계획의 목표준수에 활용할 수 있도록 한 제도이다.

국내 배출권거래제는 본 도입에 앞서 충분한 기간 동안 자발적인 참여와 다양

55) 청정개발체제(CDM, Clean Development): 교토의정서 상의 온실가스 감축의무국인 Annex I 국가(선진국으로 구성)가 non-Annex I국가(통상 개발도상국)으로 기술을 이전하고 이로 인해 발생한 온실가스 감축크레디트(CER, Certified Emissions Reduction)을 선진국이 획득하는 제도.

56) 日本 國內排出削減量認証制度 運營規則(http://jcdm.jp).

한 방식을 적용하여 시범사업을 추진할 필요가 있으며, 배출권의 유동성과 수요·공급의 권한이 소수 참여자에 집중되지 않도록 대책을 강구할 필요가 있다. 정부가 수요처로 참여하는 방안이 대안이 될 수 있으며, 공급을 확대하기 위해서는 중소기업 등 배출권거래제에 강제하기 어려운 사업장이 국내 크레디트 제도에 참여토록 장려하는 제도가 필요하다.

2005년 산업자원부(現 지식경제부)에서 고시한 '온실가스 배출 감축사업 등록 및 관리에 관한 규정[57]'에 근거하여 시행된 이래 2008년 한해 72건의 사업이 등록승인 되었다. 대기업이 추진하는 사업이 다수를 차지하고 있는데, 중소기업의 참여가 상대적으로 적었던 것은 기술 및 투자여력의 한계와 관심도가 낮은 것이 주 요인이다. 중소기업의 참여를 확대하기 위해 대기업의 관련 협력사 또는 중소기업으로 기술이전과 투자지원을 통해 발생한 크레디트를 대기업이 획득 하는 방안을 고려해 볼 필요가 있다.

Ⅳ. 맺 음 말

세계 철강수요와 생산은 향후 수십 년간 지속적으로 증가할 것으로 전망되는데, 그 중심에 중국 등 신흥 개발도상국이 있다. 지구온난화가 범지구적인 참여와 노력을 요하는 동시에 기후변화정책이 해당 국가의 철강산업 경쟁력에 영향을 미칠 수 있음을 감안할 때, 국내 정책은 세계 철강수요 전망과 중국의 정책기조를 반드시 고려하여 마련되어야 하겠다.

일관제철에서 주로 배출되는 온실가스는 이산화탄소(CO_2)이며, 철광석의 환원에 필요한 석탄원료 사용에 기인한다. 따라서 철강공정의 이산화탄소 배출량은 철강 생산량과 거의 비례적인 관계를 가진다. 석탄을 타원료로 대체하는 것은 자원 및 기술의 가용성과 경제성을 고려할 때 쉽지 않은 까닭에 우리나라를 포함한 세계 철강업계는 2000년대 초부터 혁신기술개발을 서둘렀으나 장기간이 소요되는 프로젝트가 대부분이다.

이러한 상황을 고려할 때 여느 에너지집약산업과 마찬가지로 철강산업은 단기

57) 산업자원부 고시 제2005-88호, 온실가스 배출 감축사업 등록 및 관리에 관한 규정, 2005.10.20.

적인 탄소규제 정책에 취약한 구조를 가지고 있다. 유럽 배출권거래제 시행 초반 유럽 철강업계가 생산활동 제한과 전력가격 상승 등 부대비용 상승을 우려한 대목이 이를 대변하고 있다. 따라서 국내 정책도입 시 신중한 접근이 필요한데, 생산량 변동에 따른 리스크를 최소화할 수 있는 원단위 방식의 배출권 할당, 국내 크레디트 제도의 활성화를 통한 탄소시장의 유동성 확대 등을 우선 고려할 필요가 있다.

다수의 국가와 국제정책에서 보아왔듯 산업계에 대한 온실가스 감축정책은 규제에 앞서 자발적 참여를 유도할 필요가 있다. UN과 OECD 등 국제기구는 가급적 많은 국가의 자발적 참여를 이끌어 내기 위한 제도를 제안하고 있다. 대표적으로 주목 받고 있는 Pledge & Review와 Sectoral Crediting Mechanism 등을 눈여겨보고 국내정책과 연계 가능성을 서둘러 검토할 필요가 있겠다.

제 5 장

기후변화대응규제법제의 설계와 법의 지배원리의 발전

제 1 절 기후변화협약체제와 WTO체제의 충돌과 조화[1)]

김 홍 균*

Ⅰ. 들어가는 말

기후변화협약 및 교토의정서는 당사국에게 직접적으로 무역규제조치를 부과하고 있지 않다. 그러나 교토의정서상 당사국이 이용할 수 있는 신축성체제와 협약상의 의무를 준수하기 위해 국내에서 이행하는 조치 등은 WTO규범과 충돌할 가능성이 있다. 예컨대, 부속서 1국가간에만 허용되는 배출권거래는, 물론 배출권이 GATT 협정상의 '제품'에 해당한다는 전제하에서지만, 부속서 1국가에 속하지 아니하는 국가를 차별하기 때문에 이른바, 최혜국대우원칙을 위반할 가능성이 있다. 교토의정서상의 청정개발체제(CDM) 사업은 사업의 개발・관리 및 사업활동을 통해 발생한 '인증 배출량 감축(CER)'의 이전 과정에서 서비스무역에 관한 일반협정상의 서비스를 창출할 수 있다. 그 결과 사업유치국(개도국)이 투자국에 따라 다른 규칙을 적용하거나 자국과 다른 사업 규칙을 채택하는 경우에는 동협정상의 최혜국대우원칙과 내국민대우원칙을 위반할 가능성이 있다. 한편, 기후변화협약체제의 비당사국은 기후변화를 해결하기 위한 조치를 취할 필요가 없기 때문에 보조금을 지급받은 것과 같다는 의심을 받을 수 있다. 구체적으로 유럽연합국가가 미국으로부터 제

* 한양대학교 법학전문대학원 교수.

1) 이 논문은 서울대학교 법학연구소 법의 지배센터에서 2009년 "기후변화와 법의 지배"라는 주제로 실시한 학회에서 발표된 후 법학논총 26집 제4호(2009. 12)에 게재된 바 있다.

품을 수입할 경우, 교토의정서 비준국이 아닌 미국으로서는 탄소세 부과와 같은 배출감축조치를 취할 필요가 없기 때문에 같은 제품을 생산할 경우 미국 회사들은 유럽연합국가의 회사들에 비해 상대적으로 경쟁력의 우위를 가질 수 있다. 이러한 문제를 해결하기 위해 유럽연합국가들은 수입 제품에 동종 국내 제품에 대해 부과하는 탄소세율에 해당하는 만큼의 세금을 부과하는, 이른바 국경세 조정(BTAs)을 실시할 수 있다. 유럽연합국가들은 이러한 조치가 GATT 예외조항에 의해 정당화된다고 주장할 가능성이 많다.

한편, 환경협약의 국내법적 시행을 위한 조치들은 무역 규제의 형태로 나타날 수 있다. 예컨대, 교토의정서상의 감축의무를 이행하기 위한 환경세의 부과, 에너지 효율성을 제고하기 위한 조치(예컨대, 연료의 효율성 기준, 화석 연료의 질(quality)기준, 거주용·상업용 건물의 에너지기준, 재생에너지의 사용 강제), 보조금지급, 환경표시, 자발적 협약, 배출권거래제도 관련 규정 등은 무역 규제를 수반할 수 있다. 이러한 조치들은 자칫 WTO체제와 충돌할 수 있다. 이러한 점을 고려할 때 기후변화 문제 해결과 관련하여 무임승차도 막으면서 해당 무역규제조치(Environmental Trade Measures: ETMs)가 WTO체제와 충돌되지 않도록 잘 설계될 필요가 있다.

이러한 인식하에 이 글에서는 교토메커니즘 그리고 온실가스 감축의무를 이행하기 위한 국내법적 조치와 WTO와의 충돌 가능성을 제기하고 그 조화를 위한 방안을 사안별로 모색하기로 한다. 이 때 WTO 패널의 결정들은 우리에게 중요한 시사점을 줄 것이다.

Ⅱ. 제품으로서의 배출권의 거래

교토의정서는 몇 가지 배출권 단위를 창출하고 있는데, 배출권거래제도에 따른 '할당량 단위(AAU)',[2] 공동이행제도(JI)에서 논의되고 있는 '배출량 감축단위(ERU)',[3] 청정개발체제(CDM)에서 사업활동으로 발생하는 '인증 배출량 감축(CER)'[4]

2) 교토의정서 第17조는 선진 당사국(부속서 B 국가)들로 하여금 이른바, 배출권을 거래할 수 있도록 하고 있다. 이에 따르면 부속서 B에 해당하는 당사국은, 정해진 온실가스 감축목표량보다 더 감축한 다른 국가로부터 '할당량 단위(Assigned Amounts Unit: AAU)'의 형태로 잉여 배출량의 일부(배출권, emission credits)를 구입할 수 있게 된다.

3) 교토의정서는 부속서 I 국가로 하여금 다른 부속서 I 국가에서 온실가스 배출량을 저감하는 또

등이 대표적인 예이다. 이들 배출권 단위를 '제품(product)'으로 이해할 경우 GATT 규정이 적용될 소지가 있다. 예컨대, 공동이행제도상 배출량 감축단위는 부속서 I 국가간에만 거래될 수 있기 때문에 GATT의 최혜국대우원칙을 위반할 소지가 있다.

GATT 규정은 제품에 대해서 정의하고 있지 않으며, 배출권 단위의 법적 지위에 대하여도 침묵하고 있다. 배출권 단위는 시장가치를 가지고 있기 때문에 제품으로 볼 여지도 있으나 WTO 회원국들은 '제품'을 일반적으로 "유형의 상품(tangible goods)"으로 이해하고 있으며,[5] 이러한 입장에 따를 경우 이들 배출권 단위는 제품으로 보기 어렵다. 이들 배출권 단위는 교토메커니즘에 의해, 그리고 감축의무를 이행하기 위해 해당 국가에 의해 특별히 창출된 것으로서, '무형의 품목'에 불과하기 때문이다. 결국 배출권거래와 관련해서는 GATT 규정이 적용될 수 없으며, 배출권 거래를 둘러싼 GATT 규정 위반 여부는 문제되지 않을 것이다.

Ⅲ. 서비스로서의 배출권의 거래

배출권 단위를 양도가능한 문서(negotiable instruments), 금융자산(financial assets), 증권(securities) 등으로 이해하는 입장에서는 '제품'이 아니기 때문에 GATT 규정이 적용될 수 없을 것이다.[6] 이 경우에는 오히려 서비스무역에 관한 일반협정

는 흡수원을 향상하는 사업을 수행한 경우 이로 인해 감축된 배출량의 일부를 위 사업을 수행한 국가의 온실가스 배출 감축의무 이행에 사용하도록 하고 있다. 구체적으로 부속서 I 당사국은 제 3 조의 공약을 이행하기 위하여 모든 경제 부문에서 온실가스의 배출원에 의한 인위적 배출량의 감축이나 흡수원에 의한 인위적 제거량을 목표로 하는 사업으로부터 발생하는 '배출량 감축단위(Emission Reduction Units: ERU)'를 다른 부속서 I 당사국에게 이전하거나 그들로부터 취득할 수 있다(제 6 조 제 1 항).

4) 교토의정서는 청정개발체제(CDM)를 도입하고 있는데, 이에 따르면, 부속서 I에 해당하는 선진 당사국이 개도국에서 온실가스 감축사업(기술이전 또는 그 밖의 사업)을 수행하여 배출량의 감축이 이루어진 경우 이를 위 사업을 수행한 국가의 온실가스 배출 감축의무 이행에 사용하도록 하고 있다. 이에 따르면 부속서 I 당사국은 부속서 I 이외의 당사국(유치국)의 배출감축 사업에 투자하고, 그 사업활동으로 발생하는 '인증 배출량 감축(Certified Emission Reductions: CER)'을 제 3 조의 감축목표 공약 일부의 준수에 기여하기 위하여 사용할 수 있다(제12조 제 3 항(b)).

5) Cinnamon Carlarne, *The Kyoto Protocol and the WTO: Reconciling Tensions between Free Trade and Environmental Objectives*, 17 Colo. J. Int'l Envtl. L. & Pol'y 45, 66 (2006); Marisa Martin, *Trade Law Implications of Restricting Participation in the European Union Emissions Trading Scheme*, 19 Geo. Int'l Envtl. L. Rev. 437, 446 (2007).

6) Sikina Jinnah, *Emissions Trading under the Kyoto Protocol: NAFTA and WTO Concerns*,

(GATS협정)[7]의 위반 여부가 문제될 수 있을 것이다.

배출권 단위의 거래는 매도·매수·교환 등을 포함하며, 중개·자문·평가서비스를 수반하게 된다. 이러한 서비스는 GATS협정에서 정하고 있는 4가지 형태의 서비스무역에 포함될 가능성이 많다.[8] 예컨대, 배출권거래를 촉진하는 중개는 외국 자발적 공급자(미국 중개인)가 서비스(독일에서 발생한 배출권)를 다른 당사국의 영토(프랑스)에 공급(이전)하기 때문에 GATS협정에서 정하고 있는 서비스무역 중 이른바, "서비스의 국경이동(cross-border supply)" 형태의 서비스무역에 해당될 수 있다. 교토의정서상의 청정개발체제 사업은 GATS협정상의 서비스를 창출할 수 있다. 청정개발체제(CDM)하에서 수행한 온실가스 감축사업은 교토의정서의 부속서 I에 해당하는 선진국(투자국)의 온실가스 배출 감축의무 이행에 사용될 수 있기 때문에 그 사업활동으로 발생하는 '인증 배출량 감축(CER)'은 선진국의 서비스 소비자에게 제공되는 이른바, "외국 소비(consumption abroad)" 형태에 포함되는 서비스로 이해할 수 있다.

배출권거래에 참여하는 WTO 당사국은 다른 당사국의 서비스와 서비스 공급자에게 부여한 대우보다 불리하지 아니한 대우를 다른 당사국들에게 즉시 그리고 무조건적으로 부여하여야 한다(최혜국대우원칙).[9] 또한 다른 당사국의 서비스 및 서비스 공급자에게 서비스의 공급에 영향을 미치는 모든 조치와 관련하여 자국의 동종 서비스와 동종 서비스 공급자에게 부여하는 대우보다 불리하지 아니할, 이른바 내국민대우를 부여하여야 하며,[10] 시장접근(market access)을 허용하여야 한다.[11]

---

15 Geo. Int'l Envtl. L. Rev. 709, 740-741(2003).

7) The General Agreement on Trade in Service, http://www.wto.org/english/docs_e/legal_e/26-gats_01_e.htm.

8) GATS협정은 서비스 자체에 대한 개념 정의를 하고 있지 않는 대신에 서비스무역(trade in services)을 다음 4가지 형태를 포함하는 것으로 규정하고 있다: ① 한 당사국의 영토로부터 다른 당사국의 영토로 제공되는 서비스(예컨대, 국제전화)를 포함하는 "서비스의 국경이동(cross-border supply)"; ② 다른 당사국의 서비스 소비자에게 제공되는 서비스(예컨대, 여행)를 포함하는 "외국 소비(consumption abroad)"; ③ 다른 당사국 영토에의 상업적 주재를 통해, 자발적 공급자에 의해 제공되는 서비스(예컨대, 은행업무, 외국에 자회사의 설립)를 포함하는 "상업적 주재(commercial presence)"; ④ 다른 당사국 영토에의 자연인의 주재를 통해, 자발적 공급자에 의해 제공되는 서비스(예컨대, 건설사업, 컨설턴트)를 포함하는 "자연인의 주재(presence of natural persons)". *Id.* 제 1 조 제 2 항.

9) *Id.* 제 2 조 제 1 항.

10) *Id.* 제17조 제 1 항.

11) *Id.* 제16조 제 1 항.

그 결과 예컨대, 교토의정서 당사국이 아닌 국가(미국)가 교토의정서 당사국(유럽연합)에 배출권 중개 서비스를 제공하는 것을 금지하는 것은 미국을 교토의정서 당사국인 다른 WTO 당사국보다 불리하게 대우하는 것이므로 최혜국대우원칙을 위반할 가능성이 있다. 한편, 청정개발체제 사업에 교토의정서 당사국 이외의 국가는 참여할 수 없기 때문에 참여가 제한된 국가는 최혜국대우원칙을 위반하였다고 주장할 가능성이 있다. 교토의정서의 부속서 I 이외의 당사국(유치국)이 사업을 수행할 국가(투자국)의 국적에 따라 다른 규칙을 적용하는 경우에는 최혜국대우원칙을 위반할 여지가 있으며,[12] 자국과 다른 사업 규칙을 채택하는 경우(예컨대, 국내 사업개발자보다 부담이 되는 규칙의 적용)에는 내국민대우원칙을 위반할 가능성이 있다.[13]

여기에 대하여 해당 조치의 정당성을 주장하는 국가(앞의 사안에서는 유럽연합, 뒤의 사안에서는 유치국)는 그 금지조치가 GATS협정상의 예외 규정, 특히 "인간이나 동·식물의 생명 또한 건강 보호를 위해 필요한 조치"에 해당되어 정당화된다고 주장할 가능성이 많다.[14] 그러나 여기에서 논란은 그치지 않는다. 일반적 예외에 따라 허용되는 조치라도 필요한 범위 내에서 취해져야 하며, 동일한 조건(like conditions)하에 있는 국가간에 자의적(arbitary)이거나 부당한 차별(unjustifiable discrimination)의 수단이나 또는 서비스무역에 대한 위장된 제한(disguised restriction)을 구성하는 방식으로 취해질 수 없기 때문이다.[15] 해당 조치의 부당성을 주장하는 국가는 해당 조치가 자의적이고 부당하게 차별적이고 그리고 위장된 제한의 수단으

---

12) GATS협정상 해당 서비스가 부속서(제 2 조 면제에 관한 부속서)에 열거되어 있는 경우에는 최혜국대우원칙이 면제될 수 있기 때문에(제 2 조 제 2 항) 부속서에 청정개발체제 사업과 관련한 서비스가 포함된 경우, 유치국은 그 서비스가 최혜국대우의 대상이 되지 않는다고 주장할 수 있을 것이다.

13) GATS협정상 양허표(Schedule)에 기재된 경우에 자국의 동종 서비스와 동종 서비스 공급자에게 부여하는 대우보다 불리하지 아니한 대우를 부여(내국민대우원칙)하여야 하는데(제17조 제 1 항), 청정개발체제 사업과 관련한 서비스를 양허표에 기재하지 않는 한(가까운 시일 내에 청정개발체제 사업이 양허표에 포함될 가능성은 적어 보인다) 내국민대우의무가 발생하지 않으므로 현실적으로 내국민대우원칙 위반 여부가 크게 문제되지는 않을 것으로 예상된다.

14) GATS협정은 공중도덕이나 공공질서의 보호를 위해 필요한 조치, 인간이나 동·식물의 생명 또한 건강 보호를 위해 필요한 조치 등에 대하여 협정에서 규정한 원칙과 의무 이행을 면제하고 있다(제14조). GATS협정이 일반적인 예외의 하나로서 "인간이나 동·식물의 생명 또는 건강 보호에 필요한 조치"를 허용하고 있다는 점에서 GATT 제20조(b)와 유사하나 유한 자연자원의 보전에 관련한(relating to) 조치를 정당화 요건으로 인정하고 있지 않다는 점에서 GATT 제20조(g)와 대비된다. GATT 제20조(g)와 같은 규정이 없기 때문에 GATS협정상 환경과 관련하여 해당 조치가 허용되는지 여부를 둘러싼 논란은 "인간이나 동·식물의 생명 또한 건강 보호를 위해 필요한 조치"인지 여부에 집중될 것으로 보인다.

15) GATS협정(각주 7), 제14조 모두.

로 적용되었다는 점을 부각시킬 것이고, 이에 반해 정당성을 주장하는 국가는 당사국의 처해진 상황이 "동일한 조건"을 갖추고 있지 않다고 강조할 가능성이 많다.

Ⅳ. 보조금으로서의 청정개발체제 사업

청정개발체제 사업이 보조금과 상계조치에 관한 협정(SCM협정)[16]상의 보조금에 해당하는가? 청정개발체제에서 투자국인 부속서 I에 해당하는 선진 당사국은 사업 유치국인 개도국(부속서 I 이외의 당사국)에서 온실가스 감축사업(기술이전 또는 그 밖의 사업)을 수행하여 온실가스 배출 감축의무 이행에 사용할 수 있다. 청정개발체제 사업을 통하여 투자국은 '인증 배출량 감축(CER)'을 취득하고 유치국은 지속가능한 개발을 달성할 수 있는데, 이들은 '재정적 기여(financial contribution)'로 볼 수 있다. 또한 자본이 특정 산업 분야로 이동하기 때문에 '이익(benefit)'이 주어진 것으로 볼 여지가 있다.[17]

한편, SCM협정상 특정성(specificity)있는 보조금만이 협정에 정해진 규율을 받게되는데,[18] 청정개발체제 사업이 특정 기업이나 산업 분야에서만 이루어지도록 한다면 특정성 요건을 충족하는 보조금을 구성할 수 있다. 예컨대, 유치국이 자국의 특정 산업 분야에 청정개발체제 사업의 투자를 장려하고 이들 분야에서의 오염물질 배출의 증가를 허용한다면 이는 다른 선진 당사국들의 동종 사업 분야에 비해 재정적인 이익을 주는 것으로 볼 수 있는 여지가 있는 것이다. 이러한 점에 착안하여 청정개발체제 사업이 보조금의 형태를 띤다는 견해가 있을 수 있다. 여기에 대해서는 재정적 지원이 온실가스 감축만을 위해 이용된다는 점에서 SCM협정에서 말하는

16) The Agreement on Subsidies and Countervailing Measures, http://www.wto.org/english/docs_e/legal_e/24-scm_01_e.htm.

17) SCM협정은 다음과 같은 경우에 보조금이 있는 것으로 보고 있다: ① 당사국의 영토 내에서 정부 또는 공공기관의 재정적 기여(financial contribution)가 있거나 GATT 제16조 의미의 소득 또는 가격지지(income or price support)가 어떤 형태로든 존재하고, ② 이로 인해 이익(benefit)이 부여되는 경우. *Id.* 제 1 조 제 1 항.

18) SCM협정은 특정성(specificity)있는 보조금만이 협정에 정해진 규율을 받게 된다고 규정하고 있다(제 1 조 제 2 항). 일반적으로 공여당국의 관할 내에 있는 특정 기업이나 산업 또는 기업군이나 산업군만이 보조금에 접근할 수 있는 경우 특정성이 인정된다. 구체적으로 동협정은 특정성은 판단하기 위한 기준으로 법률적(de jure) 기준과 사실상(de facto) 기준을 채택하고 있다. *Id.* 제 2 조 제 1 항.

'이익'이 주어진 것이라고 할 수 없고, 결과적으로 보조금을 구성하지 않는다는 견해가 있다.[19]

보조금으로 본다면 금지(prohibited)보조금인가? SCM협정상 농업에 관한 협정(농업협정)[20]에 규정된 경우를 제외하고, 법률상 또는 사실상 수출 실적(export performance)에 따라 지급되는 보조금과 수입품 대신 국내 상품의 사용을 조건으로 지급되는 보조금은 금지된다.[21] 그러나 청정개발체제 사업은 수출 실적에 따라 지급되거나 국내 상품의 사용을 조건으로 지급되지 않기 때문에 금지보조금으로 볼 수 없다.[22]

그렇다면 조치가능(actionable)보조금인가? SCM협정 제 5 조는 조치가능보조금에 대하여 규정하고 있다. 이에 따르면 어떤 당사국도 제 1 조 제 1 항 및 제 2 항에 언급된 보조금의 사용을 통하여 다른 당사국의 이익에 ① 다른 당사국의 국내산업에 대한 피해(injury), ② 1994년 GATT에 따라 다른 당사국이 직접적 또는 간접적으로 향유하는 혜택, 특히 협정 제 2 조에 따른 양허 혜택의 무효화(nullification) 또는 침해(impairment), ③ 다른 당사국의 이익에 대한 심각한 손상(serious prejudice)과 같은 부정적 효과(adverse effect)를 초래해서는 아니 된다.[23] 그 결과 청정개발체제 사업이 조치가능보조금을 구성한다고 주장하는 당사국은 해당 사업이 산업 피해 등 부정적 효과를 초래한다는 점을 입증하여야 한다. 사업 프로그램과 운영 주체가 투자 우선순위를 두거나 참여와 투자에 차별적인 취급을 하는 경우보다는 그 사업 운영이 공개적이고, 투명성이 보장되고, 경쟁적인 절차를 통해 이루어지는 경우 그 입증이 더 어려울 것이다.[24] 기본적으로 청정개발체제 사업이 온실가스 배출 감축과 지속가능한 개발을 목적으로 하고 있기 때문에 그 입증이 쉽지는 않을 것이다.

---

19) Tsung-Sheng Liao, *Surviving by "Eating Coins" or Breathing with no Carbon Dioxide: The Dynamic Balance Model to Resolve the Potential Conflicts between the WTO and the Kyoto Protocol*, 16-WTR Currents: Int'l Trade L. J. 28, 48 (2007).

20) The Agreement on Agriculture, http://www.wto.org/english/docs_e/legal_e/14-ag_01_e.htm.

21) SCM협정(각주 16), 제 3 조 제 1 항.

22) Tsung-Sheng Liao(각주 19), 48면.

23) SCM협정(각주 16), 제 5 조.

24) Annie Petsonk, *The Kyoto Protocol and the WTO: Integrating Greenhouse Gas Emissions Allowance Trading into the Global Marketplace*, 10 Duke Envtl. L. & Pol'y F. 185, 213 (1999).

Ⅴ. 국내 이행조치

기후변화협약의 국내법적 시행을 위한 다양한 조치들은 대개의 경우 무역 규제를 수반하기 때문에 GATT 규정과 WTO 부속협정에 저촉될 수 있다. GATT상 내국민대우원칙의 적용대상은 법, 규정, 요건 등으로 광범위하다. 교토의정서상의 감축의무를 이행하기 위한 에너지 효율성을 제고하기 위한 조치나 제품 자체의 온실가스 배출과 같은 제품 성격과 관련이 있는 국내 조치, 그리고 강제적인 환경표시, 자발적 협약, 배출권거래제도 관련 규정 등은 이러한 범위에 포함될 가능성이 많다. 국내 판매, 청약 운반, 분배, 사용에 "영향을 미치는"과 "법, 규정, 요건 등"을 유연하게 해석할 경우 그 적용범위는 더 넓어질 것이다. WTO 패널은 이러한 원칙이 적용되기 위한 요건 예컨대, 국내판매, 청약, 구입, 운반, 분배, 사용 등에 "영향을 미치는"[25]과 "법, 규정, 요건 등"[26]을 폭넓게 인정하고 있다.

특기할 것은 내국민대우원칙은 동종 '제품'에 대해서만 적용되는 개념이라는 것이다. 그 결과 이 원칙은 공정 및 생산방법(Processes and Production Methods: PPMs)에는 적용되지 않는다. 동종성의 판단에 중심이 되는 것은 경쟁관계(competitive relationship)에 있는지 여하이다.[27] 2001년 EC 석면 사건 항소기구는 "동종성(likeness)의 판단은 본질적으로 제품간 경쟁관계의 성질과 정도에 관한 판단이다"고 적시하면서[28] 경쟁관계에 있는지 여부를 판단하는 기준으로 제품의 속성·성격·질,

---

25) GATT 패널은 "영향을 미치는"이라는 개념을 경쟁의 조건을 나쁘게 변형시키는 것을 내포하는 것으로 이해한다. WTO, *Korea-Measures Affecting Imports of Fresh, Chilled and Frozen Beef*, WT/DS161/AB/R, WT/DS169/AB/R(2000), § 137. 영향을 미친다는 것은 판매, 구입 등의 조건을 직접적으로 다루는 것뿐만 아니라 경쟁의 조건을 나쁘게 변경시키는 것을 포함한다. WTO, *Canada-Certain Measures Affecting the Automotive Industry*, WT/DS139/R, WT/DS142/R (2000), § 10.80.

26) "법, 규정, 요건"은 전통적인 입법, 규정 등보다 더 넓은 개념이다. WTO 패널은 '요건(requirement)'이 되기 위해서는 해당 행위와 정부의 행위 사이에 정부가 그 행위에 책임을 져야 할 정도로 연결성(nexus)만 있으면 족하다고 결정한 바 있다. WTO, *Canada-Certain Measures Affecting the Automotive Industry*, WT/DS139/R, WT/DS142/R (2000), § 10.107. 해당 국가의 법상 법적 지위를 갖춘 수단을 구비하면 '요건'을 충족한다. *Id.* § 10.123.

27) Andrew Green, *Climate Change, Regulatory Policy and the WTO*, 8 J. Int'l Econ. L 143, 158 (2005).

28) WTO, EC-*Measures Affecting Asbestos and Asbestos-Containing Products*, WT/DS135/AB/R; 40 I. L. M. 1193 (2001)(*EC 석면 사건* 항소기구 결정), § 99.

최종 용도(end-use), 소비자의 기호와 습관, 관세 분류(tariff classification) 등을 들고 있다.[29)]

한편, 각종 국내이행 조치와 관련하여 중요한 WTO 규범으로 무역에 대한 기술장벽에 관한 협정(TBT협정)[30)]을 들 수 있다. 이 협정은 포장, 표시 및 상표부착 요건을 포함한 기술규정(regulation)과 기준(standard), 그리고 기술규정 및 기준에 적합한지 여부를 판정하는 절차가 국제무역에 불필요한 장애가 되지 아니하도록 보장하는 것을 기본으로 하고 있다.[31)]

TBT협정은 기술규정과 기준에 적용되는데 환경보호 등을 이유로 무역을 제한할 수 있는 근거를 제공하고 있다. 이 협정상 '기술규정'이란 적용 가능한 행정 규정을 포함하여 제품의 성격 또는 관련 공정 및 생산방법이 규정되어 있으며 그 준수가 강제적인 문서를 의미한다. 이는 제품, 공정 및 생산방법에 적용되는 용어, 기호, 포장, 마크 또는 표시 요건을 포함하거나 이들만을 전적으로 다룰 수 있다.[32)] 한편, '기준'이란 공통적이고 반복적인 사용을 위하여 규칙, 지침 또는 제품의 성격 또는 관련 공정 및 생산방법을 규정하는 문서로서, 인정된 기관에 의하여 승인되고 그 준수가 강제적이 아닌 문서를 의미한다. 이는 제품, 공정 또는 생산방법에 적용되는 용어, 기호, 포장, 마크 또는 표시 요건을 포함하거나 이들만을 전적으로 취급할 수 있다.[33)]

국내산업을 친환경적으로 전환시키기 위하여 보조금정책을 시행하는 경우에는 SCM협정의 규제를 받을 수 있다. 탄소배출을 억제하기 위하여 지급되는 보조금은 경제 전체를 대상으로 하기보다는 일부 에너지 집약적 산업부문에 지급될 가능성이 높다. 따라서 교토의정서상의 의무를 이행한다는 차원에서 친환경적 산업으로의 전환을 위해 지급되는 보조금은 SCM협정상의 법률적 특정성 요건에 부합될 수 있다.[34)] 또한 보조금이 법률적 특정성의 요건을 충족하지 못한 경우라도 그 보조금이

---

29) *Id.* § 101. *EC 석면 사건* 항소기구는 온석면 섬유(chrysotile fibre)와 그 대체제인 PCG 섬유가 인간의 건강에 미치는 위해성이 다르다면서 그 동종성을 부인하였는데, 이에 따르면 위해성의 정도도 동종성 여하를 판단하는 중요한 기준이 된다. 공정 및 생산방법(PPMs)은 소비자의 기호에 크게 영향을 미치기 때문에 패널은 소비자가 공정 및 생산방법에 기초하여 제품 차별을 할 경우 제품간의 동종성을 부인할 가능성이 있다. Andrew Green(각주 27), 160면.

30) Agreement on Technical Barriers to Trade(TBT협정), http://www.wto.org/english/docs_e/legal_e/17-tbt_e.htm.

31) *Id.* 전문.

32) *Id.* 부속서 1.1.

33) *Id.* 부속서 1.2.

제한적 또는 불균형적인 방식으로 지급된다면 사실상 특정적인 것으로 간주될 수 있다.[35)]

결론적으로 온실가스를 감축하기 위한 대부분의 국내 이행조치(예컨대, 연료의 효율성 기준, 화석 연료의 질(quality)기준, 에너지 기준, 환경표시, 자발적 협약, 배출권거래제도 등)는 GATT 규정과 TBT협정, SCM협정 등의 적용을 받을 가능성이 많다. 이러한 문제인식을 바탕으로 이하에서는 그 조치별로 WTO체제와의 충돌 가능성을 구체적으로 검토해 보기로 한다.

1. 탄소세와 국경세 조정

교토의정서상의 의무를 이행하기 위한 국내 조치의 일환으로 부과하는 탄소세와 국경세 조정(border-tax adjustments: BTAs)은 WTO체제와 충돌할 수 있다. 교토의정서상 온실가스 감축의무를 부담하는 국가 내에서 탄소세를 부담하거나 기후변화 관련 규제를 준수해야 하는 기업은 감축의무를 지지 않는 다른 국가에서 이러한 규제를 받지 않는 기업에 비해 경쟁력이 떨어질 가능성이 많다. 이에 반해 감축의무를 지지 않는 국가와 해당 국가의 기업은 상대적으로 동종 제품에 대해 경쟁력의 우위에 있게 된다. 예컨대, 교토의정서상의 당사국은 제품의 생산 과정에서 발생하는 탄소 발생량에 기초하여 탄소세를 부과할 수 있을 것이다. 이러한 조치는 교토의정서상의 의무 감축량을 충족하기 위하여 기업으로 하여금 온실가스를 줄이도록 하는 효과가 있지만 기업의 생산비를 증가시킴으로써, 기업의 경쟁력을 약화시킬 가능성이 있다. 이러한 경쟁력 약화를 완화하기 위한 조치 중의 하나로 국경세 조정이 사용될 수 있다.

국경세 조정은 국내와 외국에서 생산된 동종 제품간의 가격 차이를 조정하려는 메커니즘이라고 할 수 있다. 이에 따르면 수입 당사국은 수입품에 대하여 동종 국내

---

34) 공여당국 또는 공여당국이 활동하는 근거법률이 보조금에 대한 접근을 특정기업으로 명백하게 한정하는 경우 이러한 보조금은 특정성이 있다. SCM협정(각주 16), 제2조 제1항(a).

35) (a)와 (b)에 규정된 원칙의 적용결과 외견상 특정성이 없음에도 불구하고 보조금이 사실상 특정적일 수 있다고 믿을만한 이유가 있는 경우에는 다른 요소들이 고려될 수 있다. 이러한 요소는 제한된 숫자의 특정 기업에 대한 보조금 계획의 사용, 특정 기업에 의한 압도적인 사용, 특정 기업에 대해 불균형적으로 많은 금액의 보조금 지급 및 보조금 지급 결정에 있어서 공여기관의 재량권 행사방식과 같은 것이다. 이를 적용함에 있어서 보조금 계획이 집행되는 기간뿐 아니라 공여기관의 관할 하에 있는 경제활동의 다양화 정도가 고려된다. *Id.* 제2조 제1항(c).

제품에 대하여 부과하는 수준의 세금을 부과하게 된다. 또한 수출품에 대하여 동종 국내 제품에 대하여 부과한 세금만큼을 생산자에게 돌려주거나 감면하게 된다. 결국 국경세 조정은 국내 기업의 세금 부담을 해소하여 국내 제품과 외국 제품간의 경쟁 조건을 동등하게 유지시킨다.

수입품에 대한 국경세 조정은 수입제품에 부과되는 내국세 및 내국부과금은 동종 국산제품에 대하여 직·간접적으로 적용되는 내국세 및 내국부과금을 초과하여서는 아니 된다는 GATT 규정(제 3 조 제 2 항)에서 명시적으로 인정하고 있다. 주의할 것은 제품 자체에 부과되는 '간접세'만이 국경세 조정의 대상이 될 수 있으며, 생산자에게 부과되는 직접세(예컨대, 소득세, 이득세 등)는 그 대상이 되지 않는다는 것이다.[36] 수입품에 대하여 국내 동종 제품에게 부과되는 수준을 초과하여 세금을 부과하는 국경세 조정은 차별적인 것으로서 GATT 제 3 조의 내국민대우원칙을 위반할 수 있다.

수출품에 대한 국경세 조정은 수입품에 대한 국경세 조정과 마찬가지로 간접세에 대해서만 환급 또는 감면을 통해 이루어지게 된다. 수출품에 대한 국경세 조정은 GATT 제16조와 SCM협정 제 1 조상의 보조금을 구성하여서는 아니 된다. 예컨대, 국내 동종 제품에 부과된 내국세를 초과하여 이루어진 수출품에 대한 세금 감면이나 환급은 SCM협정상의 금지(prohibited)보조금에 해당될 수 있다.[37]

이론상 국경세 조정은, 다른 WTO 당사국으로부터 수입되는 동종 제품에 대하여 국내 동종 제품에 부과한 탄소세 수준만큼 부과될 경우에는, GATT 내국민대우원칙을 위반하지 않을 것이다. 또한, 국내 동종 제품에 부과된 탄소세 수준만큼 탄소세가 수출 제품에 환급된다면 SCM협정을 위반하지 않을 것이다. 그러나 문제는 여전히 남아 있다. WTO가 국경세 조정을 다루는 명확한 원칙 규정을 두고 있지 않기 때문에 발생하는 것인데, 공정 및 생산방법에 기초한 내국세 부과와 국경세 조정

---

36) P. W. Birnie and A. E. Boyle, International Law and the Environment 729 (2nd ed. Oxford University Press, 2002); Andrew Green & Tracey Epps, *Is Their a Role for Trade Measures in Addressing Climate Change?*, 15 U. C. Davis J. Int'l L. & Pol'y 1, 10 (2008). 국경세 조정이 소비지과세원칙의 적용을 받는 소비세, 판매세, 부가가치세 등과 같은 '간접세'에 대해서만 이루어지는 것은 WTO 국경세 조정규정에 언급된 과세원칙에 부합할 뿐만 아니라 세금의 징수 및 관리가 용이하다는 데 따른 것이다. 강상인 "탄소세와 GATT/WTO 국경세조정에 관한 고찰", 국제법무연구 제 2 권, 1999, 207면.

37) Tsung-Sheng Liao(각주 19), 36면; 에너지경제연구원, 기후변화협약 및 교토의정서 대응전략 연구, 산업자원부, 2003. 5, 635면.

이 그것이다. 이는 최종 제품이 아니라 생산과정에 투입된 에너지, 탄소 등에 기초하여 국경세 조정이 가능한지의 문제로 직결된다. 에너지 소비 또는 제품 생산과정에서 소비된 탄소로 인하여 부과된 탄소세 등이 국경세 조정대상이 되는 간접세에 해당되는지에 대하여는 논란이 제기되고 있다.[38)]

해당 당사국은 이러한 탄소세 부과와 국경세 조정이 국가간에 자의적(arbitrary)이거나 부당한 차별(unjustifiable discrimination)의 수단 또는 국제무역에 대한 위장된 제한(disguised restriction)의 수단을 구성하는 방법으로 적용되었다고 주장할 가능성이 있다.

국경세 조정은 비록 국경세 조정이 엄격한 조치는 아니어서 그만큼 기후변화협약상의 의무 이행을 위해서는 효과적이지 아닐 수 있으나 기후변화협약 비가입국이 얻게 되는 경쟁력을 중화시키는 한편, 국내적으로 기후변화협약상의 의무 이행을 위해 취하는 조치를 시행하는 과정에서 발생하는 정치적 장애를 완화시킬 수 있기 때문에 매력적인 것으로 다가올 수 있다. 또한, 환경친화적 조세체계의 구축이 탄력을 받고 있는 상황에서 국경세 조정은 현안으로 대두될 수 있다.

문제는 국경세 조정과 그 규제를 둘러싼 불확실성인데, 공정 및 생산방법에 기초한 탄소세 부과와 국경세 조정이 가능한지가 그 좋은 예이다. 국제사회는 기본적으로 최종 제품에 대해서는 가능하다는 입장을 취하지만 제품 생산과정에 투입된 물질과 생산과정에서 소비된 오염물질 등에 대해서는 의견의 일치를 보이지 않고 있다.[39)]

2. 보 조 금

SCM협정은 3가지 유형의 보조금을 설정하고 있다: ① 금지(prohibited)보조금

38) 최종 제품에 어떤 형태로든 물리적으로 남아있는 투입 요소에 기초하여 부과한 환경세는 국경세 조정의 대상이 되나 생산 과정에서 소모되거나 제품에 물리적으로 투입되지 경우에는 수입제품에 에너지세를 부과할 수 없으며, 국경세 조정의 대상이 되지 아니한다. P. W. Birnie & A. E. Boyle(각주 35), 731면. 투입요소를 둘러싼 국경세 조정의 적용대상 및 한계에 대한 자세한 내용은 Andrew Green & Tracey Epps(각주 36), 11 내지 13면; 강상인(각주 36), 213 내지 214면, 217 내지 218면 참조.

39) 이러한 점에 착안하여 논란을 차단한다는 차원에서 직접세인 환경공정세보다는 간접세 형태의 제품세 또는 전단계(prior stage) 누적(cumulative) 간접세 형태의 탄소세의 설계가 요구된다는 견해가 있다. 강상인(앞의 글), 220면.

(제 3 조), ② 조치가능(actionable)보조금(제 5 조), ③ 허용(non-actionable)보조금(제 8 조). 그 첫 번째 유형인 금지(prohibited)보조금에 대해서 동 협정은 농업협정에 규정된 경우를 제외하고, 법률상 또는 사실상 수출 실적(export performance)에 따라 지급되는 보조금과 수입품 대신 국내 상품의 사용을 조건으로 지급되는 보조금은 금지된다고 규정하고 있다.[40] 금지보조금은 특정성이 있는 것으로 간주된다.[41] 그 결과 이러한 종류의 보조금은 일반적으로 적용되었는지 또는 특정 산업에 적용되었는지 여부와 관계없이 금지된다. 따라서 기업들이 탄소배출 수준이 높은 외국의 제품보다 탄소배출 수준이 낮은 국내 동종 제품을 사용하도록 지급되는 보조금은 금지된다고 이해된다.[42]

배출권의 할당이 두 번째 유형인 조치가능(actionable)보조금에 해당하는가? 배출권의 할당은 무상 할당(grandfathering), 경매, 사회적·경제적·정치적 정책에 기초한 분배 등의 방법으로 이루어질 수 있는데, 이러한 할당은 의도하였던 의도하지 않았던 특정 그룹을 다른 그룹보다 선호하는 결과를 초래하게 된다. 예컨대, 무상 할당은 신규오염원이 시장에 진입하기 위해서는 배출권을 구매하여야 한다는 점에서 기존오염원을, 경매는 경매에 참여할 수 없는, 즉 자금이 부족한 자는 온실가스를 배출할 수 없다는 점에서 자금이 충분한 자를, 어떤 사회적·경제적·정치적 분배는 그러한 요소를 갖추지 못한 자를 배제한다는 점에서 이러한 요소에 부합하는 자를 우선하게 된다. 여기에서 어느 당사국은 다른 국가의 할당 시스템이 보조금에 해당한다고 주장할 가능성이 있다. 양국의 할당 시스템이 유사하더라도 규율하는 방식이 달라 결과적으로 다른 할당이 이루어진 경우 해당국은 다른 국가의 할당 시스템이 보조금을 구성한다고 주장할 가능성이 있다. 또한 할당받은 배출권을 초과하여 배출한 사업자에 대해 엄격한 규제조치를 부과하는 국가는 다른 국가의 상대적으로 완화된 규제조치가 보조금에 해당한다고 주장할 가능성이 있다. 여기에 대해서는 배출권의 할당이 SCM협정상 보조금의 요건에 해당하는 '재정적 기여'의 분배로 볼 수 없어 보조금으로 볼 수 없다는 견해가 있다.[43] 교토의정서상의 배출권 단위의 할당을 보조금으로 보는 것은 설득력이 떨어진다. 규제를 위한 책임의 할당을 보조금으

40) SCM협정(각주 16), 제 3 조 제 1 항.

41) *Id.* 제 2 조 제 3 항.

42) 에너지경제연구원(각주 37), 639면.

43) 배출권 단위의 거래 가능성과 그로 인한 재정적 가치의 가변성 때문에 배출권의 할당을 "재정적 기여"의 분배로 보기 어렵다. Annie Petsonk(각주 24), 209면.

로 보는 것은 자칫 오염원 규제를 위해 취하는 국가의 주권적 결정인 모든 환경규제가 보조금 논쟁에 휘말릴 수 있다는 부당한 결과를 초래할 수 있기 때문이다.

SCM협정은 국내 환경법규를 시행하지 않는 국가의 행위가 보조금을 구성하는지에 대하여 규정하고 있지 않다. 이에 비해 NAFTA 환경부속협정은 환경 법규를 지속적으로 시행하지 않는 국가의 행위가 제소될 수 있다고 규정하고 있다.[44] 기본적으로 교토의정서 당사국들은 NAFTA 환경부속협정 당사국들과 유사하게 온실가스 배출과 관련한 국내 법규를 지속적으로 시행하지 않는 행위가 조치가능보조금 지급에 해당하거나 제소될 수 있다고 합의할 수 있다. 이러한 합의는 일정 그룹의 국가들이 공동으로 감축의무를 이행하는 체제(burden-sharing arrangement)[45]하에서 이루어질 가능성이 있다. 유럽연합과 같은 지역적 경제통합기구가 그 좋은 예인데, 어느 한 국가의 감축의무 비준수는 다른 국가의 의무이행 준수 및 입장에 직접적으로 영향을 미치기 때문이다.

3. 국내 기준

교토의정서 이행을 위한 국내 기준은 WTO 규범과 충돌될 수 있다. 예컨대, 배출 또는 에너지 효율성 기준은 법이나 규정을 통해 제품이나 제품 공정에 특별한 배출 또는 에너지 성격을 강제적으로 부과할 수 있는데, 특정 온실가스배출, 에너지 효율 수준 또는 특정 기술의 사용 요건 등이 그 좋은 예이다. 이러한 기준은 명령·규제방식의 한 형태로서, 정부는 특정한 행위를 요구하고, 피규제자는 정해진 의무사항을 준수해야 하며 이를 이행하지 못한 경우에는 제재가 이루어진다.

해당 기준은 특정 제품이나 산업분야에 대해서만 이루어지기도 하지만 모든 분야에 걸쳐 포괄적으로 이루어지기도 한다. 예컨대, 정부는 온실가스배출의 주범으로 알려진 교통분야에 규제 기준을 채택·적용할 수 있을 것이다. 여기에는 자동차 연료 효율 또는 화석연료의 질에 대한 기준을 포함한다. 정부는 자동차 별로 그 요

---

44) North American Agreement on Environmental Cooperation, 32 I. L. M. 1480(1994), 제 5 조, 제22조, 제33조, 제45조. NAAFTA 환경부속협정은 제소, 조사, 평가절차 등을 규정하고 있다. *Id.* 제14조 내지 제15조, 제22조 내지 제36조.

45) 교토의정서 제 4 조. 이에 따르면 해당 국가들의 총 감축목표량만 준수된다면 해당 국가의 감축의무는 이행된 것으로 보게 된다. 이는 선진국의 온실가스 감축의무 이행에 융통성을 부여하기 위하여 이른바, bubble 개념을 도입한 것으로 유럽연합과 같은 지역적 경제통합기구를 고려하는 것으로 이해되고 있다.

건을 요구하기도 하지만 경우에 따라서는 자동차 판매 중에 일정 비율 저공해자동차가 포함되어야 한다는 식의 요건을 부가할 수 있다. 정부는 또는 주거용 또는 상업용 건물에 대하여 에너지 기준을 부가할 수도 있다. 에너지 효율성 기준은 냉장고, 전열기 등과 같은 소비제품에도 부가된다. 최근에는 재생에너지의 활용에 관심이 증가하면서 제품 생산을 위해 일정 비율의 재생에너지의 사용을 요구하기도 한다. 예컨대, 전력산업 분야에서 에너지를 생산하는 업체로 하여금 일정 비율의 풍력, 바이오매스(biomass), 수력 또는 태양에너지와 같은 재생에너지를 사용하도록 하는 것이다.

이러한 각종 기준들은 GATT 규정과 TBT협정의 적용을 받을 가능성이 있다. 제품의 국내판매, 청약, 구입, 운반, 분배, 사용 등에 "영향을 미치는" "법, 규정, 요건" 등에 포함될 가능성이 많기 때문에 GATT상의 내국민대우, 최혜국대우 및 국제무역에 대한 불필요한 장벽의 회피 등의 의무가 적용된다. 특히 에너지 효율성을 제고하기 위한 조치나 제품 자체의 온실가스 배출과 같은 제품 성격과 관련이 있는 조치와 관련있는 규정은 TBT협정상 '기술규정'에 포함될 가능성이 많다. 그 결과 어떤 회원국의 영토로부터 수입되는 상품을 자기나라의 동종 제품(like products)과 다른 나라의 동종 제품보다 불리하게(no less favorable) 취급하여서는 아니 된다.[46)]

TBT협정은 GATT 제20조와 같은 독립적인 예외 규정을 두고 있지는 않지만 기술규정이 국가안보상 요건, 기만적 관행의 방지, 인간의 건강 또는 안전, 동물 또는 식물의 생명 또는 건강, 또는 환경의 보호 등 적법한 목적을 수행하는 데 필요한 경우에는 예외적으로 무역을 제한할 수 있다고 규정하고 있다. 이 경우에는 적법한 목적 수행에 필요한 이상으로 무역을 규제하지 않아야 한다(not be more trade-restrictive).[47)] 이는 GATT 제20조(b)상의 "필요한(necessary)"에 대한 패널의 해석과 일맥상통한다.[48)] 그 해석을 위해서는 이익형량이 요구된다. 이 협정은 적법한 목

46) TBT협정(각주 30), 제 2 조 제 1 항.

47) *Id.* 제 2 조 제 2 항, 제 2 문 · 3문.

48) 그러나 이러한 예외 규정과 관련해서는 몇 가지 유념해서 살펴볼 점이 있다: ① TBT협정은 무역을 제한할 수 있는 예외적인 경우 중의 하나로 환경보호를 명시적으로 규정하고 있는데, 이는 GATT 제20조 예외규정이 환경을 명시적으로 규정하지 않고 있는 것과 대비된다: ② GATT체제하에서 원칙 규정을 위반하지 않은 경우 예외 규정(제20조)은 더 이상 검토할 필요가 없다. 그러나 TBT협정에서는 앞서 내국민대우 규정의 위반 여부를 떠나 필요 이상의 무역규제조치인지 여하(제 2 조 제 2 항)에 대한 검토를 요구한다: ③ 입증책임이 GATT체제에서는 예외 규정(제20조)에 근거하여 해당 조치의 정당성을 주장하는 피제소국에게 있으나 TBT협정에서는 해당 조치의 규정(제 2 조 제 2 항) 위반을 다투는 제소국에게 있다. Andrew Green(각주

적을 달성하지 못하는 경우에 야기될 위해성을 고려하도록 함으로써 이를 뒷받침하고 있다.[49] 이익형량 시 고려할 요소로는 목적의 중요성, 필수불가결성, 효과성, 무역에 미치는 영향 등을 들 수 있을 것이다.

4. 환경표시

정부는 또한 온실가스 배출을 줄이고 교토의정서상의 의무를 준수하기 위하여 환경표시(eco-labeling)를 활용할 수 있다. 환경표시제도는 제품의 환경적 특성에 대한 정보를 제공하고, 소비자들이 환경적으로 건전한 소비생활을 하도록 유도하기 위해 제품의 환경친화성을 인증해 주는 제도로서, 소비자에게 환경요소라는 제품선택의 또 다른 근거를 제공하여 환경을 오염시키는 제품을 시장에서 도태시키고, 환경친화적인 제품의 구매를 촉진시킴으로써 환경보전에 기여하고자 하는 것이다.[50]

환경표시제도의 시행은 정부가 주도하는 경우도 있지만 개인 또는 양자의 혼합으로 이루어지기도 한다. 그 형태는 강제적인 경우와 자발적인 경우로 대별되며, 그 내용은 부정적인 경우, 가치 중립적인 경우, 복합적인 기준을 담고 있는 경우로 다양하다. 이러한 환경표시는 흔히 배출기준을 요구하는 명령·규제수단과 함께 사용된다. 잘 알려진 환경표시제도로는 독일의 'Blue Angel'프로그램, 스칸디나비아 국가들의 'White Swan'마크와 미국의 민간기관에서 운영하는 'Green Seal' 프로그램 등이 있다.[51]

온실가스를 감축하기 위한 차원에서 시행되는 환경표시에는 흔히 제품의 사용에 따른 에너지 효율과 배출에 초점이 맞추어져 있는 환경표시와 제품의 제조공정에서 사용된 에너지와 그 배출을 알려주는 제조공정방법에 대한 환경표시 등이 포함된다.

환경표시제도는 제품의 국내판매, 청약, 구입, 운반, 분배, 사용 등에 "영향을 미치는" "법, 규정, 요건" 등에 포함될 가능성이 많다. 이는 내국민대우원칙(GATT 제3조), 최혜국대우원칙(GATT 제1조) 등이 적용된다는 것을 의미한다. 그 결과 환경표시와 관련해서 국내 제품과 수입 제품, 그리고 회원국들간에 차별적인 대우를 할

---

27), 173 내지 174면.

49) *Id.* 제2조 제2항, 제2문.

50) 홍준형, 환경법, 박영사, 2005, 307면.

51) P. W. Birnie & A. E. Boyle(각주 36), 719면.

경우에는 GATT 원칙에 위배될 수 있다. 또한 제품 자체보다는 제품의 특성과 관련이 없는 제조공정이나 정책 또는 요소(예컨대, 환경에 미치는 영향)에 근거하여 환경표시제도가 운영될 경우에는 GATT 원칙에 위배될 가능성이 있다.[52]

한편, 환경표시제도는 TBT협정을 준수하여야 한다. TBT협정은 환경표시를 명문으로 적용대상에 포함하고 있다. 강제적 환경표시는 '기술규정'의 범주에 포함될 것이다. 자발적 환경표시는 정부기구와 같이 인정된 기관에 의해 설정된 경우 '기준'의 범주에 포함되어 TBT협정이 적용될 것이다.[53] 그러나 그 기준이 정부의 개입없이 오로지 민간 기업에 의해 설정된 경우에는 TBT협정상의 강제적인 규정이 적용되지 아니할 것이다.

5. 자발적 협약

최근에 환경 목적을 달성하기 위하여 자발적 수단에 대한 관심이 증가하고 있다. 기본적으로 개인이나 기업의 자발적 행위에 기초하는 이러한 수단은 강제성을 띠지 않고, 기준의 설정이 쉽지 않기 때문에 환경 규제수단으로서 효과적인지에 대하여 의문이 제기될 수 있다. 이와 같이 그 효과성에 대하여 명확하게 결론이 난 것이 아니지만 정부는 온실가스 배출과 에너지 사용을 줄이기 위하여 종종 이를 동원하고 있다.

자발적인 행위는 배출 수준을 줄이기 위하여 정부와 기업 또는 산업체간의 협상을 통해 체결된 협약에 기초하여 이루어진다. 협약의 구조와 내용은 정부가 사안별로 협상에 임하는 경향이 있기 때문에 협약에 따라 다양하다. 그러나 일반적으로 개인 당사자가 현행법상의 배출 또는 에너지 효율성 기준보다 더 엄한 기준을 충족할 것에 대하여 동의하고, 그 반대급부로 자금의 제공과 완화된 또는 유연한 행정

52) 국내 환경표시제도는 제품의 전과정에 걸쳐 발생할 수 있는 각종 환경분야, 예컨대 토양 및 수질오염, 대기오염, 자연자원 및 에너지 소비 그리고 생태계에 미치는 영향 등을 검토하여 환경마크를 부여하기 때문에 GATT 규정을 위반할 소지가 있다. 그러나 실제 적용에서 국내 제품과 수입 제품을 차별하지 않을 경우 큰 문제는 발생하지 않을 것이다. 이광근, "국내환경마크제도와 WTO/GATT 체제," 통상법률 제29호, 1999, 26 내지 28면, 30면.

53) 우리나라에서 시행되는 환경표시제도는 강제성을 띠고 있지 않기 때문에 표준에 해당된다고 할 수 있다. 국내 환경표시제도와 관련해서는 현행법상 WTO 회원국에 대하여 대상 제품 후보와 부여기준안을 통보하여 회원국이 이를 사전 검토하여 의견을 제시할 수 있는 기회가 허용되고 있지 않은데, 이러한 통보의무 문제만 보완하면 WTO 규범의 위반 여부와 관련해서 큰 문제는 없다고 판단된다. 이광근(앞의 글), 24면, 31면.

요건의 적용과 같은 이익을 부여받는 형태를 띠고 있다. 자발적 협약은 협약에 따라 임의적이거나 강제적인 성격을 갖는다. 경우에 따라서는 기업이 최적 기법과 또는 개선된 기술을 배울 수 있도록 한다는 차원에서 정보공유 규정을 두기도 한다.

WTO 패널은 GATT 제3조상의 "요건"을 광범위하게 해석하기 때문에 자발적 협약은 제품의 국내판매, 청약, 구입, 운반, 분배, 사용 등에 "영향을 미치는" "법, 규정, 요건" 등에 포함될 가능성이 많다. 이는 내국민대우원칙(GATT 제3조)이 적용된다는 것을 의미한다. 한편, 제품 성격과 관련이 있는 자발적 협약은 그 준수가 강제적일 경우에는 기술규정에, 비강제적일 경우에는 기준에 해당되어 TBT협정이 적용될 가능성이 많다.

6. 배출권거래제도

각국에서 시행하는 배출권거래제도는 기본적으로 사업자에게 오염부하량을 할당하고, 사업자로 하여금 할당받은 오염부하량(배출권) 중 일정부분을 매매 또는 거래할 수 있도록 허가하는 것이다. 이에 따르면 기업은 인정된 배출권 이하로 배출량을 감소하거나 배출량을 증가할 필요가 있는 경우 다른 기업으로부터 부족분의 배출권을 구입하여야 한다. 이러한 규제로 인해 배출권거래제도를 시행하는 국가의 기업은 시행하지 않는 국가와 비교하였을 때 기업 경쟁력이 떨어질 가능성이 있다. 이러한 가능성은 교토의정서에의 가입 및 감축의무 준수에 대한 유인을 떨어트린다. 이에 온실가스 감축의무에 대한 유인을 제공하기 위해서라도 이러한 경쟁력의 열세를 해소·완화해 줄 필요가 있다. 국내 기업이 당면한 것과 같은 수준의 기준 및 규제를 외국 기업에게 요구하는 것이 그 좋은 예이다.

구체적으로는 배출권을 취득하지 않을 경우(배출권이 과거의 배출량수준에 기초하여 무상으로 할당되는 경우에는 사실상 외국 제품 제조자가 배출권을 취득하기는 힘들 것이다) 국내 시장에의 접근을 금지·축소하거나 다른 국가에서의 배출감소분을 인정하지 않음으로써 오염감소가 기준 오염부하량(baselines)을 초과할 때 발생할 수 있는 credit의 발생을 차단할 수 있을 것이다. 이 때 이러한 규제가 없는 국가에서 생산된 제품이 규제가 있는 국가에서 생산된 제품과 '동종 제품'으로 볼 수 있는지 논란이 있을 수 있는데, '동종 제품'으로 이해할 경우에는 GATT상의 내국민대우, 최혜국대우의무가 부과된다. 또한 이러한 제한이 그 제한을 적용받는 제품의 수입품의 양을 심각하게 감소시킨다면 수량제한금지의무를 위반할 가능성도 있다.

한편, 해당 국가는 다른 국가의 제품에 대하여 배출허가를 취득하지 않을 경우 국내 시장에의 접근을 허용하지 않거나 축소할 수 있을 것이다. 여기에서 배출허가가 "내국세 또는 다른 내국부과금"으로 볼 수 있는가 의문이 발생한다. 내국세 또는 내국부과금으로 볼 수 있다면 배출권거래제도를 시행하는 국가는 수입품에 세금을 부과하거나 수입업자에게 배출을 위한 허가를 요구할 수 있을 것이다. 허가를 세금으로 볼 수 있는지는 분명하지 않다. 그러나 그 허가가 부과금을 부과하고 책임을 창출한다면 "다른 내국부과금"으로 볼 여지는 있다.[54] 그렇다면 GATT상의 내국민대우, 최혜국대우, 수량제한금지의무 등의 위반 여부가 다투어질 수 있을 것이다. 한편, 제품의 성격과 관련있는 배출권거래제도는 그 준수가 강제적일 경우에는 기술규정에, 비강제적일 경우에는 기준에 해당되어 TBT협정이 적용될 가능성이 많다.

Ⅵ. 맺는 말

교토의정서상 당사국이 이용할 수 있는 신축성체제와 의무이행을 위한 국내 조치는 WTO규범과 충돌할 수 있다. 기후변화체제와 WTO체제의 충돌을 회피하기 위한 방법으로는 NAFTA와 같이 국제환경협약상의 의무와 WTO상의 의무가 양립할 수 없는 경우, 국제환경협약이 우선한다는 규정을 두는 방법을 생각해 볼 수 있다.[55] 또한 GATT체제에서 국제환경협약에서 채택된 무역조치에 대해 예외를 넓게 허용하는 방안도 고려할 필요가 있다. 이러한 작업은 사실상 GATT 규정의 개정을 의미한다. 그러나 이는 국제사회의 공감이 있어야 하기 때문에 당분간 어려운 상황이라고 할 것이다. 이러한 조치가 이루어지기 전까지는 기후변화협약체제의 이행을

54) Andrew Green & Tracey Epps(각주 36), 14면.

55) Anita M. Halvorssen, *UNFCCC, The Kyoto Protocol, and the WYO—Brewing Conflicts or They Mutually Supportive?*, Denv. J. Intl'L. & Pol'y 369, 378 (2008). 여기에 대하여 환경상황, 기술능력, 재정수단, 경제적 우선순위, 법체계 등과 관련해서 다양한 당사국으로 구성된 국제적 무역협정에서 충돌조항을 둘 필요성, 타당성, 현실성이 없다는 견해가 있다. Bradly J. Condon, Environmental Sovereignty and the WTO 198 (Transnational Publishers, 2006). GATT에 충돌조항을 둔다고 할 경우에는 환경협약을 별도로 개념정의하여야 할 것인데, 이는 쉬운 작업이 아닐 것이다. 오히려 해당 환경협약에서 GATT 규정보다 우선한다는 식의 규정(충돌조항)을 두는 것이, 당사국들 사이에서 합의가 보다 쉽게 이루어질 수 있다는 점에서, 현실성이 클 것이다.

위해 취한 국내조치가 WTO체제와 충돌되지 않게 잘 설계되어야 한다.

기후변화협약체제 이행에 수반되는 무역규제조치는 자칫 WTO체제와 충돌할 수 있다. 무역규제조치는 당근과 채찍으로서 기능할 수 있다. 기후변화협약에의 참여와 준수를 조장하는 측면이 전자라면 규제와 제한을 가하는 측면이 후자라고 할 수 있다. 전자의 경우 해당 국가는 기후변화협약체제에 가입함으로써 오염배출을 증가할 가능성이 있는데, 당사국들은 다른 당사국에게 부여한 대우보다 불리하지 아니한 대우를 다른 당사국들에게 부여하여야 하는 GATT상의 일반의무인 이른바, 최혜국대우원칙을 준수하여야 할 것이다. 규제의 측면인 후자의 경우는 문제가 더 복잡하다. 무역규제조치가 엄격할수록 기후변화협약상의 의무 이행을 위해서는 효과적일 수 있으나 그만큼 WTO 규범을 위반할 가능성이 높아지며, 예외 규정을 충족하기 어려워지기 때문이다. 가뜩이나 온실가스의 감축이 인간의 건강을 보호하기 위하여 필요한 것인지에 대한 과학적 증거가 부족하고 그 감축을 위해 덜 제한적인 대안이 존재할 수 있다는 시각이 엄연히 존재하기 때문이다.

국내 이행조치가 WTO체제와 충돌되지 않기 위해서는 예외 규정의 통과가 관건이다. 무역규제조치가 외관상 원칙 규정을 위반할 가능성이 많고 이에 대응하여 피제소국이 예외 규정을 들어 해당 조치의 정당성을 주장하고 나설 가능성이 많기 때문이다. 예외 규정의 요건을 충족하기 위해서는 이와 관련한 WTO 패널의 해석을 참고하는 것이 유용하다. 패널은 무역규제조치가 허용되는 예외적인 경우, 즉 GATT 제20조(b)상의 "필요한(necessary)"과 TBT협정상의 인간의 건강 또는 안전, 동물 또는 식물의 생명 또는 건강, 또는 환경의 보호 등 적법한 목적을 수행하는 데 필요한 경우에는 적법한 목적 수행에 필요한 이상으로 무역을 규제하지 않아야 한다는 규정(제2조 제2항)을 해석하면서 이익형량을 강조하고 있다.[56] 제20조(g)의 관련성 요건(relating to)을 해석함에 있어서는 해당 조치가 "주된 목적으로(primarily aimed at)" 이루어져야 한다고 강조하고 있다.[57]

---

56) *EC 석면 사건* 항소기구는 이익형량 과정에서 고려해야 하는 요소로 해당 조치가 목적 실현에 미치는 기여도, 해당 조치가 보호하려고 하는 이익과 가치의 중요성, 해당 조치의 무역에 미치는 영향(덜 제한적인지 여부) 등을 들고, 해당 조치가 추구하는 목표는 석면에 의해 발생되는 생명 위협, 건강 위해의 제거, 감소를 통한 인간의 생명과 건강의 보전이며, 추구되는 가치는 최고도로 중요하다고 강조하였다. *EC 석면 사건* 항소기구 결정(각주 28), § 172.

57) GATT, *Canada-Measures Affecting Exports of Unprocessed Herring and Salmon*, 35S/98 (1989), § 4.6; GATT, *United States-Restrictions on Imports of Tuna*, 33 I. L. M. 842 (1994); WTO, *United States-Standards for Reformulated and Conventional Gasoline Treatment of*

한편, 패널은 모두 조항(chapeau)이 사실상 신의의 원칙(principle of good faith)의 한 표현이라고 하면서 합리성(reasonable)을 모두 조항(chapeau)의 중요한 역할로 파악하고 있다.[58] GATT 모두조항의 해석과 관련하여 비엄격성, 유연성, 투명성, 공정성, 적법한 절차, 협상의 중요성 등을 강조하고 있다.[59] 최근의 브라질 타이어 사건에서 항소기구는 부당한 차별인지 여부를 판단함에 있어서 차별의 효과(effect)가 아니라 그 원인(cause or rationale)에 초점이 맞추어져야 한다고 강조하였다.[60] 이에 따르면 해당 조치의 원인이 정책 목표와 합리적인 관련성을 갖고 있는지가 중요한 쟁점이 될 전망이다. 이러한 점을 종합적으로 고려할 때 국내에서 온실가스 감축을 위해 이미 시행하거나 도입을 검토하고 있는 탄소세 부과, 보조금 지급, 기준 설정, 환경표시, 자발적 협약, 배출권거래제도 등의 각종 조치가 성공하기 위해서는 국내 산업의 보호가 아닌 인간과 환경의 보호라는 진정한 목적을 가지고 있어야 한다. 그 적용은 엄격하지 않고, 유연하며, 투명성과 공정성 그리고 적법한 절차를 거치며, 적용 전에 다른 국가와 진지한 협상의 노력을 기울여야 할 것이다.

Imported Gasoline and Like Products of National Origin, 35 I. L. M. 274 (1996), § 6.39.

58) *새우-바다거북 사건* 항소기구는 신의의 원칙은 국가의 권리를 남용해서 행사하는 것을 금지하며, 그 권리의 주장이 조약상의 의무에 의해 보호되는 분야를 침해할 경우 신의 성실(bona fide)에 기초하여, 즉 합리적으로 행사되어야 한다고 지적하였다. WTO, *United States-Import Prohibition of Certain Shrimp and Shrimp Products*, 38 I. L. M. 118 (1999), § 158.

59) *새우-바다거북 항소 사건*에서는 구체적으로 자의적인 차별의 기준으로 해당 조치의 엄격성(rigidity), 비유연성(inflexibility), 비투명성, 불공정성, 부적법한 절차(undue process) 등을 들었으며, 부당한 차별의 기준으로 당사국이 협상을 시도하지 않은 점 등을 들었다. *Id.* § 166, § 177, § 180, § 181.

60) WTO, *Brazil—Measures Affecting Imports of Retreaded Tyres*, WT/DS332/AB/R (2007), §§ 229-230.

제 2 절 녹색운동 시각에서 본 기후변화 법제도의 문제점과 개선방안

— 녹색성장 기본법과 온실가스 감축목표를 중심으로 —

최 승 국*

Ⅰ. 들어가며

IPCC(기후변화에 관한 정부간 패널)는 4차 보고서를 통해 기후변화로 인해 파국으로 가는 것을 막기 위해서는 금세기 안에 CO_2 농도를 400~450ppm으로 안정화시켜야 하며, 산업화 이전에 비해 2℃ 이하로 온도 상승을 제어해야 한다고 권고했다. 그렇지 않고 현재와 같이 온실가스를 계속하여 배출할 경우 인류와 지구생태계의 미래를 장담할 수 없다는 것을 분명히 밝힌 것이다.

IPCC는 또한 인류가 지금과 같은 수준으로 온실가스를 배출하면 2020년에는 양서파충류가 멸종하게 되고, 4억 명에서 많게는 17억 명에 이르는 인류가 물 부족에 시달리게 될 것이라고 경고했다. 또한 홍수와 폭우, 말라리아와 같은 각종 전염병이 일상화된다고 경고했다.

이러한 IPCC 보고서에서 경고한 기후위기는 지난해 12월 코펜하겐에서 열린 제15차 기후변화협약당사국총회(COP15)에서도 분명하게 확인되었다. 총회가 구속력 있는 감축방안을 내놓지 못하고 실패로 끝났지만 지구의 온도를 산업화 이전에 비

* 녹색연합 사무처장.

해 2℃ 이상 추가 상승하는 것을 억제되어야 한다는 데 합의한 것은 기후 위기의 심각성에 대한 지구 사회의 공통의 인식이 있었기 때문이다. 더 나아가 총회에 참석한 100여개 국가들이 지구 온도를 2℃가 아니라 1.5℃로 억제해야 하며, 온실가스 농도를 350ppm으로 안정화시켜야 한다고 주장할 만큼 위기의식은 그 어느 때보다 높아지고 있다.

이러한 IPCC의 경고와 코펜하겐 회의에서의 위기의식은 최근 몇 년간 지구촌 곳곳에서 발생하고 있는 각종 기상재앙을 보면 기후변화가 단순한 우려가 아닌 현실의 문제가 되었음을 잘 알 수 있다. 남태평양의 작은 섬나라 투발루가 해수면 상승으로 물에 잠기고 모든 국민들이 이민을 가야하는 상황이 된 것이나 몰디브에서 온실가스 감축을 촉구하기 위해 해저에서 각료회의를 개최한 것 등은 기후위기의 심각성을 상징적으로 보여주고 있다. 그리고 이러한 기후변화로 인한 환경재앙은 한반도에서도 예외 없이 발생하고 있다. 그럼에도 이러한 기후변화의 영향이 전 지구 차원에서 일어나는 수준보다 한반도에서 훨씬 더 심각하게 나타나고 있다는 사실을 사람들이 쉽게 느끼지 못하고 살아가고 있는 것도 사실이다.

지난 한 세기 동안 지구 전체의 온도가 0.74℃ 상승한 데 비해 한반도의 기온은 무려 1.5℃나 상승하였다. 이로 인해 한반도 기후가 아열대성으로 바뀌고 있고 한반도 인근에서 잡히는 어종이 완전히 바뀌고 있다. 지난여름에는 엄청난 규모의 해파리 떼가 습격하여 어장을 망치고 해수욕을 즐기던 수많은 시민들이 해파리에 쏘여 곤혹을 치르기도 했다. 기후변화로 한반도 주변의 여름 바다는 이미 인간들이 고기를 잡거나 해수욕을 즐기기에 적절하지 않은 곳으로 변해 버린 것이다.

기후변화가 이제 투발루나 몰디브에서만 위기로 나타나는 것이 아니라 지구촌 어느 곳에서나' 닥친 위기이며 그 위기는 시민들의 삶을 변화시키고 생태계에 심각한 악영향을 가져오고 있다. 이제 기후변화는 우려가 아닌 현실이며, 우리 모두의 생존의 문제가 되었다. 기후변화에 대응하는 대책을 마련하는 것은 경제발전과 환경보전을 놓고 선택의 저울질을 할 수 있는 사항이 아니라 '사느냐, 아니면 죽느냐?'의 선택의 문제가 된 것이다. 때문에 유엔을 포함한 국제 사회에서 기후변화에 대응하기 위해 다양한 노력을 기울여 오고 있다.

그럼에도 아직 우리나라의 경우 기후변화에 대응하는 노력은 상대적으로 부족한 것이 사실이다. 특히 기후변화 대책과 관련한 제대로 된 법조차 만들어져 있지 못한 것이 우리 현실이다. 이러한 상황에서 2008년부터 기후변화대책기본법 제정 논의가 구체화되고 2009년에 녹색성장기본법 제정과 온실가스 감축목표가 제안된 것은 다행스러운 일임에 틀림없다. 그러나 그 내용을 들여다보면 아직 한국사회가 체감하고 있는 기후위기에 대한 인식 수준과 그 대응의 필요성에 대한 절박함이 얼마나 낮은 것인가를 실감하게 되는 것도 사실이다.

Ⅱ. 기후변화와 한국사회

1. 기후변화 방지를 위한 법 제정 필요

이제 한국사회에서도 온실가스 감축을 통한 기후변화 대응방안 마련은 더 이상 늦출 수 없는 과제가 되었다. 온실가스 배출량 세계 9위, 경제규모 세계 10위권에 있는 한국으로서는 더 이상 온실가스 감축 대열에 합류하라는 국제사회의 요구를 무시할 수 없는 상황이 되었다. 또한 이미 한반도에서 나타나고 있는 기후변화의 각종 징후는 기후변화 대응을 더 늦출 수 없는 사회문제로 인식되기에 충분하다.

실효성 있는 온실가스 감축방안 마련을 위해서는 온실가스 배출을 억제하고 감축방안을 마련하기 위한 법과 제도가 필요하다. 또한 온실가스를 충분히 감축한다고 하더라도 이미 배출된 온실가스로 인한 기후변화의 진행이 당분간 계속될 것이기 때문에 기후변화에 대한 적응방안을 마련하는 법과 제도를 보완하는 것도 미룰 수 없는 과제이다.

더 나아가 기후변화를 포함한 환경문제는 선진국이나 부유층보다는 저개발국과 저소득층, 사회 약자에게 치명적으로 나타난다. 때문에 기후변화로 인한 사회 약자를 보호하기 위한 장치도 시급히 마련되어야 한다.

이러한 이유에서 기후변화 대응을 위한 올바른 법과 제도를 마련하는 것은 더 이상 미룰 수 없는 주요 의제가 된 것이다.

2. 온실가스 감축목표 설정의 필요성

기후변화 대응을 위한 법 제정과 더불어 꼭 필요한 것이 온실가스 감축 목표를 설정하는 것이다. 온실가스 감축목표를 정하는 것은 이미 심각하게 진행되고 있는 지구온난화를 멈추기 위한 절체절명의 과제이다. 때문에 이미 지난 1997년 교토에서 만들어진 '교토의정서'에서는 Annex 1에 속하는 38개 국가들은 1990년 대비 5.2%를 2012년까지 감축하기로 합의한 바 있다.

지난 해 열린 코펜하겐 기후회의를 전후해 교토의정서 이후(Post Kyoto) 체계에 대한 논의가 본격화되고 있고 한국과 멕시코 등 OECD 국가이면서 감축목표를 받지 않았던 국가들과 중국, 인도, 브라질을 포함한 주요 개발도상국의 온실가스 감축방안이 핵심사항으로 떠오르고 있다. 한국의 온실가스 감축목표 설정은 대한민국 정부의 정책의지와 국민들의 감축노력을 전제로 하는 것이기에 기후변화 관련 법안에 명기하는 방안도 가능하겠지만 충분한 여론 수렴 과정을 거쳐 법과는 별도로 감축목표를 제시하는 것이 가능할 것이다.

온실가스 감축목표 설정은 국익과도 직접 관련이 있는 사항이기 때문에 매우 민감한 사항이다. 따라서 각국의 감축목표는 각 국가의 온실가스 배출량뿐만 아니라 국가별로 그간 배출한 역사적 책임, 즉 누적배출량과 경제적 능력 등에 따라 차별화된 목표를 설정하는 것이 필요하다.

한국은 앞에서 밝힌 바와 같이 온실가스 배출량에서 세계 9위를 차지하고 있으며, 이는 영국과 비슷한 수준이다. 또한 누적배출량을 기준으로 보아도 세계 22위를 기록하고 있으며, 최근 10년만을 계산하면 누적배출량이 11위로 껑충 뛰어오른다. 한국의 누적배출량은 개도국 중에서 브라질, 멕시코와 비슷하며, 선진국 중에는 스페인과 비슷한 수준이다.

한국이 온실가스 감축목표를 설정하는 것은 이러한 역사적 책임에 근거하여 판단되어야 하며, 한국의 경제발전 수준과 감당할 수 있는 역량도 함께 고려되어야 할 것이다.

3. 저탄소녹색성장기본법 제정과 문제점(녹색연합 입장에서)

이처럼 기후변화 관련 법 제정과 온실가스 감축 노력이 절실한 상황에서 저탄소녹색성장기본법이 오랜 논란 끝에 2009년 12월 29일 국회 본회의를 통과하였다. 법안이 2009년 1월 15일 입법 예고된 지 거의 1년이 지났고 국회 계류 기간만도 무려 10개월이나 흘렀다. 그만큼 입법 과정에서의 진통이 컸음을 의미한다. 실제 이 법안이 12월 막바지에 국회 본회의를 통과할 수 있었던 것도 4대강 예산 삭감여부를 둘러싸고 국회가 파행을 겪고 있었기 때문에 가능했다고 해도 과언이 아니다. 대부분의 이목이 예산 싸움에 가 있는 동안 국회에서는 짧은 순간에 무려 61개나 되는 법률이 무더기로 통과되었고 그 중에는 녹색성장기본법도 끼어 있었다.

기후변화에 대응하는 기본법 성격으로 녹색성장기본법이 제정되었으니 반가워야 할 일이나 실상을 들여다보면 문제점이 한둘이 아니다. 여기서 녹색성장기본법이 갖고 있는 문제점을 짚어본다.

(1) 기후변화 대응법안이 아닌 녹색성장에 초점을 맞춘 종합법

저탄소녹색성장기본법(이하 '녹색성장기본법')은 기후변화에 대응하기 위해 제안되어 입법예고까지 되었던 기후변화대책기본법을 대체하는 법이다. 그러나 이 법은 기후변화와 관련하여 체계 있게 대응하기 위한 법이라기보다 녹색이라는 용어를 사용하고 있긴 하지만 '성장'에 중점을 둔 종합법제의 성격을 띠고 있다.

때문에 녹색성장기본법은 그 목적에서부터 "이 법은 경제와 환경의 조화로운 발전을 위하여 저탄소(低炭素) 녹색성장에 필요한 기반을 조성하고 녹색기술과 녹색산업을 새로운 성장동력으로 활용함으로써 국민경제의 발전을 도모하며 저탄소 사회 구현을 통하여 국민의 삶의 질을 높이고 국제사회에서 책임을 다하는 성숙한 선진 일류국가로 도약하는 데 이바지함을 목적으로 한다"고 규정하고 있다. 목적 그 어디에도 기후변화의 심각성에 대한 인식과 기후문제 해결에 대한 의지가 담겨 있지 않다. 이러한 성장의 취지는 저탄소녹색성장의 기본 원칙을 포함하여 법안 모든 부분에 일관되게 적용되고 있다. 이 법이 어떻게 입법예고까지 되었던 기후변화대책기본법을 대체할 수 있는지 의문이 들 수밖에 없다.

법의 목적 자체가 성장에 초점을 맞추어져 있다 보니 법안의 내용도 기후변화와 에너지 관련 내용 이외에도 녹색성장과 조금이라도 관련 있는 모든 내용을 언급하고 있다. 물관리, 국토관리, 건축물관리, 교통부문, 생활부문 등 정부 정책의 모든 부문에 '녹색'이란 이름을 붙여 법안에 포함시켜 놓았다. 그러다보니 녹색성장이나 온실가스 감축과는 아무런 상관이 없는 '4대강정비사업' 논란이 있는 '하천보전과 복원' 등의 내용까지 끌어들이게 되었다.

같은 맥락에서 이 법이 환경법의 성격을 지니고 출발했지만 환경과 경제를 망라하는 종합법의 성격을 띠고 있다. 그러므로 이 법이 환경문제 해결에 도움을 주는 측면보다 '녹색'이미지를 친환경 개발을 위한 명분, 녹색세탁의 명분으로 제공함으로써 결국 환경문제 해결에 부정의 영향을 끼칠 가능성이 높아졌다. 다시 말해 이 법이 기존에 유지·발전되어 왔던 각종 환경법과 환경정책과의 조화를 이루면서 긍정적으로 기여하기보다 그간 형성되어 온 환경법의 기본 성격과 발전방향을 변화시킬 가능성이 적지 않다.

녹색성장기본법이 이와 같이 기후변화 방지를 위한 순수한 환경법의 성격을 벗어나 있음으로 해서 법에서 추구하는 내용상의 충돌이 발생할 경우 기후변화 방지라는 중요한 목표를 추구하는 데 분명한 한계를 보일 가능성 또한 배제할 수 없다. 뿐만 아니라 이 법에서 추구하는 성장 관련 내용으로 인해 기존의 환경 가치와 충돌이 불가피하며 이로 인해 법안에 대한 전 국민의 지지를 끌어내는 데도 어려움이 존재한다.

(2) 녹색성장과 지속가능발전에 대한 개념 왜곡

녹색성장기본법은 개념과 지위에 대해 사회적 합의를 벗어난 규정을 함으로써 혼란을 제공하고 있다. 즉, 녹색성장기본법은 지속가능발전기본법과 에너지기본법 등 관련한 다른 법률에 우선하여 적용하도록 규정함으로써 기존 법률의 정신과 내용을 심각하게 훼손하고 있다.

지속가능발전론은 1985년 세계환경발전위원회에서 펴낸 '우리공동의 미래(Our common future)'에서 출발하여 1992년 리우회의에 모인 전 세계 정상들이 합의한 내용으로 리우회의 이후 전 세계에서 지속가능한 발전을 이루기 위해 끊임없는 노력을 기울여 오고 있다. 즉, 지속가능한발전은 이미 국제사회에서 합의한 개념으로 경제와 환경, 그리고 사회형평성 문제를 통합하는 총괄개념으로써 녹색성장보다 상위의 개념이다. 이에 반해 녹색성장이라는 개념이 본격 제기된 것은 비교적 최근의 일이다. 이 개념은 UNESCAP에서 처음 제기한 것으로 알려져 있는데 이 기구에서 녹색성장을 제기한 것은 '환경과 경제의 공존을 바탕으로 한 지속가능한 발전을 이루기 위한 수단'으로써 녹색성장이 필요했기 때문이다. 그리고 녹색성장의 개념이 한국에 본격 소개된 것은 2005년 서울에서 열린 아시아태평양환경장관 회의에서 '녹색성장을 위한 서울 이니셔티브'를 채택하게 된 이후였다.

지속가능한발전 개념과 녹색성장의 개념 차이는 녹색성장기본법의 정의에서도 잘 드러나 있다. 기본법 제 2 장 정의에서 "'녹색성장'이란 에너지와 자원을 절약하고 효율적으로 사용하여 기후변화와 환경훼손을 줄이고 청정에너지와 녹색기술의 연구

개발을 통하여 새로운 성장동력을 확보하며 새로운 일자리를 창출해 나가는 등 경제와 환경이 조화를 이루는 성장을 말한다."라고 규정하고 있다.

이에 반해 지속가능발전기본법에서 제시하고 있는 정의를 살펴보면 "'지속가능성'이란 현재 세대의 필요를 충족시키기 위하여 미래 세대가 사용할 경제·사회·환경 등의 자원을 낭비하거나 여건을 저하(低下)시키지 아니하고 서로 조화와 균형을 이루는 것을 말한다." 그리고 "'지속가능발전'이란 지속가능성에 기초하여 경제의 성장, 사회의 안정과 통합 및 환경의 보전이 균형을 이루는 발전을 말한다"고 규정하고 있다.

두 개념을 비교해 보면 어느 것이 더 폭넓은 의미인지를 분명하게 이해할 수 있다. 즉 녹색성장은 경제와 환경의 조화를 추구하는 것인 데 반해 지속가능한발전은 경제와 환경뿐만 아니라 사회형평성의 문제까지 고려하는 보다 폭넓은 개념인 것이다.

이처럼 누가 보아도 녹색성장의 개념이 지속가능발전의 개념보다 더 넓은 개념으로 해석할 여지가 없는 것이 분명하다. 그럼에도 녹색성장기본법에서는 지속가능발전과 녹색성장의 개념을 거꾸로 해석하고 있어 국제사회에서 합의되고 국내법에서 명문화된 내용마저 왜곡하고 있는 것이다. 이처럼 녹색성장기본법이 지속가능발전에 대한 개념을 심각하게 훼손하고 있다는 문제제기가 정부와 시민단체, 법조계에서 진행한 공청회에서 진지하게 이루어졌음에도 입법과정에서 개념과 질서에 대한 왜곡은 더욱 심각해졌다. 실제 국무회의를 통과하여 국회로 넘어간 최종 법률안은 녹색성장보다 상위개념에 의해 만들어진 지속가능발전기본법을 완전히 자기 역할을 할 수 없을 정도로 주요 내용을 훼손시키고 있다. 공청회 등을 거쳤지만 문제가 개선되기는커녕 더 나쁜 쪽으로 법안이 바뀐 것이다. 이 때문에 국회 상임위 심의 과정 등에서 야당 의원들이 퇴장하는 등 심각한 홍역을 치러야 했다.

지속가능한 발전을 이루기위해서는 녹색경제로의 전환이 반드시 필요한데 녹색경제의 주요 수단이 녹색성장과 녹색일자리이다. 이처럼 녹색성장은 녹색경제, 나아가 지속가능한 발전을 위한 수단임에도 녹색성장기본법을 추진하는 정부에서는 녹색성장이 마치 만병통치약이라도 되는 듯한 모습을 보이고 있는 것이다. 그럼에도 녹색성장이 진짜 만병통치약이 되면 좋을 것이나 실제 녹색성장기본법의 내용을 보면 녹색성장은 기존의 경제성장의 한 동력쯤으로 여겨지고 있음을 파악할 수 있다. 그리고 한발 더 나아가 녹색성장이 정부가 추구하는 각종 환경파괴를 동반한 개발

사업과 성장정책을 녹색으로 포장하는 '녹색세탁(Green wash)'의 수단으로 이용되고 있다.

(3) 기존의 환경법제와 거버넌스 기능을 현저히 해칠 우려

녹색성장위원회는 보도자료를 통해 녹색성장기본법이 국가지속가능발전기본법, 국가에너지기본법, 국토기본법과 같은 다른 기본법과 녹색성장 관련 법률의 상위법으로 규정하고 있다. 현재 각 분야별로 제정되어 있는 기본법은 40여 개 정도로 파악되고 있다. 그리고 기본법은 말 그대로 해당 분야의 기본이 되는 법률이며 기본법 간의 위계질서가 존재하지 않는다. 그런데 녹색성장기본법을 만들면서 이 법을 다른 기본법의 상위법으로 제정하겠다는 것은 심각한 문제가 아닐 수 없다. 이렇게 특정 기본법이 다른 기본법의 상위법이 된다는 것은 다른 기본법의 질적 저하를 초래하고 민주주의 원리와 법질서를 왜곡시키게 될 수 있기 때문이다. 더구나 녹색성장기본법이 지속가능발전기본법과 에너지기본법의 상위법이 된다는 것은 앞에서 제시한 국제사회에서 합의한 개념의 왜곡과 더불어 시민사회와 국가가 함께 노력해서 이루어 온 거버넌스 기능을 무시하거나 무력화시키는 결과를 가져오게 될 것이다. 지속가능발전위원회와 국가에너지위원회 등은 지난 10여 년 동안 정부와 기업, 시민사회가 거버넌스 기능의 발전을 통해 만들어낸 성과이다. 이들 위원회는 단순한 정부 기구 이상의 의미를 갖고 있으며 민주주의의 발전과정을 반영하고 있는 것이다. 그런데 이를 무시하고 일방으로 기능을 축소하는 것은 거버넌스의 성과와 민주주의를 무시하고 정부 정책을 일방 통행식으로 밀어붙일 우려를 낳고 있다.

그리고 이러한 우려는 단순한 기우가 아님이 녹색성장기본법의 입법과정과 국회를 통과한 최종 법안에서 증명되고 있다. 정부가 공청회 등의 의견 수렴을 거쳐 국무회의에서 통과시켜 국회에 제출한 녹색성장기본법은 지속가능발전기본법과 에너지기본법을 완전히 걸레조각으로 만들어 버렸다. 녹색성장기본법의 '부칙'에는 12개 다른 법령을 개정하도록 규정하고 있다. 그런데 놀라운 것은 부칙에서 개정하도록 언급한 12개의 법령은 단순히 녹색성장법 제정으로 인해 수정이 불가피한 용어의 변경이나 관련 조항을 수정하는 차원을 넘어서 다른 법률의 취지를 완전히 변화시키거나 유명무실하게 만드는 내용을 담고 있다.

이러한 병폐를 가장 잘 보여주는 대목이 지속가능발전기본법의 변경이다. 녹색성장기본법은 부칙에서 '지속가능발전기본법'의 총 22개 조항 중 핵심내용 6개 조항

전체와 별도의 2개 항목을 삭제하도록 규정하고 있다. 지속가능발전기본법에서 이들 해당조항을 삭제하게 되면 이 법은 껍데기만 남아 사실상 폐기하는 것이나 다름없다. 실제 지속가능발전법과 녹색성장기본법은 성격이 다르기 때문에 서로 충돌할 가능성이 많지 않음에도 이렇게 무리수를 두는 것은 왜일까? 정부는 애초에 국회 환경노동위원회에서 법개정을 통해 지속가능발전기본법의 기능과 역할을 축소하려 했으나 환경노동위원회 의원들의 반대에 부딪히자 녹색성장기본법의 부칙을 통해 법안 내용을 바꾸는 편법을 동원한 것으로 파악된다.

이렇게 녹색성장기본법의 부칙을 통해 변경된 지속가능발전기본법의 주요 내용을 살펴보자. 우선 '지속가능발전기본법'을 '지속가능발전법'으로 명칭을 변경하여 기본법으로서의 지위를 박탈했다. 결국 새로운 정부에서 만들어진 신법이 점령자 역할을 하면서 지난 정부에서 만들어 놓은 지속가능발전기본법의 역할을 무력화시키기 위해 그 위상을 떨어뜨린 셈이다. 또한 지속가능발전기본법에 근거하여 만들어진 지속가능발전위원회의 소속 부처를 대통령 직속에서 환경부 산하로 바꾸어 약화된 지위를 분명히 하였다. 그리고 법의 내용 측면에서 국가지표보고서 작성과 포털사이트 운영 정도만 남겨두고 '지속가능발전원칙', '국가지속가능발전 기본전략의 수립·추진', '지방지속가능발전 기본전략의 수립·추진', '이행계획 수립·추진', '법령 및 행정계획의 지속가능성 검토', '지방지속위 설치 운영' 등의 핵심사항을 모두 삭제토록 했다.

지속가능발전기본법을 제정할 때의 취지와 목적이 분명했고 이 법이 수행할 내용도 분명하다. 그럼에도 이를 완전히 무시하고 새로운 법을 제정하면서 법의 기능을 완전히 마비시킬 정도로 이렇게 바꾸는 것이 법치국가에서 가능한지 의문이 아닐 수 없다.

이러한 문제는 에너지기본법에서도 비슷하게 나타나고 있다. 에너지기본법의 명칭을 에너지법으로 바꿈으로써 기본법으로서의 지위를 박탈하였고, 국가에너지위원회도 에너지위원회로 약화시키고 위원장도 대통령에서 지식경제부 장관으로 바꾸도록 함으로써 위상을 현저히 약화시켰다. 지속가능발전기본법과 똑같은 모습이다.

새로운 기본법을 만들면서 제정 취지와 주체가 다른 기존의 기본법의 위상과 그 내용을 이렇게 바꾸는 것이 가능한 일인지, 법적으로 아무런 문제가 없는지 의문이다. 이번 일이 기본법간의 위상과 역할에 대한 충돌시 부칙을 통해 다른 법률을 침해하는 나쁜 선례가 되지 않으려면 분명하게 이 문제를 바로잡으려는 법조계의 노력이 반드시 필요하다.

(4) 입법취지를 무색케 하는 독소 조항 논란

녹색성장기본법에는 기후변화대책이나 녹색성장 그 자체와는 관련이 없는 이명박 정부의 국책사업을 뒷받침하고자 하는 굵직한 독소조항들이 포함되어 있어 이 법안의 입법취지 자체를 의심하게 만들고 입법 과정에서 심각한 논란을 낳았다. 그 대표 사례가 원자력산업 육성과 4대강정비사업과 관련한 내용이다.

먼저 원자력산업과 관련한 내용을 살펴보면, 국회를 통과한 최종 법안에는 야당 의원들의 강력한 반대에 부딪혀 빠졌지만 정부에서 제출한 최종 법률안까지 '원자력 산업 육성'이라는 조항이 자리잡고 있었다. 더구나 법안의 초안에서는 원자력을 청정에너지로 규정하고 이를 육성하는 내용을 포함하고 있었다. 정부의 입법 속셈이 무엇인지 분명하게 드러나는 대목이다.

입법 과정의 논란 속에서 정부는 그동안 줄기차게 주장해 왔던 '원자력이 청정에너지라는 부분과 원자력 발전소 증설을 통한 온실가스 감축'이라는 주장은 법적 근거를 상실하게 되었다. 하지만 녹색성장기본법 제정과정에서 보여 준 정부의 원자력 발전에 대한 태도가 무엇인지, 그리고 녹색성장기본법 제정의 숨은 의도가 무엇인지 잘 알 수 있다. 정부는 원자력, 즉 핵산업을 녹색성장의 핵심축으로 삼아 이를 확대하겠다는 정책의지를 갖고 있음이 분명하다. 이는 곧 핵에너지의 위험성과 갈등요인으로 인한 사회적 논란이 지난 수십년간 끊임없이 발생하고 있음에도 이러한 논란을 무시하고 핵산업을 녹색성장을 위한 주력산업으로 규정하고 밀어붙이겠다는 것이다.

핵에너지는 체르노빌 핵발전소 폭발사고에서 보았듯이 매우 위험한 에너지이다. 핵에너지는 어떠한 이유로도 결코 녹색에너지가 될 수 없다. 때문에 기후변화협약 당사국 총회에서도 일부 국가의 끊임없는 로비에도 불구하고 교토의정서 상의 청정개발체제(CDM)에서 제외되어 왔다. 그런데 정부에서 핵 산업을 중심으로 녹색성장을 이야기하는 것은 자가당착이다.

녹색성장기본법에서 만약 원자력이나 재생에너지 등의 적정 비율을 정하는 것이 필요하다면, 원자력 산업 육성을 규정할 것이 아니라 '에너지 믹스'와 관련한 조항을 포함시키는 것이 오히려 바람직 할 것이다.

또 하나의 독소조항이 한반도대운하의 전단계로 의심받는 4대강정비사업과 관련한 내용이다. 녹색성장기본법이 처음 입법예고 되었을 때 법안에는 2008년 12월에 발표된 4대강 정비사업의 내용을 그대로 법조문에 옮겨 놓았다. 즉, 녹색성장기본법 초안의 49조 '지속가능한 물관리' 부분의 2항을 보면 "국가는 주요 하천과 유역의 물길을 자연친화적으로 보전·복원·정비하고 물을 저류·저장하며 수질 및 수생태계를 보전하기 위한 친환경적인 시설과 수변공간을 확충함으로써 기후변화로 인한 자연재해와 물부족 및 수질악화와 수생태계 변화에 효율적으로 대응하고 수변생태문화도시 조성과 생태관광을 활성화하여 저탄소 녹색국토의 구현에 이바지하여야 한다"고 규정하고 있다. 바로 4대강정비사업의 내용이다.

이는 녹색성장 기본법을 통해 4대강정비사업 추진을 기본법에 명기함으로써 4대강 사업 추진 명분을 강화하려는 의도로 해석된다. 그러나 4대강 사업은 한반도대운하 변종사업이며, 토목공사를 통해 한반도를 흐르는 주요 강의 생태계를 완전히 파괴하겠다는 내용으로 녹색성장과는 정반대의 사업이다. 더욱이 기후변화대책과는 아무런 상관이 없다. 그럼에도 이러한 내용이 녹색성장기본법 최종안에서 '기후변화대응을 위한 물 관리'란 이름으로 하나의 조항으로 규정되어 있다. 또한 입법 초기에는 '물산업 민영화와 관련된 내용도 담고 있어 이 법의 의도가 무엇인지 의심을 자아내게 만들었다.

이러한 내용에 대한 비판이 쏟아지자 법안 내용 일부를 수정하고 조항을 '지속가능한 물관리'에서 '기후변화대응을 위한 물 관리'로 변경하였다. 내용이 상당히 바뀌었지만 여전히 '수자원 확보', '하천복원' 등의 내용을 담고 있어 애초의 법안 내용과 연관시켜 생각하면 여전히 4대강 사업을 염두에 둔 내용이라고 해석할 수밖에 없다. 그리고 물산업 민영화 관련해서도 직접 언급을 없애고 '수질오염 예방·처리를 위한 기술 개발 및 관련 서비스 제공 등'으로 조항을 남겼다. 이 문구만으로 민영화를 위한 조항으로 단정하긴 어려울 듯하나 '관련 서비스 제공'이라는 대목에서 서비스의 내용이 물 산업의 민영화라는 의혹을 여전히 지우지 못하게 하고 있다.

다행스럽게 입법과정에서 원자력과 4대강사업을 직접 언급하는 대목은 삭제되었지만 이러한 논쟁을 통해서 정부가 굳이 기후변화대책기본법이 아닌 녹색성장기본법으로 가고자 하는 의도를 분명하게 알 수 있다.

(5) 사회약자를 보호하기보다 기업입장 대변

온실가스 감축을 위해서는 환경친화형 조세제도의 도입이 필요하다. 녹색성장

기본법이 처음 입법 예고되었을 때에는 이러한 부분이 반영되어 있었다. 법안 27조에 '환경친화적 세제운영' 항목이 있었고 "금전적 부담을 포함한 조세부담 강화"란 내용이 포함되어 있었다. 그런데 이러한 내용이 공청회를 거친 후 입법예고에서 슬그머니 빠져 버렸고 최종 법안에서는 아예 '환경친화적' 조세운영 항목 자체가 삭제되어 버렸다. 그리고 그 자리를 '조세제도 운영'이란 항목으로 대체되었다. 이러한 내용에 대한 비판이 거세게 일자 국회를 통과한 최종법률안에서는 30조 '조세제도운영'이란 조항을 유지하면서 그 내용에 "정부는 에너지 · 자원의 위기 및 기후변화 문제에 효과적으로 대응하고 저탄소 녹색성장을 촉진하기 위하여 온실가스와 오염물질을 발생시키거나 에너지 · 자원 이용효율이 낮은 재화와 서비스를 줄이고 환경친화적인 재화와 서비스를 촉진하는 방향으로 국가의 조세 제도를 운영하여야 한다"로 수정하였다. 결국 최종 법안에서 내용이 다시 일부 수정되긴 하였지만 법률이 기업의 입김을 벗어나지 못한 쪽으로 결론이 나 버렸다. 결국 정부에서도 탄소세 도입 등을 통해 조세제도의 혁신의 필요성을 인식하고 있었음에도 입법과정에서 산업계 등의 로비에 의해 그 내용이 사라져 버린 것이다. 결국 녹색성장기본법은 기후변화 방지를 위해 꼭 필요한 몇 안 되는 내용조차 기업들의 압력에 의해 사라지고 기업의 입장만 대변하는 것으로 바뀐 셈이다.

문제는 이처럼 환경친화적 조세제도를 도입하는 데 실패하는 것은 그 자체로 끝나는 것이 아니라 온실가스 감축을 위한 책임이 기업으로부터 일반 소비자, 특히 서민들에게 전가된다는 점이다. 한국은 국제협상에서 어떤 형태로든 온실가스 감축 목표를 설정할 수밖에 없을 것이고 기업들이 회피한 책임은 사회약자에게 넘어올 수밖에 없기 때문이다.

(6) 총량제한 배출권 거래제도의 후퇴와 배출권 거래제의 한계

법안 심의 과정에서 기업의 입장을 강화시켜준 또 다른 부분이 바로 '배출권 거래제'와 관련한 부분이다. 법안이 국무회의를 통과하기까지는 '온실가스 배출허용 총량을 설정하고 배출허용량을 거래하는 제도, 즉 총량제한 배출권 거래제'만 허용하도록 하였다. 그러나 법률안에 대한 국회 심의과정에서 총량제한 배출권 거래 이외에 '기타 국제적으로 인정되는 거래 제도를 포함'함으로써 기업의 입장을 들어주었다.

이번 법안에서 배출권 거래제도의 후퇴도 문제이지만 배출권 거래제도가 마치 온실가스 감축에 크게 기여하는 것처럼 인식되게 만드는 것도 지적하지 않을 수 없다. 배출권 거래제(ET: Emissions Trading)는 청정개발체제(CDM: Clean Development Mechanism), 공동이행제도(JI: Joint Implementation)와 더불어 교토의정서에서 온실가스 감축수단으로 도입된 교토 메커니즘(Kyoto Mechanism)의 하나이다. 그리고 교토 메커니즘이란 시장원리를 도입한 온실가스 감축 제도로서 일종의 유연성 제도라고 할 수 있다.

배출권 거래제도는 온실가스를 직접 감축하는 것이 아니라 배출권 시장에서 온실가스를 사고팔면서 온실가스 감축 비용을 절감하는 효과를 가져오기 때문에 기업들이 선호하는 제도이다. 물론 온실가스 감축비용이 낮은 국가 또는 기업에서 배출권 거래제를 통해 더 많은 온실가스 감축을 이룰 수 있기도 하지만 배출권을 구입하는 국가에서는 상대적으로 감축노력을 덜 하기 때문에 절대 온실가스 배출량을 줄이는 데 결정적인 역할을 할 수 없다. 따라서 배출권 거래제를 포함한 교토 메커니즘은 어디까지나 온실가스 감축을 위한 보조 수단으로 이용되어야 한다.

상황에 이러한데도 배출권 거래에 이용될 온실가스 배출 허용 총량을 규정하지 않고 다양한 방식의 배출권 거래제도를 허용하는 것은 온실가스 감축을 위한 노력에 찬물을 끼얹을 수 있어 결코 바람직하지 않다.

(7) 온실가스 감축목표와 방향이 제시 안 됨

녹색성장기본법의 또 다른 큰 문제점은 온실가스 감축목표와 이를 달성하기 위한 방안이 제시되어 있지 않다는 것이다. 물론 온실가스 감축목표를 법안에 명시하는 것이 옳은지에 대해서는 이견이 있을 수 있다. 그러나 감축목표를 법안에 구체화시키지 않더라도 온실가스 감축목표와 관련한 기본 방향이 제시되어야 한다. 그리고 그 목표를 달성하기 위해 각 분야별로 어떻게 감축목표를 나눌 것인지, 재원마련은 어떻게 할지 등에 대해 법에서 분명하게 방향을 밝히는 것이 필요하다.

그렇지 않고 정부가 정책 판단에 따라 온실가스 감축 목표를 설정하고 이행방안을 마련할 경우 정부의 성격에 따라 그 내용이 바뀔 가능성이 높고 이행에 대한 책임을 다하려는 노력보다는 회피 전략을 찾는 데 힘을 쏟을 가능성이 크다.

Ⅲ. 국가 온실가스 감축목표 설정에 따른 논란

1. 국가 온실가스 감축 시나리오 발표

정부가 오랜 논란 끝에 2009년 8월 4일 대통령 직속 녹색성장위원회를 통해 드디어 국가 온실가스 감축목표 설정에 관한 시나리오를 내 놓고 일정한 논의를 진행한 후 11월 최종 목표를 설정하였다. 정부가 내놓은 시나리오 내용은 2020년까지 BAU 대비 21%, 27%, 30% 감축 중 하나를 선택하겠다는 계획이다. 이를 2005년 기준으로 환산하면 2005년 대비 8% 증가, 동결, 4% 감축하는 내용이다. 이 목표치를 국제사회가 채택하고 있는 1990년 기준으로 환산하면 감축 목표가 가장 큰 3번째 시나리오의 경우 90년 대비 91% 증가하는 것이다. 정부는 산업계 등에 대한 의견을 수렴한 후 지난 2009년 11월 3번째 안으로 국가 온실가스 감축목표를 결정하였다.

재미있는 사실은 정부가 이 시나리오를 발표하면서 EU가 제시한 개발도상국 감축 권고치인 BAU 대비 15~30% 감축 요구를 충족했기 때문에 획기적인 내용이라고 자화자찬 했다는 것이다. 틈만 나면 선진국 운운하면서 온실가스 감축과 관련해서 당당하게 개발도상국인양 이중의 태도를 취하는 것이 국제사회에 어떻게 비춰질지 걱정이다. 녹색성장위원회가 제시한 감축 목표에 관한 수치와 더불어 한국이 온실가스 감축에 관한 국제협상에서 개발도상국 지위를 부여받을 수 있는지가 쟁점이 될 전망이다.

2. 온실가스 감축목표 설정의 의미와 한계(문제점)

한국이 포스트 교토체제에 대한 논의를 앞두고 국제사회의 일원으로써 온실가스 감축목표를 스스로 설정하고 이를 달성하기 위해 노력 하겠다고 밝힌 것은 목표수준을 떠나 바람직한 일이다. 이는 기후변화협약당사국총회의 논의 과정에서도 국제사회의 논의를 활성화시키는데 긍정적인 방향으로 기여하고 있으며, 한국 내에서도 온실가스 감축이 더 이상 미룰 수 없는 과제임을 분명히 하는 계기가 되고 있기 때문이다.

그러나 이번 한국정부의 온실가스 감축 시나리오 발표에 대해 위와 같은 긍정의 의미가 있음에도 우려와 비판이 더 많은 것이 사실이다. 한국이 국제사회에서 차지하는 역할과 비중에 비해 이번에 제시된 감축목표는 너무나 낮은 수준이기 때문에 국내외의 동의를 구하기 어려울 뿐만 아니라 온실가스 감축의 필요성과 절박성에 대해 왜곡된 신호를 보낼 수 있기 때문이다.

앞에서 밝혔듯이 한국은 온실가스 배출량에서 세계 9위를 차지하고 있고 누적배출량에서도 세계 22위를 기록하고 있으며 이미 세계 10위권의 경제력을 갖고 있는 나라이다. 특히 최근 10년간의 기록만 본다면 한국의 누적배출량은 11위로 껑충 뛰어오른다.

그런데 한국이 개발도상국에게 요구되는 온실가스 감축목표를 제시하고 스스로 만족해하는 모습이 국제사회에서 어떻게 받아들여질 것인가? 한국은 이미 국제사회에서 38개국이 의무감축 책임을 지고 평균 5.2%를 감축하기로 약속하고 기준연도로 삼고 있는 1990년 대비 온실가스 배출량이 100%나 증가를 기록하고 있다. 감축 시나리오 중 정부가 채택한 3번째의 경우도 BAU 대비 30%를 이야기하지만 실제 1990년을 기준으로 보면 91%나 증가하는 것이다. 이 수준으로 당면한 절체절명의 기후위기를 극복하고 인류와 지구생태계의 미래를 지켜내는 데 한국이 자기 역할을 다하고 있다고 말할 수 있을지 걱정이 아닐 수 없다.

결국 한국 정부가 온실가스 감축 시나리오를 발표하자 한국의 시민단체와 전문가들은 감축 목표가 지나치게 낮다는 비판의 목소리를 높이고 있다. 온실가스 배출량이나 역사적 책임을 평가할 때 이 수준을 동의할 수 없다는 입장이다. 특히 온실가스 감축목표는 산업계는 물론 모든 소비자들에게 기후변화의 심각성과 온실가스 감축의 절박함을 느낄 수 있는 일정한 신호를 줄 수 있어야 하는데 이번 감축목표 시나리오 발표는 어느 한쪽에도 그 신호를 제대로 전달하지 못했다고 평가하고 있다.

이에 주요 환경단체들은 한국의 온실가스 배출에 대한 역사적 책임과 감축능력 등으로 고려한 자체 분석 자료를 토대로 2005년 대비 25% 감축목표를 제시하였다. 물론 시민단체가 제시한 25% 감축방안은 정부의 시나리오와 워낙 차이가 컸기 때문에 여론 수렴과정에서 크게 주목을 받지 못한 것이 사실이다. 그러나 여러 가지 상황을 고려해 볼 때 이 안이 결코 현실성 없는 원론적 주장만이 아님이 확인되었다. 실제 지난해 열린 코펜하겐 기후회의를 앞두고 각계 전문가들이 분석한 보고서에 따르면 현재 미국, 일본, 한국 등 각국이 제출한 온실가스 감축목표를 모두 이행한다 하더라도 지구의 기온은 산업화 이전에 비해 3℃ 이상 상승할 것으로 밝히고 있다. 즉 이번 기후회의에서 합의한 최소한의 목표인 지구의 온도 상승을 산업화 이전에 비해 2℃ 이하로 억제하는 데 실패하고 인류는 돌이키기 어려운 기후재앙에 직면하게 될 것이란 분석이다. 따라서 각국은 더 많은 온실가스 감축 목표를 설정하고 이행방안을 내와야 한다는 뜻이다.

실제 녹색성장위원회가 작성한 보고서에 따르면 한국의 온실가스 감축 가능성은 2005년 대비 최소 10% 이상임을 밝히고 있다. 그리고 최초 시나리오에는 발표된 3가지 안 이외에 2005년 대비 11%를 감축하는 안도 포함되어 있었다. 그런데 산업계 등의 로비에 굴복하여 11% 안은 아예 감추고 3가지 시나리오를 밝히면서 좀 더 적극적인 감축목표를 설정할 수 있는 가능성을 원천적으로 차단하였다. 결국 정부에서는 온실가스 감축목표가 시민단체안과는 차이가 있더라도 두 자리 숫자를 제시함으로써 우리 사회에 의미있는 신호를 줄 수 있는 정도의 목표를 설장할 수 있었음이 확인된 것이다. 그럼에도 정부는 이를 스스로 포기함으로써 이번 국가온실가스 감축목표 설정의 의미를 스스로 퇴색시켜버리고 말았다.

이러한 한국사회의 온실가스 감축목표 제시에 대해 국제사회의 반응은 한국사회의 비판 기조와는 조금 다르게 나타나고 있다. 앞에서 언급했듯이 일단 온실가스 감축 목표를 설정하겠다는 것 자체가 국제사회에서 긍정의 의미로 받아들여지고 있다. 그리고 감축목표에 대해서는 조심스럽게 좀 더 적극성을 반영하는 감축목표를 제시하는 것이 필요하다는 입장을 밝히고 있다. 국가간의 관계를 고려할 때 감축목표 자체를 강하게 비판하기 어려운 측면도 반영된 듯하다. 그러나 이러한 넉넉한 평가가 언제까지 지속될지는 두고 볼 일이다. 온실가스 감축목표는 국가간의 관계가 작용하기 때문에 막상 협상테이블에 앉으면 좀 더 냉정해질 수밖에 없다. 한국의 부담이 줄면 그만큼 다른 어떤 나라가 더 많이 부담해야 하는 상황이기 때문이다.

물론 지난해 열린 코펜하겐 기후회의에서는 한국의 온실가스 감축목표에 대한 논쟁이 이루어지지 않았다. 워낙 선진국과 개발도상국의 입장차이가 컸기 때문에 한국을 포함한 개별 국가들의 감축목표가 적절한지에 대한 논의 자체가 이루어지지 않았기 때문이다. 그리고 구속력 있는 감축방안에 대한 구체적인 합의가 이루어지지 않았기 때문에 국제사회에서 한국의 감축목표를 할당받는 것은 다소 시간이 걸릴 것으로 판단된다. 한국정부가 제안한 온실가스 감축 등록부 안이 수용됨으로써 당분간 감축량을 의무 할당하기보다 자발적 감축 노력이 강조될 것도 사실이다. 그럼에도 지구 공동의 비전을 달성하기 위해서는 한국이 더 많은 감축노력을 하여야 한다는 것은 피할 수 없는 사실이다.

이와 더불어 온실가스 감축 목표를 달성하기 위한 구체성 있는 이행방안과 재정확보 방안이 충분하게 제시되지 않고 있다는 것도 실효성에 대한 의문을 자아내고 있다. 또한 시나리오 달성을 위해 그나마 제시된 주요 감축수단이 이미 우리사회에서 진행되고 있는 에너지 효율향상과 재생에너지 확대 수준을 벗어나지 못하고 있다는 것과 그간 사회갈등의 큰 원인이 되었던 원자력 발전 확대를 제시한 것은 또 다른 사회갈등을 키울 수 있다는 점에서 문제점으로 지적될 수 있을 것이다.

3. 합리적인 감축목표 기준과 원칙

감축목표를 설정하는 기준 가운데 가장 우선 고려되어야 할 사항은 '국제사회가 공유하는 공통의 비전'이다. 즉, 기후변화로 인한 대재앙을 막기 위해 국제사회가 합의할 수 있는 수준의 감축목표를 설정하여야 한다.

IPCC 4차보고서는 기후변화가 파국으로 가는 것을 막기 위해서는 금세기 안에 CO_2 농도를 400~450ppm으로 안정화시켜야 하며, 산업화 이전에 비해 2℃ 이하로 온도 상승을 제어해야 한다고 권고했다(지난해 12월 열린 코펜하겐 기후회의에서는 IPCC 권고 수준으로는 기후위기를 막는 데 부족하다고 보고 1.5℃, 350ppm을 요구하는 목소리가 상당한 설득력을 얻었다). 이 수준을 벗어나면 인류와 지구 생태계의 파국을 막기 어렵다는 것이다. 온실가스 감축을 위한 국제사회의 노력도 이 수준을 지키기 위한 합의에서 출발하여야 한다. 이것이 우리 모두의 생존을 위한 마지노선이기 때문이다.

온실가스 감축은 선택사항이 아니다. 하면 좋고 하지 않아도 그만인 문제가 아니다. 그리고 경제성장과 환경보전의 양자택일의 문제는 더더욱 아니다. 산업계와 정부 일각에서 경제성장을 더 해야 하기 때문에 감축목표를 낮게 잡을 수밖에 없다는 주장은 현실의 심각성을 너무나 안일하게 바라보는 것이다. 만일 모든 국가에서 '감당할 수 있는 목표'를 잡는다면 인류와 지구생태계의 미래는 보장하기 어려울 것이다. 현재 각국이 제시한 감축목표로는 국제사회가 공유하는 공통의 비전을 달성할 수 없다는 것을 과학자들은 이미 확인하고 있지 않은가? 그리고 다른 국가들은 온실가스 감축을 위해 최대한 노력하는데 한국만 그 책임을 회피하려 한다면 이는 '무임승차'에 해당하는 것이고, 지구 공동체에서 이러한 태도는 허용될 수도, 허용되어서도 안 된다.

온실가스 감축 목표를 설정하는 두 번째 기준은 '오염자 부담의 원칙'이다. 이는 환경문제를 해결하는 과정에서 가장 우선되는 원칙이기도 하다. 기후변화 협상 과정에서는 이를 '역사적 책임'으로 부르고 있다. 각 국가가 산업화 이후 온실가스 배출 총량이 얼마나 되는지, 그 누적 배출량에 따라 감축목표를 설정하는 것이 이 원칙이다.

한국은 현재까지 누적배출량에서 세계 22위를 차지하고 있고 전체 배출량 대비 0.78%를 차지한다. 그리고 배출량이 가파르게 증가하고 있어 최근 10년만 계산하면 11위이다. 한국의 온실가스 배출량이 얼마나 빠르게 증가하고 있는지를 짐작케 해준다. 한국의 누적 배출량은 멕시코, 스페인, 브라질, 이란과 비슷한 수준이다. 스페인의 경우 온실가스 배출량을 1990년 대비 증가 상한선을 37%를 넘지 않도록 설정하였다. 이에 반해 한국은 이미 90년 대비 100%나 증가했다. 그리고 이 수준을 2020년까지 유지하겠다는 것은 누가 보아도 지나친 욕심이거나 무책임한 생각이다.

한국이 스페인과 같은 나라보다 90년 이후 높은 경제성장률을 보이고 있고 이에 따라 온실가스 배출 증가율 또한 엄청나게 높은 것은 주지의 사실이다. 그럼에도 이것이 온실가스 감축 노력을 적게 해도 좋다는 면죄부를 주는 것은 아니다. 선진국들이 교토의정서 채택 이후 교토의정서에서 합의한 온실가스 감축 목표를 달성하기 위해 상당한 노력을 기울여 왔기 때문에 그간 별다른 규제 없이 고도성장을 할 수 있었던 한국이 국제사회에 그만큼 더 책임을 져야할 때가 된 것이다. 선진국과는 분명하게 차별화를 하되 역사적 책임에 맞는 목표 설정이 필요한 이유이다.

온실가스 감축목표 설정의 세 번째 기준은 '감축 기준 또는 기준연도'와 관련한 것이다. 이는 국제사회의 형평성에 관한 문제이다. 정부는 감축 목표에 관한 시나리오를 발표하면서 개발도상국을 염두에 두고 BAU 대비 감축목표를 제시하였다. 그러나 한국의 온실가스 배출량이나 경제 규모를 볼 때 이는 현실성이 거의 없다. 또한 시나리오에서 절대감축량을 언급하면서 2005년을 기준년도로 제시하고 있다. 한국이 1990년에 비해 이미 100%나 온실가스 배출량이 증가한 상태에서 1990년을 기준으로 삼는 것이 큰 의미가 없을 수도 있다. 그래서 배출량이 거의 정점에 이른 2005년을 기준연도로 제시했을 수도 있다. 그러나 이미 교토의정서 상에서 Annex I 국가들은 1990년을 기준으로 2012년까지 온실가스 5.2%를 감축하기로 약속하고 많은 노력을 기울여 왔다. 그런데 지금 와서 2005년을 기준연도로 삼는 것은 앞서 온실가스 감축 노력을 기울여 온 국가들에게 더 큰 부담을 지우게 되며, 형평성 논리에서도 맞지 않다.

그러므로 온실가스 감축 기준연도는 절대량 기준으로 감축목표를 설정하기 어려운 저개발국이나 개발도상국을 제외하면 온실가스 감축의 기준연도는 당연히 1990년이 되어야 한다. 그리고 한국의 경우 BAU 대비가 아닌 1990년도를 기준연도로 해서 절대량을 감축하는 목표를 설정하여야 한다. 물론 상황에 맞게 2005년 기준을 병기하는 것은 상관없다.

온실가스 감축 목표를 설정할 때 또 하나 고려할 사항은 사회 형평성의 문제이다. 이는 국내에서 온실가스 감축 부담을 어떻게 나누어 갖는가에 관한 문제이다. 국제사회의 형평성 못지않게 중요한 것은 국내에서 각 부문간, 계층간의 형평성을 고려하여 온실가스 감축량을 할당하는 것이다. 그런데 정부에서 이번에 발표한 감축 시나리오는 국내에서 온실가스 감축 목표를 할당하는 원칙을 제시하지 않고 있다. 따라서 온실가스 감축을 위한 이행단계에 들어가면 사회혼란을 일으킬 가능성이 적지 않다.

특히 이번 시나리오를 작성하면서 시민단체나 노동자, 농민, 소비자 등의 의견은 거의 수렴하지 않고 주로 산업계의 의견만을 청취하여 반영하고 있기 때문에 목표가 확정되고 국내 할당을 할 경우 온실가스 감축 책임이 산업계에 비해 일반소비자, 특히 서민계층 등 사회약자에게 책임이 전가될 가능성이 크다. 실제 정부는 지난 8월 4일 시나리오를 발표하기 전에 산업계만 30여 차례 만나 그들의 의견을 충분히 반영하면서 감축 목표 자체를 낮게 설정한 것뿐만 아니라 산업계의 감축비중을 줄이고 건물이나 교통분야 감축 부담을 크게 잡도록 시나리오를 확정한 것으로 드러나 이러한 우려를 사실로 입증하고 있다. 이 같은 산업계에 대한 지나친 배려는 시나리오 발표 이후에도 계속되어 지식경제부, 기획재정부 등이 거듭하여 산업계 부담을 줄이고 건물과 도로분야 등 시민들이 직접 부담하는 분야의 부담을 늘리도록 압력을 행사하고 있어 정부 각 부처가 전방위적으로 산업계에 대한 편중을 드러내고 있음을 확인할 수 있었다. 기후변화로 인해 가장 직접적이고 큰 피해를 입는 계층이 바로 사회 약자인 것을 고려하면 이러한 책임전가는 결국 사회약자에게 이중, 삼중의 고통을 주게 되는 것이다. 따라서 온실가스 감축 목표 설정만이 아니라 이를 할당하는 기준과 원칙이 함께 제시되어야 할 것이다. 특히 사회 약자에 대한 고려와 형평성이 반영되어야 이행단계에서 국민들의 지지와 협조를 받을 수 있다.

온실가스 감축 목표설정을 위해 고려해야 할 마지막 단계는 감축목표가 실제 그 사회를 구성하는 사람이나 집단, 혹은 기업에게 실제 온실가스 감축을 견인해 낼 수 있는 '의미있는 신호'를 줄 수 있어야 한다. 목표란 소속된 구성원이 특별한 노력을 통해 달성하고자 하는 것이고, 그것은 일상의 수준에서 취할 수 있는 범위를 넘어서는 의지가 담긴 수치이다. 따라서 온실가스 감축목표는 현재 우리 사회가 추진하고 있는 수단을 통해 달성할 수 있는 것과는 차별화가 되어야 한다. 그것은 목표가 아니라 이행방안 정도일 것이다.

이러한 측면에서 볼 때 이번에 발표된 온실가스 감축목표는 감축의 필요와 절박성 측면에서 국민들에게 의미있는 시그널(신호)을 주지 못하고 있다. 즉 감축을 위한 실효성 있는 행동을 끌어낼 동기부여를 하지 못하는 것이다. 목표가 국민들에게 시그널을 주시 못했다면 이는 목표로서 의미가 없는 것이다. 기술 향상 정도로 달성할 수 있다고 여기기 때문에 국민들이 적극 그 목표를 달성하기 위해 노력해야 할 이유를 찾지 못하는 것이다.

온실가스 감축목표를 수치화하여 발표하는 것도 중요하지만 더 중요한 것은 그 수준이 그 사회의 모든 구성원, 즉 산업계와 소비자, 공공부문과 상업부문, 수송부문, 가정부문 모두에게 의미있는 목표로 다가갈 수 있어야 한다. 그래야만 그 목표 달성을 위해 각 부문의 이행방안이 마련되고 전략이 수립되고 이를 달성하기 위한 노력이 이루어질 수 있을 것이다. 더구나 그 목표가 인류 전체의 생존이 달려 있는 것이라면 그만큼 절박한 노력을 끌어낼 수 있는 시그널을 줄 수 있도록 목표가 상향 조정되어야 한다.

4. 온실가스 감축목표 달성을 위한 이행방안

정부에서 발표한 감축목표 시나리오의 또 다른 문제점은 감축목표 달성을 위한 구체성 있는 이행방안이 제시되어 있지 않다는 것이다. 이는 앞에서 사회 형평성 문제를 언급하면서 지적한 내용과 더불어 목표 달성을 위한 구체 수단이 분명하지 않아 감축 책임 할당 단계에서 혼란이 있을 것이란 측면과도 일맥상통하는 내용이다. 뿐만 아니라 이행방안이 없다는 것은 목표가 구호 수준에 그칠 가능성을 배제할 수 없다는 위험성이 있다.

이러한 문제를 보완하기 위해서는 감축목표를 달성하기 위해 국내 각 부문별로 분명하게 감축 목표를 제시해 주어야 한다. 또한 목표 달성을 위한 재원을 어떻게 확보할 것인지에 대한 분명한 방향이 제시되어야 한다. 그리고 목표달성 수단으로 제시하고 있는 에너지 효율향상 등을 위한 노력은 당연히 필요한 것이지만 이를 넘어서는 적극적인 에너지 수요관리와 에너지 체계를 지속가능하게 바꾸고자 하는 정책의지가 반영되어야 할 것이다. 이를 위해 탄소세 도입 등 환경친화적 세제개편 등이 이루어져야 하며, 화석에너지와 원자력 중심으로 되어 있는 에너지 믹스의 변화와 에너지 가격조정도 반드시 병행되어야 할 것이다. 그리고 에너지 다소비 업종에 대한 구조조정을 포함한 산업계의 변화가 따라야 하며, 주택에너지 효율향상 등을 통해 가정부문 에너지 소비를 획기적으로 줄여나가는 방안도 정부의 정책의지가 있을 때 실효성이 높아질 수 있다.

Ⅳ. 기후변화 법제도 개선방안

앞에서 기후변화 대응을 위한 기본법 역할을 하는 녹색성장기본법과 온실가스 감축목표에 대해서 살펴보았다. 이미 본문에서 충분히 논의되었듯이 기본법과 감축목표는 심각한 문제점을 안고 있어 이에 대한 개선이 필요하다. 기후변화와 관련된 법과 제도, 나아가 정책방안을 개선함에 있어서 고려할 점 몇 가지를 다시 강조하면서 본 원고를 마무리하고자 한다.

1. 기후변화 대책에 초점을 맞춘 법제가 필요하다.

녹색성장기본법이 기후변화 대응을 위한 법안으로 제정되었지만 실상 이 법은 순수한 기후변화 대응을 위한 법제가 아니다. 이 법은 기후변화 대응 자체보다 (녹색)성장에 초점을 맞춘 법으로 기후변화 문제를 최우선으로 해결할 수 없다. 제대로 된 기후변화 대응 법제를 갖추기 위해 녹색성장기본법을 종합법제 성격이 아닌 기후변화 대책에 초점을 맞추어 개정하거나 '기후변화대책기본법'을 별도로 제정하는 것이 필요하다. 물론 이러한 과정이 이제 막 녹색성장기본법을 만든 상황에서 쉽지 않을 것이다. 그리고 이 법을 만든 정부 하에서는 법안 개정이 불가능할 수도 있다. 하지만 장기적으로 기후변화에 근본적으로 대응할 수 있은 기본법을 갖추는 것은 반드시 필요한 일이다.

2. 보다 책임있는 온실가스 감축목표를 설정하여야 한다.

온실가스 감축목표를 설정함에 있어 감당할 수 있는 한국의 감축능력과 온실가스 배출규모와 역사적 책임에 근거하여 온실가스 감축목표가 설정되어야 한다. 또한 우리 공동의 미래를 보장하기 위한 지구 공동의 비전을 수행할 수 있도록 각 국가의 온실가스 감축목표가 설정되어야 하면, 한국의 목표 또한 여기에 충실하게 부합되어야 한다. 그리고 온실가스 감축 목표를 각 분야별로 어떻게 분담할지, 그 과정에서 사회적 형평성을 어떻게 고려할지에 대한 방안, 이를 위한 재원마련 방안 등이 함께 고려되어야 한다.

3. 녹색성장기본법 제정과정에서 삭제되었던 환경친화적 조세제도, 즉 탄소세 등이 도입되어야 한다. 조세제도의 개혁 없이는 온실가스 감축을 위한 근본적인 개혁방안을 마련하기 어렵다. 탄소세 등을 도입하고 에너지 가격체계의 근본적인 혁신 방안이 함께 마련되어야 한다.

4. 녹색성장 기본법 제정과정에서 왜곡시켰던 지속가능발전에 대한 개념과 이를 바탕으로 한 지속가능발전법, 지속가능발전위원회 등을 원래의 취지대로 복원하여야 한다. 아울러 녹색성장기본법 제정을 통해 침해되었던 다른 환경 법제를 되살림과 동시에 향후 이와 같은 문제가 재발되지 않도록 하는 장치가 마련되어야 한다.

참고자료

녹색성장기본법을 바라보는 시민사회의 우려(최승국, 녹색연합, 한국환경법학회 발표문)
녹색성장기본법에 대한 시민사회단체 의견서(녹색연합 외 6개단체)
녹색성장기본법에 대한 환경법적 검토(문상덕, 서울시립대, 한국환경법학회 발표문)
저탄소 녹색성장 기본법 제정을 위한 공청회 자료(녹색성장기획단)
국가 온실가스 감축 목표설정의 원칙과 공론화 방안(최승국, 녹색연합)
온실가스 감축목표 설정의 원칙과 한국의 적정 감축량(이진우, 에너지기후정책연구소)
국가 중기 온실가스 감축 목표 설정을 위한 공청회 NGO 의견서(녹색연합 외 10개 단체)
국가 온실가스 감축목표 설정을 위한 합리적 사회 공론화 방안(조성돈, 환경정의)

제 3 절 Powering the Future

— 정보기술을 통한 에너지의 사용과 생산 그리고 온실가스의 관리 —

Steve Lippman*

마이크로소프트는 정보 기술이 전세계가 당면하고 있는 에너지와 기후변화라는 위기에 유용한 도구가 될 것이라고 생각한다. 전세계가 당면하고 있는 기후와 에너지 문제를 해결하기 위해서는 에너지를 절약할 수 있고 온실가스가 전혀 배출되지 않는 재생가능한 에너지가 우리 경제 안으로 들어와야 한다. 마이크로소프트는 이러한 목표에 정보 기술이 다음과 같은 역할을 할 수 있다고 생각한다.

- 개인과 단체가 소프트웨어를 이용하여 에너지효율을 높이도록 장려
- 혁신을 장려하고 청정 에너지를 사용

이러한 마이크로소프트의 비전은 환경 단체, 정부의 정책 입안자, 그리고 업계로부터 많은 공감을 얻고 있다. World Wildlife Fund가 발간한 최근의 기후보고서는 "IT만큼 오염 배출을 줄이는 데 효과적인 분야는 없다"라고 명시하였다. EC에서는 공식적인 정책으로서 IT가 지속가능한 성장에 기여하고 배출을 줄이는 데 중요한 역할을 한다고 천명하였다. 또한 McKinsey&Company가 작성한 최근의 자료에 의하면 IT를 사용함으로써 사회는 2020년에 이르기까지 해마다 칠십팔억 톤(7.8

* Director of Environmental Engagement, Microsoft Corp.

gigaton)의 이산화탄소 배출을 줄일 수 있을 것이라고 예측하였다. 이러한 이산화탄소 배출량은 현재 미국 내에서 배출되는 총 이산화탄소 양보다 많은 수준이다.

IT는 또한 우리가 직면하고 있는 에너지와 기후변화에 대한 위기의 기저에 있는 중요한 이슈들을 다룰 수 있다. 개인 또는 단체는 그들의 행동이 어떻게 환경에 영향을 미치고 어떻게 그와 관련된 영향을 줄일 수 있는지에 대한 인식이 부족하다. 많은 기업체들은 복잡한 사업의 운영내 공급 사슬에서 어떻게 에너지가 사용되는지 추적할 수 있는 능력이 부족하다. 과학자들과 정책입안자들은 다양한 출처로부터 얻은 많은 정보가 있지만 실질적인 해결책을 내놓기 위하여 어떻게 정보를 이용해야 하는지 또는 데이터들을 어떻게 해석하여야 하는지 어려움을 겪고 있다.

그래서 IT는 사용자와 기업, 단체, 과학자, 그리고 우리들이 사는 지역사회가 복잡한 시스템 속에서 그들의 행동이 어떠한 영향을 미치는지 이해할 수 있도록 도와준다. 컴퓨터의 성능이 좋아지고 클라우드 컴퓨팅 개념이 도입되면서 이제 사용자들은 휴대폰, PC 등 다양한 장치 등을 통해서 우리 환경을 지킬 수 있게 되었다.

그래서 마이크로소프트에서는 IT가 지속가능한 에너지의 미래에 아래와 같은 공헌을 할 수 있다고 생각한다.

- IT 자체의 에너지 효율성 개선
- 경제 전반의 에너지 효율성 개선
- 청정 에너지의 생산 및 소비를 도모
- 기관 및 정책 입안자를 위한 배출 관리 도구 제공

(1) IT 자체의 에너지 효율성을 개선

하드웨어와 소프트웨어의 발달은 컴퓨팅의 에너지효율성을 놀랍게 개선하였다. 현재 시장에 소개되는 노트북은 형광등 하나보다도 더 적은 에너지를 사용하고 있다. 그러나 전세계의 10억 대가 넘는 컴퓨터와 해마다 2억 5천만 대에 이르는 새로운 노트북, 데스크톱, 서버가 사용된다는 점에서 IT업계는 제품의 에너지효율성을 높이기 위한 노력을 계속해야 한다.

마이크로소프트는 아래와 같이 기술에 대한 접근성을 증가시키면서도 에너지 사용과 탄소배출을 최소화할 수 있는 방법을 연구하고 있다.

- 마이크로소프트의 운영체제와 다른 소프트웨어제품, 그리고 PC부터 데이터센터에 이르기까지 전방위적인 에너지 효율성 향상
- 사용자들로 하여금 IT에너지 사용을 감소할 수 있는 도구 제공
- 에너지 효율에 대한 모범사례와 기술적인 가이드를 다른 업계의 선도 기업들과 사용자, 정부, 그리고 NGO 파트너 생태계에 있는 64만 개 회사들에게 배포

마이크로소프트는 윈도우 OS의 에너지효율성을 매우 정교하고도 세련된 에너지절약 기능을 이용해 개선하였고, 미래의 운영체제를 위해서는 미리 에너지 효율을 제품의 디자인 단계에서부터 적용하도록 하고 있다. 2007년의 분석에 의하면 Natural Resources Defense Council은 Windows Vista의 전력 사용관리 기능으로 이전의 운영체제에 비하여 미국에서만 약 한 해에 3백만 톤의 탄소배출을 줄였다고 발표하였다. 새로 출시된 윈도우 7은 에너지효율성을 염두에 두고 설계되었다. 마이크로소프트는 운영체제의 핵심적인 부분을 개선하였고 전체 플랫폼의 에너지효율성을 개선하기 위하여 업계의 파트너들과 협력하고 있다. 윈도우 7은 IT전문가들에게 전력 관리정책과 에너지 효율성문제를 해결하기 위한 유용한 도구를 제공하고 있다.

핵심적인 컴퓨팅의 많은 부분이 이제는 클라우드 컴퓨팅으로 옮겨감에 따라 마이크로소프트는 데이터센터의 에너지 사용과 환경에 미치는 영향에 많은 관심을 기울이고 있다. 최신의 센서와 모니터링기술을 이용하고 고효율 컨테이너 기반의 데이터 센터 설계와 공기 냉각 시스템을 사용함으로써 기술적인 냉각기에 대한 필요가 감소하였다. 이에 마이크로소프트의 데이터센터는 3년 전의 데이터센터에 비하여 같은 결과를 내면서도 이전의 반 정도의 에너지만 사용하고 있다. 더블린에 있는 새 데이터센터는 EC의 Sustainable Energy Europe Campaign에 의해 에너지효율을 위한 모범사례로 선정되었고 Power Use Effectiveness(PUE) 1.25 평균을 자랑하고 있다(데이터센터 평균은 PUE 2이다. 마이크로소프트 데이터 센터는 평균 1.53을 기록한다).

또한 마이크로소프트는 사용자들이 사용자들의 에너지사용을 측정하고 효율성을 높일 수 있도록 여러 가지 소프트웨어 도구를 개발하였다. 예를 들어 Microsoft Assessment and Planning Toolkit에는 "전기 절약 계산기"가 들어 있어 사용자는 강화된 전력관리와 가상화 등 에너지 효율적인 컴퓨터 기술을 통해 절약되는 전력

의 양을 계산할 수 있다. 2009년 현재 약 69만 명의 마이크로소프트 고객들과 파트너사들이 그 프로그램을 다운로드 받아 사용하고 있다. 마이크로소프트사는 미국 EPA(환경보호원)와 협력하여 System Center Configuration Manager 2007을 발표하여 Energy Star의 추천에 따른 설정값을 참고하여 자신의 클라이언트를 세팅할 수 있도록 하였다.

마이크로소프트는 또한 고객, 정부, NGO와 하드웨어, 소프트웨어 파트너들, 그리고 심지어는 경쟁사들까지도 포함하여 모범사례와 기술적인 지침을 공유하여 에너지를 절약하고 환경오염을 줄일 수 있도록 노력하고 있다. 마이크로소프트는 또한 Climate Savers Computing Initiative("CSCI")라는 이사회에 참여하고 있다. 이 단체에서는 업계의 선도기업들이 좀더 에너지효율적인 컴퓨팅시스템을 만들고 전력관리를 위한 고급 설정을 사용하도록 장려하고 있다. 이를 통해 CSCI는 2012년까지 전세계의 컴퓨터 이산화탄소 배출량에서 해마다 5천 4백만 톤을 감축하고자 한다. 그 양은 천백만 대의 자동자가 내뿜는 이산화탄소의 양 또는 10~20개의 화력발전소가 내뿜는 이산화탄소의 양과 같은 수준이다. 또한 마이크로소프트는 EU의 Code of Conduct for Data Centers를 개발하는 데 협조하였다. 그리고 마이크로소프트의 연구소는 컴퓨팅의 에너지효율성을 높이는 최신기술에 대한 연구를 지원하고 있으며 그 연구 결과를 공개하고 있다.

(2) 경제 전반의 에너지 효율성을 개선

IT는 또한 산업 전반에서 배출을 감소할 수 있도록 하는 중요한 역할을 할 수 있다. Smart2020은 IT와 환경보호에 대한 대표적인 연구로서 McKinsey&Company가 조사하고 Climate Group과 global e-Sustainability Initiative가 출판하였다. 이 자료는 IT를 이용해 여러 산업 전반에 걸쳐 온실가스 배출을 2020년까지 줄일 수 있는 방법을 제시하고 있다.

한 예로 UPS는 5,000대의 배송트럭의 경로를 극대화하기 위해 배송물의 흐름을 보여주는 소프트웨어를 이용하여 배송트럭들이 1년에 약 2천 8백 5십만 마일을 덜 달려도 되도록 하였다. 이 결과로 3백만 톤의 연료를 절약하고 31,300메트릭톤의 탄소 배출을 줄일 수 있었다. 비슷한 예를 빌딩 관리에서도 볼 수 있다. 빌딩 관리 회사의연합체인 Total Environment and Asset Management Co-Op은 미주리 주 정부소유의 천 개의 빌딩에 웹 기반의 빌딩 관리 시스템을 적용하여 미주리 주 정부의 에너지 비용을 1/3로 줄였고 에너지비용에서 천만 불을 줄이고 해마다 93,000메트릭톤의 탄소 배출을 감축하였다.

마이크로소프트는 이미 널리 사용되고 있는 기술을 이용하여 에너지를 절약할 수 있다고 보고 있다. 최근 World Wildlife Fund 연구에 의하면 가상 회의와 재택근무를 통해 향후 10~20년 안에 이산화탄소 30억 톤을 줄일 수 있다고 발표하였다. 웹캠이 달린 노트북과 휴대폰, 그리고 무선 접속 인프라는 효율적이고 안전한 소프트웨어와 함께 재택근무에 필수적인 조건이다. 이러한 방법들은 이미 존재하고 있으며 이러한 기술들이 더욱 빨리 채택이 될수록 온실가스를 더 많이 감축할 수 있다.

마이크로소프트의 경험에 의하면 직원들이 Unified Communication system을 이용함으로써 직원당 출장을 2008년 한 해에만 약 10% 정도 줄였고 1억 마일의 비행거리와 17,000메트릭톤의 이산화탄소 배출을 감축하였다. 그리고 마이크로소프트의 고객들도 이와 같은 기술을 이용하여 출장을 줄이는 데 동참하고 있다.

또한 소프트웨어, 지능화된 가전도구, 저렴한 센서를 합치면 사람들이 가정에서 에너지를 절약하고 그 중요성을 인식하는 데 있어 큰 변화를 가져올 수 있다. 예컨대 전력회사로부터 한 달 후에 받는 전기세 통지서보다는 각 가정이 에너지사용에 대해 실시간으로 확인할 수 있도록 하는 것이다. 이때 이웃에서는 어떻게 에너지를 사용하고 있는지에 대한 비교정보를 제공하면 그 효과는 배가될 수 있다. 많은 사람들이 VCR 프로그래밍을 포기한 것과 같이 "조절할 수 있는 온도계" 역시 사용하기 어려워 이의 모든 기능을 활용하지 못하고 있다. 우리는 개인용 컴퓨터와 핸드폰에 사용하기 쉬운 제어판을 설치하여 사람들이 전기기구를 잘 관리하고 어떠한 장소에서도 난방과 조명을 조절할 수 있도록 하는 미래를 그리고 있다. 궁극적으로 똑똑한 제어시스템을 통하여 날씨예보 사용자의 일정 그리고 다른 요인들을 분석해 가정에서의 에너지사용을 극대화할 수 있을 것이다. 그러한 시스템은 핸드폰을 통하여 사용자의 위치를 파악해 집의 난방이나 냉방을 시작할 수 있고 차고에 도달하면 집의 조명이 켜지게 할 수도 있다.

또한 마이크로소프트는 온라인 클라우드베이스드 응용프로그램인 "Microsoft Hohm"이라는 프로그램을 통하여 소비자들로 하여금 에너지 사용에 대해 보다 나은 이해와 에너지와 비용을 절약하기 위한 방법을 제안하고 있다. Hohm 사용자들은 Lawrence National Laboratory와 미국 에너지부로부터 사용을 승인받은 분석도구를 통해 자신의 용도에 맞는 에너지 절약에 대한 제안을 추천받을 수 있다. 이러한 제안은 각 가정의 환경을 고려하고 가정의 용도사용 패턴과 가전기구를 고려하여 개인화된 에너지 절약 방법을 제안하고 있다. 소비자들은 그들의 가정의 에너지 사용을 그 동네의 다른 가구의 에너지 사용과 비교하고 어떻게 그들의 에너지 사용을 추적하여 에너지를 절약할 수 있는지를 알 수 있다. 마이크로소프트는 전력회사들과의 공조를 통하여 서비스를 사용하는 사용자들로 하여금 그들의 전력사용과 가스사용 자료를 볼 수 있도록 한다. 이를 통해 사용자들은 그들의 사용을 확인하고 에너지를 절약할 수 있는 방법에 대해 고민할 수 있도록 한다. 이러한 자료는 이미 수십만 가구들에게 제공되고 있고 2009년 말까지 9백만 가구에 제공할 예정이다.

(3) 청정 에너지의 생산 및 소비를 도모

장기적으로 지속가능한 에너지의 미래를 위해서는 앞으로 20년 동안 탄소가 전혀 배출되지 않는 에너지로 전환해야 한다. IT는 이러한 전환을 가능하게 하는 데 중요한 역할을 할 수 있다. 그러한 역할은 에너지 연구에 있어서 혁신을 지원하는 것으로부터 그리드 전력망에 에너지를 공급하는 일까지 모두 포함한다.

우리가 재생가능한 에너지를 사용하는 데 있어서 한 가지 당면하는 문제는 이러한 에너지의 공급이 일정하지 않다는 것이다. 해가 항상 떠 있는 것도 아니고 바람이 항상 부는 것도 아니다. IT는 이러한 에너지의 유동성에 대해 수요의 탄력을 가능하게 함으로써 사용을 용이하게 할 수 있다. 전력이 모자라거나 가격이 높을 때의 사용 수요를 전력공급이 가능하고 가격이 더 저렴할 때로 그 사용을 전환하는 것인데 물론 이는 재생가능한 에너지를 그리드에 통합할 수 있는 규모로 진행되어야 한다. 그래서 IT를 이용한 가전기구와 정보를 가진 소비자들이 협력하여 가전기구의 사용과 급하지 않은 전력의 사용을 태양에너지나 풍력에너지가 가능한 시간대에 사용하는 것이다. 마이크로소프트에서는 이러한 기능을 마이크로소프트의 프로그램에 적용할 수 있도록 계획하고 있다. 이런 수요의 탄력성에 대한 고려는 전기자동차의 운영에 굉장히 중요한 역할을 한다. 포드 자동차는 최근에 시범 프로그램을 통하여 자동차와 전기그리드가 서로 소통하여 제어할 수 있는 시스템을 운영하여 보았다. 이 시스템을 이용하여 운전자나 전력 회사는 사용전력량이 낮을 때 또는 그리드전력망에서 청정에너지를 공급받을 수 있을 때에 자동차를 충전하도록 설정할 수 있었다. 향후 전력회사와 정부는 이러한 친환경정책을 장려하기 위해 인센티브를 제공할 수도 있다.

소프트웨어는 과학자들로 하여금 더 깨끗한 에너지원에 대한 모델을 만들고 이것이 완벽할 수 있도록 도와준다. 예를 들어 'computational fluid dynamics'라고 불리는 'complex data intensive modeling' 기법은 풍력 터바인이 전력 생산에 있어 최대효율을 성취할 수 있도록 설계를 개선하고 최적의 터바인 위치를 제시할 수 있다. 또한 과학자들은 태양광 셀을 위한 신소재를 설계할 때 컴퓨터 프로그램을 사용한다. 샌디에이고 슈퍼 컴퓨터 센터의 연구원들은 '가상 분자' 모델을 개발하였다. 이를 통해 농장폐기물에서 셀룰로오스 에탄올을 만들 때 어떻게 반응속도를 높일 수 있을지 연구할 수 있다. 또한 U.C. Berkeley 대학 연구진은 수소전지의 효율을 높이기 위해 컴퓨터 모델을 적용하고 있다. Microsoft Research의 연구원들은 과학자들에게 자신의 연구를 분석/정리/시각화하고 청정 에너지 개발에 도움이 되는 다양한 분야의 지식을 이해할 수 있는 도구를 제공하고 있다. 또한 마이크로소프트는 저명 과학자들이나 기후분석가들이 마이크로소프트의 유휴 데이터센터를 사용할 수 있도록 하고 있다.

(4) 기관 및 정책입안자를 위해 배출관리도구 제공

사회가 탄소기반 경제에서 청정 에너지기반 경제로 옮겨감에 따라 우리는 여러 단계에서 배출을 추적하고 관리할 수 있는 능력이 필요하다. 이러한 능력은 단체별, 지역별, 그리고 가능하다면 각 제품의 공급 사슬부터 라이프사이클 동안 제품별로 요구된다. 이렇게 도구를 이용하여 자료를 보고, 추적, 접근 가능하도록 하는 도구는 저렴한 가격으로 누구에게나 널리 보급되어야 하며 특별한 기술이나 비싼 기구를 이용하지 않아도 될 수 있도록 해야 한다. 이러한 도구는 이미 널리 보급된 핸드폰이나 컴퓨터 위에서 작동해야 한다. 이런 기술은 사업체나 기관의 크기에 상관없이 어느 단체나 그들의 탄소를 줄이는 것에 대한 목표치를 정하고 이를 추적할 수 있도록 한다. 그리고 소비자들은 탄소 배출량 정보에 의거해 제품이나 서비스의 구매와 소비에 대한 결정을 내릴 수 있다. 현재의 자발적인 탄소 보고는 현재는 여러 곳에 산재되어 있고, 시간도 많이 걸리고, 부정확하지만 IT기술과 좀더 강력한 보고 기준을 통하여 이러한 불편함을 개선할 수 있을 것으로 생각한다. 예를 들어 RFID Chip을 소비자가 구매하는 제품에 심어 두면 그 제품의 생산부터 유통단계에 이르기까지의 각 단계에서의 탄소 관련 정보를 소비자들이구매단계에서 핸드폰을 통해서 읽을 수 있도록 할 수 있다.

마이크로소프트는 탄소에 대한 정보가 사용 가능하고 소비자들에게 이용 가능할 수 있도록 IT전문기술을 적용하기 시작하였다. 2009년도에 Microsoft Dynamics AX라는 '기업의 자원 계획 시스템'을 위한 제품에 Environmental Sustainability Dashboard를 새롭게 포함하여 중소기업들이 전기료 청구서를 참고하여 탄소 배출량을 관리할 수 있도록 하는 기능을 제공하고 있다. 또한 마이크로소프트는 Clinton Climate Initiative와 협력하여 웹 기반 도구를 무료로 제공하여 전세계의 가장 커다란 도시들이 정확하게 온실가스 배출을 모니터, 비교, 그리고 감축할 수 있도록 하는 도구를 제공하고 있다. 또한 전세계 기업들의 기후변화 정보를 세계에서 가장 많이 보유한 Carbon Disclosure Project("CDP")와 함께 일하고 있다. Accenture, SAP, 그리고 Clinton Climate Initiative와 함께 마이크로소프트는 CDP가 기후변화 정보를 좀 더 자세하고 표준화하여 보고할 수 있도록 돕고 있다.

정책적 고려: IT의 잠재적 기능을 최대한 발휘할 수 있도록 하기 위해서는 …

정책입안자들은 다음과 같은 정책적 고려를 하여야 한다.

(1) 정부가 먼저 모범을 보일 것: 정부가 먼저 IT를 정부의 전력 관리와 가상화를 위한 정부의 인프라에 적용하고 재택근무를 장려함으로써 에너지 절약과 환경에 도움이 될 수 있도록 하여야 한다. 이러한 정부의 움직임은 사기업들이 IT솔루션을 에너지 사용의 절감에 적용할 수 있도록 모범사례를 만들고 IT가 에너지 절감에 해법이 될 수 있는 시장을 형성하게 만든다.

(2) 과학기술의 기초와 새로운 기술, 그리고 인프라에 대한 정부의 적절한 투자: 정부는 재생가능하고 지속성장이 가능한 저탄소 에너지원을 위한 연구와 기초 과학연구에 투자를 적절히 하여야 한다. 정부는 광범위한 인터넷 전용망과 IT가 가능하게 하는 에너지 솔루션에 필요한 스마트 미터의 광범위한 적용을 통하여 클라우드 컴퓨팅의 힘을 증대하여야 한다.

(3) 에너지 규제를 수요 측면에서 관리할 수 있도록 개선: 에너지 생산과 유통을 감독하는 정부 규제기관은 시장을 수요 측에서 관리할 수 있는 실시간 가격정책의 적용을 고려하여야 한다. 수요측에서의 관리를 위한 활발한 생태계를 만들기 위해서는 다음과 같은 세 가지 요소가 필요하다.

- 데이터의 자유로운 이용: IT시스템을 이용하면 개인들로 하여금 그들의

행동을 변화할 수 있는 역동적인 피드백이 가능하다. 이를 가능하게 하려면 데이터가 자유롭게 이용 가능하여야 한다. 그래서 정책입안자들은 거의 실시간에 가까운 에너지소비에 대한 보고를 사업자들에게 요구하여야 한다. 그래서 정부는 사용자나 제 3 자가 에너지 사용과 가격정보(물론 프라이버시 보호가 된다는 전제하여)와 같은 데이터에 접근 가능하도록 요구하여야 한다.

- 가격의 유동성: 정책입안자들은 수요 측면에서의 관리를 위하여 변화 가능한 에너지 가격모델의 광범위한 적용을 장려하여야 한다. 변동 가능한 에너지 가격은 수요측 관리의 광범위한 적용에 필수적이다.
- 상호운영 가능성의 장려: 규제당국과 기술표준당국은 정보 접근과 정보의 형태에 대한 상호운용성과 적절한 표준을 요구하여야 한다. 그리하여 에너지 서비스제공자들 사이에 건강한 생태계를 조성하고 특정 포맷에 의한 일부 회사의 독점을 막아야 한다. 기술표준은 기존의 인터넷 프로토콜과 웹 서비스 표준과 XML을 이용하고 웹 서비스 표준에 대한 확장된 기능에 의존하도록 하여야 한다.

(4) 광범위하게 접근가능한해결책의 장려: 지속가능한 에너지 생태계를 조성하기 위해서는 이미 널리 사용되고 있는 핸드폰이나 PC와 같은 기술을 이용하여야 한다. 따라서 지속가능한 에너지 생태계에로의 광범위한 참여를 가능하게 하기 위해서는 접근성과 전용망으로의 접근을 장려하여야 한다.그리고 혁신을 장려하기 위해서 정책입안자들은 스마트 그리드와 대체 에너지를 장려하고, 또한 보안성, 개인정보안전성, 상호운영성을 갖춘 환경 IT 응용프로그램을 장려하여야 한다.

결 론

경제적, 환경적으로 지속 가능한 장기적인 성장의 성취를 위해서는 우리의 에너지 생태계의 획기적인 변화가 요구된다. 우리는 IT가 경제로 하여금 훨씬 효율적으로 그리고 혁신을 가속화함으로써 이러한 변화를 가져오는 데 중요한 역할을 할 수 있다고 생각한다. 전세계에서 가장 강력한 슈퍼 컴퓨터들과 이미 이용 가능한 핸드폰과 PC는 깨끗한 에너지 생태계의 조성에 필수적이다. 마이크로소프트는 환경이라는 어려운 문제에 대하여 사업체와 소비자를 위한 해법을 찾고 있다. 마이크로소프트는 마이크로소프트의 파트너사들, 고객, 공급자, 정책 입안자, 그리고 다른 중요한 결정권자들과 협력할 수 있는 기회를 언제든지 환영한다. 마이크로소프트는 정책 입안자들이 기술혁신을 장려하여 에너지에 목마른 세계를 위해 건강한 경제와 생태계를 유지 가능할 수 있도록 촉구한다.

집 필 진(차례순)

조 홍 식 서울대학교 법과대학 · 법학대학원 교수
이 규 용 김&장 법률사무소 상임고문
허 성 욱 서울대학교 법과대학 · 법학대학원 교수
이 재 협 서울대학교 법과대학 · 법학대학원 교수
황 형 준 법무법인 율촌 변호사
최 봉 경 서울대학교 법과대학 · 법학대학원 교수
김 태 호 헌법재판소 헌법연구관
문 상 덕 서울시립대학교 법학전문대학원 교수
전 종 익 서울대학교 법과대학 · 법학대학원 교수
윤 종 수 환경부 환경정책실 실장
박 천 규 녹색성장위원회 기후변화대응팀장
김 용 건 한국환경정책 · 평가연구원 선임연구위원
윤 지 현 서울대학교 법과대학 · 법학대학원 교수
정 순 섭 서울대학교 법과대학 · 법학대학원 교수
안 수 현 한국외국어대학교 법학전문대학원 교수
이 창 수 대통령실 미래전략기획관실 녹색성장환경비서관실 선임행정관
이 지 연 변호사
박 현 포스코 환경에너지실 기후에너지그룹 팀장
김 홍 균 한양대학교 법학전문대학원 교수
최 승 국 녹색연합 사무처장
Steve Lipman Director of Environmental Engagement, Microsoft Corp.

편저자 약력

조홍식

서울대학교 법과대학 졸업
University of California, Berkeley, School of Law 졸업(법학석사 및 박사)
부산지방법원 판사 등 역임
현 서울대학교 법과대학·법학대학원 교수

이재협

서울대학교 사회과학대학 인류학과 졸업
미국 펜실베이니아 대학교 미국학과 졸업(미국학 박사)
미국 노스웨스턴 대학교 로스쿨 졸업(법학 JD)
외교통상부 통상교섭본부 통상전문관 역임
한국외대 국제지역대학원, 경희대학교 법과대학 교수 역임
현 서울대학교 법과대학·법학대학원 교수

허성욱

서울대학교 경제학과 졸업
서울대학교 대학원 법학과 졸업(법학석사 및 박사)
제39회 사법시험 합격
서울중앙지방법원 판사 등 역임
현 서울대학교 법과대학·법학대학원 교수

법의지배센터 연구시리즈 2010-1
기후변화와 법의지배

2010년 8월 25일 초판인쇄
2010년 9월 5일 초판발행

편저자 조홍식·이재협·허성욱
발행인 안 종 만
발행처 (株) 博 英 社
서울 특별시 종로구 평동 13-31번지
전화 (733)6771 FAX (736)4818
등록 1959. 3. 11. 제300-1959-1호(倫)

www.pakyoungsa.co.kr e-mail: pys@pakyoungsa.co.kr

정 가 38,000원 ISBN 978-89-6454-596-6